祁龙威文集

QILONGWEI WENJI

祁龙威 著
吴善中 编

广陵书社

本册目录

辛亥革命江苏地区史料[1]

[1] 本文集编者按，《辛亥革命江苏地区史料》，江苏人民出版社出版 1961 年 12 月版，作者署名为"扬州师范学院历史系编"。

张謇日记笺注选存[1]

---

[1]　本文集编者按,《张謇日记笺注选存》(广陵书社 2007 年 5 月版)原有
附录《张謇日记笺余》论文两篇:《帝党与戊戌变法》《论清末的铁路风潮》,
已收录在本文集论文中。现将内容相近的《张謇辛亥日记(节录)笺注》
《〈张謇日记(民国元年)〉选注》两篇补作附录。

祁龙威文集·专著(附：史料搜集整理)

辛亥革命江苏地区史料

前　言

我系为了丰富教学内容,搜集和整理史料,从 1957 年起,组织了由中国近代现代史教研组教师和部分同学参加的调查队,进行乡土历史资料的调查工作。首先调查了辛亥革命时扬州孙天生起义的经过。这是编辑本书的嚆矢。

从 1958 年开始,为了迎接辛亥革命五十周年纪念,我们决定系统搜集辛亥革命江苏地区的史料。几年来,调查队辗转各地,征文访献。足迹所及,苏南则上海、苏州、太仓、常州、镇江、南京,苏北则扬州、淮安、南通、徐州,共历清末苏宁两属的十个府州之地。所遇耆老,有献身革命的同盟会员,有参加起义的新军将士,有发动反封建斗争的农民和城市贫民,也有一些其他人物。加上通信征集,共获资料五十余万言。其中以新出和稀见的书籍为主,其次是回忆录,再次是当时的报刊,还有少数实物。

今值纪念辛亥革命五十周年的时候,我们把几年搜集所得,连同 1949 年后各期刊登载的有关资料,择优编为一书,取名《辛亥革命江苏地区史料》,由我系中国近代现代史教研组副主任祁龙威同志负责编辑。

全书分两大部分:先是全省性的综合记载,后是各府州的分区记载。分区部分以府州为单位,略按苏宁两属各府城、州城光复先后为序。发生在苏常两府交界处的千人会起义,内容较多,故自成专题而系于苏常之后。海门直隶厅是由通州派兵去光复的,内容很少,故不单列篇章而寄于通州之末。各府州的记载,一般先府城、州城而后属县。惟淮安府的光复是从清江兵变开始的,故先清江而后淮城。

本书反映辛亥江苏光复为主,也辑入其前后的有关资料。现属上海市的松江府及原隶太仓州的嘉定、宝山、崇明等县的有关资料,已由上海社会科学院历史研究所搜集,故概未著录,以免重复。个别资料涉及外省事,如《棣秋馆日记》间载京津情形,颇有价值,故未删节。

著名革命党人赵声的活动不限于江苏,但他是江苏人,在江苏的影响甚著。本书的综合部分附录了佚名《赵烈士事略》及其所著《歌保国》,以显示他的革命业绩与江苏光复之关系。

本书辑入了两篇调查报告:《千人会起义调查记》和《孙天生起义调查记》。为与原始资料有别,故都作为有关部分的附录。

一切文献资料加入本书时,除有所删节外,都保存本来面目。凡衍文、讹字、脱语,均加注说明;较易辨识的,则用括弧为之订正。

本书的能够编成与出版,是依靠了各地的党政机关、政协、文化部门、兄弟院校、社会耆老等的大力支持。我们在此表示深切的感谢。

这部书在辑录以及编排上,定有不妥善的地方,希各方面批评指教,以便于再版时订正。

扬州师范学院历史系
一九六一年十月

综合部分

抚吴文牍

程德全

【编者按】程德全，字雪楼，四川省云阳县人，以幕僚起家，历官黑龙江、奉天、江苏等省巡抚。武昌起义前后，他竭力摧残江苏人民的反清斗争，并串通江苏豪绅，怂恿清廷立宪，阴谋抵制革命。后在革命的洪流冲击下，清政府土崩瓦解，程德全又使用反革命的两面手法，伪装响应革命，在苏州扮演了"和平光复"的骗局，摇身一变而为中华民国的江苏都督。等到革命转向低潮时，程德全便公开暴露出他的本来面目，积极配合袁世凯等篡夺革命的果实。程德全的《抚吴文牍》分奏、咨、札、批、函、电稿六种，藏在他的次子程世安家。这批文牍反映了光复前夕江苏工农群众的反清斗争，革命党人的秘密活动，以及程德全怂恿清廷立宪、镇压革命经过等情形。本书选录了其中一部分，内有奏一件、咨一件、批十五件、函二件、电稿六十九件。

一、奏

宣统二年七月十六日剿办松江府属枭匪王镇帼等劫营抢当迭获匪犯情形片

　　再，松江府属地方与浙江嘉善、平湖等处连界，该处为浙盐引地，港汊纷歧，四通八达，枭匪最易出没。本年六月初间，据统领浙西水陆盐捕等营江苏巡警道汪瑞闿转据分统盐捕营松江府知府戚扬禀报：六月初五日，据探报，有大帮枭匪窜入松属金山卫城等处。臣即饬该道暨统领飞划营江苏候补道冯祖荫调派各营驰往助剿，一面由该府亲自督饬中营帮带候补知县张宗良调派各仓船分路堵截。即据管带盐捕前营詹国桢报称：该管带向驻漕泾营房，因营兵皆派出各处缉私，守营弁兵无多。突于初四夜四更时候，忽闻枪声四起，枭匪有逾墙者放开营门，约百数十人纷拥入内，径奔堂前劫取排列洋枪。该管带督率弁勇徒手相搏，夺回洋枪，击退该匪。出营复劫去枪船两只，枪毙正勇李正发一名，又掳去殷镇有一名。洋枪除夺回外，计失枪十五杆、子弹四百二十粒、新旧军衣裤十一件、旗两面。查点弁勇受伤十一名，该管带亦头面受伤。现亲率枪船向西紧追，乞派师援剿等情禀由。该府探悉该匪已分股，一西一东。维时飞划营管带沈葆义赶到，遂议令詹国桢东追，该府与沈葆义分路西追。而探报东窜之匪有抢奉贤县南桥绅富之说，亟饬张宗良与沈葆义迅速分回东路，未至南桥，而探报该匪已于初七日下午抢劫三官塘[1]阜成典当而逸。该府当饬奉贤县赵鸿绂勘明禀详。遂与各营会议，港汊纷歧，两岸芦苇高簇，匪船处处可通，忽隐忽现，忽东忽西，势必彼逸我劳，日久蔓延，燎原可虑。计维内有搜捕之师，外有围守之师，方期得手。即驰禀苏松太道转饬沪军营守白莲泾、东沟各口，并请上海巡警协巡浦东各口。盐捕各营守闸港、沙港、杜家行、金汇桥、叶树港各口；其西路如泖港、枫泾、金丝

---

[1]　三官塘，又作"三官堂"。

娘桥、金山卫城，则以新到之兵船守之；浅水兵舰则巡大江；而以管带何嘉祥、沈葆义、詹国桢、帮带张宗良，各率枪船，于各汊港逐加搜捕。该府自驻闵行适中之地，相机策应，层层追逼，使匪难托足。自初八、初九等日，迭据泸军营、飞划营、盐捕中营先后获匪王兆江、左蕃豺即沈三、张传豺即张老窝子、殷镇有、朱老三、朱老四、潘子淋、张子沄、余得漳即余湾胯子、蒋帼苴即王帼苴、顾豺幅、孔有豺、汪得澧、徐湔、彭三九、高小珠子、王和、沈滢华、杨金发[1]，并起获银饰、银镯、新旧军衣裤、旗帜、洋枪、子弹、单刀、号衣等物。又据飞划营起获沉水船只，一系匪（船），一系前营被劫枪船。又据乡民捞获沉水洋（枪）七杆、四眼炮一杆，并前营被劫枪船一只及大小空皮箱、号衣等件。该府察看各匪已散，即将现获各犯解省，面禀情形。当经臣即饬该统领汪瑞闾督同该府提犯审讯，据余得漳、蒋帼苴、张传豺、王兆江、左蕃豺、殷镇有六名分别供认，与王麻子即王镇帼结帮纠伙，杀鸡烧香，行劫漕泾旱营军械，放枪拒捕，分路逃走。殷镇有被掳从匪，与张传豺、王兆江、左蕃豺复听从王麻子抢劫三官塘阜成典当，均入室搜赃，各不讳。录供开折禀经臣查核，该犯等啸聚川泽，劫营抢当，实属凶暴昭著，形同土匪，罪不容诛。当即批饬照章就地正法，以昭炯戒。余犯顾豺幅等十一名情节较轻，仍发回松江府分别讯拟详办。又潘子淋、张子沄二犯，据供与王麻子素识，此次并未随同抢劫，惟往返送信不止一次，显系同类。查王麻子即王镇帼，在江北淮扬一带迭犯劫案，因被捕紧急，窜至松属浦东，复图扰乱，经调派各营围拿，该犯欲窜山东，逃

---

[1] 反动统治者污蔑人民，往往篡改名氏，如改春为蕃，改才为豺，改林为淋等。为存真相，我们未加改动。

至镇江,已被两淮缉私营统领王有宏等拿获解宁,讯供狡避,已发归扬州府提同先获各犯质审究办。除饬将潘子淋、张子沄解赴扬州归审,并仍饬汪瑞闉等严密访缉各逸犯务获究报,以绝根株外,谨会同两江督臣张人骏附片具陈,伏乞圣鉴。谨奏。

二、咨

宣统三年正月十六日咨两江督部堂请派员查办通州修筑唐家闸道路被匪阻挠

为咨请事。照得本抚院访闻:通州由城西至唐家闸河西,为通如往来大路,岁久不修,崎岖低下,窄者仅及尺许,每遇盛涨,农田失护,行旅戒危。上年,城镇乡自治区成立,由城区与第十三区开会协议修筑,议案当时即经宣布。先事测量,区定开沟筑岸,因岸为路之界线,准照从前尚存之路八尺为例。现时不及八尺者,相度地势,或外帮,或内拓。内拓之处用及民田,经自治公所议定亩给价银五十元,业佃对收。其须贴助工作之费,由各段董事公议,按利益所及,民田亩助二角五分,业佃对出。先期呈行政官履勘,出示有案,乡民并无违言。十二月初一日开工,讵有平日窝贼分赃之卢四,自称顾绅佃户,与同党顾三麻子,任兆昆、季二地、甲马盘等,造谣煽众,声言集资公请业主顾同麻子出头阻挠。至初三日,果见顾同麻子乘轿莅工指挥,并由顾资政弟传唤地保,勒令停工。旋有乡愚鸣锣聚集多人,地保王成、保伙丁二率领,蜂拥州署,要求停止。当经州牧批斥,复出示谕禁,事甫粸平,工作已及十成之八。忽于十九日出有匿名揭帖,阻挠助费乡人,声称田产最多之业主顾、吴、保等姓,责令佃户独出助费,而路用地价又归业主独收,怂恿各佃鸣锣聚众,另图要挟,于二十一日聚二三百人至路工董事姚姓家滋闹。其为首之人褚四、陈大棍、陈申之等并自称系顾绅佃户。姚董扭陈至州署喊禀,褚四复鸣锣哄号多人入城抢回,殴伤弹压巡警一名。比经巡警拘获褚四等送州,适警局报告州镇,谓有乡民入城拆毁州署及自治局之谣,州牧畏惧,草草讯问释回等情。查通州地方自治为各属之最,修治道路本自治范围以内之事。该公所所议占用地价及工作费业佃对收,甚为公允。乃业主顾、吴、保等姓自私自利,致土棍卢四、褚四等乘隙造谣,阻工滋事。既经巡警拘获褚四等送州,该牧又惧祸释回,实属不分皂白。若不严行拿办,何以除土恶而维公益。为此咨请 贵督院会饬宁藩司,速派干员驰往通州,按名查拿卢四、顾三麻子、任兆昆、季二地、甲马盘、地保王成、保伙丁二及褚四、陈大棍、陈申之等一干人犯,交州会讯,拘禁惩办,并将业主顾、吴、保等姓罚令全认佃户应出之费,以赎前愆。请烦查照施行。须至咨者。

三、批

宣统二年六月初八日批海丰公司代表窦以藩等呈黎道偏听妄禀贻误江北大局叩委大员复查由

据呈及折均悉。所称匪徒又遍贴广告,订期铲平公司,实属不法。仰按察司先饬该州迅将为首煽惑之徒严拿惩办,以遏乱萌,而维实业。并由该州转饬该公司知照,仍静候

督
提部堂暨

农工商部批示。原呈及折抄发。

宣统二年六月初十日批总统盐捕营汪道禀据分统戚守函报枭匪情形

据禀浙西枭匪现据探报窜入松境金山卫一带,分统戚守调兵亲往追剿,中途接前营管带禀报,初六三更,匪袭前营军装,管带竭力抵拒受伤,当即会营西追。旋又探知东窜,尤属浙西别股乘隙而入。松属地阔兵单,处处应防,已电冯统领请饬何管带带兵会剿,并乞暂调盐捕他营来助防剿之计。现驻闵行调度,禀请转陈等情。已由该道电调右后江巡各营兵分投飞驶赴松,并扎淞沪巡防各营暨各巡警在于要口严防兜击,办理尚为迅速。查匪扰内地,东击西窜,是其惯技。此次窜入金山,来袭前营,据戚守禀称,不过百余人,向东则六七十人。我之防兵不翅倍之,何以任其窜越,竟无抵御?纵云港汊纷歧,而各营在防日熟,请路径[1]让该匪独擅其长?总缘向导无术,侦探非人,一任匪踪出没,但有尾追之兵,从未收夹击之效。现在调集各营兵力,不为不厚,务宜相机布置,分途防剿之外,预置游兵一支,临时侦明该匪之路,或当头痛击,或拦腰截剿,使该匪腹背受敌,或望一鼓成擒。即零星逸匪,窜入港河,又有防队与巡警协力兜拿,势难飞越,可期聚而歼旃。倘仍守呆着,仅事跟追,必至到处蔓延为患。该道等职司督捕,责有攸归,当能合力殚思,力求制胜,以重盐政而巩边防。除通饬致果兵舰舰长迅即开驶,并饬宝苏轮船将该道所调各船刻即拖带一同前赴淞(松)境,听候戚守调遣助剿,并扎巡防营务处通饬水陆各营队严防兜击外,仰即查照办理,并转饬分统戚守,一体遵照。缴。

宣统二年八月十一日批右路巡防队阮统领禀戴埠兵民交哄

---

[1] 此间疑有脱误字。

据禀情形,核与另谕钟守查复及溧阳张令现禀大致相仿。该统领已饬驻防张渚镇之中哨哨官董先甲率兵及五棚调驻戴埠;其原驻戴埠之右哨五棚由李管带亲自带回宜兴;驻宜之四棚暂时调驻张渚,尚合机宜。察核此次兵民相哄,顽民固不免强横无理,然非弁勇粗率任气,亦不至肇此事端。况辄行开枪,致毙平民两命,可见平时纪律不严。夫防营原以卫民,今乃因寻常斗殴,致成重案,该统领犹欲为之解说耶?军律严于常律,然亦有经通常审判厅审判其事者,故现行刑律仍留军政一门,载明凡例。此案既与民为口角细故肇衅,现据报开枪之逃兵刘金山已经拿获,自应即交县讯办,毋庸将魏弁提省交营务处照军事裁判章程办理。仰即严饬李管带赶紧将逃兵程九星侦缉务获,一并交办具报,毋再延误,致干参办。本部院于各营兵并非不欲尊重其格,奈自处不尊重何!至滋事之任安魁等及胡义子自应一并饬缉惩处,以儆刁风。此缴。

宣统二年八月十七日批封代统燮臣折呈

据称嘉兴各路探兵报告,嘉湖一带有匪蠢动,该代统如果先期设法掩捕,何致有袭劫炮船情事?既不能先事预防,仅于事后前往察勘,有何裨益?嗣探兵杨泗江探得劫船匪党藏匿钱家兜古庙,又不迅往兜拿,仅带眼线一再复探,致令匪党闻讯远扬。怯怯无能,已可概见。且枪弹为匪党护身利器,该匪于逃走之时,何以并不随手携带?尤不可解。综核来禀,情节支离,无非借词搪塞,殊堪痛恨。以后务宜振刷精神,认真巡缉,倘仍一味敷衍,则是咎由自取,断不能为该代统宽也。此批。

宣统二年八月二十九日批右路三营李管带禀戴埠肇事情由并请惩处

此案业据委员钟守与阮统领先后查复，并据该县张令禀报，情形大致相同。已迭经明晰批示，饬令赶拿逃兵程九星归案讯办，并饬县查拿滋事之胡乂子、任安魁等分别究办在案，毋庸该管带再为辩护。要知此次肇衅，不过为任安魁在道旁溲溺阻路，致起冲突，该兵等因其出言不逊，遽施扑击，已属粗鲁。即使任安魁实系蛮横无理，亦尽可由该哨弁禀知该管带移县饬提究惩，乃率尔任气，辄自行拘拿，复施鞭责，此祸端之所由来也。该营平时纪律不严，概可想见。事由口角争致起衅，非拿贼拿枭匪可比。该兵等率尔开枪，致毙平民，自应由地方官照常律秉公拟办，不按军法从事，即属从宽。该管带不自深咎督率无方，犹欲曲为解说，实属糊涂，仰营务处严行申斥。仍饬赶紧访缉程九星，务获解县归案审办，毋再玩延，致干重咎。切切此缴。

宣统二年九月初四日批溧阳县禀兵民交哄一案请将魏千总暂革

据禀已悉。应准将该哨官魏吉元蓝翎尽先拔补千总先行撤革，归案讯究。案情较重，在县审办恐有为难，转致稽延，即准如所请，提省审办，以期速结而昭平允。仰提法司速饬该县，迅将原卷及一干犯证签派妥役押解来省，即由司饬发谳局秉公研审确情，录供详办。一面即移营责令该管带李国玉赶紧勒缉逃兵程九星并潘姓大旗一并解究具报，毋再玩延，致干重咎。仍饬县查拿滋事之任锦章及胡乂子等，务获解办。仍先将原验各缘由填格通详察核，均毋违延。并录报督部堂查照暨候批示。缴。

宣统二年九月初五日批统领飞划营王道申报二营中哨在吴江八坼被匪劫取船枪由

飞划营专司缉捕，而反为匪所乘，致被袭劫船枪，并伤勇夫二人,既损军声,又张匪焰,可见平(时)无备,临阵无勇。岁縻巨饷,养此无用之军,实痛恨。应将管带何嘉禄、哨官凌宗汉均先摘去顶戴,勒限十日,责令将此股匪党搜捕净尽,以赎前愆。倘再玩泄失机,定予严谴不贷。该道防范不力,咎亦难辞,本应记过示惩,姑念到差未久,从宽申斥。务即督率所部各营,确探匪踪,设法兜拿,悉数获办,毋任漏网。仰候分饬水陆各统将一体协缉,并行营务处移司札县速将现获各犯研讯明确,录供禀办。此批。

宣统三年二月初七日批上海县禀川沙乡民滋事谣言将入上海境内请派兵前往弹压

昨据该县电禀,即经札派太湖水师营刘统领酌带师船,漏夜驶往上海,会商沪道暨该县扼要严防,以资镇摄。仰即遵照会同该统领妥为防范,毋稍大意。一面严禁造谣生事,并密拿匿名揭帖首要到案讯办,以儆效尤。仍将办理情形随时禀报察核。至川沙境内,并已派委巡防营林统领带营前往随同松江府戚守妥为办理矣。并即知照。缴。

宣统三年二月二十日批川沙长人乡乡董吴大本等请严惩巫匪首要赔偿损失

查地方自治名义,以专办地方公益,辅佐官治不足为目的。今该绅等等以自治提前赶办,议决于长人乡适中之俞公庙西侧厅空余房屋设立公所,以致女巫丁费氏多方反对,而莠民复从中煽惑,四日期内,至焚毁自治公所十二所、公私立小学校二十九处之多。似此行同匪类,扰乱治安,万难姑容,应由戚守迅提现已就获七名严行确讯,是否此案真正要犯,分别从重拟办。至地方官对于自治章程虽仅居监察地位,然时当众情汹汹,非寻常可比,何得迟至两日之久,始电院请兵?失机误事,庸懦无能,莫此为甚。该绅等所请将公私被害一切损失责令成丞赔偿之处，是否正当？此项俞公庙西侧房屋，是否为地方公共庙产，抑系个人私业？又如该莠民等仓猝呼啸，而群情响应，不顾利害，其中有无别项情事，贻人口实？仰苏属自治筹办处速饬松江府戚守一并查明禀复，以凭核夺，并转行该绅等一体知照。仍饬一面将被毁各公所，学校先行设法修复，是为至要。切切此批。禀钞发。

宣统三年二月二十一日批武进县兼理阳湖县金令禀武阳钦风丰西西（两）乡因调查滋事现办情形暨请派兵驻防情（请）核示

禀称据县筹备自治公所报告，钦风乡因调查户口，愚民误会滋闹，探悉丹阳县莠民王道来煽惑聚众抗阻等情。该乡既派营兵驻守，可资镇慑，惟莠民不除，仅恃兵力，自治前途，何堪设想！应会同丹阳县陈令切实查究，严拿王道来到案讯究。但报告所称其用意别有所在，语未明晰，仰即转饬查明详复。又阳邑丰西乡刘盘生、赵学成与所长戴彬，是否但因借凳肇衅，以致要挟，应提案讯究详办。城垣近处兵力既单，已派飞划第一营帮带刘振钧率飞划十艘赴常弹压，迅即会商，妥为布置，并将近日民情及办理事宜随时禀报。选举人民，关系重大，该县应亲临督，不得因他故委员代理。平日于自治员办事得失，亦应随时查考。至地方土豪恶棍，尤应严密缉捕，先事预防，自能销患于无形，以免酿成巨衅，用保治安。姑念该令兼权两邑，事务较繁，免予记过。俟任令到任，协同办理善后，毋再疏忽干咎。缴。

宣统三年三月初三日批松江府川沙厅会禀川沙乡民聚众滋事起衅获犯情形并折

禀折均悉。此案肇事原因，根于自治。详阅该守等来禀，并未将当日如何致此情由缕切直陈，徒铺叙打毁房屋及获犯情形，殊不解用意所在？查刘公祠、俞公庙两案,惑众敛钱之顾作霖,既经提讯收押,而又任听保释,是为酿祸之一原因。纠集无赖之丁费氏,既经拘至厅署,而仅交差看管,嗣复轻放出外煽惑,是为酿祸之又一原因。打毁门牌之张阿希,既经会票饬提,并不多派捕役四面兜拿,致路过唐墓桥为龚卧江等强拖以去,疏纵重犯,种种失机,是为酿祸之最大原因。积此众因,致该党气焰愈张,乘隙裹胁。该丞充耳不闻,又不亲自查拿弹压,一若无事时听命于绅董,有事时委拖于书差也者,致有初一后四日之间焚毁公私房屋三四十处之重案。试问刘公祠之改学堂,俞公庙之设公所,谁为批准？监督自治者为何人？顾作霖、丁费氏、张阿希三数人之嫌怨,何以能号召群丑,一呼百应？来禀不自引咎,一味掩饰,在该丞不过巧为脱卸,该守亦模棱庇护,是诚何心？总之,愚民可恕,乱民宜惩。所有此次已获未获各犯,务须严密访查,研讯得实,尽法惩治,毋纵毋枉。尤不得任凭厅役四出骚扰,吓诈无辜。至自治公所各绅,平日筹办自治,先宜体察民情。如果称物平施,岂能酿成巨衅。前次乱事初起,该绅等竟致电请剿办,尤为荒谬。昨据苏松太道禀称:该公所收捐苛细,结怨于民。究竟苛细各捐,业经收有若干？是否太涉琐碎？其规定各捐议案章程,该丞何以放弃权责,竟不细加查核！仰于奉批三日内,详细逐项声复,并将自治各捐全案卷宗随文抄送,以凭核办。自治各绅既失民心若此,其此时遭乱事,悯其平时敛怨可知[1]。现在积忿之余,继以决裂,若再不设法补救,尤非爱护自治之初心。仰该守等秉公据实详查各该绅等确系如何不合情形,一并禀复,或详请解散,或禀明换退另

---

[1] 此间似有误字。

选，务须妥酌持平，是为至要。近日南汇渔户滋事，未始不从川沙传染而来。若再因循敷衍，徒思面面俱到，则星火可以燎原。本抚院不能徇目前息事之名，而见好于属吏也。仰即分别妥慎办理，毋得再存回护，致干未便。切切此缴。折存。

宣统三年三月十二日批武阳二县三十五乡乡董赵晋祺等公呈为自治风潮迭起后患堪虞环恳俯赐维持事由

据呈已悉。察核钦风、丰西两乡肇衅，原因虽各不同，而愚民误会调查选举本旨，又有一二私人挟嫌寻隙，于是好事之徒乘机煽惑，迨党徒既众，良莠混淆，假公愤以报私仇，牵制全局，深堪痛恨。然事有须分别观之者，乡民抗拒风潮，往往借迷信之事以为号召。欧美各邦崇尚宗教，颇为政治之助力。日本维新数十年，其国俗信仰多神，与吾国情形相似，然彼尚拊循而利用之。今丰西乡一案，据委员会查，系夹城庵与土地庙界画未清，乡民进香又见庙中什物确有短少，因疑生谤，职此之由。迨相率赴诉之时，尚不亟为区处，是非不明，乱阶即缘之而起。大凡办理地方公益之事，苟其有益于公者，虽损于私亦当勉为之。不特私利之不可营也，即如欲爱惜私人之名誉，亦必称量对于公众有益与否。如其无益，则宁牺牲少数以顾多数，谓不如是，则不足以服公众，且激之怒而阻吾之进行也。来呈以乡民聚众哄堂为前提，而不知尤当以哄堂原因之是非为前提。本抚院考察之余，甄别淑慝，必当兼听并观，折衷一是。倘赏罚不允，民怨益深，岂自治前途之福，又岂地方绅民之福。既已严饬印委分别切实查究，果系匪类，即非反抗自治亦应严办，尤以有无案据为断。常州俗尚文明，自治早为各属模范，几经困难，盘根错节，正该绅董等磨励（砺）之资。所望惩后惩前，补偏救弊，始终不懈，为乡党谋永久幸福；不容因噎废食,致灰求治初心,且贻公民口实也。仰自治筹办处转饬常州长守、武阳金任两令,剀切转谕诸绅董等知照。此批。

宣统三年三月十七日批丹阳县陈景韶禀钦风乡滋事情形并办法

察核来禀,拟设法开导,徐图进行,用意未尝非是。惟禀称"武进师船驻防,稍资镇摄,不敢暴动,惟莠民转而窜入县境,煽惑愚民"等语,一若武进驻兵,该县因受其害者;一若该县本无莠民,莠民实自武进来者。似此互相推诿,无非回护自己以为日后卸责地步。总之,莠民一日不清,即调查户口之阻力一日不去。该县既信王道来素无不法实迹,惟狃于愚民见解,正宜责成王道来化导愚民,听候调查,不得再信谣言,滋生事端。如有暴动情事,一惟该县是问。懔之!仍将防营到县后办理情形禀报候核勿延。此缴。

宣统三年三月二十一日批丹阳县禀乡民因调查户口造谣聚众现已解散办理情形

据禀已悉。查阳湖钦风乡滋事一案,阳邑官绅均谓系丹阳莠民王道来等煽惑聚众,抗阻调查,并敢借词团防,发旗散布所致。并据筹办处夏道访明,该乡莠民越境购买王道来尖角小旗,蔓延至大有、栖鸾等乡。兹据该令禀称丹邑因武进莠民窜入煽惑,致启聚众之渐。在该令之意,以为归狱邻封,便可卸责,不知王道来久居丹邑皇塘镇东之张堰,徒党甚多,该令即以邻为壑,丹邑遂能宴然无事乎!且闻本月初七日,该令为调查门牌至镇,乡民鸣锣聚众抗拒,该令登舆,有数人拥护至舟,遂即遁回。此等情形,两次来禀皆多掩饰之词,并未据实禀报。在该令意恐轻拿酿衅,含糊了事,然奸民气焰益张矣。访闻上年十二月王道来即聚众敛钱,以抗拒调查为名。有入其党者列名于簿，领旗一面，出钱数百。其党唐同宝、殷三均住张堰附近，其聚众议事之处，即在张堰之地藏庵。当乡民麇聚之时，有立于皇塘桥上遥望者，亲见白旗招飐，如素练横空。该令亲临其地，岂不见之？虽所揭之旗托名团练，尚无不法之实据，然结党敛钱，抗拒官长，万一养痈成患，咎将谁归？据称皇塘、丁桥两镇董耆函报，乡民刻已散处，渐知感悟，并有允许遵章调查户口者，是不允调查之处尚在多数。王道来既为愚民所信，即应责成其化导愚民。并派公正绅耆，宣讲调查户口之原因即与保甲门牌无异。一面严饬王道来等收回旗帜，销毁名簿，即视其能否认结为良莠之分。若再恃众抗拒，或别有不法行为，则必布设方略，严密拿办，不得姑息以酿隐患。自古处置莠民之法，非开诚教道，使之革面洗心；即不动声色，诛其渠魁，散其党与。若依违不断，必无中立之势。该令其妥慎从事，勿谓可长此苟安也。此缴。

宣统三年三月二十五日批常州府武进县兼理阳湖县金令禀阳邑丰西乡民二次哄堂业经解散办理情形

禀悉。查此案启衅，由自治公所设立于夹城庵，与土地祠接近，因有争用花木器具之事。自应先访明是否为愚民所私取，抑系戴彬及其所亲之人，不自远嫌，任意假借？分别确实是非，秉公处断，并将戴彬所长照章撤退，使众周知，另举贤员，谕令劝导，民情自当输服。大凡愚民聚众，多起于有所不平，匪徒因而倡首。必须设法先将胁从解散，然后惩治首要，方能得手。该县计不出此，缓急失宜，致酿二次聚众哄堂之案。刁风滋长，徒恃兵力弹压，绝非釜底抽薪之策。仰该县商同委员陈守，遵照前禀批示，不激不随，妥筹善后，毋再操切干咎。此缴。

四、函

到苏接篆后上亲贵及政府书

王　　爷殿下
贝　勒　爷爵前　　禀
中　　堂钧座　　敬肃者：春明上谒，备蒙
大　　人阁下　　禀
夫子大人

赐光颜，

申教诲，如闻

韶奏，不图为乐之至于斯。

朝旨频催，翩然南下，舟车循省，为幸良多。比维德抱炀和，

勋福毕集，引詹

朱邸台座欢忭无量。　德全　晚生于昨月二十五日抵苏，二十七日接篆，俱受业

详前电，当以早彻

钧听。苏省为吾国文明之中心点，不料开通愈早，腐败亦因而随之。兹将全之对待情形及现时状况，一一胪列如下。

一、绅学界。士绅学问向占优胜地位，近来东西文明输入，而知识亦俞日新，加以张殿撰謇诸人为之导师，力加提倡，将来吾全国之教育模范，殆将取法于兹。惟查本省各官，往往因公与绅不洽。即洽矣，而又事事徇其所请，几忘权限之所在。今不但官与绅不洽，即民与绅亦不洽，且不但民与绅不洽，即绅与绅亦不洽。以致调查之事屡起风潮，平粜之案互相禀揭，涣若散沙之弊，全实惧焉。全始到此，即蒙开茶会表欢迎，当即切为演说，借达私见，一救此弊，但不知能否办到耳？

一、商界。此间出品以丝米为大宗，近两年来尤为发达。盖因商人资格甚高，半皆有学问而不愿为官者，时寓于此，讲求有素，故实业颇兴，如郑苏戡孝胥诸人办理南洋劝业会是也。仝之来，皆甚欢迎，或遣人代表开会，私心窃计，何以副所期，不胜悚栗。

一、军界。兵无强弱，惟视主将为转移。将不得人，久久因循，遂酿成各种现象，条列子目如左：

甲、巡防。巡防者，顾名思义即游弋之义也。乃近来此差皆以道员为统带，深居简出，总不到防，而兵弁遂得夤缘为奸，肆行无忌。

乙、飞划营。取名以飞，是必有最大之速率。今则不然，越一二日方移一处，至求其实，舟并未移，不过呈文填表，作纸上空谈而已。成此性质，何能击贼。

丙、太湖水师。苏省本泽国，港汊行歧，非用水师不可。而此等水师，专以通贼之方法，行扣额之习惯，因养成无数营混、无数流氓，水师遂不可问。

丁、江浙巡舰游兵，当两省之交冲，来往梭巡，辘轳策应，立法未尝不善。乃至今日，不但不能得力，而且有害。或有贼艘，江一剿则入浙，浙一剿则回江，互相推诿，毫无成功。而水上之盗，更可横行矣。

戊、新成陆军此间为二十三混成协，名曰新军。因带者未甚得人，又无最高之教育以为模范，虽属新编，已成暮气。而土著之人，寥寥无几，亦与征兵章制不合。此则急宜改定者也。

一、警界。警察一事，为保治安之要点。此间巡警之官弁及岗兵，精神上暂不必论，形式上即已大难：有卧治者，有跛踦当街者，有吸雅（鸦）片及赌钱者，种种怪象，不一而足。今虽已设巡警道,尤宜急注意也。

一、官界。内地官场,不似东三省,事经初创,人颇知新。此间流传既久,宦途习气印于脑筋者太深。除升官发财外,无思想;除派厘调优外,无希望。虽其间有学识有经验者亦不乏人,而此等庸才实占多数,自应大加淘汰,一清政界而利进行。

一、平粜。救荒无善策,古已言之。大江南北,迭受偏灾,而地方有司及办赈委员贤否不齐,以致抢米之案往往而有。今幸暹逻、芜湖之米以次运到,本地禁运出口,则贫民之所希望于官府者,亦渐可达其目的。江南似可无虞,可专力注重江北,虽当青黄不接,或亦不至失所。全在京时,

政府
大人 即屡以此事为言,敢不力勉,以副 钧嘱。

一、盐捕营。浙西销盐引地大半坐落在苏五属辖境,外滨江海,内通河湖,地与两省毗连,非水陆各营联络一气,万不能以清地面而缉私枭。因查设营本意,必经三处会委在苏人员者,良以情形熟,呼吸灵也。今则浙省颇有改委运司之议,以为统一事权,然与地方上有密切之关系,恐与盐务上生出无数之障碍,似不如仍旧之为愈也。

以上各条,已为秕政。更兼财政困难,又一绝大问题,一经预算,不但按年出入所亏甚多,即按月所亏者亦不少,寅食卯粮,将何以济?德全到苏未久,只就现在者言之。至于如何改良进步之法,万乞我

王爷
中堂
大人 教之。德全办事向不畏难,只有深自刻励,务以静专之主义,
师

为治己之方；以立定脚跟，相机因应，为治人之策，如是而已。南中卑泾，身虽劳苦，尚足支持，请释 钧念。酷暑将来，惟以为国葆卫为叩。手肃敬请

崇安，伏乞

垂鉴

德全　禀
晚生谨肃
受业　禀

宣统三年四月初八日致松江府

升淮仁兄大人阁下：川沙滋事一案，如何办结？尚未见 台端来详，实深悬盼。刻接松江府属匿名函禀一件，此等邮递无名之信，本可置诸不理。惟中有"聚众愈多，官府愈不敢问；闹事愈大，情法愈觉可原"暨"川境自治学堂，惨同灰灭；烟间赌馆，盛若花开"等语，不平之鸣，颇足为官吏药石。亦以见此案一日不结，则谣传一日不息，须于人情国法两得其平，方可间执谰慝之口，而消地方无穷之隐患，固不独为川沙一隅言之也。兹将原禀寄呈，以备参考。此案通详或需时日，而拿获祸首，审讯多堂，必已胸有成竹，务乞将结案大略先行邮告，以免望眼欲穿，至要至要。专泐祇请台安。

五、电　稿

宣统二年六月初六日致浙江巡抚

杭州增抚台鉴：洪。本日申刻接盐捕统领汪道禀称"松江戚守禀报称'探闻浙西大帮枭匪，窜入松境，知府已调兵亲往巡察，如何确情，容再续禀'等语。除由职道飞饬所部各营，一体严密防

堵,并加派本军营务处兼带后营王丞元章,刻日乘轮驰赴各属巡察外,理合禀请转电浙江抚宪,饬营会同剿捕,以免逃窜"等因。查大帮枭匪,由浙而松,未知如何确情,用特专电奉闻,即祈迅赐饬营会同剿捕,以免逃窜,是所至祷。德全。鱼。印。

宣统二年六月二十一日致两江总督

南京张制军鉴:辰。皓电敬悉。"匪首王正国业已就获,快甚。查该匪首王正国即王麻子,改名王鼎臣,近由江北窜至浦东,结党贩私,势甚猖獗。复纠合各帮,起意伙劫盐捕前营枪械,拒伤管带,并毙勇丁一名,受伤多名。又连劫三官堂典当,得赃甚巨,罪大恶极。迭据飞划、盐捕各营,获解要匪余得章等十九名,起获枪械、赃物,报由敝处谕饬汪道,亲提审讯,均称此案实系王正国即王麻子为首,众供如一,毫无疑义。幸当时调兵迅速,该党闻风四散。据各犯同供,该匪首于初九日潜渡浦西,已由铁路脱逃"等语。当经严饬各营购线追捕。现由新胜营并高邮所派邵镇堂等,拿获解宁。因讯供避就,已饬解扬审办。但该匪首在江北一带,迭犯抢劫各案,姑不具论;即就此次窜至浦东,纠党劫营抢当,科断情罪,尤为重大。拟请电饬解苏,归案质讯,即就犯事地方惩办,以寒匪胆而快人心。尊意谅亦谓然,祈速赐复,至为盼祷。德全。马。印。

宣统二年八月十一日致两江总督

南京张制台鉴:洪。前布青电,度邀尊览。旋据统领右路巡防队阮慕咸禀复,核与前电钟守查复及溧阳张令所禀,大致相仿。惟禀尾以张令将魏哨官钉镣收禁,似与中外军律不甚相符,恳檄提哨官来省,发交营务处问拟详办等情。当批云:"该统领已饬驻防张渚镇之中哨哨官董先甲率兵及五棚调驻戴埠;其原驻戴埠之右哨五棚,由李管带亲自带回宜兴;驻宜之四棚暂时调驻张渚,尚合机宜。察核此次兵民相哄,顽民固不免强横无理,然非弁勇粗率任气,亦不至肇此事端,况辙(辄)行开枪,致毙平民两命,可见平时纪律不严。夫防营原以卫民,今反寻常斗殴,致成重案,该统领犹欲为之解说耶!军律严于常律,然亦有经通常审判厅审判其事者,故现行刑律,仍留军政一门,载明凡例。此案既与民为口角细故肇衅,现据报开枪之逃兵刘金山,已经拿获,自应交县讯办,毋庸将魏弁提省交营务处照军事裁判章程办理。仰即严饬李管带赶紧将逃兵程九星侦缉务获,一并交办具报。……"等语。特闻。全。真。印。

宣统二年十月初七日致两江总督

南京张制台鉴:洪。……查本年饥民麇集扬州,几酿风潮,苏省乡民亦被江北饥民滋扰。……灾民饥寒交迫,转徙流亡,自在意中。张凌两守因何尚未到浦?请饬催迅赴差次,会县设法扼要堵截,以免南下。……全。阳。印。

宣统二年十月二十七日致两江总督

南京张制台鉴:辰。感(咸)电敬悉。洪道禀办枭匪熊公保一案,经敝处批云:"禀折及另单均悉。该犯熊公保曾充营勇销差,积惯贩私,胆敢以盐捕营缉私严紧,伙同在逃之张四拐子等五六十人,围攻哨船,将哨弁胡德胜及勇丁共四人掳去戕害,劫得军装船只,实属情同叛逆,罪不容诛,……即在军前正法具报。……"全。感。印。

宣统二年十一月初六日致浙江巡抚

杭州增固帅鉴:辰。歌电悉。昨夜得警告,立派御武巡舰飞往该处跟探匪踪。兹又加派张副将多带兵舰,会同盐捕营巡缉官沈葆义严密搜捕。一面饬令飞划统领王道曜率带师船迅赴苏浙交界地方，与尊处派出各军协力剿办，务将此股歼除，以安行旅。全。鱼。印。

宣统二年十一月二十二日致直隶总督

天津陈制台鉴：辰。马电敬悉。五年期限，转瞬即至。全前奉十月初三日谕旨，即举谕中"国民应维秩序"一语，引申其义，布诚绅商学界。目前幸无联合要求之举。兹承电示，当益留意，预为防范，免滋事端，以副敦嘱。全。祸。印。

宣统二年十二月十八日致军机处

北京军机（处）钧鉴：洪。窃查江南苏松一带，每至冬令，有江北一带借逃荒为名之难民，千百成群，沿途硬索夺物，甚至肆抢逞凶，殴毙人命，竟有乘间奸淫妇女之事。历年报办有案。虽迭经通饬各属，随处截留，设法资遣，本年秋后，即经督院会同敝处，派员在清江各处扼要设局，截留资遣，回籍就抚，不为不力；无如此等假难民几成习惯，直作每年生计，总不免零星绕越偷渡来南，聚集成伙。兹于十二月初间，昆山县吕十二等园（图）地方有难民约五六百人，自称一千二百名，持有刀枪，沿途索扰。初五日，又蜂拥至椿里村稍为殷实之邹仁安、邹步云等弟兄同居宅内食宿，并索米五十石。经图董陈有山理劝，讲明给米十六石、银洋十元，将有成议。乃于初六日午刻，吕十四图蛮子浜乡民约同各图村众，因被扰害，寻踪而来，与假难民等决斗，致毙彼造六七人。该假难民等即退踞邹步云家，坚闭大门，将邹步云捆缚屋顶，令其向众理说。只以人声鼎沸，人莫能辨，该假难民迁怒邹步云解劝不力，将其戳死，掷尸出外。复将邹宗介戳死，又伤村民马传根等多人。两造愈闹愈急，邹家忽然起火，全屋四十余间烧毁无存。……该假难民等被焚死者亦居多数,逃出若干人已四散无可稽考。……并闻与该县连界松江府属之青浦县等处,亦有另起难民入境骚扰情事,已先后酌派巡防营伍驰往查明弹压,相机办理。……巧。印。

宣统二年十二月二十一日分致安徽巡抚江西巡抚

安庆朱抚台,南昌冯抚台鉴:洪。据溧阳县禀,有江西德化、星子两县难民六千余名,由广德、建平到境需索,不堪其扰,已给钱米遣回,请电咨截留等情。查本年江皖告灾,已派员在清江设局堵截难民出境,以免滋扰。昆山县复出有难民杀伤绅士,乡民焚毙难民重案,四出骚扰,后患堪虞,请分饬各县一体截留,资遣回籍,勿任窜越东下为感。全。马。印。

宣统三年正月三十日致两江总督

南京张制台鉴:辰。艳电悉。盐城县孙令来禀,正在核批。查该犯高三楼、高新楼、王大得子即王从得,据讯系属幅匪,供认结幅五股,共聚众五十余人,驾使(驶)船只,执持枪炮,白昼闯入闹市,连劫典铺,估赃至二万五千余两。经营勇、街邻捕拿,复敢开枪拒敌,轰毙六命,并伤五人。实属情同土匪,啸聚山泽,自应饬府就近檄委邻封,会审禀办。除批府遵办并行知提法司外,谨此奉复。全。卅。印。

宣统三年二月初五日致两江总督

南京张制台鉴:洪。迭接沪道、松江戚守、川沙成丞并川自治公所来电"以川民为争庙产,仇视自治,捣毁焚烧公所、学堂、绅屋,官绅被击受伤,沪道、松守派兵已到,拆烧未已,解散为难各"等语。除先饬戚守亲督师船驰往弹压外,兹又派林开武督营驰往,以资镇摄。并饬厅解散胁从,严拿首要惩办。上海田令来电,以谣言四起,将入上海境滋闹,绅董惶恐,电禀请示。上海华洋杂处,易启交涉,应请察核饬遵。全。微。印。

宣统三年二月初五日分致上海道上海知县

上海刘道台、田令同览:洪。田令微电悉。川民滋闹未已,延入邻境,不可不防。已饬林统领开武督带巡防队由火车至沪赴川,经过租界,由道查案照会领袖领事知照,并由县代备船只渡江。抚院。微。印。

宣统三年二月初五日分致松江府川沙厅

松江戚守、川沙成丞同览:成丞支电悉。松沪兵到,何致拆毁未已,解散为难?已饬林开武督队,由火车至沪赴川。并由戚守遵照支电,速亲督师船驰往弹压。该丞务即随同妥为解散,毋贻后悔。一面仍严拿首要,惩办为要。抚院。微。印。

宣统三年二月十五日致两江总督

南京张制台鉴:辰。丰县会委禀盗犯唐占书、魏二请正法之件,现已到苏。查核该犯唐占书、魏二系游勇为盗,结伙四十二人,执持洋炮、快炮,假穿号衣,肆劫事主李安宇等禀(家)并同门出入之丰泰盐子店得赃,复敢放枪拒毙练董,并伤练勇,实与土匪啸聚山泽,拒敌官兵无异。既据会审明确,自应照章严惩。除批饬该县即提该二犯验明正法具报,其续获之孙麻贞、汪燕子已据另文详报病故,并饬核案办理,仍将余犯蔡破等照例复讯详办,并行司饬遵外,特闻。全。咸。印。

宣统三年二月十七日致两江总督

南京张制台鉴:辰。太平洲禀江都嘶马镇枭匪朱二等扰害地方一案,拟请尊处饬派两淮缉私统领王有宏、新胜营督带徐宝山,会同三江孟河各营及江、泰、徒、阳等县,严密协拿,以期速获,而除隐患。全。筱。印。

宣统三年二月十八日致两江总督

南京张制台鉴：辰。枭匪首领葛三即葛明珠，近在扬、镇地方肆行抢劫，民不聊生。拟请尊处密饬驻镇陆统领，设法严拿，务获禀办，以除巨患，而靖地方。全。啸。印。

宣统三年三月初六日致两江总督

南京张制台鉴：辰。歌电敬悉。沛县会委丰县禀办盗犯李玉昌、郭汝芳禀件，尚未到苏。惟查前据禀报，该二犯本系会匪游勇，因投土匪起事未成，迭次抢劫，杀毙事主王凌霄等四命，临拿拒敌官兵，当经批道委审禀办。既据复审无异，核与就地正法章程相符，应请即由尊处挈衔电饬惩办为荷。全。鱼。印。

宣统三年三月初十日致两江总督

南京张制台鉴：洪。丹阳因调查户口，愚民造谣滋事。据该邑绅士到苏筹办处面称，并有帮匪混杂，扬言约期捣毁城自治公所，亟应预为防范。省防营遽难抽调，请饬驻镇巡防队统领酌派营伍，会同该县相机镇慑。除电饬该县将城自治会先行解散外，特此奉商，并希电复。全。蒸。印。

宣统三年三月十六日致两江总督

南京张制台鉴：辰。咸电敬悉。徐州张道禀办铜山盗犯刘大娃等，又萧县盗犯谢文眷之件，尚未到苏。查前据铜山县禀，叙该犯刘大娃、蒋安邦二名，均系会匪游勇，迭劫得赃，杀毙事主，拒敌官兵，凶暴众著等情。当经敝处饬道提审。现既讯明无异，核与就地正法章程相符，应请尊处挈衔电饬惩办。至萧县盗犯谢文眷一名，查无该县禀报卷据，无凭核复。如该道有禀到苏，另行奉闻，或即先请尊酌饬遵亦可。谨复。全。铣。印。

宣统三年三月二十日致两江总督

南京张制台鉴：辰。本年预算案内，资政院议绿营全裁，防营裁四成。查苏属防营无多，各属巡警又未一律成立，全恃防营弹压地方及剿办各帮土匪、枭匪，往往不敷调遣。现拟全裁绿营，防务更形吃重，实难同时议裁。拟即电商陆军部，请将苏属防营一律缓裁，以资保卫。至绿营一节，正月曾准我公电复："须体察地方情形，分别缓急，次第办理。"荩筹远大，钦佩良深。仍祈尊处从长计议，挈衔电部。一面先行示复为祷。全。号。印。

宣统三年四月初五日分致冯梦华张安圃

南京冯大臣、张制台鉴：洪。据林道电禀："奉督院电谕，清江粥厂停办，饥民数万奔投镇宁，饬派重兵堵截，并督地方官资遣，勿任南下等因。除饬府县筹办，调兵实力堵截，并禀督院电饬淮扬道、瓜州镇一体拦截外，禀候电示祗遵"等语。查清江粥厂，已届四月，极应停办。第饥民数万南下，头头是道，防不胜防。镇江派兵堵截，勿令渡江，而江北各州县，已遭蹂躏。况沿江口岸，到处可通，瓜州虽属扼要，不免挂漏。与其资遣而糜帑，地方不免扰害，似不如粥厂暂缓停办，虽同一糜帑，犹觉彼善于此。两公痌瘝在抱，借贡一得之愚，是否仍祈卓夺。全。歌。印。

宣统三年四月初六日致外务部

北京外务部钧鉴：申。初五日电敬悉。粤事骤发，全即密饬各属设法侦察，严为防范。并饬各防营及巡警道，分别遴派专人，在火车、轮船上下并水陆各要道，严密巡察。遇有形迹可疑及暗携军械之人，或跟踪侦探，或查实严拿，以斯预遏乱萌。承示"留东学生倡立国民军，与粤事确有关系"等因。顷又密饬巡警道及上海道，加派妥人，在沪上各码头遇有东洋来沪之船，留心巡察侦缉，冀免滋蔓。特此电复。全。鱼。印。

宣统三年四月初六日致两江总督

南京张制台鉴：辰。据营务处洪道尔振面呈初五日接新胜营督徐宝山来电，内称"嘶马盗首朱大花脸集党百余人行抢，明日率队亲往围捕"等语。查朱大花脸即朱二，与党首葛三即葛明珠，以及宝四子即宝四连、鞠少爷即鞠恒全、朱大狮子、朱小狮子、王连生、陈二等，啸聚徒众，肆劫于江、泰、徒、阳各洲港，罪大恶极，再不铲除，势成巨患。前据太平洲绅民公禀，徐宝山与葛三向有旧交，屡任兔脱。今徐宝山来电，只言朱大花脸而无葛三，难保无徇纵情事。拟请尊处严责徐宝山，务将葛三、朱大花脸等悉数拿获，解案讯办，以明心迹。一面乞密饬两淮缉私王统领、驻扎镇江陆统领、淮运司、扬子栈陈道暨该管各州县，多派水陆营队，广购得力眼线，悬立重赏，四布网罗，用全力以图之，使该匪等无可逃窜，穷（穷）蹙就擒，尽法惩治。地方幸甚，大局幸甚。全。鱼。印。

宣统三年四月初十日致两江总督

南京张制军鉴：辰。佳电敬悉。盐城孙令会委周令禀办盗犯高三楼、高新楼、王大得子三名之件，业已到苏。核其所犯，形同土匪，与正法章程相符，当即批准。正在缮发径行遵照，接奉电示，即请尊处挈衔电饬惩办为荷。全。蒸。印。

宣统三年四月十三日致两江总督

南京张制台鉴：辰。密。文电敬悉。高邮州禀获会匪吴万等请示一案，现敝处批示文曰"查该犯吴万系已革丐头，胆敢投入青帮，开堂收徒，复听从行窃陶永茂家，临时行强得赃。谈在山、乔万兴二犯，亦系帮匪，因吴万与匪首杨锦明同时被获，胆敢啸聚党类数十人，分持洋枪二十余支，马炮十余支，追夺抗官，轰击拒捕，将匪首杨锦明及捕役杨得在途劫去。谈在山复在钱志鸿家抢掠衣物,掳捉妇女勒赎,均属凶暴昭著。且杨锦明被劫,尚未缉获。当此江北枭会各匪充斥之际,该犯等既供认结帮收徒,敢于聚众劫犯抗官,并有因窃行强及劫掠掳捉之案,尚恐所犯不止于此,自应切实讯究,从严惩办。仰江北巡防营务处沈道遵照,刻日亲自酌带营队数棚前往该州,督同姚牧,提犯吴万等三名到案,研讯实在所犯各确情,录取切供,开折专差驰禀来辕,以便察核,电饬正法"等语。又该州另详匪目夏梓桢一案,亦饬沈道再行督审实情,录供详核。并以奉闻。全。元。印。

宣统三年四月二十日致两江总督

南京张制台鉴:辰。顷据访闻,"巨匪葛三,因拿办情急,潜匿十二号盐河东,与督销陈道缉私小队副哨徐桐标系属师弟,时相往来各"等语。查该匪党众机诈,稍纵即逝,现既穷蹙,密藏该处,难保不以徐桐标为耳目,另作脱身之计。应恳尊处密饬陈道,勒令徐桐标立将葛三交案,免予并究解案严办。并祈毋任走漏风声,致令远扬,尤深纫感。全。号。印。

宣统三年四月二十三日致两江总督

南京张制台鉴:辰。养电敬悉。宿州李牧会同萧县李令禀办孟昭兴、吕继昌一案,亦已到苏。查核该二犯一系游勇,一系会匪,既据会讯明确,结伙六七十人,持枪肆劫得赃,掳人勒索,拒敌官兵,实属形同叛逆,核与就地正法章程相符。除批州即会县惩办外,祈尊处挈衔径行电饬宿州会县遵办具报为荷。全。漾。印。

宣统三年四月二十八日致两江总督

南京张制台鉴:辰。徐督带宝山禀获朱大花脸等八名,谅达冰案。惟渠魁葛三及要匪朱大狮子等,均在逃未获。除批示嘉勉仍饬严缉各要犯务获外,适据江都县禀报,朱大狮子、朱小狮子等结党数百人，声势甚大，请密派重兵会剿等情。应请尊处仍责成该管带认真缉拿，并分饬各统领密速派兵会同剿办，以免滋蔓而除隐患。其现获各犯，已由敝处电饬扬州府督县先行提讯确供，禀请惩办。谨闻。全。勘。印。

宣统三年五月十四日致两江总督

南京张制台鉴：辰。扬府嵩守、江都桂令禀办朱小狮子等折件谅达。朱大狮子即朱盛椿，为积年巨枭，并投入帮匪，竟开堂收徒至一千余人。因其弟朱小狮子被城守营王守备拿获，胆敢率领朱大花脸，朱得才并逸犯姚三虎等一百余人前往劫夺，放枪拒伤营勇，并由朱得才用械拒伤王守备，将朱小狮子劫回。暨历年任令徒党朱大花脸等在外抢劫，捉人勒赎，得赃分给该犯收受，置田造屋，广购枪炮，大为民害，几成负隅之势。朱大花脸、朱得才亦各收徒一二百人，随同夺犯拒捕，历次抢劫掳赎，均属罪大恶极。既据审讯明确，亟应照章严惩，以昭炯戒。即请尊处挈衔电饬遵照。一面由敝处径批驿递，并令将徐得金等各犯分别归案拟办。无干误拿之姚长明等，准予保释。并闻。全。寒。印。

宣统三年五月十七日分致扬州府江都县

扬州嵩守、江都桂令览：治。铣电悉。朱匪禀件，寒日即电请督院会衔电饬照办。一面径批五百里挑递，希即提朱大狮子、朱大花脸、朱得才三名到案，验明正身，处斩具报。抚院。筱。印。

宣统三年五月十八日致两江总督

南京张制军鉴：洪。前据扬州嵩守等折开："朱大狮子供内有田六百余亩，屋三进，并药材店，此外恐尚有产业，并闻其屋有枪眼及各种预备。"鄙见拟即会同尊处派得力大员前往，督同府县，查明该犯朱大狮子连其弟朱小狮子名下究有产业若干。除应否酌给亲属养赡,禀候核夺外,其余一并充公,并将所住房屋拆毁具报,以绝根株。再此案积年巨匪,今设法围捕,就获正法,自应入告。拟请双衔奏报,何如? 统祈裁示遵行。全。啸。印。

宣统三年六月十八日致两江总督

南京张制台鉴: 洪。筱电敬悉。朱大狮子、朱小狮子、朱大花脸、朱得才,均系著名巨匪,为害一方,有负隅之势,而朱小狮子尤为党魁极恶。此次王道曜派徐同庆深入擒渠,复跟踪设法缉获,允推首功;管带张立德亦在事出力;督带徐宝山先获朱大花脸,亦甚得力,似均可照异常列保。两淮缉私统领王有宏,苏州飞划统领王曜,均布置督率有方,始克奏功,亦酌为保奖,以示鼓励。逸犯葛三业已远逃,恐未必即能就获,似以先保为宜。队官李文魁等请饬缉私王统领查明酌给外奖。增运司亦调度得宜,江都桂令随同出力,似可不必入保,仍于奏中酌叙嘉许。鄙见如斯,统候卓裁。全。巧。印。

宣统三年六月三十日致两江总督

南京张制台鉴: 洪。艳电敬悉。沈道禀办盗犯徐发柱本系帮匪,胆敢结幅聚众百余人,分执枪炮,驾驶船只,迭次在洋面强劫得赃,目击伙犯开炮拒敌官兵,实属啸聚薮泽,形同叛逆。既据审讯明确,亟应照章严惩,已电饬遵照提犯正法具报。谨复。全。卅。印。

宣统三年闰六月初六日致两江总督

南京张制台鉴: 洪。冬电敬悉。徐州林道禀办盗犯张兴业等之件,甫经到苏。查该犯张兴业、韩景春、周科、雷洪堂均系会匪游勇。王献礼亦系著匪江西老虎悍党。俱结伙执持枪炮,迭劫得赃,并拒敌官兵,轰毙勇丁,或残杀多命,或焚毁学堂,掳人勒赎,核与土匪啸聚薮泽,形同叛逆,准予就地正法章程相符。既据审讯明确,自应照章严惩,已电饬提犯即行正法具报。谨复。全。鱼。印。

宣统三年闰六月初八日致徐海道

徐州林道台览:治。阳电悉。积年土匪刘三、张飞,迭劫萧、砀、铜、沛等县,得赃勒赎有案,并拒捕戕勇,与已获之王献礼等指为同党,并系游勇随同拒敌,既据提质明确,核案相符,自应照章严惩。希即饬提该犯刘三、张飞到案,验明正身,正法具报,仍录供补禀备核。抚院。庚。印。

宣统三年闰六月初九日致两江总督

南京张制军鉴:洪。庚电敬悉。嵩守禀:"迅明甘泉盗犯吴九坤、朱三两名供情既均系帮匪,或开堂收徒,纵党肆劫,知情分赃,纠众夺犯,拒敌官兵;或结伙持枪迭劫,伤人得赃,随同夺犯抗拒官兵。"核与正法章程相符,自应照章严惩。除径批扬州府遵办并行司查照外,谨复。全。青。印。

宣统三年闰六月初十日致常镇道

镇江林道台:洪。丹阳王道来等五犯,现已拿解来省。该犯等煽惑愚民,抵抗官府,并散放旗飘,聚党焚毁房屋。此次缉拿,系为消除后患起见,如讯明情有可原,本拟从宽办理。惟现闻该县余党复谋鸣锣聚众,希饬承守亲往,并拨营会同妥为解散。一面速缮四言告示,俾众周知。如再有聚众违抗情事,即饬先将为首之人拿获解省,仍相机剀切譬喻,勿稍轻重失宜为要,并速转丹阳县遵照。再,此案王道因探知踪迹,非速拿恐事机先露,故未遵饬会商。兹据禀陈,合并奉告。抚院。蒸。印。

宣统三年闰六月十八日致徐海道

徐州林道台览：治。啸电悉。杆首商永兴，既系已办之商永贵堂兄，又系游勇，弟兄济恶，迭与陈洙等匪合伙，讯认焚劫砀境、沛境、丰境、铜山等县学堂及事主何景波等家，并拒敌戕勇多案。又杆匪杜水牛，讯认帮匪游勇，伙同已获拟办之孙虎，强劫萧民王成美家，拒杀二命，并在毛阁戕勇等案。均罪不容诛，核与正法章程相符，应准如所请，希即饬提该犯商永兴即商五、杜水牛两名到案，验明正身，处斩具报，仍录供补禀备核。抚院。巧。印。

宣统三年闰六月二十七日分致江北提督徐州镇徐海道

清江段军门、徐州胡镇台、林道台鉴：辰。安庆朱经帅有电开"据凤阳道府云云（照来电译），致滋隐患为祷"等语。查该处与本省徐属各县交界，匪首既有宋勤王伪号，结伙约三百人，劫掠杀人，拒敌官兵，势颇猖獗。现在四窜，亟应合力堵剿。希即严饬各防军并地方营县一体遵照，会同认真剿办，暨整顿乡团，以转官力，随时具报。想尊处必已妥筹饬办，用特电闻。全。感。印。

宣统三年七月初九日致两江总督

南京张制台鉴：洪。前准上月沁电，谓"电奏专为复陈漾日电旨请帑一节，拟另续奏"等因，深佩荩筹。查上月告灾，系因风潮，专指滨江沿海各邑。而本月初四、五、六三日大雨，复继以初七、八、九之大风，江潮顶托，湖河漫溢。沿江沿海之县，风灾之后，重以霪雨。即腹地本未成灾之县，又以本月风雨交作，田庐淹没，兼毙人口。迭据常、昭、江、震、昆、新、武进、靖江、溧阳官绅电禀前来。小民已不聊生，天心犹未厌祸。彷徨中夜，寝馈不安。除分别委勘拨赈外，宁属各邑情形当亦相同，应请挈衔电奏，请颁帑银，以广皇仁，偏劳为感。全。佳。印。

宣统三年七月初十日分致盛杏荪冯梦华

北京盛大臣、南京冯大臣鉴：洪。沿江一带，自上月风潮之后，灾情本重。乃本月初四、五、六之昼夜，大雨不息，初七至今，终风且暴，已成灾者更重，未成灾者亦灾。常昭乱民构煽饥民暴动，绅富被毁，自治警察均遭蹂躏，已派兵弹压。风逆，民船不前；水涨，小轮停驶，焦灼万分。现在民气不靖，人心思乱，已电请安帅挈衔电奏，请颁帑银，以广皇仁，而遏乱萌。惟现在急迫情形，米重于银，不独急于筹款，更急于购米。光绪三十二年水灾，上海商董曾少卿购暹逻米数十万石，人心赖以大定，今则难得其人。我公网罗群彦，未识夹袋中有堪膺其选者否？请酌夺示复。大局幸甚，全亦幸甚。全。蒸。

宣统三年七月初十日分致松江常州镇江太仓昆山新阳吴江震泽等各府州县

松江戚守、常州长守、镇江承守、浏河转太仓姚直牧、昆新庆许二令、江震刘米二令同览：治。密。本年风潮雨水相继为灾，本抚院德薄，未能上感天和，抚躬自咎，寝馈不安。饥民乞赈，其情可悯；乱民煽惑，罪无可逭。常昭乱民构煽饥民暴动，不服弹压，已电饬该二县，援照光绪十七年因游民抢掠，据陈臬司详明通饬办法，如果弹压不服，准其当场格杀，以慑匪胆。并饬司速行拨款以救灾民。仍一面会同督院奏请恩施暨严申禁令外，本年沿海滨江临湖各邑，灾情虽轻重不同，而乱民难保不蠢然欲动，各该守、丞、牧、令等有地方之责，亟应先事预防，以保治安。其有灾县分，尤应切实晓谕灾民，安分待赈，慎勿听信煽惑，自干罪戾。总之，安分待赈，是为良民，良民必救；造言惑听，借端抢掠，是为乱民，乱民必诛。该守、牧、令等务本此意，剀切开导，俾各省悟。若并无灾情之处，亦不得妄生希冀。并速转饬所属，一体遵照，一面报明本管道查考。抚院。蒸。印。

宣统三年七月十二日致内阁

北京内阁钧鉴：洪。窃照上月十六、七、八等日风潮为灾，业经会同张人骏电奏在案。正在饬属筹办急赈。乃本月初四、五、六等日大雨如注，昼夜不息，兼以初七、八、九等日以后，东南风紧，积水至今不退。迭据各县电禀圩堤溃决，田亩被淹等情前来。查前次风潮，沿江沿海冲破圩堤，田庐漂没，腹地尚无大碍；此次霪雨，腹地亦复被灾，滨临江海则较前尤重。常昭乱民复构煽饥民抢劫米行、当栈以及绅富住宅，并捣毁学堂、自治公所等处。锡、金、昆、新等县，亦均有莠民麇集。已电饬各该县，妥为劝导，俾知省悟。并饬司拨款，俾资急赈。一面派拨飞划等营驰往弹压，分别解散胁从，严拿首要，并饬保护教堂。现据常昭来电，城乡大局已平，又经严饬妥为防范。德全奉职无状，未能感召天和，哀鸿遍野，寝馈难安。现在库储奇绌，灾区太广，勉筹急赈，深恐不敷。江苏各属秋收本迟，新谷尚未登场，沪市存米不足十日之巢。以目前情形而论，固急于筹款，尤急于购米。安南、暹逻等处，素为产米之区，现已电询米价，设法筹款采购，或招商承办，督同司道相机办理。合无仰恳天恩，准予免完沿途厘税，俾轻成本。并乞颁发帑银，以广皇仁，而活灾黎。无任屏营待命之至。除各属灾情轻重情形会同张人骏另行电奏及未尽事宜随时奏陈外，合将乱民构煽饥民滋事，现已派兵弹压，大致安堵。暨采购洋米，请免税厘，并请颁发帑银各缘由，谨先电陈。再，饥民固应拯救，乱民必应惩办，拟援照光绪三十二年前督臣周馥因江北米价昂贵，土棍率饥民抢掠，奏明派兵前往，保护教堂、学堂，严拿首要各犯重办，倘或拒捕或拒（聚）众抢劫，不服解散，准其格杀勿论之案，饬属并官兵妥办,合并陈明。乞代奏。德全。文。印。

宣统三年七月十六日^[1]致内阁

北京内阁钧鉴:洪。……常熟、昭文、震泽、新阳、金匮各县乱民抢米并掳掠财物。时东南风紧,由省派往之飞划、太湖水师各船,未到以前,一唱百和,蔓延各乡,匪徒乘机煽乱,常昭尤甚,自治学堂多被波及,绅富亦被蹂躏。迭据电禀,声势汹汹。当饬实力严拿,竟有抗拒不服,当经格毙二人,拿获数人,另行讯明,分别轻重办理。适省兵亦到,分投严行弹压,渐次解散。据报大局已近敉平,派去营队师舡,暂留各该县境巡缉,以资镇摄。……德全。铣。印。

宣统三年七月二十九日致上海道

上海刘道台:申。准督院勘电开,准外部电"旅沪川广士商开会演说,妥为弹压解散"等语。计已奉到。查此项开会,前据该道宥电称业经稽查禁阻。仍应遵照部电,妥为弹压解散,是为至要。抚院。艳。

宣统三年八月十一日致云贵总督

云南李制台鉴:辰。真电敬悉。尊论极是,此事或联衔电阁,或各自电部,均可有效。盖内阁亦不便以各省反对之预算案,遽付之院议也。惟全不便列名,特密陈如下:苏省情形与各省不同,巡防只有六营,数本无多,一也;另有飞划、盐捕诸营,足敷巡缉,二也;新军自去年大加淘汰,全标退伍改征,尚属可靠,协统及参议以下官,均全所保荐,尚能信用,三也。故苏省防营,即概予裁减,亦觉无碍。全本已预备将防营改练步兵一标,只以经费不敷,

---

[1] 原件误作"十五日"。

又恐目前各省受其影响,故未肯宣布实行。此次电复军部,持论仍与各省一律,为全局计,非为苏也。且军部来电,独未提及防营减成一层,或因苏营数微,毋须裁减,亦未可知。有此种种原因,故敝处未便附衔。谨密闻。全。元(尤)。印。

宣统三年八月二十一日致两江总督

南京张制台鉴:辰。号电悉。兵匪猛扑督署,当是莘帅效电以后之事。下游伏莽颇多,现虽处以静镇,亦亟应预筹布置,诚如来电所云。苏属巡防只有六营,新军自退伍后,现只有四十五标。近年因防范空虚,借调江防两营,驻扎省城外,以备调遣。目前各属灾荒告警,除派水师各营,分往弹压,防营亦觉疲于奔命,不敷分布。我公电军咨府、海军部饬派兵船分驻各埠,极佩苤筹。倘府部不即见允,仍求挈衔力请。鄂事如续得确闻,仍请电示。全。马。印。

宣统三年八月二十二日致陆军部

北京陆军部鉴:辰。马电敬悉。昨已电商督院严密防范。苏省水陆各营勉敷地方弹压之用。现因各属水灾告警,业已分布巡驻。新军自前次退伍,大加淘汰,目下虽只四十五标,尚觉可靠。合并奉闻。全。祃。印。

宣统三年八月二十二日分致上海道常镇道

上海刘道台、镇江林道台:辰。武昌兵变,城失。昨准安帅急电"下游一带,现虽安谧,惟伏莽到处,难保不乘机窃发,亟急预筹布置。已分电军咨府、海军部饬派兵船分驻各埠,以保华洋商务。应请程军门多拨炮船,扼守港汊要隘,严加防截"等因。该道应一律严密防范,不动声色,妥为布置,以保治安,是为至要。抚院。祃。

宣统三年八月二十二日致内阁

北京内阁钧鉴：申。承准钦奉谕旨"武昌失夺，长江一带亟宜严防勾结响应，着张人骏、程德全、朱家宝、冯汝骙加意防范，勿稍疏虞"等因。钦此。遵即密电要隘各镇、道钦遵办理。苏省下游情形与昔稍异。吴淞口岸几为各国公共防守之地。江阴向称第二门户，与镇江口岸易为匪类潜藏，自应加意侦防，期弭隐患。内湖枭匪帮匪平时勾结为患，利害与浙省相共。苏省水陆营队仅敷地方巡缉弹压之用，惟有随时严密查缉，以保治安而维现状。惟德全窃有进者，革党肇变，热狂激发，愍不畏死，内由于政治改革之观念，外由于世界潮流之激刺。曩日之皖，今兹之粤、之鄂，皆以勾结军人为根据地，其事可诛，其情诚可痛。此非朝廷果有尝胆卧薪之意，草泽恐有前仆后起之虞。伏念先朝明诏立宪，巩固皇基，原以破除革命之异说。现在筹备仅有条文，而根本之图，仍无实济。内阁虽云成立，而君主仍当政治之冲，故责任全不分明。阁臣非由组织而成，故政令愈不统一。即如川路争持，匪徒窃发，自朝命岑春煊会同剿抚，岑春煊示谕蜀中父老，不妄戮无辜一人，民气渐就宁贴。近见赵尔丰奏报，又概目为匪，未将争路士绅与附和土匪分析清楚，则群情又复愤激。该督等所见不同，其是非得失姑不具论，而在政府必应折衷定见，择一以行，俾天下晓然于朝意之所向，庶有归往而无疑虑。今革党乘川乱抵虚袭鄂，若再因应稍失其平，更将予革党以号召之资，而益为渊薮之驱矣。方今人心浮动，伏莽甚多，连年荐饥，灾民遍野，恭诵纶音，明烛万里。目前治标之计，应否请旨将川省土匪与争路士绅及现今鄂省兵匪勾结，特降明谕，分别措办，以免猜疑而安反侧，为收拾民心之计。至若治本之策，必当先使内阁确负责任，政令有所统一，以期合乎先朝宣布立宪，消弭革命之本旨。德全职守所在，既懔出位之思，大局攸关，尤望乱源之弭，不仅为川鄂言也。愚昧之见，急不择言。请代奏。德全。祃。印。

宣统三年八月二十三日致两江总督

南京张制台鉴：洪。刘道燕翼祃电，计已并达。沪制造局关系重要，该道既商萨军门酌留两舰驻守，应请挈衔电请海军部饬遵。再，镇江林道来电请派兵舰驻镇，计亦并达。公昨达军谘府，已得复否？似可电催。乞示。全。漾。印。

宣统三年八月二十四日致上海道

上海刘道台：洪。接赣豫电：地方安静，铁道无恙，汴军早到汉，荫军昨已出发。苏沪银根颇紧，殊妨市面。沪市近日情形若何？望嘱商会速出维持，以免自扰。即电复。抚院。敬。印。

宣统三年八月二十五日致邮传部

北京邮传部鉴：洪。苏省自闻鄂警，市面颇为岌岌。近闻车站、电局均不用官局钞票，且排拒龙圆，只收英洋。似此举动，诚恐扰乱现状，牵动全省市面，请严密电饬各站局，所有钞票、龙圆，照常通用，勿得自扰，致滋恐慌。大局所关，必邀鉴察。全。有。印。

宣统三年八月二十六日致上海道

上海刘道台鉴：洪。宥电谅达。顷据镇道电谓"现洋一空，织户万人停机待食，势将酿事。请电沪道筹借现洋十万元，即日车运，分交大清、裕宁接济，将来由道解还"等语。兹复电文曰"有电悉云云，以资辅助"云。希竭力应付，盼甚。抚院。寝。印。

宣统三年八月二十六日致两江总督

南京张制台鉴：洪。裕宁苏局钞票受挤，先由藩司遵电拨款十万。昨据藩司续禀，尊电再拨十五万。查苏省库存现款，本不宽裕，除拨借裕宁及维持钱市外，所存无几；各营薪饷，所关紧要，自应留作预备。今日复准度支部急电，饬拨制造局十万两，又不能不分别应付。苏市恐慌情形，万分急迫，全诚人心，赖有此少数库存现款，尚可稍示镇定，否则扰乱立见，不堪设想。裕宁行苏钞票，数尚不多，而各埠纷至沓来，难予限制。苏库自顾不遑，万一力尽两敝，更属非计。请饬该局迅速分筹，共保大局，并盼电复。全。宥。印。

宣统三年八月二十八日致度支部

万急。北京度支部钧鉴：洪。勘电计达。顷又据上海商董等来苏面禀"沪市危迫，朝不保暮。鄂乱虽只一隅，而风声所布，全国震动，危象迭见。鄂事吃紧，政府正在全力注重军务。惟上海为商务枢纽，金融状况又为国家人民命脉所关，万一力尽溃决，长江一带不待暴动，已无善地。各国领事现已分电驻京公使，请赐维持。恳再电达大部，力予主持，迅赐核准"等语。查所陈各节，均系实在情形，事机甚迫，间不容发。请查照前电，准由沪道担借，以维大局。无任盼祷，并乞迅赐核复。全。勘。印。

宣统三年九月初一日致内阁

北京内阁钧鉴：洪。窃自川乱未平，鄂难继作，将士携贰，官吏逃亡，鹤唳风声，警闻四播，沿江各省，处处戒严。朝廷分饬荫昌、萨镇冰统率军队，水陆并进，并召用袁世凯、岑春煊总督川、鄂，剿抚兼施，其烦圣明南顾之忧者亦至矣。而民之讹言日甚一日，或谓某处兵变，或谓某处匪作。其故由于沿江枭盗本多，加之本年水灾横连数省，失所之民，穷而思乱，止无可止，防不胜防。沸羹之势将成，曲突之谋已晚，论者佥谓缓急之图，必须标本兼治：治标之法曰剿曰抚；治本之法不外同民好恶，实行宪政。臣德全亦曾以是概要上陈明听。顾臣等今日广征舆论，体察情形，标本之治，无事分途，但得治本有方，即治标可以一贯。臣等受国厚恩，忝膺疆寄，国事至此，无可讳饰，谨更披沥，为我皇上陈之。自内政不修，外交失策，民生日蹙，国耻日深，于是海内人士愁愤之气雷动雾结，而政治革命之论出。一闻先朝颁布立宪之诏，和平者固企踵而望治理，激烈者亦降心而待化成。虽有时因外侮之侵陵，不无忧危之陈请；然其原本忠爱，别无二心，已为朝廷所矜谅。惟是筹备宪政以来，立法施令，名实既不尽符，而内阁成立之后，行政用人，举措尤多失当。在当事或亦有操纵为用之思，在人民但见有权利不平之迹。志士由此灰心，异说从而煽动，于是政治革命之望，一变而为种族革命之狂，而蓄祸乃烈矣。积此恶感，腾为谬说，愚民易惑，和者日多。今若行治标之法，必先用剿；然安徽、广东之事再见三见，前仆后起，憨不畏死。即此次武昌之变，事起仓猝，溃若决川，恃将而将有异心，恃兵而兵不用命。即使大兵云集，聚党而歼，而已见之患易除，方来之患仍伏；有形之法可按，无形之法难施。以朝廷而屡用威于人民，则威裹；用威而万一有损，则威尤裹，是剿有时而穷。继剿而抚，惟有宽典好言，宽典则启其现[1]；好言则近于虚纵，可安反侧于一时，终难导人心于大顺。况自息借商款、昭信股票等事，失信于人民者，已非一端，今欲对积疑怀二之徒，而矢以皎日丹青之信，则信已裹；不信而有违言，则信尤裹，是抚有时而穷。故臣等之愚，必先加意于治本。盖治病必察其脉，导水必溯其源，种族革命之异说，既由政治革命而

---

[1] 此处疑有脱误字。

变成,必能餍其希望政治之心,乃可泯其歧视种族之见。然苟无实事之施行,仍不足昭涣号之大信。今舆论所集。如亲贵不宜组织内阁,如阁臣应负完全责任,既已万口一声;即此次酿乱之人,亦为天下人民所共指目。拟请宸衷独断,上绍祖宗之成法,旁师列国之良规,先颁明诏,宣布德音,解免亲贵内阁,钦简贤能另行组织,代君上确负责任,庶永保皇族之尊严,不至当政锋之冲突。并请下诏罪己,其酿乱首祸之人,亦即降旨予以处分,以谢天下。然后定期告庙誓民,提前宣布宪法,与天下更始。庶簧鼓如流之说,借口无资;潢池盗弄之兵,回心而释。用剿易散,用抚易安。否则伏莽消息其机牙,强敌徘徊于堂奥,民气嚣而不能遽靖,人心涣而不能遽收,眉睫之祸,势已燎原,膏肓之疾,医将束手。虽以袁世凯、岑春煊之威望夙著,恐亦穷于措施,微论臣等。臣等亦知急迫之言非朝廷所乐闻;然区区血忱,实念国步艰难已甚,民情趋向所归,是以甘冒斧钺,昧死上陈,不胜激切屏营待罪之至。再此奏由臣德全主稿,合并声明。请代奏。溥颋、三多、孙宝琦、程德全谨叩。东。印。

宣统三年九月初二日致内阁

北京内阁钧鉴:辰。窃臣于本月初一日,会同臣孙宝琦等恭电奏陈,并请明诏罪己,度邀圣鉴。惟臣尚有不能已于言者。自武昌失陷以后,访闻长江一带无数少年纷纷渡汉。前日上海时事报馆登载革军战败一条,即时有千百人前往攻诘。人心如此,良可慨痛!窃谓今日之大患,不患革党之猖獗,而患人心之涣散;不患武昌之失陷,而患各处之响应。果能收拾人心,以杜响应,则武昌不足平,革党不足弭也;否则鄂乱虽指日戡平,而革命异说深入人心,由来者渐,人人有思乱之机,处处有蠢动之势,危急存亡,事机甚迫。是以朝廷宜乘此时宣布痛切诏言，感动天下，一新耳目，此固目前戡乱定变之图，亦即将来长治久安之策，本源至计，殆无易此。臣以为诏言概要，厥有数端，披沥具陈，用备采择。一、现在政治亟宜切实改革，诚无可讳，诏言似宜宣布责任内阁，按照宪法另行组织。一、此次革党倡言排满，用肆煽惑，诏言似宜宣布亲贵内阁为当时不得已之办法，按照宪法原理另简总理，示人民以大公，以杜簧鼓煽诱之口。一、从前党人无路自新，遂致悍然不顾，诏言似宜宣布开除党禁，凡从前国事犯一律恩赦，予以自新之路，以绝革党趋附之途。然后宣布朝廷德意，不忍轻言剿戮，以免生灵涂炭，革党叛兵反正来归者，均从宽典，如尚执迷不悟，不即解散，是真无可宽赦，朝廷为维持现状，拯救民生起见，不得不一意痛剿云云。似此颁诏罪己，与民更始，则已去之人心尚可挽回，未乱之地方立消反侧，而革党且为全国政治之敌矣。夫君主立宪政体，其精神真际全在君主神圣不可侵犯一语。惟爱之至，敬之极，故不忍君主身当政冲。惟爱敬君主，故爱敬君主之皇族，亦并不愿皇族躬为政敌。盖政治上责任之所在，即功罪之所归，亦即恩怨之所集，非谓君主不握政治大权，亦非谓皇室懿亲不胜执政也。正以政府与全国人民相见，既成对待之势，即有争战之形。立宪国之君主，常立于人民之上，超乎政治之外，不幸有事，亦只民与民争，党与党敌，而君主之神圣，皇族之尊严，仍使匕鬯不惊，苞桑永固。此正东西各国宪法之妙用，亦即先朝宣布立宪，消弭革命之微权。溯自川乱将作，臣即忧心如焚，屡欲陈奏，诚恐上触忌讳，无益川事。未几而鄂乱作矣。此时病在本原，势濒危殆，不急投返本回阳之剂，实难有瘳。臣昨日电奏，曾电商各省督抚将军，公同参酌，赞成者固有其人，亦有慎重将事，恐于军务倥偬、圣虑焦劳之时,动摇政府为不便者。此皆谋国之忠,臣所信佩。顾臣再三渎奏,非谓将现在政府立时解免也。只以乱事不宜久延,人心不可暂失,但须明诏一颁,即是釜底抽薪之法,一面仍由现在政府筹划军务,俟新内阁成立,始行引身而退,诸王大臣亦必仰体朝廷万不得已之举,群与赞成。臣为皇室永保尊严计,为融和满汉意见计,为四万万民生同免涂炭计,不知顾忌,不避烦渎,迫切痛陈,冀回天听。如以臣言为不谬,辱荷采择,实我国家之福;如不蒙矜悯愚忱,亦求俯赐诛斥,以为乘危妄言,淆乱观听者戒。臣不胜悚息待命之至。乞代奏。德全叩。冬。印。

宣统三年九月初五日分致军谘府海军部陆军部

北京军谘府、海军部、陆军部钧鉴:辰。自武昌失陷,苏省人心惶惶,谣言四起,既虑革党之构煽,又防伏莽之窃发,军事布置,极关紧要。查苏省巡防只有六营,轮流派各邑镇驻巡,并酌(拨)城内巡缉。新军步兵一标,驻扎城东附近,足资镇摄。至省外防务,太湖一带则飞划营主任巡缉;苏杭航路则浅水兵轮主任巡缉。各该营统领均轮流亲出梭巡,俾匪党无从匿迹。沪埠为商务要点,又制造局及药库所在,关系尤为重要。已饬据沪道禀商督院,拨派营队,加意防范。沿江各埠,派驻兵舰,妥为镇压,已迭商督院办理。所有筹划苏省防务情形,合并肃陈。德全。微。印。

宣统三年九月初五日致两江总督

南京张制台鉴:洪。东电悉。苏市情形,除先于俭、卅两电奉闻外,并据苏州商会呈请拨借司库现币四十万元,当以库款支绌,减半借给,归钱业领取,维持典当。并议明裕宁钞票各典一律通用,当本以五两为度,每日辰开酉闭,各典向往来庄家取现,以二百元为率。各营饷项照七月市价改放洋元。各缎庄以资本不继,相率停工，机匠无所得食，蠢然思动，饬府组织当缎局，俾机匠照常工作。……此近日苏市情形，并维持办法，承询奉闻，并乞赐教。全。歌。印。

宣统三年九月初七日分致扬州徐州通州海门等府州厅

江宁、淮安、扬州、徐州、松江、常州、镇江各府，通州、海州、太仓州、海门厅均览：治。据溧阳县典史吴尔禾电禀"监犯反狱脱逃四十六名，并拒伤弁勇"等语。除立饬宜兴三营管带吴保恕率兵追缉，并饬苏防各营一体严拿外，当此多事之秋，望即转饬所属，凡有监狱押所，一体严密防范，亦勿稍事张惶，并各协拿溧阳县反狱各逃犯，务获解究。抚院。阳。印。

宣统三年九月初十日致丹徒县

镇江丹徒县文令览：治。佳电悉。监犯时思蠢动，幸加意防范，察视镣已有砍断者，因为时已晚，即派兵围住，俟早晨讯明察核。办理尚妥。……抚院。蒸。印。

宣统三年九月初十日致清江巡防营务处

清江巡防营务处沈道台览：洪。委审帮匪陈兰舟禀折均悉。该匪迭犯行劫重案，……此外另犯不法各案尚多，虽迭讯狡展不承，第既供认拜安清帮首张凤岭为师，胆敢开堂收徒二十余人，传授口号并有歌词底本，其为会匪首领已无疑义。当此人心思乱，亟应按照拿获会匪讯系为首开堂放飘之例，就地严惩，以摄匪胆。希即饬提该犯陈兰舟即陈兰洲到案，验明正身，正法具报。……抚院。蒸。印。

宣统三年九月十一日致内阁

北京内阁钧鉴：辰。蒸电敬悉。昨日恭奉电谕，连夜刷印多张，遍为宣布，并饬绅商学界当众演说，俾得周知。苏属人民现尚安静。谨闻。德全。真。印。

宣统三年九月十三日致两江总督

南京张制台鉴：辰。镇道急电"张镇所留探员方悬芝，在三十六标二营兵士所驻竹枕（林）寺中发现军火，恐子弹到手，乘夜扑城，已飞电尊处急派重兵专车来镇防助"等语，想已达览。事机急迫，请迅赐酌派，并电示为荷。全。元。印。

宣统三年九月十三日致两江总督

南京张制台鉴：洪。刘道元电，知已并达。顷又据巡警局电"南市城内商团全动，举李钟珏民政部长，现围攻制造局"等语。除飞饬吴道迅即赴沪会同刘道先行设法妥为解散，并将姚局长撤换外，先此电闻。全。元。印。

宣统三年九月十四日致上海道

上海刘道台：洪。问覃两电悉。目前以保全中外商民产业为第一要义，即速邀集地方绅商会商各国领事，设法维持，无任縻烂。此间无军队可派，候督院示复遵照。抚院。寒。印。

宣统三年九月十四日致两江总督

南京张制台鉴：洪。寒电悉。刘道覃电计达。租界未闻有警。全已电刘道邀集绅商会商各国领事，以保全中外商民产业为第一要义，一并饬遵。再，虞道来苏，午后赴宁，自能面禀。全。寒。印。

宣统三年九月十四日致内阁

北京内阁钧鉴：洪。据沪道刘燕翼十三日夜电禀"革党已于云云（照摘叙），来沪援救"等语，业经电商督院主办，并饬沪道邀集士绅会商各国领事，设法维持。谨闻。德全。寒。印。

辛壬春秋江苏篇

尚秉和

【编者按】尚秉和,字节之,行唐人。《辛壬春秋》系民国十三年刻本,共四十八篇,记辛亥(1911)、壬子(1912)两年之事。作者自比孔子作《春秋》,寓褒贬于纪事之中,故以《辛壬春秋》名书。其中"江苏篇"记江苏全省的光复经过,虽对辛亥革命颇多谤词,但仍有史料价值。

　　江苏财赋甲天下,形胜亦足控东南,清末凡督抚同省者皆裁并,江苏独否,将军、总督驻金陵,巡抚驻苏州,一仍其旧。八月,鄂乱,警耗至苏,抚臣程德全召统领刘之洁等议进止,之洁曰:"时局转移视鄂胜败及他省响应与否;倘长江各省响应日多,苏居其间难独异,宜沉机观变,以俟时耳。"德全然之,态度殊从容,署内外防卫不异平时。有讹传巡抚眷属赴沪者,德全特命其夫人乘绿肩舆,盛仪卫从闹市经过,谢客二日,民心颇恃以自固。九月戊寅,上海失守,苏绅潘祖谦、尤先甲、孔昭晋、江衡等先后说德全宜自保免祸,德全允之,命孔昭晋草自保条件。己卯夜,突有民军五十人由沪到苏,苏新军驻枫桥,即与民军合。庚辰拂晓,马队、步队、工程队、轻重队、偕民军入城,守四门维治安,径谒德全,推为都督。德全叹曰:"时势至此,无可奈何,但须秋毫无犯,不使百姓苦耳！"语次，民军进江苏都督印，德全受之。当民军之将至，德全延司道集议。提法使左孝同以世受国恩，主防御，继见事不可为，仰天大哭。巡警道吴肇邦、参谋吴茂节、协统艾忠琦均闻变走。左路巡防营管带戚云从以俟统领命，不即从，为变兵所杀。以督练公所为都督府。蒋懋熙为巡警道，应德宏为财政司长，江绍烈为司法司长，而以陆军协统刘之洁为苏军统领。各省举义尽民党，官与民龃龉多纷扰，独苏以行政长官顺民欲，仗义反正，势顺事举，庞吠不惊。是日，常州府亦独立，送知府长明至苏，举何健明[1]为都督。上海举陈其美为都督。庚辰，松江独立，知府戚扬走，防营管带余志斌、刘世全均与民军合，举钮永建为都督。清江十三协兵变，江北道[2]奭良逃，城陷，乱兵掠数日，呼啸星散，土匪继之，凶狠甚于兵，乡民起团练自卫。乱久之，乡民始推参议蒋雁行为江北都督。辛巳，镇江军独立，副都统载穆死之，常镇道林景贤、知府承璋弃城走，民军尽有沿江炮台，举标统[3]林述庆为都督。述庆木讷，其起义事皆主于参谋陶骏保，及为都督，骏保恐述庆见人，令深居简出，为传达意旨，由是镇江军政府威棱赫然。扬州在江北，闻江南乱也，人心大震。会日暮，有颠人孙天生者，身缠白帛，蹈舞飞扬，因防兵入城求饷，大呼革命，奔入运署，运司增厚莫知虚实，仓惶走，防兵因劫库银数十万，纵江都、甘泉两县狱死囚，终夜狂躁。时防军统领徐宝山方居镇江，闻变驰回，诛天生，镇压乱兵，翌晨乱定，公举宝山为都督。时两淮州县纷纷告急，宝山将兵星夜驰赴泰州、兴化、盐城、阜宁、东台各县定乱。东

---

[1] 何健明，当作"何健"。

[2] 当作"淮扬道"。

[3] 当作"管带"。

台防营管带刘凤朝剽掠商旅尤残暴，宝山至，诛之。戊子，淮安独立，知府刘名誉走，山阳令姚荣泽杀党人周实、阮式，淮安秩序复定。自江北乱后，变兵四出劫掠，敲诈墟市，苏军统领刘之洁致书江北军官规之，且招使至苏，厚兵力，共攻守，其言至深痛。然江北去苏远，无来苏助战者。苏方规复金陵，亦无暇北顾，都督蒋雁行无力统驭，以故江北糜烂，为江苏最。当是时，江苏全境皆归民军，独金陵孤守。金陵驻陆军第九镇、江防营十二营、新防营十营。初，长江事起，巡防统领王有宏请率兵三千赴沪，守制造局，断苏杭铁路，扼长江枢纽，而总督不能用。总督张人骏、将军铁良疑新军皆民党，靳予子弹，檄统制徐绍桢移秣陵关，调巡防营城守，更命绍桢将部下眷属送督署为质，绍桢如言。始每兵给子弹数粒，新军愤怒出城，始决意为变。时城内人心恐怖，讹言将军铁良仇汉，舁大炮于皇城后宰门北极阁上，将毁城，同归于尽。于是城内秩序纷乱不可止。铁良张示自白云："外间谓满汉挟恨，本将军将仇杀汉人，要知杀尽汉人，满人将置身于何所？且本将军亦犹是人也，胡能出此？"人骏则日榜示军谘府战胜报，以镇民心。复奏请暂以铁良为沿江巡阅大臣，别以汉员为将军，泯嫌疑，不报。当是时，江防营统领张勋勇气勃发，视民军蔑如也。庚辰，苏议员仇继恒、虞洽卿谒人骏，谓苏沪相继陷，金陵孤守难，请宣布独立免战。人骏、铁良亦惧，有允意。即召集文武官议进止。张勋首抗议，谓不战而屈，兵家之耻，如战败则与之耳。新防营统领王有宏和之。各司道则承张铁意，主中立。人骏、铁良相觑，议竟夕不能决。初，鄂事起，人骏命王有宏增募防军，会徐宝山来宁，荐申锦标、米占元、张镜湖、吴桂生、黄凯臣、马玉仁为管带，及宝山起兵镇江，有宏虑锦标等为变，以江防营防之，弗使备战。辛巳，新防军掳掠典当，为江防营所获，斩十余人，而江防营亦有二人误拘被杀。于是新防营哗变，江防军亦变二营，模范监狱犯人乘乱越狱出，新防营驱与江防营战，自辰至酉，卒为江防营所败。会习艺所犯人亦越狱出，勋兵恨狱囚之助战也，杀所犯四百余人。至夕，突有民军围攻督署，王有宏复击败之。初，城内民军与城外新军约期并举，而谍者误报，及城内发难，城外不知，故败。壬午夜，徐绍桢如约攻雨花台，而张勋已有备，战三小时，新军弹尽，死千余人，绍桢大败，退镇江，余兵皆溃散。张勋知民军必大至，而又恐张人骏、铁良之惧战潜逃也，乃禁人骏、铁良于北极阁，留兵护之。金陵城险而大，勋所将三千余人，余新防营及旗营数千人不能战，勋初不以兵单为虑，日帕首芒鞋，短褂大刀，与王有宏、赵会鹏、胡令宣等驰驱警视，梭巡城中。绍桢等既败，民军大愤，扬州都督徐宝山、镇江都督林述庆、苏军统刘之洁、浙军司令朱瑞、济军统领黎天才及沪兵共万余人，举徐绍桢为联军总司令。张勋为袁世凯旧部，当事急时，遣统领高元善赍书赴都告急，坚守不战。十月丙申，各军政府公电程德全出督师。戊戌，德全视师高资，以傅忠琛[1]为参谋长。民军闻德全至，勇气百倍，浙军朱瑞、济军黎天才首请出战，第九镇各军继进。张勋、王有宏等列阵幕府山下。战至九时，民军势将败，济军六百人忽大呼陷阵，浙军复从右包抄之，防营大乱，王有宏中弹死，济军乘胜猛攻，遂夺鸟（乌）龙山炮台。当是时，幕府山炮如雨下，济军复连夜冲火线前驱。己巳拂晓，再夺幕府山，民军大振。庚子，苏军取道勾（句）容，进薄雨花台。壬寅，幕府山民军炮击北极阁、富贵山，并分浙军、镇军围攻紫荆

---

[1] 当作"顾忠琛"。

（金）山，张勋逆战，民军败。癸卯，民军复纠合大队，再扑紫荆山，战至日中，胜负犹未分，防营管带马占魁大呼冲锋，民军复败。张勋方临阵指挥，忽报民军有支队降，勋大喜，停战以待，民军既入战线，突开枪，勋兵不及防，阵遂乱，民军乘之，遂夺紫荆山。浙管带叶向高、镇军管带杨韵珂、江防统领成文均战死。是日，苏军刘之洁亦夺雨花台。雨花台、幕府山、紫荆山既失，又二日，天保（堡）城遂全为民军所有，金陵不能守。乙巳，张勋、铁良遣徐州镇胡令宣至雨花台与苏军统领刘之洁商，美领事出尧化门与总司令徐绍桢商，命张勋退出金陵，而以不杀旗人，许张勋率兵及张铁北归为条件，绍桢允之。约既定，胡令宣、赵会鹏开城降，张勋率残卒二千余人退至浦口。徐宝山方攻尧化门，闻张勋走，即率水陆军追之，勋退保徐州。人骏、铁良避日本兵舰上，赴沪。金陵平。民军之将入，驻防佐领盛成与防御哈郎阿炷香火药库中，偕家人饮酒其侧，已而库焚，城垣崩摧，声轰天地。民军谓旗兵反抗也，仇戮之，未几，均缴械降。苏地全为民军所有。徐州前举段书云为都督，张勋至，去之，徐复入于清。金陵之下，镇江都督林述庆最先入，即据督署出示，自称宁都督。苏浙军至，欲攻之，宁绅大惧，吁程德全来宁。参谋陶骏保说述庆缴宁都督印于德全，檄各省兵移驻城外，宁垣始定矣。而同盟会党人麕至，势陵气骄，德全意不自安，称疾辞职。会民军建临时政府于南京，以德全为内务总长，苏人举前广西右江道庄蕴宽为都督。元年四月，南京政府毕，庄蕴宽辞职，仍以程德全为都督。时上海军政府、江北军政府、扬州、常州两军政分府皆未撤，而黄兴于南京更新建留守府，号令纷歧，莫能统属。扬州都督徐宝山忧之，电政府云："查军政府与军政分府之设，本为光复之初一时权宜之计。若循此日久，不图变计，互为长雄,争端迭见,或为权利,或为私仇,原因各有不同,贻害地方则一。宝山苏人也,姑就苏论,江苏一省,有军政府三,苏州、上海、清江是也;有分府二,扬州、常州是也;有留守府一,南京是也。论阶级,则以留守为最尊,然号令行于军队而不及省外;论名分,则以江苏都督为最正,然权限且不能及于分府,遑论清江与上海乎!以故数月之间,统系不明,政令歧出,下级官吏既觉无所适从,各属人民亦徒淆于观听。一省如此,全国可知。宝山眷怀时局,忧心如捣,谨先自请取消扬州分府,以为统一倡。"五月,陈其美、蒋雁行来京,上海军政府及各分府皆废。六月,南京留守府亦废。江苏始统一。

论曰:吾闻之苏军统刘之洁云:"民军之围金陵,号四万人,实浙兵三千、苏兵三千、镇江兵三千、淞沪军二千,共万一千。第九师自雨花台战败,溃散无一存。故徐绍桢为总司令,兵非己属,将之甚难。城内兵:江防营三千、新防营三千,合之胡令宣兵二千、卫队二千,亦万余人,而旗防不与焉。方事之未起,王有宏请率兵守沪,断苏杭路,一时党人闻之皆惊惧。又有人献计守镇江,镇江保则金陵固。而总督、将军皆不用。民军乃大举。幕府山之失,因守台官有二志,不然济军虽勇,夺之不若是易。张勋之退,镇军最先知,挥兵逐之于浦口,获饷最多。陈其美之杀陶骏葆(保),盖因争饷。"之洁当时率兵攻金陵东南,身亲战事,故记其言如此。

云阳程公六十寿序

朱　熙

【编者按】作者是程德全的部将。他在这篇文章里竭力歌颂程德全的"功德"，把程德全打扮成为江苏人民的"救星"，暴露了程德全在江苏一贯使用的反革命两面派的手法。原文载《云阳程氏家乘》卷二，程世安藏。

盖公之移抚吴中也，朝政日非，亲贵用事，鄂难既发，四方风应之速，犹震霆巨涛，无所措其手足。公既疏请清廷，宣誓立宪，罪己大赦，中格不报。知军国之事，已无可为，乃以地方民命为重，徇苏五属士绅之请，宣布独立。举旗之日，城市宴然，而民军麇集于阊胥一带者，亦相率敛退，举公为江苏都督，是为公全苏之始。既就任，即宣言："此举为政治改革，事成则让贤，不成则身执其咎。"誓辞恳恳，众为感泣。时苏常各属假托名义，揭竿图掠者，日有所闻。公简劲旅四出，相机剿抚，不旬月而乱定。旋从谘议局民意，出师金陵。师次尧化门，有以分兵浦口，断敌归路之策进者，公谕以为共和而战，不在多杀戮。乃以书谕守军，谓潮流所届，抗之反不利于清室。及守军引去。公饬诸将撤围江上水师，自惠民桥以上，无得邀击。苏军奉公号令惟谨，故是役苏军入城独后，军纪亦独严。临时政府既建，公以南北议和，大局底定，亟思引退,遂辞江苏都督,养疴沪上。数月后欲为欧美之游。既登舟矣,有牵率者谆谆以苏难未已为辞,不得已扶病莅苏。而蒯氏"洗城会"变起,公夤夜遣兵禽治首要,解散先锋团,苏城复全。时上海、镇江、江北各有都督,常州、无锡、松江、扬州各有军政府,公于期年之间,苦心经营,裁并十余万乌合之众,编为三师,方冀军民分治,渐入于承平之轨,而南京留守既废,沪上宋案复起,遂成癸丑之祸。公始则力持正论,冀平民气,以息变端;继以中央不谅,敦促赴宁,以无一兵一饷之身,履危地,障逆流,毅不稍却顾者,为苏民计耳。及至宁,党人环请举兵,公正色严拒,置身家于不顾。乃寡识者胁公不遂,尚据金陵与北军宣战。公既脱身归,遂建行署于沪,以第二师孤军支拄苏常数郡,力保治安。不数月而宁城下,苏垣复全。方事之殷,宁沪乱兵,实逼处此,中央隔绝,饷械无措,第二师所部不及五千人,旦夕虑哗溃,防煽动,艰险不可胜言。而公节制有方,竟措斯民于磐石之安,是非威信素孚,奚能及此!计公前后全苏者三。夫苏为东南繁会,洪杨劫后,元气尚未尽复,使复糜烂,则中原民力尽殚。无论团体如何,政体如何,皆将无所借手。而流亡载道,早已刀俎供人,后来之衮衮诸公,又安有可争之余地?故谓公之保苏,实保全国,非过语也。……

中华民国苏军都督府通令

【编者按】这是程德全通饬全省清朝原任地方官的一道札令，命令各地方官学他的榜样，紧紧抓住各地的政权，压制人民起义。原件藏江苏省博物馆。

中华民国苏军都督府程 　为

通饬事。照得苏省宣布独立，各属闻风归顺，兵不血刃，秩序安宁，业经通电在案。现值改革伊始，百端待理，各该府、州、县有抚民之责，关系重要，应仍照常办事，毋庸稍涉疑虑。嗣后一切文牍，均暂行径送都督府核办，仍借原印，俟刊刻后另再颁发。所有年号名称，应即反正，以归一律。一面迅速会同绅商各界，筹议组织民团，俾与军队联络声势，保卫治安。如有大帮匪徒乘机骚扰，妨害安宁，立即报告本都督府，当随时派拨兵队前往剿办。合行通饬，札到该县，立即遵照办理毋违。此札。

黄帝纪元四千六百零九年九月十九日

苏军都督告示

【编者按】这是程德全不准人民持有武器、防止人民武装起义的一道布告。原件藏江苏省博物馆。

苏军都督程示：

照得私藏军火，　　军法应干斩决；

苏省独立告成，　　防范尤宜严密；

谕尔城厢居民，　　各自互相查察；

现已悬有重赏，　　以待出首告发；

倘敢扶同徇隐，　　查出同干重律。

啬翁自订年谱

张 謇

【编者按】《啬翁自订年谱》，民国十四年刻本。这里摘录的是辛亥革命时期的一段。

（宣统三年）八月，……去鄂，规大维纱厂，十三日至。 十八日夜十时后，汉口获革命党人二，因获名册，彻夜闭城大索。 十九日十时，城启，余即过江。六时，甬友邀饮于海洞春。八时，登舟见武昌草湖门工程营火作，横亘数十丈不已，火光中时见三角白光激射，而隔江不闻何声，舟行二十余里，犹见光熊熊上烛天也。 二十日，至安庆，应巡抚朱家宝约，议导淮也。次晨见时，知武昌即以十九日夜失守，总督避楚豫兵轮。安庆筹防无款，新军率不可信，势处大难，无暇更说导淮事矣。是夜即行。 二十二日，江宽舟中遇诸宗元，益知十八、十九两日之情状，知祸即发于按籍大索。自黄花冈后，革命风潮日激日厉，长江伏莽滋多，终有暴烈之日，大索但促之而已。 二十三日，至江宁，即诣将军铁良，说亟援鄂，一面奏请速颁决行宪法之谕；铁嘱先商总督张人骏。 二十四日，诣张，张大诋立宪，不援鄂。谓瑞能首祸，自能了，不须人援。余谓武昌地据上游，若敌顺流而下，安庆又有应之者，江宁危矣！张曰："我自有兵能守，无恐。"余度再说无益。呜呼,大难旦夕作矣!人自为之,无与于天,然人何以愦愦如此,不得谓非天也! 二十五日,至苏,巡抚程德全甚趋余请速布宪法、开国会之议,嘱为草奏。仓猝晚膳,回旅馆,约雷生奋、杨生廷栋二人同作。时余自书,时嘱二生书,逾十二时稿脱。 二十六日,至沪。 二十七日,旋宁。 三十日,由谘议局径电内阁,请宣布立宪开国会。江宁自鄂来者,盛称革命军人之文明,谣言大起。张督又猜防新军,令移驻城外,而人各给枪弹五枚,新军乃人人自危。余知之,亟走请藩司樊增祥白张,言其不可。于是,人又各增给十枚。

九月一日,以厂事去沪,未预谘议局开会行礼。 二日,回通,闻长沙、宜昌失。 五日,商会会议设地方协防团。 九日,闻湘、晋、陕独立。 十四日,国民军据上海。苏州、杭州宣告独立,苏人迫程德全为都督,杭人迫汤寿潜为都督,以安狱市。 十六日,闻藩司樊增祥挈家至沪,总督张人骏号于人:"我作总督,糊涂而来,本无主见,今更一筹莫展,听诸君为之,但求将我送至下关耳!"张勋督全部入城固守,挟铁良、张人骏同住北极阁督战。 十八日,国民军令兵舰运兵至通,通与之约毋扰地方。 十九日,去沪,知一月之中,独立之省已十有四。人心惶惶,乱象日剧,一国无可计而非安宁,一省不能保一县安宁,是非可闭门而缩屋矣! 二十三日,苏人组织临时议会,保守秩序。与汤寿潜、熊希龄、赵凤昌合电张家口商会转内外蒙古,赞成共和,复电照允。 二十五日,回通,通小有震恐,旋定。 二十七日,知袁世凯任内阁。 二十八日,廷寄任张謇为农工商大臣、东南宣慰使。时势至此,何宣何慰,即电坚辞。 三十日,至沪即去苏,应临时议会。

十月一日,省议会开会,仍被选为议长。 十二日,闻江宁下。 十五日,见北京取消召见及专任内阁之报。 十七日,见隆裕太后垂帘、摄政王归藩之报。 二十日,闻党人外有党,党人中有党,纷歧复杂。 二十四日,去辫发寄家。 二十五日,程都督与汤寿潜、陈其美同至江宁,调和诸军,组临时政府。数日,江宁以客军之扰,居民大恐。程德全于上海集众议,欲江宁回复秩序,须置官任民事;欲置官任民事,须客军出发;欲客军出发,须筹备财政。财政之可急筹而得用者惟盐,共推余任江苏两淮盐政。余要上海、镇江、清江三都督共认而后任。建标本二策:标则军政府卖盐,而给还商本及息;本则实行设场聚制,就场征税。众决先行标策,次并合淮南各场。

十一月,嘱各商会先筹二十万元,资客军出发。各军有截盐以自便者,辞盐政事。与程德全、章炳麟、赵凤昌议创统一党。 十三日,黄兴组织临时政府初成立,欲责商会更助五十万。余劝勿扰商,自任为筹。众推任实业部,秩序正紊,有何实业也。 二十一日,至上海访唐绍仪,旋见汪精卫。

十二月二日,见隆裕太后不日逊位之报。 十三日,筹款五十万成。 十七日,见袁内阁有议逊位后优待条件之权。 二十日,孙黄计以汉冶萍与日人合资,书争不得,则告以抵借犹可,合资不可,答约已签,乃辞实业事。 二十八日,见宣统帝奉太后逊位宣诏之报。

(民国元年)正月,……北京临时议会推袁世凯为临时总统,十日就职。自程德全辞都督任,地方公推武进庄蕴宽继其后,至是亦辞。 二月十六日,闻苏州兵变。 二十四日,江宁兵变。 二十六日,南京临时政府解散。

棣秋馆日记

徐兆玮

【编者按】徐兆玮，字少逵，号虹隐，常熟人。清光绪间进士，官翰林院编修。武昌起义后，他回乡干预地方政务，曾任民政副长。此系其日记的一部分，述辛亥革命京津及苏南地区的政治情况甚详。原稿藏常熟县图书馆。

宣统三年八月

二十一日，晴。……下午五时，耿伯齐招饮。归得映南电话，知汉阳亦失守，兵工厂被踞。盖乱事极炽，有不可收拾之势矣！

二十二日，晴。……傍晚归，师郑以电话来告，谓南京制台署被焚，系在缪小山席上所闻，似的确。余以南京有事，则家乡不能无警。复电询映南，则云闻此谣言，外务部无电，惟荆襄告警。并云五时大智门车站尚有电来，是车站尚无差也。今日下午，警信最多。铸禹亦云闻失地无算，黄河南岸山洞已被堵塞。余回馆，闻有云长沙失守者；有云安庆失守者；有云桂林失守者，纷纷不一，均似确有其事。……

二十三日，晴。……下午至宪报馆，知昨日谣传南京、长沙、安庆诸处起事皆不确。警厅奉陆军部札，令报馆凡关于鄂事暂缓登载，而《顺天时报》独将谣言一一登出，以致人心愈为惶惑，以为果有此事，故警厅嘱勿登也。归馆后，傍晚孙师郑来言，四钟出前门，车塞途，皆载行李，纷纷上东车站。闻大学堂学生及已考之留学生未验放者均纷纷出京，人心动摇一至于此。金融恐慌已极，钞票钱票纷往取现，信成银行门口以警察守之，只放一人入内，恐人多受挤也。闻信成储蓄尚可支付，大清、交通亦纷往取银，则更无意识矣。此次商民之惶恐，谣传庆王府以现银廿万易金，金价为之骤贵；京官以银易洋元，洋元亦贵至七钱八分；又闻摄政王之舅爷以大清银行股票出售，以致谣言益甚，亲贵之所为如是，可叹也！旨以袁世凯督两湖，岑春煊督四川，事至溃败决裂，而始收罗人望，晚矣！

二十四日，晴。……先至宪报馆，晤潘铸禹，知武汉并无恶消息，但传闻亦都不确实，惟革党推混成协统黎元洪为首领则已确。《宪报》并将《顺天时报》所造谣言一一辨正，亦镇定人心之法也。……映南谓今日安徽、湖南、广西电报皆不通，然亦无他警信。汪仲虎在彤士处言，此次京师之谣言蜂起，半由民政部桂大臣临事张惶，而外厅丞吴彭秋亦举动失措，致有停止夜戏之谕。幸庆王闻而诘问，谓如此恐人心更为浮扰，桂大臣支吾其说，谓观剧之窑子太多，恐有闹事，一时传为谈柄云。……与张美叔函云："京师自闻鄂事，人心浮动，电局更多积压。廿二、三日最为震动，以致银行钱铺无不受挤。今日晤映哥，云有大宗银元到京，可以救济，人心亦稍安定矣。"……邵伯英八月十六日函云："吾乡忽遭水灾，弟寓致被捣毁，此意中事，但不料如此之速。……"

二十五日，晴。……下午至宪报馆，与潘铸禹谈良久。武汉亦无确实消息。……与耆叔函云："……京师闻鄂事起后，大官举动张惶，以致人心浮动，今日已镇定如常。然颇盼速奏肤功，俾枝叶不至动摇。又盼政府幡然改计,与天下相见以诚,庶几有济。而不然者,犹是因循,犹是昏梦,其奈之何!……"

二十六日,晴。晨十时,……遇吴季荃云:"武昌之变,此间谣言皆谓革党文明,其实不确,闻杀烧亦不免也。"又有人言,自武昌出者,谓在城绝不知城之失守,及出城始知之。观此可知瑞督弃城之罪不可逃也。……闻岑西林在武昌剃头易服,始得出城。闻督鄂[1]之命,因此疾辞。……

二十七日,晴。……阅报知袁项城已允出山,武汉亦未闻战事。昨日内阁官报汇登各省安电,亦镇定人心之一法也。上午杭州徐子澄来,言闻摄政王福晋出走已三日,至今未觅得。此等谣言,不知从何处得来,真奇闻也。……

二十八日,晴。阅报载:昨日官军已与革党在江岸开仗,革党败退;四川有克复新津之电,川鄂不至连合,尚易收拾。闻袁项城请求数事:一、赦胁从;一、开党禁;一、提前开国会。今日有旨:如自拔来归,无论兵民均准予以自新,不咎既往,搜获逆党名册,立即销毁,勿事株连。未知即用项城之政策否?

二十九日,阴,午后渐开霁。……今日各报所言殊异,或云孝感车站失守;或云萨军战舰被击;或云汉阳已克复。范枕石来,言闻之陆军部中人,则谓叛军有投诚之意,可以不劳兵刃。九时三刻,内阁官报始送到。知荫昌二十七日电,逆匪仍占踞武汉,正事防御工程,惟尚无大股外窜情状,武昌城内叛兵溃散颇多,兹拟刊布告示,令其缴械免罪,以期解散。则陆军部中人之言,不为无因也。

---

[1] 似应作"督川",恐作者误笔。

三十日，晴。……晨，马晋卿来，谈时局阽危，政府不足以救亡。欷歔久之。……至宪报馆，晤潘铸禹，询以今日《宪报》所登汉口捷音，云昨晚十时许始得，系确信。《国民公报》载山东抚署焚烧之信不确。……上海各报阅至廿五日；尚满幅谣言：有云天津失守者；有云保定失守者，述革党之文明如目睹，大半出于鼓吹。然上海金融机关甚窘，洋厘涨至七钱八分，与北京同，且有纷纷迁移者。幸而即平，商家之损失已不少矣。……

宣统三年九月

朔日，晴。与张美叔函云："上海报阅至廿五日为止，其所载北来消息几无一确，恐南中亦不免震动矣。……大局日就危迫，家居亦非乐土，如何！如何！武汉消息亦甚阻滞，闻廿八北军得一大捷，尚未有明文宣布。米前数日贵至十一两一包，现跌至九两余；洋厘贵至七钱八分，现跌至六分五，市面稍固定矣。"……

初二日，晴，旋阴，有寒意。……午后，胡君黻来，言廿六下奉天船，上海谣言颇盛，询之道署，知不确。每日下午，望平街报馆门首拥挤不开，皆探听消息者，各报因之下午加报一张。又言此次北来船上亦甚挤，闻有汉阳知府在船，匿不出，其家人云。傍晚，至宪报馆，晤潘铸禹，知黄州有失守之信。又闻陕西兵变，由山西转电，似确。惟谣传长沙警信则不确。……郑子颖廿三日函云："……日来晴多雨少，棉花收成尚好，惟米珠薪桂，农民度日维艰，为可虑耳！"

初三日，乍晴乍阴而多风。上午，胡君黻、朱远生来。远生言于邹紫东处知长沙确有失守消息。又近时台谏多以复旧为言，袁项城请立开国会，犹惧不足以救亡，乃将新法一切阁置，是贻革党以口实也。天象如此（谓各省告灾），人心如此，殊可儆惧！又闻裁撤首县之议政府将停止云。瑞澂已逃至九江，初一电奏，以油米粮饷垂罄为言（指楚豫轮）。此等小人，真万死不足蔽辜矣！前日全台劾奏，昨特召见都察院三堂。监国谕已交袁世凯查办，以安台谏之心。未知亲贵更能为其援手否？……今日内阁官报所登安电，独无陕西、湖南，则两处有警之说似确。

初四日，晴。与慎箴函，言拟过重阳即走。又言乱事亦在意中，决不料如此之速，且人心涣散，较之庚子时又是一番景象。时局如斯，真不幸为此时人与相值也。又言此后当间日发安信一封。上午，潘铸禹来，言今日资政院开会，请余往旁听。……下午一时，至资政院。因今日提议标本兼治，以救危亡；又部臣违法侵权，激成变乱二案，旁听人甚众。首议法律案三件，均谓可径付审查，全场一致以注意于部臣违法一案。时有四川议员李文熙陈词甚为痛切。既决议弹劾，群请邮传部特派员登台说良心语。逮特派员所答非所问，众益骚然，呼斥之声四起，至有骂为走狗者，特派员窘甚，几若无地足以自容。后有人请明日即上奏者，议长以赶办不及，须迟一天，遂散会。傍晚，将今日所闻写交潘铸禹。适潘由笙来，言闻北军有溃散之说，今日京师金融益窘迫，大官家眷亦纷纷南下。时局如斯，可为浩叹！

初五日，晴，颇暖。晨起，过东和合换钱，云洋价昨夜涨至八钱一分，多有整百累千兑人者。至江苏馆对号，有言荫昌军退屯五十里者。顷胡君黻来，言嵇济如于外务部见电报，亦如此说。……曹忆萱言无锡有土匪闹事，或言江阴亦因抢米纷起劫掠，无锡恐因此波及也。然两邑均与常昭逼近，益动归思矣。

初六日，晨，……晤潘又孙，言无锡罢市一日，讹言萨镇冰败军自江阴登岸掳掠也。然亦不确，萨军并无溃败之信，何从自江阴登？意亦如常熟、吴江抢米，因此致讹耳。

初七日，晴。……向映南处取回书箱二只。复信云："……南中如有警，宜自办团练，以上中社会人组织之，决可自保。"……映南谓此次京师之慌，以亲贵为罪魁。施肇基出使美、日、秘、古也；庆王托妻寄子焉，刻已挈之至哈尔滨矣。金叶数十万亦庆所收。又天津各栈所住均旗人眷属，而桂春上条陈有清查汉人户口一条。八旗学堂学生在堂演说，有誓杀汉人之语。以致各学生纷纷思去，真怪事也。

初八日，晴。消息日恶。……见毅军时入滋扰，南班惶惶作避难计。……

初九日，晴。上午至宪报馆，晤潘铸禹，知太原有兵变消息。继至车站，见出京者纷纷，此前数日更多。……今日谣言甚盛，并云革命党有入都消息，以致内城纷纷移至外城。人心涣散，一至于此，真可叹也！

初十日，晴。……忽冯一帆来电话，言参局有自太原逃难归者，言晋兵已抵娘子关，瞬息可至京师，宜速走。……蒉叔初四日函云："……廿六早上各花行一律停办，常庄银根各不来往，乡间适逢新花上市，由此租事搁住，标与彤苏设法开收，以济乡市。桂校竟乏米炊，各学生均告长假，外面并误传停办。耀弟欲办商民团，以卫本乡。"……

十一日，晴。……买头等车票，而上车无容足地，站至天津，苦矣！……

十二日，晴。……天津谣言殊甚，几有朝不谋夕之虑。……此间得内阁解散之信，系滦州军队所要求云。

十三日，晴。……谣传东交民巷下戒严令，中国人非有护照不准出入。

十四日,晴。上午闻上海已树白旗,同人惶惶。……夜九时,奉天船到,即下行李。杨调甫来,言天津人心涣散,亦有不可终日之势。金融窘迫,更甚于北京,存款均拨不出,洋价昂至九钱,尚无兑换处。胡君黻十三日函云:"……今晚在师郑处见手书,悉十五始起程南下。此间资政院所拟信条十九件悉已俞允。闻鄂中亦有就抚之意。若能从此进行,则中国之立宪将驾日本而上之。至目前切迫之事,为家乡治安问题。饥馑之后益以世变,无业游民乘机窃发,恐所不免。先生归去,务须筹办民商团以治其标,提倡赈贫以治其本,庶几可弭患无形;否则虽无革党,恐亦有劫掠抢夺之患也。"……

十九日,晴。晨至蛇山。十二时进口,见吴淞营白旗招展,车站亦然。

二十日,晴。……下午与耕玉、孝侯登常熟小轮,五时始开。

二十一日,晴。午后风甚狂。九时,至常熟,晤张美叔、张叔颖,知魁春初已逃,本推翁志吾为民政长,因众有违言,改推为司法长,而以丁芝孙为民政长,严春生为财政长,芝孙往沪,现由春生兼摄民政事。今日开始在昭署办事,余往观之,见一切部署尚未就绪。……午饭后,与孙希孟、沈孝侯至湖园啜茗。忽传言清军已至城外,寺前白旗均收尽矣。众惶惧。少顷,由钱老三等鸣锣令铺户复挂。余偕希孟同至美叔处,见白旗又临风招展矣。夜与美叔在琴一楼小饮,知淞北营索九月饷,言十月由苏关饷,惟九月须本地发,计炮船十八艘月饷需一千八百元,倘今日不给,明日恐防哗溃。于是严春生、刘琴孙等四出借钱,更许,犹至琴一楼对过沈家去借,未知能凑齐否? 常熟差人抗传不到,亦有激变之意,美叔二鼓犹往探信。此等衙蠹,只有以手枪对待之一法。

二十二日,晴。九时,开船下乡。

二十三日,晴。……至黄聘之处,聘之在苫不能出门,与议民团事。……

二十四日,阴。议定团防招四十人,以体仁局为驻扎地。函致张美叔询民政财政二局是否就绪? 何以各乡并无通告?

二十五日,阴,夜雨。翰叔来,言归庄民团亦可举办,耀叔今日招募团丁得二十余人。民政局廿四日函云:"二十四日开临时大会,欢迎局长丁芝孙回里任事,并当场推定阁下任民政副长,与丁君共同筹划民政一切事宜,请即日贲驾,以慰民望,不胜盼切。"复函云:"……轻材谬膺公举,实愧不能胜任,但际兹时局阽危,敢不勉竭绵力,尽国民之义务。刻因组织民团尚未就绪,当于廿七日买棹来城,面罄一切。"闻吴市民团与私贩哄,私贩死数人。令团丁乘马往探之。

二十六日,阴雨竟日。拟民团简章。定明日开议员临时会,公举团董。吴市由民团领队焦姓本为盐哨,适有私贩数人至镇,挟旧怨相斗,私贩寡不敌众,死者五人。获三人,闻将解县。马雨寰函致翰叔,言明日由黄谦斋发起开各乡联合会,议租事。余以翰叔未到何市,当转致,复之。

二十七日,阴雨,下午止。丁芝孙廿六日函云:"……务望台驾即日莅城,不胜迫切待命之至。"复丁芝孙函云:"……弟本拟今日来城,因明日何市乡开临时议会,筹划民团经费,并议联络各乡之法,留弟参议。弟以现时要务以维持秩序保卫治安为亟,东乡虽民情安谧,然私枭隐伏,顽民睨顾(以张市野八图为甚),若不先事预防,深虑乘机窃发。廿五日吴市民团与私枭交哄,实因团丁中焦姓向为盐哨,与枭匪挟有夙仇,一言不合,白刃交下,枭匪败北,恐有寻仇之计。是目前团防实惟一之亟务,俟议有就绪,当飞棹来城,面罄一切。"

二十八日,阴,微霁。……与张美叔函云:"乡间办团,经济竭蹶,舌烂唇焦,幸而集事,计每月须三百余千。明日开临时会公举职员。快枪闻已由翥叔在沪上领得三十支,须明日到,尚未知其详也。……"夜美叔专船来函云:"城中防务颇紧,且丁君于晦日赴苏会议,拟推吾哥代理民政长,专舟奉迓,万勿迟迟。"

二十九日,晴。……五时半抵城。……前日召集城镇乡开临时会,庞绮庵宣布常昭光复十日记,颇诋毁翁前县,乡董有违言。昨午后,常熟副役数十人于湖园执香窘庞绮庵几殆,现苏军政府、吴淞军政府均有电来,吴淞电并有拿办字样,而差役犹负固不服,不知以后作何了局也?

三十日,阴。芝孙九时至局交付文件,即行赴苏,诸事草创,梦如乱丝,任事竟日,头昏脑胀,甚矣,公仆之不易为也!与丁芝孙函云:"蒋漱泉辞警务长,拟以教练所所长委任之。君黻信来,云明日到城调查情形,再定任事与否。……目前最要者军需一项,现无款可以抵拨。调查省城善后赈余各款存常昭当者,有十五六万之多。如能借拨一二万应付军需,在局中不至有燃眉之急,而练营不至有乏饷之忧,能否在苏城设法疏通?再具正式公文,如得允准,阵势便松;否则日日债台,即军需一事已足坐困,何论其他。省议会如何情形?望简略示知。"……与翰翥叔函云:"民政事棼如乱丝,不易整理,且又书差交讧,经济困难,未知作何了局,真可虑也。洋枪闻须护照,已领得否?此间颇谣言太湖枭匪蠢动,不可不预为之防。廿七开城镇乡临时会,庞绮庵宣布光复十日记,侵及翁令,乡董闻而哗噪,差役因之生心,竟以香火窨之于湖园。现绮庵已赴沪,此事势须拿办,而差役仍负嵎不下,常熟一方面闻将联络经造地保为抵抗之计,社鼠城狐失所凭借,其四出狂噬宜也。刻定招巡士百名,皆尽副役应募以为安插之计,但恐彼辈尚不知悔耳!师叔议雇小轮,以福山兵梭巡数镇,借壮声威,正在规划中。前日议案如何? 望先示及。"

宣统三年十月

初一日,阴,夜雨。……与丁芝孙函云:"刻邹士希[1]来,嘱备文领前膛枪三百支,为城乡警团之用。闻须付会议厅议决,往往请十得五。现各乡纷纷请枪,非得二百支断不敷用,能否招呼议决二百支以资防御? 祈裁酌。书将就范,差尚负嵎,沪、苏两处均无举动。……俟驾回,再按照暂行章程组织各课。添招巡警,议决一百名,添入旧有巡士合成百五十名,分布五区,似足敷用。……照此计划,每月须一千四五百元。王市、东塘市均截留房捐,自刊联单,现虽行文阻止,但恐各镇效尤。房捐城只得十成之六,以养巡士尚不敷,如何筹拨,实属为难。总之,财政一项,困难达于极点。龚君今日忽欲将福山兵调回,士希竭力说法,拟饷由本城发给,杨公始首肯。若如龚意,则城中空虚矣,此今日最危险之事也。"复黄聘之函云:"……城中现往苏领枪,前膛连子药每支三元。吾乡要领否? 可即函知,须先关照防务局也。"

初二日,阴雨,午后止。……丁芝孙初一函云:"派兵之说系昨日士元力请,今晨晤信卿,闻已会商军政处,有委王耀斋之议。此举亦非妥善办法,仍恐不足善后,因另开意见交其速请都督施

[1] 邹士希即"邹士熙"。

行。刻在会场，又晤翼之，请其速办。此间办事极乱，亦无头绪。
吾乡情形若何？请以快信示知。"……与徐印如函云："民团各镇
皆办，如能联络声气，今冬可保安靖。民政梦如乱丝，无从整理，
且意见歧出，甚难调停。……"

初三日，阴，风甚厉，稍寒，下午开霁。与丁芝孙函云："两署
书吏已由美叔为斟酌分科，大约两日中可就绪矣。昭副役昨已签
字报名，今日当筹位置之法；惟常尚未来，然大势涣散，不久将牧
平。派兵之说，上灯时，王凤梧来，言谣传飞划营已到朱凤冈。上
午已不见昭差，归歧亦逃避。若辈信息灵通，难保在苏无侦探者。
苟能就此解散，则但惩朱一人，亦足泄士元之忿。听虑者审判不
易人，事事掣肘耳！……"丁芝孙初二日函云："昨晚开局，议长
张、副议长蒋当选。今日续会，通过细则，再提议案。弟与琴公提
出三案：一、军饷须由省筹；二、钱粮早定办法；三、划分军政行政
权限。……"下午，梅李邓君余、王赋梅来，知昨夜黄剑人一家竟
遭惨杀，共死八人。怨毒之于人甚矣哉！……

初四日，晴。……丁芝孙初三函云："今早即往军政厅，要求
军饷问题，厅长绝对不能承认，再三申说，舌敝唇焦，但许由地方
垫解一个月，由省转发，以后准作正开支。细思此节，仍大不妥。
因于今日议场提出紧急动议，幸得多数赞成，推弟与谢君拟电，用
议长名义电达前敌程都督，议案修正即备正式公文发递。姑俟复
到，再作计较。忙漕已有交议案，现在审查中，征收公令必可早日
揭晓。厘金拟停，办产地销场两税，以济军需。盛氏典当似应即
日盘收。……顷郑提法苤会面询安插差役办法，悉已委派沈陈棨
来常，责成翁令解散及交代案卷。"……胡君黻函辞主计课长，谓
谣传议征收钱粮事，将来粮从租出，乡曲愚民，莫知事理，即与明

辨，适以滋疑。老亲闻知，力阻不许出门云云。……

初五日，晴。与丁芝孙函云："翁志吾梅李相验回，民情尚安静，惟财物并无遗失，竟是仇杀而非抢劫。"

初六日，晴，寒甚。……复师郑函云："在津于十四晚下奉天船，十九至上海，二十一到常熟。知城中已树白帜，巨室迁徙一空，外姑亦全家徙弟乡。因于次日到家。乡僻尚无谣言，惟守御之方毫无预备，因组织民团为自卫计，未知能免匪警否？城中民政长屡次易人，现举定丁芝孙。廿九日到城，芝孙赴议会，嘱为代理，棼如乱丝，竟无从下手。本以五日为期，今午芝孙归来，可以卸肩。明日一舸下乡，拟披发行吟，不复问人世事矣。弟之初意，苏省尚为完壤，若得公正绅士维持秩序，或冀免鱼烂之祸。然大局阽危，人心如故，倾轧毁诼，层出无已，一芝孙独如常熟何！苏都督出驻镇江，金陵屹守不下。苏省主持始推张季直，不就；继推王丹揆，亦辞；现推唐蔚芝，民政为沈信卿，学务为黄劼之，教育总会中人掌握大权，亦异事也。大抵此次独立，半为财政问题，金融恐慌达于极点，非独立无以自存。于是绅以是说，官以是应，一二革军乘之，而众响应矣。吾邑并无革军一人，直自变耳！项城仍用旧人，恐不能支持残局。所虑者，南北坚持，劳师縻饷，暴骨如山，用财如水，不以兵死亦饥死耳！"……

初七日。……六时始抵家。

初八日。晴。唐海平来，言拟译《平民政治》一书，易名《共和政治》。邓秋枚以《国粹学报》滞销，改出《共和杂志》，大畅销。今日惟"共和"二字稍可卖几钱耳！

十一日，阴，午后霁。张美叔函言："芝公十二返常，军饷已办妥。十三议决租赋问题，吾公必须到城，并邀师叔同来。"……初十报载汉阳为北军所得,武昌恐亦难支。武汉一失,民军无根据地矣。若能就此议和,不致涂炭生灵,亦未始非福也。议事会议推代表二人赴城议租赋减成事,推定翰叔、周汉臣二人。

十三日,阴。与张美叔书,为项桥民团欲领前膛枪,闻城中领得二百支,未知能分给一二十支否? 请其速复。

望日,阴,夜雨即止。……翰叔自城归,言何市区定实征四成八厘,租定每亩大洋六角,已由民政长出示晓谕。

十七日,阴,夜雨。与张美叔函云:"……鄙人窃有深忧者:张周市流民近已夜出摽掠,米地佃户又有抗租之说。太仓已立司令部,用军律从事;而吾邑缺如,万一有警,何以自卫? ……叔颖欲借快枪,据翥叔云太仓有续领一批,可以转给,惟价稍昂耳。祈转告之。……"

十八日,微雨,稍寒。与孙师郑书云:"……此间目前安谧,然乡僻劫掠之事,时有所闻。幕燕釜鱼,苟延性命而已。商不放账,农不输租,金融恐慌情形,与京津无异。"……

二十四日,乍阴乍晴。张美叔函云:"财政稍有头绪,惟待吾哥上城编制各课细则,以便实行。廿六日传各图地保,谕话催租,写明每图取川资小洋三角。如贵镇有多取情事,乞速密示,分别惩治,以除积习。"……

二十五日,晴,较寒。江北难民到者甚多,有在桂村学堂前煮物者,余往视之,釜中皆菜叶萝葡甲少米;仅见青色不见白色,此如何景象耶! 植儿自太仓来函言:"……太城民政局人浮于事,茫无头绪。洪伯贤为民政长,近时颇多反对之者。"……

二十六日,晴。与张美叔函云:"……租事毫无动机,愚意俟上忙易知单散给后,请委员亲赴各乡一催,并须派兵队巡逻以壮声威，或可冀幸无事。木棉地则决不至起风潮也。……城中剪发流行否？日内拟开会演说，以为革新之起点。"……

二十九日，阴晦竟日。催租委员蓝承松来，前常熟主簿也。……

宣统三年十一月

初一日，晴，下午阴。魏绥之来，嘱致邹士熙一函，为项桥民团领枪事。与孙师郑函云："闻媾和专使已莅沪渎，剑林亦随节同来。如天心悔祸，释甲行成，宇宙或有平和之望；否则龙蛇起陆，天地玄黄，后顾茫茫，不堪设想矣！……此间秩序尚属整齐，惟意兴落寞，不复有生人之趣耳！"……

初二日，阴雨竟日。许师叔来函，言城中秩序逐渐恢复。……

初四日，阴晦，夜雨。张叔颖函云："各乡当捐纷纷留归本乡，民政长批以县议会议决为辞，时机将成熟矣。昨昆山民政长照会本局，因石牌一乡昆常各半，房捐、膏捐昆邑系城乡分收，为本地民团巡防之用，嘱为照办，现尚未复。昆山政体，素系共和，远胜本邑多矣。城中租事不过起点，大市桥一带有霸租聚众等事，已饬提究治。租事难，漕事更不易也。……"

初五日，阴雨竟日，夜仍不止。……孙师郑十月廿二日函云："都中情形依旧。现由英使暗中调停，在汉协商和局，未知后来效果如何？……山陕情形极为野蛮，掳掠富绅不可理喻，恐非武汉所能操纵。下走窃谓江浙之文明与彼野蛮，虽似处于两极端，而轨道适合。公得毋谓其迂谬否？吴中领袖二氏，一官一绅，掀此巨波，遂使天高高海滔滔之国乐，成为语谶。高高者，不敢不蹯矣；滔滔者，流而不返矣，虽有鲁阳，亦无从挥戈回日。始作俑者，其无后乎！其实此作俑之二氏，均以滑头之思想（二氏均有破产之患，故激而出此，其原因甚多，特无人为之揭破耳），鼓动此方才智之民，为其傀儡（此辈傀儡亦复有所利而为之，所可哀者多数人民耳）。下走所言，异日必有以为是者，聊博一晒。"……

初十日，晴。魏绥之函言："为领枪事至防务局，晤局长邹君，据云所领仅有七十支，须满百支，方可到苏领下。当付枪价十二支，计洋四十八元。刻下仍无音信，有便乞为代催。"即函致邹士熙，并言如有余存，何市乡商团亦须领十支。昨夜陈家楼子谭姓被抢，一茅屋人家并在人烟稠密中。而盗独不认差，斩芦壁而入，其同居之人亦并未惊动，此殆素所熟悉者，非外来之流氓也。闻现洋抢去三百余元，衣饰值二百余元。董浜今日有妇女二百余人索赈，亦逆料必有此事，特不料发端于董浜耳！……

十一日，晴。羲青叔自城回，言王庄乡民借抗租为名，聚众滋事。防务局长邹士希率勇往弹压，闻枪声惧而逃。福山勇继往，乡民死三十余人，惟尚恃众不散；现已电江阴、无锡协拿云。……孙希孟函云："……景贤自檗子之去，亦久不至局，局中惟剩不三不四之职责，挟夹七夹八之政见，国民程度如此，岂能高谈共和，彼报界之鼓吹，直梦呓耳！……"

十二日，晴，上午阴晦，夜雨。与孙师郑函云："'和议'已有眉目，释干戈而取决于国会。共和政体南省狂热已久；北方应有同情，但未知蒙藏何如耳？此间秩序整齐，皆食雪楼先生之福。然崔蒲时有不靖，莠民亦肆谣言，倘当事稍一迟回，几何而不为皖省也。来函以一官一绅为比例，毋乃传闻失其真欤？敝处校中一教习，私出入敢死队，学生数人均投入北伐军，阻之不得。人心愤激如此，欲保守旧有主义能乎不能？……大局将变，即以项城之毅力亦难挽之使回。断言之，即专制政体决不容于今日，是也。……"

望日，晴，寒甚。孙中山举为大总统，于十三日履任，即改用阳历，以是日为元旦。《民立报》著论议之，以为改历大事，不应如是轻率。然不以是改新日月，又何以振兴民气乎？见仁见智，各具一解，一二人之私臆，未可遽定是非也。……

十六日，晴，霜重泛暖。偕内子、桂儿入城，傍晚始到。王庄扰事，苏省派一委员来，昨日提到大义桥抗租地保李同，略讯数语，即于晚间枪毙。闻李同去岁曾掘汪东山之墓，实罪不容诛者，而以抗租毙之，则宽矣。今日丁芝孙同委员下乡催租，余于鲇鱼口遇之，盖由古里村往支塘也。……

十七日，阴，微雨。……施兴来，言已出敢死团入北伐队，详述在苏事，大约敢死团无纪律，北伐队令甚严，不易出外，似较胜之。……

十八日，晴。……傍晚抵家。

二十日，阴。寄江晋臣一函，为劝办商团事。

二十四日，阴。与孙师郑函云："和局迁延，恐将决裂，三十三年落花梦，今花落更生矣，未知能媲踪华盛顿否？……"

二十五日，阴，夜微雪。桂儿函云：城中又枪毙一人，名周天豹（宝）。……

二十六日，晴。晨起看瓦棱犹皑皑白也。翥青叔自城中回，言浒浦闻有大帮枭匪潜伏，云是徐宝山之勇，无饷而溃散者，有窥伺常熟之意，甚可虑也。……

二十七日，晴。今日为中华民国元年正月十五日，各处行补祝元旦之礼。吾乡亦令店铺挂灯，以寓庆祝之意。闻常熟有提灯会，甚盛。上海更铺张扬厉矣。……

二十八日,晴,冷。鬻青叔言黄剑人之被杀,梅李上流社会中人亦有知情者。……

二十九日,晴。昨日支塘因开追租米,乡人聚众几至肇事。或云吃大户,盖传闻之误也。……

中华民国元年正月

十九号(辛亥十二月初一日),晴,午后阴,夜微雨。闻二图农人又有劫案,盖亦本地人所为。世道如此,殊可隐忧!今日改用新历纪年。闻宣统帝将行禅让,南北战争可以罢休,金融机关亦稍周转矣。……

二十号(辛亥十二月初二日),阴。民团查得一形迹可疑之船,备有鸟枪而不似打鸟者。据云唐市人。因嘱公所函致唐市,令其觅人来保去。闻昨夜十六图又有放火谋抢劫者。甚矣,人心之不靖也。……

二十五号(辛亥十二月初七日),阴。前日民团局查得之船,一许姓,唐市人。公所复函云不敢作保。初四夜将释去矣;而初五上午,忽有直塘妇人蒋姓来卖棉花,见一人所穿之皮裌曰:“此余家之赃也。”盖前月十三夜被抢云。于是将四人一船移交直塘公所,解太仓质讯焉。

附录一：赵烈士事略

佚 名

【编者按】赵声的传记，撰者很多。章士钊写的《赵伯先事略》，已辑入中国史学会主编的《辛亥革命》。本文原载《江苏革命博物馆月刊》第二卷第十四期。据该刊编者陈去病说："此文得之林焕廷先生业明，颇为详尽。不知谁氏所作。"

烈士名声，江苏省镇江府丹徒县人也。字伯先，姓赵氏。少有大志，生平最崇拜岳忠武、明太祖，自号雄愁子。世居大港镇，累代学儒。烈士之父镜芙翁，为丹徒硕师，治理学，行止端淑，举岁贡，两应乡试不第，即退而隐居讲学，邑人士出其门因而发名成业者甚众。烈士幼受父训，性极敏，八岁能文，时有神童之称，镜芙翁奇之。九岁，应童子试，以字劣未售，乃发愤学书，至十三四岁，又以善书名。年十九，入邑庠，亲友来贺，烈士笑曰："丈夫当为国宣力，区区一秀才何足言。"盖其志趣高越，器识宏远，得之于天，虽在童稚，已崭然露头角矣。

烈士躯干伟岸，精力雄壮，喜拳法，好作诗，然不事试帖，爱古歌行，兴酣命笔，俄顷而就，不假修饰，多激昂悲壮之音。博览新籍，志益摅发。时江宁陆师学堂招考，烈士投笔慨然曰："有文事者必有武备，吾当为班定远，岂能于墨汁中求生活！"遂往应试，迨揭晓，竟未被选。烈士愤甚，抚七尺躯叹曰："吾岂无军人资格耶！"欲买棹归矣，某观察闻其才，延教其子弟读。烈士于侘傺无聊时，意谓在宁可扩见闻，遂应其聘。顾某观察乃顽旧甚，猝闻烈士言论，骇怪，舌挢久之，渐不合。烈士以其子弟又不悦学，益欲他适。阅三月，辞去，投考入水师学堂，监督方君伟其人，奇其文，擢为第一。烈士性和蔼，同学多乐亲附，与接谈，辄惊四座。适校中章程不良，众议要求更易，举烈士代表，烈士语诋监督，监督怒，烈士亦怒，自请退学，而名益盛于学界。侨居猫儿山僧寺，闭户读书，而学界中之景慕烈士者日来请谒，不绝于途。寺故与陆师学堂近，后为陆师学堂某学生促（捉）笔，校中（主事）者见其文，疑非本校生所能为，诘得实，大称赏，张其文于讲堂，复召烈士往见，深器其才，乃特许入校肄业，于是烈士心稍慰。每课余，与同学论时事，每欷歔感愤不能自已。时革命潮流入扬子江，烈士大喜叫绝曰："此吾腹中所欲言，不图竟有先我而发者。"遂以革命事业自任。尝与朋辈游明故宫、孝陵卫，见其景象荒瑟，叹曰："此我汉族英雄遗墓也，今如此！"不觉泪涔涔下。为同学言："我辈今日痛瘁求学，岂为官禄富厚来耶？乃预备他日手拯神州，出之茫茫巨浸中，使复见青天白日耳！"闻者多感动。

　　烈士既卒业于陆师，沈观中外历史，深究时局，益愤清政府所为，即欲糜身以殉，屡联同志实行。顾当时科举未停，而全国士夫尚日夕埋首瞑目作苍蝇声，除习文字，排比声病，弋取科第外，不知世界与国家为何物，故烈士侣俦其寡，以是常郁郁。闻国中英俊萃于东瀛，乃渡黄海而东游日本。中国留学界中之抱革命思想者闻烈士至，皆挈侣来迎，极致悦慕，烈士乃尽交留日之少年同志，心胸为一舒。已而曰："革命贵实行耳，居日本何为？"遂复回国，为冒险之鼓煽。孟子曰："待文王而后兴者，凡民也。若夫豪杰之士，虽无文王犹兴。"呜呼！如烈士者，亦何愧哉！

烈士既归国，痛民智之闭塞，思有以启牖之。于是从其乡里先创阅书报社，继设小学堂。复以此二者收效迟，而革命事业深倚武力，乃更组一体育会，有志之士多与焉。造就才俊颇众。其他关于地方公益事，无不竭力营设。未几，应南京两江师范教育之聘，全校教员学生无不倾仰烈士之为人，而烈士与校中人感情亦益厚。烈士内结同校之教员学生，外结相识之同志，声气翕合，徒郦日繁，乃开会于北极阁，演说民族主义，图进行。至今，北极阁之演说诸革命家类能言之，盖感人之深，而胆气之猛决，有令人以可惊可愕者。时满人端方署江督，闻之大惊，立欲缉拘，置之死地。赖同志先得消息，急泣劝烈士避，烈士乃走湖南。

烈士自北极阁演说后，名震江楚间，江楚有志之士争慕向之。时革命同志日渐多，烈士自（至）湖南，同志欢迎留为实业学堂监督，于是湖南学界革命思想得烈士灌送，更磅礴一新。烈士每观书，见古人推许燕赵多慨慷之士，尝为神往，恨不得遍交其人。久之复辞实业学堂监督职而游于津保间，更出关外，回至北京。是时，吴烈士樾方抱实行暗杀主义，闻烈士至京，急访见之，英雄握手，互倾肝胆。烈士喜谓吴烈士曰："此行遇君，真不虚矣。"遂订密交。后烈士离京，吴烈士致烈士书，有"某为其易，君为其难"之语。烈士感其言，乃写诗数首报之。吴烈士得诗，对人言，每诵赵君诗则心酸泪堕，岂伤怀世事而为此儿女态耶？抑诗之感人深也。嗣得炸五大臣耗，闻豪猾未死而人豪殉身，烈士则大恸曰："天乎！丧吾良友，未能杀贼，吾誓报此仇！"哀痛至数日不食。

自是烈士谋实行之志益急。

烈士既游京师，睹禁城而思明社，益不胜其悲感太息，遂有从京师着手急进之念。顾京师人才虽多，而功名利禄思想最盛，难与联合。适闻保定陆军是岁举行秋操，烈士窃喜，以为机可图也。乃赴保定，投身陆军为队官，欲借秋操谋反正。无如北方军人其时尚甚固塞，运动无效。烈士意虽懊恼，而亦喜得秋操数月之经验，南归尝语人曰："自学陆军以来，经验此一次秋操，始觉确有心得，知学校中所学不实地练习，不可尽恃也。"

烈士既南归，时端方已去江督任，同志遂招赴江宁充督练公所参谋官。烈士筹划多中肯，为当道所深器，乃遣赴北洋调查军政。查竣南回，当道以烈士军事富有经验，属烈士教练江阴新军。时道员郭人漳颇以新学弋时誉，与烈士互推重为兄弟交，郭有桂林行，邀烈士同往，烈士欣然从之。乃辞教练官，偕郭入广西，在广西任管带官，日与兵士演说民族主义，其论洪秀全事，人尤乐听。谓洪既得南都，不乘机席卷，直捣幽燕，而乃安坐谋议，袖手以待围师，遂致反客为主，反攻为守，情势一变，声望全失，大为可悼。广西有志之士，无不闻风兴起。年余，烈士既得众心，欲谋举事，广西大吏防范严极，烈士志不得逞。适南京开办征兵，同志有招之归者，烈士遂辞广西返南京，所部皆恋恋不能舍。

烈士归宁垣时，南京征兵初开办，异论纷起，阻力百出，应征者颇少。烈士乃奔走故乡，苦心剖析，晓以大义，卒至应征者踊跃，烈夫魁博亦多投笔而起，故第九镇兵士，镇江人最多，而文明为全国陆军冠，烈士之力也。征兵事竣，统制徐固卿即属烈士管带三十三标第二营。烈士首重军人精神教育，以养成兵士革命思想为第一要义。复于营内设阅书报社，期扩兵士世界知识。星期每袖明太祖像,率兵至明陵散步,指像演说有明兴亡及满族凌虐事,言至痛心处,常放声大哭,闻者无不堕泪。于是兵士皆知祖国之仇,恨异族窃据,切齿攘臂,誓以死从烈士起义。不半年,军人革命思想即普及全镇。南京征兵雄武侠烈之名誉,扬溢日远,声震全国者,实胚胎于烈士。大风撼木发屋,而起于青萍之末,信乎! 诚之所至,金石为开也。

烈士既昌言革命于南京,全镇兵士皆感化,合各学校有志之学生及其他部分之同志,约计可得众二万。烈士每慕项羽将江南八千子弟,遂起而灭秦事,至此窃喜,以为机会渐可图,直捣黄龙之心遂勃然腾踊。欲发,会中山先生安南之行,与法国参谋长卜加啤约,协助南中国独立。密遣粤同志胡毅偕法步兵大尉苛罗氏至长江一带联络,由蔡民友、孙少侯二同志介绍至宁晤赵烈士。胡君为述来意,并盛言粤中资力雄伟,人才众多,革命军兴,宜先取之以为根据,烈士甚韪其议。其后卒三度赴粤,参与各役之运动。时统制徐固卿深器烈士,复擢烈士统三十三标。烈士乃约同志组织一俱乐部于标本部,为联络同志讨论进行之机关,赞成者甚众。机关甫成立,而端方忽复奉命总督两江,遂为之阻。

烈士以俱乐部既成立,运动苏、皖、赣同时响应,规划未就而端方至,同志某君就计于烈士,欲俟端接印时即狙杀之以起义。时苏、皖、赣运动尚未成,而南京之巡防水师兵舰诸部分亦多未及联络,军装子弹又复缺乏,烈士谓非俟苏、皖、赣运动成就不可,否则亦必联络南京征兵以外之军队,同时并起,方足以举大事,不然徒破坏第九镇,演一汉人与汉人渑血之恶剧耳。众深服其言。后熊烈士成基在皖起义,果以巡防队未联络稳固而败。端方既惊于北极阁之演说，而又闻毁曾国藩像事，一到宁即欲罗织烈士。先是，三十三标兵士以南京后湖神庙悬有曾国藩画像，颇引人游览，恨其为民贼也，攫而火之。端方闻其事，即欲借此根究，兴大狱，有三十三标皆革命党，可用炮轰之言。同志皆相与惊骇，顾卒赖徐统制力保，仅褫兵权，所部各营兵士依恋不能舍，临行之日，如失慈母，全标官长兵士列队送行，有泣下者。烈士抚慰之曰："丈夫胡作儿女态，将来共事之日正长，幸各自勉，勿忘我言可耳！"言已，泪亦盈眶，至不能成声。兵士感动，更大恸而别。

端方，杀人之枭也。其来两江，同志疑惧，甚欲猝起发难。烈士以孤立无响应必败，乃急谋合苏、皖、赣，谋未定而端先发。同志中之急进者方在赣运动会党，遂起事于萍乡。烈士得信大惊，亟欲号召响应。适端方接江西告急电，初议遣防营往，卒遣徐固卿。徐力荐烈士勇毅能赴敌，欲以三十三标仍属烈士率以往，端疑不之许。徐乃以烈士为行营中军官，烈士欣然就道，先密遣人报萍乡。是役，熊烈士成基、倪烈士映典皆偕行。徐军既遣，端复疑悔，密遣心腹伺其军。烈士至萍乡，则革命军与江西军战不利，已解散；而又知端有侦伺在军，无可发展。摩挲长剑，暗中挥泪而已。

萍乡事平，徐军北回，端方猜之甚，防益严。烈士不自安，乃赴广东，任督练公所筹运科提调，旋统带第二标新兵。钦廉豪族因抗糖捐，联合乡团谋逐猾吏。粤督张人骏发兵赴援，烈士请行，当道壮其勇，许之。烈士率步兵一营、炮兵四门，即日乘船赴北海。其时郭人漳亦奉檄援钦，所部有新练军一营、巡防队三营。烈士乃与同志胡毅谋，邀同志黄兴入军中联络郭部，并阴结钦廉各乡团以为己助。胡君乃赴越南报告于总部，并偕黄兴、王和顺二君同返北海，与烈士会晤。议决黄赴钦说郭响应，而王则赴陆屋、三那一带与各乡团首领联络以举事。

郭人漳初官于晋，因贪墨而去职。桂粤疆吏以其为将家子，故累属以军权。当其愤抑无聊之际，未尝不口谈革命以阿当世。黄君于其在桂之日，亦曾赴其军中，晓以大义，郭阳受约束。钦廉事起，郭方私庆以为复职可期。及睹黄君千里赴约，则大眙聘（愕），既防同官之漏泄，复恐所部之响义。黄君未洞其奸，尽以所谋告之，郭乃刻意防范，以图破坏，其阴险至可畏也。

王君既晓乡团首领，告以赵郭二部皆为革命军队，前此对于抗捐之举，容有误会，倘能高揭革命旗帜，则所至响应，左券可操。且引黄胡二君各在军中为证。众皆大悦。刻日集队千余人，直指钦州。郭闻讯，乃率所部出城扼险以待，且约钦廉道王瑚率部在城固守。王和顺率队至，郭遣代表见之，谓所部见疑于守城军，被调出外，不能居中响应，如革命军能攻下钦城，则当率队从行，否则请别出灵山，以图后举。王君以所率多新兵，钦城非旦夕可下，郭既背约，心尤叵测，乃率队北行。

烈士在合浦得讯，知义军将先取钦城，乃大喜，方预备响应，及闻其由钦而趋灵山，则大惋惜。乃星夜偕胡君及幕僚数人出发，一日夜而驰至武利，盖所部多驻此，廉城仅守兵一排耳。比达武利，据彭营长大松所言，则革命军攻灵山一昼夜，以器具不完，先登者仅十余人，其余皆难为继，侵晨已率队他去矣。

烈士寻知郭负约始末，而黄兴同志亦已设法脱险归越，尝于知府柴维桐座上诋郭，郭后与柴同密告烈士于粤督袁树勋。烈士益不安，乃辞职归粤，而任黄埔陆军小学监督，且引胡君为校中教员，相与密谋运动军队之事。

初，熊烈士成基举义于皖不成，同志倪君秉章、方君楚翘亦被密缉，闻烈士在粤典兵，乃千里来谒。至则烈士已解军职，惟时粤军新编未久，将校人才缺乏，尤以炮队为甚，故烈士得荐倪君为炮营排长，易名映典，以避缉捕。炮队为武劢军改编，多皖北、河南健儿，故倪君能部勒之，且有胡毅、朱执信、姚雨平、何克夫诸同志为助，一时各营下级官长多数加入中国革命同盟会，而待机为党国效命，此己酉年秋冬间事也。

军队既获此成绩，民军方面则由胡、朱二君任各属之联络。方期于庚戌元日起事，不幸新军同志因小故而起暴动，遂致失败，倪君死焉。烈士时在广州，得同志何侣侠之助，间关至南海上淇村而晤胡君，告以失败之经过，相与痛哭竟日，易服赴港。

庚戌夏，烈士偕胡毅、林时塽同志赴日本，同候孙中山先生，相见极欢。烈士谓胡君曰："吾国最患无折冲樽俎之才，一旦革命军起，必难获得外人承认为交战团体，今见孙公，吾无忧矣！"秋间返港，复偕黄兴、胡汉民两同志南渡英属各殖民地筹款，图再举。翌年遂有三月廿九日之役。

初，中国革命同盟会既成立，设总部于东京，后置南方支部于香港，以为实行之机关。庚戌新军之役失败以后，军队之加盟者愈众，外洋筹得之款悉以购置军械，计划粗定，相机待发。同志乃相与另组一临时军事机关，名曰统筹部，部长举黄兴同志任之，烈士则被举为总指挥。已定期四月初一举义，不幸在省同志迫于时势，已于廿九日围攻粤督署。是夜，烈士方率冲锋队数十人由港乘船赴省，翌晨抵省，始知失败，遂乘原船返港。烈士素嗜酒，而有便秘病。至是忽患急性盲肠炎，入日医马岛病院，解剖后，医言溃浓（脓）腹膜，症不治，遂终于病院。得年三十。无子。夫人自杀以殉，幸遇救不死。民国既造，同志葬烈士遗骸于圖山之阳，且筑园以为纪念。呜呼！此犹未足以下慰烈士之灵也。烈士身当清季，弃儒服而学军旅，奔走南北，以革命为己任，所至尽交其豪杰。虏酋端方险（阴）恶之，而不敢加害以负杀士之名。使天假之年，亲睹光复，吾知副总统一席，天下必属望于烈士而无疑。江汉子弟皆君旧部，袁贼险凶，其敢以一矢相加遗耶！吾党多故，频年用兵，烈士有知，吾知其必不能瞑目也！

附录二:歌保国[1]

赵 声

【编者按】《歌保国》是辛亥革命时期革命党的宣传品,辞气慷慨,可与《猛回头》《警世钟》相媲美。原件藏无锡市博物馆,无作者姓名。辛亥年十月初五日《民立报》曾刊此文,下署"刘意扬来稿"。从内容判断,此文绝非武昌起义以后之作。考章士钊《赵伯先事略》说:"时排满之论,起于江湖,愚喜昌言,而伯先则谋济事,尝秘草'七字唱本',激劝士卒,号'保国歌',文辞朏至,读者莫不感泣。余为印布数十万份,湖北曹工丞且为麻鞋负囊,走数千里散之。一时长江上下游之兵若匪,人手一纸,习其词若流,而不审为伯先手笔也。"据此,可以断定这是赵声鼓吹革命之作。《民立报》所载与原件略有出入,此从原件。

> 莫打鼓来莫打锣, 听我唱个保国歌:
> 中国汉人之中国, 民族由来最众多。
> 堂堂始祖是黄帝, 四万万人皆苗裔,
> 嫡亲同胞好弟兄, 保此江山真壮丽。

---

[1] 本文集编者按,祁龙威著《赵声的〈歌保国〉》(《江海学刊》1961年第9期),文字略有差异。

可怜同种自摧残，　　遂使满洲来入关，

凶悍更加元鞑子，　　杀人如杀草一班。

痛哭扬州十日记，　　嘉定屠城尤骇异，

奸淫焚掠习为常，　　说来石人也堕泪。

不平不平大不平，　　贱种乳臭皆公卿，

食我之毛践我土，　　忘恩负义太无情。

八旗驻防防家贼，　　贪官个个良心黑，

追比乐输还劝捐，　　忍气吞声说不得。

视臣土芥民马牛，　　科名笼络如俘囚，

诗狱史祸相接踵，　　名节扫地衣冠羞，

农工商贾饥欲死，　　行省处处厘金抽。

中有当兵最懵懂，　　乱山多是湘军冢，

急来招募扣口粮，　　闲时只是杀游勇。

固本京饷年复年，　　大半同胞买命钱，

民脂民膏吃不了，　　圆明园又颐和园。

忽纵奸王攻使馆，　　复媚洋人摊赔偿，

昭信股票最欺人，　　杀戮忠良天不管。

苛政淫刑难尽书，　　九幽十八狱何如！

到处差役更骚扰，　　牵了耕牛又牵猪。

哀哉奴隶根性好，　　华人鼓里方睡觉，

台湾割让又胶州，　　火烧眉毛全不晓。

非我族类心不同，　　把吾土地媚群凶，

欧美环伺恣分剖，　　外洋又复逐华工。

彼昏不知纵淫乐，　　大做万寿穷需索，

权阉流毒成官邪，　　哭天无路将谁托。

弃东三省家安归，　　将见行酒穿青衣，
失地当诛虐可杀，　　难道人心无是非。
我今奋兴发大愿，　　先行革命后立宪，
众志成城起义兵，　　要与普天雪仇怨。
不为奴隶为国民，　　此是尚武真精神，
野蛮政府共推倒，　　大陆有主归华人。
第一合群定主意，　　大众齐心兼努力，
新湖南与新广东，　　社会秘密通消息。
第二不要吃洋烟，　　体操勤学勇当先，
忠信为主养公德，　　破除私见相钩连。
第三武备要时习，　　权利收回期独立，
专精实业开学堂，　　热心教育当普及。
第四不必闹教堂，　　不扰租界烧洋房，
杀人放火皆禁止，　　要爱百姓保一方。
第五演说无观望，　　说得人人都胆壮，
民智渐开民气昌，　　保你千妥又万当。
第六政府立中央，　　议员公举开明堂，
外人干预齐力拒，　　认清种族凭天良。
第七不为仇尽力，　　无作汉奸剪羽翼，
同类相爱莫相残，　　满洲孤立正在即。
第八同心不可当，　　一家不及十家强，
你家有事我帮助，　　扶起篱笆便是墙。
你救我来我救你，　　各种人情各还礼，
纵然平日有猜嫌，　　此时也要结兄弟。
民族主义大复仇，　　二百年后先回头，

还我江山归旧主，　不逐胡人誓不休。
大家吃杯团圞酒，　都是亲戚与朋友，
百家合成一条心，　千人合做一双手。
各有义胆与忠肝，　家家户户保平安，
修明宪法参英美，　共和大国长交欢。
布告天下飞一纸，　救民水火行其是，
我以竞争求和平，　荡秽除残莫怕死。
四方豪杰一齐来，　虚怀延揽惟其才，
直言普告州和县，　地方自治无兵灾。
古来天下无难事，　人若有心可立至，
你们牢牢记在心，　浩然之气回天志。
仔细听我保国歌，　天和地和又人和，
取彼民贼驱异类，　光复皇汉笑呵呵！

分区部分

苏州府

清末苏州商务总会档案

【编者按】《清末苏州商务总会档案》分会议记录、函稿等种。这里选录的是辛亥革命时期的一部分。其中反映苏州及其属县的社会情况与豪绅富商动态颇详。原稿藏苏州市工商业联合会。

议案簿

辛亥年

八月二十六日常会

一件：各钱庄请拨库款四十万元以济市面，准发念万。

备文据情呈抚院，移苏藩。

一件：藩司照会苏商体育会持凭赴督练公所具领枪弹案。

备文移督练公所军事参议官。

八月二十八日特别会

一件：钱典两业会议维持通融办理议案。

典当有存银在庄者，钱业本认接济，惟须量力而行。如往来原有欠款者暂时通融外，今两方议决：自本月二十九日起，各顾交情,自行酌商接济五天,以维市面而联商谊。此议。

宣统三年八月二十八日议。

钱业代表石寿山允

钱业代表朱瑞芝允

钱业代表沈小琴少圃代允

典业代表庞甪君允

典业代表金辛才允

一件:钱业公会呈述意见,拟请本会赶印钞票二十万元暂济眉急案,并附章程七条。

各业代表未能认可,议决取消。

一件:议决:公电江督请拨新币一百万元到苏接济案。

本日印发并抄呈抚宪。

八月三十日特别会

一件:劝谕王、俞二君维持市面案。

何太尊同三首县及陈介卿大令会同商会总协理及各议董劝谕王驾六、俞子亮二君,因目前金融停滞,设法维持。现由王、俞二君力顾大局,合认洋二十万元。以十五万元由晋生、永丰、永生三庄担任流行票维持市面;以五万元筹备现洋,设一临时质缎局陆续应质,接济机织。其一切办法,另再会同纱缎业妥议暂行简章,禀请核准立案,给示晓谕。以上均为市面紧急起见,一俟大局粗定,再由商会妥议收束办法。此议。

一件:本会现因商情紧要,常有临时动议之处,议定各议董轮日驻会暂行办法案。

一件:抚宪函示督院电,新市须切商度部饬提用,能有效事。

议决:备文呈请抚院,迅电度部陈明苏市危急情形,速将宁垣造币厂铸存一百万元拨运到苏接济。

九月初一日特别会

一件：请部颁新币接济市面案。

电请商部迅咨度部，将江宁造币厂铸存新币分拨一百万元到苏，以维苏市。

九月初二日特别会

一件：苏商体育会请领枪支案。

原禀代呈抚院。

九月初三日常会

一件：纱缎业李祥记等因机匠无端聚众，请县设法消弭案。

备文连同原禀移三县。

民国元年

四月十一日临时会

录四月二号议案。

一件：推广商团添置新式快枪案。

决议：由商会筹垫款项，先购九响新式快枪五十支、子一万粒，以备各部缴款具领。……

本日决议：商团添置新式快枪一百支、子一万粒，由会筹垫款项，以备各商团按照原价缴款具领。

四月十六日临时会

一件：钱业公会请都督常驻苏州意见书公决案。

此事于商业前途至有关系，定于四月廿三号通知各业开会公决。

一件：推举赴沪代表欢迎程都督莅苏案。

推定苏稼秋先生、邹椿如先生为代表，于四月十七日启行，又公推杭筱轩先生同往。

四月二十七日常会

一件：钱业公会请江苏都督永驻苏州案。

备文并抄送原帖代呈袁大总统、唐总理、黄留守、江苏都督。

五月四日常会

一件：阊门外被害商民摊偿案。

电程都督照宁案分等摊偿，并恳核示。

五月十三日临时会

一件：晋丰当户有匿名揭帖，约期旧历二十八日持当票到会，要求签字向该典赔偿事。

公议：具略面呈都督府请出示派兵到会保护，并附呈揭帖一纸，又王俞同禀词一件。

公函簿

宣统元年五月初九日致元和县吴

次竹公祖大人阁下：敬启者：顷由敝会移送纱缎业徐万泰等请迅赐出示，派差巡逻弹压，预防机工滋事一章，谅已递到。兹据该业等到会声称：日昨潘儒巷一带机工聚众数十人，强抢机梭，勒令停工。今日又在东其林巷三家村狮林寺前等处啸聚暴动，势甚汹汹等云。查城厢内外各机户，良莠不齐，动辄滋扰，而地痞光蛋乘间煽惑，一星之火，易于燎原，与其补救于将来，何如防患于未然。务恳　台端迅先派差协保，分头弹压。并请一面会同长吴两邑尊出示严禁，俾不致酿成衅端，地方之幸，尤敝会商界所盼祷者也。专肃敬请

台安

宣统元年五月十二夜致元和县

次竹公祖大人阁下：顷据纱缎业司年徐宝山、孙荣泉、司月李伯英、程安夫声称：访闻机匠加价后依旧在彼聚闹，内有欧来生住唐家巷市桥头，朱男男住娄门葛伯户巷，以上两人均不安分，务乞于黎明时饬差密拿惩办，并祈会同东中两路巡官，从速多派巡逻队到彼弹压解散，以戢乱萌，无任盼祷。专肃敬请

勋安

再启者：顷又探闻，若辈约于明日黎明邀众轰击司年、司月帐房，大有汹汹莫遏之势。事在急迫，务乞迅赐会同中东两路多派巡士弹压，无任盼切。再请

台安

宣统三年七月十二日呈抚院为巴城抢米暴动由

代呈事：窃据新阳县巴城商务分所职员等具禀，以乡民聚众抢米，全镇罢市被困，联名吁请派拨水师驰赴弹压，以维大局而保治安等情。请为代呈前来，理合据情将原禀代为转呈，伏祈 宪台大人俯赐悯鉴，迅予核饬施[1]。谨呈。

宣统三年七月十三日呈抚院请免进口米厘

呈请事：窃苏城本年米价翔贵，职等早经按照农工商部奏定商会章程第二十四条，迭次劝谕米商，酌量平价出售，该商等均各允从。并以米价之昂由于来源稀少，当由职等据情具呈，吁请暂免进口米谷厘捐，奉札饬司议复，蒙准采办平粜，照案给照免捐，所有商贩运米，无庸减免各等因在案。具征审慎周详，于民食饷

---

[1] 疑脱"行"字。

厘兼顾并筹之至意。其时官运湘米正在发商平售，义仓积谷亦经续办平粜，方冀旸雨得宜，转瞬秋成有望，赖兹接济，或可维持。讵意自交七月，风雨为灾，田禾庐舍淹没无算，四乡俱成泽国，人心顿起恐慌，而各处运米来源又日见稀少，糙粳市价近已涨至七元八九角，加以砻白折耗，每石米价成本须达九元左右。各该米商虽经职等力力劝导，忍痛折本减价出售，无如米源久竭，客运窒滞。加以霪雨积旬未止，乡民纷纷暴动，外县抢米之事，遂有铜山西崩，洛钟东应之势，昨且波及于省城，齐门外一带米店险被蜂集纠抢，情形岌岌可危。职等每一念及，辄为寒心。转辗焦思，为急则治标之计，惟有吁请暂免苏属运米进口厘捐，庶使商贩闻风，来源稍旺，米价得以渐平，人心因之而定，地方安危，关系非浅。用特不揣冒昧，情迫上呈，伏祈　宪台大人鉴核恩准，饬将各境运进苏属米谷六陈杂粮，一律暂免厘捐，实为公便，无任迫切待　命之至。谨呈。

宣统三年七月十三日移三县米价减售事

移复事：顷接　大照内开："田禾被淹，米价飞涨，劝谕米业平减米价"等因。本日米业蔡董到会，经各董公同斟酌，以现值民食恐慌之际，不得不于起码米一种勉力减价，从十四日起每升减价五文，以顾大局而定人心。并经蔡董传知各米店一律照办，以副　廑系。合亟移复，并请回明　层宪察照。须移。

宣统三年七月十五日移江苏巡警道吴

移复事：本日接准　大照内开："秋雨禾苗被淹，米价继长增高，恐致酿成巨案，请烦迅传米商集议，务须平价出售，以弭隐患，仍祈见复"等因到会。查本年风雨为灾，常、昭、昆、新各县均因抢米风潮，商业为之罢市。省城影响所及，人心未免惊惶。敝会节

经据报呈明　院宪请赐维持,并以米价之昂由于来源稀少,一再具呈吁恳暂免运苏进口米谷厘捐,一面邀集米业劝令忍痛减价,各商勉力允从。准自本月十四日起所有起码食米每升减价五文。移知三县给示晓谕,一律照办各在案。但望进口米捐得能邀准减免,则米谷来源不滞,市价当可稍平,应请回明　院宪,迅核示遵。当此民食恐慌之际,不无胥动浮言,仍请添派警队梭巡,随时密加防范,俾全大局而保治安。缘准前因,除再传知各商遵照外,合亟照复,借副　厪系。为此备文移请　贵道,希烦查照施行。须至移者。

　　宣统三年九月十六日致各商团民团

　　刻准　督练公所电嘱,民商团即刻出队保卫,商民勿惊惶。此请

□□□公社鉴

　　宣统三年九月十七日致军政府

　　敬启者:苏商体育会请领枪支,前经由会呈奉　督练公所核准在案。现因防务戒严,据情具领应用,为特备函饬交该会商董邹宗淇前赴请领林明墩枪二百支连同子匣皮带,并给发子药。迅乞　赐准为荷。专肃敬请

勋安

　　宣统三年九月十九日致军政府

　　城内商团现已组合两中队,日夜巡防,应需枪械,请给五响紧口毛瑟快枪二百五十二支,公举商团代表邹宗淇、叶赞元面领,请即　照准施行。

　　宣统三年九月十九日复王赓伯顾颂平王兰芳

顷接　手函敬悉。苏城已于本月十五日午刻城内外一律悬挂白旗,市面照常贸易,安静如常。贵乡亦应悬挂白旗,照常开市,切勿惊惶。商团领枪一事,须请　阁下亲自来城接洽,以便由本会介绍,请　贵商团代表径赴　督练公所具领。此复即请

台安

宣统三年九月二十五日复梅李商会

昨奉　来函,敬悉一一。督练给领枪杆二百支,系于事前由体育会禀准具领应用。现在贵处如需请领,闻督练公所尚有来福枪支,可以缴价请领。……惟须请　贵会备具正式图领,径赴公所接洽可也。匆复。

宣统三年九月二十五日致各议董及各代表

启者:昨接城自治公所函开:"苏城光复,业已旬日,民政事宜,未便久悬。兹定于本月二十六日下午二时,由本公所邀集各界公举苏州民政长,务祈届时到会公议"等因。特此布闻,即请

台鉴

宣统三年十月初五日致督练公所

敬启者:今据陈墓镇商团代表金纪常、丁鹏、王兰舫等缴价请领来福枪十支、火药五十磅、铜火两千颗、子药三十斤,又林明墩子弹五百粒,以备该镇团防应用。合请填给护照为盼。专肃祗请

台安

宣统三年十月初九日致督练公所

敬启者:据昭文县梅李商务分会牒请代为具领来福枪二十支,并火药五十磅、铜帽二千颗、铅子十斤,以备该镇商团应用等情前来。除饬照章缴价,并由该会派员秦亨六君具领状附呈备案外,合亟函请,希烦　查照给领,并填给护照施行。专肃祗请

台安

宣统三年十月十二日早致各议董

昨夜接　督练公所电话知照："今早上午九点二刻，都督府悬挂湖北黎都督颁来国旗，各团体均须前往申贺"等语。务祈　台驾于八点钟先行到会，会同偕往，勿迟为盼。此请

台鉴

宣统三年十月二十七日移高等检察厅

为移报事：据盘门外一都二十三图新郭镇潘大有酱园报称："于本月二十六日夜间十二点钟时，突来匪徒二十余人，明火执杖，撞破大门肆抢。当即鸣锣告警，幸邻近闻信驰救，该匪徒即纷纷窜逸。为特开具失单，请代呈报勘缉"等情前来。据此理合据情并粘单移请　贵厅迅准诣勘，饬缉追赃给领施行。须至移者。

宣统三年十月二十八日禀军政府

敬禀者：本月廿七日据横泾镇永丰公典管事曹继昌略称："商典于十月二十六日晚七下钟，突有匪徒六七十人，明火执械，劫去现洋二千元零，小洋一千六百余角，首饰当本一万八千余千。除包货劫去外，并将包楼焚毁，且械伤更夫二名。闻该匪一伙，计有二百余人之多，同时被劫店铺共三十余家，实非寻常劫案可比，而商典架本五万九千余串，现剩小包约计当本仅止五千余千，被劫尤巨。开具节略，请为转报，迅赐履勘，缉拿首要，追获原赃"等情前来。据此理合据情呈请　军政府迅准饬勘，缉获原赃，以维商业而安人心。专肃惟祈

钧鉴

民国元年正月二十七号致巡警总局

敬启者：昨日闻胥四区震大米店、慎余钱庄等十一家来会诉

称：被匪抢去银洋物件开具失单，请函送　贵局协缉前来。用特备函并抄失单送请　贵局查核，迅饬协缉赃匪，以维治安，不胜盼祷。

民国元年二月六号呈都督府

代呈事：据浒关等镇永裕名等豆饼行十八家联名具禀，以乡农聚众图吞商帐，叩求密提严惩等情，请为代递前来。本会按改用阳历，前奉　都督由宁颁发支电，转奉　大总统通电："各商业设骤改章，恐有妨碍，仍以旧历除夕为结帐之期，希即公布遵行"等因。当经录电宣布，转饬各商业遵照。现届旧历年关，各乡民自不得借口改历，图欠商帐。该饼行等拖欠苏城庄款，亟待收帐归偿。合将原禀代为转呈，伏乞　都督大人迅赐察核，择尤提办，设法解散，以儆蛮霸而维商市，实为公便。谨呈。

民国元年三月二十八号上午十一时三十五分译发电 北京袁 南京孙 大总统

万急。北京袁 南京孙 大总统、唐总理、黄总长、庄都督鉴：昨阊门外兵哄肇变，彻夜焚掠，商民惨遭荼毒，人心惶乱，岌岌可危。今城门尚闭，秩序未定，乞速 电唐总理、黄总长迅筹定变，以维大局。设法弭平，以维大局。并请庄都督刻即回苏，俾资 苏州商务总会尤先甲、吴理果等叩。俭。镇摄。

民国元年三月二十八号致都督府政务总厅

敬启者：昨晚城外猝肇祸变，商店均被焚掠，人心大为惊惶。今日阊门外城市尚闭，现状危急堪虞。本会刻已急电北京袁总统暨南京孙总统、唐总理、黄总长、庄都督矣。用将电稿抄呈，至乞　荩筹，迅即设法弭变，以维秩序而定人心。无任盼切。肃请

台安

民国元年三月三十号呈庄都督

呈报事：阊门外抢掠闹事一案，商店居民损失财物不可胜计。并据徐源茂广货号、吴其兴烟店报告，伤毙伙友学徒两名，现暂自行棺殓，恳代报请伸恤前来。除各商店损失货物银钱另行汇开报明外，合将该两店伤毙伙友学徒姓名年岁先行开明呈报，伏乞 大都督俯赐矜核施行。谨呈。

民国元年三月三十号呈庄都督

呈报事：三月二十七日之夜，阊门外猝肇祸变，商店居民惨遇劫掠，全市糜烂，蹂躏不堪，现蒙 令饬水陆各营警兵四出缉拿，搜查赃物，并由苏州民政长、地方检察厅长暨该处巡警，各区逐日履勘，查明损失情形，分别呈候核办各在案。此次变起仓猝，商民损失甚巨，一时无从详查确数。现据各商民陆续开明约数，请为代报到会。除晋丰典当业已另具禀呈外，昨今两日计先有一百三十余家，并据怡源祥、徐源茂洋广货号商人薛永龄、徐国璋各具禀呈，诉陈惨状前来。合将报到各商民失单约数开明简册，连同薛徐两商人原禀及怡源祥损失簿册先行代为呈报，伏乞 大都督俯赐鉴核查照。谨呈。

民国元年三月三十一号呈庄都督

代呈事：据苏州商团第四支部以阊门外兵哄以来，人心惶恐，市面震惊，敝部所驻地点适在金阊中市，不得不严为防范。现在竭蹶筹款，拟赴上海制造局购领五响毛瑟快枪一百支、子弹配足二万颗，呈请速给护照，以便装运等情代递前来。按该支部筹款往购毛瑟快枪，原为自卫起见，此项毛瑟快枪待用甚急，相应备文连同原呈呈请 都督察核，迅赐填给运枪护照，以便早日驰往购备,实为公便。谨呈。

民国元年四月四号呈都督

为代呈事:据阊门马路商人郑杏园、丁绥之、李君培、宓以善、吴亦三、张干卿等全体呈称:"商等均在阊门马路一带,开设店铺,各安营业。讵于廿七号夜闻九句钟,突遭兵匪大队逐铺搜劫,一抢再抢,通宵达旦,十铺九空,同归于尽,种种苦情,实为从来未有之奇惨。自武汉起义,生计萧条,商界处于艰窘困危地位,岌岌不支。迩者南北统一,商铺百计筹谋,措资添本,希望生机稍展,聊补前耗于万一。值此经营凋疲,元气未复,遽被抢掠殆尽,我商铺何辜,遭此浩劫。现蒙官长莅勘,目击苦惨情形。兹商等被劫危迫,情急万分,欲开无力,闭歇亦难,商伙嗷嗷待哺,再四踌躇,惟有恳 都督先行借款二成,候赃物变价归还。如有多少,再行公同筹议善后办法,以解倒悬之急。"情迫请由本会代呈前来。合亟据情代呈,伏乞 大都督迅赐核示施行。

民国元年四月九号呈庄都督

呈报事:阊门外兵匪抢劫一案,前据各商民陆续开报失单,迭经先后据情转呈,并请 饬知警局会同调查损失实数各在案。兹经阊、胥、盘路巡警分局会同本会逐户调查被害商民损失实数,共有三百二十余户,核计损失总数约合银七十三万余元。除被害各商民牌号姓名及损失细数另由该警局造册申报外,合亟具呈报明,伏乞 大都督俯赐鉴核办理。谨呈。

民国元年四月十五号下午二时二十分电程都督

上海卡德路程都督鉴:商民盼公如望云霓,今奉令莅苏,不胜欢忭,驰电奉迎。苏州商务总会、农务总会、商团公会、钱业公会同叩。咸。

民国元年四月十五号致苏稼秋邹椿如

巡启者：程都督奉令莅苏，业经本会驰电欢迎。现复公同推举　台端赴沪，以商会代表名义晋谒都督，以尽全体欢迎之意。专肃奉布，祗请

台安

民国元年四月十八号致全体议董

敬启者：程都督于四月廿二号（阴历三月初六日）上午十时五十五分由沪莅苏，商界理宜欢迎，务祈　阁下届日于上午十时先行到会，偕赴车站为盼。特此通知，即请

台安

民国元年四月二十七号呈袁大总统唐总理黄留守程都督

苏州商务总会商董尤先甲等二十一人，为省会重地，需员坐镇，博采舆论代呈，伏祈　钧鉴核夺事。窃维旧时苏省，督抚分驻宁苏两垣，军政吏治，互相秉承，奠定民生，相沿已久。诚以苏属一隅，襟江带湖，华实之毛，防御之阻，实为东南命脉所关。光复以后，即以抚院旧署为都督开府之地。迨夫南北统一，临时政府并移，我　大总统重视南疆，任令我　黄将军麾下留守南京，茇谋硕画，兼顾并筹。可见宁苏均为重镇，宁之所以特建留守者，正为苏之不能或去都督也。近因省议会有议决江苏都督移驻南京之案，吴下商民闻信惶骇，奔走相告，迭据苏城钱业公会全体会员暨各业代表等痛陈利害，吁请主持前来。窃念苏闾商埠，素称繁盛，军兴以来，市面凋敝，亟宜安靖人心，冀得徐苏元气。今闻都督移宁之议，省会空虚，群情疑沮。钱市为众商之枢，金融停滞，周转不灵，商业一蹶不振，大非地方之福。察核该商民等所陈利害关系，情词至为迫切，舆论所在，不敢壅闻，理合缮录原帖，呈备　察

览,伏祈 钧鉴。可否俯念苏垣省会重地,需赖大员坐镇,综筹全局,妥为规垂,以维人心而安商业,无任惶悚待 命之至。谨呈。

民国元年八月十七号呈程都督

呈复事:阊门外商民被害拨款维持一案,荷奉 指令筹给现银三万元,七、八两月份期票四万元,连同赃物变价款银一万一千四百元,一并由会分别转给等因。当经具状呈领, ……先行分别散给,各自取保签字,以杜浮冒而免蒙混。随于本月六号由江苏银行兑到前项现银票款,即于七、八两号凭验联票挨户发给。并函请军政司派员监放,会同巡警总局暨吴县民政长到场监视弹压。……所有奉发维持商民现款情形,理合备文呈复 大都督俯赐鉴核备案。

民国元年十月九号移检察厅

为移复事:九月三十号准 大照内开云云等因。本年三月二十七日,阊门外骤遭变乱,彻夜焚劫,是时被害商民各灾户纷纷抄单来会陈诉,当以事情重大,商民受害过巨,立即据情先后呈请 都督察核办理。嗣由被害商民公举代表郑杏园等迭次径禀 都督批准拨款分等抚恤。七月三十日,奉 都督指令:被害商民代表郑杏园等呈请拨款,已饬司筹给,先拨银七万元连同军政司暂存赃物变价银一万一千四百元一并由会分别转给。并奉发交郑杏园等前呈各户拨款联票一册。当于八月七、八日两日向江苏银行兑到前项现银票款,按照奉发该代表等所呈各户发款联票,由各灾户亲自凭票,分别领讫,并呈明 都督在案。兹准 大照,只就此案奉准拨款转给灾户原委备文移复,希赐察照。须移。

缘督庐日记钞

叶昌炽 著　王季烈 抄

【编者按】辛亥革命时,作者居住苏州乡区,记其见闻颇详。这里节录的有苏州人民反对张勋军队东下和阊门兵变等内容。

庚戌三月

初一日,晨起,闻香山村民昨夜四鼓聚众毁喻培翁家,墙垣舍宇,鞠为平地,长物荡然,仅以身免。初以为秦越人术,十失其一,及询奴子,则云市人哄传洋人在海上造桥,打桩不下,以生人甲子厌胜,贿培翁沿街挨户写姓名册,村中有暴死者,众怒难犯,构此奇祸,真无稽之言也。既而悟为造户口统计册,喻为乡董,池鱼所由殃及,乡氓之愚如此,岂可以情理喻。学堂不普设,民智不开,汲汲于办新政,多见其不知量也。

辛亥九月

初二日,闻沪市有江宁新币,风波稍定,此间金融仍无流通之望,机匠已什百成群,铤险可虑。

初八日,讹言愈甚,铁瓮金陵,六桥三竺,皆有警耗飞来。移家舆马不绝于道。……沪上传言苏六门已下键。

十四日,……粲若又来,言中丞将宣告独立,平愉、鼎孚同进见,有成说,大旨谓欲免生灵涂炭,不得不出此权宜之策。敬闻命矣！旬日之前，即有人言□□腹有鳞甲，深沉难测，里巷无知，亦有颂言不讳，恃以无恐者。鼓钟于宫，声闻于外，今始知人言之非虚也。去后即遣人来，言今晚二钟，枫桥新军营有马队入城，宜家制白旗以待，严扃门户，毋早睡。益疑骇，亟自往询其实，则听彝以电话警告，亦出佛悯之意。盖以兵变涂饰耳目，且恐有梗拒者，以此示威也。呜呼！人纪绝，天理灭矣！我生不辰，逢天僤怒，室人先我而去，何幸如之！

十五日，重云黮黮，气象愁惨，大街小巷，遍插白旗，密如栉比。我生之辰即为我死之日，而不即死，愧对祖宗。愤火上煎，忧心如沸。哉安晨来告："中丞昨集属吏而告之，警道吴观察抗议，摭他事檄罢之，以郡绅河南革道蒋焕庭代其任。今日抚辕接新印，大旗高挂，一曰'中华民国'，一曰'都督帅府'。商会、自治局集议于元都方丈，签字赞成。"鄙人居乡三年，闭门一载，幸免下笔。天地为笼，能否脱弋人之缴，未敢知也。

十六日，左方伯有电至宁军请兵，谣传宁军南下。又言盘门外觅渡桥防兵两营与飞划营统领王元章、抚标曾参将皆不赞成同叛。旋闻六门水陆两关皆下键，阊门大街及护龙街顷刻停市。引领以望外军之至，至夜寂然。振声自云锦公所晚归，言杭城已陷，增抚被拘，江宁亦有警耗，自保不暇，安能及此。已矣！始无望矣！

十九日，……晚餐后，粲若来谈极久，言安圃年丈与铁将军、张提督勋、王统领有宏相约背城一战，鞠躬尽瘁而后已。万一宁军南下，必遭蹂躏，不为国殇而与叛人同投一烬，悔将何及，又动避地之思。山梁之雉，色斯举矣。彼一时，此一时，时哉时哉！未可胶柱以鼓瑟也。

二十日，康吉……函来，言滦州兵谏，新颁宪纲十九条，不啻城下之盟，难犹未已。……安波（圃）丈存亡消息，传闻异词，甚有诬其变服出逃者。又闻宁军十九日闭城恶战，使无制府，谁为指麾。一说与军、提同驻北极阁炮台督战，当可信。哀此小民，惨罹浩劫。此间人心亦大震。适叔母来，聚室而议之，令一媳一妾挈一螟蛉女奉二弟妇、十弟夫妇挈其二子一女共九人……同出暂避，雇定芦墟船一艘，……定翌日解维遄行赴窑上。其地在具区之滨西碛山下，距光福镇八里。松泉先归为乡导，以全权托之。约叔母亦于明日至此，同留守。

廿三日，阅邸钞，见二十日上谕。是神京虽不靖，钟簴尚未摇，为稍慰。……闻……出驻梁溪宁军，正在苦战。报纸丑诋张、王二统领，归狱于安帅。今之舆论，昔之所谓诐辞邪说，无父无君，《春秋》之所必讨也。呜呼！吾不欲观之矣！

廿四日，獬卿来久谈，其家……正在束装，翌日携全家赴沪。闻宁军长驱至京口，有兵船四艘，水陆齐进，吴民大恐。张军即无纪律，论逆顺之理，总为王师，何以畏之如虎？引领以望者，亦惴惴恐玉石之同烬，岂非古今之大变，到此真无从措一词矣！

廿九日，紫虋孝廉旁午来谈，言此黑暗世界，荡瑕涤秽，正需桓侯之一怒。握拳透爪，义形于色。吾宗之健者，亦吾党之同志也。

辛亥十月

初五日，……獬卿夜来谈甚久，劝蛰居勿出，药石之良言也。

廿八日，……此世界真希有世界。谓为乱乎，流亡渐复，不震不惊，爰居爰处。谓为平世，犹依然巢于苇苕之上也。优哉游哉！聊以卒岁，亦复危哉！岌岌不可终日。

壬子二月

初十日，……昨夜十钟，先闻排枪声，既而隔墙途人言有火警，红光烛天，亟登楼排闼视之，东西为崇墉所隔，南北无所见。今晨起，始知阊门外营兵焚劫，达旦火始息，几酿第二津京之变。但城关皆下键，自山塘街南至马路，损失之数尚未知？惟闻驾六所设晋丰质库已不保，北里搜括一空，倡条冶叶，狼藉路隅。又闻江北船帮皆联为一气，连樯运赃而去。商团已出队。葵伯归，可知其详也。天下安有无君父无政无学之国，而可以保治安哉！噫！

十一日，……前宵金昌亭之变，出询葵伯，兼采街谈，知为第四十六标军队自寿州调回，素不循纪律，军府养痈流毒至此。共劫质库三家，其余商店、旅馆、妓寮亦有百余家，所至翻箱倒箧，寸草不留，幸焚屋伤人尚不多。乱军十之四夜半即饱扬，尚聚于朱家庄未散。宪兵警兵坐视不敢击。土匪十之六黎明犹往来搜括，皆江北流氓也。河干召伯船及城根草棚，搜出衣物无算，将来悬首檄街皆此辈也，而网漏吞舟矣！招市井无籍以为兵，不驱之前敌，给以利器而无饷，不戢自焚，安得不燎原哉！噫！

廿六日，……《通报》言宁垣赣军变，焚劫甚烈，又酿第三京津之变。杀人放火，载笔者但视为谈资，而不觉其可悲可骇，闻者亦若耳熟能详也。噫！

壬子四月

十六日，午后，振声进内，……言城外标营谋叛，六营已厉刃以待，惟一营尚在观望。讹言繁兴，风声甚恶。

十七日，香山蒯际唐、贺同昆季，以木工起家，资巨万，寓郡城马大箓巷。革军起，夤缘得标统。今又以裁军，两首自龁，开第二次革命会，约期举事，讹言之所由起也。黎明被捕，枪毙其一，同党七人皆就逮。

驻苏新军反正记

孙筹成

【编者按】作者是程德全的部将，辛亥革命时在苏军四十五标供职。本文记载了四十五标"反正"的前后经过，透露了程德全布置"和平光复"的内幕。原题为《辛亥光复苏州之回忆》，载《辛亥革命文献展览会纪念册》，民国三十六年铅印本，南京图书馆藏。

辛亨（亥）旧历八月十九日（即阳历十月十日）武汉起义后，各省闻风响应，宣告独立，而与清廷脱离关系。苏州西接宁、镇，南连浙江，距沪甚近，水陆交通皆甚便利，故党人极为注意，时来运动。苏抚程德全（四川人，字雪楼）深明大义，环顾世界潮流，默察国民趋向，早知清政不纲，必难持久，已有反正之意。奈兵力既甚薄弱（其时苏州仅有二十三混成协，尚少步兵一标），地势又非险要，苟布置未妥而遂冒昧从事，则宁、镇、杭均驻旗兵，且张勋与铁良皆性甚顽固而咸效忠清廷，一旦联合各处旗兵而来夹攻，则腹背受敌，地方必致糜烂，为害不堪设想。是以惕（阳）与清廷周旋，阴饬军警预备，审时待时，已非一日。其时予供职苏军四十五标，驻宝带桥之北。民党徐文斌等时来苏与余接洽，劝余率兵以迫统带刘之洁反正，渠等则预匿城中，以为内应。余恐渠等迫不及待而毁(贸)然进行,反致偾事,乃将程公不得已之苦衷及预定之计划婉言详告。彼等乃疑团顿释,愿意静待。

九月十四日,沪已光复,宁亦启衅,时机已熟。上午操中队教练时,标统刘之洁(字聿新,沧县人)自抚署回,即登操场西首之土阜上集合全标官兵,谓:"武汉起义以来,瞬已二旬有余,各省先后响应者络绎不绝,天命人心,于此可见,满清政府不久推翻,可操左券。苏州之所以不敢冒昧从事者,因布置未妥,恐流血殃民,徒滋纷扰而无济于事。现在时机已熟,不日即可宣告独立。"官兵闻之莫不喜形于色,金精神振奋,愿赴前敌。下午二时,余遂集合士兵,将满汉界限分别详解,告以嘉定三屠、扬州十日等惨状,现恶贯满盈,当直捣黄龙以恢复我固有之疆土。众皆感奋。次日,程德全反正,宣告独立,被推为苏军都督,通令所属遵照。各衙署金高悬"兴汉安民"四字白旗。藩司左孝同涕泣犹豫,自愿乞退;其余官吏悉仍其旧。不烦一兵,不折一矢,故各界人士俱表示同情而皆喜形于色。张贴六言安民告示后,秩序较常更安。协统艾琦忠与部下感情向不甚好,恐有意外,弃职潜逃,父(公)推刘之洁继其任。旧有巡防营两营,始想反对,经章驾时将其管带拘禁,而晓江(以)大义,始听命,恐其驻于葑门不便,故令其开往震泽。一面将四十六标从速恢复,以厚兵力。廿一日,江浙联军司令部成立,推徐绍桢为总司令(字固卿,广东人,系陆军第九镇统制),苏军亦参加在内,开赴前线助战。盖张人骏与张勋、铁良其时尚负固金陵,必须将他们赶跑,始能渡江北伐。余担任攻通济门,抵五里庙已(发)现敌探,即开战。至十月十二日始克金陵。光阴似矢,瞬已三十六年矣!回首前尘,死(宛)似一梦。

回忆苏州光复

卢彬士

【编者按】作者系清末贡生，辛亥革命时任苏州工业专门学校教师，为苏州光复的亲历者之一。原稿藏苏州市政协。

1911 年 10 月 10 日，武昌起义，各省纷纷响应。上海亦宣布独立，陈其美为沪军都督。时江苏巡抚为云阳程公德全，因派员与苏联系。沈恩孚先来苏。本地士绅在独立前集会于平江书院旧址，余亦与会，一致赞成独立。时张师一麐在抚幕，群情得达。政界亦开紧急会，询谋佥同，计遂决。沪军都督派柳伯英、周耘若两代表亦到。遂于农历九月十四日[1]即公元十一月四日宣布江苏独立。同日，浙、黔两省亦以独立宣告。发表文告援武昌先例，以黄帝纪元，时为四千六百零九年。匆促治印，用砚石一方刻其底，文曰"江苏都督之印"，诚急就章也。即以抚院为都督府。设参谋厅，任顾忠琛为厅长，柳伯英为一等参谋，周耘若为二等参谋，而以马衡为侦察长。新任秘书则黄炎培、沈恩孚、罗良鉴也。是日，高悬白旗，督辕有人出巡，余与相遇于饮马桥南，有妇人哭于家，即入询问，盖以示关心民瘼焉。敢死队亦整齐过市，苏城安

---

[1] 当作"农历九月十五日"，即公元十一月五日。

堵如故。我家有一佣妇回乡,是日来城,通行无阻,而不知已拔帜易帜矣。张昭汉女士即在可园内办《大汉报》,陈去病为主笔,以宣传革命。张并组织红十字会、女子救护队。又有全国农会诸人,先在沪募爱国捐,得款不多,至是拟在苏州办红十字会,以存款动支,但需款较巨,会员各慷慨认捐,有两人各捐千元者,费君璞安即其一也。会所先设城外留园内,旋移驻晨步别墅,后移入城,以无战事,未有救护工作,而其热忱可佩焉。

谈程德全二三事

钱伟卿

【编者按】钱伟卿，扬州人，1960年病故。他在程德全家教读颇久，目击光复前后程德全的活动。本文是根据他生前口述的材料整理而成。

在苏州光复前夜，程德全已和革命党有了联系，但幕外人都不知道。一天傍晚，他坐在抚衙花厅上，忽然赵尔丰的儿子来了。此人在苏州某学校任教师，发现了革命党的活动，遂来向程告密。程听话未竟，立即厉声呵斥说："此地是什么地方？能容许你这样胡说八道吗？"说罢即举茶送客，赵狼狈而去。程平时很少疾言厉色，我还是初次碰到他这样发怒哩。

苏州光复时，没有丝毫变动，仅用竹竿挑去了抚衙大堂屋上的几片檐瓦，以示革命必须破坏云。

黄兴在南京发动二次革命时，程德全以兵少地狭、浦口袁军瞬息即到为借口，坚决反对。到反对不了时，他悄然离宁，径返上海卡德路仁德里寓所。我见他神色沮丧，到寓后即下令将寓所周围戒严，不许闲人走动，他在寓所和部下密议许久，拟好了一件发向全国表明自己与讨袁军无关的通电。这时黄兴突然也赶来了，他看到这件电稿后，便说："好，让你去表明自己的心迹吧！"说罢，即回南京去了。

关于"洗城会"事件

胡觉民

【编者按】"洗城会"本名"洗程会",意指驱逐程德全;失败后,程德全诬之为"洗城会",谓将洗劫苏州城。这个秘密团体是同盟会员柳承烈等领导的由一群出身工商界知识青年所组成的。他们与程德全所代表的反动势力展开了激烈斗争,结果失败了。张謇自编年谱说:"(民国元年四月)十九日,至苏,知昨夕诸无知少年谋乱,破露未成。"即指此事。这场尖锐斗争的真相,长期被反动派所歪曲。中华人民共和国成立后,苏州文管会胡觉民先生,访问华菊如、曹紫宸等老人,得此资料。这些老人都和"洗城会"有关系,现已先后物故。本文是根据胡先生口述,整理而成。

一、苏州光复的经过

光复前,苏州驻新军一协两标,即四十五标、四十六标[1](光复后改编为陆军第二师的五团六团)。内有人和上海方面的同盟会机关部有联系。程德全看到新军不大稳妥,把浙军卢鹿苹的三营人调来了。卢是程的亲信,但所部兵力与新军比起来还很弱。

---

[1] 四十六标已裁,光复后始恢复。

因此程又向江督张人骏请兵。不久，张派张勋江防营的一部分开来苏州。虽然如此，程德全的兵力还是不能够镇压革命的。

武昌起义以后，各地纷纷响应。部分清朝官吏向革命投机，成了程德全的榜样；上海革命党派柳伯英等到苏州与程的部下联络；地方士绅沈信卿、张一麐等从保持苏州的反动秩序出发，也通过程的亲信应德闳、卢鹿苹等关系，劝程反正。在这种种情况下，程德全见大势不妙，为保全自己在江苏的统治地位计，才宣布江苏"独立"。

二、革命党人和程德全的斗争及其失败

武昌起义后，上海同盟会机关部派柳伯英等到苏州来活动，他们在苏州联络了蒯际唐和蒯祖同兄弟，还联络了程宏、徐国华、梁访良、吴康寿、朱葆诚等人。蒯家在香山开营造厂，程家开木梳店，徐家开皮箱店。他们多数是工商界出身的知识青年，受过新教育，对旧势力不满，经柳伯英等发动，便纷纷参加革命活动。同盟会即通过他们联络驻苏新军的下级军官。在上海、浙江、江苏组织联军攻打南京时，柳伯英即以这些青年组成北伐先锋团，朱葆诚任团长，吴康寿、程宏任营长。攻下南京后，他们回驻苏州。

民国元年春，同盟会为与程德全争夺江苏政权，委任蒯际唐为沪军都督府特派联络员，又派蒯祖同在苏州组织中华共和促进会，进行活动。蒯曾在木渎与宕户周雨生等组织中华共和促进会吴县支部。这时程德全在表面上也重用他们，委蒯际唐为筹饷局主任，柳伯英参预其事，但大权操在卢鹿苹手中，筹饷局成了新旧势力斗争的场所。当时有个苏州绅士叫蒋懋林（曾充清湖南巡警

道)的,发表一篇劝告苏属州县各团体文,呼吁"团结",就是针对这种新旧势力的斗争而作的。

新旧势力间的斗争日益激烈。有一天,北伐先锋团营长程宏与江防营的管带某路遇冲突,程宏受伤。双方约期决斗。先锋团向新军四十五标乞援,准备乘机把江防营缴械。已被程德全控制的四十五标不肯相助,只出面调解了事。不久,江防营调走,革命党认为程德全的兵力减少,这是赶走他的好机会。于是柳伯英等便在虎丘冷香阁秘密开会,组织"洗程会",发动驱逐程德全。当时决定军事由柳伯英任指挥,并举陈其美为江苏都督,陈未莅任前,由柳伯英代理。上海同盟会机关部也秘密运送弹药,支援他们。为了准备起义,他们连天在马大箓巷蒯家会议。不幸消息泄露,被卢鹿苹知道,急报程德全。程德全立即派兵包围蒯家,搜捕蒯氏兄弟等。蒯氏兄弟等被捕后,都不屈服,结果被杀害在督练公所。程德全又强迫北伐先锋团解散,公布罪状是:他们要洗劫苏州城。由于当时苏州市民一时被"和平光复"的表象所蒙蔽,对程德全有幻想,因而小儿们唱道:"苏城光复苏人福,全靠程都督。"程德全残杀革命党人的真相,就很少有人知道。

柳伯英名承烈,长期参加革命。程德全在蒯家搜捕时,他伏在屋顶上三天三夜,未被发觉。1927年北伐战争时,他回苏秘密活动,被孙传芳所杀害。

故先锋团团长朱葆诚烈士纪念碑

钮永建

【编者按】朱葆诚与"洗城会"事件有关系，此碑现在昆山县马鞍山麓的亭林公园内。

烈士朱葆诚，字一之，昆山人。……入保定陆军军官学校，毕业骑兵科。任苏州四十五标排长，升马队队长。时国政不纲，革命蜂起，海内志士，云风相从，君感其义，阴隶同盟会。会辛亥九月，武昌誓师。不数日，上海响应。苏为省会，民气张惶，巡抚持重未发，君力陈利害，投袂起，苏、松、常、镇、太遂传檄而定。君于是任为先锋团团长，会攻南京。临时政府成立，苏都督檄回原防，会以他事被构系狱[1]。民国二年，黄前留守复起事南京，出君狱中，命镇苏州，事偾遇害[2]，年二十有五。……

中华民国十有八年十月上石

---

[1] 据参加过北伐先锋团的昆山周梅初老人说，程德全因闻悉朱葆诚及所部营长吴炳生等与木渎蒯氏兄弟往还，拟推翻他，遂诱捕朱、吴等，系之狱中。并于次日派兵包围先锋团于虎丘，强迫遣散，钮永建所说的"他事"，即指"洗城会"事件。

[2] 被程德全所杀。

昆山光复记

周梅初

【编者按】周梅初,昆山人,辛亥革命前夜,为昆山高等小学教师,曾参加中国同盟会,进行革命活动,为昆山光复的当事人之一。我们根据他口述的资料写成此文。

一、同盟会员在昆山的秘密活动

辛亥革命前几年,我们昆山的知识分子对清政府的不满情绪,日益增长。其初,还希望清政府能够实行立宪,改良政治,挽救中国的危亡。等到看到清政府对立宪毫无诚意,便认为非实行革命不可了。本来昆山的一些青年知识分子都喜欢看康梁派主编的《新民丛报》,以后都喜欢看同盟会的《民报》了,这便是大家从赞成改良转向革命的标志。

昆山人最早加入同盟会的,有张栋(字咏之)[1]和王尧民,他们都是知识分子,曾留学日本。归国后(曾应征入新军第二十三混成协,旋退伍回昆),张栋任教昆山高等小学(校址即今昆山县文化馆),并以此为据点,发展该校教师六七人参加同盟会,组成

---

[1] 凡括弧内的文字,都是唐聘尹、王守梅等老人所补充的。

一秘密团体,作为进行革命活动的核心。我是其中之一。其时,江苏省同盟会组织的领导人是南京人章梓。张栋等时而外出与章梓及苏常等地的同盟会员联系,时而回昆进行革命宣传。

辛亥武昌起义后,我和张栋等异常兴奋,积极准备响应,但无兵无枪,只能等待形势的发展。

二、昆山光复的经过

辛亥九月十四日,上海光复,张栋等立即往见沪军都督陈其美,请示光复昆山的办法。陈督当即把光复昆山之责交给张栋等,并指示两点:一、把防军拉过来;二、从清朝官吏手中夺取地方政权。张栋等回昆后,即依此指示进行。

当时昆山分昆山、新阳两县,昆山知县庆多是满人,新阳知县许省诗是汉人。我们计议首先对付庆多。其时庆多正将衙内箱笼物件向外搬移,准备溜走,一时谣言四起,人心惶惶。我们即往见庆多,劝告他将箱笼物件取回,以安定人心。并暗示他说:"天快要亮了,一切会有分晓。"庆多唯唯,当夜他即溜走。

我们从县衙守卫人员方面发觉庆多逃走的消息后,立即通知商会,并商讨对付防军的办法。其时驻昆防军(巡防队)一排,饷源已绝,哗变在即。因此,商会决定出钱维持其饷款,把他们稳定下来。当即由我们去和该军排长接洽。该排长因与上级失去联系,饷项无着,正在彷徨之中,经过我们劝说,他表示只要地方供给军饷,他们就负责维持昆山治安。我们应允为他筹饷。这样,防军就被我们拉过来了。

进一步的难题是组织新政府的问题。我们派王尧民到上海请示结果,决定在昆成立军政分府(募集民团六十人),张栋为司令。当时我们深感困难的是无钱无枪,靠几个赤手空拳的书生,怎样能够处置光复后的一切呢?于是计议邀请绅士方还出任民政长。方还字惟一,系一旧学者,曾与人合股经商。由于得商人支持,曾当选为江苏省参议会议员,并为昆山商会会长,四乡董事常与通气。就在庆多出走的后一天(九月十六日),商会发动送方出任民政长。昆山宣告光复。

三、革命党人与地方绅商之间的斗争

方还出任民政长不久,我们即发现他不是一个革命者,而是一个反革命的家伙。逃跑的清朝知县庆多即躲在他的家里,受他庇护。他又借征收漕粮名义,加重对人民搜括。但是,政权已在他手,我们奈何他不得,只得撤销昆山军政分府,相偕出外投军。

其时,同盟会正派人在苏州组织北伐先锋团,昆山人朱葆诚为团长,我们即参加该团,我在第三营任司书。因军饷无着,张栋等回昆要求方还代向商会募捐,方不允,并揶揄张栋等说:"你们有无军队,我还不知道,怎能代你们筹饷呢?"张栋大怒,拔手枪击之,被人救免。方屈服,派子代为募捐。

以后,北伐先锋团进兵至徐州,因"南北议和"又撤回苏州。不久,苏州发生"洗城会"事件,先锋团被程德全强迫解散,我们就回昆继续过教书生活了。

昆山杨湘泾的抗租风潮

郭履冰

【编者按】辛亥革命时,在昆山东南乡的杨湘泾,爆发了一次佃农的抗租风潮,邻近的青浦县农民也加入了这场斗争,给当地的封建势力以很大的打击。昆山郭履冰老人曾目击这次风潮,我们根据他口述的材料写成此文。

杨湘泾在昆山县的东南乡,与青浦县的朱家角接境。这里的农业比较发达,地主对农民的剥削极端残酷。在辛亥革命时,这里曾爆发了一次农民的抗租风潮。

风潮发生的直接原因,是当年的严重水灾。辛亥秋,淫潦为患,江水暴涨,杨湘泾一带,田禾淹没殆尽,农民无以为生,灾情与道光二十九年同样严重。其时武昌起义,上海、昆山先后响应。沪军都督陈其美派人在朱家角等地张贴免租免粮的告示,杨湘泾农民看了非常高兴,即遵示不向地主交租。但是,昆山县民政长方还执行着苏军都督程德全的命令,照常征粮征租。杨湘泾的地主仗着有官府撑腰,照常压迫农民交纳租籽,于是激起了农民的强烈反抗。

领导这场抗租斗争的是榭麓镇廪生钟书正。他发动昆山、青浦边区三四十村的农民,宰牲结社,会饮于神前,立誓齐心抗租。决定如遭官府追逼,先与讲理,不得圆满结果时,便实行武装抵抗。

风声一传开,杨湘泾的地主们大为吃惊,他们紧急聚议,决定由大财主吴仁风出钱,土豪徐挹青出面,进城向官府求援。方还接获徐等报告后,立即派遣枪船四艘下乡镇压。枪船勇丁畏惧农民声势,不敢前往,经过杨湘泾地主的再三催促,才乘农民们不备时,侵入榭麓镇开枪示威。钟书正以为方还是个"读书人",又自恃平日与方有交谊,遂挺身而出,就逮入城,根据沪军都督府的告示,与方说理。讵知方还立即把他解送到苏州都督府军法处,被程德全批令枪决,时在辛亥年的冬至节前后。

钟书正被害后,杨湘泾农民的抗租风潮随之解体;但在农民斗争的压力下,逼使昆山的地主们在当年不得不实行减租。

常昭水灾闹荒日记

佚 名

【编者按】常熟,清末分常熟、昭文两县,简称"常昭"。辛亥革命爆发前夕,苏南大水,常昭农民的"抢米"风潮非常激烈,显示出阶级矛盾的尖锐化。本文对这一事件记载翔实,可以从中看出当时社会情况。原件系一抄本,无作者姓名,现藏南京图书馆。

宣统三年七月

初四日,骤下大雨,至夜更甚,破晓始止。

初五日晨,放淡晴。北水门城墙倒塌数丈,河水过岸高尺余,道门场、寺前街等处均积有尺许,东岳庙起至西门,水皆没胫。绕高处登城远眺,城外街衢田舍尽成泽国。

初六日,上午阴,下午小雨,继复大雨。常昭两大令(常令方时裵,孝充,桐城人;昭令魁福,春初,旗人)冒雨步行,至老城隍庙祈晴。

初七日,晴。城自治公所议员筹议赈抚及调查被灾轻重,定于次日开临时会集议。

初八日,西南两门乡民来城报荒,适自治局开会议赈事。乡民知两大令亦在局中,遂至局前,老弱男妇三四百人,两人令及各议员皆温颜安慰之,且告以开会之故。无如两大令言语不通,各议员新名词满嘴,乡愚无知,误为不准(报)荒,乃有短衣窄袖头挽铜杓柄髻者四五十人即举手喝打,众声响应,蜂拥自大门至后门巡警局,门窗桌椅全行捣毁。时团防管带(易凯麟,湘阴人)、警局巡官到场弹压,获拿二人,方大令慑于众势,斥令释放,乡民以为官不敢捉人,而胆愈大矣。两大令遂乘扰乱时由后门逸出回署。自治局既打毁,随拥至常署。方大令许以三日后发赈,众以为缓,要约自明日起。方谓此事关系全邑,须与众绅商议妥洽,始能照行。众闻之,疑城绅把持不发,而绅界之领袖为邵伯英,旋拥至邵处,毁巷门而进。时魁大令及陈城守(陈元凯,奏平,清江人)皆在座议赈,闻乡人已至大门,出而弹压。乡人恃众,毫不知惧,复毁大门。魁大令等知难以理喻,退入宅门内。家人又报乡人来打宅门,魁大令起身出,城守随之,及门,为乡人所阻,乃登门楼毁沿街之窗,由差役倚梯扶掖而下,踉跄遁去。是时巷门内虽有团防兵及淞北营兵一二十人,皆荷枪鹄立,呆若木鸡。乡人见此情形,益复猖獗,夺枪毁之,兵遂遁。外自大门,内至上房,均极蹂躏不堪。日渐暮,乡人纷纷出城。城厢绅富见邵家被抢,皆惶急异常,即请两大令电省请兵弹压。县自治、城自治、教育会、商会及庞、邵[1]等亦同时发电向督抚乞援。

　　初九日黎明,东南西三门已各有乡民数千,分头抢劫。始犹借荒抢米,今反舍米抢财物,官绅束手无策。福山镇(杨慕时,江苏人)派兵一队至,以未奉军令,不敢开枪,任其所欲而已。薄暮,得省中回电,知委飞划统令(王曜,耀斋)率师来常,约计明日可

[1]　庞鸿书曾官贵州巡抚,邵松年曾官河南学政,都是当时常熟的巨绅。邵松年字伯英,见本文。

到，人心稍定。夜，又接抚电（苏抚程德全，雪楼，四川人）：

> 常熟方令、昭文魁令同览：官绅两电均悉。饥民固可悯，乱民断不可恕。除饬司委勘并拨款赈济，一面饬派王道督率师船，星夜前往弹压外，务即妥筹抚恤，解散胁从，严拿滋事首要禀办。并转自治团体知照。抚院。庚。印。

> 方令、魁令同览：齐电谅悉。顷据教育会暨邵绅电禀，乱民打毁自治公所、邵绅住宅，并有毁学之谣。如此猖獗，实属目无法纪。……据佳电乱民抢掠，如果弹压不服，准予格杀具报。该令等务须妥洽办理，勿稍操纵失宜为要。抚院。青。印。

初十日，接苏抚电，拨银放赈。至十时，东西南三门外乡人又复麇集，声势汹汹，较前更甚，携锄负耜，势将为乱，而南门尤锐不可当。团防易管带率团勇数名出城弹压，遇于西高木桥上，放空枪以威吓之，乡人不惧，长篙短桨，蜂拥而来。易管带迫于万不得已，即将装弹之枪轰放，弹丸所至，适中为首之俞大根。乡人少却，复以团勇人少，群上前致死。正危急间，得省中准格杀之回电，于是石梅汛官背负令箭及两大令、城守、福山兵、巡警等皆飞驰出城救援，枪声震耳。乡人见俞大根已枪毙而官兵势盛，知事不利，遂相率逃遁。及飞划营兵到，大局已安定矣。其时俞大松以弟大根枪毙于某店前，方欲借尸图诈，出不意为巡警所获，即以站笼站毙。其党陶根根见俞站笼，即换去衣服入汇芳茶肆吃茶，探听消息，为差役所见，亦就获。大东门外江姓米行被抢时，当场捉获瞿根根、钱关明二人。午后，小河头又踏住抢米船一艘，男子二人，妇女三人,送县枷示。当南门危急时,四门皆闭,各肆罢市。忽谣传巢湖帮大至。杀人无算。于是城中妇孺肩背相摩,呼男唤女,皆向水旱两北门争出逃匿。至午后,探知无事,始各回家。由乡人多驾船而来,备载米物,河路亦挤塞不通;抵抗不敌,一哄而散,声如潮涌,好事者遂布散此谣言也。是夜,连接[1]南京督电(张人骏,安圃,直隶人)、藩电(樊增祥,樊山,湖南人):

　　方令、魁令同览:庚电今朝始到,青电计已达览。已饬司先拨银二千两,以资急赈。即先寄谕,以安人心。乱民已未解散?王道何时到常?均望电复抚院。蒸。

　　方令、魁令同览:方令蒸霁两电、该二令真电、商会真电、职员屈熙章蒸电、庞陆诸绅蒸电均悉。乱民肇事,法无可逭。王道督师,中途风阻。已电请福山镇派重兵,迅往弹压。如敢不服及有持械拒捕情事,准其当场格杀。总之,饥民乱民宜分清:安分待赈者为饥民,必须赈抚;乘间抢掠者为乱民,必须严拿。该二县先本此意晓谕,俾知省悟。并转商会暨庞、陆诸绅知照。翁令已严催刻日赴任。抚院。印。

　　方、魁两令:庚电悉。该县田禾淹没,灾民众多,深多轸念。即妥为赈抚弹压,毋任失所生事。并候各司筹赈及咨冯大臣酌抚接济。督。蒸。

　　方、魁两令:据常昭商会电"饥民乱民连日聚众劫掠米行、铺户,人心惶急,苏兵未到,乞速筹救"等语。此事先据该令等电禀由抚院派兵弹压;现既未到,候请抚院查明饬

---

[1]　此间似脱去"苏州抚电"四字。

催。该令等务当切实巡防弹压,毋任生事。并传谕商会知照。督。蒸。

方令、魁令同览:庚电悉。该处被灾,已委员携款勘办,不敷另拨;并禀抚宪派兵弹压。执事身任地方,责无旁贷,速会委妥办。藩署。蒸。

十一日,东塘市乡董来县禀报:乡民聚众抢米,将自治公所、从善公局、亭林学堂、米业学堂、耶稣教堂皆被毁,典铺、米行被抢者共六十余家。方大令率飞划营二艘午后下乡,并将所获之陶根根带去,当场枪毙,众乡民始散。复至各乡晓谕,事毕回城。魁大令亦于是日带兵赴白茆等处。统计两日被抢各乡,如东城乡、施家桥、南丰镇、西塘桥、西徐市、谢家桥、任阳、董浜、白茆,就所闻诸处,以东塘市为最。

十二日,城厢绅商经此巨祸,夜不安眠,深筹保卫之策,商团、民团,一时成立,城内外约有六七百人,彻夜梭巡,枪声不绝,乱民敛迹,人心稍定。然各乡仍有鸣锣聚众报复之谣,梅李、徐市等处夜行船屡出抢案,航路不通。镇乡自治职员见此情形,电禀抚宪,请酌派师船,分驻清墩、梅李两塘镇摄护送,俾通航路而全大局。

十三日夜,梅李、塘桥织布厂忽来小划船五十余只,计数百人,操异乡音,抢去米十六石、布匹若干,值洋四百余元。

十六日,老城隍庙西厅开会,议急赈事。

十七日午后,有米船一只过雪沟,后有董浜多人追至,将船获住,船中人均登岸脱逃。闻此米系在镇上某姓家抢掠者,故董浜人追还也。自抢米风潮一起,各米行有戒心,不敢开市,米价骤涨。虽几家有劫余之米,而每升须售钱一百零八或十三四文。两大令迭次晓谕各米行平价开市。于是南门外各米行会议,暂设米业公司一所,每升百文,每人以三升为限。城内各米铺由各行发给或一石或二石,每升售钱一百零六文。

十八日晨,西邻各家因无米可籴,群来索借,每家给五升,计十五家。

二十一日下午,于儒(孺)寡局集议急赈,按各区灾情之轻重,定放款之多寡。晚,江南查赈大臣(冯煦,梦华,金坛人)派委员(严国钧,常州人)携款一万两,来常散放急赈。

二十三日,京中友人来函:同乡京官得水灾警电,即于邑会馆集议,请翁叔廉访谒盛大臣(盛宣怀,杏荪,常州人)求急赈;盛许于息借十万两款中酌拨二万。十九日奏陈筹款情形一折中,有"饥民经乱民煽惑,芜湖、常昭等处均有抢掠暴动情事,弭灾所以弭乱"等语。盛又谓"灾区太广,此次或拨不足二万,下次可以续拨"。复由翁廉访等电冯大臣,请多拨若干云云。

二十四日,新任常熟县翁有成(志吾,浙江人)接印任事。方大令由邵太史面请省宪留四月,协同翁大令办理赈抚事宜。

二十六日,义赈委员发盛宫保电:

盛宫保钧鉴:奉冯大臣改派至常昭办赈,二十一日抵苏,当晚到常。被灾之区,方圆六十里,二十七镇,约二十余万口。其中惟沙洲最低最苦,而又极广极远,距城九十里,与江阴接壤,均皆一片汪洋。现守户口册一到,即行随查随放。已另禀冯大臣核夺。钧叩。宥。

宣统三年八月

初二日,两大令同出告示一道:

常昭水灾极重,已蒙本地官绅发过急赈。现有查赈大臣冯来发义赈,以补官赈之不足。冯大臣遣委亲自下乡察看,分极贫次贫,挨户调查。实在贫苦者给票,余概不给。尔等静候义赈,切勿奔走喧嚣。

初四日晚,苏省又解到铜元四万千文。义赈局设在老庙,大口给钱一千文,小口减半。

初八日,赈给东塘市一百二十七千文。闻沪哈同花园特开游览大会三日,共收得游览费二万六千元,摊派于二十二州县,吾邑派得二千五百元。

初九日,赈给东塘市兼石牌共四百十五千五百文。是日西乡庙前一带,又复纷纷来城报荒。据自朔日起连热八昼夜,稻根生小黑虫云。

初十日,赈给白茆四百四十六千文。

十一日,开办平粜。四门各设一局,以孺寡局为总局。定五日一期,共发十期,每升七十文。

二十四日,闻近日大东门外某姓园中又山前桃杏齐放,柳河沿人家石榴开花二朵,照眼鲜明,宛然春末夏初光景。天气之不正,民气有以感召之也。

二十六日,义赈局出示一道,谓有赈票者,限于月内一律来局领取,月杪即行撤局,勿得观望自误。

常昭光复纪事

佚 名

【编者按】关于常熟光复的情形，传说纷歧。本文系时人日记，比较可靠。原抄本藏南京图书馆。

宣统三年八月

二十一日，沪报载革命军起，于十九夜在湖北武昌省内，联合第八镇新军攻毁督署。……即公举第八镇二十一混成协协统黎元洪为都督。……

二十五日，报载南京戒严。苏抚程德全谕饬各营防范加严。吾邑银根奇紧，各典铺日须八九时开门，有来质当者，至多一二十两为率。东乡花业，每届八月异常拥挤，今亦大半停止交易。布业需款甚巨，因各庄不能应付，议由公所向五家钱业担任，每月支出洋一千五百元，维持布业已出之布，请县出示停缓一月将票归结。乡人之负米求售者，各米行亦暂不籴。

二十六日，报载驻屯通州提督姜桂题率军四千名进京保卫。晚，苏抚发下各省安电，饬县汇钞印送，以安民心。

二十七日，报载南昌戒严；江南派防兵五百名赴汉，至刘家庙与革军相遇，革军唱欢迎歌，防军唱答辞，即以白布缠于左手合而为一云。邑中各店铺周转不灵，同行集议自二十二日起改用现钱，概不记帐。钱庄由商会请县出示,劝止各存户拔款:"据商务分会函称:义隆、立裕等十庄到会,因鄂事未平,苏申来函均称停止收放,而各存户争先拔本,来源既绝,放出者一时不能遽归。环请出示劝谕各存户等,切勿误听谣诼,自相恐慌,争相拔本。常昭钱业,素称殷实,本二县为维持市面起见,如有地痞、棍徒暗中唆使,定当惩治不贷云云。"晚,县送来汇电,内南京制府电:"大通等处兵船业已派定,此间亦派楚谦等数号,如有缓急,彼此可知照策应。"

二十八日晨,南门大街、寺前、石梅等处均拾得匿名揭帖,各学校均有投函,略言九月初四日大兵过境,秋毫无犯,尔等幸勿惊扰自乱云云。于是人人相传,谣言蜂起,风吹草动,皆疑革军之来,多作迁地为良之计。闻革命军临时政府下令,准九月初一日,一律剪发。其四言示云:"中华光复,百事更新。惟此发辫,起于满清,既碍工作,且害卫生。昔呼鞑子,编入戏文;今称猪尾,惹笑四邻。为此出示,劝告吾民,不论老少,农工商人,速速自剪,切勿因循。本都督府,不日出令,限期剪发,一律实行。到期未剪,定干严惩,趁早剪去,体面保存。今先晓谕,军警人等,暂勿干涉,其各懔遵!"军旗用黄日黄星红地。县送阅各省安电,内北京邮传部电:"有电敬悉。已电饬沪宁路局、电局,一体遵用官局钞票龙圆矣。"上海电报局电:"沁电敬悉。职局先已奉部电饬,当即遵电各分局,将钞票龙圆一律收用。"南京张制台电:"辖境均安。"

二十九日,邑中各家因昨日谣言,争欲兑换金条叶件,以备携带逃避。金价亦骤涨。近来省防吃紧,前月闹荒时拨到之飞划营兵、太湖水师,于昨夜全数调回。又苏抚通电各督抚联衔电奏,请朝廷下罪己诏,改造内阁。……

宣统三年九月

初二日，因初四期近，谣言愈多。路上扛运什物，赴乡赴沪，络绎不绝。……

初三日，报载长沙、宜昌失守。邑中前抢米时，福山拨到之巡防队驻札（扎）昭庙，拟于明日调回。

初四日，报载驻汉各国领事宣告严守中立。邑中防兵均已撤回。庞邵发起开办巡防保卫，先招百名，经费按月千元，商界担任十分之四，其余绅富捐集。前有革军过境之说，至晚安然无声息，人心稍定。

初八日，报载革军至镇江，人民欲举降旗，旗兵不允。吾邑以为镇江路近，不半夜可至苏州，又复纷扰，作避地计。北京政府有议和并出狩之谣。

初九日，……午后，有自南京挈眷归者，云各学校全体解散，军队惟江防营统带张勋之兵尚可一战，余皆新军，不足恃。清凉山等处安置炮位，准对新军营，以防变乱。火车过镇江换白旗，近苏州仍用龙旗。日来各典铺异常拥挤，而所质之物，以脚炉等铜铁重笨之件最多。搬场船只生意颇好。

十二日，苏抚通电各属，办团保卫。

十五日，……苏城昨夜三时宣告独立，推程中丞为都督。邑中之出殡、移家，终日夜不绝声。城门之启闭不时，亦无人管领矣。

十六日，报载邻近府县均告独立。福山镇派兵一队来城。邑中新学少年在城自治公所集议，继得苏城独立确信，邀县令翁有成到会。时昭令魁福先日逃去，篆由翁兼摄。翁不至，众偕往县署商议，表决此日宣告光复。正拟示谕、制白旗，忽有无锡人杨某自苏来，妄云苏城遍插赤帜，都督印亦销毁，铁良兵至城外，已开仗血战。翁令闻报大惊，事遂中变。又有号"光复军"者云："让我辈先将钱庄一掳掠，再悬旗，否则如有土匪滋事，我等不保护也。"此即土匪造谣，居民不知，更惶惑无措。或包船夜潜，停泊城外；或赁屋乡间，作临时避难计。城门不闭，灯火通宵。

十七日晨，城中居家几空，行人亦少，恍如年初一。下半日，光景萧条殊甚。航船归，始知昨日杨姓之说全属子虚。午后，都督派翁炯孙回常，先与官绅会议。晚，在自治公所开国民大会，推蒋凤梧主席，布告常昭光复之本旨。当推定翁有成为县长，丁祖荫为民政长，邹士希为军事长。时丁逃避在沪，以严树声暂代民政长，发贴告示安民。无非是为保护人民治安生命财产起见诸话头。

十八日早，县署各局所，各城门，各店铺，大街小巷，白旗招飐，兴高采烈。随同县长挨家逐户劝速悬挂，举欣欣然有喜色，以为此后岁月均得长享平等自由之幸福矣。是秋闹荒，继以光复，抢掠迭闻，迄无宁日。搬东搬西之家中途被劫者，云亦不少。后梅李黄姓全家杀害，出一私仇报复之巨案。又有大河、王庄连及金匮、江阴县界，群不逞之徒数千人，到处抢劫，几如异军之特起，村镇皆空。吾邑自粤匪后又遭一小劫数，所谓幸福波及到民间，未知何日现之得实？享幸福者又未知何人？若平等自由假其说者煽惑天下，实见之革军乱事矣。即欲愚民以平治一邑，吾犹未之敢信，况一国乎！且观异日。

庞檗子传

萧　蜕

【编者按】庞檗子,名树柏,常熟人,曾参加南社,一度任职上海同盟会机关部。和其他资产阶级革命党人一样,庞檗子在辛亥革命时期表现了两面性:一方面他害怕农民起义,力主"和平光复";一方面他又比较激进,触犯了当地的反动势力,结果被地方反动势力赶走。再经"二次革命"的失败,庞檗子消极起来,走上了厌世的道路。他的经历是有代表性的,可以从他的身上看到当时某些资产阶级革命党人所走的道路。本文原载《庞檗子遗集》,民国六年铅印本,藏常熟县图书馆。

君讳树柏,字檗子,号苗庵,常熟人。……父继之先生,文行著乡里,以争漕赋触奸吏,反坐成狱,愤疾卒。母钱孺人殉焉。君时年十五,哀毁柴立,引为终身大戚。弱冠肄业江苏师范学校,受知于监督罗叔言先生。君诗文秀丽,填词尤工,哀感顽艳,年未壮,骎骎迈古矣。后数岁,历膺江宁、思益、上海、澄衷、木渎两等、常熟两等各学堂教席,尝与吴江陈去病巢南、柳弃疾亚子组织南社,提倡风雅,导扬民族主义。又任《国粹学报》编辑。

武汉军兴,君时主讲梵王渡约翰大学,与桃源宋渔父、丹徒徐天复等参海上机关部擘画。九月十八日,常熟响应,君实首谋。

当是时，邑中好事者谋挟枭众为乱，君力劝知县翁有成宣告光复弭纷扰，翁选懦不知所措，阖境汹汹。而吴淞光复军适至，集官绅议于于公祠。统带龚先耀谋夺印，翁难之，龚拔刀起欲手刃翁，君恐乱，急言曰："知县不靳印也，取印往返须十五分时，十五分不来，请断庞某头。"龚语塞，还坐，印亦至，事遂定。然邑之阘茸士绅、大猾吏平时倚官为奸利，率府怨君，乘间欲杀君，翁亦阴左右之。一日，坐茗肆，县役数百人手炷香，焰熊熊，佯请命，蜂拥炙君，头额焦烂，有挟君越牖逃者，幸得脱。君返沪，仍主讲席，间任沪军都督文牍。

壬子[1]，赣事起，邑中忌君者犹不已，为蜚语中君，君实不知也。自是益晦养，绝意世事，启迪后进为乐，兼任爱国、竞雄诸女校教科，暇则文酒博塞自遣。然恒抑郁佗傺，或颓然作厌世想。

丙辰秋，遘疾而殁，年三十三耳。……

---

[1] 当作"癸丑"，恐作者误记。

吴江光复的回忆

费璞安

【编者按】辛亥革命时,吴江由绅士费璞安等进行"和平光复"。本文是我们访问他的记录。

辛亥年夏我在南通,武昌起义前,到了上海。当时上海有个全国农务委员会正在开会,会长叫黄钺。我的好友施良才也在里面做事,他要我帮忙,我便留在上海。武昌起义后,农务会停顿了,有几个友人发起创办红十字会,到武昌去支援革命军,我也参加了,担任宣传工作。当时报名加入红十字会的人很多。为筹备经费,大家纷纷捐款,茶商江惕余一个人就捐了一千元。有个当过骑兵的朋友叫做王昇,挺身而出,把钱送到了武汉。以后他在武汉阵亡了。

上海光复后第二天,我们组织了一百个人出发到苏州和镇江去工作,我是被派到苏州去的。我们到达时,苏州已经到处挂起了白旗。到留园住下后,因无战事,没有救护工作可做,我们便在那里召开吴江县议会,我任议长,决议拥护程都督,并派五十个革命军由吴兆陆带领去光复吴江。吴江光复时,没有什么变动,只劈去了清朝知县的一颗印信,算是革命。吴江县议会选我做第一任民政长,我不肯就职,便选他人担任。以上是我参加辛亥革命的简单经过。

靖湖厅光复本末

《民立报》

【编者按】清雍正八年，于吴江县设太湖厅。光绪三十年，设靖湖厅于洞庭西山。宣统三年，裁靖湖厅入太湖厅。前后均隶苏州府。本文原载辛亥十月二十三日《民立报》。文中仍称"靖湖"，从旧名也。

靖湖厅奇龄（旗人）、舟头司张大诰自省城光复后，皆先后怀印窜亡。该处素多匪患，故半月之中，各匪乘官兵虚无之际，镇乡及水面抢劫至数十余起。各界迭次公举代表来省告急，当荷程都督派拨驻扎盛泽之第五营，驰往该处剿办。一面由各界公请宗君能述为民政长。

（十月）初九日，城自治公所邀集全邑绅商学界各领袖，在镇夏开保安会，并组织临时地方意思机关，当用无名单记投票选举，以最多数秦清之为县议会正议长，次多数徐日宣为副议长，次为徐济华等十六人为议员，该会即设在镇夏岳庙，众皆赞成。

民军于初十平明到邑，各团体均到埠欢迎。当由商团导至厅司两署，宣告光复（闻各项案卷已损失不少）。旋赴各市镇排队巡逻，地方秩序顿为安然。现该营扎在西蔡里，管带为李君景福。

又东宅河徐绍夔等发起"辫发剪清会",连日报名约剪者,已有七百余人。闻各人已约定二十四日将辫发实行剪清云。

常州府

武进光复之回忆

吴樵长　吕叔元

【编者按】作者均系常州光复的当事人,现已故。本文系其中华人民共和国成立前所书之回忆录。稿佚,此据常州董枫庵老人所藏抄本。

一、光复前之准备

辛亥吾邑光复,其秘密机关有二:一、县农会;二、府中学。时屠敬山、元博两先生以乔梓任两机关首长,不啻一体。今长沟老人朱稚竹时任府中学庶务长,于各乡领袖贤达,多所联络,奔走尤力。先是,宣统二年,朱稚竹以江苏谘议局常驻议员资格,依据谘议局议决案发起武阳县农会。开成立大会时,阳湖县伊立勋受权绅指使,当场反对,声称:"我先质问稚竹,有何根据发起县农会?此案我已照会筹备县自治公所办理矣。"稚竹随起答复:"谘议局议决案说明,议员回籍人人有发起之责,此我之根据也。试问汝之照会何所根据?筹备县自治,干预范围以外之事,即为违法;且筹备县自治公所,我忝为参议,并不知有此事。"同时,屠元博亦谘议局常驻议员,即登台发言,痛责官厅不提倡,反蓄意破坏,是何居心?各乡董复群起责难,伊令赧颜谢过退。屠敬山膺选首任会长,聘奚九如为坐办,朱稚竹为调查宣讲员,陈坤培为会稽庶务员,章少英为文牍员。朱稚竹来自田间,夙习农事,至是巡视各乡,历时半载,注重水旱灾荒虫害农圃等事,均有详细报告,而宣传农圃尤力。尝谓戚南塘选兵,不用城市而用乡农,用意最精。其办法甚简单,以图为单位,每图招股实壮丁十人,全县可得四千余人,平时照常耕作,冬令则联合巡防,各备大刀木棍旗锣等器,并约于农隙时抽调来城受训,教以枪操,为寓兵于农之基础,从此革命有根据地矣。府中学本有兵式操而无枪,则但徒手演习而已。宣统元年六月,呈准两江总督,酌发旧枪。朱稚竹偕兵操教员刘百能同往督署,领到体操枪一百二十杆,枪为金陵制造局甲午年所造,五响后膛,名曰“快利”,枪刺咸备。至是一面训练学生,一旦发生机会,并可调训农团,借作革命武器。当时密议决定革命程序,宜分两步:第一步,官绅专制非先打倒不可;第二步,要结合地方同志,相机奔走,与各地革命党联络,参加推翻清室。于是由元博、稚竹邀傅越侪、段孟陶、何海樵、奚九如、伍博纯、卜惠临、刘百能、戴笠耕、刘培因、章子安、周季平、夏善曾及吴樵长、吕叔元等十六人,结一秘密团体,并推元博、稚竹为总干事,任外交设计筹款;百能任训练农团;博纯、樵长、叔元、善曾任文牍;孟陶、海樵、笠耕任宣传;越侪、九如、惠临、季平、培因、子安任交际。时相密议,非在敬节外堂县农会,即在玉梅桥府中学,盖时城内有一府两县及游击署,不能不严密防范也。

二、光复时之波折

三年八月二十日，为江苏谘议局常驻议员会期，元博、稚竹到宁开会，知武汉已于十九日独立。二十一日赶回，召开紧急会议，议决元博赴沪，稚竹赴苏，各同志整理各乡农团待命。府中学旋于九月四日停学。越六日，沪苏消息约定十五左右同时响应独立。于是约近城德泽、循理、依东、安东、怀北、孝仁、丰西、安尚等八乡农团，尽十六七齐集城内外，以三百人至四百人为度，设法散处，免相惊扰，卒以二百余人夜至府中学，住大会堂楼上。议决军政府司令呈请都督委任；民政长、课长由县商会、县教育会、县农会三法团投票公举。在局前街先贤祠县教育会开会，选举屠敬山为民政长，朱稚竹为总务课长，瞿莘馨为生计课长，伍博纯为学务课长，刘苕石为警务课长。并在苏州推举何健为军政府司令，呈请都督委任，十六日委状发出，十七日晚车抵常。诸同志率农团代表赴车站欢迎至府中学，晚餐后随即开会，准备翌晨通知各团体商民一律悬挂白旗，由农团集队护送何司令至府就职。夜半，校中人散寝矣，突闻有声轰然，起于校门之外，火光熊熊，群惊不慎于火，急起扑救。俄闻墙外枪声续发如连珠。住校中人大骇奔，有逾垣而遁者，有择隐而伏者。攻者以校内始终不还一枪，疑有伏；且哄传党人日往来运枪炮炸弹多具藏校中，竟不敢越雷池一步。相持至十八晨八时半，围解，则知江防营所为。江防营统领系恽绅祖祁[1]，时设防务公所，乘夜派兵围攻府中学，并令城中各

---

[1] 恽祖祁曾官厦门道，罢职家居后，为当地权绅，充驻常江防营统领。

户悬白旗,意在攘光复功耳。是夕同志被围在内者,农团外不下数十人。何司令饬团丁下楼散伏,意气自若,众志渐定。校东墙外故废墟,道梗难行,围兵亦惟环伏西北两面,接续发枪攻校墙,故离校他去者,率由东垣出。奚九如匿荒冢芦苇中,天将晓,有兵巡查,驱之出,夹袍绒褂被剥去。意欲出城,城门紧闭。回到福禄庵侧,遇三兵士拉之行。问何之,曰:“送汝八大人[1]处去。”未几,至市公所,用绳反缚于柱,以枪柄抵其足。既而卢锦堂由商会来,解缚抚慰,劝力顾大局,不必追究,雇舆送至县农会。街市亦不复睹白旗。是晨,稚竹乘早车赴苏接洽要公,至车站,始悉围攻中学消息,随即折回。度恽绅必有电发出,至斗巷,借卜惠临往电局调查,果有两电致都督:第一,土匪盘踞府中学,反对挂白旗,应如何处置?第二,可否由江防营驱匪安民,暂维现状?乞示遵。两电均未复。后闻都督言,常事向由朱稚竹接触,何来江防营?知必有变,复恐多事也。是日,何司令致程都督电,文曰:“江防营退,统领恽某逃,中学无恙,地方安全,乞速派兵来常镇压。”十九日,苏州发兵至,营长朱熙率之驻校中。全城遍悬白旗,气象一新。诸同志领导农团三百余人,借校中快利枪列队拥护何司令至旧府署就军政府司令职。聘屠元博为参谋长;朱稚竹、殷孟陶、奚九如为顾问,常州军政府正式成立。民政署关系重要,被选之屠民政长以缒城伤足,在苏就医,暂时不克到任,由总务课长朱稚竹召集被选各课长先行就职办事,民政署亦告成立。一面赴苏请示用人行政方针;一面出示安民,人心大定。

---

[1] “八大人”指恽祖祁,因其行八。

三、光复后之设施

屠民政长以德望为全县所矜式,裨佐之选,复一时称最。一切县政,择要施行,本革命精神努力刷新。如扫除书差陋习;严禁城乡烟赌;筹设教练所,改良警政(所长杨碧尘);创办习艺所,根绝游民(所长赵咏怀);注重教育,限期令全县小学开学,因添设城乡学校,缺乏师资,又筹设县立初级师范(校长屠心矩),地点在东岳庙,俗称东门师范;提倡机器戽水,先从芙蓉圩入手,预计二十匹马倍机器三十部,可使芙蓉圩永绝水灾。惜因风气未开,财政困难,未成事实。后由建议人奚九如设厂制机,逐渐推广,今则无处不用戽水机矣。吾邑地势襟江带湖,拟建筑两条干路,南通太湖,北达长江,并在圩塘江口开辟商埠,建筑码头,供上下水江轮停泊,俾江北及沿湖各地出产均于此集散,商业繁盛,可以预卜。当时南北路线已派员查勘明确,请伍琢初详定预算,大约不及二十万元,因屠民政长不久辞职,遂停止进行。四乡盗案纷起,由县在沪定购后膛枪二百杆(施杏如经手),最后购得一百二十杆,通知各乡农团登记,照原价尽先购买,农团具有实力,伏莽从此渐靖。促进地方自治,实行乡长副民选,并继续召开临时县议会,同时成立县参事会,全县预算及各种重要计划,均提交县议会议决公布施行,尊重民意,实行民主政治。至今犹有县议员、县参事员如张远之、刘培因、刘苕石、奚九如诸公健在。组织清理公款公产委员会,由审查委员将公善堂所有卷宗帐据分别造册,交县议会登记复核,多年黑幕,从此揭开,以后善举,借立基础。请拨东仓官地,开办农事试验场。容纳商人请求,减轻各种货物税。

创办《公言报》，启迪民智，叔元主笔政，武进之有地方报自此始。设立公民同志会，朱稚竹、屠元博为会长，城乡入会者，数逾五千，旋以会员多数同意，得国民党本部许可，将本会改组为国民党武进分部，开党员大会，选举朱稚竹、屠元博为正副部长。办理省会、国会选举，与对党发生大竞争，结果国民党籍当选省会议员六人，国会议员三人，成绩冠全省。

吾邑光复史实，在昔或不无翔实记载。抗战军兴，公私涂炭，轶事多缺，网罗末由。回首前尘，阅人成世，追计同志，亡多存寡。年弥往而弥广，惧文献之无征，杂述往事，聊供采访，以证见闻云尔。

常州光复概况

徐敬安

【编者按】作者常州人,目击常州光复,本文是其回忆录,稿藏本系。

清宣统三年辛亥阴历九月十五日,郡绅恽祖祁(字莘耘)接得苏抚程德全来电:苏州由抚署鸣炮为号,响应武昌起义,光复苏省。当即传知常州府长明(字智伯,旗人),长明随即将府印交给武进县后,即携眷离常。十六日,由市公所传知各户门口一律悬挂白旗,响应光复。并一面由恽祖祁组织军政府(恽原任江防营统领),屠寄(字敬山)为民政长,瞿倬(字萼馨)为财政长。当晚,正在常州府中学堂内协商组织时,忽由恽绅率领江防营数十名以炮轰炸,围攻中学堂,一时惊惶万状,屠公敬山由中学堂后门逃出,跳过城墙暂避。十七日晨,全城人民惊惶失措,莫名其故。后来恽绅祖祁知难避去。遂由何健(字维棠)任常州军政分府司令。屠寄为民政长,杨同穗(字治坚)为审判厅长,张元生为检察厅长。以旧府署为军政府署,旧武进县署为民政长署,旧阳湖县署为司法署。并会同游街安民,居民宴然。此为辛亥革命时光复常州之大概情形也。

围攻府中学堂事件

童 斐

【编者按】常州光复时，权绅恽祖祁为争夺地方政权，发兵围攻府中学堂。作者时任职该校，所记当较真切，但因有所顾忌，故文中多隐晦语。本文原名《本校十年中之大事述略》，载《江苏省立第五中学校杂志》第六期增刊部分，民国六年铅印本，江苏省常州高级中学藏。此系其中的一段，题目是我们加的。

有清季年，以制艺取士之法弊既百出，乃废科举，设学堂，而常州府中学堂亦于此时筹巨款，兴土木，建校舍于武进县之玉梅桥南，成之者郡绅恽莘耘先生祖祁也。光绪三十三年十月初十日开学，创制规模，编订管理细则，监督屠元博先生宽实主之。……

（宣统元年）六月，由两江总督署领到体操枪一百二十杆。自开校后，兵式操但徒手演习而已，至是始有枪。枪为金陵制造局甲午年所造，五响后膛，名曰"快利"，枪刺咸备。……

（宣统三年）九月四日，因革命事起，暂时放学。自八月十八日[1]武昌变起，风声所播，各省骚然继之，金融全停。本校系常州府属各县公立，各县所认经常费本不能以时解，至是移挪之路俱

––––––––––

[1] 当作"八月十九日"。

绝，且苏省亦风声日急，人心惶惶，不得已乃停学。

九月十六日，常州光复。十七日，本校被乱军之轰。时革命党人多潜行来常谋光复事，本校已放学，郡人所组保卫地方之农团借校舍为训练所，而党人亦时来聚议其中，因为本邑人所注目。城内有清设府署一、县署二，治民之吏，固无兵；游击一员，略有绿营兵卒，零落癃弱不可复名为军行。城外驻江防营约一队余，颇有新式械弹，郡绅某曾为之统领，虽已罢职家居，尚能指挥之，邑人所恃为保障者，惟此江防营也。月之十四日[1]，苏州报光复，巡抚程德全实主持之，称都督。常州因革命党人时聚集，哄传已运炸弹多具藏中学校中，将起事。邑人急谋响应苏州，免以战事残地方，某绅故常州绅民主要者，乃设防务公所，令邑中户各悬白旗以为光复之标。然党人方谋设军政分府于常州，邑人何健为之主，云已受都督委任矣。何健故时往来苏常间而聚谋光复事于中学校中者也。十七日夜半，校中人散寝矣，突闻有声轰然起于正门之内，火光融融，群惊不慎于火，急起觅器取水救之。俄闻墙外枪声骤发，相续如连珠，乃悟正门之轰为暗埋炸药所燃发，而校外正有兵环攻也。住校中人大骇奔，有逾垣而遁者，有择隐而伏者，皆疾走无声。攻者不知中作如何备御，惟环伏西北两面接续发枪击校墙，不敢入，相持至旦，乃止攻。后问攻校之兵则为江防营，所以不敢入校者，谓校中多炸弹也，而其实无一弹，皆讹传耳。晨起，全城骚然，以为城东北隅有战事，街市亦不复睹白旗。居民互传苏州且发大兵至，与攻校者战，富室急谋奔避，指沪租界为桃源，火车站之行李箱箧几堆置塞途，而巡防营亦颇自悔其误会

---

[1] 当作"九月十五日"。

焉。时校中有湖北学生刘，因家汉阳不能归，留居校。方校舍被攻时，居校中者皆惶骇失措，刘生熟寐无所觉，晨起睹状，始骇问夜来何事，盖方怪同居者之无事自扰也。九月十九日，苏州发兵至，营长朱熙率之，驻校中，全城仍悬白旗，府县吏皆走避，军政分府成立，驻府招民为兵，假校中体操之枪百二十杆为其械，居民稍稍定。……

常州军政分府之成立也，其司令为何健，越二月，地方舆论不谓然，乃以赵乐群代之。赵字不党，江西南昌人，光复前本校之兵式操教员且兼教拳术者也。光复时佐洪承点以炮兵击天保城有功。逮初任常州军府事，府中旧职员因舆情不顺故，汰一空，延斐任书记，何少敏任军需，皆校中旧同事，掌机要者三人耳。有兵约一营，饷粮匮乏，指清裕宁官钱局之外放款为饷源，收入不可知，相约以廉俭持军府用，收束军队，使为地方警备而已。艰窘之中，人寡而事理。

常州军政分府成立经过

陈道行

【编者按】陈道行,常州人,曾任职常州军政分府,现为眼科医生。此系董绳庵老人访问他的一篇记录。

辛亥光复时,第一任常州军政分府司令何健,字维棠,本县卜弋桥人。清末南京宪兵学堂毕业,为堂长陶骏宝所契重。毕业后,历充排连长等职。宣统辛亥,加入同盟会。时道行肄业陆军大学,因与之相识。光复时,上海同盟会机关部派何来常,筹设常州军政分府,策划光复事宜[1]。何于是年九月十七日到常,十九日成立军政分府。时道行家居,乃被邀与南京陆军中学学生同乡吴省方、刘书济及旧军官唐鹤鸣(唐名鹤鸣,抑为凤鸣,已记忆不清)等,收编旧江防营及其他杂色军队,共编为一营,分左右前后四队:委派道行为前队队长,吴省方为左队队长,吴景超为右队队长,刘书济为后队队长。每队人数,相当于旧之一连。何氏初欲委道行为营长,道行坚持未就,并推荐胡冠英充任,得何同意,遂委派胡为营

---

[1] 据常州李锡奇老人等说,何健与当时常州的巨族之一刘氏有姻谊,常州府中学堂教员刘能(字百能),即系刘氏子弟。何健所以奉派来常,以及来常后与屠元博等接上关系,是和刘氏有关的。许指严《光复小史》说沪军都督陈其美派一"健儿"来常策动光复,并组织军政分府。"健儿"即指何健。

长,接替唐鹤鸣原组织所任营长职务。至十一月间,何氏奉调回省,军政分府由地方人士公推赵乐群继任。赵原籍江西,接任后,即派旧江防营官兵韩栋臣为卫队长,韩亦江西人,与赵同乡,因此颇为莫逆,而其思想行动,与新军官兵殊不一致。赵就任第二日,即发动所部,打毁全城庙宇偶像。赵之卫队及刘书济所部官兵悉数参加,而二队新军因意见不一,未曾参加。民二春间,军政分府奉令撤销,改为驻军,由刘元长接收并任营长。刘字诵孙,本邑人。

常州光复与朱稚竹之关系

龚承祖等

【编者按】朱稚竹名溥恩,为常州光复的主角之一。本文系《朱稚竹先生六十征文诗画启》中的一段,载《武进朱稚竹先生六十寿言》,民国二十五年铅印本,常州市图书馆藏。

稚竹先生为邑之忠实,为地方谋福利者。……科举既停,倡办乔荫两等小学,任校长五年,捐助千余金。自治成立,移交自治公所办理,时光绪三十一年也。乡间办学始此。……时屠公元博任常州府中学堂监督兼县视学,因先生热心办学,成绩斐然,特延聘为常中庶务长,整理校务,倚若左右手。武阳县教育会成立,屠公敬山当选会长,先生副之。既而庄公思缄任会长,先生又副之。屠公任南通师范监督,庄公任上海商船学堂监学,均不能常驻里中,会务悉由先生主持,凡四五年。宣统元年,先生当选为江苏谘议局议员。逾年,又被选为谘议局常驻议员。……是年,在里发起武阳县农会,先生任议董等职有年,既而被选会长。……辛亥改革,事前与屠公元博等密议,由农会招集农团三百余人,借用中学堂枪械响应独立,并推举何公维唐为军政府司令,屠公敬山为民政长。先生任总务课长,对军民两政,多所擘画。后当选为国民党武进分部部长,即辞职,努力于党务。其他见义勇为多类此。……

光复队纪事

无锡钱业商团光复队一周纪念会　编

【编者按】本文记无锡资产阶级的子弟兵——"钱业商团"光复无锡的经过，有些内容可补钱基博《无锡光复志》的缺漏。原件系民国元年铅印本，无锡市博物馆藏。

无锡钱业商团组织光复队缘起

欧风东渐，民权日重，专制之虐政渐不容于20世纪之亚东大陆；况满清以塞外贼种，盗我中夏，暗无天日，垂三百年，吾民忍痛饮恨，已非一朝。数十年来，国之志士，群谋革命事业于海外，其迭兴义师者，迄辛亥三月羊城之役，凡十有七次，虽屡起屡蹶，然革命思想已渐引入于国人之心脑中。钱业固多壮志青年，与容同志者亦甚伙，每于聚谈之际，纵论国事，无不慷慨激昂，痛时局之艰危，愤民族之陵夷，闻羊城失败，又无不顿足三叹，而嗟汉人命运之塞也。

当辛亥春，留东学生纷纷归国，组织国民军，虽曰边警日急，用以救亡，然醉翁之意固不在酒。时又有全国商团联合会之设，诸同志本多旧钱业体育会员，爰相拟重整旗鼓，以谋联合，至是与容合力共谋，相约致力于本会，卒以未得当局者之允许，事未果成。四月，虏廷以民气渐张，思以假立宪为掩人耳目之计，新内阁成立之次日，伪诏夺民办铁路为"国有"，一时民情愤激，川、鄂、湘、粤，群起抗争，而格杀勿论之伪旨又下，以人命为草菅，诬争路为"煽乱"，报章腾布，全国震怒。诸同志每阅报载，辄痛心疾首而相谓曰："虏廷以诈术待我，立宪既伪，民权永无发展之一日，苟不复满清，我汉族终无有生之日也。"乃八月十有九日，而武汉之事起矣。

一声霹雳，全国震惊，四方志士，云起景从，光复独立之声，腾于报章。诸同志眉飞色舞，投袂而起曰："吾汉族一线之生机，其在斯乎！时乎勿失，吾辈虽不能随三楚健儿，歼此丑虏，亦当尽力于一隅，以尽天职。"惟时风声鹤唳，人心惶惑，商界诸董乃谋设商团，以图自卫。诸同志遂鼓吹组织钱业商团，容亦从事其间。人心思汉，满运告罄，不匝月而湘、桂、赣、粤、秦、晋、川、滇先后独立。同志王君景濂与容最相能，时密商光复事，乃与相约曰："姑俟民军举义之时，一尽辅助之力，盖吾辈可以任破坏而不足以任建设也。"九月十有三日，江东国民军起于沪上。翌旦，苏锡一带渐见响应。容于是与王君密谋，就本团组织光复队，以为预备，并拟宣言书，以视同志，颇多赞同。惟依人范下，未便外泄，故除同志而外，仅互相示意而已。十五日，程督宣布江苏独立，吾锡志士秦君效鲁等亦急谋起义，时益迫切。是晚，复与诸同志秘密集议，而光复队以成。十六日乃召集全体队员宣布之，表同情者共四十四人，无不抖擞精神，勇（踊）跃争先，大有矢志复仇，视死如归之概。遂从诸志士之后，驱逐伪吏，还我河山，不崇朝而光复之事业竟成。

事后，王君景濂就当日光复情形作记以示容，并嘱述是队之缘起及事前之种种，以留纪念。呜呼！容幼而就商，鲜受教育，既乏政治知识，曷敢侈谈革命，只以频受感触，激我天良，誓与满奴不共戴天；又以生逢其时，得与诸同志一尽国民之天职，实幸事耳！况吾邑光复之举，皆诸志士之力，吾队同人无毫发功，所不能已于言者，当此民智幼稚，阻力丛生，自组织以抵于成，其间艰难困苦，难以言喻，苟用心稍懈，则大祸之至，有非可逆料者矣！今者南北统一，共和告成，革命事业由秘密而进于光明，故容等亦敢表示隐衷，并述梗概。虽然诸同志与容等组织斯队，未始非光复民国之太仓之一粟也。

中华民国元年三月蔡容谨述

光复队始末记

黄帝纪元四千六百有九年，天运辛亥，秋，九月十有三日，上海光复，纷传民军将莅锡举义。十四日，钱业商团青年同志谋秘密组织光复队，以为协助民军之预备。

十五日，无锡志士秦效鲁先生归自海上，集同志于己宅，密谋起义，钱业商团教练许嘉澍亦预焉，因相联络。是夜，同志复秘密集议，并订规约八条，推蔡容为领袖，主理一切，并公请许嘉澍为司令，光复队于是成立。

十六日，苏都督程德全电锡宣告独立，无锡县伪吏孙友萼抗不遵命，人民互相观望，虽制白帜，未敢悬挂，蔡、王、马、施诸君缘各就所在地首竖白帜，不数时而全市招展矣。时效鲁先生暨诸志士竖义旗于公花园，邀致旧商余体操会员十二人，整旅出发。时许嘉澍、周公鼎相继报告，速往公园。同志乃号召全体，共得四十四人，亦整队入城，遇于寺巷，合力同进，由临时司令华承德为总指挥。首至锡署，光复队领袖蔡容挥展白帜，首先冲入，全队继之。商余会员向县堂放枪三排，以示威严。时恐暗伏由外袭击，嘉澍乃令光复队队员扼驻署首，以资防御，并分守监门，以镇狱犯。华承德暨诸志士直入内堂，立饬伪吏交出县印。锡署既复，归至公园，嘉澍恐北里空虚，匪类乘机，乃拔十五人，派尹思安带领，驰回北区，以资保卫。少顷，效鲁先生下令进取金署，因复整队前进，一如锡署。惟当金署进取之时，忽报锡署监犯暴动，意图越狱，嘉澍遂率队员九人，驰往防守，余员仍留金署，由蔡容领率。时有人进言，金署监狱后通监弄，急宜派员驻守，容深善其说，然所留不过十四人，殊难调派，乃勉抽二人往驻弄口。金署事竣，顺道收复厘捐总局。时局有饷项，因派队员孙禄增、杨祖桐暂时留局，余皆仍归公园。自午至暮，仅数小时，而全城光复。蔡容因以急需北回，保卫商市，请于效鲁，既邀允，遂奏凯北旋。嘉澍等至锡狱，派四人伏处墙外，以防越逸，复以四人驻守监门，嘉澍则亲带队员章念祖深入内监。时狱犯已强半脱镣，意图突出，势甚汹汹，嘉澍睹此情形，知非可以力压，急喻以好言，并许三日以后，当有办法，务各安心静守，切勿暴动。各犯闻言，无不悦服，仍上镣散归原处，因得无事。二人退出狱门，饬狱卒谨慎防守，于是亦率队而归。惟禄增、祖桐尚留驻总局。队员马家驹、祝廷梁本往来城厢内外，传递消息，家驹乃复任侦探，既至总局，即调回禄增、祖桐，自任驻守。时效鲁先生指定金署为军政分府地点，即时迁入，并派人至总局提取饷项，家驹押解到府而归。至是，全城大定，草木不惊，光复队责任，于是告终。

　　兹记专叙光复队单方之行动，若队外之种种，与夫起义诸志士之若何布置，及其他各团之若何尽力保卫，则非本记所得详载。

秦毓鎏自书履历

【编者按】此系革命党人秦毓鎏亲笔写的履历，其中有无锡光复的资料。原件藏江苏省博物馆。

谨将履历开呈　大总统钧鉴：毓鎏少时肄业南洋公学、江南水师学堂。壬寅冬，赴日本，肄业早稻田大学。时公使蔡钧防革命风潮，阻学生入陆军学校，毓鎏与之力争，被逮入警察署。痛国是日非，益知非改革政体不可，乃结纳同志发起青年会，讲求革命事业，为留学界秘密结社之最早者。翌年，日俄战事起，遂与钮永建等发起义勇队，以拒俄为名，实则密邀同志分赴各省，潜谋起义。事为端方所闻，饬属密拿，并电驻日公使，强令解散。毓鎏乃与同志密结军国民教育会（中分鼓吹、暗杀、起兵三部）[1]。辛亥以前，为国流血者，多半会中人也。癸卯冬，返国。先后设立丽泽学院、青年学社于上海，以招求同志，鼓吹共和主义。甲辰夏，赴湘与黄兴、刘揆一等举事于长沙，立华兴会为机关部，黄君为会长，毓鎏被举为副会长。事败离湘，历游皖、粤、浔、龙诸地，所至设立学校，编译书籍，灌输革命思想。辛亥八月，武汉事起，奔走宁沪间，多方运动。旋以锡金两县介苏常间，亟宜光复，以通沪宁要道，

---

[1]　括弧内文字，原稿删去。

遂结合同志,急速进行,于九月十六日光复锡金一带。翌日,召集合邑人士开会,商榷建设之方,公议设立军政分府,公推毓鎏为军政分府总司令。时江阴炮台尚负隅,毓鎏筹款万元以运动之,乃得反正。后江浙联军会攻金陵,镇军饷缺,毓鎏又筹款助之。自九月中旬以后,南京战事方酣,内地土匪蜂起,于是筹款购械,编练锡军,开赴前敌,援淮北伐。其留驻本邑者,防卫治安,不分畛域,邻县如江阴、常熟、宜兴等处迭遭匪乱,先后平之。当南京政府成立时,毓鎏蒙临时大总统任命为总统府秘书。迨南北统一,政府北移,毓鎏即自请取销军政分府,并辞总司令之职。旋蒙前大总统任命为稽勋局审议员。癸丑之役,弃职南旋。逮南京独立,即以无锡响应,蒙黄总司令委任为江苏全省筹饷处处长。事败,被逮下狱。去年奉令释放。忧患余生,诸疴丛起。今兹调理就痊,特行来京恭请 钧安,谨述履历如右。

秦毓鎏谨呈

一份(大总统双抬,其余单抬)。一份(总理双抬,其余单抬)。
仍恳
寿生哥一写。屡次费心,感荷无极。弟鎏拜托。

锡金军政分府档案

【编者按】锡金军政分府档案，藏江苏省博物馆，此系其中的一部分，反映了无锡光复后的社会情况。

收文簿

辛亥年九月二十六日

第三十八号：收窦钲、秦煐、孙守铭、顾敬莹、杜莶、王濬泉、高鼎业，拟请拨兵保卫公函一件。

辛亥年九月二十七日

第四十二号：收怀上镇董事呈请领枪械公文一件。

第四十五号：收张泾桥民团简章二份。

第五十号：收南延乡自治公所请领洋枪公文一件。

第五十二号：收商会移文赴沪购枪请给护照事一件。

辛亥年十月十二日

第七十三号：收荡口民政公所请领洋枪呈文一件。

辛亥年十月十五日

第七十五号：收泰伯镇自治公所购枪呈文一件。

辛亥年十月十九日

第七十八号：收怀下西乡民团简章两张。

辛亥年十月二十二日

第八十一号：收开原乡董事龚步江等举办民团禀一件。

辛亥年十月二十五日

第八十三号：收北延乡举办民团呈文一件。

辛亥年十一月初五日

第九十三号：收程都督批荡口请拨枪械事公文一件。

辛亥年十一月初八日

第一百四号：收南延镇啸傲泾筹办民团章程一件。

辛亥年十一月十二日

第一百十三号：收富安乡请派兵镇压禀一件。

辛亥年十一月二十五日

第一百四十三号：收宜兴军政分府为合剿沿湖匪盗事移文一件。

辛亥年十一月二十六日

第一百四十五号：收陆军部谕准给购枪护照事一件。

民国元年二月二十九日

第一百九十五号：收苏都督指令"已饬兵队剿办金墅盗匪由"一件。

咨移簿

辛亥年九月二十二日

第六号：为移请事：照得本邑地当苏常冲要，际此军事倥偬，地方治安最当注意，俾免匪徒乘间骚扰。本府自成立以来，所有地方防务全赖　贵统领管带协力维持，至深钦感。兹奉　苏军大都督程电准派兵来锡防守。以后地方防卫事宜,仍祈 贵 统领管带 随时协力维持,至纫公谊。相应备文移请 贵 统领管带 查照,饬属施行。须至移者。

  右移

太湖水师统领

飞 划 营管带

盐 捕 营管带

  辛亥年十月初一日

  第十号:为移知事:照得苏省光复伊始,各处匪类蠢蠢欲动。敝邑日前有外来匪僧霞明勾结匪类,擅打刀枪多件,潜谋不轨,经敝分府侦探拿获,讯明后立正军法。现除由敝处电禀苏都督宪,及派探严缉该匪僧党羽,讯明惩处外,合行移知 贵分府请即严密查缉,毋使匪类混迹,致有私造军器,谋扰地方等事。不胜盼切。特此移知。

  右移

武阳
宜荆
江阴 军政分府
靖江

  辛亥年十月初四日

  第十一号:为移送事:照得本军政分府先后拿获匪徒张子照、高烈刚、章阿妹、薛伯谦、圣溪僧、杨振海等六名,理合备文移送,为此合移 贵部请烦查收赐复施行。须至移者。计移送 张子照 高烈刚 章阿妹 薛伯谦 圣溪僧 杨振海

  第十二号:为移送事:照得匪徒秘密结党,图谋不轨,有害地

方治安。本分府业已先后拿获薛伯谦等七名。除匪僧霞明一名，逆迹昭著，已由本分府按照军法枪毙。并电禀 苏都督在案；其余薛伯谦等应一并移送 贵部，分别讯取口供，按法惩治，以昭法纪而警凶顽。为此备文移送 贵部，查照施行。须至移者。（计送公禀四件、保结一纸）

右移

司法部

辛亥年十月初五日

第十三号：为移请事：据敝邑荡口镇民政分公所呈请："荡口一隅，僻处邑东。自我军起义以来，间阎虽安堵如常，深恐无识之徒，肆行劫掠。爰即由绅商组织商学团及民团，现已次第成立。维是团练之设，为保卫之计，而保卫之实，非有军械，等于未办。兹拟向上海制造局购买洋枪五十支。为此特请贵分府给发公文一角，移请上海制造局照办。为此备文前来，即希照准，从速发下，以便饬人购办"等因准此。查现在军情紧急，荡口市民繁盛，难免寇盗觊觎，防堵不容疏懈，为此具文备价，移请 贵局长如数发给后膛枪五十支，并给护照运锡应用，以资捍卫。至纫公谊。须至移者。

右移

南洋制造局长李

江阴光复记

章砚春

【编者按】作者江阴县人,中国同盟会会员,辛亥革命前夜任小学教师,曾秘密发行《江阴杂志》,宣传革命。江阴光复时,他出力不少。本文系其回忆录,稿藏江阴县政协。

一、光复前夕

(一)辛亥年八月十九日,武昌起义。越一日,我邑即得到消息,从此人人争看沪报。我们每晚派人到南门外轮船码头守候无锡来的晚班轮船,争购到一张《民立报》,驰归至辅延学校[1],候者已人头挤挤,请一人朗读,四壁静听。各处独立的消息像潮水般涌来,人心震动,老年官僚顿时垂头丧气,少年兴奋,一路踊跃欢呼。

(二)彼时谣言蜂起,人心惶惶,不可终日。本地有力者倡议组织公团,维持地方秩序。团址选定旧学署(科举停止后常驻军队,陶标统率领的三十六标新军因风声紧急,奉命开往镇江,署内阒无一人),署在城区中心,便于号召,房屋多,场地大,最为适宜。

---

[1] 时作者正任教于此。

首次开会时,到者甚众,拥满励清堂,几无隙地。公举吴听胪[1]章琴若、郑粹甫为财政长,陈砚香、陈慕周、郑立三为总务,陈鲤庭为审判长,陈唯生为检察长,冯涤斋为警务长[2],章逸山为庶务会计长。其余各科职员百数十人,皆一时之选,纯尽义务。于是每天办公,按时签到,迄无缺席。

(三)彼时最棘手者是地方财政。金融机关已完全停顿,内外汇划不通,市上银元绝迹,仅有少数铜元、银角流通,维持零星买卖而已。纵有公共机关平时储存生息,到此时也是一概调拨不通。

(四)是年夏种期间,大雨大涝,为百年所未见。连天急雨,平地已水深数尺;加以水(山)洪暴发,从江阴三十三山上倾泻而下;更兼太湖之水涌来,无处宣泄;又适逢大汛,江潮汹涌,狂风巨浪,堤岸倾坍,陆地可以行舟,低区尽成泽国。灾民或升屋面,或登树顶,嗷嗷待哺,凄绝人寰。沿江一带,家具漂流,到处可见。迨旬余水退,灾民衣食俱无。巡视禾苗,既黄且腐,秋收已成绝望。于是地方人士倡办急赈,四出求捐。沪地同乡关怀桑梓,先认数,后集款,积成巨数汇到江阴。款到时适逢起义,一切光复用度,全借此周转,渡过难关。

(五)最难处理的是军事。江阴驻军多于别县,有江防,有要塞,有常驻的湘军。彼时之军饷已断,发饷之日期已届,军心浮动,军官彷徨,来告急于公团。公团之财长挺身而出,允许照发,不过期,不短数,于是各军皆大定,一切听命于公团。

---

[1] 吴听胪名增元,清贡生,辛亥革命前在江阴开办华澄布厂、利用丝厂等近代工业,任商会会长。

[2] 陈砚香和陈慕周都是前清举人。陈鲤庭原是清朝的京师地方审判长。冯涤斋原是清朝的湖北候补县丞。

（六）彼时省县学校，先后停课，旅外学生纷纷回来，倡议组织青年团，一呼百应，克日成团，分为四队，推举陈翰青、章朴人、王用宾、陈秋农分任队长，陈翰青任总队长[1]。并推薛晓升、章砚春任书记。由公团供膳宿，每天上操，有时出巡。夜间驻扎公团内，闻警即立刻驰往出事地点，不限区域，远至花山。此时敌我无标志，全借口令为区别，紧急时一日更换口令数次，不论机关民团巡警军队，一律听青年团口令。

（七）彼时各校学生之制服参差不齐，颜色各异，为了要整齐划一，议制团员制服。各居民踊跃认捐，集得数百十元。随即至天章绸布店半现半赊，购取布料。成衣店本无工作，遂昼夜赶制，遵期缴货。于是各团员形式整齐，精神百倍。

（八）每天上的是兵式操，没有枪械。向学校借用教育枪，不足资镇慑；向湘军借用，仅取到旧式废枪十三支。幸而党人打开上海制造局，由沙聪彝领到九响双筒后膛枪一百支、子弹一万发，雇专轮运至南门外码头。团员闻讯，跳跃前去，争先负归，有负得两支者，群称为"双枪将"。从此威振大江南北，靖江党人南来联络，遂援助他们光复靖江。

（九）同时，居民组织民团，四城内外分成八所，居民分班轮值，入夜即携械（旧式刀枪、棍子）襆被并各带煮粥米到所，由所内指定专人备灯火，设草铺，煮粥烹菜。团员一班出巡，一班休息，更番会哨，不论阴晴，自大街小巷以至荒郊，彻夜巡逻，从此宵小绝迹。

（一〇）彼时满清官吏尚未逃亡，有江阴县右堂（捕厅兼警务

---

[1]　陈翰青等都是江阴的学生，曾应征入新军，当时退伍在家。

长）项奉璋者,是日本留学生,见团员皆热烈激进,常来殷勤。待时机成熟,力劝慢慢来。团员中有知其与满人有密切关系,皆大忿,广为揭露。彼知众怒难犯,遂席卷所有,深夜逃亡。从此搬去绊脚石,光复遂进入坦途。

（一一）九月十七日,召集源得堂的印刷工人到公团内,一日一夜,印成巨幅告示。由军政会衔,将光复之办法通告人民。派专人送城区和各乡镇,在各街道各茶馆实贴。

（一二）另一部分是传单,用钢笔写蜡纸油印,晚间分给四城内外负责人,分投各居户门内。告以明晨江阴光复,各户须于大门外扯上白旗;炮台鸣礼炮二十一响,幸勿惊慌。

二、光复时

（一三）光复日的早晨,清理监狱,将罪犯枭首四名,枪决二名,系企图越狱逃亡之张得胜等六人。释放者有五六十人之多。

（一四）九月十八日,天气多云无雨。自街市以至僻巷,到处一片白旗,迎风招展,大小不等,小者仅尺,大者盈丈。路上行人稀少,回想到明末清初屠城之事,转觉悲痛凄凉。然公团青年团之团员,人人振奋,清晨即争先齐集。至午刻,列队由公团出发,军号前导,向东大街、东横街进发,经栖霞巷,至三公祠[1]。在这里全体肃立,向木主行礼,昭告明末死守孤城三公之灵曰:"我江阴人子子孙孙忍辱二百六十八年之久,至今日始复仇雪耻,还我河山。"雄壮之声,震天动地。礼成出祠,由大巷经南街、西横街出北

---

[1] 三公祠是纪念明末在江阴起兵抗清的阎应元等三人的祠宇。

城,经北大街至大教场少息。归队仍由北大街进,经西大街回至公团散队。道旁观众犹以为是何处开来的革命军队,讵知大多面熟,是伊谁弟兄,伊谁子侄,都是熟人,相与笑谈,喜形于色。乃始知革命之种子早广播于人间,故武汉一呼,全国响应,仅一两月之间,即实现处处革命,全国光复之丰功伟业,有由来矣!然是时张勋之辫子兵尚盘踞于南京,所以有人以为江阴光复太早。其实浙军已踏上沪宁线,粤军已由海道抵上海。我江阴为长江门户,江阴人不甘示弱,未肯后人。

(一五)组织民政部。当时,江阴人咸不愿自任民政长,乃相率代表十余人诣旧县署,请前江阴县知事刘黼臣(名敬焕)任民政长。经其反复考虑,应允暂任。遂每日上午来公团,傍晚返旧署,不出一个主张,每天依样画葫芦,无非署名画行而已。

(一六)组织军政部。由各军军官推举长江水师协镇刘廷柱(字虞苏)任军政长,江防营标统徐继斌副之。遇有军民两部相关事务,即来公团协商,双方水乳交融,毫无间言。

靖江光复的片断

黄印侯

【编者按】作者太仓人，少时寓居靖江，目击靖城光复，此系其回忆录，稿藏本系。

靖江为江阴对江一小县，旧属常州府管辖。清末知县官为冯璋。当光复前几天，靖城已现紧张状态，冯县官曾枪决狱犯一人，以示镇慑，人心更为惶惶。

光复时间约为农历九月。先一日，地方上有人渡江，闻系江阴已成立江（阴）靖（江）军政府，故到江阴接洽。遂有一批人同来，并无军队，市面商店照常开门，即聚集城中文庙前广场演说一番，传令大小店户统挂白旗。据说来时先有一批人入知县衙门，守卫或已接洽好，故广场演说后，立刻又集县衙大堂。冯知县袖缠白布臂章，偕同捕厅熊飞、粮厅某等僚属二三人，将大小印信一齐缴呈桌上。都没有难为他们。随即推举本地绅士西关小学校长姚东圃担任民政长，成立新政府。街市上张贴黄帝纪元年月日告示。当时有一卖五香豆的老年妇女口称"皇帝江山从此送掉"云云，曾被警察追捕，随即释放。地方上一无惊扰，人心大定。

无锡常熟江阴三县边区农民起义

回忆千人会起义

陆元同

【编者按】辛亥革命时期,在无锡、常熟、江阴三县边区,爆发了一次佃农暴动,即著名的"千人会起义"。陆元同,常熟人,教师,目击这次起义,现已故。本文是根据他生前口述的材料整理而成。

千人会起义是在1911年11月28日(即辛亥年十月初八)清晨,常熟军警下乡掩捕千人会领袖之一周天宝开始的。千人会组织的秘密酝酿,约在当年夏天大水之后,常熟低乡农民闹饥荒抢米的时候。也可能更早一些。

千人会活动的主要地区,是在无锡东北乡的怀上市、蠡润、戴店、黄土塘,江阴东南乡的北漍、顾山、长泾,无锡东乡的港下、陈墅,常熟西乡的王庄等地,方圆约有二十多里。

千人会的主要领导人,常熟境内有周天宝、杜海云等(都是农民),无锡境内有孙二、孙三(兄弟俩,农民兼裁缝)、樊文涛(是穷苦塾师)等,他们组织千人会的主要目的是要减轻地主对他们的压榨。

辛亥年七月,江南发生大水,常熟、无锡的低乡地区都闹饥荒，发生"抢米"风潮，其中以常熟的东唐市、冶塘为最甚。这时千人会就开始活动。武昌起义以后，千人会的公开行动渐多。他们在无锡港下镇的一所破庙里集会，提出的口号为减租。

农历十一月初，常熟地主纷纷开始收租，王庄附近群众要求减租的情绪也逐渐激昂起来，但还未有群众性的暴动。十月初八黎明前，常熟军警数十人在王庄西南乡掩捕了千人会领导人之一周天宝。农民群众奋起追赶，想救回周天宝。他们赶到王庄镇附近，遇到地主王某及程老敬等数人，携有快枪一支、鸟枪数支，正在田野打鸟。因为王某是当地乡董王品南之侄，程老敬是王品南之甥，农民本恨王品南，又见追不上常熟军警，因此临时改变主意，想把他们捉住作抵押品，用来赎回周天宝，当场捉得程老敬一人。

群众在愤激之下，当天捣毁王品南的住宅，又捣毁地主宋育才、宋齐生、须纪常等的住宅。初八、初九、初十等几天，有大队群众从无锡、江阴境内赶来。他们出有大字布告，列名者为都督孙二、孙三和军师樊文涛，主要内容是号召抗租。约在二三日之后，常熟首先派兵到来，带有一百多支枪，领头的是钱老三。他们在王庄东市梢任阳桥，向附近大松坟的集会群众开枪，群众即四散奔走，军警冲入市内，未有所获，仅在城隍庙内将庙祝唐三打死。后来江阴、无锡境内被捕去若干人。常熟的防务局长邹士熙，曾率队驻防王庄几个月之久。

我当时十一岁，在王品南家塾读书。十月初八那天早晨，我看见王品南的侄儿及一同学（周冕成，顾山人）慌慌张张地从外面跑进来，上闩关门。不久，外面人声鼎沸，农民群众破门而入，将王家所有房屋器具全部捣毁。这时王家的人全部逃脱，只有老师和我在内，千人会群众对我们毫无损害。下午，看见从江阴、无锡境内开来的穿短装的大队农民,持有刀枪、旗帜,旗帜上写着"仁义"二字(红旗白字),无迷信色彩。当时,王庄等地农民好拳棒,所以千人会中颇多拳棒教师。一二天后,王庄镇上的居民逐渐分散到乡里去,我也下乡去居住,常熟军警下乡镇压千人会的情形,则是听到的了。

常熟民政署报告

丁祖荫　编

【编者按】丁祖荫,字芝荪,常熟豪绅,光复后任常熟民政长,卸任时编印此书行世。这里选录的主要是有关镇压千人会起义的资料。原书为民国元年上海商务印书馆铅印本,常熟县图书馆藏。

来 令牍 事由

辛亥年九月

三十日　耿泾乡董呈请拨给枪弹。

辛亥年十月

初七日　县自治公所移请刊发催租告示照会。

初九日　梅李商会移请备文沪民政部照给枪弹。

十三日　耿泾乡董严绥呈请转移给发枪械。　城区自卫团东局呈请拨给枪械。

十六日　都督二十六号训令,据苏绅呈各善堂坐落各州县请饬发示谕收租。

二十一日　浒浦乡公里所呈复本区田亩本年统扯四成五

厘。 都督指令瞿启甲、李锺,准领枪支。

二十三日 防务局移复大义桥等处结团打刀已派弁查办,并送通告。

二十六日 苏州民政长移会据苏卫代表呈请转移出示催租。

辛亥年十一月

初一日 鹿苑乡公所呈请分给开办商民两团示谕。

初二日 太仓民政长移请出示催租。

初六日 都督电莠民持械抗租,应会同军队拿惩。 防务局移送严禁同盟抗租告示。

初七日 都督三百二十二号指令,追比佃租俟苏民政长呈复,核定通行。

初九日 都督电,王庄聚众违抗,准照军法从事。

初十日 无锡军政分府电复派兵弹压王庄扰乱。

十一日 都督电已饬江阴派兵弹压。 都督电已饬江阴、无锡派兵协办王庄乱事。 江阴民政长电已派兵协缉王庄乱民。

十二日 都督电王庄事已委张鹏来常查办。 防务局移送王庄乱已靖告示。 董沈乡公所呈请驱散灾民。

民国元年正月

初三日 都督四百六十七号指令,委任赖家祥监收忙漕。

初六日 都督二号府令,霸抗粮租,如持械抗拒,准用军律。 检察长移询枪毙王庄地保事。

十二日 都督电速解收起忙漕。

十四日 都督一百二十三号指令,会委呈报王庄抗租案犯枪毙,如呈办理。

十六日 太仓民政长移奉都督训令,各卫帮钱粮本年照旧征收,并请示谕催租。

二十三日　都督三百四十八号指令,不准免收米麦税。吴周泾乡董王庆升呈据公民王骏办团自卫,请转呈给示。

二十五日　商会移会,据米商周介昭呈请拨兵赴东兴沙拘提盗犯。

二十七日　梅李市董事彭邦俊呈报办团自卫,请立案。

二十八日　三塘乡公所呈请转移龚镇守官拨给枪弹。

三十日　江阴检察厅移请迎提缉获王庄案犯陆加元一名归案。

民国元年二月

初一日　江阴检察厅移交王庄滋事案犯。

初四日　都督指令,浒浦一带已行令福山镇守官就近派队前往防护。

初五日　自卫团西局函请备文向上海购枪。

初六日　吴周泾乡公所呈,王仁荣等组织民团,请给示。

十九日　(都督)一千零二十三号指令,严惩抗租要犯。

二十八日　江阴审判厅移提王庄案犯陆加元。

二十九日　太仓民政长移请饬追屯租。

民国元年三月

十七日　飞划营钟统领电知亲率师船赴常剿匪。

民国元年四月

初六日　耿泾乡乡董严绶呈请转移龚标统派兵驻王市弹压。

初九日　九十四号府令,责成董保,遇有巡营缉私,不准乡民阻挠。

民国元年五月

初九日　归感乡公所呈报散赈,请派枪船弹压。

十三日　唐市乡董嵇苣孙呈请严禁黑夜纵火。

十六日　都督电洋商赴常收茧,该邑共有茧市若干? 即日查明电复,以便派兵保护。

呈文通告照会批答事由

辛亥年九月

二十五日　知会飞划营夜往西塘桥弹压。

二十七日　呈吴淞军政府、沪军都督,保安团长程绍伊领枪。

二十八日　通告市乡遇有匪警通知本署代请福营弹压,并练团自卫,及宣讲改革宗旨。函龚镇守官,凡镇乡请兵须用自治名义,或由本署代请。　电龚镇守官请派兵来城弹压。

辛亥年十月[1]

初一日　塘桥乡、三塘乡、鹿苑乡、唐市乡请呈吴淞军政分府,购枪发给护照。　呈都督,请领前膛枪分给城镇乡团防。

初二日　呈吴淞军政府,鹿苑乡领枪,请给护照。

初三日　呈吴淞军政府,任阳镇领枪,请给护照。　电龚镇守,为黄冈一家被害事,请兵保护梅李。　晓谕各佃赶紧还租。

初四日　再晓谕各佃赶紧还租。　呈吴淞军政府,徐市黄炳元领枪,请给护照。

初五日　移龚镇守官,沙洲请领枪械并拨炮船保护。

初七日　梅李保卫团呈请备案。

---

[1]　原件误作"十一月"。

初八日　呈上海民政总长,南乡团防请给领枪护照。

初九日　呈上海民政总长李,代梅李商会领枪,请给护照。

初十日　移龚镇守官,鹿苑乡借给枪支。

十二日　呈上海民政总长李,浒浦、梅李孙志英等购办手枪,请给护照。

十三日　呈沪都督,东城乡请领枪弹。

十四日　照会沙洲钱名琛等,办团自卫。

十七日　移会检察长,大河陈文浩请缉盗匪。

十八日　呈沪都督,白茆冯华奎备价领枪。

二十日　呈吴淞军政府沪都督、民政总长,本署领枪,请发护照。示谕减成还租。　通告各业主减成收租。

二十五日　示谕各典,农民棉衣农具赎取让利。　示谕保护先生桥自卫团。

二十七日　批卫田户催租呈,查明田亩坐落。

二十八日　示谕卫田追租。

辛亥年十一月

初一日　示谕催租。　呈都督,请示提追抗欠租赋权限。　移送审判厅五二下图结盟抗租,地保请核办。

初二日　示喻保护鹿苑乡公所商民团。　呈都督,请示提追抗欠租赋办法。

初三日　电复都督,地税正在预备征收。

初六日　呈沪都督,东乡各区商民团购买枪械,请给护照。　移审判厅,讯押翁家庄庇佃保正。

初八日　电无锡民政长,协拿王庄抗租犯。　电都督,王庄抗租,毁王震球全家。

初九日　批浒浦汪鸿源开办民团呈,准给示备案。　电江阴民政长,北涠、黄家湾、许巷三处农民扰及常境。　电无锡民政长,协拿锡界乱民。

初十日　电无锡军政分府民政长,会拿王庄乱民。　电江阴民政长,会拿王庄乱民。　电请都督派兵解散乱民。　函苏州军政厅民政司派兵解散乱民。　示谕王庄一带农民缴出军械。

十一日　批王庄王震球(即缪)被莠民毁家掳人呈,移检察厅勘办。　批王庄宋毓才等莠民毁家掳人呈,移检察厅勘办。　电江阴民政长,协拿窜匿江境匪首。

十二日　示谕租子限于本月清偿。

民国元年正月

初一日　移防务局,董沈乡饥妪聚众滋扰,请前往梭巡。

初三日　批王元龄请究庇租保正呈,候移审判厅提究。　函请无锡民政长,协查王庄首要。　电请都督,暂留张委员办理催租。

初五日　电请苏提法司饬审判长会委严惩首犯周天宝。

初六日　电请民政司转商提法司电饬审判长移交周天宝。

初十日　照会练塘金玉振,传谕催租。　照会各营,奉都督谕饬遇有抗捕,出队弹压。

十二日　电请都督饬江阴查拿杨舍莠民。

十八日　呈报都督,遵电将抗租首犯照军律办理。

十九日　批白茆吕抢甲等自卫团备案呈,准备案。　批梅李邓同仁等追佃呈,已函知蓝委员就近押令清还。

二十二日　示禁漺上饥民成群索食。

二十五日　示禁莒里村饥民骚扰。　示禁苏家尖饥民骚扰。

二十八日　批三塘乡请移龚镇守官领枪呈,候移会。

三十日　移会江阴民政长,派警移解王庄案犯。

民国元年二月

初一日　示禁仇教。　移会防务局,转行都督电,应速办之犯,准就地处决。

初六日　批陈照敬请移缉王庄抗租拒捕案犯呈,候移会江阴民政长。　呈沪都督,请领项桥商民团购枪护照。

二十七日　通告转行都督指令,粮户逾限不纳,一体提追。

二十九日　照会市乡公所,调查低区饥民户口。

民国元年三月

初八日　移会江阴审判厅,照送王庄抗租案犯陆加元。

初九日　呈都督,具报移解陆加元归江阴审判厅讯办。

十一日　移会龚标统,请留兵防守沙洲。

民国元年四月

初九日　移龚标统,据耿泾乡董严绥请拨兵驻守。

十一日　通告沿海各口,奉都督令,严禁乡民昵比私枭。

十五日　谕禁新庄乡饥民索扰。

十七日　照会江阴民政长,请禁止杨舍等处饥民越境滋扰。

二十三日　批黄翁氏恶佃霸种呈,候饬追。

二十六日　照会近海各市乡公所,准盐捕营移,海口渔汛,私枭出入,派船分驻白茆、浒浦等处梭巡。

民国元年五月

初九日　批浦蓉控诉佃户钱巧大等要给稻种借端撬荒呈,候谕饬该图保正禁止,一面招佃承种,毋任荒废,退田纸发还。

三十日　照复塘桥乡公所议决,佃农承过田面由公所填给契据案,并出示。

民政长日记

丁祖荫

【编者按】作者任常熟民政长时,有日记若干册,其中有关于"千人会起义"的资料,可以补其他文献之阙。该书大部分由江苏省博物馆收藏,少数归本系。

民国元年七月三十日(六月十七日),批王震镠[1]控王庄暴动案犯杜海荣应照律惩治禀,呈悉,应据情移请检察厅核办。

七月三十一日(六月十八日),移检察厅,据王震镠禀,王庄抗租犯杜海荣不应保释。

八月二日(六月二十日),通告王庄等处,查缉外帮匪类。

八月三日(六月二十一日),移飞划营督队官,派船驱逐王庄等处外帮匪类。

---

[1] 王震镠即王品南,镠与"球"通。

附录：千人会起义调查记

祁龙威

【编者按】1960 年春，我系中国近代史乡土资料调查队到无锡、常熟、江阴三县调查千人会起义，走访了参加起义的老农民鱼景湖、周阿大和亲历这次起义的手工业工人周阿毛、赵金书等，同时搜集到不少当时的官方档案、私人专集、笔记、书札等，并看到某些珍贵的文物。作者依据这些资料，写成此文。

一、起义的社会根源

千人会起义的社会根源，是由于地主对农民进行残酷的经济剥削和政治压迫，农民生活不下去，被逼起而反抗。

在辛亥革命前夕，无锡、常熟、江阴三县的土地，绝大部分被一小撮地主所霸占，他们对广大农民进行着残酷的剥削。号称鱼米之乡的常熟，是有代表性的。当时常熟的耕地约有一百五十万亩，其中百分之六十掌握在一千多户的地主手中[1]，单是孙思敬、邵松年以及翁、庞、杨、蒋等几家官僚地主，即各霸占了几千亩甚

---

[1] 参据丁修《常昭合志》卷六《赋税志》和归炯闇等口述。归炯闇是世代干钱漕工作的。

至上万亩的土地[1]。常熟的地租率一般高达二分之一左右。年岁荒歉的时候,农民不得不把生产品的全部交给地主,而自己过着卖妻鬻子的生活。1904 年,西南乡练塘附近的农民,就因遭受残酷的封建剥削而致"伤亡过多,耕种人少"[2]。这样,就引起连绵不断的农民反抗地主的斗争。1900 年,即义和团运动高潮的那一年,常熟东乡的任阳农民"啸聚至数千人,巡抚发兵征之,始靖"。西乡"塌山民蒋松亭等纠千人夜半为盟",知县派兵掩捕蒋氏父子[3],镇压了这次农民暴动。农民反封建斗争的日益尖锐化,是辛亥革命前夕常熟局势的基本特点。

在辛亥革命爆发的前夜,苏南大水成灾。从当地父老的回忆录中,可以看到这次灾情的严重性。

> 1911 年(宣统三年辛亥)农历七月初旬,连下大雨三次,河水高涨,城内西门一带如九万圩、环秀弄、西仓前、虹桥下堂(塘)、西泾岸、荷香馆、方河池沿等地,水深及腹,可以行舟。四乡田禾被淹,东南低洼地区尽成泽国。[4]

当灾区农民陷于死亡边缘的时候,官绅地主却囤积大量粮食,居奇出售,更加重了农民的灾难,因而激起了农民的抢米风

---

[1] 据归炯闇等说,当时孙思敬霸占土地一万亩以上,周百忍堂和归义庄霸占土地也将近万亩,曾官河南学政的邵松年霸占三千多亩土地,这几家都是当时常熟的大地主。翁指大学士翁心存父子,庞指尚书庞钟璐父子,杨指太常寺卿杨泗孙兄弟,蒋指大学士蒋廷锡父子,都是清代常熟的巨绅。

[2] 《邵松年手札》原稿藏常熟县图书馆。

[3] 《金村小志》,金鹤冲撰。

[4] 常熟县政协编辑的《小掌故》第一辑。

潮。这次抢米风潮规模壮阔，像无锡甘露镇的"兜米[1]运动"，常熟农民分取邵松年、庞鸿书等官僚地主家里的囤米的斗争，都发展到和军队冲突的地步。

正在这时，辛亥革命爆发了。革命的发展异常迅速，在武昌起义后的一个月内，无锡、常熟、江阴先后光复。

无锡的民族工业比较发达，资产阶级的力量较强，以秦毓鎏为首的地主和资产阶级，用半硬半软的手段，向清朝官吏夺取了政权。

江阴的工商业次于无锡，但因它是个滨江的要塞，所以同盟会在这里的军队和知识分子中早已播下了革命的种子。他们和回来的旅外学生联合起来，推动当地的地主和资产阶级树起了响应革命的旗帜。

当时常熟还没有近代工业，资产阶级革命党的力量异常薄弱，看风使舵的地方绅士从保护身家性命出发，取得清朝官吏的默契，也挂上了象征"光复"的白旗。

光复后三县新政权的性质是有差别的。无锡、江阴是资产阶级和地主阶级的联合政权。官僚地主家庭出身的同盟会会员秦毓鎏是无锡军政分府的首脑，在他的左右也混进几个反革命的角色。江阴的实权落在地主兼资本家吴增元(听胪)的手中，革命党人不占重要地位，民政、军政两长还是由原任清朝的江阴文武官员连任。常熟的新政权操在绅士立宪派分子丁祖荫等之手，原任清朝的文武官员继续掌握着一部分实权。和同盟会有关系，表现比较激进的庞檗子，因主张蠲免租税和得罪了原来的清朝知县而

---

[1] 参据无锡过望春、常熟俞承枚口述。当地土语以衣裹米曰"兜米"。

被哄走。这里的政权依然是封建地主的政权。

尽管三县政权的性质略有差别,但是它们都是维护封建剥削敌视农民运动的。以下便是无锡地主资产阶级的自供:

> (秦)毓鎏曰……吾邑夙号繁富,地四通,椎埋不逞逋匿者什百,辄思窃发掠民货,不可不有以大畏其心。命倪国梁部所团民兵,吴浩、秦元钊募死士都四百人为守望队,巡行道路,用靖地方不轨。[1]

常熟地主在光复前所焦急的是"乡民相率抗租,秩序岌岌不可保"[2],他们费尽心机用全力来对付农民运动。有人大声呼叫:"宜自办团练,以上中社会人士组织之,决可自保。"

至于反清问题,根本不是出于他们的心愿。有个常熟地主写道:

> 昨晚士绅议决,以翁令为县长,邹士熙君为军事局长,丁芝荪为民政局长。今日各商家高揭白旗,有书"光复",有书"兴汉",有书"民国万岁",惟无"灭满"字样,可以见邑人(地主分子)之心理矣。[3]

无怪乎当地父老都说这里的革命是骗人的。

光复后的三县新政权都加强对农民的镇压。

---

[1] 钱基博:《无锡光复志·匡复篇》。

[2] 丁祖荫:《一行小集》"留别邑人士并简新任苏知事诗"自注。

[3] 《辛亥年杂录》,徐翰青著,稿本,常熟县图书馆藏。

无锡军政分府公开宣布："吾邑劫盗滋众,恣行无忌,本军政分府除暴安良,责无旁贷。"[1]

江阴军政分府以维持秩序为名,残酷地镇压了花山农民的伐木运动[2]。

常熟的城乡绅董纷纷组织团练,以维护自己压榨农民的特权。据《常熟民政署报告》,从辛亥年十月初一日至十一月初一日这一个月内,请领枪械弹药成立团防的乡镇,即有东乡的任阳、白茆、徐市、梅李、浒浦,南乡的耿泾,西乡的塘桥、三塘、鹿苑、唐市,北乡的沙洲市等处。

以上这些,反映出辛亥革命时期阶级斗争变化的一方面,即资产阶级地主阶级联合向农民进攻的方面。

另一方面,渴望摆脱封建枷锁的广大农民群众,把这次不彻底的资产阶级革命,误会是解放自己的机会。他们纷纷传说:"皇帝已经没有了,租米也可以不交了。"于是到处燃烧起农民反封建的火焰,如江阴苏士桥农民的火烧章义庄,无锡新安乡农民的捣毁张家仓房,常熟支塘和大义桥农民的抗租聚众,……此起彼应。

就在这时,波澜壮阔的千人会起义,在三县边区爆发了。

二、千人会的组织和起义经过

千人会起义发生在无锡、常熟、江阴三县的边区,并不是偶然

---

[1]《无锡光复志》。

[2] 据江阴郑志先口述。花山离江阴城不远,它的土地和树木都是被地主所霸占的。江阴光复后,农民以为封建秩序瓦解了,纷纷分取山上的树木,结果遭受江阴军政分府的残酷镇压。

的。因为这里在经济上是个富庶之区，在政治上是个反动统治的隙缝。这里的地主们对农民的剥削异常残酷，农民反抗地主的斗争也特别激烈。在解放前，这里的农民运动此仆彼起，从未停息，千人会起义是其中规模较大的一次。

促成千人会起义的原因之一是辛亥年的水灾，千人会的组织是和这次水灾同时发展起来。

千人会起义孕育在无锡、江阴境内，爆发在无锡、常熟交界处的王庄。

千人会的群众是农民，它的领导人也是贫苦农民及其知识分子，为当地劳动人民永远怀念的孙二、孙三、樊文涛等就是组织这次起义的最主要的人物。孙二、孙三兄弟俩都是贫苦农民兼做裁缝，好拳棒，冲锋打仗最勇敢，农民群众一致称他俩为"孙都督"。樊文涛是个贫农，兼做私塾教师，足智多谋，是千人会的军师。至今农民们还唱道："塘廊（地名）出个樊文涛，……"表示出对这个英雄的崇敬。以上三人都居住无锡境内。辛亥革命爆发的前后，他们在三县边区组织千人会。据参加起义的农民鱼景湖等说，孙二、孙三、樊文涛等在港下一个破庙里，邀集群众，宰猪喝血酒结盟。每人出酒饭钱三百文，写下姓名，就算参加了千人会。盟约的基本内容："同心抗租，临阵退缩者，当众处罚。"这也就是千人会的宗旨和纪律。

在三县光复前夜，千人会已经在无锡、江阴境内出现，辛亥革命加速了它的发展，和三县光复的同时，千人会发展到了常熟。三县边区方圆约二十里范围内的农民都纷纷参加了这个组织。

响应孙二、孙三、樊文涛的号召，而在常熟境内发展千人会的是王庄农民周天宝。他在王庄附近的苏庄聚众结盟，斗争的锋芒针对着王庄的一小撮恶霸地主。王庄乡董王品南,小名王小七,是这里一霸。地主兼开京货店的宋济生和官府勾勾搭搭,专门欺压农民。地主兼开南货店的宋昌先,为人阴险毒辣,常在幕后指点,人称"小扇子"。王庄最大的业户是无锡境内的须义庄,占有土地六七千亩,当家出头的叫须纪常,也是一条地头蛇。须家还有一个须寿芝,他不管年成丰歉,总是不折不扣地收租。农民群众恨他们入骨,所以千人会的锣声一响,都纷纷行动起来了。

千人会的抗租斗争,一开始还是用谈判的方式进行的。当时这里虽然遭受水灾,但因地势较高,还有一半收成。不过,封建魔鬼们的如意算盘已经打定,他们不问年成荒歉,须义庄开仓收租是按原额九折,其他地主起而效尤,一律规定九折收租,企图吞没农民的当年全部产品。所以千人会便起来领导农民要求减租。农民答应代地主缴付漕赋之外,再缴给地主少量地租,竟被狼心狗肺的地主拒绝,就激起了农民的怒火,他们明白,除了武装反抗之外,再也没有出路。

正当千人会准备武装抗租时,毒辣的地主们却先下手了。王品南和宋济生到常熟城里去报官,逮捕了地保沈效民,从他嘴里追击王庄千人会领导人的姓名。11月23日,周天宝在苏庄聚众结盟,27日夜,常熟的军警便偷偷地下乡掩捕了他。另一个农民首领杜海云闻讯出走,以后也落入魔掌。周天宝是个英勇顽强的人物,开始组织千人会时,就有自我牺牲的决心[1]。他的坚决态度

---

[1] 据王庄盛家桥的蔡老太说,她和周天宝是亲戚,在起事前她曾劝周天宝不要冒险,周天宝没有因此动摇。又据王庄的农民们说,起事时,周天宝宰猪歃血,猪不死,有人以为不祥,周天宝当众表示:"要死的话我先死。"可见他的决心。

激励了群众,群众也更加拥护他。反动派满以为逮捕了他,可以使千人会瓦解,想不到搬起石头打了自己的脚。为了援救周天宝,就在第二天的黎明,千人会发动了打王庄的斗争。

11月28日[1]清晨,王庄南面尤巷[2]一带响起了锣声,成千上万的农民拿着锄头、钉耙、鱼叉、鸟枪等武器奔向王庄,在路上他们活捉了王品南的外甥程老敬,把他扣留起来,准备换回周天宝。群众冲进王庄,王品南闻讯溜走,群众捣毁了他的住屋和家具。直打到中午,连宋济生开设的京货店和宋昌先开设的南货店也一起被踏烂了。来自无锡、江阴地区的千人会群众越来越多,旗帜鲜明,大书"千人大会""仁义农局"等字样。他们的队伍整齐,纪律严明,在王庄的城隍庙里组织了临时司令部,张贴起都督孙二、孙三和军师樊文涛三人联名的布告,宣布他们起义的主要目的是抗租。第二天,他们又捣毁了须义庄,须纪常躲到别处去了。这些胜利,把邻近地区的群众进一步发动和吸聚起来,把斗争推到了最高潮。

除了它的打击对象之外,千人会对任何人都是保护的,因而得到广大群众的拥护。王庄的手工业工人、贫苦知识分子、小商人都和千人会水乳交融,打成一片。像"铁匠娘舅"(群众这样称呼他)周阿毛为他们打刀,塾师董少堂为他们写文告。一般的地主也没有受到暴力的打击。恶霸须纪常的哥哥须纪棠,平时对农民不像须纪常那样厉害,千人会在打烂须纪常家的时候,没有触犯连墙隔壁的须纪棠家。

---

[1] 本文集编者按,千人会起义时间,当是"12月27日",祁先生在《书〈辛亥革命江苏地区史料〉后》一文中作了修正说明。

[2] 尤巷在王庄镇南约三里许,周天宝即居住这里。

千人会禁止抢夺财物,就是对他们所打击的几家恶霸地主的家财,也是分毫不取。

因此,千人会不仅有广大的农民做自己的基础,而且能够获得其他下层群众的同情和支持。这就更壮大了自己的力量和声势。

三、起义的失败

但是,千人会毕竟是农民群众自发性的组织,有着不可克服的弱点。第一,他们没有明确的政治目标,除了要求减租抗租之外,他们提不出更明确的反封建的纲领和口号。而且在他们之中,反封建的要求也是不一致的,有的主张抗租,有的主张减租,有的主张反霸斗争,有的还主张同地主谈判。第二,没有严密的组织,他们人数虽然众多,但行动极为散漫。第三,没有武器和战斗经验,孙二、孙三、樊文涛等虽然勇敢多谋,但毕竟未经行阵。所以当斗争发展到高潮,行将遭受敌人进攻时,千人会在政治上提不出进一步行动的口号,在军事上也没有严密的准备。这些弱点都被躲在附近的恶霸王品南等窥破了,他们就猖狂起来,发动反攻。

当时王品南等一方面派遣爪牙向农民说情,用释放周天宝的假话来欺骗农民,央求农民留下程老敬的狗命;一方面派人向常熟城里官方告急。须纪常也派人向无锡军政分府哭诉。两处军队都来了。常熟路近先到,领头的是杀人魔王、常熟的军警头目钱老三,他带了几条枪船抢到王庄的附近。接着秦毓鎏也派遣配备新式武器的"锡军"到达了离王庄不远的张泾桥。他们都害怕千人会的力量,不敢深入。直到宋济生送去情报,探明千人会确实没有枪炮之后,11月30日,钱老三才硬起头皮冲进了王庄。千人会领袖们听到消息，毫不惧怯，准备迎敌，但是已经措手不及。没有临阵经验的群众在敌人的枪弹下纷乱起来，少数人因此死伤，敌人遂乘隙攻入。王庄的街道狭窄，无险可守，孙二、孙三、樊文涛等立即率众向无锡境内撤退。接着无锡军队也侵入王庄，江阴也派兵助阵，大肆搜杀。无恶不作的地主豪绅们杀害了周天宝，追捕孙二、孙三、樊文涛等千人会的领袖，并驻兵王庄两个多月，抢掠农民财物，淫辱妇女，犯下了滔天的罪行。

尽管敌人如此残酷，农民群众始终没有屈服。敌人追问被捕的农民说："你们的领头人是孙二、孙三、樊文涛吗？"群众说："不错，我们初二初三掼糯稻。"用这样巧妙的回答来掩护千人会的领导人。铁匠周阿毛拒绝为敌人制造枪刀，敌人也无可奈何。在群众掩护下，孙二、孙三、樊文涛始终没有被捕。

经过千人会起义的打击，当地地主被迫减租，这是千人会斗争的结果。

太仓州

太仓县临时民政署大事录

徐福墉

【编者按】作者太仓人，曾任职太仓民政署，为太仓光复的当事人之一。此系其遗稿，藏其婿汪绍楣处。

一、光复原起

黄帝纪元四千六百零九年八月十九日，民军起义于武昌，围督署，克省城。翌日，渡江徇汉阳，下之。附近郡县，群起响应，浃辰之间，军威大振，是为缔造民国之基址。维我苏省，开化较早，风声所播，热忱之士，群谋所以达改革之希望，而人民免罹兵火，四出驰说，事机渐熟。九月十三日，上海通商大埠首先光复。十四日，前清江苏巡抚今江苏都督程公雪楼召集政学军商各界会议于抚署，万众一心，公举程公为江苏大都督，脱离满清政府，宣告独立，分电所属府厅州县一律悬挂白旗，保安地方，维持秩序，是为全省光复之先声。维时太仓州知州为湖南赵谨琪，镇洋县知县为安徽胡位周。赵履任未旬日，视地方情形如隔十重云雾。胡则纯厚谨愿，仓猝应变，实非所长。奉督电后，仅会地方人士，臂缠白布，巡行街市一周，四城门高树白旗，以示上台命令，业已奉行之意。此外地方之如何保安,秩序之如何维持,距实行光复期前后不过三日,一切未见有所设施。会沪军政府、吴淞军政府先后派遣军队分赴各县,驰令扫除旧时政府,以换新机(关)。十八日下午四时,吴淞军五十人先至,整队于南关入,分据州、县衙署,擎枪鹄立,意在开弹轰署,一壮声威。当由地方人士告以赵、胡二君业已赞同民军,并无违抗。乃仅令将前清印信当众交出,胡县令稍有迟疑,几至受窘。十九日上午,淞军队官开大会于明伦堂,询问保安地方,维持秩序之办法。议甫定,忽有沪军三十人自嘉定猝至。沪军之初至也,一时居民大滋疑骇,甚且有真革命假革命之谣。泊在事人员与其队官语谈,始知彼此未及接洽,致出两歧。时公民之赴宝稼堂会议者不下二三百人,当请沪军队官将淞沪两军联络一气之意对众宣布,并声明昨日公推之行政人员,沪军亦无异议,群言始息。其时赵州牧、胡县令尚未让出衙署,暂假旧时州、县议事会为临时办公处。风声鹤唳,一夕数惊,幸赖民商志愿各团昼夜梭巡[1],并酌留淞军二十人暂资防堵,地方得以安谧云。

---

[1] 汪绍楣笔述:"辛亥革命,上海首先响应,太城谣言四起,人心惶惶。当地热心人士为维持地方计,倡议筹组志愿团,经州县批准,在八九月间,东西志愿团相继成立,凡本地士商子弟都可自愿参加,自膳无饷,全为桑梓服务。东志愿团推选钱复孙为团长,赁痘司堂街(今樊泾村)马公祠为团址。西志愿团推选钱君石为团长,团址在隆福寺西首(今红旗化工厂)。各拥有团员二十余人,各有前膛枪近十支,辅以猎枪。西志愿团有太平军所遗留的土炮一尊。日夜梭巡,可谓匕鬯无惊,市肆不扰。迨公共民团裁撤后,呈准民政长洪锡范以民团枪支补给,换去猎枪,充厚实力。1913年冬,以团员日渐见少,地方安靖如常,因之停办。"

二、临时机关之始末

民政署临时机关自光复之际迄正式受任，前后八阅月，其间未任职员，划分权限，编制规则，去取吏胥，以及省会谋统一而更张，办事因经验而调剂，手续几经递演迭进，乃有此今日粗具之规模。撮其纲要，大别可分为四：一、名称之更变也。裁并同城州县之议，创自前清，官场积习相沿，迄未实践。光复之际，统合二州县而为一机关，九月二十日电告都督，二十三日奉发民政长委任状，称曰"太镇"。旋奉颁暂行地方制，凡地方旧称为州者曰州，由都督换给委任状并发印信一颗，改称太仓州。十月间，苏省临时省议会开会，重申裁并州县之议，并裁道、府、直隶州、厅，各县民政长直接都督。民国元年正月，由都督公布议案，重颁印信，由是我邑名称始确定曰"太仓县"。二、各课之区分也。光复之初，地方推举民政、财政、司法三长办事，权限不清，紊于乱丝。民政首创分课治事之说，假定秘书、总务、警务、学务、交涉五课。洎奉颁暂行地方制各县事宜，除司法独立外，一切统于民政，遵制取消财政，并裁秘书、交涉，增设劝业、主计、典狱三课。后劝业改称实业，审、检两厅成立，典狱直隶司法。于是合署办事机关共分为五：一曰总务，二曰警务，三曰学务，四曰实业，五曰主计。三、佐治职员之遴委也。暂行地方制称各佐治职由民政长量授申报都督。九月二十九日，民政长呈报课长洪保婴等六人，施（旋）奉核准，分别委任。既钱绥檠辞职，典狱并入司法，略有更调。其他各科员大半光复时入署，然其间延聘而未至者有之；应聘而中止者有之；中途特聘者亦有之。今列课长、课员表各一于后[1]。课长分第一次委任、第二次更调二格。课员以最后在署者为断。其初，自民长以下均尽义务，迨省会议决行政经费，民国元年始一律开支薪水。四、旧时书吏之裁留也。前清衙署案牍悉掌于吏胥，衣食于兹者倚为窟穴，猝遇改命，群吏恐遭淘汰，开会集议，签名画押，相戒一律不入民署办公，以为挟制。会民署招善书者二人入内供缮写，若辈群起与难，声势汹涌。嗣经议决，除征收吏照常任事外，旧时两署所有卯名之书吏一律报名投考，合格者各别录用，否则量予津贴，俾令自谋生计，惟既给津贴仍应负保存案卷之责。因于某月某日命题考验，录取司书生二十名，由民政、司法两署各分半任用。于是各书吏得有依归，而两署案牍亦不致散失无考云。以上四者，为临时机关组织之大端。维我太仓，僻处海滨，风俗朴厚。去年之光复，尤可谓匕鬯无惊，市肆不扰。然即此前后八阅月之经历，由事后而追维往者，觉其中层累曲折之致，亦有足资考镜者。濡笔至此，不禁叹改革之良非易事也！

三、军事司令部

太仓光复之初，苏、淞、常一带虽次第响应，而京口、秣陵尚在负固。战事方始，群谣朋兴，内地土匪伏莽骤脱羁轭，亦有乘机煽动之势，众情汹惧，寝馈鲜宁。九月二十六日，由民政长发起，开会于明伦堂，征集公民意见，推举堪胜军事之人。当经公推顾遵儒为军事长，毕树藩副之。顾君任上海工程局及自来水公司事

---

[1] 原稿附表已缺。

宜，是否担任，未能确定，而事机甚迫，又不克久持，公决顾君如果辞谢，应以毕君推升。星夜特派专员赴申敦请，翌日顾君归，声言桑梓之事，知无不言，言无不尽，惟沪事正在吃紧，名义断难兼任。当照议案以毕君电达苏督，十月五日奉指令准改为暂充军事司令以资统辖，颁到委任状一件。遵即转送并将创设之公共民团移交接办，所有酌留吴淞军二十人亦暂归驱遣，假旧县署东偏房屋为办公处，分科治事，井井有条，悉心防堵，地方安靖，民署人员得一意办理行政者，维军事之有专责是赖。嗣以经费未定，呈请都督于正饷项下支拨，未蒙允准。县议会开临时会，续请列入预算，又遭指驳。防务未可偶弛，经济无从筹措，此事正在为难，会和议告成，南北统一，毕司令体念地方筹款之艰，爰于民国元年二月呈请都督取消，并将各项文件移交民署缴销。当军事部之初议组织也，上海、吴淞两军政府均拟设分府于太仓，迭派专员来太商榷。顾我邑旧时习惯隶属苏省，民政委任既归苏督，军政事宜似未便两可游移，致贻一国三公之悔，爰于来使以礼答谢，一切命令维苏督是从云。

四、公共民团

武汉倡义，风动全国，强者幸机会之可乘，群谋响应；弱者虑无辜之被扰，冀保身家。时太仓适值二州县议会开会之期，议员及地方公民纷纷以办团请。紧急动议决由各区量力创办，以资保卫。嗣苏抚程亦电饬各属办团，当由州县议会正副议长、参事会参事员商请前州牧赵、县令胡，准将禁烟罚款洋一千五百元有奇，拨作办团经费。延李君式敷为团长，定额六十名，分行招募。办理粗有就绪,已值光复,由临时民政署接办,一切照旧。后军事司令部成立,李团长就参谋之任,当将民团事宜移交司令部经理,毕司令兼任团长。民国元年正月,司令部以经费支绌,仍将团事移还,由民政长直接管辖。查是项民团除开办经费外,每月需五百余元,前奉拨之禁烟罚款早经告罄,统由行政费项下筹拨。省会规定行政费后,开支无着,曾照会议参事会,决议均已无款可筹复,因于元年三月筹发各团息饷一期,并给奖单,一律撤销云。

太仓光复记闻

杨克斋

【编者按】作者太仓人，目击太仓光复，此系其回忆录，稿藏太仓县政协。

自甲午后，鉴于清政腐败，外患日亟，太仓早有俞剑华、闻天裔、张跻强、金皥民等参加孙中山先生主持的同盟会，集合同志，建立革命基础。光绪卅一年，乡人陆增炜自京回，持同乡陆宝忠、唐文治等公函，动议地方自治。同时汪曾武亦由京约同许沐镲、钱诗桢回乡，招顾思义、钱诗棣等在义仓先设清理公所，接着组织会议公所。宣统元年，省议会成立，本县选定洪锡范为省谘议，陆祖馨、许铭范为省议员。宣统二年，城自治公所暨各乡自治公所先后设立。辛亥年六月，州县自治成立，组织议事会，选出洪保婴为议长，杨麟为副议长，吴诗永、徐福墉为参事员，王纯祜等为议员，朱钦奭为主计委员，朱树谟为学务委员，胡佑之为庶务委员。

八月，武昌起义。九月，苏抚程德全、上海陈其美一致响应。程组苏军都督府于苏州，陈组沪军都督府于上海。十六日，太仓全城竖白旗，表示光复。时知州赵景琦新到仅五日，所有印信案卷原封未动，清交甚速。知县胡位周迂儒观望，在署前所扯白旗上尚写"奉宪独立"字样。经人明白晓谕，方才交清手续。随即公推洪锡范为临时民政长（后由省令改为县知事）。民政署即用旧州署。镇洋县裁并入州，太仓州改为太仓县。署内分设六科：总务（洪保婴为科长）、财政（蒋汝坊为科长）、司法（钟以庄为科长，旋改许文菁）、警务（杨瑛为科长）、教育（蒋乃曾为科长）、实业（钱泰阶为科长，旋改钱诵棻）。军政府独立（在旧镇洋县署，毕树藩为司令）。九月十六一昼夜间，部署粗定，翌日即有苏军开到，乡人金侠闻、王萃岳同来，以苏军常驻扎在下津桥，与二农校近邻，金王皆在农校任事，故与相熟，遂为向导。又有沪军同时来太，系朱星六领队，有陈石鲸同来。两军并到，致有误会，由洪锡范推诚调解，始告无事。

辛亥记事诗二首

汪曾荫

【编者按】作者亲历太仓光复，此系其遗作，从中可以看出当时的一些社会情况。原载《鲍庵诗剩》卷二，民国十九年铅印本，太仓县文化馆藏。

换新契验税新旧田房文契也。

换新契，杜朦蔽，不论前朝与今世，寸田片瓦皆须税。盈廷桑孔为国计，自谓取于民有制，准产估值以百例，抽九抽五抽一分次第。忆昔荆公新法为民厉，青苗创行元气旋凋敝，古人虐政今有继，且较宋代尤苛细。遐想唐虞际，臣邻竞献替，上自神农伏羲暨黄帝，岂无田庐祖宗相嬗递，若必令民一一输泉币，吾恐共欢苗鲧借口相排挤，空言垂裳恭己安有济。我方纵论客旁睨，为道尔何发狂呓？方今当国聪且睿，必有后命资调剂。尔舌可扪尔口闭，慎勿多言干咎戾。君不见东邻西舍声气吞，催租官符又到门。

催宿租追征辛亥上忙条漕也。

催宿租，严追呼，县官昨夜飞朱符，云是来索前代逋新租。勉纳民已痛,安有余力供征输? 官曰三吴财赋区,厥土上上皆膏腴,尔民收获多黍稌,倍征奚至膏血枯? 新朝气象百弊无,惟有租赋难蠲除。大府火急筹军需,哓哓抗诉胡为乎? 多言尔且罹罪辜,即不笞杖亦牵拘。小民畏法长叹吁,痛深不觉涕泪濡。贫家典鬻无金珠,筐箧倾倒搜衣襦,筋疲力竭口莫糊,有田难耕任秽芜。东南积困何时苏? 噫吁嘻! 下民饮泣长官笑,鹤章飞下书上考。

通州

南通光复记

费范九

【编者按】关于南通光复,向无专门记载。本文作者目击当时情状,所记比较真切。原稿藏南通市政协。

宣统三年辛亥八月十九日,武昌爆发了革命。南通时称通州,僻处江北,仅相隔一个月,到九月十八日[1]便举起义旗,宣告独立,与满清政府脱离关系。此举在南通不是偶然的,有内部酝酿的因素;有外部推动的力量,因时结合,成此局势。最主要的,如南通沿江一带田地崩坍,地方人士发起筑楗保坍运动,需银五十万两,两江总督端方在任时曾帮助计划进行。端方去任,张人骏继任总督,一反其所为,请拨官款补助不许,请介绍银行借款又不许,文电往返,积稿盈尺,人民愤怒,认为官厅不恤人民疾苦。近城各学校学生,平时看报纸杂志,受新说鼓吹启发,有羡慕外国立宪的,有主张排满革命的,总之思想已波动了。工商业受苛捐杂税的压榨,厘捐关税以外,各行各业担负重重,表面按营业大小逐月核派,实际

_____

[1] 按郭孝成:《江苏光复纪事》谓:南通光复在辛亥九月十六日(见中国史学会编:《辛亥革命》第七册,第20页),此云十八日,相差两天。《通州财政处说略》及张謇:《啬翁自订年谱》均作"十八日"。

经办的人上下其手，徇私舞弊，极不公平，工商业者怨恨极了，大骂亡国政府，且有附会《推背图》、"黄檗诗"各种谶言，以决定清朝必然覆灭。这种种内在原因，譬如积薪厝火，一触即发。适外部推动的力量，乘时而至，上海光复军特派许宏恩来通和地方人士接洽，策划光复南通大计[1]。许宏恩曾任狼山右营游击，熟悉地方情况，与张詧、孙宝书[2]等素有交际。约定九月十八日乘军舰到通，宣布独立。至期，孙宝书率领地方商学代表和师范、中学、城北高小各校学生数百人赴芦泾港迎接，有一部分学生荷枪而往。傍晚，上海光复军乘钧和兵舰和广艇两只到来，兵舰司令台瞭望岸上列队荷枪之人均无白布臂章，疑有变化，将开炮示威。孙宝书见舰上炮位移动，亟将白色手绢向舰艇挥舞，并传令学生赶紧套上预发的白布臂章，举手表示欢迎，舰上始释疑。许宏恩同随员冯亚雄、张仁第、丁雨田、伍炳书、邵新豫、刘春林、刘国宝、萧正安及福山江防营三十七人、革命军五人乘广艇登陆，由西门进城。沿途商店居户都在门口悬挂白旗，并写"光复大汉""还我河山"等标语张贴通衢。地方秩序如常，毫无惊扰。先至狼山镇署大堂，许宏恩发表演说，申明汉族光复大义，萧正安推翻旧公案，举指挥刀猛劈截其一角，高喊独立口号，出示安民。狼山镇总兵张士翰初颇倔强，经孙宝书、宝珩兄弟邀约至家相劝，请其归顺，离开镇署，免使地方遭受损失。当送给廉饷八百余元，回籍川资三百元，悄然他去。其实张士翰平时任用私人，极为部下所反对，没有兵勇为之效力，即不去亦无作用，故许宏恩来时，顺利无阻。旋至通、崇、海、泰总商会开

---

[1] 据蔡观明等老人说，南通光复前，张謇正在家里，曾派退伍军人严甸南到吴淞与光复军接洽，许宏恩之来是张謇预先安排好的。

[2] 张詧是张謇的胞兄，孙宝书时为南通中学堂监督，都是当地的豪绅。

地方大会,组织军政分府,举张謇为总司令,许宏恩为军政长,孙宝书为民政长,张有埰为司法长,刘桂馨为财政长。宣布本年民地、沙地、灶地田赋钱粮一律豁免不征。旧州署监狱内所拘禁的已判罪未判罪男女犯人,除杀人犯外,一律释放回家。接收裕宁官银钱局驻通分局,得现款二万八千多元,又续收帐款二万三千多元。组织"中央队"[1],购置新式军器,专负警卫责任。光复时,军政分府所难应付的系财政问题。开支以军费为最大:"中央队"用了三万五千六百多元,"江防水师"步队营用了六万四千一百多元,"通海保卫水陆军"用了三万二千七百多元,狼山旧营用了一万一千八百多元,还协助镇军都督军饷五千元。其他民政、司法、财务各费不过支用一万元上下。其收入仍靠征收钱粮、征收花布厘捐和接收裕宁局官款为大宗,不足再劝募私人捐款,随时填补。张謇于民国元年五月自请解除总司令职务,取消军政分府。许宏恩至辛亥十月奉省令改为狼山镇守官,民国元年三月又改编为江防内洋水师第一协第二标统带官,二年七月又改编为江苏水警第一厅第一专署长,三年三月交卸。孙宝书任职不久,军政分府撤销后,民政长由张謇担任,后改称县知事,即由省委田宝荣任职。张有埰原为知州,表示赞成光复,所以被举任司法长,至民国元年十月撤销,省令设地方审判厅,委胡炳益任职。刘桂馨管理财政,至民国元年五月与张謇同时解职。南通人在光复时除少数顽固分子外,对革命都表示拥护,不过这一场革命只做到推倒清朝为止,而社会上一切压迫剥削腐朽的制度仍旧未变,人民依然忍受痛苦。仅仅剪去发辫,不戴顶拖翎、穿袍套,废除跪拜礼,聊以一新耳目而已。

---

[1] "中央队"由商团扩充而成,是当时南通豪绅富商的武装力量。

通州总司令处布告

《民立报》

【编者按】辛亥九月二十七日《民立报》发表通州总司令处布告三件，从中可以看出以张謇为代表的南通绅商对辛亥革命的消极态度。报纸现存上海徐家汇藏书楼。

通州总司令处布告父老文

敬布者：自与邑中父老昆弟以苏都督之指挥，宣布共和。鄙人德薄能鲜，辱荷推举，暂膺司令。受任以来，早夜惶惧，深虑无以慰我邑中父老昆弟之付托，而坐获大戾，显倍群情。用敢团集地方同志，相与辅佐进行，共同担任，要以竭尽心力，保卫全体为唯一之义务。唯是时势艰危，责任重大，利害所系，经纬万端。伏愿邦人君子，共存振扶同病之心，以表休戚相关之谊。凡在今日亟应进行之事，我同胞皆有参议之权，幸各竭诚相告，合力图成。警同舟共命之危，集众志成城之体，具绝大之实力，矢无上之真诚，其庶可以收共和之效，而谋群治之方欤！勉思良图，愿闻谠议，此则鄙人所对于地方付托之重，而具有无穷之祷望者也。唯冀我邑中父老昆弟鉴怜而教许之。谨布。

通州总司令处布告军士文

粤自我苏省宣布共和，凡在同胞，罔不景附，此千载一时之盛举也。鄙人德薄智浅,谬膺司令之职,对于我全体军士,愧不能身先起义,共尝艰辛,早夜彷徨,徒以滋愧。唯冀我全体军士,共念地方安危之重,益敦兄弟手足之情,勠力同心,以尽同胞之义务,而图大局之和平,此固爱国男儿之责任,文明华胄之光荣也。披肝沥胆,愿与我同胞全体军士共勉之。

通州总司令处布告职员文

敬布者:地方宣布共和,同志皆负责任,进行之事,毋虑万端,安危之机,乃在今日。鄙人无状,谬膺司令,受乡党付托之重,赖同胞辅助之功,敢不竭尽心力,勉为其难。唯自惭材智薄弱,惧滋疏懈,仍愿诸君子不惮繁重,合力维持,相与协商前进,共图治安。毋存私见,而陷旧社会之网罗;幸参群谋,而造新共和之世界。合众志以成城,救同胞于沸鼎。此则鄙人之所日夕祷望者也。此粤布。

通邑光复纪念歌

佚 名

【编者按】此系南通光复时学生中歌唱的短阕,不辨作者姓名。兹据当地父老所记诵的歌词,录入本书。

其 一

琅峰矗立江之浒, 反正开先路。

腥风血雨久模糊, 快献升平赋。

回头追忆进行初, 莫负流光度。

大家努力向前途, 整顿旧黄图。

其 二

控扼地呈灵, 芙蓉五朵青, 大家努力大功竟。

群魔一扫清, 首倡诸州应, 今朝快谱升平咏。

家家列炬明, 户户悬旗庆, 如霆如雷如日星。

愿我新国民, 祝我新学生, 亿万万年流芳馨。

回忆丝鱼港风潮

费范九

【编者按】南通光复后，由于豪绅富商加紧对人民压榨，激起了丝鱼港农民的反抗，结果被镇压。本文记载这次风潮的经过，原稿藏南通市政协。

先是，芦泾港保圩会倡筑榪之说，丝鱼港一带亦苦江坍为患，其地江锬、汤书堂、左茂林等人谋附入筑榪案内，合力进行。先议筹集榪费，分直接受益和间接受益田亩，摊认捐数。江边向上三里为直接受益田亩，每亩每年认费四元；再向上为间接受益田亩，每亩每年认费二元，业佃各半担任，预定二十年限期。此议传布，业佃均反抗。其地林门田产较多，反对最烈。又崔西林在五接桥设一公所，以讲演自治法制为名，每日受理居民纠纷事件，借收双方助款，接济公所开支，等于衙门，乡民受其压榨，非常怨恨。于是在民国元年夏间，郑建荣（又名朱天荣）、夏昆五[1]、林九等要约乡民，按圩拔夫起义，就林门的住宅为大本营。仿照通城光复名义，郑建荣自称为总司令，夏昆五为军政长，林门为财政长。郑建荣曾入过红帮，扬言徐宝山将派军队来助战。夏昆五刚由征兵退

---

[1] 夏昆五，亦作"夏昆武"。

伍,具有军事知识,苦无军械,搜得旧土炮充数。通城得信,由军政分府特派习艮枢、邵銮前往劝谕解释,江铰等以为乡民愚弱,断不能成事,轻轻粉饰过去。但乡民日夜铸武器,多系大刀标枪之类,沿港小铁店忙得不得了。军政分府派了中央队一二十人暂驻五接桥,遥示镇慑。林九立集乡民数百人示威,正督队过丝鱼港大桥,左宏馥恐发生冲突,赤膊跪桥上拦阻,林九大怒,举刀劈死左宏馥,掷尸港内。中央队以人数太少,来时又未奉令作战,立即拔队回城。乡民得势,首先烧毁五接桥公所,然后分头打毁汤书堂、江铰、崔西林各住宅,以泄愤恨。翌日,中央队来了两大排,发生战斗,攻破林门的住宅,死伤多人。林门住宅四周本筑有土城,安设土炮,乃土炮燃火不着,传系内部包文彩变节,潜将卤水灌湿火药所致。郑建荣、夏昆五、林九等人泅水突围远扬。中央队在战斗时,一面传集圩总、甲长,宣布永远不收保坍费。业佃闻说不收保坍费,认为主要的目的已达到,渐渐停止斗争。林门后为亲戚所卖,获送民政署审讯,被置极刑。郑建荣、夏昆五、林九皆不知去向,从未回乡露面。

丝鱼港民变记闻

《通报》

【编者按】《通报》,民国元年南通发行,管劲丞先生藏有散叶。这里辑录的是关于丝鱼港民变的报道。

会衔呈报剿散枭匪之公文

为呈报事:南通县筑堤保圩,迭经地方各法团详定规则,先后禀呈立案,由前民政长监督进行。旋于本月二十六、七等日,访有丝鱼港私枭首领朱天荣及退伍兵夏昆武、莠民林门、张庆等借端煽惑,号召乡民以不愿筑堤,纠众抵抗,并设立"自由择君保安会"名目,在该港私制刀械,肆意招摇。除由前民政长出示解散外,并电请饬江防水陆营派兵拘拿各在案。兹将此案办理原委情形谨为大都督条晰陈之。查通县江岸保圩会于前清宣统三年三月由圩岸最剧之任家港、姚港、芦泾港、天生港四港人民公同组织,并推举职员,条订简章,专以联络各法团保全江圩为宗旨。本年六月二十五日,该会集合四港人民在庙港事务所开会,讨论借款筑楗问题。当有本县平潮镇区所之丝鱼港、捕鱼港、大小李家港各董来会,声称该港近年以来圩势亦烈,请求加入保圩会,并愿自往各港演说劝导人民,以期一致进行。此丝鱼港、捕鱼港、大小李家港各董加入保圩会之情形也。嗣后该处人民实未能尽情明了。而于保(坍)会原订章程亦多误会。如任、姚四港田数与担任年息之数约计为每亩认银一两,而彼处乡民则误以为每亩须捐四五元。任、姚四港原议为筑堤之后,另开四闸泄水,正筹费建设,彼处乡民误以为筑堤之后,各支港永久闭塞,内水无从疏通。又任、姚四港所用田基,每亩实给洋六十元,而彼处乡民则误以为筑堤之田并不给价。又任、姚四港堤工,本系每方给工价洋三角六分,而彼处乡民则误以为各认田段,亦不给价。虽经迭次出示通告,而乡民惑于谣言,执迷不悟。此丝鱼港、捕鱼港、大小李家港各乡民先自误会之情形也。丝鱼港居本县之西北,地势稍僻,盐枭私贩大半出没其间。朱天荣本为贩私首领,久踞该港,声气颇通。光复以后,禁盐之令加严,而朱天荣遂与夏昆武、林门、张庆等乘机煽惑,鼓动乡愚,既立保安会名目以为纠聚党徒之计,又复私装刀械以为威吓抵抗之谋,从而和之者更有寿原圩之黄禄寿、夹塘圩之叶雨、万耳圩之徐道元,皆以乡愚无知被其指使,此丝鱼港盐枭朱天荣组织保安会,主动肇事之情形也。七月二十日,有乡民一千余人,各持短叉或木制棍棒等物,在大李港之天后宫内烧香一次,有人向之询问,皆以防护盗贼结合青苗会为词。嗣又有乡民五千余人,各持刀叉及三角式小红旗,至该处龙王庙烧香一次。先是,各处多贴有保安会定期聚众之广告,其措词之荒谬,有"自由择善"及"自由择君"等名称。惟两次烧香,对于地方经过之人及事外之居民尚无暴动情事,此乡民烧香之情形也。前民政长得信后,立即派员会同平潮镇自治公所职员前往大李家港,邀集耆民,将该圩人民各种误会之原因分别解释,切实劝导,并携去简明告示二百余张分贴各处,借资解散。七月三十日,复由前民政长亲赴庙港召集该处董事开会,讨论公议。会同统带暂派水师营巡船两只分驻各港，责令加意防范。平潮镇自治公所亦同日集议，分送白话传单，并派员前往解劝，为直接维持之计。乃朱天荣等怙恶不悛，意在要挟贩私。（未完）（壬子年七月初十日）

会衔呈报剿散枭匪之公文（续）

八月初二日，胆敢捣毁西被小学校及港董左茂林、郭长生住宅数处，支解左董之父左沐霖，扰乱治安，居民惊避。标统由城派往弹压之步队，是日十一时就李港地段与朱匪迎面，奋击毙匪一人，擒匪苗二、夏俊生、李占魁三人，获械十余件，解送来城，由司法长收押讯究。午后步队拔回平潮镇，正拟择要驻扎，探得西南乡集众数千人麇集云台山一路，仍由队管带何占鳌前往镇慑。不料乡众首先开铳伤及步队一人，随放排枪还击，毙匪七人，匪始退散。初三日，分投发贴白话告示，意在严拿首要，解散胁从。而朱匪等拒不解散，复号召数千人大肆披猖，沿家焚劫，捣毁港董江铣、崔西庚、汤书堂住宅数处，惨杀汤书堂之媳及江铣之兄全家多命，实属惨无人理。自五接桥至丝鱼港一带，均为匪徒盘踞，司法长无从往勘。初四日，续派兵队分路前进，何管带奋勇前敌，直捣匪窝，尚冀该匪等望风解散，讵匪等连发枪炮，四面迎击，至阵亡副目一人，受伤四人。该管带遂发令开枪猛扑，伤毙多匪，夺获土炮刀械多件。匪窝满贮子药，适触飞弹焚毁。其后路接应之中央队，被伏匪四面环攻，亦经冲围毙匪而散。连日所毙之匪，其尸身未被党徒拖去者，由公家随时殓理。节经勘江支电陈明　钧鉴，并奉电令严剿遵办。前蒙电行章统制由福山调来步兵两队，暂驻通城西厢，借壮声势。此迭次解散无效，不得已相机进剿之情形也。伏查土匪盐枭原系乌合之众，但此次肇乱情形，至敢焚劫居民，戕董毁学，轰击军队，以至地方异常扰乱。现在被胁乡民虽已渐次归农，首要尚未就获，党徒虽各奔窜，聚散正复无常。除仍饬军队严加防范，务期消灭无形，并悬赏格分饬兵役严密缉拿朱天荣、夏昆武、林门、张庆四犯，务获惩办，俾得歼厥巨魁，肃清余孽。一面撰拟示文，派员演讲。筹备善后方法，调查各董损失财产数目，并将苗二、夏俊生、李占魁押候复讯，照律判拟，另行呈报外，所有此案肇事缘由并办理情形及会讯苗二等供词，理合录折，先行具呈　大都督鉴赐指令，遵照办理，实为公便。（壬子年七月十三日）

西乡乱事摭谈（二）[1]

民政处前派差查收西乡匪田产，仅及朱、林二犯，不究余党，具有慎刑之意。乃朱匪之妻雇集蛮妇数十人，盘踞田间，每人允给日工二角，将稻穗尽行割去，寄顿如境扇面圩某亲戚家。差役畏其凶焰，不敢封田，免得一场娘子军之恶职[2]，否则锣声又起，乱端又作矣。林匪田禾由圩总开导，面允给予家属若干，幸未出头抗阻。闻匪首财产无多，朱之眷属既持蛮免其没收，恐将来赔偿实数，不及损失者千分之一也。（壬子年八月初二日）

西乡乱事摭谈（三）

自朱匪肇事后，风声鹤唳，时有所闻。日前云台山地方突有二人手持快枪，箕踞木堆之旁，居民讶其来历不明，当报告本镇两汛官前往盘诘。乃两汛官尚未回镇，又有一操海门土音之男子强向某董家借宿，语言极支离，情形更觉慌恐。后经各法团再三探问，始知一则为缉私之炮勇，一则为避债之荡夫，现一律驱遣出境

---

[1]《西乡乱事摭谈》（一）已缺。

[2] 此处疑有误字。

矣。(壬子年八月初九日)

招买没收之匪产

西乡土匪朱天荣、林门等纠众作乱,该地受损颇甚,匪首所遗产业,自应没收变价,酌赔被害各家。刻闻民政长派员查明朱、林等匪田产数目,出示招买,均照时值八折计算,由县给予执业印据,以昭信用。计开:朱匪田产 补课圩沙田十二亩;林匪田产 河口两市粮田共计一万五千步,又三区灰川沙套圩一千二百五十步,崔马圩底面沙田四亩五分,大汐港兜包湾沙田二亩,芦小圩后口底面田八亩,戴小圩北边口尾段田三亩,响沙福成六、七、八、十等圩租田十八亩,粮田二十五亩,海坝底面沙田一亩五分;张匪田产 福成九圩沙田五亩,张小圩前后四十亩。(壬子年八月二十三日)

如皋光复之回忆

黄七五

【编者按】作者如皋人，中国同盟会会员，武昌起义后，在如皋响应革命。本文原载 1956 年 11 月 16 日《新华日报》，原题为《重提旧事话当年》。

公元 1911 年 10 月 10 日，就是农历辛亥年八月十九日，武昌起义的信息传到如皋，没有十天，各省响应的风声络绎不断，革命高潮犹如排山倒海之势。其时我正在如皋，这里其他参加同盟会的人还没有听说过，叫我一个人如何发动，我就和沙士度、吴元如、周梦吾等几个至（挚）友磋商起来，决定由我先将前清的翰林沙元炳说服，他是如皋的巨绅，他肯跟着我们走，诸事就容易就范。我期望他把当地"缉私营"拉过来，防止它对我们不利。我又策动他自愿出面担当大事，不要被动，受人挟制。他那时也顺应大势，一一地接受，并且都圆满地完成了一切应办的任务。

缉私营的武器不足，我建议筹款购买枪械子弹，增募新兵，以充实力量。沙也即允向南通大生纱厂在上海的帐房借款三万元。我拿了他的信，星夜赶到上海，与大生厂帐房商洽，同时由日本商人手中购买了三八式步枪三百支、手枪十支、子弹数万发。很快的时间，安全运回如皋。这样，我被大家推为司令，又招募了一营人,兵员都从退伍军人和旧日警察中所挑选,因为全是熟手,组织训练比较便利。如皋和南通是痛痒相关的,我又做了外交人员,把两地关系一齐搞好,减去许多顾虑。

11月初旬,我们听说孙中山先生从国外回到了上海,可能被推选为大总统,我们亦就动员全县换了旗子,成立民政分府,推沙元炳为民政长,出示安民,如皋全县各地就宣告光复了。中山先生在南京就任临时大总统时,我还以同盟会员的名义,发了一个致敬的贺电。等到他让位给袁世凯,离宁北上,我们这段响应的事实才告结束。

掘港光复记

管劲丞

【编者按】掘港镇，今如东县人民政府所在地，清末属如皋县。作者为掘港光复的当事人之一，本文系其回忆录。

辛亥革命时，我正在掘港家里，亲历当地光复经过。

掘港是现在如东县治所在地，在南通东北，水路一百二十里；旱路九十里，靠近东海。明朝抗倭斗争时，是海防要地之一。

这里的土地分灶地和民地两种：范公堤之外是灶地；之内是民地。除产盐外，农业、渔业和商业都很发达。掘港的盐店林立，规模较大的有吉兴、聚兴两家，较早些有怀义。

在清代，掘港属如皋县，设官分治，有管理盐场的场司；管理民政的主簿；统带绿营的都司，称"掘港三堂官"。光复前，场司是张百均，主簿是廖纬笙，都司是徐长胜。当地的地主商人一般有钱无势。天主教会的权势很大，神父、教民作威作福，谁都怕碰上他们。有一个缉私营的士兵，爬进掘港天主堂，折了一支荷兰，立刻被捉住毒打，并押交缉私营。该营的军官不得不惩办这个士兵了事。

辛亥前一年，我十四岁，略通文理，偶尔阅读上海来的《民立报》《时报》《申报》《汇报》等，开始了解清朝官场的腐朽和受到革命宣传的影响。《民立报》的言论最为激烈,记得当清朝皇族内阁成立时,《民立报》曾以"新内阁还是老庆"为题进行抨击。当时掘港订阅报纸的人还很少,只有一个姓胡的日本留学生家——他家是胡家园的有名地主,他兄弟是法政学堂毕业生——订了两份报纸。胡家园在掘港西数里,邮政局不直接送去,要等胡家自取,所以常把这两份报纸拆开来看看,因此有人趁着去看。等到发生川路事件,更引起了看报者的注意。从此,邮政局成为一些知识分子谈论时局的中心。我是经常到此看报的一个,开始关心政治。1911 年 10 月武昌起义,各省独立等消息都通过报纸传到掘港。大家都急于打听通州消息。在 11 月中旬,传说通州即将宣布独立,便有几个青年活动分子往通州察看和联系。不久,我从邮局里看到他们写回来的信,知道通州也光复了。大概也在这当儿,那所谓三堂官听到消息都走了。都司和主簿跑到通州去;场司跑往石港,分别向自己的上司讨主意。从这时起,掘港的清朝统治就瓦解了。

当时,地方绅商抱两种态度:年老的怕事,等待如皋动静,不敢出头;年轻的想搞光复,就往通州接洽,可是人不多,也没有组织。通州方面还是照顾到管辖关系,没有主动派人来光复掘港。如果有人来,这里的绅商也欢迎。他们想从此把掘港脱离如皋,改隶通州。因为,掘港的棉花纱布都要经通州销售,还有几个掘港人在通州大生纱厂做高级职员,两地的经济关系比较密切。

隔了两天,通州回来了两个人,也可以说是派来的,原来还是这里的主簿和都司。一个被委为民政员;一个被委为军政员。他们在西方寺召集绅商开会,准备由他们宣布光复。我年龄很小,当然不在被邀之列。但事先得到消息,特地跑去看看,也就自动入座旁观。参加会议的共二十余人，主要是当地的一些董事，较新的人有举人赵宗忭、叶永勤、谢晴江等。会议结果实际上倒是由叶永勤操纵。当二堂官进入会场时，赵宗忭突然起立，高声喊道："噢，我们的前清长官来了！"二堂官都失色。一时会场上意见纷歧，有的同意这两个清朝的官吏继续做这里的长官；有人表示反对。站在反对方面的人，本占少数，但在理论上有压倒多数的力量。二堂官一时进退狼狈。叶永勤于是婉请他们暂时回避，让大家商量。大家在那二人退出后，议论了一番，反对者发言多；同意者开口少。叶再度提出由各人自己表明态度，他执笔在签名簿上一一记下来。拥护二堂官的就写"稳健"二字；反对的就写"激烈"二字。叶永勤最后看到双方的人数几乎相等，自己便写上"激烈"二字，"激烈派"便占了多数。主簿和都司被赶跑，场司也不敢再来了，缉私营已经离去，这里的清朝统治机构便没有了。

过了几天，掘港举行光复大会，成立民政署（也许称分署），推举举人金圻为民政员。下属总务、警卫、学务等课。总务课员老绅士郭煐，警卫课员叶永勤。这个组织的主要人物是叶永勤。他本身是文人，他家上代经营钱业，他办过收购棉花的"公益公司"，和当地大商人很接近，要算是掘港商人的代言人。

我以"商学团"成员的身份参加这次大会，并代表致颂词。"商学团"是在西方寺会议以后成立的。因为当时的秩序不稳定，吕四等地发生盗劫事件，通师等学校就让学生回家，保卫家乡，并借给枪支。掘港的"商学团"就以通师和如师的回乡学生为核心所组成的，还有一些地主商人的子弟参加在内。叶永勤和谢晴江的儿子也是其中之一。我们常和赵、叶、谢诸人有联系，"商学团"受他们一定的影响。

民政署成立后，又成立议会。我们大都未曾达到选民年龄，因而只能出来做助选活动。结果是进步分子都当选，而多数仍然是旧绅士。担任议长的是曾任甘泉县教谕的杨庆霖。此人很狡猾，当地人都怕他。

光复的那一天，掘港有一些居民要求日用品平价。当风头初起，商人是忍痛平价的。只不过半天工夫便有素号强梁的出面坚决反对。结果，仅仅实行了半天。

掘港的社会秩序稳定下来了。有些人对旧绅士所组织的新政权不满意，写联语讽刺各课组织。例如对总务课云："总而言之，吃酒赌钱真本事；务专力也，抽捐放粥好生涯"（联语顶上嵌的字表明所讽刺的对象）。

民国元年正月，"商学团"成员中的一部分学生，组成"共和演说会"，发行《共和演说报》，我是参加者之一。对地方上的行政措施进行抨击。记得有一次发表一则新闻的标题是"站床岗的巡士，拖辫子的议员"（一巡士与某民妇通奸，被人绑于床架）。《共和演说报》的经费除会费以外，请过议会补贴。因此有的议员说："拿钱可以，不能说'不道德'的话。"就是指报纸讽刺了他们。二次革命失败后，议会解散，经费无着，反袁的《共和演说报》也就停办了。

海门光复简介

《民立报》

【编者按】海门光复,向无专门记载,本文载辛亥九月二十八日《民立报》,原题为《海门独立之笑史》。

海门夙有安乐乡之名,故洪杨之事,南省几遍,唯我海门未臻,盖海门可传檄而定焉。今之独立,人人心理中早已赋就思想,快乐敢为。乃有人恐权势旁落,偏欲染指于鼎,令人闻之喷饭。其事发点于十四日茅汇如(上海大生轮局帐房)返海,议员沈臧寿趋而谋所以独立之方法。是以茅同凌怡六奔赴沪上,刊军政分府印,缮写告示,并以十元买得沪南制造局张总办车夫某(拖包车),作敢死团。身穿蓝白长衫号衣,两袋塞报纸伪为炸弹,诳借沿巷哨船刀枪二车,于二十日直入厅署,将仪堂上印架桌肩舆捣毁。迫入厅丞梁孝熊内室索印,并强削其辫而出。授印于沈臧寿,命为民政长。寿长揖后,拍手欢(迎)之。喊酒于得胜馆(真得胜),邀齐群绅,揖之上座。席间,寿言:“非如斯手段,不得达此目的。”是晚,即揭伪军政府告示,沈(议员)遂纵敢死团而逸。二十一日,自治群绅知事不佳,专使驰通州狼营而言曰:“狼山镇岁食海门兵田粮四千金,此次内乱,乞同革军队来援(按狼山早已光复)。”讵通仅派四十名老将,于二十二日下午到署,有一领袖演说。由自治所赏犒兵士广菜八席云。按伪革命发生后,人心惶惑,(盗)贼蜂起,四乡不靖,官吏无法治之权,人民无告诉之所,真暗无天日也。

二十三日下午,海门各区议员集议,选举长官,严禁旁听。兹得确实消息,录之如左:

> 司令长赵(水陆师提督),民政长梁孝熊(佐治部、饷械部、学务部、庶务部、侦测部),司法长周锡绶(监狱部、巡警部),财政长龚世清(书记部、会计部)。

镇江府

江左用兵记(一)

林述庆

【编者按】林述庆,字颂亭,福建人,清末为新军第九镇中下级军官,受赵声等影响,倾向革命,武昌起义后,他奉中部同盟会总部密令与李竟成等光复镇江,被举为镇军都督。光复南京之役,镇军力战有功,林述庆就职江宁都督,旋改任北伐军总司令。南北议和,北伐流产,林述庆被迫交出兵柄,到北京做"寓公",后被袁世凯用鸩酒毒死。《江左用兵记》是他的遗稿,详记光复镇江、南京和北伐等颠末,原载《江苏革命博物馆月刊》,这是镇江光复的部分。

起事远因

乙巳之春,余由福州来江宁,欲觅二三同志,谋恢(复)祖国之事。久之得赵君声(伯先)、柏君文蔚(烈武)、林君之夏(凉生)、伍君崇仁(寿卿),联合军队将校数十人,设革命机关支部于江宁,使卢君镜寰与孙逸仙先生互通消息。规划方始,而端方来江南,极力破坏。适萍乡事起,檄同人赴剿,余与伯先、凉生谋借赣防起事,留烈武为内应。事稍世,端方捕党人急,由是伯先走粤,烈武度辽，凉生暗被端方箝束，余留萍乡半载仅获免。厥后烈武无耗，伯先在粤所谋多不遂。己酉冬，伯先以事得旋镇江，遂来江宁，约同志十余人痛饮青溪卢君沼田家。翌早，伯先别去，慨然曰："成败不可知，吾到粤，仍尽力，所能为者当为之。此间同志惟君与凉生数人在耳！无论如何艰危，君等必不可去。"此后得伯先书曰："时至矣，将有所为。"未几，以元旦事败闻。嗣复得书曰："谋再大举。"而三月廿九恶耗又至。余惟隐自心伤而已。及秋，铁路国有事起，蜀谋独立，武汉首发难，沿江人心骚然欲动，余誓以此时雪祖仇，报死友，于是乎有规复镇江，招回海军，攻克江宁之举。

规复镇江始末（附海军反正）

当武昌起事，传闻于镇江，远近大震。余于萍乡之役，由三十三标调至三十四标。己酉十一月，复调赴三十六标。时初由江阴移营到镇，遂集所部，戒勿妄动，盖营中官长目兵相处久，深明大义，知余或有所图，盖余常购各种报章，使各标营官长饱阅以审时局也。

（八月）二十二日，徐统制亲来镇江，集两标将校正目于三十五标第一营将校讲堂演说，并令目兵削牍以记，择尤呈镇。又传各队裨校以次坐，逐一细询，谈毕，遂返宁。

是时人方讳言革命，虽明知大义所在，顾皆虑祸，无敢先试。凡军中一举一动俱有宁侦，偶疏漏，祸不旋踵而至，故人人皆有箝口结舌之势。余只暗中联络各官长，不使志懈，万不能明目张胆，为所欲为，至细察营中将校志趣最大者，必示以意旨，使助余所为。

余审察镇江新军可用，但不知宁垣实情若何？

二十四日，余兄瑞亭函问凉生。函中云："时局至此，公自计若何？为国计若何？并吾应何以为计？乞详示。此间颇安静，然可为也。"

二十五日得复函云："于某日在上海决定。"遂定期赴上海，一面筹镇江响应方法。

当时镇江穆都统旗防，计步兵千五百名、山炮一营、机关炮四尊、马三百余匹。武汉事起，陆续调巡防队千五百名，所有枪械子弹极足，日夜戒严，四出梭巡。加以有人与穆都统结为弟兄，保新军无他，且举家迁徙统署为质，嗣因穆无眷，别寓城内。时象山、焦山各炮台亦非常警备。

镇江情形既如上述。新军兵力三十五标三营、三十六标两营，计五营。子弹亦万颗。旗兵傍晚将过山炮八尊、机关炮四尊分置南门城上一带，防新军动时，开炮轰击。自是兵心摇动，夜不敢眠，纷议他徙，一夕数惊。时各营管带明雨林、章祖衡、端木璜生皆主极力维持，不使暴动。

二十六日赴上海，在车适遇凉生，相见慰极，遂询江宁近状。凉生云："当武汉起事，同志多谋响应，南京下，则大局可定，奈其中主者多方防维，无隙可乘。顷在宁同志，激烈者皆驰武汉，宁军将校联络将近百名，中有一马队队官邱镐，系将校全体代表，已被斥撤，亦奔武昌去矣。将校团体已涣散，目兵却联合多数，可动矣。因缺一指挥官，无人担任，欲举伍君崇仁，伍未允，遂搁置。前日，陈君其美英士赴十七协统领孙铭私宅，正色告之曰：'我布置均妥善，惟缺一指挥官，欲君任之，不知吾友欲作张彪乎？欲作黎元洪乎？'且叮咛云：'我素与君相狎，有时谑君，但今日语语皆非戏言，请君速决！'孙良久曰：'我亦不作黎元洪，亦不作张彪,君等盍公举凉生乎？'英士见其如此,遂辞去。究之宁军将校目兵诚可用,惟缺子弹。前曾向某商定购二十万,后经知渊携至伍营试用,知不合膛,现正着急,不可不设法再筹也。"晚间到上海,乘人力车同至泰安栈少息,后同出晚膳毕,凉生曰:"上海觅友难,可先至三山会馆访潘君祖彝(训初)。"盖黄君兴、赵君声组织南部机关,专联络两广、闽、浙举事,及三月二十九日事发。六月间,谭君人凤来上海组织中部,联络沿江各省,其中分为五部:曰文事,宋君教仁主之;曰财政,潘君训初主之;曰交通,谭君人凤主之;曰会计,杨君谱笙主之;曰庶务,陈君其美主之。晤潘,询武汉现状与发起详情,并招徕海军方法。训初云:"汉口机关部原有文学社、群学社,系胡君英、孙君武组织。七月中旬,派居正、杨玉如二君来上海接洽,并购军械数千元、由杨君玉如运赴湖北,居正则专候宋君教仁同往主持一切。及路潮起,川民独宣告独立,满廷调鄂兵西上,留而未发者多不直满政府所为。该处机关部中人因而鼓煽益力,军心大摇,风声虑泄,定八月十五日起事。密电上海,时中部方筹计联络湖南、湖北、安徽、江苏同时并举,遂电阻之。乃瑞澂大索党人,事益急,各标营恐株累,遂激成此举。当日事出仓卒,秩序极乱,推黎元洪为都督,与张勋(彪)兵开仗,初战甚危。武昌孤城新破坏,后方一无所有,兵士战至未刻,大饥无所得食。适居民进食者络绎于道,各兵得食,精神奋发,鼓勇而进,遂大捷。乘胜渡江,西卷汉阳,北扼夏口,兵力渐厚。但初成军,恐无实在战斗力。闻湖南亦得手,且驰到一协协助,前敌大概可自立矣。惟海军数次在彼轰击,最足危惧,因无人往游说,故今日毛君仲劳将往招徕,不知可得手否？诚得兵舰一艘,由蕲黄下驶九江,则长江两岸皆我有矣。昨日有一柏姓者由此去宁,不知能得手否? 克强昨日赴汉阳矣。"谈次,夜已深,遂同宿客栈。翌日黎明,早车回镇。

先是,余以新军在镇,只步兵五营,且少子弹,不敢敷衍。兵三千余名[1],巡防队千余名,又各要害炮台已为所防,轻动虑蹉跌。巡防营素未通问,游说颇难。有刘君国标者,系三十四标队官。二十五日来访余,因谓之曰:"汉口革军势甚猛烈,吾所部新军未免兵力(心)摇动,必有响应之一日。若暴动,余当避于尊处,幸勿弃我。"刘曰:"时势至此,吾意革军若到,顺之为是。"余疑其为穆都统调(诇)我,再自掩饰。嗣察其诚,遂与约云:"君试就巡防队细察兵力若何? 可用者实有若干?"刘诺而去。

二十七日,余由上海旋,适遇刘君,云:"防营受我联络已逾六百人,其余正陆续设法。"余遂回营,始知本日孙铭奉徐统制命令特来演说,余到,孙已回宁矣。晚间至寓,内子及舍妹见余神色,似知余数日所为者,相对默然良久。余曰:"今武昌革命,势将牵动南京,家属在此非计也。余拟后日遣眷回闽,君等可速检点什物以备。"内子不答,察其意,似已有定见。余又敦逼之。内子曰:"此处无甚危险,可不必离。"余曰:"今镇江全城居民迁徙一空,南门一带,安居者只我一家。我营中事多,安能顾及,不如归去为得。"答曰:"君自今日始,不必回寓,只算眷已回闽可也。"余妹在旁附和,坚以不回闽为是。余又略谈此次革命关系,且述三月二十九闽人在粤死难惨状,并欲达吾志。内子曰:"如此,则眷尤不必回,天下未有不惨死而能动人者!"余笑谓曰:"今日乃革命成功时代,若余此次举事,固不得死; 即死矣,今日文明世界,君亦无

---

[1] 此语疑有脱字。

相殉理，仍以回闽为得计。"日施敦逼，初七日行。

二十八至初三日，余俱联络巡防队及各炮台，约初七日与巡防队各管带在江边第一楼集议。炮台除台官顾臧外，无不愿为余用，心为一快。盖巡防队，余欲用以保持租界治安，保护铁路车站，兼防失业机匠抢劫。开放东门、南门，分拾道府及穆都统等诸满官，并夺取旗兵山炮、机关炮。炮台专令炮击旗营各任务。余计步队五营，不足攻城，且小炮、机关炮皆我军所无，许巡防队目兵起事时令夺炮或机关炮一尊者，赏一千元。初四日，余以初到，实地上形势全未谙悉，若就图上研究，一旦作战，虑有谬误。故于是晨伪为土人，信步游行旗界旗署旗营，侦察甚周。当过旗营时，颇迷所往，询一旗人，谓欲到南门当向何路？答曰："当由原路折回，可得大路，否则进行愈远，为路愈迂。"余以欲侦察旗营，故应之曰："余闲游者，不畏远。"遂直入。见旗兵一队荷枪整列出营门。余行次值一小山，山上一小庙，旁卫兵数人在焉。余趋上以问某旗人语问之，卫兵曰："此处不能行。"余故为不解。附近有儿童数辈随余。余攀登小庙侧，俯窥旗营动静，缘庙后，至城上，徐测形势，遂由南门返。到营即铺图，请刘君成来，闭户告以实在地势之筹划。

初五日，余以镇江一旦开战，张勋必率众来援，就防御镇江论，极少须守高资附近，势将稳固。是早，欲侦察高资地形，未果。午间，遣易赞仁、臧在新二君至京岘山一带侦察地形，并就近考察象山、焦山各炮台射击是否确有效力。盖镇江西北门外属各国租界，恐扰乱致起交涉，若闭西北门攻东南门，可免横生干涉。故余（于）东南门外地形极其注意，且令巡防队于起事时闭塞西北门，不使一人阑出。余于镇江全股作战计划详列如左：

新军

集全力于京岘山附近，攻东南门。

巡防队

保持租界治安，严防失业机匠作乱，分防宁沪铁路，并在城内为内应。

炮台

炮击都统署旗营，补新军不足。

初六日，林君知渊来营，并携其兄凉生手函如左：

颂亭足下：事急矣！当决则决，不可犹豫失机。其详由家弟面述。

知渊言："得上海消息，冯国璋由秦皇岛用兵舰运军队入长江，上驶湖北。若镇江举事，可由炮台毁其舰，否则大为危险。明日陈君子范、江君道祺自上海运银一万五千元，并具文告偕敢死队四十名挟炸弹来，君以为何如？"余沉思良久，答云："敌情果如此，则余冒险为之，否则稍缓。余于巡防队虽与联络，火候犹未到，明日不克与巡防各管带直接联合。旗兵力厚如彼，万一偾败，岂不大误！且南京尚未动，余本意俟南京响应，即以军队属之，不必吾尸其名。"知渊以为然，遂别。当知渊来时，标中将校目兵多拟余为主动者，余以遁辞讳饰之。

初七日，余于窗中见一人乘人力车直达门首，似闽人访余者，命护兵引上楼，与语，知为江君道祺。余告以为难情形，约午后二时半在江边第一楼商量，从缓。入城将访江君，途遇章君祖衡，云孙铭在十八协候余。至则孙铭谓余："汉口闻已克复，不日革党悉平。我们军队须以镇静处之。吾今来此无他，看杜统领病，并抚慰士心。"复邀余至岭南春同膳，余谢之。遂往寻江君。见城内纷纷迁徙，道路拥塞异常，心甚恻然。至第一楼，时刻已过，江君尚未到，疑错误。询店东，此间尚有第一楼否？答有一客栈名第一楼。余乘舆往，亦不见。复至第一楼。良久，江君到，遂与密谈。少顷，一蓬发少年入，余心知即知渊所云陈君子范，见时神色匆遽，谓余曰："本日快车中，载决死队数百人炸弹四十箱旗帜告示若干，今晚务即破坏。且上海各报遍载镇江已克复，似不能不攘臂起也。"余思准备未完，若破坏，必不成。遂云："时机未至，今早万不可行。"陈云："我急搭火车到常州截止。若可行，君电上海，云'镇江安'，我再来。"余云："如此甚好。"遂云。去后，江君云："此君急进派，激烈太甚，今日火车中决死队炸弹无如此多也。诸事君善为之。"是晚，即于第一楼与巡防队管带张振发等接洽甚欢。

初八日，三十三标队官陈君登云来营，欲将其亲戚附余眷回闽，并询余筹武汉起事举动。余力言："此次革命必成，最好各省能早响应。"余问江宁军队状况，答云："各将校目兵心甚踊跃，惟统制统领防备甚严，近日统制特传见各营标队官，相议移往秣陵关，不知何意？"余云："实告君，余于八年前已入党，今正在此设法响应，若此时机再失，君（终）无成事之日矣！君在宁，从中好为之。"并告以余近日布置大略与党人在宁所施种种方法。陈君曰："甚怪知渊何以屡到寿卿处，今日始恍然也！"余屡作书介绍于知渊，使相助为理。陈君为余十年前旧友，纯厚亦有干才，平日沉重，不轻发言，故知之者少。

初九日，三十五标第五（三）营左队排长黄邦佐家忽为旗人某排长搜获炸弹手枪，欲驰报都统，全标鼎沸，目兵纷纷散出。章管带祖衡会同端木管带璜生、明管带羽林密议将全营分驻各处，避暴动，行李已上船。时余正与刘国标接商巡防队炮台及昨晚张勋开来两营扎甘露寺事,刘受意行,未几复回云:"三十五标竟开差他去矣!"余讶之,盖在镇新军只五营,若开去三营,事必不成。急驰赴三十五标,见目兵行李堆舍外。余直入第三营本部,谓端木璜生曰:"今日何人命令开差?"答为发现炸弹事。余曰:"开差费出何处?值此兵心摇动,万一开出致溃,咎将谁属?"端木意动,谓开差非我意,系三管带议决。余遂请章、明二管带,告以种种不可散离利害,章、明意亦动,立令停止。余言时,有队官葛应龙力赞余说甚是,余因与密谈。章云:"实告君,吾非畏死而不明大义者,倘事可为,吾亦为之,但不愿受无知识人指挥。"余曰:"勿虑,今革党遍地,我多相识,事既如此,明日入党,为新军通消息,则暴动可免。"章然之。三十五标开差虽停,然经此风潮,兵心大动,目兵惧旗兵炮击,不敢回宿者不少。

余于镇江起事,雅不愿居名,意俟南京先劫,然后以镇军应之。辄至南京,多方鼓动,俱未成,焦急万状。适三十六标教练官潘志岵告余,有亲眷某能邀张季直、汤蛰仙辈共出。适潘回上海,遂托致意,如有成效即函知接洽。后托江苏谘议员黄君炎培来营,言上海制造局提调李君平书,渠可介绍。余前在上海与凉生、训初筹取制造局,计无所出。今汉阳兵工厂已为我有,若再得沪局,即北军命脉断矣。遂约初十晚十二时在上海时报馆三层楼接议。下午,送江君上火军,途遇知渊,云:"南京消息大好!"因火车时迫,只言张人骏、徐绍桢、孙铭、沈同午(第九镇正参谋)均已赞成,不日开议,出城重编行伍举行,每兵发子弹一百五十颗。余详函在营。回营阅函,略云:"徐经陶宾甫游说,已允许。今日孙铭、沈同午、伍崇仁、柏文蔚开秘密会议,每兵子弹百五十发,出城即重编队伍攻城,此一说极可靠。又杨日成(两江军事幕府)游说张人骏已成,但此说未必实云云。"

此数日中,军心大摇。时时谣传:或云江宁已动;或云旗人将先发制人;或云革党多数已伏镇江城内,新军全体骚动。余再四维持之。本营将校目兵皆喻余意,而虑(卢)祥麟、臧在新、易赞仁知余计划颇悉。余以对目兵演说,大概听长官命令,不可妄动。旗兵断不敢无故开衅。对各同事言亦类是,并请其协同动作。惟与刘君成研究种种办法。

初十日乘火车赴上海,觅训初不得,到时报馆,觅黄君炎培,谈良久,训初亦至。黄君云:"汉口闻有失败说,又清廷下罪己之诏,皆足碍进行。"余使训初与黄接洽制造局事毕,同至浴堂计划镇江事,并嘱此后不可遣人来镇煽动,万一目兵热度过高,暴动,反有碍。又前次所言游说海军,余已派员往,不知招徕得到否?且云:"余明日赴苏游说,若南京动,宁苏同时可以光复。"又告训初云:"余奔走半月,大约时机成熟。起事时,余决不愿尸名,将来若由上海填文告,万不可以余姓名加入。"谈毕,训初先去。余盘桓良久,回旅馆。翌晨赴苏,见统制艾君忠琦,知有意举事,与约若南京、镇江响应,随之而动。艾诺。前艾充三十四标统带,余为管带,交余深,故敢进言。艾为人沉重有为,此次苏州独立,反屏艾于外,可憾也。余辞艾回镇江,余兄在车站候,问镇事,答:"昨晚旗营四出梭巡,势甚腾沸,我军大为激刺。刻陶澄孝、敖正邦二统带计议分驻,今日觅君数次,皆含糊答之。孙铭今日亦到。三十五标已实行开丹阳、高资、新丰,三十六标明日亦须分驻。"余闻之,甚忧大事将败。余所持实行革命者,赖新军五营耳,若散处各处,欲一通消息且不易矣!

回营,见刘君来,问何以又将各营分驻?刘君云:"今日孙铭到,命令如此,我从旁辩驳,奈章、明、端木三君皆赞成其说。"少顷,章君至,余询之,章云:"兵心大动,不分驻将分裂。今日觅君数次,不知何往?若君在,或可不移。"余以此事既难挽回,乃与章言:"余实赴上海接洽,冀由上海至南京同时光复。"章云:"我兵虽分,无甚害,章某必听君指挥。"遂告别。余终虑章或露秘事,使刘成往探,知其无他,心始安。章君沉着有识,重道德,极得兵心。余之所举未免过慎也。

旋得陶君逊(宾甫)函,约在大观楼要谈。时已夜半,余飞舆见陶。陶云:"徐固卿、孙铭、沈同午吾已说通,君速赴宁与孙接洽。"余云:"孙今日尚来此,将军队散驻丹阳、新丰与高资,何谓说妥?"陶力辩之。余询:"何以能说通徐固卿?君可谓光复南京首功矣。"遂谈伯先身后生前事。又询朴青近况,答抱病天津,已电招之。并问其说法若何?陶云:"吾新从日本回,见时势至此。往见固卿云:'我公何不早自为计,尚欲尽力满朝耶?我此次在日本,见西乡隆盛铜像,心甚钦敬;若伊藤博文,则崇拜心减矣。我君(公)若乘机起义,西乡非难致也。'又云:'现在军心动摇,势必决裂,若一旦暴动,我公身名岂不俱裂!'徐云:'若局可免暴动?'我答云:'非响应无幸免法,盖兵心所以摇动者,欲革命耳!若兵知长官实行革命,则事事听命,何至暴动。'且与言:'我将往说李平书、伍秩庸、马湘(相)伯、张季直诸君助公。'徐云:'我年已老,汝好为之。'吾得固卿许可,大喜。出密告沈同午、孙铭,使再与接洽。特来寻君,知君在此必有所为也。"余闻,疑信参半,因决明早试往南京一行。

十一早,临行,三十五标执事官王志刚突来云:"昨日事大险!"余问:"何也?"王云:"昨有主张将原存子弹六万颗抛入河内者,幸我多方设法,才未实行。又有欲将子弹内火药暗抽出,亦为我所止。"余遂行,到江宁,四顾苍凉,警烽在即。适遇谘议局事务员张君伟如,招往午膳,张问:"大事若何?"余漫应之。遂驱车觅同午,知镇司令部并各标营开往秣陵关,因至南门,雇骡一,赴秣陵,寻沈、孙计划军事。骡行十数里,遥见知渊乘马迎面来,形容枯槁,去十余步即呼余曰:"事不谐矣!"余愕然,各下骑,坐古墓下。知渊曰:"全镇将校目兵俱受愚。"余曰:"何故?"知渊曰:"长官恐目兵在城暴动,设法使各镇(标)营出城,妄云每兵有子弹百五十发,下行军序列命令,置弹药队最后方续进,及到,并无子弹。现各兵刺刀均已开口,跃跃欲试。彼则闭口不谈革命,人亦不敢强。伍崇仁在彼甚着急。"又曰:"君试看新军体力,若由秣陵关行军至雨花台六十余里,即减许多战斗力,况特遗雨花台阵地与敌人乎!"余闻言,半刻不能发声。既而曰:"余亦不必至秣陵关矣,与君同入城访柏烈武何如?"知渊曰诺。途次,知渊曰:"我与中学诸生七十余人相结誓报国,今死过半。我奔走数月无成绩,甚愧后死之责。今中梗者不外患失怕死两念,我若以死动之,事或可成。"余谓计将安出?知渊曰:"我以革命详细理由作函,易军服亲投,携炸弹二与函俱进,俟读毕,视其从否?不从,即手炸之,与同归于尽!"余力阻之。至内桥,访烈武不遇。遂来竺桥,天已晚。凉生蓬发枯坐,见余二人至秣陵关,问若何?知渊告以前言。凉生曰:"我固知其至此,然殊不甘,必再设法进行。"于是三人筹议久,饥甚,偕入厨作炊,淘米既竟,遍寻无可下馔焉。彼此相视而笑。盖凉生眷属赴上海,寓中食具残缺,草草餐罢。凉生曰:"此间大观楼寓一湘人梁维岳(乔山)者,君二人试往商之。且寓中无榻可宿,颂亭今晚在客栈宿。明日同乘火车行,颂亭回镇江，我赴上海，何如？"余偕知渊来大观楼，略计议，同往内桥寻烈武，见室中多人，相识甚少。问烈武，云："外出未回。"坐待，久不至。诸人皆论秣陵关事，旁听者或主张自行暴动者，或主张暗杀者，或主张夺弹子库接济新军者。余谓："此间详情吾不得知，但主张暗杀，余不以为然。盖一旦暗杀一人而秩序乱，以无秩序、无子弹军队，攻固守坚城（之）张勋必不来（胜）。"众亦以余言为然，遂纷纷再议，迄莫决。待夜间四时，烈武终未回。询知已赴上海。遂同乔山、知渊来大观楼宿。

十二早，由中正街乘火车至督署车站，步行来竺桥，叩门，凉生已盥洗，束装候余。同乘车到下关，至则宁沪车已开。在车站遇水师学生三人，余与略谈而去。因与凉生到大观楼，遇机关枪队排长严蔓澄为余言："近拨机关枪十三支与铁良，拨野炮十八尊与北军。目兵甚愤，暗将炮枪撞针磨镕，然后送去。"余嘱速到秣陵关联络目兵，以多数人员要求子弹。渠诺而去。未几，车将开，与凉生挟行李上车。凉生谓余曰："宁垣有一巨公与我有雅素者，于初四日特邀我入密室，欲我为之决策。我答以鄂事已如此，即今革党得以扑灭，公之名誉亦未见完善。渠又欲委我优差，维持秩序，使勿暴动。我答云：'公别有动作，则用我；若徒不使暴动，不敢担任也。'遂辞出。次日又谒，适武昌民军失败，遂不谈此事。然送我出时，最后一语曰：'实告君，我实在观望者也。'"凉生又曰："若南京早下，大事成矣。今若此，殊非计，令人愤愤。此间能稍安，我必回闽一行，稍为桑梓尽力。"时车到镇江，余嘱凉生赴上海，寻宾南询究竟，遂下车。

余到营，三十五标各营均开往各处，惟三十六标一二两营正准备出发。余与刘君成计议，此两营只迁竹林寺、药（蒋）王庙，便乘机起事。刘诺之。遂决定刘迁营竹林寺，离城三里许；余营迁蒋王庙，离城二里许。

十三日，上海王君蔼庐来，云："上海决本日动，谘议员已定明日赴苏州要求独立，事必成。"以票四百元交余，嘱余即行之。余遂集巡防营管带张振发、刘正光、龚毓湘等，依日前所定任务行之。各炮台炮目同至蒋王庙，令轰击旗营。以蒋王庙前高山举火为开始攻击之号。一面赁三骑，派人将大意传达三十五标各管带。

十四日，终日联络三十五标并巡防炮台，欲诸事周到，因各营散驻，互通消息颇不易。

十五日，忽得李君竟成来函，约余于三益栈。余以接洽各炮台巡防及新军，不能往。密令易君赞仁往，并达李君云："此间诸事，俱已妥洽。"去二时许，李君又遣人催云："今晚在曹家园会议。"余又令臧君在新往。晚间稍暇，乘舆至曹园，见四十许短发人，询知为曹君秉仁。余乘舆至曹园，周围皆水，一径入门，门口有断桥，阍人见余至，急以木板架上，入后拆去。主人邀余至后门，则架桥处亦如前状，谓："此间与团练为邻，万一来缉，可从此路遁。"时淡月微茫，园花含露，徘徊树影中，但闻流泉作逸韵，不觉心旷神清。曹君询余有手枪否？答无之。遂令从人回寓取给余，且云："我一身无大关系，君身关系国事甚重。"余甚愧感。少顷，得李君函，改于三益栈会议。遂别曹赴栈内，见李君室内人颇众，或相识，或不相识，中宪兵队官高玉璋、缉捕营管带赵鸿禧亦在内。与李君谈彼此布置甚悉。少顷，得宾南信，在大观楼立待，有要言。偕李至宾南处，见其神气轩昂，知有佳征。陶迎告云："上海已光复，续得制造局军火甚多。而南京盼子弹急，可由君营派兵两百名赴领，接济南京。"随将所携洋八百元分半与余为运费。

余遂以江宁情形告宾南，宾南不为意。少顷，携款归。将至蒋王庙，忽遇烈武，阔别数年，握手告慰。邀至室，谈伯先事，不觉欷歔。一面饬传各队官，命每队出兵二十名，赴上海领子弹。余营以队官王祖澧率领，刘营以许燕士率领，令翌日出发。部署毕，复以镇江布置情形详告烈武。是夜与同榻，谈至垂曙始睡。

十六早，烈武辞赴上海，嘱代购时表、手枪。烈武行后，复将以前计划布署一番。午间赴三益栈觅竟成，见其忙甚，正与徐君宝山立约（约中有云将来革命成功，许以特别扬醭利益），余与周旋。傍晚，孙铭在十八协，邀余往，到时正晚餐，见余至，邀同膳。孙于席间卒然问余曰："君来太迟，若早二点钟，则镇江城到手矣。"余异其言，问曰："统领亦知旗营兵力实数乎？巡防营及各炮台兵目实数乎？"答曰："不知。"余曰："不知，则不能轻于动手。前日统领将新军散驻丹阳、新丰、高资等处，周围数百里，欲用安能集合？"孙曰："此皆统制意，若依我，早有举动，奈统制矜慎，是以迟至今日。"余密告之曰："外间皆言此举迟迟，系统领一人中梗，闻党人将有不利于统领。"孙力辩非己过，又曰："君谓若何而后可？"余即以近日布置一一告孙，并请其亲临指挥，余为参谋，孙以为可。余遂请其下命令将散驻新丰、丹阳之军队集于京岘山附近，留明羽林营防御高资。孙从余言。余遂告以种种指挥方法。适前镇部军机官郑君为成在坐，请间，邀孙出，密告之曰："颂亭在此布置多日，不如即使颂亭指挥。"孙以为然，入谓余曰："颂亭君，明日即由君自行指挥，岂不更妙。"余曰："可。"又续谈颇久。赴三盆栈访李君，告以孙铭已到，众闻孙到甚愤，余力为之辩。是晚，李君所集诸人，或缮文告，或办札文，忙碌竟夕。誊公文时，无人领衔，欲用余名姓，余辞之。众皆曰："君不出名，此事可罢矣！"遂以余姓名列入。约李君明日移向京岘山举事,余独回。

十七早,下出发命令,陆续向京岘山前进。到时,章营、端木营俱先后戾止。遂在巡防队营房集议,命令队伍露营戒备。时购布甚多,撕为条,发各营缠臂。诸人各司其事,气甚壮。下午四时,布置毕,命军队集合,宣告军政府成立。未几,集议毕,众拥余出,遂宣告宗旨,并纪其演说语、训诫语如左:

宣告云:黄帝纪元四千六百零九年九月十八日,中华民国镇江军政府成立。中华民国万岁!汉族万岁!

演说云:我们汉族受满洲压制二百六十余年矣!今我同胞咸知爱戴异族政府为耻,数十年来,我同胞志士抛头颅颈血,不知几许?才有武昌首义,不旬月各省响应。我镇江新军,亦汉族一部分也,不能自放天职,故今日群谋响应。诸君子不以述庆为不肖,举为代表,辞不获命,只有勉竭能力,从诸君子后,尽一己义务。所望从此协力同心,以推倒满政府,改建共和政府为目的。述庆不敏,不敢不勉。

训诫语如左:

(一)既为民军,当谨守军纪,丝毫不可扰民。

(二)诸事均应听从长官命令。

(三)如违军律,必按律惩办。

(四)自宣布独立日起,每兵皆发双饷,战时给养由公家给,平时自给。

(五)各兵存饷,俟到期后由军政府发。

自宣告独立后,默察各营目兵,极其严肃。将镇江三十五、六两标改为镇军第一协,以刘成为协统,以端木璜生为第一标统带,以明羽林为第二标统带,章祖衡为总执法官。军队人员,另行编

组。遂集各将校,下攻击命令如左:

　　（一）满人盘踞镇江城内,其兵力约步兵三营、骑兵三百名、山炮六尊、机关炮两尊,配置镇江东南城上。

　　（二）我军象山、焦山各炮台轰击旗人,城内巡防队约千名以上为我内应。

　　（三）刘协统率带第一标一二两营,在东门附近进攻,入城后搜索道府县署一带,任务毕,在道署集合。

　　（四）端木统带率带第二标一二两营,在南门附近进攻,入城后搜索都统署、旗营一带街衢,任务毕,在都统署集合。

　　（五）第一标第三营在京岘山前三千密达许,为总预备队。

　　（六）攻击时间专听京岘山顶举火为号,即开始攻击。

　　（七）余在总预备队。

右命系传集各团队长面领,受令者笔记。

下命令毕,复料理诸事。秘书部作种种文件,极忙,时夜深四更矣。

余略小睡,徐君宝山至,云扬州匪首孙某在扬作乱,渠欲往扑灭,要余多与空白示谕。余许其携己（已）印告示数十张往。

十八日黎明,余照昨攻击旗人方法实施,一面照会穆都统。其照会文如下:

　　为照会事:照得我大汉民族受满洲人种专制之毒,将三百载于兹矣!近者武汉起义,旬日以来,我同胞闻风响应,天与人归,师行无阻,举动文明,为全球各国所共知。今镇江民军共集城下,本当立时攻城,惟念我民军宗旨素存仁义,不欲不告而诛,以动干戈,致旁及无辜。且访闻贵副都统深明大义,自知小不可以敌大,野蛮民族尤不可以临文明民族之上,情甘屈伏。故特照会贵副都统，如实愿投降，限于接照会后一句钟时，将旗人器械马匹全数缴出，则我民军断不忍加害，且许以平民相待；倘抗顽不服，我民军当即刻进攻，大兵一动，玉石俱焚，幸细思之，勿贻后悔。为此照会。烦贵副都统迅赐察照施行。须至照会者。

先是，穆闻武汉起事，终日厉兵秣马，调集巡防队各兵，并严檄各炮台，戒备非常严紧。嗣各兵及各炮台余已联络，穆苦呼唤不灵，诇知余在京岘山举事，调巡防队，始知已为余联络，即都统署卫兵属巡防队者皆听余命令，且道府县各官悉于十六日逃尽，穆至是，危惧失措。十七晚，合城商会绅董联名往都统署要求降民军，免致生灵涂炭。穆自知不敌，旗兵亦纷纷逃溃，因从绅士请，自愿缴械投降。余照会入，未几，回报愿缴械降。穆遂自裁。

余于军队出发后，命军械科科长岑诗纲带兵携油薪上京岘高峰，准备听余命令然后举火。随带本部人员续进至京岘山前三千密达高地。四顾各配置地点，均能察余所定处，占领各村落耕种如常矣。谓参谋许君崇灏曰："自有革命军以来，殆未有如此之文明也。"嗣又易高地，用远镜窥测城中举动。各炮台屡遣人来问余开炮否？盖因久待，恐命令中第六条以烽为号之约有误也。余遂以招降事告之。午刻，得旗人降报，乃命李君竟成率兵队点收军械马匹，一面命各营先以一队入城，搜索有无伏兵。及李君回报，械已收清。时已午后一时许，余遂率队入城安民，市民均安贴如平日。

余入旧道署，将进署时，见第九镇工程队队官戴绝武立于门首，察其状如甚惊恐，余百忙中未甚留意。及至客室，各界来见者极多，耳目均不暇给。少顷，戴君请见，见时即言渠系徐统制特派来者,南京已于十七晚开始攻击。余闻之顿足曰:"无子弹安可攻击。"且云:"前日三十四标管带瞿钧赴宁,余特托转达沈同午,将军队渐渐移至尧化门,待余上海子弹运到,再行攻击。今如此,奈何!君速连夜再往探实情。"戴出,约二时许复回,谓雨花台实已攻击,且确得溃报。余闻之,深恐张勋乘胜长驱东下。方焦急间,孙铭到,乞援手于余,且促余从速进兵。余难之,盖镇江甫复,凡镇压旗人、维持秩序,在在需兵。即立刻出兵,陆路各军抵南京非三数日不可,且统计五营子弹六万颗,虽出援亦无益。又初攻破,军队秩序未复,各种杂务交扰,断不能出此卤莽举动。故对孙君述此理由,孙亦无以难余,但敦促进兵。余与孙感情本深,余初来江南,得以久居军界者,皆孙力。其时宁垣正练新军,余为孙营排长,甚得青眼。该营系武卫军老兵归并,营制军纪俱不完全,余甚不满意,欲他去,孙极力挽留。彼时孙民族思想甚富,似亦知余胸臆。孙曾与南京学界中伍崇学、封得三、濮仲厚、辛汉、陶朴青诸君在宁组织一秘密社会,阴蓄革命,余是以排长资格,特介绍余入会,余以此心敬之。厥后孙在会因所结党人渐散,余亦不敢与谈及此。余后与伯先所谋,亦未之告孙。当事多招谤讟,余独不以前议为然,故余与孙无论公义私情,均算相厚。然民族郁积之气至今日磅礴已极,则不能将顾私情者。虽然,孙初能识余于众人中,而余于孙到镇时不能力排众议,使当指挥,余之负愧故人多矣!

余此时以孙再四要求发兵,不得已,许先拨防御高资第一标第一营管带王志刚率领本营往救,立下命使之进援。时烈武到,闻带到时表、手枪,忻谢之。烈武殊不满意雨花台援攻,愤怒之情,见于词色,余忙中亦不暇慰解。

先是,有海军学生吴光亚诸君来报云:"海军兵舰均已游说,如略加威力，即可听命。"余谓烈武曰："君本任南京事，今兵舰俱在南京，请君与海军诸生接洽。"烈武遂与诸生见。自武汉八月十九日起事，余二十一日施种种布置，至九月二十六日，日不暇给，夜未尝得眠四小时；自十六日与竞成接洽，夜睡不及二小时；十七八两日彻夜不寐，精神疲敝。加以昕夕倥偬，笔舌不停，声为之哑，心为之烦。晚得陶君骏保上海急信，言欲相助，遂亟电招之。

是日，派谍陆续飞侦江宁消息六次。于探报敌情外，并令沿途扬言："镇江拥有数千新军，且出发矣！瞬将踏平南京。"十九早，始得第九镇败溃详报。余令明羽林率步队三营进发高资，厚前敌兵力。留第二标第一营清理旗营及一切勤务。巡防专令城守事务。十九日午刻，江宁溃兵纷纷而至。适前派黄祖澄、许燕士领子弹回，即饬率运子弹目兵百六十名，沿途前往招待溃兵。到者俱便服，且褴褛不堪，武装无存，心为之恻。令齐赴三十六标旧房集合，派专员重行编组。午后，林君森荐陈于棠、林亮、吴承淇诸君来，略谈，即令赴上海请领子弹。时溃军对于旗营颇有龃龉，纷纷向质库强行质物。讦告者片刻数至，当饬卫兵宪兵前往弹压。傍晚，朴青由上海到，帮同料理地方民政诸事。是日，臧在新介绍陈伯盟、孙剑虹二君，力说民国全局利害，凿凿有见地。陈、孙二君俱淮城人，出洋学法政归，创设学堂。及武汉起事，奔走长江一带谋响应，闻余在镇江，特来助余。陈为人深沉，重气节，饱学识，善排难解纷，遇事勇为。孙君亦干练可用。余屈之为参议。

时诸事草创，秩序未定。郑权请速组织军政府，分派职员，各执其事，余即命郑权拟之。郑乃先于府中指定参谋、经理、文书各员办事地点，以免麇聚一室之内。不一时已觉略有秩序，一府皆服其才。郑字仲劲，闽人，曾著"福建之存亡"等书，鼓吹排满革命。与林斯琛、郑祖荫、严骥、刘元栋诸君结独立会,谋举事闽中,因湘人某君运军火由陆路入闽,失道不至,事未果。亦革命之实行家也。至是来佐余,亦任以参议。

是日,情报数十至,人心危惧异常。余虑力弱,难以支撑,通电苏州、上海、杭州,略云:"十八日雨花台战败,据报张勋率众将有东下之势,敝处已极力筹备抵御,终虑兵力单薄。镇江为苏浙门户,万一失利,岂堪设想!敢恳速拨大兵,迅来会剿。大局幸甚,述庆幸甚。"电发,苏浙沪复电俱允拨兵协助。

二十日,诸事一如昨日。乃将军政府人员细行厘定,俾各任其职。午间,第九镇之兵愈到愈多,城内秩序因之稍失。适烈武来,余曰:"宁事概(既)不可为,君盍在此助余?今宁军在此,请君担任何如?"烈武慨允,遂以烈武为统制。昨敌益迫,苏州、上海援兵未到。余欲利用沪宁铁道攻宁,并催苏浙军速拨。录电如左:

苏州程都督鉴:顷据密探,张寇将率兵出扰苏常。请速派一混支队到句容一带截堵,以免乱窜。敝处已派重兵在高资等处迎击。知念特闻。述庆叩。

苏州程都督鉴:蒙派步队两营、炮队一队并浙江步队两营陆续来镇,会筹方略,苋筹感极。今日下午六时,宁新军均退却到镇,归敝处筹械备粮,以图再举。惟时机甚急,贵军暨浙军务恳迅速降临。早一日来,即可早救宁垣无数生灵,且免张寇四窜扰骚,无任企盼之至!又宁军归敝处,给养浩大,如贵处能筹到镇,尤感公谊。立候复。述庆叩。

上海陈都督鉴:宁垣无主,张勋率兵放火奸掠,胜于土匪。请速向沪宁铁道洋总管等交涉,不认张勋为交战团体。所有各车站允许各军政府运兵送械到宁平乱,以期迅速扑灭，而保治安，无任企盼之至。候复。述庆叩。

本日所清理者，旗营一切处置，以及维持城内治安。傍晚，忽闻门外炸弹声，全府鼎沸，卫兵持枪戒备，有十余兵上刺刀来护余，郑君为成卸衣持手枪出。少顷，枪声作，余亦严警，持手枪在手。未几，报有旗人炸弹队来袭，卫兵力拒，有受伤者。余即令厚赏伤者。约半时，始定。易君缵（赞）仁入云："顷在都统署，有二十余旗人欲抛炸弹，幸极力维持，始无恙。"于是纷议立驱旗人出城。余颇犹豫，请曹君秉仁入府磋商，久不能决，最后亦谓必无黑夜驱逐理，且俟明日。旋探知旗人无甚抵抗力，遂决计不加驱逐，惟令其切实缴械，派兵绵密监察而已。

晚间，某君来，询知系由上海携款三千元为招抚江宁溃兵用，因溃兵已经招抚，欲将原款带回。惟是镇江初光复，地方公款不及十二万，经各种开支，财政支绌。加之江支律（微）筹备军队进攻南京，需款亦巨，虽屡电各处接济，尚未得手。朴青密商某君，将此款留为镇江用，某君不允。及出宿旅馆，陶君谓余曰："我顷商于某君，留其款为此间用，渠不我允。此款本为公家有，乃界限如此分明，殊不合理。"适臧君在新入，闻之大怒曰："某君当南京军队出城时，渠即弃军去上海，不知下落。今又如此行为，吾必追彼究问。"言至此，余正欲力阻，而臧已拂衣出。少顷，易君赞仁入，曰："某君擒到，请处置。"余急曰："某君何罪？捕之何为？且渠本由上海携款招待溃兵，失礼必失上海当事之心。我辈正欲攻宁，事事仗人接济，君如此，失吾事矣！君速出，善待之，不可无礼。"易默然，趋出。陈君伯盟续入云："吾已调停无事，但某君必欲入内自陈，可否见？"余不欲见，避之。某君同易君入，陶君在余室独见之，互辩良久。易陈二君退，余入室见某君，佯为不知其事。余素识某君，余前在宁营时，某君以事撤差，疑余与有力，其实余并未知。后余调江阴，与某君日夜相处数月，某君似亦知余无他。此次遭易、臧二君之怒，复致怨于余。后余外间谤言，闻多出于某君。

是晚四鼓，余正睡梦蒙眬，郑君权来促余起。曰："兵舰十五艘均招来到手，现泊江干。"余以连日事烦，精神颓敝，恐招抚不周，嘱郑君为余布置一切。

二十一日，处置溃兵，维持地方治安，一面策攻守，筹财政。早晨派郑君赴各军舰演说，并犒赏各兵。郑君回云："兵舰官长水手，极其喜悦。"当海军到镇时，左右皆言须派员监以兵力，卸其炮闩，防反侧。九江、上海来电亦然。余概不以为意。始余从刘杨诸君说，招徕各兵舰，云须略施威迫。遂由烈武派卢君镜寰带炸弹队数十名，同水师各生乘小火轮二艘向下关进发，到时各携炸弹上舰，催各舰长开轮。故楚豫[1]等十五舰，始归民军。

晚间，得上海陈英士来电，云举徐固卿为联军总司令。余不以为然，陶君朴青亦同意，惟烈武恐失上海诸君感情，谓当隐忍，遂从之。

二十二日，集各兵舰舰长会于军政府。是日，余声哑不能演说，但说海军于此次战事大有关系。武昌起事之始，深赖海军暗助，才能得渡张势力，以至今日。海军诸君子早受文明教育，必不欲为异族奴隶。其所以迟至今日，其中必有阻碍。前此民军只陆军而已，今联合海陆军协同进行，则民军势力非满政府所能抵抗，其推倒异族专制政府必矣。吾今日可为我中华民国前途贺云云。

---

[1] 归附镇军之十五舰，见林述庆通电，中无楚豫，疑有错误。

嗣请宾南演说一切历史，极动观听。海军舰长宋君文翱答词毕，并彼此互订条约。遂宴海军将校，席中互相演说，欢甚。席散时，已傍晚矣。

初光复镇江时，一日警报数十次：或谓张勋饬王有宏统兵若干来袭；或谓张勋亲率兵若干来袭；或谓铁良倾旗兵死战，一时军心民心惶恐万状。赖海军归附，人心稍定。是日通电知左：

通电云：镜清、保民、联鲸、楚观、张艇、虎威、江平、江元、江亨、建威、通济、楚同、楚泰、飞鹰、楚谦各舰艇，于二十二日由敝军设法联络，一律归顺。今日下午二时，在军政府开陆海军联合大会，誓志同攻金陵。并于军政府添设海军处，各舰艇公举司令长，组织完备，一致进行。谨闻。述庆印。

二十三日，徐、淮、海一带兵变，四散掳掠，市村民不聊生。绅董数辈亲来投禀，请兵救援，且力陈各种情形，谓不可令方面糜烂。余以南京未下，不能分兵，又虑北方援兵南连张勋，攻宁必增阻力。特遣臧在新偕参谋陈伯盟、孙剑虹率精兵两队赴淮，臧队于二十五日行。所有预示臧在新方针，并抄录绅董原禀如左：

（一）招抚溃兵，加以训练，堵北兵援应张勋，并防张勋北窜。

（二）保淮、徐、海各属治安。

淮北驻扬盐务代表蒋光汉、裴元勋、陈延桂、王树霖、汪栋等上书：

镇江军政府林都督钧鉴：敬启者，顷接淮北板浦、海州由青岛转递警电云：大股土匪揭竿起事，盘踞海属之龙沟一带，抢劫财物，屠戮人民，惨无人道。板浦为盐务荟萃之区，海州又为繁盛之地，现虽死力保守，奈兵力甚微，危在旦夕。

且龙王荡尚有未运之盐十余万包。五日内无兵援,生灵必遭涂炭,淮北大局亦将瓦解。除登各报救(求)援外,并以光汉等盐引有关,乞为就近呈报贵都督,务求垂念民生,不分畛域,速派马步兵士两营,星夜前往,会同原有定字营军队,合力兜剿,并乞收复海赣,以奠民生等因。查淮北海州、板浦匪氛素炽,悍梗异常,此时乘机为患,固然扰害治安,抑且有碍大局。缘清江名虽独立,糜(糜)烂已达极点,现在各事组织亦不完备,所有军队两三营,心志不一,颇不可恃。清江又为西北门户,兵力如此单薄,地方如此糜(糜)烂;海州板浦如此危急,若不即时派队,剿抚兼施,待土匪攻破海赣,西走沭阳,直奔徐州、浦口,一与张勋会合,大局竟有不堪设想之势。目下淮北最重之要点,既拯民于水火之中,又杜张勋之北窜,即民军北上,无旁顾之忧。伏乞大都督熟衡轻重,迅赐救援。大局幸甚,军民幸甚。抑光汉等更有进者,淮海富商甚多,当此饷源支绌,亟宜劝办绅富捐款,以济燃眉之急。况淮北又为江南骈嶂,现在金陵未能光复,淮北事应由大都督主持,以维大局。如蒙俯纳刍言,进行之方,筹款之法,容再当面条陈。且淮北商贩近年息借部款、运款及南京裕宁官款,为数甚巨,此时如不彻底报查,必致为人干没。光汉等前伏满清,一切淮北情形深知底蕴。今日汉族光复,首宜练兵,练兵之要,首在筹饷,是否有当? 敬乞钧裁。现在淮北事机迫切,存亡在于呼吸。不揣冒昧,议效秦庭之哭,径求大都督胞与为怀,迅速派队前往,克期底定。出自逾格恩施,不胜迫切待命之至。至于劝办绅富及调查官款两事,倘蒙不弃,愿尽义务,以为军饷之助,惟不干求禄利也。并乞裁示。恭肃敬请钧安。

二十四日,各炮台目兵要求发双饷,全体欲散。因饬郑君为成、陈君伯盟、臧君在新前往,开譬万端,事稍定。后各炮台屡起风潮,数易台官,皆不认。又使吴君忠信前往多方抚慰,始寝。

镇江光复史料

张立瀛

【编者按】作者镇江人，清末为驻镇陆军警察分队队长，民国初年任镇江宪兵司令，亲历镇江光复之役。本文原载《近代史资料》1957年第6期。作者另著《镇江历代兵事纪要》《镇江古今谈》二稿，也有关于辛亥革命的记载，但与此大致相同，故未辑录。

辛亥武汉起义，各省纷纷响应。镇江为新军第九镇三十五标驻扎地，又为旗兵驻防地，革命战争势在一触即发。八月下旬，李竟成由沪到镇，策动驻镇各部队暨各界志士齐举义旗。李为镇江大港人，曾追随赵伯先先生参与广州之役，秉性勇敢，到镇后寓江边三益栈。栈东王姓，群呼为王麻子，遂轶其名，亦镇江东乡人，与李有戚谊，亦有志于革命者。同时于洋浮桥口之万镒楼客栈、万家巷火星庙陆军警察分队，设立联络处，并负掩护之责。李初到镇时，极端秘密。阅十余日，消息漏泄，旗兵拟出城围攻，李遂移机关于京岘山，由三十五标第三营负防卫之责。迨至九月十七日（十一月七日）旗兵缴械，全城高悬白旗，而镇江光复之讯遂喧腾于各报纸矣。兹将各方面情况，分别叙述于下：

一、旗营缴械

镇江在铁道及海运未发展以前，号称七省咽喉，又扼入淮之要口，实为军事重镇。清朝入关后，防汉人反侧，故驻八旗子弟兵于此，谓之"京口驻防"。城内高桥迤南及斜桥迤南、大市口迤东，从前皆属民居，自旗兵驻镇，遂强圈为旗营，驱逐居民他徙。驻镇旗兵，多为蒙古人，满人绝少。男子成丁以后，一律披甲，习弓马，月给粮饷；女子老幼，皆有给养，婚姻死葬，皆有费用。禁止经营工农商贾，准许读书，得科名后即除去军籍。当立法之始，意在人人习武，通旗皆兵。而其结果，则养尊居优，习于游惰，反致一蹶不振。统率旗兵者，设将军一、副都统一。将军驻南京，不常川驻镇，其衙署在将军巷，辛亥冬曾改为陆军第十六师司令部，1930年改为省政府，其遗址即今之市人民政府也。副都统常川驻镇，其衙署在都统巷，辛亥冬改为旅司令部，1930年改为财政厅，其遗址迄今尚存。

副都统所统率之旗兵，分为左右两翼，约有步、骑、炮兵数千人。三十五标驻扎南门外，与旗兵久互相敌视。武昌起义以后，仇视益切，（旗兵）在南门城堞上，架置大炮数尊，以标营为射击目标。其实则惊惶万状，草木皆兵，纷纷然隐匿财产，迁移妻子，绝无斗志。其时副都统为载穆，满洲镶蓝旗宗室，于辛亥春由山西太原城守尉升任来镇，人颇忠厚。八月下旬，镇城风鹤频惊，穆乃设总机关于都统衙门内，罗致旗人中素著有声望者恩沛、德需等为参谋，以期镇胁。但民军声势日大，苏松常一带，相率谋举义旗，镇江新军亦预备进攻旗营。穆恐战场一启，旗人将遭屠杀，镇城或亦将沦为废墟，不敢轻举妄动。且深知旗兵游惰日久，不堪一战，又以大势已去，非镇江一隅所能抵抗，仍狐疑不决。镇城士绅洞烛其隐，乘机以缴械之策进，多方劝说，穆乃应允。惟要求三事：一、保全旗人生命；二、保护旗人财产；三、护送穆眷属行囊出境。再由士绅商之于革命军事机关，得其许可，遂于九月十六日，由议事会议长杨振声（邦彦）、董事会总董吴泽民（兆恩）、商会总理于立三（鼎源），召集大会于城内自治公所，议决宣布起义。

是晚，苏省光复专电已经宣传，乃于十七日悬白旗。穆都统亦传知所属马步各旗，一律输缴枪械，约计步枪数千支、炮数门、马数百匹，由自治公所点收后，转交革命军。穆都统于十九日夜自缢于都统署以殉，由自治公所为之收殓。1912年镇郡人士赀送穆柩回籍，并呈准中央就北固山麓前清行宫改建专祠以祀之。

当旗兵未缴械以前，镇人惴惴不安，以为战祸断难幸免，九月初旬城乡内外纷纷迁徙，几于十室九空，及闻缴械之讯，乃额手相庆。民军入城以后，秩序井然，并无仇满举动。迨至第九镇驻扎南京之部队被张勋所部之江防营击溃于秣陵关，乃向镇江退却，到镇后不明镇人与旗营所订缴械条约，间有戕杀旗民强夺财物者，旗民被害者二三十人，随由镇军都督府下令禁止，遂安居无恙。

二、驻军反正

清朝末年，镇江所驻军队，颇为复杂，除旗兵外，有三十五标新军，有江防营，有湘军，有新水师营，有绿营。当辛亥起义时，其动态各有不同：

（一）三十五标。属于第九镇，武昌起义后，标统杜光淮[1]等态度不明，暂作观望。继见下级官兵志气激昂，知势不可遏，乃相率引避。其时第一营管带为明羽林、第二营管带为孟平、第三营管带为林述庆[2]。林福建人，福建武备学堂毕业，勇敢有大志。标内官兵公推林为首领，与李竟成取得联系。明知大势所趋，自请开拔所部移驻炭渚、高资一带。孟则托故离镇。

（二）新水师营。其管带为徐宝山，绰号"徐老虎"，亦丹徒籍，驻南门，业篾工，由帮而盗，由盗而盐枭，为知县王伯芳（芝兰）两度捕禁，均逃逸获免，啸聚徒众，以对江六七濠为根据地。两江总督端方召抚之，编为新水师营。白宝山、马玉仁、张发奎、陈兆丰等皆其徒众。李竟成到镇后，徐即来附，要求准其尽率所部开往扬州，以盐款为饷源，李允之。反正后，遂渡江攻孙天生而代之，所得运司库银甚巨，乃购械扩大部队，编成两师，自为军长，拥据淮扬两属并海属。

（三）江防营。统领张勋驻扎南京，于八月间以一队移驻镇江，保护车站，其长官为林某，湖北人，曾在云南充下级军官。邑人袁钧湄、袁左良之胞兄，曾为云南新军管带，林乃其部下。李竟成到镇后，委托袁钧湄、袁左良策动林随同反正，林遂来附，起义后扩编为一营，陆军第十六师成立后，编为辎重营。

（四）太平天国失败后，湘军在江苏省军威雄厚，以后日见凌替，新军成立后，裁缩几尽。辛（亥）革（命之）岁，镇江象山、焦山炮台仍由湘军驻守，其部队约一营，由张振发任管带。李竟成来

---

[1]　标统杜光淮，当作"协统杜淮川"。
[2]　明羽林、端木璜生、章祖衡为三十五标的管带，林述庆是三十六标的管带，这里所记均误。

镇后,张振发率所部归附。南京都督府成立后,扩充为一旅,以龚青云、刘春圃任团长。

(五)绿营。即城守营,于光绪十五年改编,额设参将一员、守备一员、千总二员、把总五员、外委八员、额外十员,共官弁二十七员,至宣统三年,守备即裁撤。额设马兵一百名、步兵三百名、炮兵一百名、枪兵一百名、牌兵一百名,共七百名,宣统元年,裁汰为二百十三名。早无战斗力,旗营缴械时,逃避一空。

三、镇军都督府成立

九月十七日宣布起义,即日成立镇军都督府,设置于城内旧道署(即今之敏成学校及公安局),公推林述庆为都督。邑人陶骏保,号璞青,曾任福建武备学堂教习,林为其门生,林于是时迎陶于沪上,任为参谋总长。陶扶病来镇,部署一切。所有驻镇部队,一律归都督府指挥,阵容颇壮。邑人张立瀛任宪兵司令,吴眉孙、袁钧湄、袁左良、刘云骞、李衡甫均为都督府幕僚。退驻镇江之第九镇残部仍在镇,林、陶乃举柏烈武(文蔚)为统制,以容纳之。旋组织联军,推前带第九镇统制徐固卿(绍桢)为联军总司令,陶兼任联军参谋,会浙军、沪军进攻南京。张勋溃败,退守蚌埠,遂于十月十三日光复南京。林所率之镇军,首先入太平门,进驻前两江总督衙门,自为临时都督。陶力劝其取消都督名义,迎程德全(雪楼)为苏省都督。程于十月十六日(十二月六日)到宁,其时沪军首领陈英士亦在宁设置都督府,各友军互相猜忌,陶乃通电主张一省不可有三都督。陈衔之甚深,诱陶赴沪残杀之,时十月二十三日也。事后由王正廷等呈请中央明令昭雪,追予中将,准在镇江北固山建立专祠。

四、镇江军政分府改组

镇军都督府自林都督、陶总参谋长进驻南京后，即取消，改组为镇江军政分府，派郑权为军政使。郑亦闽人，曾习矿政，不谙军事，镇江各部队、各机关团体不予拥戴，电省请派陶骏保来镇主持。电到省时，陶已于二小时前在沪遇害。郑毫无建树，安插私人，滥支公帑，虑镇军之不附己，恐怖万状，威信荡然，阅时未久，即奉省令取消。由丹徒民政部民政长接收，并派邑人张鹏（翼云）来镇监督交代。张于光绪间曾在沪创设广雅书局，联络志士，奔走革命，赴日本后，为同盟会中坚分子，武昌起义前即回国。

五、民政部成立

义旗未举以前，镇江官厅林立，有常镇通海兵备道，有知府、知县、同知、典史、巡检等官。任兵备道者为荣恒，任知府者为承璋，任知县者为文焕，皆旗人。任巡警总局提调者为候补府经历饶应祎，副提调为候补知县王乃康，巡警分局巡官为候补佐杂马德成、俞篆玉、李莘伯、张聿修等，均于起义时先后逃避。军政府成立时，同时成立民政部，公推邑人杨振声为民政长，设民政署于旧知县衙门，其僚属为邑人王振文、李惺初、钱绍庭、徐师竹、杨殿八、田晋候等。任警察总局局长者，为邑人许少泉；任分局局长者，为刘员一、王劲臣、陈庸吾、戴东甫、刘幼轩、吴钟绥、李正学等。杨振声任事未满四月，由省委张鹏继任为民政长，旋奉省会（令）改组警察局为警察厅,不属于民政署,任厅长者,为浙人龚殿玺。

六、司法部

清朝末年,镇江原有审判厅。反正时,厅内法官亦他往。乃于镇江都督(府)成立时,同时成立司法部,公推邑人卢润州(镇澜)任司法部长;笪剑青(世英)副之。未久奉省令改组为审判厅,卢任审判长,笪任检察长。

七、陆军第十六师司令部编成

南京克复以后,留镇驻军尚有张振发所部之湘军,约两团。十一月间,沪军北伐前进队由邑人赵念伯(驭六)率领开拔来镇,人数不足一混成旅。南京军政当局乃决定编镇江驻军为一师,其番号为陆军第十六师,委顾忠琛(莀臣)为师长。顾无锡人,清末曾任安徽混成协协统,因徐锡麟击毙皖抚恩铭案,遣戍于黑龙江,辛亥冬来镇,设司令部于旧将军衙门,以李竟成为参谋长,编赵念伯所部之沪军为第三十一旅,另炮兵一团、骑兵一团,编张振发所部湘军为第三十二旅,编林某所部之江防营为辎重营。1913 年,袁世凯谋恢复帝制,疾视江南革命军队,仍将十六师司令部取消,三十二旅调往他处,三十一旅留驻镇江。

回忆镇江光复

谌秉直

【编者按】作者于清末入伍，为新军第九镇队官，亲历光复镇江之役。中华人民共和国成立后，他辑录当年见闻，撰成《辛亥革命江苏起义回忆录》，稿藏南京太平天国历史博物馆。辑入本书的是其中光复镇江和南京两节。

镇江为长江与运河交汇之点，沪宁铁路贯穿其间，又有焦山挺峙江心，与南岸象山皆筑有炮台，互为犄角，是为江防扼要之地。该处原驻有新军九镇十八协步队三十五、六两标。武昌起义后，上海同盟会派欧阳振声到镇江与三十六标队官许崇灏接洽，告知上海不久将有动作，嘱许密告各部，从事准备。原来三十五、六两标管带林述庆、刘成、端木璜生、章祖衡、明羽林等，彼此均有联系。经许传达沪方情形后，进行更加积极。乃决定推举林述庆代表赴沪接洽一切。一面由许联络各部暗中布置，并派排长叶开鑫、刘福彪与驻在镇江的巡防营帮统张振发、水师营统领赵鸿禧秘密联络，取得一致行动。同时派队官程凤章去南京与十七协各部联系，约定候沪方子弹运到，两地同时发动。不料风声远播，事为镇江当局知悉，下令旗兵宣布戒严，并架设大炮于城楼之上，对着城外三十五、六两标兵房示威。官兵睹此情形，极为震怒，正拟有所行动。适林述庆由沪回镇召开军事会议,报告沪军已在闸北发动。大家认为时机已至,当场推举林述庆为镇军总司令,许崇灏为参谋长,决定即日发动,响应上海。这时派往上海领取子弹的黄祖澄已将大批子弹运到镇江。林述庆即下令部队集合于京岘山,宣布起义。这是九月十五日[1]的事情。

镇军起义后,立即派队对城内取包围形势,威胁旗兵,同时派人前往旗营劝令投降。旗兵畏惧,未敢反抗。驻在旗下营的副都统载穆,畏罪自缢而死。常镇道林景贤、知府承璋以下均各逃散。驻在城内的巡防水师各营,因事前取得联系,表示一致合作。因此革命工作得以顺利进行。

林述庆入城后,首先布告安民,收缴旗兵枪械,并将协助起义有功的巡防营帮统张振发升为巡防营统领,长江水师统领赵鸿禧升为长江水师提督。镇江炮台官顾臧因态度不明,被其部下捆送到府,请予惩办,另委王以仁(忠)接充炮台官。至此,兵不血刃,镇江亦告光复。

到了九月十八日,林述庆获悉九镇新军进攻雨花台失败,已向镇江退却的消息。即派管带章祖衡、明羽林二人各率所部,分途赶赴高资、句容两处掩护收容,并派柏文蔚为收容所长。同时对统制徐绍桢的优柔寡断,未能先发制人,深为不满,竟拒不与之见面,说"他还有何面目见我"云云。

镇江光复后,适有南洋海军舰队十余艘由统领宋文翔率领,由汉口驶抵镇江。林述庆据报后即令炮台开炮阻止前进,一面派参谋长许崇灏与宋文翔接洽,相约在保民旗舰上会谈。先由许提

[1] 京岘山起义是在九月十七日。

出合作办法，劝他反正，宋初不为动。后经许责以大义，晓以利害，宋始答允召集各舰队管带开会商讨，结果多数赞同，宋至此始无异议。于是各舰队即悬挂白旗，表示反正。宋被任为海军司令，担负江防任务。由是镇军之威望益振，民军之声势益大。

智取象山炮台

高　骞

【编者按】作者安徽人,新军第九镇正目,光复镇江之役,夺取象山炮台有功,曾任镇军炮台要塞司令。1956年,他向苏州文管会胡觉民先生叙述当年经历,书此为证。后病死苏州。1960年,胡先生将此史料赠予我系。

辛亥阴历九月十六日夜,约近九时,林述庆特由沪向陈英士接洽妥当,将沪军攻下的制造局所获得的六米厘五口径子弹三百多万发完全运输到镇,准备接济镇江光复之用。子弹妥当后,林旋赶回镇江防次。

九月十六夜九时,林特来江边盆汤弄三益栈内(当时该栈即系策动光复的总枢纽)寻我。彼此见面后,首对我说:"我们的子弹已有三百多万发,现在沪军处已知照它(他)们积极设法运来镇江,接济我们。"次问:"镇江的一切准备如何了?"我答:"完全策划齐备,静待下命就行了。"

林这时腹中甚饥,旋备夜饭。餐饭一饱后,林说:"我们乘夜召开紧急会议[1],首将军政府都督推出,方可下令,准备宣布。"

---

[1] 高说,参加会议的有同盟会会员李竟成。胡记。

林问我："都督推谁呢？"我答以"就是公任之"。林坚辞不可，连推三次，林始首肯。

我自告奋勇，准明日上午由三益栈出发，我个人先往象山炮台，一面将焦、象、都、圌四台先行占领，同时将反动派炮台总台官顾臧（粤人）击毙。四台占领后，即（既）不为南京劲敌张勋控制镇江了，也免遭其水陆进攻夹击我们了。

林欢笑而极赞同，迨回思一下，林问我："要率领若干兵力？"我答："只要我个人即可。"林甚顾虑，终以为不可，恐我失败牺牲。我毅然向林欲具军令状，结果林说："愿公珍重。"

林在是夜近丑刻赶回自己营部（当时林防地在镇江南门外张王庙[1]附近），星夜下令，将沪宁路线自镇江东路的丹阳、辛（新）丰一带部队，西路自龙潭、下蜀、高资一带部队调回镇江东门外之京岘山，集中于大本营待命（林这时都督兼大本营总指挥）。

我即于次日（九月十七日）上午约九时许，乘了一乘小轿，身带五响手枪一支、洋五百元、白竹布一匹、白旗四面、四台炮目新升任的军政府"委任状"四件，直驰进象台三层警戒线而潜进一间茅蓬斗室（我的安全掩护地）。旋召集象台炮目王以忠，将委令四件交由它（他）即发，白旗四面撑起，白布一匹扯成五寸直条，分给各台官兵，立即缠在左臂上以为标志。

我百忙中略事布置毕，即下令各炮台目兵等，我说："众（重）赏之下，必有勇夫。如果有勇士能立刻将反动的总台官顾臧行暗杀击毙者，即奖洋两万元，晋升三级，以示鼓励。"约历五分钟，互相顾盼，无以应承。我继说："或者能将顾诱擒活捉，亦奖洋两万

[1] 当作"蒋王庙"。蒋、张音近故误。

元,晋三级。"

王以忠领命,飞奔至顾臧四层楼上之办公室,将顾诱到会客厅,从顾后身将顾抱住,不使顾动弹,各兵一拥而上,我以手枪指顾言曰:"快听我命,免死!"将顾擒住,我率炮兵六名亲解京岘山大本营,面交林督。

我即奉到林任命我充焦、象、都、圌四台要塞司令。次日午前,林率民军分东南门两路攻入城中,完全光复[1]。

先是,林命令高:"于下午一点十七分,如见京岘山举火,炮台即向都统衙门开数十炮,打开花弹,掩护民军进城。"上午十时许,京岘山忽出现火光,高令暂不开炮。旋从望远镜察看,乃是农家炊烟。下午一点十七分,林命令高:"镇江已于今日正午完全光复,旗兵悉数缴械,限即日出境,不加杀害,穆奴(镇江副都统载穆,满人)已自缢,请贵台毋须准备发射快炮,此令。颂亭。"上盖金戒指名章。高心大定。

十九日,王以忠报告:"焦(山)、都(山)连来灯语,上游已发现敌舰约十数艘,有向我进攻之势。请示办法。"时上海子弹尚未运到。高批:"沉着严阵以待。"继报:"发现敌舰七艘,炮衣全卸,并在江中游弋,请示机宜。"高令:"沉着待命。"圌山炮台来电报告:"上游已发现敌舰十数艘,在十二圩附近一带活动,确有向我进攻之势。职台准备给以迎头痛击。"高批:"沉机观变,击实避虚。"下半夜三时,林督来命令:"上游已来军舰海圻、海筹、建威、楚谦、楚同等十三艘[2],向我投诚。现在十二圩江中停泊。明日(二十

---

[1] 高文至此结束,以下是我们整理的胡先生与高的谈话笔录,作为补充。
[2] 当作"十五艘"。

日）上午,准备在本府洋花厅举行欢迎宴会。请贵台于黎明六时正令各台鸣礼炮二十一响,以表欢迎。"高奉令后,即下令四台,通知发现的所谓敌舰确是来向我投诚的。黎明六时正,见各舰全悬白旗,各台即鸣礼炮二十一响,以表欢迎。

京岘山起义前后

唐枕秋

【编者按】作者镇江人，清末入伍为新军第九镇正目，参加京岘山起义，此系其回忆录。

清代光绪末叶，江南开始督练新军，分为步、骑、炮、工、辎五个兵种，在南京设督练公所。南洋第九镇（师）统制（师长）徐绍桢（字固卿），设司令部于南京，所辖第十七协（旅）步兵第三十三标、第三十四标（团）驻南京；第十八协协统杜淮川，设司令部于镇江（在中山路网巾桥敏翔里东口）。归十八协所属之步兵第三十五标、第三十六标，驻镇江南门外标房。每标为三营，每营设管带（营长）一人。营以下编制为前、左、右、后四个队（连），各设队官（连长）一人。每队三排，有排长。每排三棚（班），每棚有正副目（正副班长）各一人，正兵四人，副兵八人，备补二人。武昌起义后，协统（旅长）杜淮川及三十五标标统（团长）敖正邦都闻风逃走。三十六标所部一个营，在南京秣陵关会合三十三标、三十四标参加革命战役，每一战士只有五粒子弹，被清军袭击而溃。所以镇江两个标只有五营，有械无弹是弱点。城内旗军拥有马步队伍，又在东南门城基上架炮示威。正副目高骞、胡抱一等二十余人，早有秘密联系，在城隍庙会餐，设计请五个营管带各率所部改驻丹徒、谏壁、大港、竹林、招隐、高资等扼要地区,对镇江仍取包围形势。辛亥九月十五日,党人黄邦佐从上海制造局运送子弹到大港起坡(大港在镇江之东,由镇江至大港为三十六华里),星夜递转五个营配发完竣。十六日[1],五个营战士二千五百人集结东门外京岘山会师,公推管带林述庆为镇军都督,负督战责任。有革命党人李竟成到山讲话,说明为了推翻满清而革命,要由君主转变为民主。就在京岘山高峰竖了白旗,示意城内马步队及炮兵投降。清军副都统载穆见大势已去,要求镇江地方士绅协议,以不杀旗籍一人,保障旗籍人民的生命财产为缴械条件。革命军允其请,惟恐有诈,派高骞为台官,率部占领象山炮台,确立阵地指标,约好一定信号、口令、旗语,倘有诈,即以大炮反击。恰巧同日下午,有南京开来的六个江防营,含有敌意,到达北门外江边及大教场附近(大教场就是中华人民共和国成立后江苏医学院的所在地)搭帐棚,这是半露营的军事紧急状态,水陆联塞,威势不小。革命军面临劲敌,准备动员进攻。哪知江防营又收拾帐棚向西退去了。传说这是南洋第九镇司令部的革命党人伪造南京江防军统张勋的电报,把他们调走的,扭转了镇江的劫运。京岘山当晚戒备森严。入夜,有被压迫的囚徒二百余人从东门而出,直向京岘山投效,帮助炊事、运输。十七日凌晨[2],林述庆督率先锋队联合左右侧卫并殿以大军,钳形入城,即在旧道署成立镇军都督府。人民摆香案欢迎革命军,旗籍人民也庆更生,惟副都统载穆于十九日自缢而死。

---

[1] 当作"十七日"。
[2] 当作"十八日下午"。

李竟成的一生

李良庚

【编者按】李竟成，镇江人，出身农民家庭，是赵声的同窗好友，长期追随赵声进行革命活动。赵声死后，李竟成从香港回到江南，奉中部同盟会命光复镇江。江浙联军攻克南京之役，李竟成率军截击张勋于浦口，苦战有功。李良庚是李竟成的同祖兄弟，与李竟成一起搞过革命活动，回忆当年情景，犹很清晰。我们根据他口述的材料，写成此文。

我们的上代从扬州搬到大路乡下来种地，家境非常贫苦。祖母生下三个男孩，我的父亲是老大，名裕松；竟成的父亲是老二，名裕柏。

裕柏体格健伟，生性耿直，力大无比。他参加过太平军，做掌旗官。

裕柏有三个男孩，老大学杂货；老二曾考过武秀才；竟成是老三，从大港镇上的赵蓉曾读书。赵蓉曾是赵声的父亲，竟成就成了赵声的好友。他们白天读书，晚上练武。两人常谈论国事，立志推翻清廷。

光绪三十年，南京征兵，竟成随赵声应征，入新军宪兵队做正目。以后他们都去广州参加革命。辛亥年三月二十九日黄花冈起义时,他们从香港赶到广州,起义已经失败了。不久,赵声在香港病逝,竟成回到上海。

武昌起义后,竟成受上海同盟会机关部之命,回镇江搞光复活动,住在江边的三益栈。三益栈的小老板王幼丞是我家亲戚,又是徐老虎(宝山)的亲戚(幼丞的妹妹是徐老虎的儿媳,弟弟是竟成的妹婿),竟成就利用这种关系,和徐老虎接上了头。

接着,竟成叫我到镇江大清楼旅馆当茶房,暗里给他们通消息。当时的联络机关设在洋浮桥万宜楼旅馆的楼下。与我一起做联络工作的有高骞、刘栋、陈弼等。高骞是个矮子,安徽人,刚从新军退伍,他和象山炮台上的一个湖南军官最熟识。刘栋和陈弼都是大港对岸的荷花池人。刘栋是万宜楼的帐房,陈弼也是个退伍军人。

竟成写信策动林述庆起义,是由我送去的。当时林述庆正在曹家花园,他是个直性子的人,本来就与竟成相好。竟成又去上海和赵声的两个弟弟组织了一支敢死队。

九月十三日,竟成带了一百多个敢死队员从上海乘火车来到了镇江,分散住下。这时,竟成已与虎威、建威两条军舰联络好了,和象山上的军队也都接上头。要光复镇江,就是没有钱。竟成对我说:"事情好容易搞到这样,弄不到钱,我们就进城去硬拼吧!"

就在十五这一天,竟成连饭也没有吃,就带我和一个姓杨的湖南人,身藏手枪炸弹,乘轿先后闯进裕宁、裕苏二银行,直接找经理借钱。两家经理都被迫应允,各借五万元,并约于当晚八时送至三益栈。事情很顺手,十万银元果然准时送到了。

十六日,我们忙着买白布做旗子,写布告。竟成带了四人到京岘山去向林述庆的队伍演说革命宗旨,并宣布起义。这时象山炮台的炮口都对准了镇江城里的旗营。副都统载穆所以会接受地方士绅提出的"和平光复",是迫于新军的威力。十七日下午,竞成率队首先进城,旗兵自动缴械,镇江宣告光复,成立军政府,林述庆任都督,竞成做军务部长。

十八日至十九日,徐老虎和竞成同到扬州抓了孙天生。接着就是打浦口。竞成带队从仪征前进,在高家洼(即渚头山)与张勋军遭遇。由于装备不如敌人,交手后很不顺利。竞成亲自督战,三日不食,后因吐血过多,以至昏倒。当部下把他背到后方休息时,他硬叫轿夫把自己仍抬上火线指挥,士兵深受感动,终于把张勋打走。

时孙中山到南京,委竞成为江北支队司令,授陆军少将衔。竞成和徐宝山、柏文蔚在镇江、扬州、浦口成鼎足之势。徐等都准备各搞一支私人军队,而竞成不同意,他以为既已光复,军队都是国家的,就没有建立自己个人的军队。

民国二年,袁世凯把林述庆骗到北京,用毒酒把他害死。顾忠琛来到镇江做十六师师长,请竞成任少将参谋。十六师第二营经常出外骚扰掳掠,竞成气愤地说:"这种军队简直像土匪,不如用机枪扫光。"第二营营长(前镇江商团团长)听了,就扬言要和竞成为难。顾忠琛就迫使竞成辞职,改任镇江卫戍司令,这只是个空衔而已。

民国四年,袁世凯称帝,竞成通电反对,遭到袁的通缉。早在林述庆死时,竞成就对国事灰心,加上与徐宝山不合,在十六师中又受排挤,至此,竞成便回家了。他开了个小窑坊,种十多亩芦滩田度日子,生活很清苦。

最后,竞成在家念佛诵经,专和乡里的和尚交朋友,到抗战前夕就病死了。

三益栈与李竟成

王幼丞

【编者按】三益栈在镇江盆汤弄,辛亥革命时,李竟成等在此建立秘密机关。1960年春,镇江大港中学历史教研组为搜集乡土资料,访问过三益栈的当年小主人王幼丞。不久王病死。本文是他们送给我系的采访记录。

镇江光复前夕,李竟成奉沪军都督陈其美之命,回镇江进行光复活动。阴历九月十七日,他带着十多个人来到三益栈。清军统领徐宝山与我有亲戚关系(我的妹妹嫁给徐的大儿子),经过我的介绍,李竟成与徐宝山取得了联系。以后就以三益栈为联络机关,李竟成秘密联络了新军管带林述庆、象山炮台防军和虎威、建威两军舰官兵,准备好了光复镇江的武力。

镇江光复后,陈其美任命徐宝山为北伐总司令,李为副司令。这时,孙天生光复了扬州。据说,孙是个捣乱分子,不正派,有野心,自己并没有什么实力,只结合了一班不务正业的人,在扬州闹事。扬州商界邀徐宝山、李竟成出兵镇压,我以镇江商会代表身份同到扬州。李对我说过:"孙天生不该发展个人野心,不通知我等就去独占扬州。"攻打孙天生的主谋者是徐宝山。

镇压了孙天生以后,由于南京清将张勋顽固不化,拒绝投降,并镇压准备起义的驻宁三十六(三)、七(四)两标新军。李竟成便率镇江起义军,配合上海方面的攻宁联军,从江北攻打浦口,夹击张军。

南京光复后,李竟成为新军十六师少将参议。后被人排挤,改任镇江卫戍司令。失去兵权后不久,他就辞职回家了。

"京口驻防"遗事

严奉之

【编者按】清代，镇江驻旗兵一支，号"京口驻防"，都是蒙古族人。严奉之是驻镇旗兵的子弟，亲历镇江光复。我们根据他口述镇江旗兵的内部情形和他们对辛亥革命的态度，写成此文。

"八旗"得名于正红、正蓝、正黄、正白和镶红、镶蓝、镶黄、镶白八色军旗，是一种军事编制方法。每旗为八甲，每甲七十二人。旗内有满、蒙、汉之分，八旗里的六七两甲都是蒙古人。从乾隆二十八年起一直到光复前，驻在镇江的旗兵便是由各旗中的六七两甲组成，是从南京分出来的，号"京口驻防"。那时江苏有一个将军和两个副都统统率旗兵，一个副都统驻镇江，另一个副都统和将军驻江宁（南京）。在八旗里，满蒙是通婚的，蒙民与汉族通婚是在太平天国以后。当时，住在镇江的满人并不多，只有一百多人。

我到镇江后，在八旗中学读书。旗人是不许经商和种田的，只有读书。太平天国的后几年，八旗兵少，家属也少，都是不做事的，小孩一养下来就领到粮饷。后来家属人口多了，便得不到这种优待。

我在八旗中学读书以后，便知道世界大事，也觉悟到八旗乃是一种奴隶兵役制。因为我们只能有军职，不得离开营房，更不得经商种地；即使是做了二品官,仍然是称奴才的。况且粮饷有限,当时镇江的旗兵额只有一千人,而人口有七千多人,单靠额饷是不够生活的。光绪三十年,我们曾要求到丹阳万顷湖去开垦荒地,未成。

武昌起义后,旗兵与地方百姓之间就进行和平光复的谈判。经过多次商谈以后,在万寿宫由镇江官兵、商会及人民机关共同会议,大家认为发生战事,对双方都不利。即由地方士绅与都统商量。都统载穆是皇族,上任刚刚几个月,他见大家都这样要求,没有办法,便命令旗兵缴械,载都统自尽而死。地方人士杨振声(时镇中校长)和商会会长于鼎源特为募捐立祠,并上书袁大总统,请求把他的事迹编入史册。杨等还编了一册《京口副都统载公事实集录》行世。

为载都护请建专祠公呈

杨振声等

【编者按】杨振声，清末丹徒县议会议长，光复后任镇江民政长。本文载《京口副都统载公事实集录》，历叙载穆"功德"，流露出镇江绅商对清王朝依恋之情。原书系民国十年铅印本，镇江市博物馆藏。

为清臣殉节保民，陈请转详建祠崇祀事：窃前清京口副都统载穆，满洲镶蓝旗宗室。由侍卫班领授山西太原城守尉，在任凡四年。辛亥春，升授京口副都统，六月莅任。凡八旗之马步操防、学堂、工艺诸要政，靡不悉心整顿，而尤以和协军民为宗旨。故任事未久，所有徒邑之各团体、各机关，如自治公所、商会等诸绅董，凡因公接洽者，均能推诚相与，不以汉满歧视。八月间，武昌起义，镇城风鹤频惊。该都统内则设总机关部于节署，招致属下之品学素优者以备参谋，爰以恩沛（字润生，汉姓张）为参谋长，德霈（字雨田，汉姓傅）副之。以夏学津（吴县人，由山西差次调苏）为军事总文案兼常备军教练，督饬马步官兵分防各隘。外则联络标营统带，借为声援。昼夜焦思，目不交睫。每出巡，附循僚属兵众如家人父子。俸给所入，悉充犒赏。恩信既孚，兵心鼓舞。此该都统孤忠自矢，誓将背城借一效死勿去之实在情形也。当斯时，民军声势日盛,各地谋响应者时有所闻。惟京口为驻防所在,该都统既系宗室,而知府事、知县事者均属旗员,形格势禁。有识之士群以为镇地战祸断难幸免,相率迁徙,至九月初旬,城厢内外几于十室九空,所迟回未去者,惟自治公所议董两会及镇江商会,名义所在,不得不借以维系人心,故机关尚未解散。其时邦彦为议事会议长,兆恩为董事会总董,鼎源为商会总理,值此时局阽危,万难坐视,日与同事诸职员秘密磋商,分途游说。至九月十三、四日,运动有效,机会可乘,由八旗学界转商左右两司及佐领防御等,要求该都统维持大局。十五日,粗有成议,订于十六日上午在城内自治公所开特别大会决议进行。是晚,适接苏省光复专电,众心稍定。迨届开会时,公民等宣布此次举义宗旨系政治改革,非种族改革,在在崇(崇)尚人道主义,苟不抗拒义师,断不至意存仇满,所有京口八旗之生命财产,可由自治公所及商会担保。该都统备闻各论说,始则涕泗横流,哽不能语,继则曲徇众请,无复异言。当谕左右两司与商会及自治公所缮立担保旗民生命财产文约,议定民军进城不扰旗境。因传知所属马步各旗一律输缴枪械,当夜由自治公所派人点收。十七日,民军进城,得以相安无事。此该都统未尝反对共和之实在情形也。民军入城后,该都统即出居恩沛私宅,相对涕泣,不进饮食,公民等一再劝慰,勉啜薄糜。旋返署料理一切,乃于十九日夜,竟自缢殉节。公民等闻耗奔视,于其衣袋内检出致商会遗函,于折匣内检得遗折未竟之稿。综观所云,盖以俯顺舆情者全不杀之仁;以舍命不渝者尽效忠之义。此该都统致命遂志之实在情形也。……

扬州府

扬州光复事略

吴佩江

【编者按】作者扬州人,清末做盐运使衙门的书吏,亲历扬州光复。本文叙述扬州光复的经过较详,稿藏本系。

一、光复前扬州地方组织之概要

两淮盐运使署运使为增厚(满族人)。

淮南总局为汪铭恩。

扬州府知府为嵩岣(满族人)。

江都县知县为桂聚庆。

甘泉县知县为禹嵩龄。

盐捕营都司为彭春尔。

扬州营参将为刘永兴。

扬州城守营守备为夏松年。

缉私营:定字营督带为姚某,统领李定明已补安徽寿春镇总兵,继任统领为王有宏;虎字营督带为徐宝山,管带为黄凯臣、董开基等。

扬州警察局下设第一、二、三、四、五计五个分局。

扬州商会会长为周谷人。

二、光复前地方人士活动之情形

（一）江苏革命运动日益展开，扬州旅外学生陆续回来，乃发动组织"旅外学生队"，以谋响应。因缺乏装备，不能发生力量，就以维持地方治安为名。节经向两淮师范学校商借步枪百余支，竟遭该校负责人叶惟善拒绝。复又向地方商会洽商，请予支持，亦无效果。虽继续奔走活动，由于社会上无相当基础，地方人民又缺乏革命思想，致无进展。直至光复前一日午后四时，始得两淮师范学校允借步枪二十支，然为时已晚，未遂其志。

（二）地方知名人士方尔咸、周谷人等得镇江光复消息，形势日益紧张，乃召集各界群众在商会开会。决定组织自卫团，以全城每家一人或二人，各备红字灯笼，分区编队，担任夜晚巡逻，以保安全。计编成二十四个队，有一万五六千人。

（三）旧历九月十七日，方尔咸首先劝说知府嵩崎以出巡暂避，嵩崎拒未接受。（光复后，有支队司令边振新者捕嵩，经地方人士代为缓颊，并护送至高邮）又于午后，方尔咸、周谷人邀集里人李石泉、戴孟瞻劝说运使增厚，解职离开。经劝告后，增厚即于当日午后携眷并印信，微服越墙出走。

方、周等先后劝说嵩崎、增厚出走，以其为满族人，纯系私人情感之表现，并无光复扬州之企图。

三、光复前发生的事变

（一）旧历九月十七日，在增厚出走后，于五时余，驻在南门外静慧寺的定字营一部士兵，突然荷枪实弹入城，直趋运署，声称索饷。始则开枪示威，继则冲入该署，破库洗劫元宝。地方闻警，人心震动，军警机关均避不闻问，似成无政府状态。该士兵等抢毕而散，幸未扰及人民。

（二）旧历九月十七日晚，自卫队出动巡逻。至九时余，忽然江、甘两县监犯冲破狱门，呼啸而出，镣声震动全城，势难制止。当由自卫团逐段驱送犯众出南门，任其自散。人民未受影响。

（三）旧历九月十八日[1]晚八时，突有定字营武装士兵四十余名拥一身缠白色洋绉（由足胫至头顶）乘马者一人，另有乘马随行者五六人（其中有警局巡长、江都县知县桂聚庆、绿野茶社老板），由南门叫城而入。其前导士兵手执"还我山河""光复大汉"旗帜各一面前进。人民以为革命党人光复扬州，群出欢迎，自卫团列队道旁，群呼以"好"。该众经街市直至运署，其身缠白色洋绉者即所谓都督孙天生是也。地方人士方尔咸等趋至运署，以表欢迎。孙天生即问方等库存盐课情形，拟发军饷（库存盐课原有二十余万两，除拨借于安徽省五万两移存老库待运外，其余悉数已先期解运南京，而其老库所存五万两，又经定字营士兵一度抢劫，均成空库）。方等答以实际情形，略事周旋而出。

---

[1] 当作"十七日"。

（四）旧历九月十九日[1]，全城均悬白旗。街上武装士兵以两名合乘独轮小车一辆，往返巡行(该兵均身藏盐课，负重难行)，满街小车络绎不绝。运署照壁上贴有军令十条布告，书"大汉黄帝纪元四千六百年月日"字样，盖有"扬州都督孙天生之印"一颗。是日，该都督等召集群众在甘泉县署开会，由一巡长某代表孙天生出席，言语含糊，对群众所提问题无正确答复，最后答以请示都督，晚上在甘泉县署开会，再行宣示。散会后，晚间群众又集结县署开会，仍由巡长某代表，正在群众质询之际，闻报城外火警而散。

（五）孙天生日在街市乘马游行，对于一切措施一无表现，而对运署附近群众说："署内家具什物，你们随便去取。我们发大财，你们发小财。"附近贫苦者于是群趋争取，虽署内地板亦被撬开。地方群众发觉其言行举止不类党人，疑虑不安。方尔咸等睹此情形，深恐日久生变，遂推里人阮薪传(阮五)、戴友士等代表过江迎徐[2]。而徐宝山于镇江光复时，为保自身安全，已向林述庆投诚。代表们经向林请愿，得其同意，徐乃回扬。当晚即到达城外。

该日(九月十九日)晚，南门外、缺口城外两处柴篷同时起火。事后知系徐用为与城内联系之信号。城内人民误为清江十三协溃兵南下扰乱，因之人心极端恐慌，秩序稍形紊乱。

四、光复之实现

（一）旧历九月二十日黎明，徐即宣布成立军政分府于洪水汪

---

[1]　当作"十八日"。

[2]　据戴友士说，他与阮五过江迎徐，是在九月十七日早上，在孙天生起事之前。

私邸（街上贴有镇江都督林述庆布告，扬州军政分府由镇江都督管辖）。贤良街、教场街已有徐之部队施行戒严，并搜捕孙天生。孙正乘马经教场，中枪落马，负伤逃窜至得胜桥附近，为铁工群众所捕[1]，扭交徐部（雇小轿一乘，孙犹在轿内大喊大叫："做人要做大丈夫，我也做了三天皇帝。"），拘送于徐之私邸。其附从士兵有卸装潜逃者，有被捕获者，余者皆闻风星散。徐继令部属携孙至广储门樊家园菜田内，挖出所劫之盐课。定字营变兵的管带李祖培亦为徐枪决。

孙天生之来处与发动实际情由，至今犹不知之。传闻徐去收复里下河时，携孙至泰州小海，被徐枪决[2]。

（二）方尔咸等所以迎徐回扬，因方等以扬州为盐务重心，八大盐商群集于此，是食盐供运销之枢纽。里下河为产盐之区，十二圩又为食盐转运集散之地。认徐足可左右盐务之安危，遂有迎徐之举。

（三）旧历九月二十日午后二时，徐宝山召集各界开会于淮南总局，决议事项：

军事方面

设军政分府于淮南总局，徐为军政长。

以原虎字营为基础扩编部队，由徐自行主持之，并改编定字营。

---

[1] 居广傅说："孙天生躲在多宝巷一家花烟灯上（妓院里），被得胜桥开剪刀店的王德林告密，才被徐老虎捉住。王原来是和孙天生一起的。"徐搜捕孙，是在十九日。

[2] 据徐荣华说："徐老虎想利用孙天生收里下河，孙坚决拒绝，结果被徐老虎杀死在泰州。"

以李鼏为司令，成立北伐先锋队。

以边振新为支队司令，成立一个支队。

以方柳江为司令，成立宪兵部队。

改编城防营，以原扬州营参将刘永兴为管带，原城守营守备夏松年为帮带。

成立军政分府卫队营，以朱葆元为管带。

民政方面

成立江北民政署，由地方人士推举里人李石泉为民政长，与军政长并立（尔后徐、李龃龉，徐将之改为江都民政长，隶属于军政长之下，李乃辞去，由地方推举里人江彝伯继之）。

盐务方面

成立淮盐科，设于四岸公所，以方尔咸任之。

财政方面

由方、周召集各银号钱庄负责人，清查分存附加捐税各款，悉数提出，以备军政费用。发行军用票，由原大清银行负出纳之责。

整理关卡并增设湾（湾头）、邵（邵伯）厘金，以增税收。

军队装备方面

整理旧有枪支。

收集散藏泰州小海各地枪支，由徐自行办理。

向上海购置枪支，以充实装备。

五、军队之编成

成立扬州第二军军部，徐自兼军长。下辖方更生步兵一旅，米占元步兵一旅，徐宝珍步兵一旅，李鼏步兵一团（由先锋队改为团,番号为四十一团),边振新支队约一团,申标一团,方柳江宪兵约两营。

六、军事之动态

(一)光复扬州初期,徐率部众参加浦口之役,讨伐张勋。是役,其部下营长董开基阵亡。张勋北退,战事结束,徐率部返扬,继续扩编部队。

(二)李鼐部移驻清江,协助江北防务(张勋由海州南下,图袭击清江,由扬军李鼐团、镇军臧再兴[1]团、沪军刘旅、江北部队一部,编成联军,以孙岳为联军总司令,堵截张勋于窑湾、皂河一带,激战月余,遂将张逐出苏境)。尔后撤防,移驻高邮。

(三)边振新部移驻瓜洲,军纪废弛,扰害人民。镇江支队司令李竟成奉令过江,诱边于船中而枪杀之,该部亦即解散。

七、军事之演变

(一)留守府黄兴以徐宝山为不可恃,遂委章梓任扬州第十一师师长,以分其势,并监视之。徐将方更生旅、李鼐团拨归章指挥。后由章梓另成炮兵一团(无炮),团长吴某、团副骆咏曾;辎重一营,以陈受之为营长。

(二)章梓被调为江苏都督府军务司长后,徐乃撤换辎重营长陈受之,并改编炮兵团,各级干部完全更换。其所遗师长职务,徐

---

[1] 当作"臧在新"。

以该师参谋长胡维栋暂行署理。尔后该师仍被徐撤销，继之解散李鼐一团（各级干部调为都督府属官）。由此扬州均系徐之清一色的部队了。

按徐所自编部队实数多少，局外人不易得知。他的各级干部以至士兵，均是帮会徒众所编成。

孙天生起事见闻录

张羽屏

【编者按】作者于辛亥光复时,任教扬州巨绅方尔咸家,对当时情况比较了解。本文曾载《近代史资料》1958年第2期,原题为《扬州光复之回忆》。

辛亥八月十九日武昌起义的消息,不久便传到了苏北。当时,我住在扬州府江都县丁沟镇。镇上居民,议论纷纷,多不知道甚么是革命党,以为革命党就是大家合(扬州方言读合如革)一条命的党。

九月初,我由丁沟经过邵伯,搭乘班船进城。船中乘客也多谈起革命党,有一人说:"革命党人真厉害,能把炸弹吞入腹中,遇到敌人时,将身一跃,人弹齐炸。"我进城后,即馆于方二先生家。方二先生名尔咸,字泽山,己丑科解元,行二。

我亲闻方二先生说,有一人名孙天生,自称革命党。武昌起义后即潜来扬州,联络定字营兵丁,进行光复的活动。九月中旬,孙天生往晤方尔咸以及商会会长周树年(字谷人,丁酉科拔贡),孙天生问:"你们知道运司衙门的库房中,有多少银子?"方、周两人回道:"运库里没有多少银子,前几天已有多数上解到两江总督张人骏那里去了。"孙天生说:"这怎么办!我还准备拿运库里的银子发军饷呢！"至于孙天生有的是什么军队,方、周两人均不知道,但又不便盘问他。当时扬州盐运使增厚,扬州府知府嵩岣,均为旗人。因扬州传说革命党杀旗人,增厚就在衙门内,架起大炮,为自卫之计。居民见此情状,均惶惶不安。方、周两位力劝增厚撤去大炮,以安人心。方、周两位又谒见嵩岣,劝其出巡所属各县,实即离开扬州,暂避风头。谁知嵩岣不肯,答复道:"我只希望革命党人不伤害百姓,如果还需要我问事,我愿意继续维持下去,如果用不着我,我就走。"

我亲目所见者:九月十七日晚间,听到门外行路的人,有脚镣响声,知道江都、甘泉两县监狱业已打开,放出囚犯了。出门一看,看见大家小户都已悬挂白旗。第二天早上,看到辕门桥一带大街上的商店都在白旗上书写"大汉黄帝纪元元年"字样,说是奉了孙天生之命这样写的。至于小街小巷所悬的白旗,是不整齐的,有用毛巾代替,有用白纸糊成,大大小小,形形色色。

孙天生率领定字营兵丁,开往运司衙门,增厚打开后墙逃走。十八日大早,看见有从运司衙门运物出来的,问知是兵丁进入后,向附近一带居民大呼:"大家来发财啊！"于是穷苦居民,蜂拥而入,运司衙门的门窗家具等,一搬而空。

我见大街上有不少载着兵丁的独轮车经过,甚不可解。因为扬州习惯,在城内一般是没有人乘坐独轮车的(只在乡间乘坐),士绅乘轿,武将骑马,兵丁步行。现在光复了,为何兵丁不步行而坐起独轮车来呢？有人告诉我说:"兵丁进入运司衙门后,抢得元宝不少,放置怀中,颇为沉重,走不动路,所以乘车了。"

孙天生称扬州都督,他所贴的告示,署"大汉黄帝纪元元年",钤用"扬州都督孙天生之印"。盐务和商务,由方、周二人分管。

以下的事实有系所见,有系所闻:方、周两位在十七日之前,已派人到镇江请徐宝山了。徐宝山原系盐枭,江湖中人称之为"徐老虎",在长江下游一带的帮会中颇有势力,与方氏兄弟素有交情。方氏兄弟原在扬州盐务上办事,必须结识这一些人,才能免出差头。并且徐宝山在庚子那一年,已经由地方大绅荐举,出来担任缉私的职务了。徐宝山有时与其徒子法孙到方大先生(名尔谦,字地山)家中作客。方、周两位请徐宝山来,不是没来由的。

徐宝山于九月十九日到了扬州,扬州绅、商各界在教场备筵欢迎。徐宝山到扬州后第二天,即擒捕孙天生,孙天生骑马逃走,被得胜桥一个铁匠捉住。徐宝山讯知孙天生劫走运库的银子,埋藏在广储门内一个僻静地方,派兵押孙天生去起赃。孙天生在街上大呼:"扬州同胞们,要学我孙天生的为人,我在扬州做了三天皇帝,谁敢说个不字!"

孙天生被杀,扬州军事就由徐宝山担任,民政长由李石泉担任。李于清末曾在湖北做官,由知县过了道班,宦囊颇丰。扬州某君有《十古怪》的小曲,第一首上半云:"一古怪,观察公,地皮盗卖宦囊丰,黄鱼霸去为娘子,红顶归来作典东。"这是说李曾霸占扬州某剃头店老板的儿媳妇作妾,又说李在湖北贪赃枉法,回扬州后开设典当。此人的居官行事,不难想见矣。

民政长公署,设在左卫街东首。一日,李由家乘轿赴署,行到四叉路口,遇上浙江省开来的一些军队,替行人剪辫子。因问轿中何人,知是民政长,便大哗道:"难怪扬州人不肯剪辫子,连民政长的辫子还未剪掉呢!"当时就要在街上代剪,李即答应自剪。第二日就在教场九如分座(茶馆)门前,看到民政长剪下的辫子,装在玻璃盒子里悬挂着,以资提倡。李石泉名为民政长,实为徐宝山所制。这年年终，更为徐宝山软禁，以至于死。

　　我的好多朋友都在民政长公署中任职，他们在长衫上挂一白纸条，上书姓名，好似后日的徽章，但并无公事可办，不过挂名吃饭而已。其后，职员由数百人减至数十人。

记扬州军政分府成立

周无方

【编者按】作者系清末扬州商会会长周树年(谷人)的胞弟，亲历扬州光复，曾任职扬州军政分府。本文曾载《近代史资料》1958 年第 2 期，原题为《回忆扬州光复》。

武昌起义后，扬州立自卫团，举商会会长周谷人为团长，城内分为廿四区，户出一人，各执灯笼一盏，夜间巡哨。其时林述庆已光复镇江，镇江商会会长于立三(和周为至亲)与扬州商会联系。谷人遂约同方泽山、李石泉同至扬州府游说。扬州官厅，最高者为盐运使司，与扬州府均是旗人。运司无地方之责，而扬州府嵩峋，已知大势所趋，并不反抗。谷人对彼，担任保护之责。通讯镇江，以待其来人光复。

这时，忽有孙天生，纠合定字营兵丁，声言革命；至绸缎店，强取白洋绉，周身缠绕，至运司衙门劫库，至江、甘两县监狱纵囚，囚犯由自卫团押解出城。

次日早晨，孙天生派代表至商会开会，无结果而散。周无方见来人中有一人，系曾在亲戚家见过之熟人。一面由谷人向镇江告急，一面由无方寻其熟人至孙天生处，教以筹饷之法，以为扬汤止沸之计。

晚间至甘泉县署开会，议定旧兵仍归旧人带，民政另行组织。会议时，林述庆派徐宝山来扬。无方遂将经过情形，至徐宅报告。徐遂四处设防，派人捉拿孙天生，又派人搜已失之库银。

徐本盐枭，受招安为缉私营长。扬州人士对彼，颇不信任。于是众人责问周谷人："孙天生是假革命，徐宝山是否真革命？"其势汹汹，大有与谷人为难之势。无已，无方退去众人，约少数人同谷人至徐宅察看情形。有阮元之曾孙阮茂伯出面，以身家性命担保，其势乃平。

当时，方、李二人亦在徐宅，谷人所以约同方、李二人者，因革命必须有兵，招兵必须有饷。扬州金融，有两部分：一在钱典各业，一在盐务，方与盐务最熟；李乃在湖北服官罢职归来，认为他有行政经验。

其时，徐已招集各军官谈话。扬州军队，绿营腐败不堪，惟定字营有实力。徐宝山归降之初，定字营管带以下属视之，此时仍轻视徐宝山。徐乃大言责之曰："带兵不能约束兵丁，有何面目以长官自居！"招呼站队，欲与以难堪。谷人等以大事未定，防有内讧，从中排解而去。

忽来四人，为王子衡、朱鹤侪、张丹斧、朱立哉，云是上海特派员，备有公文，并携带敢死队二人。徐来时，有林派之帮办二人，一名李敬臣[1]，一名边振兴。李欲置扬州于镇江属下，扬州机关拟名"镇军都督扬州军政分府"，而边云："革命机关是两级制，湖北名军政府，各地应直属湖北，名军政分府。"正在相持不下之际，商会上有上海派来一人名张水天者，无方前去与之接洽，云"特送

---

[1] 当作"李竟成"。

印信来的"，携有木质印信一方，文曰"扬州军政分府"，于是邀彼同至徐宅，机关之名称乃定。当晚至场运局接印，即以该处为军政分府。

次日，发表各人职务。派无方为总务长，虽有此职位，并无事可办。李石泉自居为民政长，仍本其升官发财之志，想借此驾驭徐宝山。一日，李问徐曰："你想不想做两淮都督？"徐曰："大总统不过六年，我但知为百姓办事，不知甚么都督不都督！"后徐与李亦反目。无方见其言之有理，故亦甘心为其属下。后组织北伐司令部，遂转入司令部。初亦为闲职，后调副官处一等副官，旋升为副官长。徐之军事，并不由副官处发命令，均是面议，副官处备案而已。谷人与方泽山，均不居名义，但担任筹饷之责。至孙中山先生让位与袁世凯，徐与中央接洽，月发饷十二万元，地方之担负遂免。

徐宝山对革命，本认识不清，至袁世凯当权，即拥护袁世凯，又误认张勋与袁为一气。当谣言四起之时，徐欲见好于袁，电云："百万男儿，不难立呼即至，紧要时，当与张勋联为一气。"电去后，一则势大震主，一则张勋实袁之眼中钉，复电云："至紧要时，当另派得力军队，以为后援，今派徐□□为该军参谋长，以便参赞军机。"实即监视之也。数月后，参谋长请假，徐宝山即于参谋长假期中被炸。

徐军名为一军，实际只有一师，又护军营一营，共二十一营。最高将领，有旅长二人，一为张锦湖，一为方更生。此二十一营中，与张有联系者，计十八营，皆其同帮之人；与方有联系者，仅三营而已。徐死后，谷人至运署，请运司出面担认饷需。无方以副官长之资格，领衔保徐宝山之弟徐宝珍代理军长，电统率办事处，随时复电允许。后将徐军改编,张锦湖为通州镇守使,马玉仁为清江镇守使,方更生为江阴要塞司令。将徐军分化后,即转入军阀割据时代,与光复无涉矣。

徐宝山来扬的经过

戴友士

【编者按】戴友士，扬州人。扬州光复时，他代表扬州绅商到镇江与徐宝山接头，怂恿徐派兵渡江攻击孙天生。这是我们访问他的记录。

武昌起义以后，全国各地都动起来了。扬州商会举办自卫团，我是旧城仁丰里自卫团的团长。我们想利用驻镇江的清军统领徐宝山来光复扬州。他有五营人住在南京，在镇江也有近一营的兵力。于是我和阮老五[1]等人，带着商会会长周谷人的信，在九月十七日黎明过江找镇军都督林述庆[2]。在三益客栈会到林述庆，林正在上马出发。他叫江北支队司令李竟成会同徐宝山光复扬州，由徐宝山组织军政分府。下午，周谷人派人来说，扬州有个假革命孙天生，利用王有宏部下的一个营长，发动兵变，打开了运司银库，劫走了库银，催我等赶快回扬。随即组织徐的门徒约有一连人，叫做敢死队，由边振新指挥，连夜过江。徐宝山、李竟成

---

[1] 阮老五即阮茂伯，阮元的曾孙，是扬州的青帮头目，曾与徐宝山结拜为兄弟。

[2] 周谷人写信给林述庆，是通过镇江商会会长于鼎源介绍的。于鼎源是周谷人的表弟，他早已为周、林之间接上头了。

等也和我们一道赶到扬州。

徐宝山和周谷人是老相识,我们随同徐由钞关进城,周谷人和商会方面的人都来欢迎,进城后一齐到徐公馆(即王有宏的公馆),随后在左卫街淮南总局组织军政分府,扬州光复了。

这时孙天生已经跑掉,以后在一个小烟馆里把他捉住了。

王有宏定字营的散兵游勇在泰州一带抢掠百姓,我们光复扬州后的第二天,徐宝山军队就出发去光复泰州、东台、兴化、盐城、阜宁等地,共约有十多天时间。在路上,徐宝山杀了三个人。在泰州,杀掉水师营的一个哨官。在东台,杀了王有宏部下的一个营长刘凤巢。他们都是在地方上骚扰抢掠。最后,被带来的孙天生也被徐宝山在泰州亲手打死了。孙天生死时年二十多岁,高高的个子,我亲眼看到的。

徐宝山打过这些地方后,回到扬州。

当时南京尚未光复,张勋闭城顽抗,李竟成、徐宝山率军进攻浦口。以后南京光复,张勋被赶跑,徐宝山又回到扬州。

这段时期,我是徐宝山、李竟成的随员,一直跟着他们。后来徐宝山野心大,容不下李竟成,李竟成回到镇江去了。我由老友方柳江介绍,当上徐宝山部下的宪兵队长,直到二次革命失败为止。

附录：孙天生起义调查记

祁龙威

【编者按】扬州光复时，爆发了以孙天生为首的城市贫民与士兵的起义。起义的果实被代表盐商利益的帮会头目徐宝山所篡夺，他以"假革命"的罪名杀害了孙天生，自立为扬州军政分府都督。孙天生起义的历史，长期被反动派所歪曲。从1957年起，我们访问了五十余位亲历扬州光复的老人，根据他们提供的资料由笔者写成此文。

一、历史背景

1911年扬州孙天生起义，爆发在武昌起义之后将近一个月[1]。

起义前夜，扬州政治局势的特点是：清朝统治者和革命党的力量都异常薄弱。

当时，清朝在扬州的统治机构，已行将崩溃。两淮盐运使增厚早已打点金银，准备逃命[2]。"一府两县"也都在安排后路。"缉

---

[1] 辛亥八月十九日武昌起义，距九月十七日扬州孙天生起义，将近一个月。
[2] 此据王桂华说。他是当时运司衙门的鼓吹手。

私""城防"等驻军,腐朽虚枵,不堪一击。

在扬州,一直很少有革命党人的活动。虽有少数旅外学生,在武昌起义后受革命影响,回扬组织"旅外学生队",准备响应革命,由于他们脱离人民而求助于绅商,结果一事无成。

饱受帝国主义与封建主义磨难和富有反抗历史传统的扬州劳动人民,是具有强大的革命潜力的。在辛亥革命以前,扬州不断发生过闹教抗捐等斗争,表现出扬州人民英勇顽强的反抗精神和迫切要求革命的心情。武昌起义后,尽管他们还不知道革命党的真相,还只有少数人知道孙中山。但是,他们都欢迎革命,总希望革命胜利后可以不再受地主的压榨,可以不再受洋鬼子的欺凌,可以改善自己的生活。他们把首义后的湖北,理想化为"白银满地"的乐园[1]。由于革命党没有发动他们,所以没有及时行动起来。

扬州有不少游民,"他们是人类生活中最不安定者"[2],勇敢善斗,消息又比较灵通,最容易被时局的浪花所激动。其中有些人因反抗清朝统治而流浪江湖,与革命党接触,也和当地的驻军、公差等各方面有秘密关系。在革命形势的推动下,在清江兵变的刺激下,他们正在积极准备发动兵变和民变。

多年来,扬州一直是盐商的"安乐窝"。他们垄断着两淮食盐的产、运、销,拥有庞大的沾满盐民鲜血的商业资本。扬州的钱庄、典当多半是盐商资本的附属品。恶霸、豪绅多半是盐商的代理人。他们上通官府,下结土匪流氓,专做压榨盐民和其他劳动人民的罪恶勾当。武昌起义后,盐商巨头周扶九、萧云浦和同他

---

[1] 此据制绒花艺人王以仁和漆器工人刘寿之等说。
[2] 《毛泽东选集》第1卷,第8页。

们勾结的豪绅方尔咸、周树年等几乎被革命的高潮所吓倒。他们最害怕的是革命党人会"改革盐务",会切断他们的吸血管。但革命党对反革命妥协的暗流,又使他们找到了生机。他们选定像苏州、常州那样走"和平光复"的道路,使扬州的反动秩序能够一成不变地保留下去。

因此,扬州当时面临着两种可能发生的事变:一种是由某些和革命党有关系的游民分子所策动的兵变和民变,他们会自发地作出超越资产阶级革命党人意愿的动作,而成为豪绅富商的严重威胁;另一种是由豪绅富商所策划的"和平光复",用来抵制自下而上的"变乱"。

二、起义经过

在武昌起义后不久,革命党派来了他们的密探孙天生[1]。孙天生原来是扬州的手工工匠[2],被迫失业而成为游民,因反抗清

---

[1] 地主和资产阶级都一口咬定"孙天生是冒充革命党"。但是,王桂华、刘寿之和老皮匠谢春发等很多人,都断言他是革命党的"坐探"。谢春发还说孙天生有一方印布(符号),是革命党发给他的,被捕后,他曾交出来证明自己的身份。

[2] 关于孙天生的身世,传说纷纭。谢春发听过他讲话,是本地口音。过去有个小说家叫作李涵秋的,写过一部小说叫《广陵潮》。其中有一回"黄天霸只手陷扬州",影射孙天生光复扬州事。他说黄是西郊廿四桥人。老秀才蒋湿清写的《扬州辛亥革命纪要》(稿本),即误据《广陵潮》肯定"孙天生本姓黄,廿四桥人"。市民梁介平老人说,孙天生本姓巴,小牛肉巷人。祖先是甘泉县钱粮房做公的。起义后,还有人喊他"小巴"。他的伯父巴泽官是梁介平的朋友。教场口的小摊贩居广傅说:"孙天生小时读过几年书。"谢春发说:"孙天生做过圬匠。"王桂华说:"孙在清江十三协办的学校里读过书。"

朝统治而亡命上海,和革命党交了关系。他一回到扬州,马上利用原来的秘密社会关系,积极鼓动驻军"定字营"起义,并要求当地绅商响应。

这时,扬州的豪绅富商,已经在酝酿"和平光复"。周树年通过镇江商会会长于鼎源(立三)和革命党挂上了钩;方尔咸向旗人游说,要他们和平交出政权,以抵制自下而上的"变乱"。豪绅富商们已经把扬州分成二十五(或作四)区,组织"自卫团",昼夜巡防。同时他们怂恿镇江的清军统领徐宝山来扬充当他们的保护人。

徐宝山本是长江下游的盐枭头目,因凶狠残暴,绰号"徐老虎"。1900年,南通大绅士张謇为防止义和团运动在东南蔓衍,教唆两江总督刘坤一招降徐宝山,收编他的羽党成为"缉私营"。徐宝山和扬州的绅商早有勾结。武昌起义后,他正在镇江,观望风色,伺机而动,垂涎扬州的盐厘。

孙天生以革命党人身份突然在扬州出现,使方尔咸、周树年等大为震惊。他们狡猾地虚与委蛇,以察看这个革命党人的行径,企图达到为他们所利用的目的。同时他们仍和徐宝山保持联系,布置后路。

阴历九月十七日,镇江宣告光复,一江之隔的扬州,再也安静不下去了。当天晚上,孙天生匹马驰入城南静慧寺的定字营驻地,发动士兵,杀官起义,鼓噪入城[1]。渴望革命的扬州城立刻卷起欢迎革命军的浪涛。

盐运司旗人增厚,听到枪声,慌忙穿墙而走。知府旗人嵩峋,

---

[1] 此据莱农陈家寿说。他住在静慧寺邻近。

闻讯躲入天宁禅寺，把官印抛在瘦西湖里，挨过几天，在反动绅商的掩护下，逃奔高邮去了。甘泉知县禹嵩龄跪见孙天生，叩头如捣蒜。江都知县桂聚庆，跟在孙天生马后，侍候奔走。只在几个小时内，像一阵旋风似的摧毁了清朝在扬州的全部统治机构。

当晚，孙天生把盐运使署的库银，分给了军队和贫民；大清银行也被打开，散钱满地，招呼贫民任意搬取；又下令放走了江、甘两县的狱囚。

至今，扬州人民还歌唱孙天生这晚的功劳：

> 扬州城，新旧十二门。九月十七日，来了一个冒充孙天生。鼓三更，进衙门，库银元宝四下分，放走监牢众犯人，宣统江山坐不成。[1]

当晚，孙天生传见了方尔咸等绅商代表。方等魂不附体地对答了几句，便退出运署。他们立刻聚集在商会，通宵密议，决定一面对孙天生表示欢迎，以闪避斗争的锋芒；一面电催徐宝山来扬"平乱"。

从当晚到次日天明，已有一批游民和贫民团聚到孙天生的周围。姓名可考的有：

袁德彪　甘泉县公差

---

[1]　扬州老人会唱这个小调的很多，但是不同阶级的人唱的内容不同。如周谷人之弟周无方唱的有"忙坏商会周谷人"等语。此系俞粹焘（教场口卖旧货的）、刘殿卿（小商人）、石金桃（郊区农民）等所唱的歌词。由于反动派制造了孙天生是"冒充革命党"之说，群众误会真的孙天生没有来，这是冒充的，遂惯说"冒充孙天生"。

毛　坤　甘泉县公差

刘癞子(诨名)　教场口卖拳的

夏菩萨(诨名)　小东门做泥菩萨的

曹小癞子(诨名)　东关居民

谢大花(诨名)　东关削筷子的

陈长林　教场口做厨子的

夏恩培　教场口卖膏药的

尹祺祥　运署附近卖古董的

黄石岩　警局文牍

姜善敖　城防营西门汛官[1]

九月十八日,孙天生以扬州军政府都督的名义,发布文告,正式宣告扬州光复。通令人民安居乐业,三年不完粮,诸捐杂税全免。还禁止奸商抬价,米每石不得超过三元(时已超过七元),猪肉每斤二百文[2]。

这个文告提出了贫苦人民的某些具体的经济要求。它如果实现,必然严重损害豪绅富商的利益。

这一天,扬州的劳苦大众用喜出望外的心情,来围观革命政府的布告。大街小巷,家家户户都插上了象征"光复"的白旗。身缠

----

[1]　据张子厚说:"当时附和孙天生的,是一群不事生产的人,人数有几百个。"居广傅等说,只有二三十人。其中袁德彪是起义的重要人物之一。他是甘泉县快头、青帮小头目,在教场口开设永发栈,孙天生起义前曾住在这个小客栈里。曹子言说:"孙天生起义出于袁的鼓动。"谢春发说:"孙天生在运台衙门招兵:清兵愿留下者留下;老百姓要写一履历报名。他看到尹祺祥能写好字,叫尹做文牍,安民布告就是尹祺祥写的。"曹子言说:"代孙天生写布告的是黄石岩。"

[2]　参据谢春发、显宗和尚及王石安等说,他们都是这个布告的目击者。

白绸的都督孙天生骑马巡街,到处腾起春雷般的掌声和欢呼声。

同时,扬州也有不少阴暗的角落。盐商巨头萧云浦家,整天大门紧闭,凄凄惶惶,害怕孙天生会冲进他们的屋子。商会副会长王逋臣主管的源裕当铺,一日数惊,准备散伙[1]。

三、起义的失败

孙天生起义虽然受到人民大众的欢迎,但起义的影响还局限于城市,还没有触及和豪绅富商尖锐对立的盐民和农民。起义者的无政府主义色彩,使他们和安业的城市小生产者之间的进一步结合发生困难。当时除一部分游民和城市贫民外,起义者还不可能立即获得更多的群众用行动来支持他们;特别不可能获得某些城市小生产者(如制绒花、制漆器的手工工人、郊区的菜农花农等)立即行动起来,反对他们所视为主要主顾的绅士和商人。缺乏革命意识而和孙天生偶然合作的定字营士兵,在分散库银以后,就各谋出路,风流云散。新招集的武装队伍,人数不多,又缺少武器,力量异常单薄。另外,起义者一再和绅商谈判合作,不仅对他们的反革命的两面派手法缺乏警惕,还暴露了自己的孤弱。所有这些,都是起义者的弱点,也是造成起义失败的主要原因。

富有反革命经验的方尔咸、周树年等,既怕起义蔓衍到不可收拾的地步,又觑透了起义者的种种弱点,就一边拖延谈判,一边部署攻势。

---

[1] 此据王渥然和徐笠樵说。王当时在萧云浦家教书,徐当时是源裕当铺的管库。

　　狡猾的方、周等人明白：如果公然反对革命的孙天生，便暴露了自己的反革命面目，将激起人民的公愤；必须把自己打扮成"真革命"，把孙天生扣上"假革命"的帽子，使孙天生孤立起来，以便一下子把他扑杀，而没有不利自己的后果。镇江军政府对孙天生的不满态度和孙天生及其伙伴们的某些破坏性表现，都是方周等人造谣污蔑的借口。

　　在九月十八日的下午，已经有人在街头散播孙天生是"冒充革命党"的谰言。在革命政府的布告栏前，也有人在窃窃私语，对纪元和印信等问题进行挑剔，硬说孙天生是"假革命"[1]。

　　随着毒辣的舆论攻势而来的是徐宝山的部队在南门钞关登岸。九月十九日上午，徐部匪军侵入扬州城。方周等反动绅商在教场口摆筵接风，并驱迫群众列队"欢迎"。一小队起义军拥护着孙天生突然也在教场口出现，孙当众揭发反革命对他中伤的阴谋，立刻引起全场的呼噪声。徐宝山恼羞成怒，下令向孙天生开枪射击。因寡不敌众，孙天生身手敏捷，从人丛中走掉了。

　　九月二十日，徐宝山闭门大索，孙天生隐蔽在多宝巷一家姓唐的妓院里，不幸由于叛徒的告密而被捕。同时被捕杀的起义军民共七十余人。分到库银的居民，都遭受"追赃"的灾祸，还有无故被难的[2]。

　　孙天生在被捕后，继续和反革命进行斗争。他利用徐宝山派人押他搜索库银的机会，在大街上向群众高呼，表示不屈。徐宝

---

[1]　孙天生用的"纪元"是"大汉黄帝纪元四千六百零九年"，称了"黄帝"还加"大汉"，有些人认为不对。孙天生印信上刻着"扬州大都督孙天生之印"。官印刻上姓名，有些人又说不对。借以对孙攻击。

[2]　据道士项月峰等说。

山想利用他去收集泰州一带定字营散兵的武器，他坚决拒绝。徐宝山无可奈何，又怕人民反对，不敢把孙天生杀害在扬州，就在从泰州回来的路上，把他偷偷地杀掉了。

孙天生起义被血洗后，徐宝山便由扬州绅商拥戴，在扬州成立军政分府，把扬州人民置于他的铁蹄之下。

至今，扬州的劳动人民，还在怀念"穿破裤，吃黄面，不扰百姓"的"穷人"孙天生。还在眉飞色舞地谈论他的勇敢。还在对孙天生的死表示嗟惜。相反的，对残忍凶狠的徐宝山都是心怀余恨。可见是非曲直，人民自有公论。地主和资产阶级捏造历史是徒然的。

东台光复始末

《民立报》

【编者按】本文载辛亥十月十一日《民立报》,简述东台光复经过,辑录于此,以当补白。题目是我们加的。

东邑自闻长江响应,北场匪徒乘机蠢动,人心慌乱异常。适定字副营刘凤朝勒印不交,吞蚀巨饷,军心哗溃,凤朝因之煽惑军人蹂躏地方,扬言分司库、县库储银若干万。本月二十日左右,军人持械强买需索典当各情,已岌岌不可终日。幸商会总理丁立棠与右哨队官吴登甲等极力维持,暗中将中左哨之明白者说归左哨,并厚给军饷,以作抵制。刘知势败,乘间窃饷银、军械逃去,沿途并抢劫民船财物妇女无算,东邑借以安靖。丁君遂与各哨联合,二十三日宣布独立。并将副营暂编为"东台保卫军",改制军衣,归地方筹饷,以定人心。并设司令处,筹商御匪之策。二十六日,获盗四名,就地正法。日来秩序井然,市场安谧,几不知为兵革中之东台也。

泰州光复纪实

许杏农

【编者按】辛亥革命时，东台爆发了刘凤朝兵变，变兵到达泰州，泰州豪绅富商立即勾结徐宝山扑杀了刘凤朝，并宣布"泰州光复"。本文和《回忆刘凤潮兵变》的作者都亲历这次事变。稿藏泰州市政协。

泰州是徐宝山来光复的。徐，扬州人[1]，在清专制政府压迫下，是一失业者，以贩盐为生，骁勇过人，同业者咸推奉之，门徒甚众，旧官僚无可如何，呼为"徐老虎"。革命军兴，徐经镇军总司令林述应招抚，命为江北防军总司令，亦称军统，驻扎扬州。泰属扬郡，当在其管领中。时值辛亥年九月间，泰州多故。十八日，监狱外监犯十数人挖墙越狱出（昔是泥墙，至郑辅东任内才改砌砖墙），未能追获。县府快班不足用，由守备派兵少数驻狱门外，以防其后。讵于十九日夜，内监盗近百人闻风作乱，齐斩断脚镣，即以镣为械，崩监出，守门兵不能御，只随其后尾追，向东门去，合城震惊。都司、守备两府兵无多，且皆老弱，惟商会保卫团数十名俱少壮，时加训练，但器械不备，大半土枪。于是政府商会同邀集地

---

[1] 徐宝山是丹徒人，此误记。

方绅商人士会议,有谓宜增加保卫团人数并请领新式枪支;有谓向扬州请徐军统派兵驻守,未果行。至二十一日而刘凤朝[1](亦作巢)叛兵到泰。其时商会会长沈惕斋,名秉乾,清进士,曾官京师,退居回籍,合股开设保泰钱庄,商界素来信仰。保卫团团长张淦清,系武秀才,身材魁梧,有勇力,知军事,沈任为团长。刘叛之来也,志在骚扰强夺,并无据城思想。然耳张名,未敢冒动,又知张兵寡,轻之,故谒张以借盘川为要挟。当时刘指明坡子街全部商户、城市三当典和著名财主等,欲任意搜索,并以利诱张。张觉势不敌,伪含糊以应。归与沈计,决定一面与刘叛议,准其向商富筹金犒军,戒其军居赵公桥北,毋扰市,因其数甚巨,须宽几日,方能汇集;一面由商会发电,派员往请徐军统立即派兵来泰剿捕。天未晚,军统率兵亲临,张往迎,面授机宜。时大雨淋漓,分军两路进:一由野外经西仓过越公桥北,包贼军后;一由南门经大街直北至越公桥南空野,列阵以待。张团长只身至越公桥顶,呼贼与语。呼曰:"徐军统亲领大军至矣!意将何为?"刘亦只身来,因劝之降。刘震军统威,殊悚惧,又恐降且不免于诛,张誓保之,乃架枪垂手随张行,见徐军统于泥淖中。军统下令军中,一人押一人,往扬候改编。于是一队一队仍由大街直南行,约半小时,始尽。时满市商家灯烛辉煌,不敢声息,而欢情达于面部。刘贼被带至坡子街商团局,谕话交军政管押,随军赴扬。是役也,据闻贼军以千计,大船三艘载辎重,皆由东邑掳掠而来,并有杀人全家拐其妇女之事,而我泰未受其损害,亦云幸矣。次日,即二十六日,军统出告示安民,宣布泰州光复,上标"黄帝纪元四千六百余年某

---

[1] 刘凤朝的"朝",或作"巢",也有作"潮"的。我们未予统一。

月日",印式方大,直径三四寸。并召集人民在光孝寺开会,宣讲革命大旨,改建民主政府。命令李茹真仍为县长。委张淦清管军政。设军政、民政、财政三府暂行管理。命商会沈惕斋清理官钱局。城守储维藩为军政府队长。对沈会长奖励有嘉。全场鼓掌欢呼后散。徐回扬,正式委任张为二十三团团长,驻泰。张司令军政府设立在察院内(即今县团委地址)。都司衙门后改设学校。此就当时所见所闻,参以近日访问旧识及年长亲历其境者,录此以待考证。

回忆刘凤潮兵变

陈亦甸

　　辛亥的秋天,泰州光复了。泰州州正堂李茹珍[1]逃跑后,地方人士公推科长马宪章代理。其时泰州的武装力量仅有都阃府和把总的几十名老弱兵勇,不足以维持地方秩序。这时扬州水师营统领徐宝山成立了军政府,响应武汉起义。徐宝山是一贯以贩盐为业的,因反抗清朝统治,而名闻大江南北。所有过去扬州府八属在他的旗帜下活动的英雄好汉,也都来响应他的起义。泰州的张汗(淦)青、石秀鹏、邵鸿庆等人,都是徐的旧属(邵在水师服务,当时不在泰州)。在这个新旧过渡时期,地方人士为了确保地方治安,利用他们与徐有旧,推戴他们负责城防。大概是在十月左右,全城喧传有大批叛兵到了赵公桥,带有盒子炮和五子钢枪。一时人心浮动,商店居民家家关门闭户,若大难将要到来。这时地方士绅支、王、管、卢四大族的代表支雪晴、王自庵、管石清、卢松云等和商会会长陈恩洽[2]、商界代表曹德良、华善卿等召开会议,决定请张汗青前往赵公桥侦探人数、枪支和首领人物。一方面由首领通款曲为缓兵之计;另一方面,星夜派人到扬州军政府

---

[1]　珍似应作"真"。

[2]　当时泰州的商会会长,许杏农文作"沈惕斋",此云陈思洽,未知孰是。

求救。侦探得叛军有二百人左右,首领是刘凤潮。刘凤潮同张汗青原来认识,因此缓兵之计得售,求救的计划也就进行。到了第二天下午,果然徐统领冒着雨,乘大轿,率领约一营人马到达本城,在全城人民热烈欢迎之下,直赴赵公桥而去。没有多久,即见大队人马押着刘凤潮和叛兵、枪支等由北而南。群众知道事件已经平息,万人空巷,争睹徐统领的面貌和身材高大的叛兵首领刘凤潮,大家欢天喜地,互相庆贺,说徐统领救了我们。

刘凤潮事件平息后,地方人士推荐张汗青为保商营长,曾应征兵的莫国桢,孙国良和陆军小学学生邓环、陈开甲、莫国栋等为连排长,经常率领佩带刀矛的士兵,在城厢巡查,地方秩序赖以维持。

扬子县光复之一瞥

《民立报》

【编者按】扬子本名仪征，宣统元年避清帝讳改名。此系辛亥十月初九日《民立报》所刊消息。

扬子县自九月十九日知县陈周慎接得军政府照会，宣布独立，照旧办事，突于二十二日往十二圩，至晚未归。旋由驻城之欧阳军官往署查勘，见署内仅留有家丁二名，……遍觅官印不见。……即会同在城游府王、守备易、典史王、税课大使陈、巡警刘公，同往视无异。……现已公推税课大使陈为扬子民政长矣。

兴化县光复记略

任洽丞

【编者按】兴化县和泰州等城市一样,是由徐宝山派兵去"光复"的。作者是当事人之一,本文系其回忆录,原载《近代史资料》1958 年第 2 期。

兴化县属于扬州府八县之一,地势极低,四面环水,形若釜底,古称昭阳镇。其中河港分歧,湖荡夹杂,向无兵祸。谚云"自古昭阳好避兵",即以此也。

辛亥年,忽然传来武昌革命党起义,地方上老年人听到这等消息,如魂魄掉落,手足无措。

时县中旅外求学者,相继返里。我本就学扬州府中学堂,武昌起义于八月十九日,消息传到扬州时,是二十日。那时,扬城戏院只有大舞台一座,乃某巨绅家丁为班头,闻此消息,遂于次日停演。我府中学乃扬州府知府为总监督;副监督为优贡生刘荣椿。城中秩序渐乱,我们同学中有阚槐,系党人,不假而走。我看此情形,请假回里,与旅外诸同学相聚接谈,各述情况。均以大城市主持者较有办法,惟我兴化,乃一水荡子,行动非船不行,向来避兵易,御匪难。况南官河通泰县,有神禧关;迤西南通邵伯,有鱼鼓汤家庄;北通盐、阜,有马家荡,皆匪窝。西通高邮之三垛镇,匪势出没无常。既有国变，我辈不能坐以待毙，须要想自卫的办法才好。

兴化城守营腐朽不堪，钢叉数支，竹杆枪六八根，仅老弱者穿号褂而已。以此御匪，能乎不能！不若办民团，或十家民更。我县城内外，向分二十七总，每总有土地祠，以祠为民更局。每总有乡约地保。每晚由总局发口号，通知各局。每十户出一人，晚到局。每十户门首挂一灯笼。每夜出巡三次，民更有梆子，地保用锣，遇到可疑者盘查，不知口号者不许通行。如此一来，城中居民皆以为大祸临头。富户预备逃难，穷民则哀求衣食，街市不成市面，知县陈廷英无法维持。

九月二十后，一日下午，谣言四起，云北有大帮匪至，西有匪船探望，城中摇摇欲坠。于是农、商、学三界老少，聚集于城南文昌阁，开秘密会议。其时，农会长郑省三、商会长王小轩、教育会长刘育春，均出席，我亦参加末座。议决具密函至扬州，请徐司令宝山。

当时客居兴化有邰君逸如者，原为扬州人，在扬州开设庆茂福绸缎店，在兴化开设分号。邰与扬州方孚咸、方柳江，均为旧友。遂请伊与徐司令商谈，而徐司令即允其请，亲率所部，调来三板炮船数只，军队百余人，于九月二十八日晚抵兴化南门大码头。二十九日清晨，全城悬挂白旗，绅、农、商、学各界，暨城中各学堂堂长，亲至码头欢迎，至城内明伦堂开光复大会。其时旧知县亦待罪在旁。徐司令与方柳江登台演讲。会后，出示安民，上书"大汉纪元元年"。

又次日，徐司令离开兴化。城中各界，集议民选民政长，通知廿七总居民，约定某日巳刻，到明伦堂开大会选举，用无记名投票法。于是希望当选者,各施手段。我兴化向无党派,只分新旧而已。其时有组织政党者,出现"共和团""陆军自治团",还有"僧团"。选举结果,得票最多者徐正熙(字咸斋,举人),次多者余宜官(字字春,优贡生,兴化地方自治筹备副主任)。徐固辞不就,余宜官于呈报省方程都督加委给印后,方择日接印视事。余之当选,即产生于"共和团",兴化县政府组织遂不能脱离此团。

淮安府

清江浦失陷始末

许棨臣

【编者按】清江浦又名袁江,或称袁浦,即清河县,今为淮阴市,清代驻重兵于此。武昌起义后,清江驻军十三混成协受革命影响,举行暴动,摧毁了这里的清朝统治机构,苏北地区大受震撼,自发性的兵变和民变便如火燎原般地发展起来。许棨臣,清内阁中书,时居清江,亲历这次兵变。他的记载暴露了清朝官僚机构的腐朽。作者久已物故,遗稿藏其友淮安陈畏人处。

宣统三年辛亥八月十九日,武昌、汉口失守[1]。时瑞澂总督两湖,骄矜善詈,因惩革命党人,激变新军。不数旬,沿江各省响应,皆陷。无如报纸腾说,佥谓革军之雄,鸡犬不惊,人心归附。武汉陷后,以新军统领黎元洪为都督。朝廷派荫昌、袁世凯先后督师克复武汉,袁世凯迟迟不去,要挟多端,听其糜烂。湖南亦于九月一日失陷,大局骚然。江北提督统十三协兵驻清江浦。自漕督改提督以来,任斯缺者皆北洋袁世凯部下之人。此次袁因督师江汉,檄调旧部,遂将江北提督段祺瑞调往,简狼山镇总兵杨慕时署理,

---

[1] 八月十九日,汉口尚未光复。

未到任以前，以淮扬道奭良暂护提督印。奭良满洲人，年已六十余矣，平日专肆饮博，喜人逢迎，骄矜等于瑞澂。自护提督印后，不能联络军情，而协中炮队、辎重两营，借武汉革命排满为名，遂于九月十四日夜间围攻道署，奭良由墙隙逃出，尚未遇害，变兵旋即出城。次日，奭良犹不知牢笼之术，以结军心。致十六日变兵用巨炮轰城，遂弃城先事逃匿。又值清河令邵承灏、商董刘寿祺、举人闻溥、唐治元等宣布街市居民悬白旗以迎，邵令与商董等开城揖入，乱兵遂大肆抢掠，街市一空，此实在情形也。忆清江自咸丰某年河督庚长骄奢淫逸，匪临城下尚演戏为乐，遂被西捻一扫而空。迄今五十余年，休养生息，甫至今日。连年饥岁，民不聊生，已岌岌可危。今忽遭此变，奭良之罪等于庚长，因详记之。

回忆淮阴光复

金治平

【编者按】本文和《记清江兵变》的作者都是淮阴人,亲历清江光复,此系其回忆录,稿藏淮阴市政协。

淮阴北郊为第七镇十三协教练新军基地。协统徐占凤,有步、马、炮、工、辎,成一混成协[1]。另有兵备、参谋、教练三大处长,以总其成。坐镇大员江北提督刘延年病故任所,继任者为王士珍。王去后继任者为段祺瑞。段未来之先,由参议靳云鹏、蒋雁行理其事。淮扬道为奭良,满人也。

当时各地排满风潮甚急,新军工程辎重两营管带赵云龙[2]、龚振鹏首举义旗,谋杀奭良,光复汉族。遂于旧历辛亥九月十四日下午九时,率新军数十人攻打道署,事机不密,为奭良预防,调南门外旧军巡防营百余名来署保护,约两三小时,攻者竟未得手,扬长出城而去。当夜,奭良乘乱逾墙,化装逃走。次日,城门落锁,一天无事。十六日黎明,即听五子钢枪声大作,由隔河向城内直

---

[1] 据曾充该协炮一营左队队官的王聚五老人说,当时十三协协统为魏海根,下辖二十五、二十六两步兵标及一骑炮标。此云协统徐占凤,乃是前任的十三协协统。

[2] 据王聚五说,赵云龙系辎重营队官,非管带。王与赵相识,所说当可信。

射,弹丸密如飞蝗,幸而由高落地,并未伤人。至十点多钟,地方人士公推举人闻漱泉持白旗开城欢迎。不料新军对于革命思想尚少训练,进城即大肆抢劫,裕宁、裕苏两官钱局以及北门履祥当典,小水门公济典、艺永典等均遭其抢掠。事过毫无其他目的,腰缠既满,各回家乡去了。当夜九时,公济典楼上忽然起火,无人敢救,直至天明,才由救火会集合水龙扑灭余火,房子已被烧去几十间矣!于是地方公举蒋雁行为江北大都督,闻漱泉为民政长,于善后局设主计局,以维临时状况。未多日,闻退职,公推吴席儒继任,吴未久即赴湖北。继任者为徐锡侯,以后即由中央政府委员接收。

蒋雁行退职后,由北方委刘询来作镇守使。刘询走后,由刘之洁继任。二刘军纪严明,大乱之后得此不易。以后马玉仁[1]来,就不对了。部下抬架勒赎,习惯成风。马撤职时,部下被缴械。

南门一条街,乱后有人竟呼为"元宝街",因提督署内尚有存积现银,附近居民纷纷窃取。

这场事变的首功当然是赵云龙、龚振鹏,但事后二人都匿迹销声,竟不腾名报纸,真是怪事!

> 补记:当时叛军本不肯走,幸得新军执法官军瑞峰带一排人,荷枪实弹,如临大敌,令叛军一律立刻出城,不准逗留,如违枪决。人心为之大定。至于南门外巡防营,则紧守老营,始终未曾叛变,该统带官即杨春普也。

---

[1] 马玉仁是徐宝山的部将。

记清江兵变

张建侯

　　清江浦系苏北要冲，清廷特设大员坐镇。光绪三十一年，废漕运总督，改设江北提督，督办苏北各项政务，兼统由北洋拨来之十三混成协，官兵均系北五省人民应募。辛亥年，任提督职者段祺瑞，于农历九月初十日奉袁世凯电调赶赴武汉前线助战。段星夜应召，例行将督印交由淮扬海兵备道代拆代行，任道台者夑良，满人也。至十四日晚约九时许，由辎重营赵云龙、龚振鹏二人（不知任何职者，营址住黄河滩路东）率士兵数十，荷枪实弹，跑步至道署，连续放排枪两次，并未伤人，随即仍回本营。十五日，夑道购猪近百头，犒劳全协官兵，并允关一个月饷。赵、龚等于夜间复率士兵将住路西之骑炮两部，用枪轰击，发动一齐出队，共襄义举。夑道于此时闻黄河滩枪声隆隆，知事不妙，遂于夜半率家眷化装鼠窜出南门，由洪泽湖面潜逃他处。满人虽未伤及人口，然亦狼狈已极。十六日黎明，起义官兵炮击北门楼数发，亦未伤人。清河县长邵晴江于九时许率绅商士民多人向城北欢呼，响应革命，随即公推绅商十八代表至东北城角悬挂白旗，表示清江光复。至午际，骑兵整队进城弹压，毫未抢劫。后步兵进城，太无纪律，久戍在外，思归心切，向钱铺索银，向衣店要衣，对全城商店住户骚扰最甚。督署库存现银十万余，卫队知之最详，于午前开城欢迎之际,即起意抢劫,抢去大半,余少数复唆使署邻贫民连署中什物劫抢一空。至晚,当铺火起,抢风稍平。次日,公推本邑举人闻漱泉出任临时民政长,料理善后及维持地方秩序。二十六标步兵管带车瑞峰于十六日夜闻城内商店被抢,率全营士兵往涟水暂避,于十八日复回本城。城南住有巡防队数营,出防外县者多,住浦者少,由杨春普统带,至十八日亦均调回本城。遂集合当地绅商,公推督练公所参议蒋雁行为临时江北都督,督率车、杨两部士兵维持地方秩序,剿办乱兵土匪及各项应兴应革政务。段祺瑞调走时,清廷电调福州提督[1]杨少农接任江北提督,未及到任,浦城业已光复,临时都督已举定。杨少农抵浦,即公推为民政部长,办理江北民政事务。

---

[1] 杨慕时字少农,原任福山镇总兵,非福州提督。

清河光复记事

《续纂清河县志》

【编者按】《续纂清河县志》，刘坁寿等撰，民国十七年刻本，南京图书馆藏。此系其卷十六中的一段，题目是我们加的。

宣统三年八月十九日，革命军武昌起义，江北提督段祺瑞奉诏赴援，新简提督杨慕时未至，人心惶惑，知有大乱。九月十六日黎明，驻浦北洋十三协兵哗变，阑入县城，开放狱囚，恣意焚掠，护提督淮扬道夔良逃免，公私损失殆尽。日晡，始饱扬北去。而四乡乱民亦揭竿继起，相率抢劫，全县骚然，至有邻里亲戚互为攘夺，恬不为怪者。盖时值大歉，盗心起于饥寒，狡黠者得煽而动之，故溃败决裂至于如此。十九日，在城士绅公请陆军参议蒋雁行为江北都督，收合旧巡防军队四出镇慑。未几，杨公慕时至，复举为江北民政长，更举邑令邵承灏为清河民政长，邑人闻溥为民事长，剿抚兼施。而乡甲耆老相约集团互保，诛锄不法，扰攘十余日，始稍定。浦乱甫平，有奸民某，假革命名纠合溃兵数百，盘踞城北，要索饷械，骄横异常。溃兵十百成群，游行市肆村落间，岌岌复有十六日之事。杨公慕时亟商蒋都督诱某诛之，击散溃兵，驱之出境，人心复安。

清江光复之风云

《民立报》

【编者按】辛亥十月，《民立报》发表了有关清江光复的几则文电："江淮规复团"的成立与蒋雁行的通电反对，揭穿了蒋雁行的脱离清廷是假的；"清江各团体"为蒋雁行掩饰杀害革命志士陈兴之的罪状，以及杨慕时否认蒋雁行与孙宝琦勾结、阴谋取消"独立"的通电，都是欲盖弥彰，更暴露了蒋雁行的反革命面目。通过这些可以看到清江"光复"的真相。题目是我们加的。

昨日驻沪江淮规复团于下午一钟，在平桥路清凉寺开成立大会，到者极众。先由交通部长章佩乙君宣布开会宗旨。略谓本会（以）规复淮徐海之秩序为宗旨。凡有经土匪溃勇等紊乱秩序者，本会当谋规复之；或有虽已宣布独立，而实办理不善者，本会即行组织兵队以光复之。总之，江淮为苏浙北向之门户，于军事上为最注重之地点。目下清江秩序大乱，海州警电纷来，救援势所不能再缓。本会联合旅沪江淮绅商及入会同志，公举鄢君玉春为军事长，即日带队直达清江，以便实行规复。总以保护商旅、疏通民困为一定之宗旨，并将民政部应办事宜由地（方）公举民政长，然后次第将善后政策一一兴办，以达诸同志热心共和之目的。……清江绅士张继高君报告清江情况大略，谓蒋雁行依违两可，并无归顺民军之意。且其告示上尚有"钦加三品衔暂任公举江北提督"等字样，可知其尚属清国官吏而于民军实无丝毫感情，其不可靠可想而知。……言词极至恳切，并自愿在镇江组织交通机关，以利进行。扬绅童君遂君又自愿担任往扬州联络军事长徐宝山，以辅佐江淮光复之进行，并条陈光复善后政策数端。末由章佩乙君提议先行电致清江、海州绅商，以慰厥心；并电苏都督要求后路之援，众赞成。事务所已认定厦门路衍庆东里二百五十三号。至兵队出发之期，大约在明后日云。（十月初二日）

《民立报》转沪都督暨各报馆鉴：江北已于上月二十二日光复，由绅、商、学、军各界公举雁行为江北都督，杨君慕时为民政总长，陶君思澄为财政总长，魏君宗瀚为参谋部长，已分别任事。时以派兵剿匪，维持秩序，未及电达，抱歉良深，务祈原谅，并乞补载为叩。江北都督蒋。鱼。（十月初八日）

《民立报》鉴：初二日贵报载"江淮规复团成立，公举鄢玉春带队直达，实行规复"等语。按江北自独立后，秩序规复，已电告各省并请联络，均蒙电复维持。现江北士民闻沪上有此举动，无不惊骇异常，淮北岂可复有兵祸。雁行谬承各界推举，勉膺斯任。江北财政困难，军饷向系各省协助。值此时机，土匪纷起，军民政务，较他鉴措施尤难[1]。果旅沪淮海诸同志举有贤者，当退隐敝庐，以冀江北危局早日底定。谨将苦衷宣布，尚乞鉴察维持为祷。江北都督蒋。麻。（十月初八日）

《民立报》转各报暨都督军、政分府、淮徐海各属鉴：自光复后，城乡渐靖，正拟征兵，适数百人自宿迁来，愿备戎行，弃而害

---

[1] 此语似有误字。

民，诚不若收而利用。乃入伍后妄肆要挟，硬借强取，摘去肩章，四野抢劫，市境骚然，夜不能寐。并有先据清江，次攻淮城，回攻宿迁之说。地方人民窃窃忧惧。经都督及民政总长密查得实，将首领陈兴之正法，当夜击毙匪党数十名，伤者医治，余解回籍。众情欢慰，浦地安靖。清江各团体公布。灰。印。（十月十三日）

《民立报》鉴：十九日大报载清江专电，称"江北都督有取消独立之议"，且云"已派人赴鲁与孙宝琦接商军事"等语。传览之下，无任骇异！孙宝琦反复无常，实为民贼，此间军人对于孙贼更欲得之甘心，借以保全徐海，独以屏蔽东南，一雪光复稍迟之耻。万众一心，宁有反汉。何来蜚语？重辱淮人。意必疑忌江北独立，或反对都督蒋公者之所为。事关大局，不可不辨，希公布报端，用释群疑。江北民政总长杨慕时。养。（十月二十四日）

陈兴之被害纪实

韩席筹　范石府

【编者按】本文是我们依据徐州韩、范二位老人的口述材料写成的。韩老曾在清江民政长杨慕时家教读，范老亲历其事，所说比较真切。

辛亥革命时，清江发生一大血案，即革命志士陈兴之被害事件。陈兴之，睢宁人，徐州中学学生，素有革命思想。清江十三协兵变后，徐州的秩序很混乱，丰、沛、萧、砀土匪蜂起，徐州中学因此停办，陈兴之回家去了。

十三协士兵很多是徐州人，他们在清江哗变大抢了一阵之后，就往家里跑，走到睢宁，陈兴之出来劝他们回去干革命。陈向他们剖析利害说："如果大家回营干革命，则大有可为；如果分散回家，就连性命都难保。"他的嘴很会说，连说带吓，把大家说服了，就推他为头，回清江干革命。

他们往清江走，路遇徐州人刘炳晨。刘是我们的同学，也是个头脑较新的人，能言善道，比陈兴之大几岁；二人就结合在一起。到了清江，队伍驻在城北的桑园，他们首先设法解决军饷问题。刘炳晨去找江北都督蒋雁行，蒋说："此地被抢一空，商家都抢光了，要钱办不到。"又说："你有多少人，也没有个花名册子，我有钱也不能给你。"刘炳晨愤然地把手枪掏出来放在桌上,对蒋说:"没有饷,我不回去,请你打死我吧!"蒋雁行大吃一惊,无可奈何,就给了他一些钱,还说几句好话把他打发回去。

刘炳晨走后,蒋雁行立即召开紧急会议。他问这部分军队是谁带的? 有人说是陈兴之。蒋说:"此人不除,后患匪浅。"于是连夜调兵把桑园包围起来。这时,范石府也被包围在内。幸而范有一个姓陈的表兄是蒋的军需,知道这消息,就赶紧叫范设法逃走。这样陈兴之等就有了戒备,蒋雁行的军队没有能打进去。

第二天,陈兴之决定亲自去见蒋雁行,当面交涉改编这部分军队的事。刘炳晨叫他多带些人去,陈不肯,只带了四个人去。蒋接见他后,只谈了几句话,就翻脸把他绑到后花园荷花池旁枪毙了。陈兴之死后,桑园的队伍也就被缴械遣散。

江苏都督程德全和清江民政长杨慕时是把兄弟。民国二年,杨去南京找程德全。当时已有人到程德全处控告杨慕时等杀害陈兴之,因此,程德全一见到他就说:"你杀陈兴之,控案累累! 我本当把你扣留下来,因为我们是把兄弟,所以放你回去,此后你休要再来了。"这样把杨慕时赶走。报纸曾登载此事[1]。

─────────

[1] 杨慕时《雪门生圹自记》说:"今岁二月,有避实击虚之案。事本非余而以余为可侮,诉诸苏督,苏督前以余求地方安宁,憾余甚至,下其事江苏检察厅,由厅移交京师法庭,命役持勾牒侦余京寓,将拘到案,务使锻炼成狱,援律论抵。幸余先期出塞,捕者在京遍索未得。会经北来同乡诸君主持公道,贻书讼者往复辩论,迟之又久,事始消弭。非然者,以清白之身无辜而被杀人之名,横罹刑网,岂不冤哉!"此即指陈兴之血案,可与韩、范二老的口述相参证。杨慕时所云"今岁"系民国二年。杀害主犯蒋雁行系袁世凯亲信,控者不敢直接对蒋而转向失势之杨慕时,故云"避实击虚"。

　　陈兴之的弟弟陈士髦,是民国初年众议院的议员,曾写了一本血泪书向袁世凯、程德全等上诉,要求为陈兴之申冤。在袁世凯的包庇下,杀害陈兴之的凶犯蒋雁行等未受任何处分。但是这事的真相却在徐淮一带传播开来了。

淮安光复前后

汪纯青

【编者按】作者淮安人，亲历淮安光复，近辑录当年见闻，撰成此文，内有农民暴动资料。稿藏淮安县政协。

引　言

辛亥八月，武汉义旗高举，不匝月而东南西南皆先后响应。九月，江北提督段祺瑞奉调入京，淮扬海兵备道爽良畏难逃走，十三协军队哗变，四出掳掠，越过山阳（淮安府首县山阳，民国初年废府治，仍名山阳县，至民国三年，始改名淮安县）之钵池山，至板闸镇（淮安关所在地）抄掳。幸赖清江浦士绅公请蒋参议雁行维持秩序，又幸军中有革命同志八九辈（忘其名），主持镇定，开光复大会，公举蒋雁行为江北大都督，传檄山阳及附近淮、扬、徐、海各县，召集官绅赴浦署开会。山阳虏令姚荣泽抗命未赴，山阳士绅当举定周实及顾震福、于述祖、丁乃嘉、潘际炎五人赴会议事。次日，山阳即借旧漕署开光复大会，到会者有巡逻部员约百余人，及群众数千人。首由周实演说光复理由，次由阮式演说，谓姚令避不赴浦，又不到会，显有反抗之意。姚党典史周域邻、参将杨建廷等佯谓姚适有病，代为谢过，而实则暗探情形，预备分携公款潜逃矣。而熟知虏令顽固成性，不识光复大义，竟杀害周、阮二烈士。千古奇冤，令人发指。现将当时各项情形，依次分述于下：

一、淮安知府闻警潜逃

淮安知府刘名誉闻苏州光复，公举程德全为都督，便潜开府库携银偕眷而逃。翌晨，山阳县姚荣泽上衙禀事，始知其上司已弃印出亡。军捕厅通判（俗称"府右堂"）卢根鏊，字雪樵，恋栈未去，后由地方绅士公举为山阳县民政长，经江苏都督加委。

二、四乡土匪乘机活动

邑东乡小徐庄一带，流氓四出抢劫。西乡大王庄附近，地痞结伙掳掠，无日无之。虽素称良善之区域，向无恶毒分子，亦蒙其影响。不务正业者，穷迫无告者，多分头结合，狡焉思动，以致四乡秩序大乱。富裕者纷纷迁入城内，并请兵弹压。当斯时也，城内绿营（城守营向称"绿营"）系冗阘吃饷之兵，四门驻守尚不敷分配，安有余力顾及乡区。而不料东西两乡竟有真主出世之谣，演出两出丑剧兹分述之。

甲、小徐庄徐寿春揭竿攻城

距离东门八里之小徐庄有徐寿春者，年届而立左右，向不安分，恃强结合无赖，横行乡里。于打拳练功举石锁掌石担之余，尝演讲稗官小说，某也立寨为王，某也聚众称帝。竟竖"徐"字大旗，编排乌合之众，于某日（亦九月间事，惜忘其日，当时淮城内外人民称九月为"秽气月"）五鼓，造饭拔营，向城进攻。幸得城中侦探告密,城守营参将率领绿营马步队伍在黄土桥接战,歼灭之,生擒盗魁徐寿春,当场枭首悬东门城楼示众。是役也,无知盲从之愚氓伤失十七人,余皆弃枪落荒而逃,如鸟兽之散。嗣有来城自首者,皆薄惩之。有在徐奸党担任名目者,监禁之。又有一起附从者父兄来城请罪,悉令具结悔过,管束其子弟。以结束此趣剧[1]。

乙、运西大王庄寨主印伪纸币

运河西大王庄严家集一带,离城七八里、十一二里之地区,有王某者(忘其名),年二十六岁,身材高大,口若悬河,粗识文字。曾熟读《水浒》《七侠五义》等说部,口讲指画,津津有味。以故无知少年悉被其吸引,个个打刀练武,人人裹巾制服,排成队伍,有天、地、玄、黄各排,集合千数百人,公推王某为首领,编就大刀、小刀、花篮、鱼篮等会,五光十色,整齐划一,来者愈众。寨内雇有刻字匠工,仿照大清银行纸币式样,发行大小纸币,在运西区域使用,购置物货,非常信用。每日操练拳术,待机举事。竟有富裕农民供给粮草,企图苟安。间有吝啬之户即被其抄掳,无处申诉。嗣闻河东小徐庄攻城失败,王等即销声匿迹,藏械潜伏,以待时机。后经镇军前往搜查,毁其巢穴,火其币板。所谓寨主者,鸿飞冥冥,已不知其去向矣。

王某领导的大刀会小刀会等组织,于“七七”事变后淮安失陷时,在运西重新活动。仍然结队游行,并有少年妇女手持花篮,

---

[1] 关于徐寿春的历史,我们曾到他的家乡孙徐,访问他的堂弟徐锦芝(现年72岁,农民)。据他说徐寿春是这里的一个地主知识分子,和周、阮有联系,他准备发动农村的一些会党分子攻城策应周、阮,事泄,被反动派所捕杀。83岁的张兆金也这样说。本文所记徐寿春被捕经过,恐系得之传闻,有失实之处。

奇装异服,名渔婆队,以求雨为名,经过河下河北一带,耀武扬威。仍在运西使用伪币。后闻日寇出城扫荡,在运东黄土桥惨杀刀会多人,焚烧民房若干。后经汉奸威慑恐吓,销毁会旗,始各归农。而王某则被日寇击毙。

三、城内士绅设立大局

城内士绅设立大局于旧漕署西偏,每日向县署领款支应民团饷项及一切费用。又劝绅富商店捐款协助。内设总务、文书、会计、庶务各股,职事有三十余人,差遣不下百人。每日三餐,荤素盈盆,开支浩繁。四门并设分局,皆有门董执事守夜,城头上灯笼火把,川流不息。民团则荷枪实弹,来往巡缉,若大敌之临头焉。如搜获窃贼及地痞流氓即送局审问,借监收押。间有一二强项者,有直认勾结城外土匪等事实,立即在院门口枭首示众。该局待至江苏省民政长委任正式山阳县民政长,负责有人,始撤销焉。

四、巡逻部成立负责守城

革命志士周实、阮式等在大局会场,召集旅沪旅宁回淮学生及本城中学学生八九十人开会议事,先成立学生队,负责巡逻守城之责。由大局供给枪支子弹,日夜分班在城门口城头上巡查奸宄,三餐各生自备,艰苦过于民团。计自学生队成立之日起,周、阮两正副队长率领队员日夜奔走于城上城下,英勇奋发,秩序井然。绅董等见学生队勤劳胜于团勇,因请改名"巡逻部",负责守城。笔者亦部员之一,荷枪随行,目睹周、阮调度有方,众部员亦皆谨守其规制，无违背部章行动。每日并由部员中公推肄业南京陆军中小学学生二人分班教操，借资训练。自从周、阮二烈士被害后，巡逻部无人领导，部员人人灰心，各携枪械缴回大局，自行解散。所幸镇军臧在新步队于周、阮被害后之翌日，即来淮镇压，城防负责有人，各部员遂克息肩云。

五、开光复大会

九月二十二日，清河光复，参议蒋雁行被举为江北都督，传檄山阳县反正，并邀山阳绅士赴都督署议事。本邑举定周实、顾震福、丁乃嘉、潘际炎、于述祖等五人肩舆赴会。

二十四日，山阳开光复大会，假旧漕署为会场，到会者五千多人。首由周实演说光复理由。次由阮式演说，有"姚荣泽避不到会，即为反对光复之行为"等语。许多绅士鉴于知县未到会，都避忌不发一言，而阮式则痛责其不明大势，遂遭众忌。

六、虏令惨杀周、阮二烈士

山阳既已宣布光复，知县姚荣泽理应率文武官员遵守江北都督檄文，服从领导。乃不此之图，反而与诸绅士会议定计杀周、阮二烈士，仍持反对光复态度。诸绅士不加可否，任听虏令所为。姚乃于二十七日午后，骗周烈士至府学内议事，由典史周域邻亲持手枪猛击二丸，中要害倒地，复发五丸令其速毙。呜呼惨矣！一面急捕阮烈士至，命无赖朱二刳腹剖胸，肝肠俱出，颗颗饭粒，遗弃满地，盖适当烈士甫用过午膳之时，其惨痛较周烈士尤加甚焉！

七、虏令携款逃走

姚荣泽既惨杀二烈士,知不能逗留,于是开库取银,分给其党典史周域邠、参将杨建廷,促令速逃,而姚本人则携带巨款,逃往南通张謇宇下,希彼庇抗。

八、镇军臧在新队伍来淮镇压

镇江都督林述庆闻山阳光复有阻力,特派其部下臧在新步队来淮镇压。镇军诘责虏令姚荣泽,杀周、阮二烈士是何理由?姚则卑词屈膝,执礼甚恭,每日盛筵款待,并犒赏诸队士,镇定非凡。而不料于某夜携巨款潜逃,出于镇军意料之外。

镇军来淮,秩序颇佳,驻旧漕署内约三月之久,后奉调他处,惜临行时不能约束队士,竟将署内玉碑十二方带走,颇觉遗憾。

九、丁巡抚皮箱出城被扣

邑人丁宝铨,字衡甫,于六月间由山西巡抚卸任回淮。家有新造花园,游林下两阅月,适逢山阳光复,乃于某夜出走至沪,无人知觉。次夕,其家仆数人搬运大皮箱四只潜出南门上船,忽被大局稽查员闻悉,报告局董,当饬团勇将箱搬回大局,加封保存,已历数月。不知何日,被人将箱中皮货偷窃一空。后有人见某职员身御狐皮袍,知某向未穿过此等华服,即报告局董诸人,开箱检查,始知箱内皆是瓦砾,而身御狐皮袍之某某,次日已不到局供职。及至某家搜检，而某已偕其妾不知去向矣。局董等因畏首畏尾，碍难深究，遂寝其事。

十、院门口变成杀人场

大局民团督队官杨建廷率领团勇在城内外盘查奸宄，遇有奸淫掳掠案件，缉获人赃，即带至大局审问属实，旋在漕院大门照壁前枭首，悬挂出事地点示众。计先后有八九起，共杀十九人。

十一、落伽山杨参将遇害

邑曹甸镇在泾河沿岸，河南北富户三百多家皆郝姓，拥有大量田产，雇佃耕种，麦秋两季，收租入仓，有几担租者，有几百担租者。镇上瓦房鳞次栉比，有大街一条，商店林立，且有当典，亦郝姓所开设，为东南乡之巨镇。镇东几里外地名落伽山，是一座佛教庵堂，并非石山土山。辛亥光复前后，其地不靖，常啸聚土匪数百人，立寨防守，杀人越货，日以为常。后更谋为不轨，公然宣示先劫曹甸当典商店及郝姓各富户金钱为粮饷，然后举事。镇绅闻讯，来城报告，请兵往剿。时城守营参将杨金涛继杨建廷为民团督队官，带领团勇二百六十人，前往捕剿。讵匪多勇少，寡不敌众，勇皆溃散，督队官被匪擒去杀害。迨后镇军到淮，闻讯往剿，始逃走一空，遂火其庵回城。即以庵产稻田数十亩畀杨为恤典，在城内大圣桥西协台衙内立杨公祠，令其孙礼侯司香火云。

十二、河下分局成立

河下镇距城三里，居民众多，仅次于城户，向称繁盛之区。自闻各省光复，河下圩内外不轨之奸民，狡焉思逞，奸淫掳掠，层出不穷。遂由士绅程伯鸿、丁丙青等在闻思寺公议，成立分局于三官殿，亦招练民团，维持秩序。经费纯出于地方绅商捐款，处决枭首案件皆在湛真寺前行之。

该局旧勇原穿黑军衣（河下旧有团练小勇），新招之勇青、红帮出身居多，概着白军衣，以示区别。每日操演，悉在丁团长丙青住宅大门外空地举行，时有人美其名曰"黑白队"。由武举叶魁卿为督队官，叶本行三，身体魁梧，虽为武士，性尚和平。

河下分局特抽各项捐款如炭捐、柴捐及店铺营业捐，以维经费，不足则以各项罚款充之。

该局规定：如举报不实，诬良为盗，愿罚金，则酌量事之大小定罚款之多少；如不愿罚，即备文送城内检察厅审理。又如扰乱治安，违背局章，情节不甚重大，则以罚款处理之；若犯较大罪情，即备文送县审理或送审检两厅判断。

河下分局先后刀杀土匪刘玉等十三人，皆系结伙抢劫刀伤事主案犯，悉枭首悬挂示众。当处在混乱时期，赖有此镇压，居民稍获安宁。

十三、建周、阮二烈士祠

沪军都督陈其美于判处盱令姚荣泽死刑后，移文山阳县民政署，嘱建周、阮二烈士专祠。淮人士即就城内天妃宫东开元寺旧址改建，岁时致祭，以资纪念。

十四、杨楚材讼冤不直而死

杨楚材，淮安人，亦师范生。光复淮安时，曾任巡逻部稽查。周、阮二烈士被害后，楚材随同周人菊等赴沪宁呼冤。虏令姚荣泽判决死刑，未即执行，竟以运动力大，袁总统居然允予免死，命令承审机关改为终身禁锢。未阅三月，姚又蒙特赦出狱，逍遥于上海法租界。楚材遇诸途，不禁骇异，因而神情失常。赴宁控诸民政长公署，民政长不许，反羁押楚材。于是楚材神情更为错乱。一夕越所出，看守者佯不知，徒步回淮，途遇南社友人，伴送乘船。迨至邵伯湖，楚材于半夜瞒人登鹢首，值风险，失足落水死。旁人惊觉，捞尸于堤旁。家人闻耗至，殡殓运淮，葬周、阮二烈士墓侧。淮人士悯其讼冤不直，急成痴病致死，因立其神主附祀于二烈士祠焉。

周烈士就义始末

周人菊

【编者按】周人菊，淮安府山阳县人，曾追随周、阮革命。本文原附载周实《无尽庵遗集》，民国元年铅印本，淮安文化馆藏。

周烈士实丹者，民国之伟人，吾淮之硕士也。年十三，读美利坚独立史、法兰西革命纪，甚愤专制政体之惨无人道；而扬州十日、嘉定三屠，尤深印于脑不能去，于是种族之见遂深。居恒郁郁，尝思奋子房一击之威，复齐襄九世之仇，只以未逢其会，难建奇勋，酒阑灯炮，辄涕下不可止，盖烈士革命之志久而弥坚矣！

去年八月，我师起武昌，烈士尚肄业于南京两江师范。消息传来，狂喜逾望，爰赋《消息诗》一章及"王师所过如时雨，帝子归来唱大风"断句。旬日间，东南各省相继响应，独金陵为虏将张勋、铁良、张人骏所据，铁瓮石头城，固未可旦夕下，烈士忧之。会城中各校学生组合七百余人谋光复，约期九月十七日举事。烈士谓余曰："此举生死未可卜，然能为光复死，足偿十数年革命之志，亦复何憾！第汝宜早归，不可同陷危城。"此九月十二日事。明日，同社柳亚子、朱少屏驰书招烈士赴沪，当即驰去。十六日，烈士由镇江驰书与余，云："吾决意归淮，汝速返，践前约。"时余在南京，烈士已抵淮矣。

先是，十五日清河兵溃，秩序大乱。山阳距清河仅三十里，无一兵一卒，举城惶恐，朝不保夕，啼泣叫号之声昼夜不绝。会烈士自南归，众心稍定。同学丁曾藩、曹堂等咸就烈士讯消息并保淮方策。烈士以此数子无深思毅力，仅泛说各省近事，而保淮之策独与阮烈士梦桃计之。然祸在眉睫，不遑远图，仅召集城中各校学生八九十人，名"学生队"，举烈士为队长，阮烈士副之。是时，清河兵乱，虏令姚荣泽、典史周域邠、参将杨建廷拟举城叛，响应叛兵，城中劣绅亦持两端无定旨。烈士与阮烈士遂游说警察及乡勇使之反正者累日。山阳素不开通，群惊疑烈士之所筹划，遂以革命党呼之。同时，城中劣绅亦有团练局之设，招市上无赖充乡勇，虽荷戈执锄，勇逾常者，实则寇至先去，甚且倒戈相向。且(但)经烈士之训导数日，其聪颖者颇具光复之心。劣绅等知不足恃，遂延"学生队"入局，改名"巡逻部"，即改队长为部长。于是守城之责，巡逻部肩之。烈士既任守陴责后，与阮烈士暨巡逻部员栉风沐雨，荷枪持械，巡缉数日夜不辍。以故乱兵虽近在咫尺，而淮城独能完肤，功盖长淮，有口者皆能言之。此十六日至二十一日事。

二十二日，清河乱兵溃，参议蒋雁行被举为江北都督，檄虏令使反正，并邀山阳绅士赴署议事。当即举定烈士及顾震福、丁乃嘉、潘际炎、于述祖等五人肩舆以去。是时山阳令姚荣泽、典史周域邠、参将杨建廷反对甚力，然以巡逻部戒备严密，未敢燥(躁)动。而城中周烈士杀官劫绅之谣则如蜂以起，即姚荣泽等所布散者也。烈士自清河归，定期二十四日开光复会。是日，假旧漕署为会场，城中到者数千人，而虏令姚荣泽独避匿未到。首由烈士演说光复理由。继阮烈士演说，谓虏令既不到会，即为反对光复

之行为,并痛诋淮劣绅之无状,声情激越,足寒贼胆。然以是益触
众忌而杀机伏焉。二十五日,江北都督派兵一队到淮弹压(即烈
士前日所面请),烈士出城尽欢迎招待之责。上午,姚荣泽率卫队
三四十人持械到局,阮烈士遂面责其昨日何以不到会场之故,并
严诘其漕银数目及存在地点。姚无以对,唯唯以去。归,即与周
域邠、杨建廷议谋杀两烈士,然未得地方绅士之同意,亦未敢仓猝
行事。适是时烈士杀官劫绅之谣大盛,诸劣绅惧,赴县署议息谣
去烈士方法,正迎合姚、周、杨诸人之意,而谋杀之局遂定。是夕,
烈士归,阮烈士述其诘问姚贼言词,并谓姚贼此去必怀不测,当先
有以抵制之。一面草檄饬其紧守监狱,一面与巡逻部员议武力解
决之法。二十六日午前,复命余与张冰同往谒蒋雁行都督,请军
政分府印。余与张冰遂冒雨去,呜呼痛哉! 此即与烈士永诀之时
也。二十七日上午,劣绅何钵山邀烈士午餐,食竟出,道经府学宫
前,见手有持姚荣泽片者,云邀烈士赴学宫议事。是时,学宫内外
兵警林立,烈士胸怀坦白,欣然以往。至则典史周域邠先在,手持
快枪即向烈士迎击,烈士问故,而第二丸已至,中要害倒地,复发
五丸;遂毙。呜呼痛哉! 天崩地拆(坼),日月为晦,群阴构谗,祸
至此极,大可悲矣! 烈士成仁后,姚、周、杨三贼复缇骑四出,急捕
阮烈士至,刳腹剖胸,肝肠俱出,其死也较烈士尤惨,更可恫矣!

　　是夕,余与张冰返淮,闻两烈士恶耗,悲痛交至,拟复命尸下,
而搜者已至,遂与张冰同越东城以遁,非敢爱此残躯,将以为复仇
计也。逃至界首,即发书与同社柳子安如、朱子少屏等。而柳、朱
两子已早阅报得悉。适同社陈英士督沪,乃共上书请复仇,英士
许之,并力任其难。先是,姚荣泽杀烈士后,自知罪大,潜逃南通
县,借张謇庇下为逋逃薮。檄至南通,令督交姚,督力庇抗。沪督

遂上书临时大总统孙文,文电南通,复不得要领。沪督益愤,遂为长电至通,中云"如仍庇抗,则义旗所指,首在南通"及"如果诬姚,愿甘伏法"云云。督惧,始解姚于苏督程德全,转解上海。今年四月,公开审判于上海市政厅,判决姚以谋杀定死刑,其同谋之周域邻、杨建廷、顾震福、秦保愚、于述祖、潘际炎、丁乃嘉、何子久、何钵山等均各得罪有差。不意姚贼运动力大,陪审员竟许电总统求免死,不旬日间,袁总统免死之命令遂下,定为终身禁锢之罪。呜呼!鲸吞漏网,烈士之目不瞑矣!

余与烈士幼同里闬,长同学校,交最久而知烈士最切。光复山阳时,余任巡逻部庶务之职,目睹烈士筹划捍御之劳及罗(罹)冤之惨。因述之于此,附于烈士遗集后,俾读烈士遗集者,知烈士之奇功奇冤焉。

中华民国元年十月二十五日周人菊泣述

先兄梦桃先生行述

阮式一

【编者按】梦桃,阮式字,作者系其胞弟。本文原附载《阮烈士遗集》,民国二年铅印本,淮安县文化馆藏。

先兄梦桃先生讳式,原名书麒,苏之淮安人。生而颖悟,读书一见辄晓。十岁能文章,自号"跅弛狂民"。工书法,自成一格,不拘他人之遗。眉目清秀,见者无不赞为非池中物。性戆直,有情致。凡人有过,当面斥之无少假。而于情愫尤能道其然而行其实。孝亲悌弟,曲中人情。遇不平事,每以局外之身判其直曲。任事必专,读书必晓。年十五,甲辰之岁,侯官沈君瑜庆观察淮扬,设江北高等学校于清江,招青年子弟肄业其中,先生应征往,每试必冠其侪,校中总教桂林范君希淹推为冠军。时中国承康、梁事后,文字之禁尤严,先生卒以文字无讳,诋斥清帝后事退学。于是广究新知,凡当时出版之书,靡不过目,过目即成诵,上自西洋政教之源,与夫风俗习惯之所以然,皆学有所得。于是革命之念日益切进。维时欧化者流多东学日本,先生心向往焉。然先君以先生年少不许出国门,先生不忍重违父意,止东游之念,然光复中原之思固无日不往来胸臆间也。常为式一题书斋门楣作"杀满"二字;又为式一题小像,录"德国男儿歌"以励之,可想见其志矣!

年十八，戊申之岁，再入宁属师范学校肄业，始识周君实丹。在昔虽各闻名，未尝一觌面，于是一见倾心，相得益彰，白门侪辈，周、阮齐称。明年秋，以校中管理员横暴，与周君同时退学。周君转学两江师范，先生以亲老家贫，受皖南宣城模范小学之聘，在事一年有半，亦以行为怪特与同事不合，愤而辞职。生徒数不逾百，而师生之爱有如家人，加以日受先生谠论，多识民族主义。二十一岁，受沪《女报》社聘，任编辑，著有《原婚》一篇，传颂（诵）一时，惜稿佚。嗣《女报》因经费不继停刊，先生再归淮安。家居一年，受淮南敬恭学校聘，亦以言论不合辞职，受（聘）山阳高等小学校讲席。适南社社友李瑞春创《克复学报》于沪上，慕先生名，亦时以文字相推诿焉。先生不常作文章，舍《女报》及《克复》所载诸篇遗稿仅存；即有所作述，成，辄弃其稿，每曰："文不逮意，何作为？"生平持民族主义甚坚，读明遗老著书，每噫嘘太息。广州义师既败，闻耗扼腕，痛不欲生。每潺湲流涕曰："我汉族其遂长此终古乎！"迨夫武昌树帜，薄海景从，则浮白击节，作石勒语曰："赖有此耳！"以先父丧，未往。时周君实丹创"淮南社"，约先生共事，于是共执牛耳，淮上知名之士奉为依归。而清廷伪吏、刁绅、劣族则疾之若仇。盖周君与先生赋性刚直，不能谄媚取容，而先生尤喜面折人过，不少假借，故忌之者尤众也。值清江兵溃，扬镇反正。周君弃学返淮，与先生共谋保障乡里，恢复南都，遂有"巡逻部"之创，众举周君为长而先生副之。内御群盗，外靖溃兵，淮南人士翕然推服。清江鼎沸而淮上晏然者，谓非周君及先生之功耶！九月二十四日，与周君以巡逻部部员数十人之力，得耆老之赞助，光复淮安，万众胪呼，独有清世奴姚荣泽避匿不至，先生知其反侧。二十五日正午，诘姚于巡逻部，责以大义，声情激越。姚阳唯诺谢过,阴密谋所以报先生矣!

再明日,九月二十七日下午四时,式一与先生在家宴友毕,家人报杨建廷至。杨建廷者,其时淮安民团督队官也。而吾家四周皆为执械之兵士所围,式一先生与(式一与先生)尚未知也。杨至,直入厅房,招先生语曰:"实丹约君议事,请即行。"先生从之。甫出门,为人所执,先生问何事?皆不答。兵有执式一者,力脱得免。但见先生于人丛中大呼式一,并告式一曰:"入白母,无恐,余无恙。"尚不意彼等竟欲置之死地也。俄而人声鼎沸,佥谓府学内有剖心死者一人,探之,吾亲爱之兄梦桃死矣!呜呼痛哉!吾兄遂从此与余长别,而余从此遂长为无兄之人矣!闻当时巡逻部部员亦有欲为部长复仇者,因人寡势孤,实力不充,安能为螳臂之当车?于是淮安城上,龙旗再飞,迄镇军至,乃已。后更闻人纷言,周君殉难时,虏令令人劈头一刀,周君从容曰:"文明世界,请以枪毙。"乃以七丸毙命。而先生就义时,大呼虏吏而骂之,继而曰:"兄弟们!要杀就杀,快刀立断,勿延。"于是一刀贯胸,腹裂肠流。年二十三,尚无嗣息也。东浦之后,当以先生被难为最烈矣!吾书至此,吾脑裂,吾心碎,吾欲狂,安得何日把仇人头为饮器乎!问天不语,空怀棠棣之悲;一息尚存,此志不容稍杀。先生不死于安庆、广州,而死于淮安,天也!

存弟式一谨述

回忆周、阮二烈士

丁观澜

【编者按】丁观澜,淮安人,曾追随周、阮从事革命活动。这是我们访问他的记录。

一、清江兵变

武昌起义,全国响应。九月十六日,清江十三协哗变,有一队人没参加,由队官郑玉堂率领开到淮安来,和杨回子[1]带的团练(有一百余人)勾结起来,保护山阳县属的地主绅士。

二、淮安农民抢米

清江兵变后,淮安一夕数惊,四乡农民没得吃了,进行抢米。小徐庄有个聋子,五十多岁,带领多人到地主王灼家去分米给大家吃。后被城里团练局逮捕了,问他:"你是带头的么?"他不说话,只点点头。又告诉他:"这要杀头的。"他又不说话,仍只点点头。结果就被杀在鼓楼前。河下镇的农民也大伙儿起来抢米。

那时秩序非常混乱,恰好周、阮二烈士回来了。

---

[1] 杨建廷系回民,故人称"杨回子"。

三、周、阮二烈士的革命活动

周实和阮式二人都是淮安的世家子弟。周实是两江师范学生、南社社员，与镇江都督林述庆有联系。回淮后，以维持秩序为名，与阮式组织巡逻队，进行秘密活动。参加者多数是中小学学生，也有少数教师，还有些地方人士。后来法政讲习所（所长王官寿）的大部分学生也参加了。巡逻队从七八个人发展到六十多人。巡逻队没有枪，只有团练的废枪和扳机，都是不中用的。我那时十七岁，小学刚毕业，也跟着他们跑。我们常在善缘庵一个小客栈里开秘密会议，一共开了十多次。最初并不讲革命，只讲维持治安，实际上搞革命。后来慢慢地讲了，胆小的人也就不敢来了。以后队里闹意见，分裂成为两部分：法政讲习所的人叫做"地方自治巡逻队"；我们一群中小学生就叫"地方巡逻队"，共同领导人还是周、阮。再后，巡逻队改名"巡逻部"。

巡逻部员日夜在城上巡逻，地方团练也参加警卫，目的是防止淮阴十三协的散兵来抢劫。这时，新旧势力进行暗斗，后来变成公开斗争。

四、周、阮二烈士被害

当时地方上的旧势力仍然很大，他们和十三协会的残兵勾结起来对付周、阮。最有势力的绅士是阮师凝，他是阮烈士的同祖兄弟，与曾做山西巡抚的丁宝铨同案。丁住在上海，遥治淮安。县令姚荣泽是他的门生，所以姚也听阮师凝指挥。丁鹤臣、何福千（玉）、顾震福也都是当时淮城的大绅士。

周、阮二烈士在淮安插白旗，在团练局召开大会，当场把绅士们都轰走了。又在漕院衙门大照壁上贴上"革退劣绅阮师凝一名，永不准化名复充"的布告。在宣布淮安光复、发白布臂章时，阮烈士当众宣称："满廷伪官姚荣泽前来领取臂章。"姚荣泽战战兢兢地领了臂章。才仍给他做县官。当时新势力得势，旧势力不甘心失败，他们表面上对新势力拢络，暗里积极谋害周、阮。杀害二烈士这天，他们预先布下不少军队，以请吃饭为名，把周烈士带到府学东西牌楼。又逮捕阮烈士。在那里，周烈士被枪毙，阮烈士被剖腹刳心而死。

从周、阮被杀之日起，我们的父母就不准我们出外了。旧势力也叫各绅士家的子弟不要出外"胡闹"，巡逻部就散掉了。

周、阮从回来之日起到失败，只有四十天左右。

五、周、阮事件的结局

周实的父亲周叔先和我父是结义兄弟。我父把凶讯递给他，他就和张冰、周人菊等几个南社的人由东门缒城逃到车桥，再由那里到南京去申诉。后又转到上海找沪军都督陈其美。陈是南社的人，和周、阮有关系，他们要求陈为周、阮报仇。

周、阮被杀后的第二天上午十点钟，臧在新带领的镇军支队来了，找周、阮，周、阮已遇害。这时旧势力都逃走了，阮师凝到上海找靠山丁宝铨，姚荣泽逃到南通躲在张謇的家里。

陈其美要逮捕姚荣泽，姚找丁宝铨求救。丁找周烈士的父亲说："你儿子已死了，叫姚荣泽给你一笔钱就算了吧！"结果旧势力给了一笔钱予周烈士之父，建了一个烈士祠，就此了事。

河下纪事诗二首

汪小川

【编者按】河下镇在淮安城北三里许,是运河沿岸的市集之一。清江兵变后,淮安农民纷纷暴动,河下镇的绅商组织团练,残杀农民。作者是这里一个失意的地主知识分子,对当权派的荒淫滥杀,也表示不满,曾著有《河下大事记》,书中暴露了地主阶级内部的腐朽情形。全书已遗失,作者的后人汪继先大夫抄存了这两首七律,尚能反映出历史的鳞爪。诗的题目是我们加的。

其 一

袁江兵衅众情哗, 大局门开费调查。
为首独推团练长, 安身全借梵王家。
蝇营鼠窃程参事, 狗党狐群赵老爷。
八百青蚨真受用, 二衙每日又排衙。

其 二

正己无妨驭下难, 区区收发也财贪。
盗因滥杀魂为厉, 店被苛捐血未干。
人命草菅新世界, 军司花酒小勾栏。
旁观冷眼忧危局, 殿上三官泪暗弹。

盐城光复记

周梦庄

【编者按】武昌起义后，在清江兵变的影响下，盐城的驻兵也跃跃欲动，后被徐宝山所吞并。作者辑录父老见闻，撰成此文，稿藏盐城县政协。

清末，盐城境内驻有三个缉私营：水三营驻本城西门外，管带袁德三；步二营驻伍佑场，管带朱绩臣；步四营驻上冈镇，管带耿华堂。武昌起义后，他们联合起来向地方索双饷，还索从前欠的三个月饷。其中以耿华堂一营的人数为最多，枪械算最精，而耿的个性也最悍。地方人士虽然暗中非常惊恐，但对饷糈仍按月的源源供应，殷勤招待，使其无可借口，以维持地方秩序。

没有多时，驻在湖垛的江北提标十三协突然哗变，把清江抢劫一空。原想到盐城掠夺，后闻驻有缉私营拱卫，因而不敢侵犯。这叫做慑于虚声，而地方转获其实利。其实，耿华堂和袁德三早已密谋入城洗劫，因畏惧守备马立朝英勇，未敢发动。耿在上冈，已杀死平民沈寡嘴示威，幸有商会会长冯绍文维护周旋，地方乃得稍安。

盐城三营的双饷虽是按月发放，但财力实有不逮。饷银的来源，全系由地方负责人士向驻在盐城的裕宁官钱局借贷，以后凭领结再向省方报销。不动用公款，也不向老百姓捐钱。虽然这样如取如携，而来日方长，终难应付。

南京政府成立后，地方人士就委托张逸笙和李守彝赴南京请愿。二人抵南京后，到陆军部谒见总长黄克强，不值，由次长蒋作宾代见。二人陈述了盐城的情况，又面呈了请愿的文件，蒋允许转咨江苏都督核办。二人又去见盐政总理张季直，因座客很多，不得畅所欲言。回到寓所，又具函详陈地方痛苦情状，恳求援救。旋即离开南京。

其时徐宝山方开府扬州。二人过扬时，特往求援。徐立即应允，并说："没几天就出巡，到里下河各邑去收编旧缉私营，那时饷糈会有统一办法。"二人大喜过望，认为徐是个豪侠，不会食言。回到盐城后，遂日盼其旌旗戾止。

这时人心惶惶，而水陆三个营也蠢蠢欲动。李守彝就向士绅陶鸿庆、季龙图等献计，暗中弄出黄芸台、徐翼黄、乔仲杰、周龙甲等人，叫他们剃光了头发，腰间系假炸弹，自称"革命党"。次日，在永宁寺召集军政商学各界开会，宣布革命的宗旨。群众到会场的很多，手执小旗，上面写着"打倒满清"的字样。时知县周光熊，字芷珍，是一老吏，也出席参加，手持"保境安民"的旗子。首由黄芸台演说，黄名乃祯，是镇江的副榜，善于词令，虽家住盐城，但认识他的人很少。他说："汉族受满人欺压二百六十八年，做它的奴隶，一切不得自由，现在汉人要做自己国家的主人了，大家快些醒悟，起来奋斗！……"演说完毕，人心因此稍定。

先是，狱囚累次鼓噪滋事，大有崩决之患。周光熊乃以站笼站毙了两个死囚，才得略靖。更由外地归来的学生如郁小轩、陶少甫、凌慧庵等组织了协防团，周回巡视城内外，以保卫乡里。

伍佑的情况和盐城差不多，朱绩臣的步二营也想暴动，由于刘场长的儿子刘公权联合地方人士智亭荪、后珏蘅、孙鼎侯、黄师鲁等办了自卫团，夜间组织乡勇灯笼会，每户出一人游行，号角示威，声称迎接革命，因而得以平静。其后，营兵杨得胜因犯奸杀案在鱼市口执行枪决，营中更安谧得多了。

不久，徐宝山果然率部乘轮北来。先过东台，将缉私营管带刘凤朝斩决示众，因为刘部哗变，在东台抢掠，城市遭受损失甚巨。各营听到这消息无不股栗。徐抵盐城，地方人士开会欢迎，徐随时宣布缉私营的饷项嗣后即向扬州军府请领，不准挪借地方分文，并责成各管带要负起地方治安的责任，克日编送箕斗册听候点验。各营唯唯听命，均不敢仰视。徐又枪决了死囚印台安等十二人，全邑肃然，四乡的盗匪也为之敛戢。

徐回到扬州后命团长马玉仁统兵到盐城，围缴了耿华堂一营的枪械，遣散了队伍，解耿到扬州讯问后释去。

海州

回忆海州光复

黄荔岭

【编者按】作者亲历海州光复,近据本人回忆,参以父老见闻,撰成此文。稿藏本系。

海州地处苏省边境,交通不便,消息闭塞,接受新事物极迟钝,封建势力尤牢固,知识分子以及当时所谓士大夫阶级,大都以逢迎地方官为升官发财的途径。1905 年后,科举废除,本地只有海州中学堂和北辚中学。这些学校,虽然学习所谓新科目,但仍然和科举时代相同,学生不过以此为进身之阶罢了。当时在学生中能读《饮冰室文集》和偷读谭嗣同《仁学》的,就被称为进步的了。鼓吹革命的作品很少见。所以在武昌起义之后,本地的反应也比较迟缓。

军事方面,辛亥革命前本地还没有新军,地方驻军只有绿营的子弟兵和州官招募的护兵,数量既少,训练也差,武器更为落后,只有独子拐枪,五子步枪极为少数。另有盐防营驻扎,他们虽是为了防止盐贩走私,武器却是快枪,比绿营和护兵大不相同。辛亥革命重要措施之一,是联系各地新军,本地既无新军驻扎,也就少革命的军事活动了。

　　武昌起义一个多月后的一天，州官陈宗雍在城内关帝庙召集本城士绅开会，当场宣读两个文电：一个是江北都督蒋雁行（驻淮阴）的电报，通知江北已经独立，他已就任江北都督了。另一个是山东巡抚孙宝琦的电报。孙电说明了山东情况，电文中虽未明言山东已脱离清政府而独立，但他在电文末尾，只署"孙宝琦"三个字，未署官衔，显然，孙也是立意要独立了。陈把电文读完以后，就说："我们南面是江北都督蒋雁行的驻地，蒋原是我们的上级，现在他已经独立了。北面和我们接壤的山东，情况也有变化。我们究竟何去何从？应该早作决定，否则就要陷于孤立了。"他要求到会士绅尽量发言，共定大计。最后，陈还暗示一句："兄弟也是汉人。"这时，到会士绅虽感局势严重，但都认为这事关系到政治变革，事体重大，不能率尔而对。一阵沉默之后，一位老贡生杨节庵说："我州南境土匪蜂起，交通阻塞，生活来源行将断绝，眼前即待剿匪，恢复交通。谁能为我们剿匪，我们就归向谁。"最后，他还引了一句成语："杀吾仇者吾君也。"杨的话，与会者一致附和，表示只要革命军能帮助我们除匪，我们就脱离清政府，宣布独立。这次聚会就这样结束了。

　　此后，陈宗雍急急忙忙扩充护兵，积极联系绿营，加强防卫。对驻扎州地的盐防营，他虽也联系，但因事权不属，只能客气相待，以求配合，不能随便调动。

　　不料，这时大局发展迅速，对驻军影响很大。阴历十月初二晚，驻城南山下的盐防营突然集体鸣枪，打进州署，开放监狱，焚烧房屋，陈宗雍扩充的新兵也纷纷加入，市街秩序一时大乱。西街永昌恒、仁昌两家布庄都被焚烧，东街有金姓被劫，并死一人。市民纷传："革命军来了！"

驻扎江北的新军十三协,早与武昌革命军取得了联系。本城"兵变"不久(大约是阴历初四),江北新军就派何锋钰营长带领一营兵队来海州安定秩序。我们地方人士认为何营是革命军派来的,便都到东门外欢迎,我当时也去的。那时我才二十一岁,又是学生,因而在一般老年人看来,我们是懂得革命道理的。所以在欢迎新军之际,有位张佃卿老先生对我说:"你们是懂得革命的,往前边站。"其实,当时我虽为青年学生,但对革命认识非常肤浅,何能称得起懂得革命!何营长入城后,就驻扎城内,和原有本城州官陈宗雍、绿营参将马得升、前沂防管带李鲁卿、山东旅居本地的王卫臣等,和衷共济,秩序维持尚好。不久,何锋钰营长就兼任民政长,海州就算脱离清政府而正式独立了。这就是海州"光复"的经过情况。

另外,武昌起义后,在州境南乡靠近白皂沟地方,有一个小地主,通称李七,曾召集大众,共图响应。不久,因他的队伍纪律不好,不得人心,纷纷散去。其起兵是否与革命组织联系过,现无从查考了。在大伊山镇,有些地方人士也曾于阴历九月二十一日,举兵响应起义,当地秩序失去常态,当铺被焚。起义人中,任鹭洲、吴荣圃等都是秀才,当时他们曾以陈胜、吴广自比,结果也是失败了。

海州光复前后

郭耀如

【编者按】此系作者应连云港市政协之嘱写的，文中反映了不少海州光复前后的情况，可与黄荔岭文相参证。

一、光复前海州的建制

辛亥光复前夕，海州共辖五十四个镇，南至涟水，北接赣榆，西至马陵山，东至海。有沭阳、赣榆两属县。科举时代，两县考生都到海州考试。

海州为直隶州，下有二衙驻板浦，三衙驻响水口，四衙驻州署内。州署内设有前后两营，保护州官。

武职有参将，统率绿营子弟兵。中军有守备，下有城守等官。另有外汛武官若干、学官二人。

城内有海州中学、敬一高初两等小学、奎文高初两等小学、如珍初级小学、腾蛟初级小学、板浦北礁中学，并有其他小学。南城、新安镇当时均有小学。

海州光复后，分为东海、灌云两县。因肥瘠不同，两县各争东西路两镇地点和学田，双方人士互讼十余年。

二、光复前夕的地方情况

武昌起后，各地响应，消息传来，一般青年尤其是青年知识分子，感到无限高兴和愉快，认为清廷被推翻，汉人从此能当家做主了。但当时城内，政府统制太严，无人敢出之于口。农村人民迭起，纷纷打官挟富，响应起义。如新安镇农民，聚有三千多人，出任维持地方治安，向地主富户借款借粮。白皂沟地方，有名李七者（名砚斋），曾号召农民起义响应。大伊山有秀才任鹭洲、吴荣圃二人起来响应起义，并以陈胜、吴广自居。惜他们部属均无训练，不久均失败。大伊山人恨当典盘利太高，剥削过重，起义后曾把礼和当典放火焚烧。

当时，海州州官接到两份电报：一是淮阴蒋雁行打来的，言他已经独立，任江北都督；一是山东巡抚孙宝琦打来的，孙电下款既未书"巡抚"字样，又没有"印"字，亦暗示独立。这两份电报都是有关政治大事，州官陈宗雍即召集地方士绅和教育界人士，在城内关帝庙开会，讨论应付方法。最后仍推陈宗雍负责维持地方治安。陈宗雍即与地方绿营子弟兵联络，并与客军盐防营取得联系，同时招募新兵，加强城防和自卫。新兵由梁金标带领，住在州署内。

三、光复经过

旧历十月初二日下午约四时许，住在西门外碧霞宫内的盐防营，约有十余名士兵，持枪进城鸣放，并直抵海州衙署，把牢门砸开,将所有罪犯放走。一时大街小巷,到处听到镣声。陈宗雍的卫队士兵,亦恨陈宗雍不早公开独立,也乘机混入把州官住宅焚烧,陈宗雍与其家属避在宅后附近居民家内。夜深,西街永昌恒钱金庄布庄被焚烧,仁昌布店被抢,东街金姓家亦被抢。早晨,东街发现枪杀男尸一具。从此,地方称十月初二为海州光复之日。

四、光复后的地方情况

旧历十月初四日,地方主事人通知各户到东门外欢迎革命党军队。此军系淮阴十三协新军,有一营人,由何元璋即何锋钰带领,来海州维持治安。来海后,驻城内石室书院中。地方秩序初定,何元璋即任海州民政长官。

光复后,地方青少年纷纷剪辫,不戴瓜皮帽子,改戴招檐帽子。老年人蓄发居多,也有仍旧拖辫子的。时间既久,拖辫与蓄发亦逐渐减少。往来礼貌仍是旧式,但已不十分拘束了。

海州光复后,地方甫定,地主士绅即互相争权夺利,纷纷办理政党。谢筱愚在家中设立"自由党",杨磊川在家组织"同盟会",沈仲磐在地方火神庙内成立"共和党"。后谢当选为国会议员,杨、沈均当选为省议员。

海州自治会致沪军都督电

《申报》

　　陈都督鉴：请急电江北都督蒋：汉族恢复，宇宙重光，士庶闻风，欢声雷动。惟海州土匪蜂起，啸聚数千人纵火抢劫，屠戮同胞，惨无人理。东南数十村镇业已糜烂，急望兴救。清海电线十三日不通，无门呼诉，泣叩速发义师，拯同胞于水火，不胜迫切待命之至。（宣统三年十月初二日）

赣榆光复前后

《赣榆县续志》

【编者按】《赣榆县续志》，王佐良等纂，民国十三年铅印本，南京大学图书馆藏。这里辑录的是有关辛亥光复前后的部分。

宣统三年辛亥秋，武昌革命军兴。县故多盗，清江兵变，海属土匪大炽，县西南境帮匪闻风响应。是时城守已裁，巡警未练，全县所恃，惟旧令徐树锷当裁革之际，怵于盗案之多，劝谕乡镇捐款，创募练勇四十名、马勇十名，与青口商人自咸同以来沿募之号勇五十人而已。乡镇虽奉令团练保甲，实属画饼；而号勇又止卫青口，不任他处防事，势益单弱。知县曹运鹏以兵力不足制贼。时山东蓝山县资政院议员王佐良由京旋里，招募自卫，所居朱樊村与县毗连，其先人尝助赣榆城守有功，以故曹令以旧义感说，乞助于佐良，兼请沂防营，得增兵数十。初剿匪于末山之南，战不利，贼焰更张。佐良以唇齿相关，毁家募兵，借沂防之助，四出截剿，与胞侄王沂华亲冒矢石。九月一日战于末山西，大捷。次日克复蒜庄湖盐防营垒，声威大振。适海州是夜盐防兵变，绅商求援，初六日，佐良援海州，经大沙河，侦贼焚掠浦南，遂转旆而东。初七日黎明围浦南，擒斩匪党多名，匪首王西斗歼焉，势稍杀。佐良遂任军政，驻海州。及南北和议将成，鲁军有退回百里之议，县境匪焰复炽。佐良来县，说曹令募兵自卫，以饷械无措而止。会巨盗孙秩坠有叔在监，猾吏亦以侵蚀公款被逮，欲献城毁卷，以灭其迹。城董有泄于曹令者，佐良亦寓书于曹，劝尽戮留狱积匪，并严查勾通之书差，曹益护过不从。因循至腊月中旬，迹益显，消息愈急，佐良急檄蒜庄湖马队，巡城助居民为守。二十一日，北境匪徒又起肆焚掠，乃会县队及青口练勇截剿于龙王庙等村，未及归而城竟以是夜陷矣！曹令越城遁青口免焉。是役也，罹难之家，城中以周荩臣、吴宗岐为最惨。二人以团练城守，城陷，宗岐死之，荩臣御匪不胜，急回焚火药子弹，返身被害。北境匪起时，海头村御匪死者又有阎思法、周之栋、张树美、焦茂田。（卷二《武备·兵事》）

　　县城之失守也，知县事曹运鹏遁青口，电请复城自效。时江北都督蒋遣知海州事何锋钰任其责，军政支部长王佐良亦调盐防一营为助。贼众千余人据城相拒，何军不任战，日惟列阵鸣枪作势塞责，斯须而罢。而贼极震兵威，屡遣讲和，登曹令妻于城，复缒杨典史下为居间，不敢公然出城拒战。时青口商团公议，以财政属董景璠、周维壎，而以请兵练勇事宜推许鼎馨、徐嘉琛。鼎馨见官军不甚得力，虚糜供给无算，乃增募练勇为前敌，力攻，勇二百人临阵敢死，以火药洋油烧城西门，门洞裂数穴，攻入在即，后队官军鸣号而退。虽未一战即克，然贼众胆落矣！此壬子正月三日即民国纪元二月二十日也。其夜贼溃去，黎明兵入城，贼凡据城十余日，所罗掘未遍者，悉竭泽以渔焉。何旋奉调南回。贼既衰，乡人亦纠合团练以杀贼，各镇截剿以尽。嗣蒋督复遣刘海峰率队来县，饬令筹饷，然地方糜烂，困难莫名，于是阖邑绅民合词电请王佐良为民政长，曹令乃去。又以县城虽复，署焚吏散，议权设治于青口。阴历二十三日，佐良到任，即召绅民会议。首以不借客兵、自练土著为宗旨，且连电痛陈不任驻客兵情形。刘奉调去，乃谋自卫，为长久计，练步兵百五十人，马兵三十名。未及两月，县境以次肃清。（附编卷下《武备·兵事》）

江宁府

南京新军起义记

《民立报》

【编者按】辛亥九月二十三日《民立报》载南京新军起义始末，文中反映了第九镇目兵与部分下级军官对革命的热情，也写出少数高级将校的犹豫动摇态度，可与其他资料相参证。题目是我们加的。

南京新军久抱革命宗旨，除各级将校抱有金钱主义外，余皆协同一致。

武汉起事以前，即有中部总会在南京运动，然皆坚守秘密，疑忌滋多，故武汉起事以后而南京默默无闻者，皆坐此之故。

武汉起事以后，武昌政府派有运动员在南京运动军人赴武昌，此人名苏良斌（曾在马标充当排长），素无信行，故人颇不重之。

武昌既起事之后，时徐统制及孙铭尚在观望，于八月二十日以后，赴各标营演说"忠君爱国"之旨，言不可为李自成之续云。

张人骏既接武昌警报，即疑新军起事，于是各防营均发子弹，每夜派人围守各标营，如临大敌，而于马炮标尤甚。

新军既被嫌疑，人心大为愤激，风起潮涌，几有不可终日之势。

大吏闻新军大愤，恐致激变，于八月二十六日由张人骏派樊增祥赴各标营安慰,宣布并不疑新军有革命宗旨。

武昌民军已得胜利,人心大振,徐统制心已活动,于九月初四日起,逐日传各标营队官征取出防驻守之意见,各队官乘机进言,有马标某队官云:"今日是我汉族自立之一大好机会,统制万不可拘守臣节,盖种族之关系甚大,拘守臣节者,反为汉族之蟊贼也。武昌根据既立,吾人自必赞助,成功则为汉族之忠臣,不幸而失败,亦不失为汉族之志士,此次革命不成,则四万万同为奴隶之奴隶,而何有于功名富贵乎!"徐统制颔之。

各队官赞成出防者多,赞成驻守者甚少。赞成出防者系为避嫌起见;赞成驻守者欲乘机袭取南京也。赞成驻守者为马标管带李铎、队官王麒、彭明俊及三十三标陈队官之数人云。

徐统制既征齐意见,知人心已协同一致,如是,决计出防。张人骏命驻守秣陵关,明(名)为防御湖北,实则欲断我镇江之交通。明知其意,而无可如何!

于九月初六日宣布出防,初九日出发,是晚即驻秣陵关。先于出防时,徐统制请领枪弹,每人一百五十颗,发炮弹一千颗、机关枪弹一万颗,经张人骏批准允于初十日随同九月份饷银运解至出防地。各级将校欲先领弹药然后出发,朱(徐)统制坚言到防地即发,而不知为张人骏所卖也。

徐统制于九月十一日到秣陵关,弹药一事张人骏不担责任,推言候电陆军部电复后再行发给。至十五日,弹药未到,徐统制大愤,决计攻取金陵。而各级将校及目兵等一到秣陵关,即行宣布于初十日拿获张勋侦探三名,十一日解送省城。张人骏批复云"新旧军共担防守之责任,本无庸侦探,已询问张军门,并无派人侦探其事。此三人当严讯究办"等语。并赏给解役洋数元。有识者皆知其为笼络手段（张人骏肉不足食）。自初十以后，旗人来防地侦探，多陆续拿获，官长十二名，兵卒二名，派人看管。

九月十五日，苏良斌忽来防地，同人疑为奸细，拿获审问。苏云："已联合巡防队数营，江防队数营，探访队、督署卫队全体，只等新军起事，即行内应。"同人皆不相信，以其平日不能见重于人也。

九月十六日，得上海、苏州克复之信，人心大快，即派人至上海运子弹，约城内机关部（系上海派去之机关部，非苏良斌也）于十八日晚三点钟起事。原来计划系于十八日伪作演习，至距南门外十里处之姑娘桥宿营，待晚上三点钟内应一起，即行进城。而不料十七日晚，苏良斌运动之巡防队即行起事，使城中得以预防也。先是，苏良斌于十七日下午六点钟送来一信，云十七晚三钟，伊等在城起（事），望大军即行开往，以便开城迎接。同人既轻视其人，又以路隔六十里，大军运动殊非容易，即着原人回信，约十八夜方起事。回信人以夜深开（闭）城，不能进城。而苏良斌果于十七夜三点钟放炮为号，探访队先变，各挂白布于胸，上书"中华民国"字样。张人骏闻城内兵变，即行逸出（看他最后之布置）。王有宏指挥卫队击探访队，卫队即反戈相向。王有宏亲自用机关炮击毙卫兵二十余人后，以力不支，乃遁去。嗣巡防各营相继起事，打开城门，见大军未到，始各溃散。而张勋所辖之军于天明始出，用枪乱击，杀人甚多。至十八日，城内已知巡防队有异心，乃将其已起事者击散，其未起事者即行调开。将城门紧闭，严密防守。于通济门、聚宝门等处安设机关炮。雨花台之要塞炮原将炮位折（拆）卸在兵船上，至此亦已运来重新安上。并将各台官撤换，派重兵监督炮兵放炮。又有机关枪数万，扼要防守。于是民军弹药隔一城不得运到，又隔雨花台不能接近城池，皆苏良斌冒昧起事之罪也。

以上述战前之事，以下接续战后情形。

十八日，民军弹药既不能到，而城内搜索甚严，恐派去之决死队被害，不得不勇往直前，孤注一掷。乃将各标营带来之弹药（原打靶所剩出者）收集，发给敢死队每人八发，战斗队每人只得五发，至后方队伍，并一弹而无之。于上午八点钟由宿营地出发，至十一点钟，独立马队到达姑娘桥，雨花台之防军甚（即）用要塞炮远击，此时马队万不能退，只得奋勇接近，避入死角。至黄昏时，步队亦已接近，故防军费炮弹甚多，而未能伤一人。敌军机关枪即（甚）锐利，万不能接近。战至晚上十点钟时，敌人所费子弹不下数十万，仅能伤民军数十人。民军以弹药缺乏，未敢轻发一弹。至十二点钟，民军敢死队进至百密达以内，方开始射击，然敌人深沟高垒，亦未能大显效力。有三十四标某队官率敢死队十余人，连抛炸弹二枚，轰毙防军四十余名，乘势夺取机关炮。将行接近，忽为敌人小炮击来，此队官与敢死（队）十余人悉行阵亡。天明时，民军子弹告罄，不得不行退却。马队先由隐蔽地退出，步队在后，为敌人机关炮追击，损伤甚多。至十九日上午十点钟，陆续退至秣陵关，乃将桂城、恩锡等十四名枪毙，由徐统制命令向镇江退却。二十日，陆续退至镇江。现将三十五标移驻高资，即以该标标房为宁军收容所。

计是役，马队伤亡十余名，三十四标死百余名，三十三标二十余名，炮标十余名，连工程、辎重，共计不下二百余名。而防军亦死亡一百余名。惟城内民军之决死队，均选有辫子之人扮作百姓模样，张勋虽严行搜索，杀无辫之人，皆系冤杀也。

江浙联军光复南京

茅乃登 茅乃封

【编者按】作者昆仲曾为江浙联军总司令部幕僚,茅乃登系秘书部副长,茅乃封系参谋次长。此文曾载《近代史资料》1957年第1期,原题为《辛亥光复南京记事》,发表时,茅乃登已故。1960年夏,茅乃封犹健在,曾为我们道往事如绘,今亦病逝。

序

辛亥九月,江南陆军第九镇响应鄂军,起义于南京。挽武汉垂危之局,开南北统一之基,说者谓共和政体之立,实权舆乎是,非奢言也。秣陵关之役,一误于弹药之被抑,再误于内应之愆约,三误于前驱之率进,功败垂成,为世所惜。然摅肝涉血,行无所顾,壮往果直之气,有足多者。江浙联军卷土再进,将异其志,卒异其系,谋士异其略,兵家之忌也。幸总司令得其人,浙军尤奋死力,首摧敌锋,歼渠帅,卒能以兼旬之力,下名城而立政府,天实相我民国矣。惟是天下事,得之易者失之易,建设之难且十百倍于破坏,隐的不调,龃龉之䃱,时殊境易,传闻异词,执道涂之说,以绳当局,将使功罪枉其衡,余夺燹其实,作者恫之。爰述是编,都为两卷,上卷第九镇为之主,明举义之所由;下卷江浙联军为之主,明成功之所以。览是编者，视其所由，察其所以，较论其成败得失，以存是非之真，是则作者之所志也。

中华民国元年　编者[1]识

辛亥八月武汉革命，两江总督张人骏虑第九镇响应，调江防营及王有宏所部淮上军，悉以主力集南京

辛亥八月十九日（十月十日）陆军第八镇炮工等营猝起革命，黎元洪以所部陆军第二十六混成协同时举义于武昌，分别占领武、阳、汉三镇，公推黎元洪为大都督。清廷派陆军大臣荫昌率新军两镇，沿京汉铁道线南下，扼武胜关。是时皖、赣、浙、闽等省相率谋响应，民军之势极张。南京为江南锁钥地，徐绍桢所统之陆军第九镇驻焉。绍桢字固卿，广东番禺县人，久负文誉，佐大幕，经史、训诂、兵农、礼乐、辞章、历算、刑名、考据诸学靡不通晓。尤长于兵事，近世新战术及各国军制、军学、军器，无不精研熟记，通其神明。以名孝廉官监司，改擢总兵，权江北提督，历在各省统兵。手创江南第九镇，行征兵制度，名门寒俊相率从戎，开吾国尚武之风，将校皆一时人杰，训练教育，为全国冠，屹然成东南大镇。常痛国事积弱，根本解决，非革命不可，第九镇革命之潜势力，遂日形膨胀。端方督两江时，疑新军中有革命党，颇事罗织，绍桢力翼之，终端方任，新旧两军无违言。张人骏继端方任，猜新军尤甚，阴使江防营监视之。会武汉事起，乃大惊奢，谓新军终不可恃，用江防会办提督张勋言，调江防兵二十营、王有宏所部缉私队十营，悉纳城中；益以赵会鹏所部巡防兵五营、督辕卫队一营；江宁将

---

[1] 文中编者均茅氏昆仲自称之词。

军铁良新练之驻防步兵一标、炮兵一营；狮子山、富贵山炮台及裁撤未尽之绿营若干。犹虑不足，募江南北饥民二千五百人，编为十营，使荷戈任警戒，褴褛群行，类丐者焉。

清陆军部以第九镇将佐补军职，令至不报

第九镇教育，训练为诸镇冠，干部多文武兼资之士，称南洋劲旅。惟将校中曾授军职者仅百余人，悉系陆军学校毕业，部试得授军校，当时视军官名器，至为隆重。武汉事起，吴禄贞被刺于石家庄，清政府猜新军更甚，尤惮第九镇，欲以军职縻之。陆军部令以官佐履历闻，转檄各标营，久不报。盖是时镇属将校，有志于革命事业者，初不以补授军职为意，于以知清政府羁縻之术，不足以济变也。

九月南京戒严，居民迁徙者万户

江防营及淮上各军集城中后，商民惊謷，不宁厥居，自戒严令下，民苦搜捕，相率出亡。通衢中恒于凌晨睹匿名布告，谓民军将夜袭督署，逻索益急。时谣传民军以白布缠左臂为识别，丧服系素绞者多被逮锢。新募之江防兵复四出需索，流民与之朋比，杀人越货，行所无事。钱商典肆，悉于九月初四日（十月二十五日）罢业。宁沪铁路加发快车，赴苏沪之乘客，恒有守至终日不得购券者。江轮下等仓位价涨至银币十数元。三日间，迁徙达万户。城内外日没后即断交通，惟见江防、巡防营之哨探，枕兵卧交衢，或占民房聚博而已。

江督张人骏委藩司樊增祥劳第九镇将士

先是戒严令未下之前，篝火狐鸣，谣诡庞起，第九镇将校多托故辞职，或乞假赴武昌，知之而莫能禁也。戒严令既布，将校虽大故，不得离职守，乃日集会议于太平门外玄武湖滨及定襄王庙。

人骏使人觇知之,急蹙无所措,密召绍桢,将大索各标营。绍桢持不可,谓是适以激变。藩司樊增祥亦与议,力陈新旧军不可歧视,宜开诚布公,使新旧派猜忌[1],事或有济。人骏意似稍悟,乃命集合第九镇将士,将亲慰问之。临时复虑有不利,以增祥与绍桢夙相契,使代劳将士,宴于镇司令部,酬酢颇欢。事毕,增祥以将士深明大义,保无他虑,反报。人骏终不之信,防范且加密焉。

柏文蔚来南京

文蔚故步队第三十三标属管带,与赵声、冷遹辈同时隶第九镇。端方督两江时,以嫌疑去职,遁辽吉间,就奉天督练公所科员职。会武汉举义,回沪与谋组织民军机关部事。九月初二日(十月二十三日),正军医官陶逊饮沈同午等于私邸。夜阑,文蔚偕凌毅、何遂至。通刺后,叩以来宁所图,始陈民族大义,继谓党员来宁者已千余人,新军如不能相助为理,党员当自为之,言竟别去。同午归谋诸十七协协统孙铭、三十六标第三营管带钟毓琦等,曰:"党人来宁者众,发难之期迩矣!新军无弹药,一旦遇变,助党人则徒手不可为战;守中立,则江防营日伺我隙,势有所不能。饷械局贮弹药数百万,请而不发,是疑我也,疑我则戒备必严;请而允发,是畏我也,畏我则祸必速。且将士中保无为党人响应者,若秩序乱,则军令不行,全城蹂躏矣!计不如自为之图。"爰以聚饮时有人建议,以工辎营占领饷械局,夺取弹药;马标袭将军署;三十四标袭督署;三十三标包围驻扎劝业场之防营,上其说于绍桢。绍桢曰:"自朝政失纲,甲午以还,丧地辱国,新贵聚敛于内,疆吏阘茸于外,筹备立宪,失信齐民。安庆之变,广州之役,履霜之渐

---

[1] 此间疑有脱字。

也。余统第九镇有年,昔端方督两江,颇事罗织,将校中有为所中者,余辄力翼之使出险,知有今日也。然光复大义,所以救民,非所以贼民,弹轰刃接,狭巷相搏,幸而胜,民室墟矣!不幸而败,何以为继?且令发自上,系统顺而事易济;变起于下,怀希冀士气易骄,小遇挫折,士气立暮,兵将不可复用。与其轻率偾事,毋宁待机而动。"遂遣陶逊至沪觇民军机关部之组织;分派将校至鄂谋战况;至苏觇新军动静;并命同午准备出师计划。

第九镇请发弹药,三报不许

第九镇步、马、工兵,悉用日本三十年式小枪,辎重兵用德国马利亚式小枪,野炮用日本三十一年式速射炮,山炮用德国克虏伯厂管退式,机关枪则以马克沁式与日本式并用,兵器至不一律,开办时兵备处所主张也。弹药有由德日两国购配者,有由上海制造局仿制者。当时收贮于宁饷械局者,日式枪弹二百二十余万颗,德式枪弹三百余万颗,炮弹千五百余颗,沪制造局所存尤夥。第九镇各标营,则仅存卫戍勤务之常备弹药及教练射击之残余,计三十四标及马标不足一万颗,辎重营不足五千颗,平均每兵得五发,仅敷一分钟之缓射。戒严令既布,将士以无弹药,惶然不自安。绍桢虑沮士气,请于人骏,置不复,促之,则谓须请命于军谘府。越数日,仍无以报,江防、巡防各营则顿事补充,人发五百颗,众论沸然。九月初七日(十月二十八日)绍桢复赴督署,力陈不发弹药之害,人骏终不悟,且收炮六门遣旗营步标,机关枪六门纳兵备处。新旧军冰炭之错,于此铸成,识者知旦夕之有事矣!

以第九镇编成一混成协,准备出防

第九镇兵力,驻宁者为步队第十七协、马队第九标、炮队第九标、工程队第九营、辎重队第九营、军乐队一队。其步队第十八协,则分驻镇江城外,时因步队第三十六标营房增筑未竣,暂将该标第三营留驻宁城。此外,尚有历届本籍退伍目兵三千余人。曩立之动员计划,合现役退伍两项之人数约足战时一镇人员。但退伍兵散处宁、镇、常、扬、通、海、淮、徐各属,临时不易召集,仅就驻宁军队之步队第十七协为基干,马、炮、工、辎各队附属之,编成一混成协。

六七月之间,江南值水浸,三十四标及马炮标、工辎营,适处低洼地,猝遇巨涨,水几与槽齐,分徙移屯,服具损失及半,将士且多遭疫。武汉事起,有潜赴鄂参加革命者,旗籍人员虑有不利,相率乞退,或亡匿僻处。至是,实员骤减,仅及平时三分之二,服具不足,则以病兵及留守兵所有者匀补。盖饷械局已奉人骏令,不予补充也。

第九镇移屯秣陵镇

江防营故嫉新军,知新军乏军实,益易视之,日事挑衅。日没后,密围新军屯营,时出游击队,夜半驰突街市间。或发实弹示威;或鸣鼓号作冲锋声;或以巨竿束薪燃发光焰,作哗噪声,彻夜无宁时,新军终不为动。有邻近马标之居民,因痰死者,循俗鸣土炮,江防兵乃整密集队突击而至,见陈尸,始废然返。类是者日必数见。荷械之哨兵恒闯入标营宿卫所,卫兵阻止之,辄持枪剑作刺击状。新军休假外出,屡为所困。将士欲出击,绍桢力禁之,谓督署适在城心,商肆辐辏;饷械局则邻近城南,且迩教堂、医院;防营驻扎之劝业场、鼓楼等处,又密接各国领事署,祸居民则有戾人道,伤外人则易生枝节。矧军中乏弹药,短兵徒手,肉搏巷战,胜负之数未可知也。将士为之稍安,强袭之举,遂不果行。然城中终不可久处,乃决计移屯秣陵镇。镇为古秣陵关,位聚宝门之南,距城六十五里,镇之东九十里为句容县大道,通镇江;东南七十里为溧水县;西南越陶吴、朱门等镇,接安徽当涂界,大道通芜湖;西北出板桥,即为大胜关,给养交通之便,为各镇集冠,驻主力于是,计可持久。又以十八协在镇江,使西进伺朝阳门方面,得成犄角。议既定,即檄各标营如出防计划,准备策动。九月初九日(十月三十日)第九镇编成一战时混成协,午前九时,出发南京,翌时正午,达秣陵镇,宿营。镇司令部于十一日(十一月一日)午前八时着防地。城中居民夙苦防营之横虣,第九镇既移屯,民失所恃,商偃市、工辍业,襁负塞途,资粮委道,迁移者殆什九焉。

镇司令部出防人员表

统制官:徐绍桢　正参谋官:沈同午　二等参谋官:龚维疆　三等参谋官:田芷田　副官二员:徐涛、谭道南　司事生二员:黄恩溥、刘日明　初级执法官:朱萼清　一等书记官:茅乃登　书记长二员:汪承继、伏金门　司书生四员:黄紫熙、陈捷、孙观礼、杨虞　正军医官:陶逊　正马医官:缪庆禧　军需处办事员:钱嗣哲、蒋体常　镇署差遣官七员:严康侯、钱念慈、程文楷、夏文龙、徐寅、刘亚威、归宗郁

卫兵获江防营间谍,遣还之

镇司令部着防地之翌日,卫兵早兴,忽于河堰侧见有土坟起,抉视之,得旧式炸弹二枚,持报卫兵长。猝遇一丐者,强欲夺取,正相持间,复来一市烟草及小儿玩具者为丐者助。卫兵不敌,鸣警呼援,众至,二人乃就获,送行营执法部。检其身畔,果有江防营护照及新军宿营情形报告,书辞鄙俚,不成句读,而诪张特甚。护照填四月日期,朱印烂然,纸不少损,类新发者。穷鞫之,自陈为江防营所派间谍,与新军同时出发,偕行都三十余人,饰为小负

贩来镇,趁虚阴探新军动静。询其挟炸弹何为,则坚不陈实。闻于司令部,申解督署,逐诸小贩出境。于宿营地之周遭(围)置外卫兵,设警戒线,并于殷巷镇、石马村附近派骑兵斥候。

以孙铭统领十八协、沈同午统领十七协、史久光为正参谋官

十七协统领孙铭服职有年,夙为绍桢所信任,恒与闻将校黜陟事,特诸将校中颇有衔之者。出防时,命为宿营地司令官,先发至秣陵镇。司令部既着防地,各团队将校会议于行营,将有所陈说,绍桢微闻之。时镇江戒严,十八协统领杜淮川称疾乞休,乃以铭调统十八协,授以密令,使相机占领镇江,约期会取南京。以正参谋官沈同午接统十七协,仍驻镇司令部,赞画机密。适史久光归自日本,命继同午任。

桂城谋刺徐绍桢,执之,下行营执法部

南洋宪兵营曩直辖于兵备处,前管带陶骏保颇事革新,弁目多自第九镇退伍目兵中擢充。骏保去职,京口驻防旗人桂城继之,悉反所为,骏保之旧部更易过半。铁良任江宁将军,桂城益恣肆无状,将士阴衔之。第九镇既出防,以宪兵一分队随行。时秋水方盛,宪兵营本署之传令兵一人后发,夜行潴野,堕马死泥淖中,翌日为巡察所觉,以报镇司令部,绍桢命优恤之。桂城请临视死者来防地,宪兵正目袁安庆驰告同午曰:"桂城入警戒线神志忐忑,其从卒言,畴昔之夜密议于将军署,侵晓即就道。此来殆有异谋。"桂城至,始谢优恤宪兵事,继谓欲谒统制。言次时探手襟下,揭视之,藏手枪二,悉纳弹丸,诘其来意不答。适绍桢巡视宿营地还,至司令部,桂城夺阈迎出。三十三标代理统带伍崇仁、三十四标第三营管带田应诏知有不测,绗臂夺其枪械,桂城跳踉号詈,坚

称有机密,当面陈统制。乃衣以便服,使应诏随之人,见绍桢。同时有三十四标军需官杨存威假满回防地,经马标宿营地,见定色旗号,疑为民军标识,斥卫兵曰:"余籍汉军,知若辈必将为逆,当归报将军治其首谋。"语竟,欲出警戒线,步哨遮使之还,与桂城并下行营执法部。

各团队代表会议于行营镇司令部

桂城被拘之次日,得斥候报告,谓距秣陵镇北约二十余里之新塘蔡村附近,时有江防营游骑出没;村南之方山,有山炮放列,约五六门;雨花台东高地林际,露机关枪掩体。众知战祸将发于守兵。会柏文蔚由镇江间关至秣陵,众志益激烈,要于绍桢,请速举事。诡议忿嚣。绍桢虑紊秩序,乃命各团队代表会议于镇司令部。议决以第九镇主兵力,经马家桥袭取雨花台炮台,使孙铭先占领镇江,分遣三十五标经龙潭夹攻朝阳门;粮秣之购自里下河者,由下蜀、句容河道运送,购自芜湖者,由大胜关起陆;弹药则俟上海民军领有制造局后,由宁沪铁道越汤水密运补充。并约不得劫商民,不得侵外人,不得伤将军总督。防营旗兵不为抵抗者,不得肆杀戮。令既下,军中为之肃然,无敢有异言者。

苏良斌以中华民国军政府江宁都督印至

良斌故第九镇马标排长,坐溺职撤委,复请揽售人马粪秽,鄙其卑下,屏不用,乃投武昌。九月十三日(十一月三日)潜来秣陵,为逻者所识,引至执法部。鞫所自来,则谓鄂军政府使侦宁苏军动静者。检其身畔,有鄂军政府印信,知无他意,遣使返。翌日有类护兵状者,赍木质印一及良斌书,略谓奉鄂军政府命,约第九镇举义,自请任城中内应,并索酬三百金。印质特粗率,文曰"中华民国军政府江宁都督之印"。辨其伪任,却还之。

清廷下停战文告，张人骏以羊酒犒军

清军久战不利，长江下游诸省相继谋响应，秦晋军队复整师东出。清廷震惊，隆裕皇太后视政，退摄政王载沣，悉罢诸亲贵要职，以袁世凯为内阁总理大臣，召还党人之遁外国者。九月十日（十月三十一日）宣统宣誓太庙，颁宪法十九条，并令前敌将士停止进攻。令既下，北军围攻汉口益急，且分师扼娘子关迤西遏秦军出路，盖将以是挫民军进取之志，涣民军联合之势，而并击其中坚也。民军知为所绐，气益昂奋，汉口之战，亘两昼夜，不少却。安庆、芜湖、九江等处均告光复。人骏闻报，始命军事参议吴绍璘录清廷谕旨，驰告绍桢，使宣告朝廷德意。并派饷械员赍羊酒送防地劳师，豚蹄杯水，有类儿戏，识者多笑之。

程德全宣布苏属独立

德全巡抚江苏，多疾，足跙于履，口钝于言，政事悉委决于左右，左右亦能善相之。武汉起义，报至，德全处之夷然，人谓其镇定也。苏州驻有新军第二十三混成协屯胥门外，巡防营则多居城内。军中闻鄂报，约城绅密谋响应，要于德全。德全知不可争，遂被推为江苏都督，下巡抚旗号，树民军白帜，时九月十三（五）日也。德全既宣布独立，檄苏、松、常、太各州县使从民军，更始牧令，因令出自上，莫可为抗，相率置印绶而去。流民乘间啸聚为闾里害，自治会虑有暴动，乃各举邑之有声望者使治县事，尽发丁粮厘税等款，练自卫团，设防务局，以维秩序，德全亦听之。苏民故文弱畏兵祸，德全不杀一士，不发一弹，卒告光复之功，舆论多之，盖非偶然也。

樊增祥及南京绅士要求宣告独立，张人骏不许

第九镇久驻秣陵，城中居民苦旧军横暴，绅士仇继恒等会议

于谘议局,拟请召还新军。事闻于镇司令部,绍桢使书记官茅乃登入城与议。乃登返报,谓宁垣银市停歇,民食将罄,内乱在旦夕;非新军入城,民困无以苏,内乱无以镇也。绍桢乃使十七协参军官谭道南驰白增祥曰:"新旧军同服国家之役,理无歧视。新军不发弹药,久戍于外,是行路遇之也。防地往复之路则严陈兵备,镇属留守之兵则无故逮捕,是乱党视之也。行路遇之,则行路报之;乱党视之,则乱党报之,不为过。今上海、苏州已告光复,镇江、杭州、福州等处不日且将举事,北军方一其力于武汉,秦晋军队复西掣其肘,无暇兼顾东南。金陵为战略必争之地,绍桢不忍为祸始,不敢为福先,然大势之所迫,群情之所荡,山崩钟应,非绍桢之力所能遏也。"增祥韪之,与继恒入见人骏及铁良。谓秋浸以后,民无所食,自戒严令布,交通绝,贸易罢,今复敛其囤蓄以实军库,比户搜缉,若兴大狱,人心惶惶,衔防营刺骨,不自毙必自乱,扬汤止沸,适速其祸。恐揭竿斩木,不发于防地而发于城中,不起于党人而起于良懦。计不如宣布宁属独立,给新军弹药,召使还城,责以维持秩序,则商肆得以安堵,旗民得以保全,此万全之策也。铁良意动。人骏慑张勋之势,不敢决,且下令闭城。驻下关之外国兵轮,密发水卒登陆,以保护领事署。

林述庆称都督于镇江

述庆昔充步卒,绍桢嘉其勤,使入学堂习军事,既毕业,由队官擢升管带,能以术结将士心。镇江戒严后,十八协统领杜淮川称疾引退,三十五标统带敖正邦、三十六标统带陶澄孝亦相继去职。述庆乃密约象山、圌山各炮台响应,陈步兵于岘山,迫京口副都统载穆使缴枪械。会孙铭调统十八协,九月十四(十一月四日)晚抵镇江,述庆虑攘己功,拒不纳,且以危言恫之,铭他徙。述庆遂立镇江军政分府,翌日,载穆自缢死,旗兵悉降。适程德全檄至,使归节制,述庆怒曰:"德全衰朽无能,因人成事。余岂下人者?乃藐视余耶!"碎裂来檄,自称镇江都督。

上海光复,领有制造局,遣瞿钧及卒二百人之沪,配运弹药

武汉之初举义也,局于一隅,势不可以持久,欲得下游要害为根据地以壮声援。上海为长江门户,百工商肆所辐辏,交通之便,为东南各埠冠。以毗连租界,欲取之,而虑为外人干涉也。清军既出武胜关,与民军相持于夏口之地,胜负久不决,各国领事团遂认为交战团体,宣布局外中立。至是同盟会员陈其美、钮永建等,乃说上海制造局总办张楚宝,使附民军,楚宝不可。其美使死士百余人,挟手掷弹,于九月十二(十一月二日)夜,攻入制造局。局在上海县城之南,与租界不相接,构筑完固,缭以严垣,中贮枪械弹药至夥,驻兵守之。楚宝闻警先亡,守兵悉降,制造局遂为民军所有。其美为沪军都督。同时李燮和复占领吴淞口,立吴淞军政分府。报至秣陵,绍桢曰:"时至矣。"乃命瞿钧、史久寅至沪,赴制造局配领弹药,并使炮卒二百人便服随往,潜司搬运。盖宁沪铁道守中立,禁明运军火也。

苏良斌先期发难于城中,乏援溃败

自各团队代表会议于镇司令部后,即遣将校斥候便服至城中,密约内应:狮子山、富贵山炮台均守中立;驻汉西门之巡防营索酬二万金,于攻城时启西门锁钥;督辖卫队于民军进城时先占督署,号召降卒;守卫饷械局之机关枪队,亦表同意,并约凌毅如期以城中炸弹队轰辟通济、聚宝两门。部署既定,乃专待上海弹药运到,于十八日(十一月八日)夜间实施攻击。斯时良斌实匿处城内,良斌故鄂籍,与三十六标第三营将士多同里贯,阴使侦第九镇计划,斥候微涉之。时江防兵戒备极严,良斌易其无纪律,谓不足惮,拟以尝试奏功,乃于下七日夜半纵火。督署附近卫队及汉西门之巡防营,误谓新军至,同时响应,悉为江防兵所击溃,良斌匿城僻得免。各城门遂紧闭,守兵皆以江防兵配布,雨花台之守备队,增步队三营、马队一营、机关枪四门。通济门、汉西门之城堞亦配置山炮、机关枪,城内外之交通至是而绝。

第九镇强攻雨花台,夺其东堡不守,以主力退镇江

十六日接苏州、镇江(十四日孙铭所发豫队)光复之报,士气倍壮。城中将校斥候报告,谓张勋将分兵攻镇江,雨花台益增守兵。谍者复以黄兴督师汉口,所向不利状闻。绍桢乃誓众曰:"以徒手之伍袭坚城,死耳! 然事急矣,机不可逸,不则守军将逆击我。"遂命十七协统领沈同午率混成协,于十八日移屯曹家桥南方高地,乘夜袭取雨花台。会史久寅自上海返,赍瞿钧、陶逊所发报告,略谓上海制造局弹药首批已到镇江,由镇江军政府接收转运;次批亦预计今晚可抵镇江,至迟十七日必到东流。混成协乃于十七日午后一时下移营命令。

混成协之军队任务区分,以步兵第三十六标第三营(缺一队)、马队第九标第一营(缺一队)为右路纵队,朱元岳指挥之,经曹家桥向通济门进击,进城后占领督署;步队第三十三标第三营、马队第九标第三营为左路纵队,傅鑫指挥之,经铁心桥、安德门向汉西门进击,进城后驱逐清凉山守兵,占领饷械局;余为中央纵队,同午自领之,经姑娘桥、花神庙进击雨花台,进城后即分军由下关渡江,占领浦口。并约十八协统领孙铭派步队第三十五标进攻朝阳门,进城后占领将军署。部署既定,命各队统于十八日正午以前,达无名纬河南方高地后停止,夜间前进,十九日午前三

时,就预定之突击地点与内应夹击。盖斯时孙铭之被拒于镇江,苏良斌之发难于城内,协司令部尚未得情报也。

十八日午前十一时,各路纵队均达无名纬河南岸,协司令部达石马村。中央纵队之先进骑兵,轻出花神庙北端,适逢击溃之督辕卫队之逸出城外者至军前乞降,骑兵队长李铎,误谓内应军队先已奏功,命军士扬白帜,直由本道北进。雨花台守兵即开炮台重炮轰击,射手殊劣,弹落距望江矶四千五百米达之牛首山。铎知事败,以骑兵退至花神庙西侧高地后,停止在本道先头之步队第三十三标,竟通过姑娘桥向望江矶线上展开,三十四标亦同时继续前进,向双哑巴树线上展开。两标展开后,始报协司令部,同午急进花神庙,见两标已成战斗队形,兵队均脱离总指挥官掌握,陷于各自为战之情况。

午后五时,将校斥候(十六日所派出者)随避难人民逸出,报良斌先期发难,内应各防营已溃亡,惟炸弹队匿伏城僻,动作仍如前约。同午得报,拟三路同时夜袭,发复传骑赍令至左右纵队,时已午后十时前。炮队第一营管带徐朔由杭州归,驰抵花神庙,谓浙省已光复。十九日(十一月九日)午前一时三十分,三十四标以战斗队形出双哑巴树北,约三百米达无名村落北端。三十三标因地形复沓,以并列纵队之横队,下望江矶高地北麓。三十四标之敢死卒百人挟手掷弹,由金陵义冢匍伏绕出守堡后土方。午前二时三十分,全线达距雨花台南麓二百米达处,突击队顿发喊声,令不能禁。守兵之步枪机关枪射击极炽,攻击薄雨花台高地腹,受机关枪之扫射,退伏死角。兵士有潜遁者,同午手刃其一。稍事整顿,复使强进,如是者三。最后三十四标左翼之一部,尽脱装具袒而前,攀登东雨花台,徒手夺其机关枪二门,辄以友军失联络,不能守。队官汉铭等四十七人死之。五时三十分天将拂晓,趣攻卒再进,赢者已疲倒。同午喟曰:"不可为矣!弹药愆期,中必有变。兵力已不堪近战,久伏突击阵地,天明必陷于全灭,不如背进镇江以图再举。"适大雾不辨咫尺,乃命炮工辎重队先退,三十三标三十四标继之,同午与徐朔等殿后,乘雾通过有效距离。越曹家桥,雾霁。江防兵马队约一营以二伍纵队,由本道踵追至。时辎重兵一排随同午行,尚有少数弹药使据姑娘桥东南高地射击之,殪其前驱二人,马惊,窜路侧潴泽中。追者疑伏兵数众,狼狈却走,仅拾医兵所遗之红十字旗而还。

当决心退却时,发复传骑令左右纵队同时退秣陵镇待命。右路纵队失连络,使发不得报。左路纵队,则已于中央纵队夜袭雨花台之先潜归至宿营地,其指挥官以下溃散无一留者。正午十二时,协司令部及中央纵队退却至秣陵,镇司令部已先发,居民悉数迁移,人马粮秣无可补充,乃急行句容大道赴镇江。事后知左路纵队之先退,以傅鑫眷属在秣陵故,镇司令部据鑫报告,谓中央纵队已全军覆没,遂于黎明向镇江出发也。(上卷)

徐绍桢被举为江浙联军总司令

第九镇既退集镇江,绍桢乃自赴上海,与民军总机关部及旅沪各团体接洽集议,谋大举攻宁,全体赞成,立电苏浙等处出师。会议公推绍桢为江浙联军总司令,绍桢慷慨受命,二十一日乘宁沪火车赴镇江,假寓江边大观楼旅馆,集合各代表会议,组织江浙联军总司令部,分立各部,推举人员担任。定以金鸡岭下洋务局为总司令部,二十三日迁入办事。原推陶骏保为参谋部长,旋上海总机关部又电举顾忠琛为参谋长、孙毓筠为军事参议。于是参谋部长以骏保、忠琛并任之。其全部编制及人员如下:

　　　　总司令：徐绍桢　顾问：史久光、陶逊、天右任、范光启、
　　　　　　翁之麟、龚维疆、沈靖、邓质彝、伍崇仁　军事参
　　　　　　议：孙毓筠

　　　参谋部：（部长）陶骏保、顾忠琛　（次长）茅乃封　（参
　　　　　　谋）钟毓琦、余壮鸣、田芷田

　　　经理部：（部长）陈懋修　（军械）郑为成　（被服）曹纪
　　　　　　泰　（粮饷）柯森

　　　执法部：（部长）吴忠信　（副长）王吉檀

　　　军医部：（部长）梁国栋　（副长）周邦俊

　　　秘书部：（部长）孙毓森　（副长）茅乃登　（秘书员）江
　　　　　　韬、伏金门

　　　交外部：（部长）马良　（副长）马君武

　　　交通部：（部长）郑赞臣　（副长）瞿钧

　　　庶务部：（部长）徐涛　（副长）谭道南

　　　警备队：（队长）杨炎昌　（副长）周应时

　　上海总兵站：（总监）李厚祐　（副监）陶逊　（军械被服）
　　　　　　陈味腴　（粮饷庶务）叶兆菘

　　　特别担任筹款：沈缦云、于右任

　　　特别担任交通及筹款：范光启

　以上所列，乃最初举定者，续增人员极多，兹不备列。

　九月二十六日（十一月十六日），绍桢发布整饬内部之命令一
通，其文如下：

　　　现在军务殷繁，所有内务一切事宜，规定如下：

　　　（一）各部应立禀申通告命令簿各一本，凡部中办事人
员，下至护兵夫役，归各部长直接管辖并察其勤惰。

（二）以后关于何部事即归何部办理，不得紊乱。

（三）总司令办公室，除重要人员有要公禀商外，余概不得擅入。

（四）往来信件及报告电报亦分归各部办理，应另列一簿收管，但紧要者必须立呈总司令核阅。

江浙联军组织大概

联军总司令部成立后，苏浙沪各军会攻金陵者，以镇江为进兵要地，先后云集。苏军刘统领之洁驻师镇郡之丹阳县，以为苏常之屏蔽。第九镇自秣陵镇退集镇江者，编成镇军第一镇，公推柏文蔚为统制，布置镇郡车站防守事宜，并派所属标统明羽林率第一协为前卫，驻扎高资、下蜀一带，力扼张军东犯。绍桢复电商苏都督程德全，拨借江阴水旱雷队来镇会攻。电商扬州军政分府徐宝山，统率所部即日进攻浦口，以分敌势。二十四日（十一月十四日），淞军黎天才统兵抵镇。二十五日（十一月十五日），浙军朱瑞统兵抵镇。又电商德全，知会驻镇军舰协力援助，归总司令调遣，德全复电照办。兹将当时各军兵力驻地列下：

（一）镇军：共二协，第一协为前卫，驻高资、下蜀一带；第二协为总预备队，分驻镇江城内外，归柏文蔚统制，兼归镇军都督林述庆管辖。

（二）苏军：共步队四营、炮马各一队。步队以二营驻句容，一营驻白兔，一营驻丹阳、常州间，炮六门、马一队则俱驻句容，归刘之洁统带。

（三）浙军：共步兵一标（缺二队）、马队二营、炮二队、工程辎重各一队，驻高资，归朱瑞统带。

（四）淞军：共步队六百人，驻镇江金山河，归黎天才统带。

此外陆续前来会师者，有洪承点之沪军义勇队及江阴、松江之巡防营，又有女子国民军三十名来总司令部投效。

海军各兵舰来归

清军围攻汉阳之际，曾调集海军各兵舰协力助攻。各舰将弁不乏深明大义之士，其中如宋文翔、陈复诸君，均志气激昂，不屑为清廷效死。闻联军集合镇江，攻取南京，因联络各舰归顺民军，共建光复大业。于是停泊上游之镜清、保民、楚观、江元、江亨、建威、通济、楚同、楚泰、飞鹰、楚谦、虎威、江平，及张字号鱼雷艇，共十四艇（艘），一律驶出湖北境界，直赴镇江文庙等处。先见镇军都督林述庆，旋赴洋务局总司令部，谒见绍桢，表明同心勠力，倾向共和之意。绍桢慰劳有加，令该将校等参预军事会议，派定任务为游弋高资一带江岸，辅助民军进攻；复派令十月初四日（十一月二十四日）掩护淞军占领乌龙、幕府两山。由是水陆军军威均极壮盛，不待交绥，而胜负之数已决。

会议进攻方略

联军会议（于）镇江，由总司令召集各军将校，开紧急军事会议。二十六日集议于镇江都督府，筹商进攻任务。三十日（十一月二十日）集议于洋务局总司令部，决定进攻方略。兹将二次会议情形撮叙于下：

（一）第一次会议。二十六日在镇江都督府，开军事会议，总司令主席。在座者，镇军林述庆、柏文蔚，苏军刘之洁，浙军朱瑞，淞军黎天才诸军[1]。总司令宣言："近日各省民军云集镇郡，各处绅民报告军情并献行军计划者，络绎不绝。昨日常州顾渊送来南

---

[1] 此处疑有脱误。

京地图,颇见精核,可与此间宁镇军用地图参差考证。"因袖出各地图,传示在座各将校,指陈南京附郭形势。最重要者,各炮台棋布星罗,在北为乌龙、幕府两山,在南为雨花台,而紫金山天堡城扼其中坚,皆用兵必争之地。现虽由官君成鲲运动成熟,然无劲兵前往占领,诸台仍为敌有,南京不可得而攻也。请诸君图之。于是浙军任攻中坚,由麒麟门进占紫金山;苏军任攻南路,进占雨花台;淞军任攻北路,收复乌龙、幕府两山;镇军任攻天堡城,议毕散会。

(二)第二次会议。三十日复开军事会议于总司令部。在座者,镇军林述庆、柏文蔚,浙军朱瑞,淞军黎天才、李实,海军宋文翙、吴振南,本部参谋长陶骏保、顾忠琛,参谋次长茅乃封等。总司令宣言:"南京日久未下,据西报言外人将有干涉之意,应如何从速进攻,亦请诸君熟商。"是日海陆将校议决进兵情形如下:

1.陆军进攻方略。总司令部即日移驻高资,督师前进,飞调各军集中龙潭、句容间,候后方勤务完全,即日进攻。其沿江已受运动之乌龙、幕府各炮台,由淞军前往占领;浙军出中路,由东阳镇向麒麟门方面攻击,镇军明支队长与之同进;苏军出南路,由汤水镇前进,佯攻以牵敌势。

2.海军协攻方略。陆军兵力所到之处,海军随同前进,占领浦口及乌龙山时,任载兵登岸勤务,并先将炮台炮门设法取下,使敌军不能利用,分派各军舰游弋高资一带,以资掩护。

执法部误戕侦谍员二人,全部人员概行撤换惩办

各军云集以后,执法一部事务极繁。部长吴忠信因别有镇江兵站任务,尚未莅职,遇有案件,应由副长王吉檀督率部员判决。是时敌军侦谍极多,屡有缉获,均照军律惩治。适有柏文蔚派赴南京刺探敌情之侦谍邬国光、易荣华(或云顾曾二君)二君,于九月二十七日(十一月十七日)由宁来镇,怀中挟有敌军护照及符号,为我军捕获,解至执法部,经部员匆匆一讯,遽予枪毙。迨文蔚知之,亟为营救,业已不及。绍桢以部员讯案草率,并闻吉檀擅离职守,送眷赴沪,深滋震怒,当即将全部二十余员,概行撤换惩办,仍饬严缉吉檀惩治;又促忠信即日到职视事,责令改组全部,严慎用法,以收惩前毖后之效。

联军总司令移驻高资

各处民军集合以后,迭开军事会议,各派任务,分别拔队进攻。总司令部亦即决议前进,以便指挥。九月二十五日午后三时,总司令以次各部人员由洋务局出发,至金鸡岭车站,共乘头二三等合车一辆,护从弁兵乘三等车一辆,镇江都督府人员及镇郡绅商、税关车站各洋员,均来欢送,脱帽扬巾呼祝民军战胜。三时半开车,四时抵高资镇,假高资巡检署为总司令部。十月初二日(十一月二十二日),发布行军纪律。初三日(十一月二十三日)程德全至高资,与绍桢面商军情,不移时而去。是时各军已越高资,其位置如下:

初二晚:浙军东阳镇、苏军汤水镇、镇军东阳镇及汤水镇。

初四午后:浙军东流市、苏军白石场及淳化镇、镇主力在东流市一部达白石场。

上海各界驰电慰问联军将士

初三日各路军队渐向战地出发,冒雨行师,分途猛进,士气踊跃,众志成城。上海各界特驰电慰问各军,益坚同仇敌忾之心。其电文如次:"联军总司令部转苏、浙、淞、沪、镇各军同胞共鉴:江浙各属共举义旗,倡建共和大业,讵张勋梗命,残杀生灵,中外发指。现我各属同胞军人，联合进攻，躬冒矢镝，为民请命。日来风雨交加，气候骤冷，前敌露营尤属万分辛苦。乃我同胞军人共矢血诚，不避艰险，全体人民同深感念，惟祝苍天庇佑，迅奏肤功，大局幸甚。谨驰电慰问。沪绅商工学各界全体叩。"

陶逊自沪驰电，调和联军将帅

总司令部顾问陶逊，于创练第九镇颇著功绩。起义之先，各处联络运动，不辞劳瘁；联军总司令部之成立，维持匡赞，尤具热忱。林述庆既建号镇江都督，所部镇军颇不愿受总司令调遣，表面虽无间言，而隐怀则殊切反对。九月初二三日，浙苏各军均陆续赴战地，独镇军谓军备未完全，延不赴调。是时逊在上海兵站筹济军需，督运子弹，闻耗极为忧愤，爰驰电以调和之。其电文曰："徐总司令、林都督、柏统制、顾、陶总参谋、孙参议、史范顾问公鉴：九节度之于相州，十八路诸侯之于虎牢，其弊何在？殷鉴不远，可为寒心。今日攻宁一役关系东南半壁，即为共和全局成败所视，中外人民盱盱眈眈，莫不注目。诸明公各抱血诚，联袂起义，共此目的，即同此精神。主持者示公坦之心；赞襄者竭团结之力，群疑尽释，伟烈立成。若如道路所传言，鄙人狂悖，惟有蹈东海耳！敢为同胞衔哀以请。陶逊。江。印。"至是述庆稍醒悟，克日拔师，镇军乃立血战天堡城之勋绩。

程德全视师至高资

上海总机关部闻联军将帅中有与绍桢稍存意见者，绍桢亦力辞总司令重任，乃有改举程德全为总司令，以绍桢副之之议。德全自谓无军事学识，通电力辞，但允亲赴前敌抚慰各军，会参商之流，稍稍悔悟；沪机关部复以军情紧急，电请绍桢以国为重，勉任其难。绍桢不得已，遂寝辞职意。德全于初二日由苏州乘坐专车先至丹阳,慰视留丹苏军。初三日乘车至镇江,达龙潭尧化门一带,派员慰劳各军;即日折回高资,至总司令部与绍桢密商一切军情。随行者有联军参谋部长顾忠琛、苏军支队长刘之洁,同时来部聚议者有林述庆、朱瑞、黎天才等。德全不移时偕顾忠琛仍回专车,一宿折返丹阳。

区划各军攻击程序及进兵进点

总司令部连日筹备进攻事宜,电上海总兵站赶购军械,运赴前敌;于镇江设立转运兵站,以利交通;派温世珍、杜纯办理镇江兵站事宜,编制诸军,区划攻击程序,并进兵地点如下:

第一期:驱逐城外敌兵,令各军集中于龙潭、汤水、土桥之间,主力军悉集于东阳镇附近。

向东流镇麒麟门进行各军区分如下:

(一)苏军刘支队长自句容县进兵土桥镇,步兵两营、炮兵一队(缺二门)、骑兵一队(缺半排)。

(二)苏军巡防队自句容县进兵汤水镇,巡防营两营、马队半排、炮两门。

(三)镇军、浙军、淞军自高资、下蜀分向东阳镇附近前进,其兵力则为镇军明支队长步队三营,浙军朱支队长步队一标(缺二队)、巡防队二营(六百人)、骑兵二中队、炮十二门(二中队)、工辎各一队,淞军黎支队长淞军六百人。

第二期:各军前进至淳化镇、东流市、乌龙山、幕府山一带,直接攻击。主力军进驻麒麟门,占领马群高地,另遣支队分达仙鹤门上方门之间,准备傅城攻击。各军区分如下:

(一)苏军刘支队长至淳化镇附近。

(二)苏军巡防队与浙军朱支队、镇军明支队会军至东流市附近。

（三）淞军黎支队至乌龙山、幕府山一带。

夜袭乌龙山，占领之，诘朝复袭取幕府山，敌军气夺

南京城垣高厚，城内外炮台环绕，最易坚守。尤险要者，为附郭乌龙山、幕府山、天堡城等处，均筑有极坚固之要塞，不先收复各要塞，未易施攻城计划；不亟占领乌龙、幕府两山，亦无从夺取天堡城也。有同盟会会员陆军学生官成鲲者，曾充幕府山炮台官，与台兵感情素洽，曾经茅乃封介绍。至是特来总司令部谒见，密陈袭取计划。绍桢韪之，面授机宜，加派徐朔为助，预由成鲲密召两台弁兵，夜赴镇山万全楼旅社，成鲲偕朔往会，秘密晓谕弁兵以光复大义，无不感悟奋发，愿为民军效死。成鲲、朔归报，绍桢喜甚。因要塞必须有步兵掩护，爰调黎天才一军，共六百人，附以浙军，于九月初四夜，随同成鲲、朔乘坐兵舰直赴乌龙山麓，舍舟登陆，陟达山巅。台兵开栅欢迎，改树白帜。初五日（十一月二十五日）拂晓，分兵占领幕府山。捷报既至，绍桢任成鲲为炮台司令，朔为参谋，留天才所部镇守两山。两山形势险峻，乌龙临江，炮可击江中船舶，幕府位置在乌龙后方。时两山炮台之炮闩半为张勋取去，半置于楚谦兵舰，我军既得手，亟拟利用幕府大炮射击城内，然无炮闩，炮不能发。于是一面向楚谦取回炮闩，一面派幕府弁兵潜赴下关东西两炮台，将其炮闩取下，赍回幕府山安放。盖下关炮台亦曾受成鲲联络，故能听命如此。初五日即开炮轰击城内各要点。先是张勋颇疑守台官兵之不足恃，初四日上午特亲往幕府山考察，拟于初五日调回守台官兵，另派城内官兵赴台防守。成鲲侦知之，急先期袭取，迨已告成功，敌军为之夺气。

张军据守情形

张勋困守南京，闻江浙联军大举进攻，颇为惶恐，日夕与张人骏、铁良、王有宏、赵会鹏等秘密计议，以自统之江防军为老营，公（分）布各要点。赵会鹏巡防营及王有宏淮上军辅之。九月二十三日（十一月十三日）调江防军五营赴城外。二十四日调巡防队四营出城。据侦探报告，雨花台驻江防军二营，富贵山驻一营，狮子山驻二营，清凉山驻一营。各城门除安设野战炮外，俱驻江防兵一哨，借资监护。又侦得张军除固守城垣外，有步队三营，在土桥口屯驻，每日出巡，抵岔路口为止。另有游击队时赴麒麟门、尧化门一带巡逻。别派工程队一营在上方门工作。并有步军千余名、马队半队，常出没于上方镇一带，与联军前哨倒渐接近。是时城内商民渴望民军早日破城，以解倒悬之厄。旅沪宁人特转电总司令迅速进兵，用副民望，当将原电宣布各军，以励士气。十月初四日午后七时，侦得张军确实情况如下：

（一）紫金山有野炮十七门（系第九镇炮标运去），闻归京旗第一镇炮标管带福下六指挥。又本日午前十时三十分，运最大要塞重炮一门，安置雨花台。

（二）张勋屯驻重兵地点　甲、尧化门外约三营。乙、朝阳门外约二营。丙、南门外雨花台约二营。

（三）皇城内之兵力　甲、旗兵约五百人（可以战争，其余未详）。乙、左路统领杨馨山带三营。丙、右路统领米占元带一营（杨、米之兵均徐宝山之新军）。

（四）距六合三四十里东沟镇等处，有张勋兵一二哨，又浦口六合之间有张勋新兵千余人。又浦口有张勋老兵二营（闻浦口兵有反正之意）。

（五）南京城外各处并无地雷埋伏。

（六）太平、神策等门均已用土填塞。

（七）津浦铁路于本月初二日依旧交通，现仍售票。

（八）雨花台要塞炮兵与狮子山要塞炮兵已互相对调。

总司令部移驻龙潭

初四日下午，派定淞军、浙军往袭乌龙、幕府两山，浙军主力及苏军渐赴战线，开战即在目前，对于军略上指挥便利起见，总司令部必须即日前进。初四日午后四时，绍桢率同全部人员由高资出发，镇江车站特派火车输送官长弁兵，共乘车二辆。薄暮抵龙潭，假龙潭镇西端一药铺为总司令部，镇中商民特派代表欢迎，妇人稚子群集路侧瞻仰军容，鸡犬无惊，耕耘不辍，民军有焉。驻龙潭仅一宵，翌晨又出发。在龙潭时发布军令如下：

军命令 十月初四日午后七时在龙潭总司令部

（一）太平门以外无敌人踪迹。紫金山上有天幕十余个，兵数未详，炮十七八门，并安设电线。又雨花台方面，闻有重炮一二尊，机关炮数尊。淞军今夜占领乌龙山。

（二）浙军于明日午前拔队，经东流市向麒麟门，在麒麟门附近宿营。苏军之左纵队于明日午前六时拔队，经白石场向麒麟门附近停止。淞军于明日初五日拂晓速占领幕府山。

（三）联军总司令部于明日移驻麒麟门后方附近。

训令 附

各纵队前面侧面，格外警戒为要。仙鹤门至尧化门及上方镇至沧波门道路上，尤须严加警戒。各队至麒麟门须用前卫占领各处要点，各队联络万不可失，骑哨不足即以步哨代之。

浙、苏、淞、镇各军司令官　　　　　　　　总司令徐

炮击城内各要点，浙军始与敌军交绥，总司令部移至麒麟门督战

我军既得乌龙、幕府两山，即于初五起由幕府山开放大炮，向城内北极阁督署、将军署等各要点轰击，炮声震天，士气大奋。是日浙军已经过东流市向麒麟门与敌军开始战斗，苏军亦趋上方镇方面，镇军将由下蜀前进。绍桢力主身临前敌，以励军心，是以行营总司令部，决于初五日早八时由龙潭遵陆前进，因马匹不足，各将佐或乘骑或徒步，行至十二时至汤水镇暂歇。镇有小街市，总司令以次均入市假矮屋进午餐，餐毕再前进，薄暮抵麒麟门，假农家小屋为总司令部，各部人员分居附近草屋，均就地铺草而宿。所发军令如下：

军命令　十月初五日午后四时于东流市

（一）敌人一千余人，于本日正午，由马群方向向我军前进，经浙军击退。

（二）浙军现已占领孝陵卫、马群一带高地。

（三）贵军想已占领上方镇，应速派部队向雨花台佯攻，牵制敌势。

（四）予今晚在麒麟门附近。

苏军司令部刘　　　　　　　　　　　　　总司令徐

军训令　十月初五日午后四时半在麒麟门附近

（一）贵军苦战竟日，大获胜利，将士奋勇，深堪嘉尚。

（二）已与镇军商妥，拨步队一标、骑兵二队、山炮八门前来助攻，准于明日可到。

（三）已令苏军遣派部队，由上方镇向雨花台方向佯攻，

牵制敌势。

浙军司令官朱　　　　　　　　　　　　总司令徐

　　军命令　十月初五日午后六时半于麒麟门附近

　　（一）浙军于今日占领紫金山东部，右翼在孝陵卫附近，左翼在紫金山中央。淞军及浙军之一部，于今早占领幕府山。镇军于明早准拨步一标、马二队、炮八门前来助攻。

　　（二）贵军于明早由上方镇经上方门攻击雨花台，浙军仍赓续动作。

　　（三）予在麒麟门附近。

苏军司令官刘　　　　　　　　　　　　总司令徐

　　军命令　十月初五日午后六时半于麒麟门附近

　　（一）苏军准于今晚到上方镇。

　　（二）镇军准于明日拨步兵一队、炮六门前来助攻。

　　（三）贵军今晚除用战斗前哨外，余均在炮火有效距离以后幕营。上方门至雨花台宜戒严。明早贵军仍用拂晓攻击法，继续动作。

　　（四）予在麒麟门附近。

　　训令　附

　　嗣后进行与半要塞战斗相似。

浙军司令官朱　　　　　　　　　　　　总司令徐

　　军命令　十月初五日午后七时半于麒麟门附近

　　速派传令四名至敝处备传令之用。

浙军司令官朱　　　　　　　　　　　　总司令徐

　　军命令　十月初五日午后七时半于麒麟门附近

　　（一）浙军于本日战胜，占领紫金山东部，右翼在孝陵卫附近,左翼在紫金山中央。

(二)贵军速移军至麒麟门,以三队速往浙军支队长处,归其指挥,余到联军总司令部。

镇军管带王承荫　　　　　　　　　　　　　总司令徐

军命令　十月初五日午后七时半于麒麟门

(一)上方门以北,归贵军警戒,与浙军战线左翼联络。

浙军左翼在牛王庙西二十米达。

(二)警戒兵请即调遣。

(三)予在麒麟门。

苏军司令官刘　　　　　　　　　　　　　　总司令徐

军命令　十月初六日(十一月二十六日)午前七时十分于麒麟门

镇军葛统带之一营(缺一队)开赴浙军战线以南协同动作,望与接洽。

浙军司令官朱　　　　　　　　　　　　　　总司令徐

军命令　十月初六日午前八时于麒麟门

(一)敌军有优势之炮队,利用夜暗袭击我炮队。

(二)贵军之炮队,妥速前进。

镇军支队长　　　　　　　　　　　　　　　总司令徐

军命令　十月初六日午前六时于联军总司令部

(一)我军于初四日占领乌龙山;初五日拂晓占领幕府山,是日即进据孝陵卫及紫金山之一部。

(二)我军之位置略,淞军及浙军之一部占领乌龙、幕府两山;其次为浙军占领孝陵卫及紫金山一部;又其次为贵军之第一标(缺一营),现占领沧波门一带。

(三)贵军之第二标(缺一营),速至沧波门以南,与上方镇方面之苏军保持联络，合力攻击前进。

（四）余在佛金卫。按拂（佛）金卫在麒麟门南面，是时绍桢正率同司令部各人员前往观战也。

镇军支队长 总司令徐

致幕府山官司令、黎统领函 十月初六日上午八时发

此次夺回乌龙、幕府两山，淞、浙各军及两台将士异常奋勇，先赍去赏银五千两，分别犒劳，随后再加重赏，请 贵司令、贵统领即行查收分发宣慰各将士为要。

总司令徐绍桢启

又至幕府山官司令、黎统领函 十月初六下午六时发

本日联军攻击南京，得贵台轰炮协助，足寒敌胆，闻已放二三十炮之多。所有驻贵台之官长、目兵奋勇异常，深堪嘉尚。现在联军已将城外敌人歼灭殆尽，大约不久即可入城。恐我军入城之时， 贵台未及周知，仍行轰击，恐滋贻误，不免误伤；又轰击目标，如或瞄准不确误伤居民，亦属不当。用特函告 台端，务希于此数节，特别注意为荷。

总司令徐绍桢启

浙军连战皆捷，毙敌帅王有宏，军声益振

初五日，浙军先锋队，自麒麟门前进，午前七时进攻马群高地，张军蜂拥来扑，胡令宣之徐州防营为第一线；王有宏之新军防营为第二线；赵会鹏之宁防营为第三线；张勋自率江防营为第四线，共七八千人。十二时战斗开始，浙军游击队先占马群高地，炮队前列施猛烈之射击，步队两营展开左右翼，至距离五百密达许，步队行跃进法渐渐近敌。支队长朱瑞指挥目兵，奋死力战，猛进射击，相持数小时。敌军纷纷溃退，至离城六七里，均避匿民房中，

我军分路追击搜捕。午后二时，进占孝陵卫一带高地。是役击毙敌军统领王有宏，毙敌兵千余名，俘虏数百名。初六日拂晓五时，张勋亲率奋勇队四千人、旗兵一千余人袭攻民军。浙军原在野地露营，前哨布置，警备甚严，一闻敌警，即整队迎战。至日中，敌军数百人自五棵松右方突袭炮兵阵地，劫夺数炮，曳绳而奔，我军开炮击之，步兵亦奋力救援，将炮夺回。并乘势奋击，战线扩张至四千密达。自晨至夕，战斗益激烈，朱支队长亲身迎敌，发冲锋口令，人马有潮涌山崩之势。敌兵不支，自相践踏而死者，不计其数，残余之众，渐退入城。浙军奋勇袭追，直至城下，距朝阳门一千密达，门外悉为我军占领。

敌军冒充苏军，接近我军，枪毙浙军多人，总司令部宪兵排长李锦彪死之，顾问史久光失陷敌中

初六日，浙军在朝阳门外与敌军开战，至为激烈，敌军纷纷溃散，死伤极多。绍桢率同参谋顾问等员，前往四棵松高地观战，突有浙军前来报告，谓在洪武门外一带遭遇苏军，向浙军攻击，致被伤毙多人，请速传令禁止。绍桢骇甚，当即缮发命令，遣派传骑通知苏军勿得误会；一面偕顾问史久光及宪兵排长一员、宪兵二名亲往探视，同行者有西报观战访员一人。行未数里，又遇浙军参谋某君前来报告，形色极为张惶，谓浙军已为苏军伤毙一二百人，并有管带一人受伤，请即速发命令禁止；另请发红旗数面分给各友军，特为标识，以免再有误会。绍桢谓所遇者决非苏军，必为敌军冒充无疑，然亦只得姑准该参谋所请，饬办红旗，亲缮命令，飞骑传达。忽又据探报：沧波门附近有敌军分两路前来，势将包围总司令部，请速回本部防守。是时史久光及宪兵排长等，已超越前进，不见踪影。绍桢乃独回本部布置，适值各部人员，均分担任务外出,但见警备队长杨炎昌、副长周应时在部,警备队仅有一百余人、枪四十余支,此外并无一兵,情形颇为危险。不得已,绍桢即派该两队长分带所部,向沧波门大路展开,徒手者与持枪者相间遥列,缓缓射击,以张疑兵,而期敌军之惊退。未几敌军果四散,毫无踪迹。复得确切报告,实系已溃败之敌军,约有二队之数,在沧波门附近狂窜。浙军不察,认为友军,致有小挫。宪兵排长李锦彪亦与相值,即时阵亡,由宪兵戴光茂将尸体夺回。顾问史久光则为敌军捕去,陷敌中多日,城将破,始得回部。

苏军驱逐上方门一带敌踪,连战皆捷

敌军主力悉集于孝陵(卫)方面,并派队在南门外上方门一带工作,出没于解溪镇、上方镇等处,以梗我军进路。苏军司令刘之洁初五日先派兵赴解溪镇,驱逐敌人,疏通后路。初六日据侦谍报告:上方镇有敌步兵三百余名、马队一队,自坚固埂至高桥门一带沿途敌军有二千余人,节节阻梗。刘司令即亲率大队,于上午七时半由淳化镇进攻,八时四十分抵上方镇,与敌军遭遇,转战而前,猛烈射击,敌军伤亡甚多。下午五时抵高桥、龙桥前三百密达地宿营。初七日(二十七日)拂晓,复奋勇进攻,将前路敌军驱逐净尽,进据七瓮桥,左一纵队亦于是时占领上方门。至是,苏军与浙军遥成犄角之势。

联军第一次实行总攻击,未克收效

初八日(二十八日)晨,总司令部大集各军将校,会议进攻方略。午后六时,发布训令如下:

（一）各军队确遵今早会议,实行总攻击,以冀达到目的。

（二）今夜进攻,如炸药力不足,未能进城,各军队仍退回原处,改日再举。

（三）各军队随时将敌兵诱出城外，痛加剿洗。

是日总司令又发布总攻击计划，区分各路攻城军队如下：

（一）金川门方面：淞军六百人、镇军浙军共一营。

（二）朝阳门方面：浙军步队五营（炮十二门）、马队一中队、工兵一队、镇军三营（炮八门）。

（三）南门方面：苏军四营（炮六门）、马队二队。

（四）预备队：淞军三营、江阴军步队二营、工程兵一队。

镇浙二军，均驻朝阳门外，敌军连日闭城固守，城楼上密架机关炮，间以炸弹，布置极严。我军炮台司令，选据侦谍报告，神策门一带敌兵空虚，总司令得报，乃立遣镇军移师前往，与要塞兵卒协助进攻。并饬苏军，亦自上方门进攻雨花台等处，兹述三军状况如下：

（一）浙军攻朝阳门情形：初九日午前二时，浙军组织攻城队，以炸药轰城，城上机关炮及城内富贵山炮台，猛烈射击，并掷放炸弹数十次。浙军冒死冲突，不克入城，天明乃全师退回原地。

（二）镇军移扎神策门情形：初八夜各军攻城既未得手，初九日晚六时，镇军明羽林、葛应龙二统带，又奉总司令命令，由朝阳门率领地雷队向神策门前进。五时半集合迈皋桥，安置地雷，预备攻城，该军炮马二队，亦由尧化门来会师。

（三）苏军进规雨花台情形：苏军于初九日上午二时，自高桥门出发，进攻雨花台，敌军机关炮炸弹齐发，杂以地雷，悉力抗御，黎明仍退回原地屯扎。

其攻击洪武门、通济门军队，因炸药运到，已过初八夜预定攻击时间，未克实施。

总司令部移驻马群

初八日既发布各军联合攻城命令,准于本日夜十二时,开始实行。十二时后,总司令部由麒麟门移扎马群,会议毕,各军司令纷散,各督饬所部进攻。绍桢派经理部长陈懋修分配攻城炸药,驰送各军。入暮,各部人员均饱餐准备出发。夜一时许,总司令以次,或乘骑,或徒步,抄小道前进,所经行即连日浙军与敌开战之地点,概不张灯,以避敌军侦探。其时月黑风高,几不辨方向,多有失足践踏泥淖中者。愈行愈闻枪声接近,遥见朝阳门内外火光甚炽。将拂晓,抵马群,假乡董华姓宅为总司令部,各将佐围坐一室,静待捷报。突闻极巨大之炸裂声,疑为城门已轰破,各参谋亟出外立高地视察,枪声已息,但见城内火光熊熊,愈决定为城破之佳兆。正拟整备入城,而所派侦谍已先后回部,谓城内起火虽确,但城实未破,巨大之声系守城敌军所抛放之炸药。是夜敌军在朝阳门城头用机关炮向城下射击,隆隆之声,竟夜未息,敌军耗去子弹无算,我军固未伤一人也。

镇浙各军力攻天堡城,克之

我军屡图攻城,然一近城垣,则天堡城之炮即下击,使我军不能肉搏进攻。天堡城者,位置于朝阳门外钟山之半腰,上筑要塞,既高且峻。敌军以坚强之兵力凭险死守,接电话于城内以通声气。我军若不夺取此地,南京不可得而下也。绍桢因饬镇、浙两军附以洪承点之沪军,协助进攻,期于必得。初十日(十一月三十日)下午,镇军第二标及浙军二队、沪军义勇队直逼钟山之麓,攀藤附葛,猛力冲锋,守兵开炮轰击,我军奋勇向前。守台官招展白旗示投降意,镇军管带杨韵珂信之,止我军射击,甫上至山半,守兵忽放排枪,杨管带立时阵亡。我军愤极,无不冒死入火线,蜂拥直上，死伤枕藉，无一落后者，相持至十一日早六时，遂占领天堡城全部。是役共毙敌军守将一员、官长十数员、守兵七百余名；我军阵亡管带一员、队官二员、排长一员、兵士一百六十余名。自是城外无一敌军之影，我军居高临下，俯瞰全城，见城内烟火全息，敌军亦寥寥无几，知大功将次告成矣！

第二次筹备总攻击，未及实施，宁城已破

联军于初八夜合力攻城，因种种原因未达目的，敌人坚守城垣，已成为半永久之要塞战。绍桢再与各军将校会议，决计联合进攻。特于初十日发布命令，分定攻城任务如下：

（一）苏军有占领自雨花台至通济门及洪武门左右各要地，进攻入通济门之任务。

（二）浙军有占领自紫金山南麓至洪武门各要点及攻入朝阳门之任务。

（三）镇军有占领自紫金（山）及太平门至神策门，并攻入该城门之任务。

（四）淞军有掩护乌龙山、幕府山攻击仪凤门之任务。

（五）沪军有辅佐镇、淞两军相机攻入神策门、仪凤门之任务。

（六）江阴军队有辅助苏军攻击雨花台、通济门之任务。

（七）各军支队长应照所担任务，用种种手段，求达到目的。

（八）总攻击日期须从总司令部颁定，惟时时小攻击可由支队长决心（定）。初十日传令各军，分组炸药、梯缘、地雷、敢死各队，用种种设施赓续动作。俟总攻击时期确定后，各军主力前进适当地点，猛力攻城。若炸药队或地雷目的达到

时,各军立即由缺口冲锋而入。述当日总司令预定方法如下:

1.炸药队:镇、浙两军各组炸药队一队,队分三组,每组工兵十人,助手酌派。以第一组实行破坏作业,以第二三组作为预备,如第一组作业为敌所阻,则第二三组当赓续作业,以期奏功。

2.地雷队:各军各组地雷队一队,无工兵之军,可由浙军拨用,其组织法与炸药队略同。

3.两队之作业:两队实行作业以前须预备要件:甲、侦察道路。乙、选定破坏点。丙、预定作业场。丁、计划破坏方法。

迨实行时,另由各军分派小部队掩护或声援,以便作业。

4.梯缘队:各军各组梯队一队,均百人,于定期攻城时,协力缘登。迨一经缘上,即速赴该军专任城附近攻击,用炸药惊扰敌兵,迎入我军。

5.敢死队:各军实行攻城时,须另组敢死队,确定有生入无生还之决心。

张勋派胡令宣偕史久光至苏军议和,又请驻宁美领事赴镇军议降款,却之

联军总司令部顾问史久光失陷敌中,归敌军统领胡令宣看管,礼遇既优,保护尤至。令宣久统旧军,为人明白晓事。十一日(十二月一日)我军既尽消灭城外敌踪,复夺得天堡城要塞,张勋知事不可为,遣令宣偕史久光出南门,手执白旗,臂缠白布,径投苏军司令部谒见刘统领之洁,陈述意见,要求和约四条如下:

(一)不伤人民生命财产。

(二)不杀城内驻防旗人。

（三）张人骏、铁良二人准其北上。

（四）张勋所部营队，准其带领他去。

之洁谓："第一条本民军宗旨，二三两条亦尚可从权核办，至第四条实万难允许。"因邀令宣、久光同赴马群晋见总司令，面商办法。总司令以次，见久光获庆生还，无不鼓掌欢跃。是时林述庆亦由尧化门策骑来部，缘张勋同时商请驻宁美领事出太平门至尧化门镇军屯扎处，面见述庆，代议和款。述庆首辟其"讲和"二字，谓胜负既分，言降则可，言和则不可。译员答称："实系请降，顷间误译和字。"及议降款，略如令宣要求四项。述庆不允，转向要约数事："一、张勋所部并旗人一律缴械。二、张勋在宁所掠公款八十余万须全部缴出。三、来降后，准张勋认住一宅，由民军派兵监护。至所求不杀降一节，本民军宗旨，自可照允。"美领事允为转达而去。述庆乃持（特）莅总司令部详细报告，总司令深然之。因严却令宣所倡之和约，而另提四条，令其还报。一、张勋暂拘，俟临时政府成立再议。二、张勋所部兵士徒手出城。三、枪械武装置小营操场，民军派员点收。四、张勋搜括库款八十万缴出充饷。明午十二时如无满意之答复，立用重炮轰城。勋置之不答，入夜收合残兵，由南门出亡。

联军整队入城

十二日（十二月二日）上午六时得谍报，张勋已率败残军队于十一夜潜出南门，走大胜关一带渡江赴浦口，张人骏、铁良亦仓皇出走。是早苏军即占领雨花台攻入南门，同时镇军攻入太平门，淞沪军攻入仪凤门。总司令部于十二日午后二时三十分亦由马群开拔入城，特发命令如下：

军命令 十二日下午二时二十分自马群发

（一）苏军现已占领雨花台攻入南门，镇军已攻入太平门，张勋已率溃兵逃往大胜关。

（二）浙军全数及镇、苏之各一部速即入城。苏军分派步炮队仍固守雨花台。镇军分派步炮队仍固守天堡城。洪军步炮全部速渡浦口，追蹑敌纵（踪）。黎军仍助守幕府山及乌龙山两炮台。

（三）幕府山、乌龙山两炮台仍责成官司令固守（与黎军妥商办理）。

（四）以警备队步兵一队仍留守马群辎重。

关于入城后应注意之要点及各种布置，总司令筹备本极完善，惜入城以后，间有未能实行者，以致发生苏良斌、崔焕等偶尔抢劫伏诛之事，兹仍记其规划大概如下：

（一）指示情报所得敌军安设地雷之处，以免误践。

（二）不准擅杀无辜并抢夺人民财物。

（三）城内尚有探访、侦缉各队，形似张军，务宜识别。

（四）对于外人严行保护。

（五）入城后应占领之场所及各部队分任之区域如下：

1. 仪凤门二队，汉西门一队，水西门一队，水西门水关一棚，聚宝门二队，通济门一排，洪武门一排，朝阳门一队，太平门一队，神策门一排，丰润门一排，金川门（即铁道门）一排。

2. 督署步队一营，藩署一棚，粮道署半棚，巡道署半棚，长江水师库半棚，造币厂一排，城外制造局一队，军械局一棚，龙蟠里火药库半棚，南门外火药局一排，北极阁后火药库半棚，草场冈火药库半棚，谘议局半棚，巡警局一排，北极阁炮一队，德律风总局一棚，电报局二棚，狮子山步一队，富贵山步炮各一队，清凉山步一排,钟鼓楼日本领事署半排,四牌楼英领事署半排,三牌楼美领事署半排,三牌楼德领事署半排。

3. 城内巡逻队,由镇军拨步队两营,分二十四路巡查,并征发马匹,速分编马队,安抚百姓。

总司令部人员,自马群出发,或乘骑,或徒步,有警备队持枪拥护,本可直入朝阳门,因闻朝阳门内地雷颇多,经过孝陵卫,即改道缘城墙边小路西行,沿途见敌军尸骸遍地,殊堪惨目。迤逦上大道,入太平门,曾经敌军用土石堵塞,由镇军攻开城门半扇,仅能鱼贯而入,守城防军,拱立道旁,举手致敬。直入督署,总司令驻节于二堂后之正宅,时已午后六时。居民安堵,欢声雷动,官绅商学各界,次第来谒,总司令俱接见,优词安抚。是日林述庆上午即入城,自住于督署花园大洋房内,所部镇军分占各房屋,俱满。总司令部后到,各部人员几无立足之地,百端扰攘之中,总司令首下严切命令,如有持督署内一草一木出门者,立照军法从事,并派警备队分守各门,监视出入。是晚派员驰赴各军慰劳,特发《通报》,遍传各军知照,其文曰:"连日苦战,各将校兵异常劳瘁,本总司令极深轸念,本拟亲临各军宣慰。所有联军官兵,均应从优奖励,现已驰电苏州,筹汇巨款来宁,以便分别给赏。各军司令官仍即查明所属最为出力官兵,报告本总司令核办,是为至要。"

总司令发告捷通电曰:"联军苦战七昼夜,昨经镇、沪、浙诸军,攻夺天堡城要地,贼兵已丧胆,请人调和,本日复经苏军占领雨花台,攻入南门,又镇军攻入太平门,已将南京省城克复,民军陆续入城,即刻安民,详情续报。此皆群策群力所致,桢实无丝毫之力,善后事务极繁,务求诸公推举都督,以图长治久安,俾桢潜身归隐,没齿铭感。桢。文。印。"各处贺电纷至,兹不录。十三日(十二月三日)复得上海都督复电曰:"南京联军总司令徐鉴:文电悉。我公功成身退,高义可风,惟鄂难正炽,北氛尤恶,尚非大君子洁身独善之时。此间已公推程雪老(程德全)移驻江宁,为江苏都督,并推林公(林述庆)为出征临淮总司令,东南要人,本党英俊,共表同情。雪老今日赴宁,北征尤为重要,大局安宁,必资伟划,惟为国自玉,不尽欲言。沪军都督陈。元。印。"

林述庆于十二日城甫破,即自住督署,自称江宁都督,署内全驻镇军,不许总司令部之警备队入署,本部人员几无宿所。十三日,总司令即饬将本部立迁往谘议局屯驻。

规定善后应办事宜:

(一)各军预行演习观兵式,定十五日(十二月五日)举行。

编制:浙苏军各步队一标、马队一队,浙军炮队二队、苏军工程队一队,以马炮步工为序,分列行进。

办法:由总司令部遣将校团中下级官各二名,于十四日(十二月四日)午前侦察地点,务在宿营地附近一带,午后七时商妥,通告各支队,翌早九时实行。

(二)梭巡队规定及编制。

规定:用苏军步队二队分路梭巡。

编制:一队日间梭巡,一队夜间梭巡(日间自午前六时半起,至午后六时半止;夜间自午后六时半起,至翌早六时半止)。

办法:梭巡队长由苏军支队长派定。交代时间及梭巡区域由梭巡队长指定。

(三)知照旧营,十五日午前七时半赴观兵式地点阅操,翌日即开始训练,由本部酌定将校团中级官,每一营一名,监助实行,每日至少以三小时为限。

（四）旧营编制，均参照新军改定名目，分别给与照会及委任状。

（五）派将校团内工兵下级官二名，查报各城门实状，破坏之处即时派人修理。

（六）知照联军各支队及练军营警备队海军陆战队等队长，迅速宣布简明军律。

成立南京宪兵司令部

各军林立，纪律不一，爰集合各军领袖，会议所以整饬之方，佥谓宜速设宪兵部，以统肃军风纪，公举参次茅乃封为南京宪兵总司令，即日成立司令部。并抽调各军之优秀士兵，暂充临时宪兵，分班巡察城市，严禁士兵无故不得持械外出，各军肃然，闾阎安堵。

江浙联军撤销，改设卫戍总督

南京既下，武汉亦停战，各省纷纷独立，北军亦有电请清帝退位之举，形势险恶，乃有南北议和之举，大局粗定。总机关部遂议将江浙联军取消，改设卫戍总督，仍以徐绍桢为总督，驻南京。各军有复员回其本省者，镇军都督府撤销，别组北伐军而以林述庆统之，以备万一。（下卷）

附记：此记自九镇起义至联军撤销为止，仅仅数十日之光复南京事实，实为近代最重要之史料。原为先兄春台（茅乃登）创稿，先兄服务九镇有年，而又为联军总部之秘书长，见闻比较精确。编者同在军中任作战工作，凡所记均经目睹，惟原稿为了当时人事关系，既未完成，弃置书堆经数十年,虽经兵燹,幸尚存在。近有友人搜集近代史料,劝续成之,爰略为修饰,以备史家之参考云尔。

一九五五年十二月汉台(茅乃封)识

江左用兵记（二）

林述庆

【编者按】林述庆及《江左用兵记》，介绍见前。这是光复南京部分，写出了江浙联军在人民支持下的英勇战绩，其中并有美帝国主义干涉辛亥革命的资料。

（九月）二十五日上午，赴洋务局谒徐固卿。固卿自雨花台战后赴上海，及余数电告急于苏浙各处，遂各出一混成标来助。陈君英士举固卿为联军司令。到镇时，镇军将校目兵纷议反抗，余以精神将注于谋敌，无片晷暇，故招待未周。晚昨郑君为成言徐与余意见深，余异之，询故，郑不详告；但云："君若能先往见之，则意见可消。"余曰："此何难之有，余明日即往。"及余见徐，极殷恳，余谦逊不遑。询孙铭近况，徐答不知，且云孙少江平日颇有革命思想，不知此次何如何如。适逖军于是时到，支队朱君瑞（介人）并参谋各员俱来会固卿。余谓固卿曰："今日防守高资军队，数四来报张勋率众东下，在高资各营俱步队，防御非炮队不为功，一时兵心恐慌异常，要来速拨炮队前往协助。今浙军既有炮队，请转商朱君即时出发，坚高资防军之心。"固卿与朱君磋商，良久未决。朱君所持谓兵士困顿两昼夜，炮队中驼马车辆种种缺乏，万难再进。时诸人俱在一室，余曰："以密探所得确报，张勋一时必无东下之理。此时防守高资军心震动异常者,为无炮队故也。浙军劳苦远来,宜使休息,但镇江距高资火车只一小时,前敌既无战事,在镇江休养兵力,在高资亦休养兵力,不过多一小时之时间,易一地点耳。万一必在镇江不进,高资军队前面震于敌情,后方失炮队援助之望,倘因之致溃,张勋乘之而下,岂不大危!"众然之,朱君遂允先令炮队前往。又闲谈良久而返。

二十六日,固卿同马君湘伯来视余。是日,宋渔父、孙小侯亦到,互谈约一时许。当时余定有轮船停驶规则,余未实行,因商诸湘伯,湘伯为余指导一切,且云:"有重要事,可电上海,我即来。"是日,接雪楼电如左:

> 林都督鉴:有电均悉。军事紧急,饷糈极关重要,无论镇、沪、苏、浙,自应合力通筹,支持全局。苏财虽窘,现于给本军外,拟勉筹银洋二万元,暂时接济,容再随时筹助。军情仍乞随时见告。苏都督程。宥。印。

二十七日,联军司令部误杀顾、曾侦探,一时众心颇愤激。顾、曾者,烈武派遣赴南京刺察敌情,负重要任务归,适为误杀,烈武甚怒。时镇江军队增加,财源告竭,忧虑之极,遂通电各处协助。电去后,各处亦稍有解款来者。电文录左:

> 苏州、浙江、上海、通州、常州各军政府鉴:张寇东窜,敝处实当其冲,事势危迫,赖苏浙援军并集,海军陆续归顺,兵力增加,稍有可恃。方图进行,以歼群丑,凡防战事宜,当由敝处同襄总司令,悉心筹划,罔敢弛懈。惟水陆各军供应浩繁,而饷糈异常支绌,实为目前莫大之忧。镇原有款项,军兴以来,悉索敝赋,久形困乏。饷源无出,则因应力穷,虽有精兵,大(亦)将解体。镇江为江浙保障,万一贻误,则唇亡齿

寒,前途岂堪设想! 敝处苦心集思,计非联合东南各省,合力通筹,未足济事。诸君顾全大局,必不忍坐视成败,迅集合各商公界,克期捐集巨款,以应军需。民国存亡,系此一举。惶迫待命,伏乞公鉴。镇军政府林述庆。印。

二十八日,至固卿处,会议攻击方略。余首先请徐宣布敌情及彼此兵力。余以英领事约下午四时晤会,只宣布一己之意即去。余所宣布系须待军队准备完全后进攻,宜乘此时,以种种秘密,离间敌势。晚,烈武来,余询会议,答云:“吾但与君意相同,若固卿必急进攻,吾等惟力图补救而已。”是日,接各处答复协款电如左:

上海来电:“军政府林鉴:感电悉。款项一层,目下万不能分畛城(域)。敝处筹有把握,自当竭力援助;惟目下此间亦甚支绌,歉难尊(遵)命。沪军都督陈。勘。印。”

苏州来电:“都督林鉴:感电悉。饷糈支绌,同此焦忧,此间早经设法苦筹。京口绅商,尚称殷富,际此艰危,谅能踊跃输将,共扶大义,望就近妥商捐集。都督程。印。”

南通州来电:“林都督鉴:感电敬悉。镇江当前敌,剧战方来。敝处现在金融万分恐慌,义当力筹,以效同仇。初一日派大安轮船专送洋五千元到镇,请嘱财政长验收。并己(已)转电如泰盐栈协助,得复再闻。张謇。印。”

常州来电:“军政分府林鉴:感电悉。军饷极关重要,遵即日会同绅商各界,力筹补助。常军政分府勘。印。”

无锡来电:“林都督鉴:屡奉电劝助军米,敝处合集捐洋五百元,或米或洋,如何汇运,乞电复。无锡军政分府秦毓鎏。印。”

二十九日,固卿主张立即进攻,时镇军因准备未完,不能成行。余与烈武、朴青甚忧虑,遂将其事通告各处。电中陈述颇激烈,欲另举联军司令。事后追思,颇悔之。盖徐之资望甚深,余(不)能从中委曲调停,事之谦让,亦有以激成之也。

三十日,浙军朱君介人来。余力陈镇军实力只四营,余各标营准备未完,若即进攻,恐兵力不足。朱君力主速攻,意不稍动,遂听之。沪军统领黎天才亦来,余告以各炮台布置详情,并给明各种地图。

十月初一日至初五日,余于军事筹上划(划上)稍稍完善,然尚止步兵一协、工程一营、马队两营,辎重一营无枪械。因初二日浙军进驻高资,陆续前进尧化门、麒麟门与张勋开战,镇江前防高资步队四营,陆续合浙军以进。余遂与烈武约,使率扬军七营、镇军巡防四营,渡江进六合为攻宁右侧支队。盖侦探知张勋辎重悉在浦口,欲烈武截其后路。烈武然之,遂另由六合进。余自率攻宁之军。余既定初六日率军进攻江宁,遂将情形电告雪楼,兹摘录彼此往来电文如下:

丹阳程都督鉴:昨日得晤荆州,生平愿慰。敌情益迫,述庆拟亲率镇军攻宁,并一面饬海舰齐进。浦口方面已商柏统制率镇军巡防营及扬州军队要截。此路兵力虑单,闻江阴尚有巡防五营、工程一营,请公电饬立赴浦口助战。盖该处防堵不严,万一东窜,扬、通各处,恐遭糜(糜)烂。我公通筹全局,必通速赐施行。述庆。江。印。

丹阳程都督鉴:述庆定鱼率军进,所有布置略备,镇军第二协械尚未到,述庆决先行,俟械到再续发水师并进,破宁必矣。述庆行后,镇江未免恐慌,我公威望素隆,借重不时前临巡视为感。又后方诸事,恳公一并照料。述庆。歌。

丹阳来电："林都督鉴：歌电欣悉。亲督大军攻宁，功成旦夕，可为预贺。全敬遵台命，料理后路，拟不时赴镇巡视。全。歌。印。"

丹阳来电："林都督鉴：支电悉。江阴军队敝处昨已调防兵四队、工程一队，拔赴句容，为镇苏各军后援。江阴兵力已薄，要塞防守事关重要，似难再行调遣。余情已嘱张君一爵面陈。全。歌。印。"

攻宁始末

余自光复镇江后，极力整顿溃军，复成完全队伍。余只筹其大者，余多赖烈武相助。至于进规江宁，用种种间牒（谍）方法，略之如下：

欲知江（攻）宁方略，请先言江宁省一切形势，衡之彼我兵力。以战术眼光判断，宁城为完全坚固要塞。其要塞炮台有五：曰五（乌）龙山、曰幕府山、曰雨花台、曰狮子山、曰富贵山，尚有紫金山完全天险为之屏蔽。

乌龙山离江宁城六十里许，前临长江，山上有二十一生的炮二尊，可以击我进攻兵舰，并由龙潭前进军队。

幕府山离江宁城约十里，可以炮击由尧化（尧化门）前进军队。

富贵山可以炮击我朝阳门、太平门一带进攻军队。

雨花台可以炮击由句容一路前进军队。

狮子山可以炮击下关一带兵舰及军舰。

若敌将此五要塞炮台防御完备，则攻宁兵力非四五镇附以重炮队，战期非延长三数月不为功。今我攻宁兵力：镇江一镇，其中骑兵只八十名，炮只四尊，余用步枪编为步兵，工辎俱缺；浙军步兵一标，骑兵两队，炮兵一营，工兵一队，辎重缺；苏军步兵一标，炮兵一营，骑兵缺，工兵一营；沪军黎天才六百人，及攻城后，续到洪承点军一千名。

敌之兵力：约步兵十五旗，每旗三百二十名，共四千八百名；炮兵六营；骑兵四营；又新近招集步兵十旗；旗兵三千名；巡防四千余名。

彼此兵力悬殊，既如上述，以攻击原则论，断无幸胜理。故余决计施种种间牒（谍），利用民心，且不欲多流血而自相残杀。

余联合各炮台官长，使官君成鲲（前金陵总台官）、汪君龙高（乌龙山炮台炮首）二人专主联络各炮台官长，其余尚有六人联络各台目兵。至二十八日，所有官长目兵皆联络坚固，集镇江第一楼会议。盖当时张勋虑炮台为我用，故传令将到炮台巡视并点名发饷，各炮台目兵惧其到炮台事泄，乃议筹对付法。议决将炮台炮闩潜运至镇江，俟进攻时再携往。又各台官目兵留台恐被害，悉弃所有行李潜来镇江，俟进攻时再往。此余谋夺取炮台大略情形也。（后黎天才军任占领炮台，余使官成鲲、汪龙高与之接洽，导入乌龙、幕府各炮台。）

余对于张勋部下之兵布置，系多派间谍入城，散布种种谣言，类皆张我声威，或言某日将进攻，离其军心。使人潜入城内，张贴种种劝降告示。对于巡防各营，使昔日旧部楚人聪敏而善于言语与巡防营目兵素相识者，阳为愚民，说以种种利害，每兵各给以余之浅明劝降书一小纸。又使张勋之教练官涂光勋从中多方以误之。涂光勋，江西人，善说辞，闻余在镇江，夤夜潜来，因同学见余，告余张勋种种内容,陈述兵力兵气及将领性质与辎重所在甚详。又为余绘一略图,指明张勋种种布置。余前所派遣以为间谍者,只具目兵知识,所得报告只一鳞半爪。及得此君,情形益熟。此余对于张勋各军队布置大略情形也。

先是,防御高资步队四营值饷期,余派参谋各员前往按名发饷,原为核实郑重起见。各将校目兵以此不乐,群起谤毁。大略谓余办事太严,有私心,以自己所带之营留镇江,以他营出御;又自己原有将校多于军政府,他营将校则置前敌;又谓余在镇江饮食起居如王者,一时讹传,几欲倒戈。其实余始事时,即拿定"公诚"二字。余所部之营,已分半数赴清江浦招抚散兵,所余在镇者半为防御旗人搬运后方各种物品,四五昼夜未眠,劳苦较前敌有过无不及。余综理诸事,形神俱疲,方谓各将校目兵或能见谅;及得此信,惨然泪下,于二十七夜,府中诸人睡熟,独坐沉思,肝胆尽裂,遂伏案作信,告前敌将校兵士约数千言,书毕,天已欲曙。后此书重经特派专骑送往,只传到两营,其余尚未之见。时因徐固卿已进兵,遂不待镇军准备完善,继续出发。

初五日以前镇江情形及布置即如前述。时镇军尚有一协枪械未齐,固卿第二进发,朴青危之。先是,梁君乔山来,余告以种种情形,且谓之曰:"如此,余若不能维持,必奉辞告退。"梁再三劝余容忍,且谓当即至苏浙极力设法,坚嘱勿萌去志。二十八日得梁君函,谓已设法推程雪楼为海陆军总司令,一切进攻方略悉照余所规定,断不至有丝毫掣肘。书末云:"外间多议君暴躁轻敌,须慎处之。"余得书惟告朴青。梁君湘乡人,慷慨血性,在南京大观楼一见如故。时雪楼虽为总司令,尚未到。朴青请自往,催程速来。余以此仓卒举事,各种人材缺乏,本府秘书惟林君丙南一人与余意见相合,紧要文告皆出朴青、丙南,或余自为之。若陶赴苏,丙南体弱不耐繁剧,未遽许。陶云:"去一二日何妨。"余诺,陶君遂行。

时固卿在龙潭、马群间,屡电促在镇军队速进。然所余军队仅一协,且枪械未到,不得已,遂决初六日前进。是晚,下前进命令,以郑权为留后。初六日早晨六时出发,至车站候车,少顷烈武到,盖昨晚余嘱其同赴龙潭一行。时车站嚣且尘,或武装整队以俟,或运送行军杂具粮秣。余独立沉思,见各将校武装之不完全,后方兵站补充物品之未齐备,又念前敌各营不谅余心,而张盘据(踞)坚城,多方设备,虽剧战未必遽胜,此著成败,关系甚大,忧虑交集。车到,遂慨然登车。

在车中,烈武授余密报一册,盖烈武于南京方面专探张勋消息,渠既赴浦口,无所用此。余略阅一过,交许参谋崇灏收藏。烈武密告余云:"前敌各营前日联名上禀,言君膜(漠)视各营,私于自带之营。"余闻之,心甚抑郁。

余对烈武言:"余此行尽余心为之。事成,余必卸镇江都督,另谋统兵北进;否则恐无再见日矣!"烈武默然。

车到龙潭,前敌各营已进马群,余因粮食先命留龙潭,不能遽进,遂命下车在小庙宇驻扎。少顷,宾南到,欲向马群寻徐固卿,与谈良久,为觅独轮车,派兵护之前往。

饭毕出,周视形势,过某国人五,恐为侦探,嘱宪兵队官觅一民家使居,并密察其行为。翌晨,令他往。回时见卫队、敢死队尚有未剪辫者,遂令一律剪除。各兵闻命,甚乐从,用小剪互相剪去。时余颇闲,或亲为剪发,目兵悦甚。

各处设警戒队及料理诸事毕,烈武即时附车回镇江。余倦甚

小睡,定翌早继续发展。是夕得武昌来电云:

> 汉阳血战五昼夜,敌兵抵死进取,我军渐退,固守汉阳城中,势极危迫。事关大局,恳即分别遣派海陆军队星夜来援。至盼至祷!元洪。麻。印。

余得电,知湖北危迫至极,心为烦急,电秘未宣布。当电镇江海军处吴君振南,迅速酌派兵舰数艘赴援。

初七晨,乘车至尧化门。少顷,雪楼到,因至火车与晤谈,告以前敌情形,且力言城必可破。又云:"本欲驻师尧化门,今公到此,余立即前进,原定之处,留公驻扎。"雪楼唯唯。余下车向马群进发,行数百密达,闻幕府山炮声隆隆,心甚悦。沿途见受伤目兵陆续舁至尧化门,运往镇江疗治,甚敬之,命各兵如见伤兵过者,一律行军礼表敬。又进数密达,遥见数十骑来,最前一骑云系顾参谋忠琛。未几到,遂各下骑,询午后彼我战状,顾君云:"今日无战事,惟第一次浙军在孝陵卫时(附)近大战获胜后,彼此俱未接仗。"问何往?答赴尧化门程雪楼处,遂行。时随行与余素相识某国人五六,欲余盖章于白布上为通凭证,余诺之。再行一小时许,前骑报曰:"离马群只数百密达矣。"余下骑布图于地,与各参谋定驻扎,定林庄,先遣将校前探适否?回报适用,遂向林庄进发。庄中只一小庙,周围不过三十密达,庙中满堆农具,秽气逼人,不可近。遣护兵购稻草数十束,于丛秽狼藉中权用厚草铺地尺许,安卧其上。是日未午餐,因商居居民煮脱粟数甑,野菜数盂,敷衍一饱。晚冷甚,辗转终夜不得眠。是夕连得黎君宋卿之电如下:

> 武昌来电:"镇江林都督鉴:镜清等兵舰已同情。现武昌防守吃紧,祈拨半数来鄂相助为盼。鄂都督黎元洪。虞。印。"

> 武昌来电:"火急。镇江林都督鉴:电敬悉。汉阳颇难

支持,宁下,务即派大兵临鄂。惟兵舰必先饬兼程来,愈速愈妙。元洪。阳。印。"

武昌来电:"各省都督鉴:敝处血战六昼夜,敌兵恃火器较利,即悉军攻汉阳。城内不能守,我军拟兼守武昌城中待援。大局危急异常,恳即刻分别遣派陆海军队,星夜兼程来援,祷切盼切!元洪。阳。印。"

余得电,知湘(湖)北情形益迫,遂电镇江云:

镇军政府转吴振南君鉴:宁事将了。闻武昌颇不稳,请商派兵舰数艘,前往救援。俟此闻稍定,再以大兵续进。庆。虞。

电去后得复电云:

火急。林都督鉴:虞电悉。江元、楚有,决明早开;镇南、建安,以赶装三海军火,一便即行;通济、保民,不修不能开驶,今择其要者修完赴,日内即开。鄂海军处。虞。印。

初八日,晨起准备赴马群。临行时得固卿函,谓闻余到甚喜,盼余就商一切。遂赴马群。徐所居为民屋一所,前后分为两座落:前座一大间,宽约二十密达,深约十五密达,左隔新围一小小板屋;再进隔一院,乃入后座,却有三间,中一厅,左右两厢,其后一厨,再后一空园。

余初进屋,知徐居新木板围小房内。推门入,徐云:"老弟此来甚好,现正在危急中。"余云:"吾兵已临敌人城下,破城在旦夕,何云危急?"徐云:"湖北数电告急。又闻段祺瑞劲旅,将由津浦南援,若城不破,必大危。"余云:"余已分兵烈武赴浦口截之,料无妨。"时浙军朱支队长瑞并团长、镇军刘协统成、参谋陈懋修、茅乃封俱在室,余谓徐云:"公对敌人如何布置?"徐以桌上红格纸五六张示余曰:"如此次(攻)击,请君酌之。"余略视一过,纸中蝇头行书约千余字,大概以苏军攻雨花台,浙军攻朝阳门,镇军攻太平门。于初八日十二时开始攻击,先以幕府山小炮台之炮示威,各步队接续进攻,用炸药轰开城门,然后拥入。未几,朴青由上海到,余以纸授朴青。徐云:"请正参谋通视一过,如有不妥,可以更正。"朴青据案持笔,且看且改。徐又谓余曰:"老弟以为如何?"余未答,良久曰:"现炸药尚在马群,刻下四时半矣,若将炸药分配毕,天已(已)近晚,晚间野外路途不熟,运送炸药于散兵线,必有疏失。"徐默然。有顷,适苏军刘协统之洁到,徐云:"君来真巧。"遂以合同攻击命令授刘,刘唯唯。与各军支队长互谈片刻,旋各归队去。

未几,炮台台官官君成鲲到,曰:"幕府山炮台子弹已罄,所余惟小子弹。"余曰:"余在镇江临行时,曾电上海催促速运,何尚未到?且余在镇江车站,曾闻炮队管带徐朔言正在运送,何以迟迟至今?"心甚焦急。徐即告以今晚攻击方法,官颇踌躇,即出,余亦出,伫立于庭。陈君子棠为余言:"如此攻击,恐不能行。"时陈君懋修分配炸药,敢死队队长唐桂对余言:"此等炸药,系用电放始能爆发,此间无电,奈何!"余亦无法,惟嘱令领去。沉思良久,以为如此实行攻击,断不得手,敌若乘势突出,岂不甚危!即不然,全军锐气丧尽,何能再战?余以此事往来胸中,欲入与徐言,适徐出,遂告之,徐意亦动,云:"请陶正参谋来决。"未几至,陈种种利害,陶云:"为时已晚,不及收回命令矣!"徐云:"只得听之。"余遂不言。

回头,见内室堂中列一桌,桌上堆落花生(即长生果),某国人四五,围桌剖食。余入室,某国人俱起立,握手毕,各坐下,余不谙某国语,不能寒暄,中有能英语者,然不能详,余欲询战法为参考,遂挽能某国语者为译。

某国人拂桌布图,陈说一番,约与徐布置略同。(某)国人询余布置如何?余漫答云:"大慨(概)亦与君等同意。"遂出。按徐命令,系夜间十二时以后司令部移至麒麟门。余因前晚未眠,欲稍睡,到宿所时,复得黎君宋卿两电云:

> 火急。镇江林都督鉴:乞速派六楚舰赴沪,赴装三海舰子弹来鄂,免由鄂带回六楚弹药,恳甚!鄂都督黎元洪。庚。印。

> 火急。镇江林都督鉴:阳电悉。揆宁将下,速催水陆全军援鄂。元洪。庚。印。

得电后,当转镇江海军处迅速照办并答复黎君。又电杭州请设法援鄂,是复电云:

> 林都督鉴:躬莅前敌,亲抵尧化门,已扼宁省之衡;柏统制宣勤浦口,相得益彰。潜惟盼光复,愧甚!浙亦添派援鄂之军矣。浙军政府。印。庚。

后得宋君教仁来电,当即电杨并烈武,原电云:

> 上海来电:"加急。林都督鉴:得确音,山东兵复反,将由铁道经徐州南下,请严防并电扬州分府邀击。教仁,齐。印。"

届时徐司令部出发,余亦随同前进。是晚天黑不易行,加之各军行李拥塞途次,余之卫队及敢死队伫立途中,一小时不得动,余令绕村外小路,暗中摸索颇苦。未几,抵麒麟门村落前约二百密达许,余(令)卫队按小哨法配置毕,赴徐所。

随余来宁之将校参谋及各科员,出发时均编为将校义奋队前进。是晚同余跋涉山岭间,无一懈者,殊为可敬。

入徐室,朴青、懋修、乃封、乃登兄弟并苏军参谋张一爵等俱在,互谈一小时许。闻炮声隆隆,未几枪声作,因邀张、陈、茅出外观战。初出屋行数十步，见太平门方面火光烛天，余以为城内放火，心中窃喜。盖余曾约巡防队，如有机可乘，则放火开城也。

余遂与陈、张、茅并随带参谋将校登马房山顶，遥望雨花台、朝阳门、太平门方面，但闻枪声不绝，陈、张、茅先回。

余复陆续攀登紫金山尾，欲睹结局真况。四时许，见朝阳门城边火光数丈，未几，爆发一声如雷，余以为炸药轰城。旋闻雨花台方面有冲锋声，朝阳门方面枪声益烈，城楼上见火点二三，约数分钟即有炮声，惟太平门方面枪声甚稀。

初九日，东方欲白，各处枪声渐减。迨曙气苍茫，将变色时，忽不闻枪声，城楼灯火亦不见。余以为城已破，各军均已攻进，急趋下徐处，告所见，且断为城已破。徐当嘱朴青拟电告各处。某国人在旁闻信，握手呼万岁。朴青曰："顷所云破城者，系情形判断，俟得确报，方可发电。"徐然之。未几，许参谋崇灏入，云："城尚未破，各兵俱陆续退回。"余尚未信，亲往探其实。方出屋，见十余兵舁二伤兵，曰赴隔壁民房卫生队医治，多数兵扶（侠）拥观门首。余入视，适见前三十四标谭排长某，云渠即至城下埋炸药者，城尚未破。余愕然良久，云："余昨晚见朝阳门火光陡发，爆声如雷，非破城乎？"答云非也，即渠等在彼埋炸药，正动工时，城内忽抛一子弹，适触吾炸药，作奇响，非破城也。

余又至麒麟门前面小坡瞭望情形，见各兵陆续退回，口中喃喃，细听之，多恶声，余甚忧之。伫立约数分钟，复回徐所，告徐以所见，徐闻之有忧色。

余云："如此坚城非大炮不可，闻沪局有大炮，当设法运来。"徐使茅君乃登拟电，一面派辎重营管带赴上海领取。

未几，张君一爵由前面回，云："昨晚所闻枪声皆敌人施放，吾军并未动手。"且谓："如此甚好,再数击之,子弹不俱罄乎!"

余以两夜未睡,疲不能支,欲回宿所休息,告徐曰："如此军纪,欲破坚城,大非易事,为之奈何!"徐甚忧。余回,沿途寻思,计无所出。因思我军虽攻城,然一近城则被(彼)天保[1]之炮即下击,使我不能近;若不先得天保城,断无攻城理,昨日许参谋崇灏亦为余言先攻天保城,故决计率镇军攻天保城一路。未几,到宿所,即和衣睡。

午后一时,朴青来唤余起,云："顷余下命令攻天保城,兵士无肯去者。徐意欲由我军派兵一营往,特来相商,余且看此情形甚不好,奈何!"余此时气尚粗,答曰："勿虑。"遂告以独率镇军攻太平门策,朴青然之。时朴青微恙不能乘马,坐小肩舆与余同行。盖余以镇军各营前曾误会余意,众心益愤,朴青为第九镇创始者,若与俱,先以言语解释,然后余再以心中所欲言者明白宣布,众心当释然也。

在马上反复筹思,未几,行抵尧化门铁道桥,见各兵多散游各处。过桥,至尧化门街道,入宿营地。余与陶直入幕中,间(问)管带所在。良久,余管带长青由帐幕出,面有睡容,云："此间官长目兵三昼夜未眠,疲倦殊甚,顷各目兵多就睡矣。"余云："欲与目兵说话,君即鸣号召集。"数奏,各兵尚未到齐,约半小时,队始集。

陶君遂演说云："我本第九镇创始之人,诸凡官长目兵俱应相识。我办此征兵,即是预存日后革命之用,今日难得有此机会,使我汉人重见天日。吾与都督日在镇江筹备一切,见都督实在劳苦,诸君当共体此意,努力杀敌。吾体力本弱,连日奔走甚苦,现冒病

---

[1] 天保,当为"天堡城",本文下同。

来此勉励诸君,因病不能多说,诸君谅之。"

余继演说云:"余自京岘山与诸君别后,今将一月矣。此一月中,余所经历自觉备历辛苦,诸君或不能尽知,且尚以余享得许多安乐。余昨闻各营目兵皆疑余于此处行事多自私,当时余有一专函传知各营,闻尚有未传到者,今详细与诸君言之。诸君皆疑余者,谓余厚于原带之营也,谓余自享安乐,不能体恤目兵也。在表面观之,似亦有因,然余自问此心,实丝毫无私,在在可告人。若以原有之营论之,与前敌之营较劳逸,自余观之,则劳亦甚。当故(攻)破镇江后,即开足额两队赴清江浦一带,防剿土匪,招抚地方,所有后方接济,俱不完全,沿途跋涉劳顿,大有不支之势。所余不足额两队,为数只百五十名,自各营开赴前敌后,所有在镇防御满人,分布街衢,站立辄三四昼夜不得眠;所有搬取服装器具粮食杂物,无一非用此百五十名。请试两两相衡,孰劳孰逸?至必留之于镇江者,此亦必然之情形,无庸自讳。盖人情总要以熟就熟,断无舍熟就生之理。至于余在镇江军府,自黎明以至中夜,实无一分钟暇。君试再思之,徒赖镇江固有之营,足以攻宁否?其号召苏浙联军,须设法招致。海军兵舰十五艘,须否布置?招抚雨花台溃败之兵,手无寸铁并军服军鞋而未有,须否设法补充编成可战之军?地方民政须否略为料理?对于敌人,须否设法侦伺?镇江破坏后,余款不过十二万,合镇江兵力骤加并炮台兵舰计之,每月需约四十万,须否求助?以上所云任务,亦可谓繁难矣!至今各种规划稍稍就绪,岂能不劳而致哉!余只觉夜眠不过三小时,声音尽哑,接谈皆以笔代,诸君尚为安乐耶!在镇兵士勤务太劳,怨余不为派赴前敌;前敌兵士,怨余不使留镇,余何术能两面周到哉!且余怀革命思想非自斯时始,到宁时即有所谋,久皆不遂。余自（有）此想，自省实未有丝毫功名心、利禄心、畏死心。若以作战上军官位置论，余此时在镇江可，在龙潭亦可，余今且到战斗线矣！不宁惟是，余现决意明日先攻天保城，诸君散兵线所在，余必先焉。若食此言，诸君可先杀我。宁城破，余必将镇江都督取消，则知非为功名利禄而革命矣！今日之战，万不能不努力攻破此城，何也？吾汉人必将革命之理由各报登载，详诸君必有阅者，即未阅，亦有闻者，不待余言。若不能破城，即溃败，张勋乘之东下，苏州一带岂堪设想！苏浙皆败，则革命之局尚可问耶！且如此，则苏浙一带受张勋惨杀，必与南京相等，不待言矣！汉族从此再无革命日矣！何也？前此汉人革命实行处所尚小，今各省已多响应，如再不成，后此钳制必十倍于今日，虽欲反抗，乌从而反抗？此时之时，岂又可言哉！我军此时，正所谓能胜不能败。若败，欲逃匿，辫已去，张勋可人人追而杀之。如此，则不惟身不能保，即家亦不能保。何也？张勋在宁惨杀，前车固可鉴也。以余所得种种间牒（谍）报告，张勋在城内，兵心实已解体，各巡防营俱肯为我内应，居民亦盼我兵进城，张勋一日惶惧一日，改装数次，一夜数易宿所，只在我们能协力同心，实攻下此城耳！诸君细味吾言而加勉之。"

余演说毕，察各兵形色有喜悦之况，遂云："各目兵劳顿数昼夜，可安心休息，俟明日再听命令进攻。"时朴青倦甚，谓余云："我病将大作，先回马群。"匆匆别去，时已近晚。

余偕余管带来营本部。余营部在尧化门街首，数间矮屋，圭窦打头，伛偻而入，黑不见掌。屋中破榻一，破桌一，余入，据桌坐，呼烛，从者秉烛至，所部将校集于屋内，约数十人，使各觅儿（几）坐。余先解释对全体将校并无畸重畸轻意，随布地图于桌云：

"欲破南京,非先攻天保城不可,余意明日先攻天保城。"佘管带闻余言,极赞成,遂云:"管带平日多在此野操,深熟此间形势,盖天保城较紫金山绝顶为略低,若由岔路口东端小路偷攀而上,直抵紫金山顶,然后俯击天保城,无不胜者。若此日实行此策,管带请挑选所部二百名肩此路任务。"正言间,李统带玉昆、杨管带韵珂入报:"在镇第三标已到。"且云:"炮队、马队亦到。惟全标炮队炮只四尊,余悉为步队;马队马只八十四匹,余亦编为步队。"余得报甚喜,遂告以攻天保城计,杨李亦深然余策。遂书命令两纸:一给李统带;一佘管带。余部二百名由岔路口村后逾紫金山俯击天保城之敌;李率所部由岔路口至蒋王庙后仰攻天保城之敌。命令甫毕,适苏州先锋队洪君承点到,稍作寒暄,即与协商攻天保城事。洪君云:"镇军既布置妥善,我欲别寻任务。"余云:"同攻击南京,何分彼此为?"洪然之,遂担任以炮兵在藤子树分击天保城,更以所余步兵协攻。互于图上详细讨论攻击方法,良久,洪君蹙然云:"我初来此,地形未熟,欲得地图数份为攻击用。"佘、杨、李亦云无图。余云:"往麒麟门取给君等,以一兵随余去可也。"

时夜间十一时,寒甚,遂上骑缓辔回麒麟门,随余行者,护官邱俊卿与卫队骑兵八名。沿途四顾,山色苍茫,林梢残月,忽明忽暗,营幕错落,灯火两三。在马背微吟岳忠武《满江红》词,心神一振。中途折向小村,见村口夫役搬运杂物,拥挤喧嚣,路窄且曲。舍骑而步、入村,卫兵为余觅小舆一,乘舆约两刻许,到徐处。入室,见卫兵马弁护兵夫役等皆借草酣睡,屋内几无容足地。再入徐室,两榻数人横陈,睡味甚酣。惟茅君乃封一人独据案啖牛脯,下以白兰地酒。余问徐何在,答云:"渠另有睡处。"茅问须徐来否? 余曰否。遂告以顷从尧化门来,且略述布置情形,并索地图数十份付随兵带回。饥甚,取桌上牛脯大嚼,茅复搜匣,割一大块授余。略谈数语,茅送余出,余曰:"平时人才济济,何此时只见二毛?"毛茅同音,乃封兄乃登亦随战,故戏之。余回宿所,参谋及科员皆熟睡。(是晚朴青与余同宿古祠小房内,翌早赴徐处。)见朴青睡,未唤推之。饥肠雷鸣,命作饭,伙夫他出,不得饭,代以干饼,用冷饭冲汤,饱啖两碗毕,告许参谋崇灏云:"明早全部人员移尧化门,独立作战,君其预为布置。"独坐数分钟而睡。

初十早六时,诸俱戒备,遂移向尧化门。途次有卫生队西人数辈,讶余率队回,询故,余以攻太平门对。八时许到,各营俱依令集合出发矣。匆匆入住所,安置本部人员。余所赁处系尧化门铁路旁卖浆家。前一大间用居卫兵,通一天井,又一大间,左隅芦席和泥作壁成一小室,只容一榻一竹床,已无隙地,余居之,外间参谋各员群聚一处,层敷稻草为坐卧所。

布置粗毕,随带护官数员、卫兵十余人赴岔路口督战。到时则按昨晚命令分道进。余趋登岔路口前面高地,见我兵正占领阵地,开始战斗,时上午十二时许,余逐渐前进,但闻枪声如爆竹,目兵知余到,益奋勉。余遍巡各处,凡可到者皆一驻足。午后三时,有数卫兵来寻余云:"攻城炮两尊已到,许参谋与郑君为成在尧化门候示用法。"余遂至岔路口铁路边坐摇车回,邀郑君同至车站,复坐摇车至岔路口,车停掩蔽地,徒步选择阵地,数历山峦,疲甚,与郑小憩斜坡下。枪声甚密,幕府山炮台数分钟一响,洪承点在藤子树附近炮击甚力。时将薄暮,各队报告或子弹已罄;或竟日未饮勺浆,盖凡运往前敌接济物品多迷途未送到。又有谓天保城已夺得者。余稍息,仍偕郑蛇行以进,最后得岔路口前面高寺,约距太平门三千密达许,遂命敢死队队官纪信,饬兵数名叠石块为记号，一面饬兵回尧化门将攻城炮运来，并命派敢死队六十名护送。余往岔路口休息，从黑暗中遥望隔堤二十余骑向岔路口村落进，余饬卫兵高呼为谁？稍近，知为黄君一欧、洪君承点，遂攀堤上，告以顷间所为并所得报告。黄、洪二君云此时大概天保城已（已）得。语罢别去。再进数百密达，过余营，存余兵约一队，各武装，一乡民年六十余，导向天保城进发。令停止，询何往？答云："攻天保城目兵，血战竟日，饥渴不堪，子弹将罄，吾侪特往接援。"余勉励数语，目兵气益壮。嘱护兵赏老民银二元，老民为余言敌况颇悉，若甚望民军获胜者。复巧遇顾君忠琛，见余将下骑，余阻之。顾君云："今日战甚烈，炮击多命中，大约必胜。"问何往？云将往尧化门，遂行。余初入岔路村，闻有两兵在天保城战伤，舁在药店疗治。往探之，见店中一兵负伤，复以破被，卧竹床上，正呻吟间，余揭被问所苦，兵知余来视，呻吟不再作，云："所伤不重，数日可愈，仍能打仗，不打胜亦是大不了事。"余略为抚摩，慰藉数语，连声答无妨。问尚有一伤兵安在？答因伤稍重，已舁回营矣。

时饥甚。郑之马兵刘某与邻居米铺素稔，导至该处，令作饭，主人殷勤甚，杀鸡供余。时颇暇，见主人二子未剪发，问之，曰："拟再迟数日。"余亲为剪之，一室大笑。饭熟，遂与郑君并随带各员同餐。席间嘱郑向村中购豕十头，备明早犒赏攻天保城兵，郑转嘱主人代办。

时攻城炮运到，郑以体倦未同行，余遂率护官卫兵至铁路。登火车时，车上有西人，使译者告余，将有所言。余屏从人，同至僻处，乃云："按我国军律，武员若参与他国军谋，应革职监禁五年。然我愿密进其一得之愚于君。此两重炮关系南京得失，不可不加意慎重。揣今日情形，天保城必得，明日以巨炮攻城，破宁必矣。吾为君计,炮兵阵地勿太近城,若配在岔路口东北端高地,用间接射击法攻城,可免为敌夺取之患,君意何如?”余曰:“蒙君教示,感甚。但余与君所定阵地微有不同,薄暮时已选定一处,在岔路口东西南藤子树端高地。就炮兵阵地原则论,似较君所定者,或利多害少。”西人云:“如此,原与君同往考察。”余感其诚,遂偕行。

到车,又见二西人负远镜来,对余曰:“我顷从天保城来,见民军极其奋勇,毫无懈志。如此高峰,吾辈平日徒手游历,攀登绝顶,无不脚酸气喘;今民军武装血战,勇往直前,我甚钦佩。”余谦谢之。遂与同坐摇车,向所选阵地进。时已夜半,牛毛细雨,沾衣冷透,天黑若浓墨,只视丈余地。天保城枪声犹烈。到阵地,各下车,摸索藤石间缓步而上。西人四围探视良久,余问:“何如?”答:“甚善。”盖余所择阵地较渠所定近四百密达,无遮蔽物又近铁道,便进入阵地也。探毕,复登摇车回前所。

时谍报纷至,或云天保城已得;或云太平门内拥出许多敌之溃兵,来袭尧化门;或云杨管带韵珂战死。余断天保城必为我有;太平门敌兵拥出来袭尧化门一说必不确,盖余先得牒(谍)报知太平门早为张勋用土石堆塞;惟杨君韵珂血性过人,勇敢沉毅,当此苦战血肉相薄,必身先士卒,深恐即此成名,然殊望其不确。遂命攻城炮暂停岔路口,派兵守之。复信越二小山,迫观究竟,天益黑,雨益密,一步不可行。枪声未已,默计天保城必克,因返尧化门,传令悉发所余兵力,天明俱到天保城下集合,为进城准备。

到尧化门,已夜半二时。下令葛应龙并马炮各标,限黎明悉抵天保城下候令,方毕,接固卿来函云:

颂亭老弟左右:顷接某君报告,天保城敌之溃兵围绕该军幕营地,势甚危逼,前来请兵援救,敝处无兵可拨。闻李玉昆一标已抵尧化门,该标初来,兵气正锐,请老弟速拨一二营,前往营救,不胜盼感之至!

时余从战线回,悯目兵血战,伤亡之数尚不可知,且闻杨管带韵珂战死,正怂恻间,遂拥被作复云:

固老先生麾下:手示拜悉。述庆本日正午亲率各队攻天保城,指挥督察,心身俱瘁。敌兵狡悍,正与抵死支持,胜败尚未决,而目睹兵士伤亡,五内如割。顷得报杨管带韵珂阵亡,此心直欲碎矣!在尧化门各营已全数列入战斗,实无一兵可拨,临楮不觉怆然。

书付传骑去,忽闻门外大哭声。有顷,护官邱俊卿入曰:"佘管带在门外痛哭,欲面见。"言未已,两兵扶佘进,放声大哭曰:"都督不得了哟!救命哟!可怜哉!好兵呦!一个一个都死得干净了呦!"杂以哭声。急令护官等扶起,俾卧竹床上,呼茶使饮,从容问曰:"实在如何?可细说,不必如此。余半小时前才从战线回,见甚得手,已命余营黎明至天保城下协助,何至如此。"佘遂徐徐曰:"今日之战,各兵以都督昨日一番演说,异常感奋。管带率之遵令由紫金山后一一偷攀而上,遂登绝顶。与敌遇,彼此开战。初时敌来甚猛,各兵稍却,管带多方鼓励,且云:'都督已临前敌,万无退理。'兵心始奋。自午间至今,勺浆粒米俱未入口,与大敌坚持不稍下;他营不肯接近协助。刻管带进兵距天保城只百密达许,与敌相持久,子弹将罄。若到天明,敌兵增加,恐必败。败则天保城非我有,天保城失则破南京城不知何日。且如此好兵无一生还,前功尽废,后望更绝,岂不惜哉!请都督急增兵力,以速为妙。管带足已受伤,不能行,战线兵已托季队官玉春指挥矣。"言时偕来两兵亦号咷不休。余慰之曰："顷我初从战线回,观情形甚稳,回时已命余营黎明悉数到天保城,君勿忧,此战必胜,天保城必克。君愈矣！可回营休息,不必顾虑。"

旋调炮标赵统带开运、马队朱统带元岳,嘱勿待朝食趋天保城,炊熟,饬夫送饭。赵等行,又命将子弹运往。部署毕,晨鸡唱矣。

十一日天曙时,刘协统成到,余大呼曰："天保城已得,君尚在此乎！昨晚不知战死若干兵士,君速赴天保城督率。"刘即上骑驰去。未几,明标统羽林续至,余尚焦急,呵之如前,并令运子弹去。盖刘、明两军驻卖糕桥[1],离尧化门三四里,未知情。未光复前,与余共事甚相得,顷不觉声色俱厉,回思颇悔之。

布置毕,天大明,督敢死队、卫队偕参谋科员等乘车到炮兵阵地,见郑君为成、范君滋泽(前炮队管带)与敢死队数十名,正运重炮进阵地。有一兵告余曰："顷敌谍来,已枪毙。"俯视山麓,一蓝布军服尸横焉。余见曳炮者官长目兵将近百人,附近村民亦来相助,中有一村妇在焉。余攘臂参入同曳,众益奋,"邪许"声盈耳。未几,达阵地。郑询："向何处击？"答："太平门。"遂开炮。余回顾昨晚西人亦在,问："此阵地若何？"答："甚好,甚好！"开炮后,余欲登天保城,周科长鸿钧以卫队未来(因卫队步行,余独乘车先至),阻云："彼溃兵散伏,公只护官护兵数人,树林森翳,茅草深长,倘突遭溃兵,不为孙策许贡事乎！"余云："此地已我有,万无危险。"遂行。越小山数重,苏军先锋队陆续东向蒋王庙,均谓天保城已得。少顷,洪君承点到,问何往？答："兵士久未食,欲至蒋

[1] 卖糕桥即迈皋桥。

王庙休息且饭。"余曰:"请君所部饭毕即来,今日进城。"洪君诺而去。

余至天保城下,卫队卢管带祥麟到,令在路口驻扎,防太平门溃兵来袭。余与鸿钧、俊卿随二护兵登至半山,见张勋之兵尸骸狼藉,或数十密达一二具,或百密达一具,或俯或仰,或欹或侧,或有首或无首,手足不全,倒悬斜挂,错落岩壑间,有(又)百密达,有兵数名下,告鸿钧曰:"杨管带即于此处战死。"盖数兵系周旧部,知与杨有戚,故告之。余询杨君死状,答曰:"我等昨晚同杨管带在此地血战,先是我军自山麓陆续仰攻,约离此二百密达,敌兵高呼:'降、降、降!'杨管带令暂停射击,亲率一排进。敌约数十名趋下,彼隔十步,敌忽狂呼云:'汝们肯来降我,我每月给汝十六元。'我等俱大怒,斥彼反复,互争执间,一兵云:'管带在此,请管带理论,或(我)们不必多言。'杨管带子身前进,敌闻系管带,急放枪,杨管带为所中,诸兵多受伤,遂将杨管带尸舁下,力战乃散。"余闻不觉潸然!在杨死难处徘徊四顾,不忍遽去。

杨君韵珂,号玉铿,福建侯官县人。性亢直勤朴,不事矫饰。幼肄业南京水师学堂,以不羁被黜,遂赴镇江依戚陈某。陈福建海军毕业生,时为镇江总台官,善英文测算诸学,君以暇质疑问难,遂得其学。乙巳春,余到宁,由周君鸿钧识君,为荐于孙铭,委排长。君虽与余年岁位置相若,然甚推重余,隐若师礼然;余亦忝居不疑,于君举动不合者,辄规正之,君亦乐听从。值开办征兵,君劬劳甚。余时为管带,君为队官,督筑三十三标兵房,君出力尤多。及余赴萍乡,遂与君别。回防后,乃(仍)不同营,然彼此时相往来,情谊如初。君虽任军校,公余辄研究旧课,余只以少年勤学励志俭朴目君,未甚奇之也。及余在镇起事,君由雨花台溃败来见,令往见柏君烈武,委为第三标第三营管带。一日来见余云:"奉烈武命,将赴各兵舰取机关炮,坚高资防御。"请余给命令交之,见其形容憔悴,声音全哑,知君劳瘁过人,心甚敬之。攻天保城前一日晚间,余在尧化门民居定攻击方法,余坐破榻,与君只隔一桌,见君着黑呢军服,默不发语,耳目专注图上及余所言。呜呼!何期自此一别,余两人遽成永诀。今乃知死国之真豪杰,不在言论夸大、神采俊美,而当于沉默朴诚之人求之也。呜呼!今之临事退葸取巧,事后则又(觍)然持面,百出卑污手段,攘人之功以为阶梯者,其人轻重,视我韵珂何如耶!君娶同邑[1]陈氏女才五年,无子女。书此为之酸然。

余既闻目兵言,迟回于杨君就义之所,因嘱周君不必上天保城,带二护兵同至岔路口,善为收殓。周去,余遂登天保城,见炮队赵统带开运、步队李统带玉昆、马队朱统带元岳、刘协统成、明统带羽林并西人数人俱在。刘协统见余到,面有忧色。余复大呼曰:"君何为者?战胜至此,正痛饮黄龙时矣!君速令葛应龙各营,到龙膊子[2]集合,准备进城。"刘往时,李统带兵尚散开天保城山顶,任意射击;赵统带山炮四尊放列天保城,向富贵山、朝阳门一带轰击,甚命中;尚有徒兵马兵散立山顶。张勋之兵不见一人,所施帐幕及炊具杂物,多为我兵撕毁,零落满地,一二尸骸纵横丛叠于中。马兵向帐幕搜索,适有二敌兵,当败时奔逃不及,以乱骸自蔽,阳为已死;众搜出,大喜,群拥斩之,鼓掌如雷以为乐。

自余率镇军攻太平门一路以至攻克天保城,余所身亲目睹全

---

[1] 原文误排为"娶同君邑"。
[2] 当为"龙脖子",本文下同。

般状况,略如上述。兹择录佘管带长青,队官季遇春战斗详报原文于下,亦足以稽当时各部队战斗之大略。

佘长青战斗详报

管带初十早六时半,集合挑选之官兵百余人并本标侦探队目兵二十余人,同侦探队长许燕士,编组成队。分为四大排:贺排长瑞亭率第一大排;侦探队许队长燕士率第二大排;方排长荣五率第三大排;吴排长修平率第四大排。编组完结,旋即出发,至九时抵半中茅山。得尖队长报告云:"前面紫金山第一高峰,有敌三四十人,离我尖队四五百密达,已向我斥候开枪。"管带判察地形险恶,惟一小径通第一高峰,即口授尖队长令目兵用单人掩蔽身体,陆续前进,迫近敌地,然后猛击;并令第二大排用此法前进援助。敌被我第一大排击毙一名,向第二高峰退却,我第一大排得占领第一高峰,向敌猛击;敌之援兵未到,火线薄弱,继向第三高峰退却。此时口令第一大排续占第二高峰,并令第二大排向前增加,第三、第四大排陆续前进。敌之后方此时有援兵三四十名,向第三高峰火线上增加,火力甚盛;幸我第二高峰有瞰制之利,敌又被我第一大排击毙数名,敌又向后方两斜坡退据天保城前面之高地;我军跟追,全队得(占)领第三高峰。距敌不过八九百密达,敌我激战,我军阵地居高临下,且多荫蔽,并未伤损一人。乘间又利用地形,陆续向前方占领两斜坡,令目兵卧倒斜坡石崖中对敌射击,亦未伤损一人。将校目兵气甚踊跃,一时俱忘艰难劳苦。但各兵子弹已用过半,派传令至岔路口报告彭督队官,派司务长输送子弹,并增加队伍,时下午五时余矣。约过十分钟,右侧有镇军第三标一营前队尖兵有十余人，内有排长二员，由我阵地右后方进，加入火线右翼，参与战斗。而敌阵地较我良好，其兵力且有六七百名之多。我营兵士在此被敌击死者一人，受伤者四名。在此恶战约有半时，第三标一营前队王队官，率前兵有四五十名，陆续进入阵地，向火线增加，连合猛击，遂向山坡前进。又激战半时，左侧方有浙军官长率兵二十余名加入火线。此时约六时半许。我军向敌冲锋，直抵天保城前面敌之第一险要阵地前之高地腰部石崖处，拒战约十分钟，与敌相距有五百密达许。此时浙军又有五六十名续到阵地，加入火线，向敌冲锋，至第三四石崖处；敌人卧在第四石崖土围墙后方石崖处，枪声极盛。此时镇军第三标二营已到我军阵地后方山腰之第一石崖处集合，杨管带韵珂、李统带玉昆均到，逐渐加入火线，我军火力增大。敌部诈降，杨管带命我军全火线停止放枪，与敌议降；议论未毕，而敌枪弹己（已）出，杨管带当即阵亡；继放一排枪，此时我军措手不及，被敌击死者甚多，伤者亦复不少，且有掠去者。此际时机紧急，我军散乱，管带倒地避弹，立时复起，目睹火线上兵士甚多，遂令贺排长集合各头目，传令快放；继令火线后方乱兵迅速集合。时管带足被敌弹擦破皮肤，跌倒在地，此时续派传令兵二名至岔路口报告督队官彭玉成，速添援兵及输送子弹。适有兵来报，督队官已派右后两队兵到阵地，子弹亦到。此时约下午九时许。管带即命季遇春、刘元顺两队官率队加入火线，参与战斗。至十时许，敌情残弱，管带仍令我全火线力守阵地。至十一时，右侧方遇有巡防营许管带殿爵率领兵士约两哨助战。至十二时许，得季队官报告，子弹有不足之患。管带即命其速取死伤兵士之弹药补充。即时后方弹药已到有二万发,干粮茶水亦均到。管带即命将弹药向火线上分配补充。至十一日上午一时许,天雨蒙蒙,薄雾溟溟,兼之山径险阻,步履维艰。沪军先锋队、镇军第三标以及浙军一百余人,均在后方,未上火线。管带一面通报各军向前增加,一面派传令兵至岔路口报告督队官彭玉成,派前左两队挑选奋勇队之余兵助战,并输送子弹。此时敌人火力极其猛烈,管带意度非炮队助战不能取胜,又派传令兵至岔路口报告督队官彭玉成,到尧化门请都督派步炮援助。至二时半,管带将指挥任务命季队官遇春代理,管带续赴尧化门请都督增兵。至三时许,我营前左两队挑选奋勇队所余之兵,由盛忠信、叶士彬两队官率领加入火线战斗,并输送子弹一万六千发。至四时半,管带同彭督队官率领都督所派之步兵一营、炮兵一队,复向天保城火线上指挥,并率同季队官攻击。至六时四十五分,遂克天保城,完结战局。至季队官在管带赴尧化门请兵援助后,所受代理指挥任务,其战斗一切情况,另附该队官详报于后。

季遇春战斗详报

队官于十月初十日晚八时,奉管带命令赴援,即时整队出发。此时用二路纵队行进,迨过蒋王庙时,有敌弹经过,乃改为横队行进。迨九小时达到阵地。援队初到阵地右翼,有敌人数十人来袭,急用快放击退,并捉获两人,讯之,据云有敌兵五六百人占天保城一带,尚有援队五六百人将到。问毕,即行枪毙。一面将队伍布置阵地。时队官在火线探望,见前右翼高地敌人枪火甚烈,天保城一带,敌屡用快放,由火光中得判其火线之长度与目兵报告符合。又敌人帐棚内灯火光燎然,亦足为判断敌情之一助。敌右翼时发炮声,且发炮时得见其火光,于是判知敌右翼有炮队。时目兵受重伤者二人,一为浙军二标兵士,一为本营右队兵士蒋小良。队官见敌势甚强,急调查我军情形,据镇军第三标一营后队正兵郑岳申报告:"第三标内或伤或亡,且子弹已将告罄;第二标奋勇队有四五十人,浙军只有三四十人;沪军不过十余人,子弹亦将告罄,其所用皆毛瑟枪,又苦战竟日,大半疲困。"斯时在火线者只有队官所领援队有完全战斗力,余则极为困倦。敌左翼有机关枪,右翼有炮队;因报告管带火速请步炮及机关枪队援助,且设法补充友军弹药。约十一时半,敌人奏投降号音,整队向我军前进,知其诈,令快放击退。此时火线目兵以兵力薄弱,不能久抗,要求冲锋;队官以天气暗黑,地形生疏,冲锋万不能制胜,戒各兵须忍耐艰难,困守阵地。时管带回尧化门都督处请援队,乃将指挥任务令队官代理。惟敌两次诈降皆以快放击退之。我右翼与敌左翼相距不过二百密达,前面又无障碍物,极形危险。派郑岳申带兵二名,时出右翼侦察。且在右翼之目兵,既无地物可用,又敌火异常猛烈,危险既多,疲劳最易。至次早二时余,即令右队增加火线,将后队一、二、三大排轮流在右翼抵抗。此时队官以各军队伍混杂,亲自调查情形:在火线官长,只有浙军第二标某营排长余宗鲁、浙军工程队司务长郑戡。迨至次晨五小时,无他变故。但自二三小时望后方有电光隐现,以为援队将到,至此时杳无影响,决心将火线人员行拂晓冲锋。即将队伍留四分之一在火线,其余于崖角内集合,勉励兵士多语毕,即令各就火线用密集快放,四五分钟,援队依然未到。屈指晨钟已过六下,敌火亦已稍衰,即与右队队官刘元顺、浙军排长余宗鲁、本队一排排长李汉钟商议举行冲锋。奈我军所战阵地形如鲤背,欲行前进,惟有右翼一线之路;欲以散兵或横队前进,则为地势所阻;欲以纵队前进,则弹雨硝烟损伤剧烈,乃决心行逐次跃进之法。迨六时十分钟,先令一小排由右翼散开前进,小排之后,队官率先,次刘队官,次浙军余排长,次本队李排长,奏冲锋号前进。乃未五十密达,敌弹雨如注。本队兵士王长有在队官之右,重伤腹部阵亡,兵士马有荣重伤胁部,刘队官伤腿不起,余排长亦受伤,队官则面部受伤。乃急令退回阵地用密集快放。此时后方有援队一队赶到,乃至距阵地一百余密达处,竟被敌击死指挥官一员,伤目兵数人,遂将该援队击退。此时不胜其危险,后为我军击退。队官与李排长拟再举冲锋,忽郑岳升(申)报告左翼有敌人退却之势。队官即令冲锋前进。但第二次冲锋较为困难,时己(已)六小时二十分钟,天将大明,目兵鉴于前次之损伤,不能不志气稍衰。揣度敌情,须由右翼包抄,方能减敌弹害。乃偕李排长汉钟、差遣彭柱初、正目陈有富率先由右翼山壁攀登,目兵留一小部在火线快放,其余概由右翼包抄前进。第一段离阵不满百密达,见敌火未甚衰,散兵不能前进。乃令左右暂行停放,奋呼先登,乃得跃进至第二段,用快放四五分钟,即将敌逐渐击退,复奋呼先登,乃得跃至第三段。然此时兵力尚属薄弱,倘敌行反攻,颇为危险。时郑戡率援队数十名来援,队(敌)遂不敢抵抗。逾三分钟,沪军先锋队第一大队第二中队长刘逊谦率援队到,本营前队敌(队)官盛忠信亦率援队到。斯时左翼大石堆中,犹有少数敌人作顽强抵抗。队官即在天保阵地之中央指挥续到队伍扑灭之，并令其向敌退之方向追击，即时将白旗竖于左翼石堆上。此时本营左队队官叶士彬亦已率队行追击，管带与督队官率镇军步炮兵亦皆陆续到，各向敌阵后方行搜索射击。至六时四十分，遂克天保城。总计自晚九时至早五时，受伤者四五人；第一次冲锋阵亡兵士三人，受伤兵士四人，受伤官长三人；第二次冲锋阵亡兵士六人，一镇军第三标兵士郑岳申，一本队传令周桂馥，此二人皆忠勇出众，冲锋时，大石堆上被敌击死。又本队兵士余子清因奋勇前进阵亡，本营前队排长贺瑞庭并兵士七人，俱受伤。

时南京城内阒若无人，衙署民居、树林街衢，历历在目。富贵山炮台已成焦土。朝阳门至太平门沿城一带，间有人影，约数分钟枪声一发。余睹此情形，欲于本日进城，遂传李、赵、朱三统带，令李兵集合，不准任意射击，余兵集成队由天保城山顶迫临城下。令数传，无先行者，不得已，撕白帐幕（幕）长三尺许宽二尺许，以竹为竿，单身冲下，随来官长、卫兵见如此，亦冲下，未至山半，在天保城之兵蜂拥下。将至麓，城敌放枪，余令先到兵趋前占高地为掩护队；续到兵伏集一处。未几，已共抵城下，计六七百名。发令撤附近民房，将材料稻草堆叠成碛，缘之而登。各兵多趑趄不奋，且劝且迫，李统带亦演说多时，各兵始将稻草木板农具杂物背负手携，或抬或挑，陆续运往城边。然互相瞻顾、不遽动工。盼刘营未到，数召之，久无耗，焦急非常。时闻岔路口攻城炮声，异常猛烈，天保城山炮亦接连射击。

此时兵力集结处在天保城下、明孝陵后方、右龙膊子，左直达朝阳门，再东即麒麟门。时下午四时许，山色莽苍，斜阳回映，四山作血殷色，鸟兽哀栗，景状凄寂。独天保城一片山炮之声，随岔路口震天巨响，隆隆然盈耳不绝，心神为一快。迨觉城下目兵迁延莫奋，增加队兵力未到，又愁闷横生。正踌躇间，遥见朝阳门有两骑，前后夫役拥之而驰，骑后有一国旗，徐徐直指余处来。

稍近，知为美国旗，使兵探之，报系美国领事。见余，下骑，问："贵军统领安在？"余以姓名告，且询来意。美领事请屏左右言曰："我来代张勋议和，要求不杀其部卒并旗人，又明日见君，许其挂剑。"余曰："今民军临迫城下，公谓孰胜孰败？"曰："天保城之战，勇敢可钦，胜在民军。"余曰："胜败既分，张勋对民军谓之降则可，谓之和则否，公以为何如？"曰："顷误译议和，实乞降。"余曰："张勋降，余亦要约数事：一、张勋所部并旗人一律缴械；二、张勋在宁所掠公款八十余万，须一一缴出；三、降后张勋认住一宅，由民军派兵监护，逐渐遣散。至所求不杀降，本民军宗旨，自可照行。挂剑一节，只许张勋一人，余员则否。"美领事听毕，一一记入手簿，纳于怀中。余曰："本定今晚破城擒张勋，问顽抗并妄杀平民、抄掠公帑之罪，今贵领事既持人道主义来相劝勉，不得不依从。如张勋不依议，幸贵领事速为通告城内诸领事并西人移出城外，免波及。"美领事甚感余言，称谢不置。余又曰："然则自约后至明早七时止，作为停战时机。"曰："诺。今晚君万不可攻城。"临行坚嘱至再。余曰："贵领事能保张勋不野蛮动作，民军决不食言。"美领事匆匆超骑去。

余虑张勋诈降，是晚就龙膊子夤夜筑一排正面土阶，限天明竣工，备其反复，督队进城。遂召集李、赵、朱三统带，告以要领，并责成其督筑土阶工程。集各兵使坐地，演说曰："顷美领事来此，为张勋请降，余与约四款去。据美领事云城内兵已实无丝毫抗拒力，且不能成军矣。诸君若照余前计划，此时早进矣。可惜稍存畏缩,竟坐失此绝对好时机。昨晚攻天保城,夤夜血战,不稍松懈,此则大有革命军精神,余甚敬佩。今日如此,殊气馁。凡战胜皆以血肉换来,况此战不惟雪数百年种族之耻,即最近雨花台之败,想诸君恨尚未消也。奈何昨勇而今怯? 余料张勋必诈降,今晚于龙膊子筑成土阶,备其翻悔攻入,幸各奋勉,勿再失机为要!"

演说毕,见有大队络绎自天保城小路望余所立处而下,稍近知为葛应龙军,未几到,略为演说,且告各将校以顷间情况,令宿营孝陵内,时已傍晚矣。

余欲以战况并与美领事所约告徐固卿,绕道向朝阳门,至麒麟门,再回尧化门。当过朝阳门时,昏黑迷路,随行只林君景南、邱君俊卿、吴君光亚并护兵四名。至孝陵翁仲傍草屋,忽一人跃出,见余数人来,急逃避,护兵瞥见,捕之,讯知为张勋溃卒,命带麒麟门究。途次,忽触杨君惨状,恨极,令毙之。护兵各持枪击,声如联珠。忽麒麟门方面约数十兵散开射击。城敌闻声亦放枪。余十数人夹其中,险甚,急命伏地呼曰:"我们是民军! 我们是民军!"许久,声息始通,知为沪军巡哨亦迷途,正寻麒麟门路,遂同行,觅土人为导,始达大道。至善司庙,见队伍分布戒严,询知为镇军周寿昌营。余无马,入庙向周假用,并拊循诸兵。据案演说移时,令明晨在龙膊子集合。余上骑,来麒麟门。

将到,景南为余云:"往史所载,功垂成而遭谗害者不可胜数,公仍回尧化门为得。"余未之信,景南尚谆谆。

林君怀琛,字景南,侯官人,少穆先生曾孙也。内行整洁,淡于荣利,学商业,不求知于人。武汉起事,君驰归,奔走甚力。十月初旬,北军攻汉阳急,君非陆军中人,然随同民军在战线牢守五昼夜，未尝闭睫。及事不可为，同人强掖回上海。其兄丙南介绍于余，余时适在林庄，一见如旧，日益浃洽。攻宁之役，君寸晷未尝离余。余喜在战线巡视，或终日蹀躞，或未食，君亦荷枪忍饥相随。君躯干瘦小，余辄阻君，不使过劳，君不听。及余将归闽，与君同车至上海，余适患咳逆颇剧，君于车中数相语，欲余至医院就医，余以费巨辞，君本不丰于财，且愿担任医费，余婉却之。约同赴西湖养疴，余以欲归未果。听其言悱恻，虽骨肉不是过也。余返里，曾以一影片寄君，顷闻已以疾终金陵。惜哉！以孱弱书生，竭心力、忍饥渴、血战汉阳夏口间，犹以为未足，而又随余出生入死，不肯稍休，余固知其有必死心矣！举世滔滔，来日茫茫，魑魅攫人，不知终极，君目其终瞑耶？

入徐室，见徐正与各参谋晚膳，相见殷恳有加，极赞余昨晚攻天保城。诸人挽余共餐，饥甚，并邀诸随员就席。余招徐入复室，告以美领事代张勋乞降事，及余连夜筑成土阶备明晨入城策，且嘱勿漏。盖虑张勋诈降缓兵，先是已谣传北军将由津浦来援也。并云既约停战，须转令联军毋攻击，反碍龙膊子工作。又余处款罄，请拨若干接济，徐允拨四千元，当夜送来，遂别。

沿途，微云抹月，疏星挂林，寒风飕飕吹衣袂，款段行，与随员纵谈战事，颇恬适，顿触吟怀，成七绝一首云：

> 大好乾坤付战尘，六朝风月伴吟身；依依无恙钟山树，应认江南旧主人。

再进，遥见十余骑来，知为卫兵马队寻余，及近果然。余每晨率随员并数兵出，晚未回，卢君祥麟必派骑迓余。时骑兵云："午后传闻都督独身攀堞入城，有步卒数人到太平门城边寻觅矣。"（此数兵以余果入城，竟互相攀曳入，十二日始归队，特传见慰劳，各赏二十金,强之始受。)遂同回尧化门,已夜间十二时半矣。下令幕府山炮台暂停开炮,明日俟岔路口天保城炮响,方可攻城。若太平门城上白旗高桌(举)即入城符号。又令王志刚营黎明前至太平门候令(王为徐拨幕府山掩护要塞)。又令黎天才明早到仪凤门攻入。又电臧在新令赴临淮一带,堵截张勋归路。(后据臧云得电欲行,为某所厄,否则张勋成擒。)又电海军处派舰,在大胜关、下关一带堵截张勋渡江。又令本部全数人员明日六时向太平门进发。又令参谋李祝陶赴龙膊子督造土阶。又令多作白旗备用。令毕,已三时半。章君祖衡对余言,兵对余感情甚笃,因余在尧化门演说时,尚有两营驻卖糕桥、蟠龙庙者未闻。章君甚得兵心,嘱往代达余意。章询武汉情形,余略告之。盖初六七等日,北军猛攻汉阳,黎君屡电告急,胡君培德来请援。先余约黎电已转电镇江海军处,迅派兵舰多艘,溯江西援。初九日,朴青且云众皆举余为援鄂总司令,敦促出发。余云:"攻破南京,鄂围自解,计一二日必得,援鄂可稍缓。"时胡君军服甚壮观,余笑曰:"君尚不知此间之苦,全军服装求一如君者,不可得。"胡云:"我服系过上海新制者,在鄂时亦与此间等。"

与章谈毕,将就枕,固卿信来,谓胡令宣在雨花台亦与苏军议降,所求与美领事仿佛,约会明日上午会议。省函非徐亲笔,心异之。答云:"张勋诈降缓兵,恃为实,将败事。"纸尾言:"书非公亲笔,漏泄奈何!"是晚,得陈英士复电,褒奖逾量,自谦太过,读之令人感奋。原电如下:

上海来电:"镇江转尧化门林都督鉴:两蒸电先后接到,欣悉我军占领紫金山及天保城炮台,今夜誓破南京,想见指挥如意。其美不获亲临战阵,且钦且愧,惟在此间伫听捷音而已。沪都督陈。尤。印。”

十二日黎明，本部人员均接命令，一律戒备，遂偕抵车站。将开车，接固卿回信，请余商议，书末辩：“议和人人尽知，不必讳。”余就函面以铅笔书“收到”二字，交使者去。

开车直向太平门进，车上遥望四围山色，苍翠欲滴，与朝露旭影交相辉映。岔路口余营帐幕未撤，守兵时出入。红十字会张幄村口，看护兵持绷布盂盎等蹀躞往来，间有耕樵或驱驴者一二妇孺散立观望。未几车到，命卫队敢死队下车，在空地集合，将行，有数西人撮（摄）影。各队由小径穿树林，曲折十数武，至通太平门大路。将近龙膊子，美领事遥来，余下骑，俟良久，渐近，美领事云：“昨晚将君条款转告张勋，张勋摇首，连呼不好，夤夜逃矣！”余曰：“然则立时攻城。”曰：“勿攻！太平门巡防队赵统领率众来降，惧民军威，不敢遽请。”时同来医生马林先生者告余曰：“我等欲民军乘机入城。”马林先生在南京钟鼓楼医院行医久，善华语华文（闻先生著有华文专书），一片至诚恺侧，溢于言表，与美领事肫肫博爱，厥志正同，谈际起余敬爱。遂命敢死队队官纪信率兵数名往受降，约一刻，赵来见，甚觳觫，余和颜慰藉，令先缴械于太平门外堤上，赵唯唯，转令其队官实行，并派数兵携白旗上太平门张挂。时美领事、马林先生并西人数辈有摄影器具，请留影纪念毕。余嘱许参谋崇灏下令，拥各军入城，并指定驻扎各地。良久未到，奏号召之，示以入城军纪毕，借西人远镜瞭视四周。仰见天保城如在云际，山炮犹放列，各兵沿山站立，若画图。少数步队陆续向余处来，孝陵处步队整队鱼贯，高扬白旗徐徐至。太平门城上一片幽寂，城楼兀立，女墙错落，红日晖映，青草随风摇漾；城外长堤，排列枪架、弹盒，军服堆积满地。旋见王管带志刚兵由堤上架枪处整队快跑入太平门。未几，分登城上，遍树白旗，大呼，不辨何语。少顷，军队到齐，余上骑督军向城边小径，转太平门大路。离城门三百密达许，前队忽停，询知城门内乱石堆塞，仅容一人侧身出入，遂下骑而前。巡防队兵士数十人正搬运土石，余先令开二三尺通军队。时招降科科长岑诗炯报云，现得降兵若干、军械若干、服装若干，命带入城安置。余乘骑巡视降兵毕，伫待巡防队开城久，率尔口号一绝云：

降旛高拂石头城，日照雄关万角声；如此江山收一战，居然还我汉家营。

遂督各队入城。入时见居民铺户迁徙欲空，一种燹后萧条惨淡，使人伤心。

是时美领事、马林先生并数西人皆随队进城。父老妇孺间持尺布于竹竿，有喜色，连呼："我们队伍回来了！"燃爆竹欢迎。马林先生鼓掌曰："很好，很好！"到督署车站时，巡防队整队迎接，俱投枪表降意。折入旧督署首，士民数千围观，前骑驰至，惊避奔退，余急脱帽呵止，众复拥辕下，鼓掌如雷，高呼"好，好！"入署，署中列队一如车站状。匆忙中，通电各省云：

镇军本晨十时夺南京城，刻已进城内。谨闻。述庆。侵。印。

时各国兵舰舰长、地方官绅在署候者百余，分次叙谈，自午前十时至傍晚六时，络绎不绝。各国舰长询战事能否结局？后此兵舰可泊下关否？余曰："张勋谅无能为。惟据浦口军报，北军有由津浦铁路来援说，果尔，临淮一带必有恶战，则下关或为战斗线经过地，俟明日再确复。"

到署时，午前十时半，朴青于十二时踵至，佐余措理诸事，不辞劳苦。午后一时半许，忽奇响如霹雳，全廨震动，墙宇几倾，一时人声鼎沸，疑为地雷。饬查，知为药库失慎，因派兵队弹压。午后，黎君天才到，详述由仪凤门入城原委，慰藉数语，即去。当余入署时，即嘱朴青修牍，分请联军司令并苏浙各军入城，专骑传达。

晚间七时半，军械科科员潘献廷报告，渠顷由三山街回，亲见各铺户居民忽相戒关闭，行人纷纷走匿，大骇。初不知何事，迟一时许，第一标第一营管带王志刚盛气奔入，且汗且喘，报告云："顷奉命扎队署内，布置己（已）妥，将就睡，忽联军总司令警备队入，硬将管带所部驱逐，众兵不服，欲与决斗。管带平日最恶无理相陵，管带万不能认（忍），特请示办法。"余极力禁止，再三劝慰，且令亲往与陈君懋修和平交涉。是夜至二时始睡。

十三晨，余亲至徐固卿处，察徐神情殊愤懑，余告以彼此不可误会，致起萧墙之祸，宜协力同心，筹南援鄂、北伐，并处置联军在宁办法。言到紧要处，在座诸人皆称善，徐意终不快。适余约回候各国舰长，不良（能）久谈，遂先到镜清兵舰邀同宋君文翙、郑君伦、林君某赴各国兵舰。回时，徐忽迁往谘议局。

徐迁往谘议局，余踧踖不自安。盖徐平日居显职，广交游，在江南统兵久，人望资格，俱出人头地。其于武汉起事，对第九镇多方维持，安知非出于郑重，别具苦衷。且徐虽未尝国士遇余，然数年以来，军官几经淘汰，以余之戆，不加擯斥，与众人则又有间。乃余破城入，不自度德量力，遽尸临时都督，虽仓卒中未遑细思，然此举诚内疚神明，外招物议，辗转以思，惭愧无地。夜深拥被拟电通告各处，撤销镇江都督，请建临时政府于江宁。电发，府中人始知其事。原电如下：

　　通电云："吾族举义以来，赖天之灵，英豪并起，俱以光复祖国为目的。顷者金陵告捷，大局稍固，亟应设立临时政府，为新中国之基。惟是此疆彼界，权限未分。就江苏一省论，有三都督焉。揆诸名实，无此办法。区区之见，拟即将述庆镇军都督名义取消，全省公举一都督主持，以专事权。无论名贤赞成与否，述庆不敢爱其功名。自问去就之际，无所容心；所愿公举得人，为我民国造福耳！乞速赐裁，俾免遗误。雪老务望速临，以系众心为幸。至临淮督军，业已电布鄙意，果军实完备，则赴汤蹈火，非所敢辞矣！谨闻。林述庆。覃。叩。"

　　十四日，渔父、右任、乔山、宾南诸君到（诸君俱十三到宁，本日始与余接洽）。乔山先至，余以电稿付阅，甚趦余所为。渔父至，与商援鄂、北伐、建设临时政府诸事。渔父云："倘雪楼督宁，一切军需上补充，必能极力担任，不使君丝毫掣肘。"并议旧督署为元帅府，以余长青为元帅卫队。时目兵武装游街衢，昼夜不绝，居民不安。余邀各军代表至督练公所，集议约束方法。决定凡目兵上街，不携武器，晚间禁外出，设宪兵维持，举茅乃封为宪兵司令，稍宁靖。

　　当是时，黎君宋卿饬秘书某某二君并携谭君人凤专函，与余面筹援鄂策。余询武汉近况，据云初七日以前，北军纯以土匪待民军。公文到时，军政府人员皆愤怒，掷地不阅。初八日要求兵舰不开炮，我军渡江，敌乘势追至江口，将炮放列龟山，向武昌城内轰击，居民铺户迁徙殆尽。初九日以后，彼此停战，现正相持，请由宁拨军赴援。又云北军所持者机关炮与炮耳，若进兵，须多带炮队相御。连日数得黎君电催进兵。摘录两电如下：

　　　火急。林都督鉴：汉阳战事甚剧。闻尊处有兵四镇，请拨老练之兵数千,携带枪弹并机关枪、新式快炮,星夜乘兵轮来鄂助战。祷切盼切!并复。鄂都督黎元洪急叩。

万急。镇江南京林都督鉴:金陵大定,至贺。此间军事危急,欲借大才运筹并率队来援,饷由敝处供给。能否?火速电复。元洪。元。印。

余遂定分兵援鄂,又由某国兵舰用无线电将情形通报黎君,并请时时互通消息。其时鄂中来将校约数起,或条陈情况,或详绘略图,皆不忆其姓名。

自宣告撤镇江都督,委参议郑权为镇江军政使。后众议以雪楼为南京都督,雪楼迟迟未至,屡电催之,亦未得来宁确信,特遣张君伟如赴上海代迎。及到竟日,尚未决接事。是晚,胡培德谓余云。"率信将文移印信送给雪楼,则纷议可定。"朴青在座,余请代送,朴青有难色,欲偕胡君往,胡允之,遂同去。

十五日,派林君葆欣携款千元,抚恤旗人。时军民秩序尚未复,特派官长率队维持。是日接待绅商学各界,甚忙。

十六日,雪楼来宁。是夜李君燮和同参谋周君某特来商余缓卸督篆:"雪楼年老厌繁剧,外间所云各军不以君为然,实无此事,君再勉为其难为是。"余若为一人计,卸却责任殊乐,且窃退让虚名;若以大局论,不退让亦有益处,复商渔父,渔父曰:"计已定,更变反费事。"李君曰:"若将来碍进行奈何?"渔父曰:"我一人担其责。"议遂定。

十七日,雪楼来访余,相见慰藉甚至。力言:"君若出军,无论如何困难,后方总极力担任,不使君有后顾忧。"余言:"余本军人,政治非所能;军事或有一知半解,故乐在军队。一旦出军,望为接济。"彼此互商良久,始别。临行谓余云:"军事倥偬,俗礼可不必

讲,君准备大忙,不必言回谒礼。"余后竟未答谒。雪楼仁厚长者,
方辞敦恻,余甚敬之。当南京为张勋所据,大局震动,余力筹攻守
方法,屡电雪楼请兵拨饷,莫不应允。及黎君乔山设法举雪楼为
海陆军总司令,雪楼曾到镇江一次,相见极殷恳。并云:"君所与
乔山电,我曾见之。"揆其意,似甚以余为然者。盖当乔山专函寄
余,言举雪楼并规余数事,余复电中有"述庆肺腑,先生知之甚深,
外间讥议,述庆断不敢出此也。"云云。雪楼以督抚威望,一旦宣
告独立,东南局势为之一变,有功民国多矣。

　　雪楼既任宁督,余则急欲整顿队伍,准备进兵。余数请雪楼
拨款。雪楼久有将南京所有为余用,然数日未交付。余急甚,曾
有函与雪楼云:"款久无着,待用孔殷,如此述庆诚难一日留,拟不
日赴沪,诸公幸好为之。"实在南京未必有余款可拨。余一时偏激
萌去志,是以出此。闻雪楼得函颇介介。余平日意气用事,开罪
于人,多类此。

　　余卸督篆后,款项无着,无所措手,援鄂北伐,俱不得行,郁闷
之极。各军权无所属,议论百出。余与黎君书记所计议各事,俱
成空言,而各方面诽毁余者,日有所闻。余曾与金君华林密决,军
需果有着,则统兵北进,否则独身引退。金君鄂人,邃汉学,长言
语,深谋宏识,余所不及。前在南京三十四标与余为同事,朝夕纵
谈两年。武汉起事,金君参谋于浙。余破宁后,始知其住址,屡电
聘之,始到,畅谈数次,遂别而去。

　　先是余入城,黄克强、宋渔父、章太炎诸君联名发电,嘱余出
兵临淮,进规鲁豫。电中有云:"此间同志咸以中州重镇,非公莫
属。"余复电云:"军需果完备,当即进兵,生死不敢计。"迨援鄂不
果,余遂专筹北伐之事。

南京光复记事

谌秉直

　　江南九镇新军攻夺雨花台失败后，就向镇江退却。到达镇江后，统制徐绍桢立将所部加以整编，以为反攻南京的基本武力。是时，上海同盟会干部宋教仁、陈其美等因闻南京举义失败，即召开紧急会议，认为南京之得失，关系民族之存亡，非攻克南京不足以完成江苏革命之任务，且无以挽回武汉革命之颓势。决议策动江浙各军编组联军，并推举徐绍桢为江浙联军总司令，统一指挥。徐则毅然接受，并誓以收复南京为己任。乃于九月二十一日在镇江成立江浙联军总司令部，筹划进行。

一、联军的编组

　　江浙联军总部成立后，上海方面首先派队参加，以党人洪承点为沪军先锋队司令长，率领上海义勇商团，在龙华寺集中。除将义勇商团编为三个中队外，一时闻风兴起踊跃参加者，为数很多。内有青年学生、工厂工人和世家子弟，甚至能诗能画的龙华寺和尚名希能者，亦自动参加。由此可知当时人民的心理，对于清政府之仇恨是何等的深刻！

　　这时，吴淞方面恰巧有粤军开到，闻此消息，慷慨请缨，愿为前驱。吴淞军政分府司令李燮和深嘉其志,极表赞同。乃由统领黎天才率领六百人参加。这批粤军原为龙济光的"济"字军。是年四川闹铁路风潮,清政府感到手忙脚乱,无法应付,就起用曾经做过四川总督的岑春煊为四川宣抚使,叫他带兵前往四川镇压。他就指调该军随往赴川,刚刚开到吴淞,正是武昌起义,岑逗留上海不敢前往,而粤军也就停止下来了。粤军向以善战著称,且具有革命思想,因此,对于后来进攻南京颇为出力。

在这期间,沪军先锋队司令长洪承点率六百人,粤军统领黎天才率六百人,苏军统领刘之洁率三千人,浙军司令朱瑞率三千人,先后到达镇江,会合镇军林述庆部三千人,共万余人。连同派遣江北的柏文蔚所部二千人,徐宝山所部二千人,合计不足两万人。外传联军之围攻南京者号四万人,实无此数。

这时,南京方面城郊各地清军,有张勋江防营二十营约六千人,王有宏巡防营二十营(原有十营,后来又增募十营)约六千人,徐州镇胡令宣兵二千人,督署卫队二千人,旗营兵三千人,共约两万人。外传清军有四万人,亦非确论。

二、联军进攻南京的计划

联军总司令徐绍桢因各军已编制就绪,开到镇江,乃于十月一日召开各军参谋团会议,拟定进攻南京的计划。参加会议者,有的主张先攻夺紫金山天堡城可以居高临下,瞰制全城,为进攻南京创造优越条件;有的提出先攻雨花台,易于奏效,得手后再合力进攻南京,必能一举成功。会议结果,多数认为天堡城是战术学上的阵地之钥,一旦攻克,敌即无坚可守,然后集中火力向城内轰击,敌人就可不战自退,而南京也就可不攻而下了。镇军参谋长许崇灏力主是说,浙军参谋长吕公望亦赞同之。于是决议以联军主力进攻天堡城,另以一部进攻雨花台,以为双管齐下之计。

当时军队的区分和部署是这样的:以林述庆所领的镇军、朱瑞所领的浙军、黎天才所领的粤军各部为进攻主力部队,分为三路,以林述庆担任中路,由马群前进,向天堡城进攻;朱瑞担任左翼,由孝陵卫前进,向幕府山进攻;黎天才担任右翼,沿沪宁铁路线前进,向乌龙山进攻。另以苏军刘之洁部担任进攻雨花台的任务,由句容向前推进。而以洪承点所领的沪军为总预备队,随总部行进。担任中路的镇军分为三支队:以许崇灏领第一支队,刘成领第二支队,柏文蔚领第三支队。一二两支队沿沪宁铁路线西进,由林述庆任指挥;第三支队由柏文蔚指挥,明羽林、端木璜生两部开过江北与徐宝山缉私营[1]、申标水师营取得联系,分向浦口、浦镇布防,以断张勋北退归路。柏、徐两部开到目的地后,林述庆为加强他们的指挥权力计,就委柏文蔚为镇军第一师师长,徐宝山为镇军第二师师长。联军的部署,至此完成。

三、天堡城攻夺战

苏督程德全在联军部署完成之后,于十月四日偕同参谋长顾忠琛亲赴高资视师,各部官兵闻都督至,勇气百倍。联军总司令徐绍桢乃于五日发布总攻令。浙军朱瑞、粤军黎天才首先出阵,

---

[1] 明羽林部随林述庆攻南京,随柏文蔚渡江的是镇军的另一支,此作者误记。

浙军向幕府山炮台进攻,粤军向乌龙山炮台进攻。进攻幕府山的浙军与清军力战九小时,未决胜负。双方在战争剧烈的时候,清军防营统领王有宏乘马督战,被浙军击毙,坠于马下。这时,粤军已攻克乌龙山炮台。次日,粤军与浙军合,再攻幕府山。当进攻时,幕府山炮弹如雨下,粤军连夜冲火线前驱,浙军亦奋勇力战,至九日拂晓,幕府山遂被联军攻占,由此士气大振。担任进攻天堡城的镇军,自五日起亦展开战斗,但以该城险峻,屡攻不下。总部乃下令急调浙军、粤军分兵合围,而镇军更是奋不顾身地再接再厉,三战三攻,至二十日中午,始将该城攻破一角,而争先冲上天堡城者,为镇军连长季遇春。是时,浙军、粤军亦由两翼相继攻入。沪军亦派队增援,始把天堡城完全占领。在天堡城酣战期间,苏军刘之洁率部取道句容,于十六日开始向雨花台进攻,至十九日雨花台已为苏军占领,并俘虏雷震春部大辫子兵四十余人。这时尚有富贵山、龙脖子两地清军未经歼灭,联军就指挥幕府山的炮兵向两地清军猛烈轰击。张勋虽指挥逆战,但以城塞尽失,无险可守。守龙脖子的清军就首先退入城内,不敢应战。至此,联军就把城廓险要完全占领。

这时,城外清军虽被联军一一击溃,但富贵山的炮台尚在清军之手,而城内张勋仍图顽抗,不肯投降。联军总部急调攻城大炮两门,进入尧化门外藤子树西南高地的炮兵阵地,派总部中军官郑为成为炮兵指挥官,指挥炮兵向富贵山轰击,并对准太平门城楼和北极阁宝塔两目标轰击,均被摧毁。一时城内秩序大乱,人心惶恐不安,陷于混乱状态。这样,就使孤守南京的张勋不得不很快地投降。张人骏、铁良经此大炮一轰,吓得魂飞天外,也不得不准备逃走。事后方知富贵山是张勋临时指挥所,北极阁是张人骏、铁良临时监军处。

在攻夺天堡城战役中，镇军营长杨韵珂、浙军营长叶向高阵亡。清军巡防营统领王有宏、江防营统领成文均被联军击毙。双方士兵伤亡尤众。

四、清军战败投降，联军胜利班师

张人骏、铁良知金陵不可守，乃于十二月一日央请美国教士鼓楼医院院长马林出面与联军方面接洽。马林手持美国旗，带领清军统领张联升、赵荣华二人出太平门，谒见联军总司令徐绍桢，提出清军愿意投降，但请准许张勋率其残部退出南京，而以不杀旗人为条件，并以张、铁安全北归为要求。徐为贯彻其爱护地方的主张，当即——允诺，马林回报后，当晚张、铁即避匿下关日本兵舰，驶往上海。张勋亦率其残部二千出汉西门，由浦口北退徐州。二日早晨，徐州镇胡令宣，巡防营统领张联升、赵荣华各率残部投降，开太平门欢迎联军入城。联军就在这一天胜利地完成了光复南京的任务。

镇军攻克天堡城后，即首先进入南京城。林述庆自以江宁临时都督名义，布告安民，以维秩序。徐绍桢入城后，乃组织卫戍总督府，统一指挥，并派林述庆布置城防，安定人心。派镇军参谋长许崇灏为南京警备司令兼第一混成旅旅长。许即一面维持秩序，安抚人民；一面收编防营残部，收缴旗兵枪械。这时，城内有苏良斌、崔英两部在皇城旗营一带，借口打倒满族人为名，大肆烧杀抢掠，旗人被害自杀者为数甚多，其状极惨。驻防佐领盛成与防御哈郎阿炷香火药库，偕家人欲殉其旁，意图殉难，一时药库爆炸，城垣崩摧，声震天地，民军指为反抗，仇而杀之。许司令据报后，立派营长卢祥麟带队驰往镇压，并将苏、崔二人拘捕法办，所部士兵缴械遣散。同时，派参谋陈凤文前往旗营安抚旗民，并设收容所安置难民。一面挑选优秀干部和士兵编成临时宪兵队，由茅乃封任宪兵司令，维持军纪。

联军攻克南京后，各军将领及上海同盟会干部开会，一致推举徐绍桢为江宁都督，并组织南京卫戍总督府，统一指挥。但林述庆进入南京后，恃功而骄，就由镇军都督改称为宁军都督，与徐抗衡。徐之部将及各军司令大为不满，认为林原系徐之部属，论其资望及功勋实相差远甚，因此就要举兵攻之。宁绅仇继恒、陶保晋等闻此消息，异常惊恐，连夜奔赴苏州，吁请苏督程德全来宁缓和此事。程至宁后，林知势力不敌，接受宁绅劝告，就把宁军都督印交给德全。至此，内讧局面归于平静。

浙军攻克南京纪实

吕公望

【编者按】作者曾任浙军攻宁支队参谋长,此系其回忆录,原载《近代史资料》1954年第2期。

出兵攻宁的决定

清宣统三年辛亥八月十九日(1911年10月10日),武昌新兵营为湖广总督瑞澂(满洲人)滥杀革命党所激,起来革命,驱走了瑞澂,找出黎元洪为都督,宣布了独立。在清廷正派遣冯国璋率警卫进攻武昌的时候,南京第九镇统制徐绍桢(字固卿)亦率全镇新兵(约万人)起来响应,不幸子弹缺乏,被张勋所部的巡防兵(四十营,每营二百八十至四百人不等)迫击,崩溃无余,不得已联结驻长江二小兵舰海军陆战队百二十名,退驻镇江,急电浙江汤都督乞援。

其时浙江省垣的光复只有四日,这四日中虽接各府属陆续来电,各成立了军政分府,表面上似已底定,而兵力不多,仅能自固其圉。但南京绾毂南北,形势险要,且与浙江成犄角的江苏,其独立的状态全由伪抚台程德全蜕变而来,与革命党是无渊源的,其真伪断难确定。当此张勋击溃第九镇得胜的时候,万一宁张、苏程联系起来，东南受其牵动，关系革命前途甚大。于是公望于九月十七日（十一月七日）趁开本省参议会第四次会议之便，遂提浙江出兵攻宁之案。在讨论中，汤都督将徐绍桢乞援之电，送会参阅，关于公望的提案，遂一致通过，并责成原提案人起草计划。公望即赴总司令部商洽一切，因选任朱瑞为浙军攻宁支队长，吕公望为参谋长。尔后公望与朱瑞商决支队的组织、编制及其人选，报请督府任命之。

浙军攻宁支队之编组及人选：

支队长　朱　瑞
参谋长　吕公望

司令部
- 参军　傅其永、裘　绍、周元善
- 参谋处参谋　童保暄、徐乐尧、葛敬思、洪大钧
- 副官处长　俞　炜
- 军需处长　张世桢
- 军法处长　周李光
- 军械处长　吴克润

- 第八十一标（全）乘标统　朱　瑞（约一千四百人）
- 第八十二标第一营管带　徐则恂（约五百人）
- 巡防队三营统领　陆殿魁（约八百四十人）
- 炮兵营管带　　张国威　队长　姚永安（炮四尊、士兵百人）
- 工兵营管带　　来伟良　队官　徐康圣（兵约百二十人）
- 辎重兵营管带　白　剑　队官　钱守真（兵约百二十人）
- 宪兵一队队长　吕庆麟（兵约七十人）
- 卫生队（托徐锡麟所办的红十字会军医队代办）
- 骑兵队未发出（在镇江招第九镇溃败马兵编成。见后）

十九日（九日）下午，公望带参谋、参军各一人，副官二人，遣往上海，向制造局交涉，领到最新管退过山炮四尊，编入本支队。并为浙军过境设营便利计，留副官一人在沪接洽。一面通告沪督陈其美、淞督李执中，速筹出兵会攻南京，因为那时苏州抚台程德全早已宣布独立，沿途绝无阻碍了。为浙军出发在即，须向无锡

采购粮秣,以充实支队之给养和关于各地设营及侦察敌方情况等等,我须躬亲其事,借利军机,遂先到镇江去。既抵达,适第九镇马队管带谢祖康前来相会,纵谈第九镇崩溃时情形。我乃问他:"你的马和兵向何处,还可设法追回否?"谢说:"马不存在,兵则四五日内似尚可搜集一二百名回来。"我说:"那好!你快去办这件事,我正想成立每队五十六人的马兵两队哩!你如有了人,马我可向上海陈其美处借用。"公望于是指定徐参谋乐尧与谢洽商,而自往上海面陈,借用陈督预备训练警卫队的军马一百二十匹。讵陈格于私见,色颇踌躇。经公望义正词严的一番开陈,他始无辞拒绝。该马运抵镇江,即如所期编成两队,归谢祖康指挥。浙军之得以完成步、马、炮、工、辎五兵种的一个完全支队,是中间经过若干转折而成立的啊!

会师无期,孤军先进

攻宁浙军到达高资地带后,即指令各部队向西严整戒备,通往南京各大小路口,都放步哨实施封锁,对于南京来的人,经盘诘后酌情监视;我方则不准一人前往南京。这样一来,张勋耳目遂全失了。支队长朱瑞抵达后,和公望同往徐绍桢总司令部,请示会攻南京日期。讵徐竟云:"无师可会。我军既因起义被张击散,身边只有一百二十名的陆战队作为卫兵,这也是借乘坐时小型兵舰的海军而来。惟镇江临时都督林述庆辖有柏文蔚一标新兵,你可往商酌派,但允否亦难前知,因林与我不睦,你去,不要说出自我处往方可。"我遂见林,请定会攻日期。林亦借词规避,反谓"徐绍桢处处与我为难,故柏文蔚虽有兵千余名,致不能抽调他往"等语。朱无辞相质,余则愤然曰:"现在形势趋紧,山东清军张怀芝正作南下准备,津浦路中间徐宿一段虽未衔接,其余铁路则可通行无阻,如要南来,不经月南京可到,尔时革命军是他的敌手吗?揆以张勋掌兵万余,尚能击溃兵力相等之第九镇。倘再加入张怀芝军,不但攻克南京无望,反而陷武昌于孤立,革命前途岂堪设想!浙军誓师以出,只能进死,不求退生。你们肯协力会攻固佳,否则浙军亦必破釜沉舟,愿师项羽钜鹿故智,当独力进与张勋周旋了。"林欲作壁上观,只赧颜说声"好极了"而散。朱瑞与我同返支部,乃迅集体部同各部队军官开会,秘议攻宁之事。经公望指陈形势,声叙理由,大家一致认为箭在弦上,非发不可。于是先令马队向东阳城、栖霞山一带搜索前进。二十九日(十九日)晨五时,复派一营为右侧卫。余接行军序列进驻东阳城。绪战不久即行开始。

偷袭幕府山炮台获胜

十月初一日(十一月二十一日),黎天才率岑春煊沪寓的卫队兵二百余名前来,愿听指挥。当晚,即令马队管带谢祖康督同黎部衔枚夜走,未交初二日(二十二日)拂晓,即袭取幕府山获胜,由黎部驻守其地。本队据报后,军心为之一振。入晚,再开参谋参军会议。咸谓我军进入城郊,非继续攻城不可;但兵少攻城,于兵法为不利,最好运用奇师取胜,为先声之夺人。故须引张军出城,与我猝然遭遇,在我比较有把握。乃即决定三四两日,一面下令幕府山炮台向北极阁、太平门两方开炮,引诱张军出城;一面则令辎重营妥定及时运送给养和子弹向前线支应;一面又令红十字会卫生队准备担架与救护药品等事；一面再向各队挑选前锋敢死队二百名备用。

马群遭遇战

初五日（二十五日）拂晓，令参军裘绍带先锋敢死队一百名进占紫金山，参军傅其永率先锋敢死队一百名进占马群，以掩护本队之前进。尚距马群十里之地，即接到傅其永报告，张勋城兵已出，马群有遭遇战发生，促本队迅速开进，以赴事机。公望乃一马当先，侦察前方阵地，绘一略图，发布命令。各营队皆按图上指示，左右开展，进入阵地。绪战开始，官兵一鼓作气，所向无前。战至下午四时许，已夺获五个山头，尚在猛力追击中。

胜后受挫又转败为胜

初六日（二十六日）拂晓，张勋为挽回颓势，出倾城兵力于朝阳、洪武两门，向我军施行包围。讵在此时，我之右翼炮队阵地张队长聘三，竟弛掩护步兵之责，囿于地域成见，自以北人而投北军去了。因而大受影响，致我军猝受挫折，有管退炮三门被敌夺去。幸其时张效巡乘机将炮夺回，稍得稳固右翼阵地。战至下午二时许，我军左翼又被包围，敌火甚炽，管带赵膺中弹阵亡，兵亦伤亡甚多，颇有难于支持之势。间有懦兵百余，且自动退集小山脚下。公望眼见不利，乃引周元善赶上前去，猝喊"立正""向右看齐"口令。兵以狃于习惯，果然声出即起立，复随指一兵令向前五步，公望激问他曰："你们出征时候，人家是怎样欢送你们的？"兵回语云："有放火爆者,有送糕饼者,情绪异常热烈而恳挚。"我说:"那么你用何物将去回答他们? 这临阵退缩的丢脸行为,怎么好去见人家?"各兵面面相觑,皆忸怩不对。公望随补语曰:"你们都是堂堂壮汉,只可进求成功,断不可退而自衄。"乃喊口令"向后转",跑回战线。如是又支持一点多钟。到底敌火过强,兵乃续续后退。我除命周元善再喊"立定"口令外,迫不获已,乃用诡计打动兵心说:"苏军适时前来会攻了!"这当然取不到士兵的信任。我又一把抓住参谋史久光说:"你做总部联络参谋,为什么连苏军到来都未发觉? 致我自己和友军互相攻击,因而伤亡许多,虽要你偿命,还不能抵罪。"言次,史惊惧万状,吃口诺诺地说:"我……我去联络好吧!"于是跑步前去。这时敌火方烈,内一兵又问:"对方不明情形,仍是狂暴地打来,我当如何呢?"我说:"兵不相让,在未曾确实联络前,你们须用最激烈的回击,用杀其势。"这许多退兵,方才复返原阵线抵抗。恰巧此时来了宪兵队长吕庆麟,我就拟向徐总部调海军陆战队增援前线。行未一里,碰到王文庆带吴淞军一营前来会攻;谢祖康马队亦于此际搜索回部。两人同问战况,我皆肯定地答之曰"胜",淞军心胆一壮。谢说:"奚不就趁这时吹号冲锋?"我又说:"好极!"霎时间角声沸天,杀声盈耳,全线如涛翻浪卷猛力前冲。张军不察虚实,皆大骇愕,遂匆匆全部退回,闭城扼守,其不及入城而被我截击者三百余人,积尸甚多。张军做的情报工夫到底不够,从此只知消极守城,再不敢相机出击,正无异坐以待毙。兵法所谓"兵不厌诈",这也是一个显明例子吧!

攻克天保城

夜十时许,徐总司令邀朱支队长及余遄往议事。朱以肺病夙疾稽身未去,我一人独往。方抵总部,适洪承点在座,因与执手道故。徐说:"你们是老朋友吗? 真凑巧!"旋指洪对我说:"他带沪军一标约千五百人到此,用在何处?"洪急插言曰:"天保城归我独力攻击吧!"公望说:"浙军正在计划攻城,贵军肯担这艰巨任务,最好没有,我当在此恭听捷音。"洪说:"我明白拂晓即开始进攻。"诇初七(二十七日)夜晚十二时,徐又邀余往晤,说:"沪军进攻失利,损失颇重,已乘今夜退回镇江休养。天保城若不攻下,难于期望攻略全城。"我说:"浙军攻城已有计划,初八夜必开始。如不能取胜,初九日再攻天保城去。"徐曰:"愿闻其略。"我告其拟在朝阳门的南边坡形地的城墙脚上,埋藏重量地雷四个、棉花炸药八桶轰炸,使城墙外倾成为梯形,队伍亦分作梯队,城墙外倾后,第一队手弹队,将弹抛入城内,第二队短枪队缺口处分左右上城顶,守住缺口,第三四两队:一、占住缺口的城内要地,以待后来的援兵;二、沿城上潜伏南行,进占朝阳、洪武两门的中间城角上,以遏止敌军出洪武门反击的企图。再全面规定我军入城分队分区巷战办法,压迫张勋投降或逃走。在计划中大略是如此。徐云:"很好,计划很详细,我叫某为你的今夜攻城的向导,跟你一块去吧!"我说:"好!"遂回司令部布置攻城事宜,结果失败。初九日(二十九日)晨,余乃下令悬赏招志愿兵,规定:"得天保城者,官给每人银元百枚,兵给每人银元五十枚。"结果,应征者一百九十二人。下午一时,集志愿兵于紫金山脚南面一巨冢前,施行训话。

尔时有青田人叶仰高、张拱宸自沪抵此,闻言愿承其责。我说:"很好!但天保城得失,攸关整个方略,若弄错一步,满盘皆输,是大意不得的。你知道军令重于君命吗?违令则杀,不问亲疏。我和你们是好友,这个恐行不通。"叶张皆同声答曰:"军无戏言,那自然我们遵令去干,你可依法执行。"我说:"如是,即请你们分阄拈定。"结果,叶受任攻占紫金山。旋将志愿兵分为两队,叶率领一百名,张率领九十二名。分别予以口头命令如下:

(一)叶仰高带兵一百名,限本日下午四时前进占紫金山,随后应续向天保城仰攻,进展至敌人第一防线的帐篷下,即将帐篷烧起作为号报;并暂固守已得之阵地待命。尔后随情报变迁,进则不可轻犯敌人第二道防线,退亦不得放弃紫金山。如此对峙到明日清晨,尔则叙第一功。各士兵尤应服从指挥、确遵纪律。叶说:"如形势利于进展,我是要向前攻的。"我说:"这就是违命,功成无赏,还要问罪呢!"叶云:"如是,我必遵令。"我云:"今夜在此地接报,你派联络兵两名跟我吧。"

(二)张拱宸率兵九十二名,限今晚八时在此地集合候命。

时天适下雨,叶率队冒雨前进,如期占领紫金山。七时许,遥见第一线已举号火,方知叶已达成任务。不久张拱宸亦带队前来。我又给张以口头命令:

(一)检查各枪的弹巢,不准留存子弹,以防走火。

(二)如各兵带有洋火和纸烟,一律搜去。

(三)路上须衔枚疾走,不得发声。

(四)趁这月色微明的雨天,率队由孝陵卫上山,偷袭天保城之北,月落后挨近天保城,待机冲入,占领其炮台。

（五）行走时后兵手接前兵，报告亦用耳语传递。

（六）我今夜在此接报。

张领令出发之后，天雨蒙蒙，只听到紫金山方面稀疏的枪声，打破清寂的夜气。约三小时许，忽看见第二道敌防又起帐火，我心中顿现惶惑而又着急，莫非叶仰高违令进攻？那飞鹅颈一线羊肠，如何走得过去？料敌人必用机关枪抵住隘口，我则无异自寻死路了。少选，再听到一阵浓密的步枪声，天保城上四十多顶帐篷遂完全烧着，而枪声却随之中断。我用望远镜一照，见城上白旗摇曳，知道天保城业经我军占领，遂返支队部向朱报告。旋复召炮队姚久安，命他抬过山炮两尊上天保城，径向总督署射击。另命马队黎天才向北极阁、狮子山炮台进攻。不多时又接报告，知张军佯摇白旗，乃是缓兵之计，并非真心投降，故兵皆退入城里，将作困兽之斗。而叶仰高带兵九人，违令轻进，被敌的机枪全数射死。幸同时我所带兵已近天保城，乘机冲锋排枪陷阵，遂克天保城。

林述庆之侵功与浙军之分防

镇江都督林述庆知南京垂手可得，为避战保全实力、适时入城争功计，先用柏文蔚兵潜伏太平门外以待良机。果也，清总督铁良与提督张勋见势不佳，深恐被虏，乃将彼方捉得之总部参谋史久光，奉为上宾，厚礼相款，遂请彼出城介绍议和，借保生命。史出太平门竟与林值，林乃知情网利，夺门入城，暂驻附近民房，用为缓急进退之地。而清官受炮轰的虚惊，又闻有革命军人侵入，闻风立逃过江去，剩一空城，林遂得捷足先登，进而占领总督署，并将大清银行和电报局,各予占领,且自封为南京都督。徐绍桢亦迫不及待,继林而入。浙军则仍出令布置,以免疏虞。如狮子山炮台及鼓楼、北极阁、小营盘、劝业场等处,或多或少各驻必要之兵,借防不测。朱支队长入城后,我又命辎重队收拾战场粮秣和子弹,派宪兵吕庆麟及炮队张国威搜索旗营,清除叵测。张并在旗营内搜得野战炮六尊,械弹甚多,浙军余部旋陆续入驻南京城内。此十月初十日(十一月三十日)事。

浙军进城,林述庆知舆论不容,退回镇江

十一日(十二月一日)清晨,我接报告说:朱支队长昨出未归,满街张贴都督林述庆告示,我方发电报告汤督之兵,亦被林部无端拿走。我接报愤极,乃不择手段,用浙军参谋处名义,定本日午前十时,邀请徐氏总司令部和林述庆等到劝业场谘议局开会讨论善后。林派葛光庭代表前来,本人则托故规避。开会时,徐总部代表四人对林责备甚力。我亦询问葛氏:“朱支队长隔夜未回,是否被你方谋害?”葛惶恐答云:“绝无其事,我肯绝对担保。”公望为维持纲纪、端正作风计,似林这样利必抢先、义则居后的人,实属不能在光天化日之下与之共立,乃向葛代表提出三事,逼其承诺:“一、限林述庆于明日(十二日)午前离开南京;二、被林部擅捕之送报浙兵,限本日十二时前送回并道歉;三、将总督署和大清银行、电报局等交由徐总部接管;四、上述三事,限你方在本日下午二时前答复。”葛光庭自知理屈,不敢狡辩,均一一接受负责办理。结果,林亦贼胆心虚,都勉强应承了。

时朱队长回部,我即报告今晨开会情况,同时以下列三款建

议于朱：

（一）与徐绍桢总部商妥，电请浙江都督汤寿潜、江苏都督程德全亲来南京主持大计。

（二）将浙军攻克南京详情电陈于武昌都督黎元洪，这是为求互助于将来，并非布功而扬己。

（三）乘机增厚浙军实力，扩编新兵两师，借为日后军事进展之支柱，并可为攻宁官兵之酬功凭借。

无奈朱支队长短于远谋，缺少魄力，竟借词身体孱弱，难胜理繁，单采第二款拍电黎为敷衍，余则悉置不问。我以良机坐失，后顾堪忧，辄萌消极之心，乃于十五日（十二月五日）请假，遄返杭州养病。

上面所述，是浙军用三千兵力战胜张勋四十营巡防的经过情形。是役也：牺牲少、成全大。后之孙中山在南京建立中华民国临时政府，清帝退位议和，都是由武昌独立开花于前，南京光复结实于后的。诚以武昌地扼南北要冲，南京城绾长江锁钥，得此两地为之犄角，便可问鼎中原了。清廷见大势已去，无力挽回，以让位换取皇室优待经费。而浙军之攻克南京，小差可以自豪矣。

浙军进攻南京记事

张效巡

【编者按】作者曾充浙军八十二标第一营右队队官,参加光复南京之战,此系其回忆录,原载《近代史资料》1954年第2期。

南京位于长江以南,古有金陵、建康、建业、白下等名称,孙吴、六朝、南唐、明初先后建都于此,水陆交通极为便利,地处冲要,形势雄伟,欲占苏杭两地,非取南京不可。如果没有南京,则进不能战,退不能守,难以自立,遑论进取。所以南京实为战略上必争之地,关系国家整个局势。吕公望于杭州光复后,即提议组织部队,进攻南京,确是窍要之图。九月十七日(十一月七日)晚,适接镇江第九镇统制徐绍桢攻宁失败请援之电,吕公望于当夜提出计划,以朱瑞兼领的步八十一标兵约一千四百人为主干,附以步八十二标之第一营管带徐则恂兵约五百人,及陆殿魁所带巡防营三营兵八百四十人。炮一队官姚永安,炮四尊(这四尊炮是吕公望在未出发前向上海制造局领来最新式的管退过山炮),兵百人。工一营管带来伟良兵百二十人。辎一营管带白钊兵百六十人。共计三千一百二十人,编为混成支队。成立支队司令部,支队长朱瑞,参谋长吕公望,参谋童保暄(暄)、葛敬恩、徐乐尧、洪大钧,参军裘绍、傅其永、周元善,军法官周李光,宪兵队长吕庆麟等十一员,马弁及随从等十名,宪兵八十名。此计划拟就,即缮送临时议会会议通过。所有出征人员并由浙江军政府加以任命。

十九日(九日),吕参谋长先出发到镇江布置。途遇第九镇马队管带谢祖康谓进攻南京没有马队任搜索是很危险的。于是吕参谋长即回转上海,把陈其美所组警队的马百二十匹全数取来,运到镇江交给谢祖康编成马队营。

二十二日(十二日),攻南京部队开拔。由火车输运,经上海、苏州至镇江。

二十八日(十八日),朱支队长、吕参谋长同往访第九镇统制徐绍桢,请示出兵日期。徐说:"这里只有兵舰二只,陆战队百余名,且林述庆多方倾陷我,哪里谈得上出兵!"然而第九镇本有一镇兵,徐竟如是说,究竟兵往哪里去了?大约全部溃散了。

再同往访镇江都督林述庆。林说:"我只有柏文蔚带的兵一千名,且徐绍桢处处与我为难,现在谈不上出兵。"这时听徐统制、林都督这两番话,朱支队长无言,吕参谋长愤然道:"徐绍桢是第九镇统制,且是联军司令,请我们赴援电亦是他打的。林先生,你是镇江都督,都有相当责任的。现在我们浙军开到这里,原来是赴援的。你俩互相倾轧,不负责任,是何道理?如果不把南京攻下,这镇江是坐不稳的。现我们浙军既经开到这里,即使你们不参加,我们亦要去打的,因为南京城里只有张勋的兵,尚易对付。闻山东张怀芝兵就要南下开赴南京援助。查津浦路中间尚未接轨的只有百数十里,现把接轨时间及运兵时间共同计算起来,张怀芝兵约一个月可到达,到那时再去进攻,恐怕不容易了。"于是朱、吕回到浙军支队司令部开一会议,遂决定新(浙)军独攻南京。

二十九日(十九日),由镇江出发,用火车输运,到东阳镇下车扎营。至十月初二日(十一月二十二日),黎天才带一营兵来见吕参谋长,谓愿归浙军指挥。于是即命黎为攻幕府山炮台司令。马队管带谢祖康当夜出发,拂晓时即占领炮台,军心为之一振。

初五日(二十五日)早晨,编成行军队形,由东阳镇向南京进发,以步八十二标第一营为前卫。前卫前队由队官赵膺带队,前卫本队由我(右队队官)带队,于正午十二时一刻到达马群之东面高地。未经午餐,与敌发生遭遇战。前队由队官赵膺指挥战斗,前卫本队即时增加上去,由我指挥战斗。在开始散开时,因敌方火力甚猛,即有许多伤亡;但士兵甚为勇猛,士气旺盛,一次又一次地冲锋,一段又一段地前进上去,后面部队亦都陆续跟上来。至下午四时左右,已追击过去五个山头,已到孝陵卫附近,这时前面已无枪声。为今之计,应当在原战线上做简单工事坚守,待明日再进攻。然而我们管带已寻不着,又无十字锹等工具,且天已逐渐昏黑下来,午餐未进,腹中饥饿,夜饭的时间又到,夜饭又无着落,心甚恐慌。于是有以吃夜饭为借口,自整队伍向后带走者。自一队开动后,其余各队竟毫无顾忌,一队复一队都向后撤。我见此情形,虽不赞成,但又无权阻止、无法挽回,亦只得带队向后撤。但不敢过于太远,退了一个山头,见一草房,进去一探,不见一人,即率士兵入内宿营。除向敌方派兵警戒外,一面派兵向后方寻伙夫烧饭。此第一日战况也。

初六日(二十六日)早晨,东方微白,正同士兵早餐,忽闻既近且密的枪声,知敌人对我拂晓攻击了。这时,抛了饭碗指挥士兵出击,完全受敌包围了,非但正面对我优势,左侧面的火力更猛,正是两面受敌,非常危险。顷刻间,忽然散兵线前面约五十米处发现一尊山炮,我即指挥士兵前进抢炮。迨前进到炮位处,炮旁尚有炮弹数枚，炮口对向敌方，方知原是我军的炮。我将这尊炮移向左侧面，对正独立房屋放了两炮，房屋击中了，枪声亦因此消灭了。左侧既无顾虑，可专心注意正面之敌。不料离我们散兵线前面不到百米的地方又发现两尊炮，我就指挥再冲锋前进，这两尊炮又被我夺回了。这时方知这个地方正是我军昨日炮兵阵地。这炮不抢回，则此围不解；此围不解，则无法前进。这段事实，确是今日战事中一个大关节。因为我队昨晚宿营地在各队宿营地之前，故早晨受敌袭击亦最早，被敌抢去的炮亦为我先发现，所以都为我抢回了。但今日的战线因为昨晚宿营地都是各队自己选择，当很零乱，受敌人拂晓攻击后，临时仓猝应付，陆续增加上去，没有昨日那么齐整；甚至这营一个队插入那营里面，那营的一个队插入这营里面，非常紊乱；队与队之间亦没有联络，所以战斗力亦较弱。至下午二时，前队队官赵膺阵亡，我方散兵线上士气不振，有许多偷偷地退到后方，散兵线上人愈少，火力愈弱。迨四时许，我方火力已被敌方压倒，已有不能支持之势。正在万分危急，忽见后面有整齐队伍（吴淞兵）增援上来，又我马队由左侧方冲上来。这时前线士兵大家都胆壮起来，奋勇冲锋上去。后面增援队伍就是密集队形，跟随冲锋，如入无人之境，直冲至朝阳门城墙边，城上有稀疏枪声对我射击，幸天已黑，且城墙高，死角大，我方没有伤亡。然形势虽转优胜，仍无法进城，只得仍退孝陵卫。这日伤亡甚重，毫无进展。此第二日战况也。

初七日（二十七日），城外已无敌人，没有战斗。官兵在孝陵卫一带战线上严阵以待。支队司令部拟攻城之策。于初八日（二十八日）的深夜，整队出发，含枚疾走，到城下候令；一面遣工兵往埋地雷于城墙下，炸坏城墙，然后命部队向炸坏处进攻。但弄了一夜,不闻地雷爆炸,天又快亮,不得已又把队伍退回。于是决计先攻天保城,因为天保城攻下,则全城在目,南京不守矣。至攻天保城之队伍,另组织敢死队担任之。当时招敢死队,标明攻下天保城者,每官赏百元,每兵赏五十元。于是得敢死士兵百九十二名,分为二队,一队由叶仰高率领,一队由张兆辰率领。进攻计划由吕参谋长决定。是夜一时许,天保城方面闻到数次紧密枪声,自后寂然,知天保城业已占领矣。至初十日(三十日)早晨,得到占领天保城的确实消息,队长叶仰高阵亡。

在攻天保城之夜,派我队为前哨,在孝陵卫大道上对敌方警戒。是夜微雨蒙蒙,又遇大雾,天甚昏暗,相距咫尺不易辨别。约一点钟的时光,有经我步哨挺进者,我步哨线问他三声不应,料想是敌人,步哨即按照守则规定,发枪击之。不料此枪一发,全步哨都发枪。我闻此枪声,即集合全队士兵,在规定抵抗线上散开,前面退下来的排哨,都增加在抵抗线上。等到闯入步哨线的兵到达抵抗线前面五十米达处,经我细细检查,原来不是敌人,是自己浙军的兵由天保城逃回者。于是仍旧在原线将步哨布置好,一面报告司令部。然而我军在后面帐篷内休息之官兵疑敌真来袭击,扫数向后逃走一空,真可发一笑也。

自天保城占领的当天上午八时许,由天保城对太平门城楼上放了一炮,正击中城楼,城楼击坏。守兵除死伤外,均逃散,南京旗营将军铁良、江宁提督张勋,均登兵舰而逃。

我浙军得此消息,拟向朝阳门进城。查朝阳门城洞石头塞满,搬运需时,规定由太平门开进。命步八十二标第一营先进。我奉命率领全营入城,驻扎大石桥陆军测量学校。此攻克南京之经过也。

淞军攻宁略记

庄 晡

【编者按】作者系黎天才部淞军僚属,参与光复南京之役。本文原题为《南京战事略记》,载《近代史资料》1958年第2期,原有南天肖子序,因与本题无甚关系,故删去。

　　此余从黎(名天才,字辅臣,云南)、由(名犹龙,字霁云,云南)两君征南京时所记也。当武汉举义之初,黎君统粤兵驻吴淞,由君则奔走沪上,筹备进行。其抱种族思想已非一日,借书肆之名,在沪布置一切,并秘运输各项革命印刷物。及武汉义旗高张,心热如焚,遂往吴淞晡黎君,指陈利害,密商大举。黎君素稔大义,又感于由君之热诚豪爽,一诺无辞,毅然以光复为己任。爰将所部将士隶吴淞军总司令李燮和之军下,决议于九月二十五日(十一月十五日)兴师往攻南京,时即武汉举义之第三十五日也。余负剑从军,于当时实况,随草随录,集为是编。恐久而遗忘,特择书其要,以为袁集战史者之一助。至详细战况,兹编尚未逮焉。

　　九月二十二日(十一月十二日),统领黎天才召周汝敦、由犹龙、丁荫昶密谋举兵攻南京,时距武昌起义三十五日也。

二十三日，统领黎天才任由犹龙为参谋长，决议明日起程攻宁。

二十四日上午八点钟，黎君有事于蕴藻浜。由君乘车往见，遇李实君亦在彼处，遂同登车。及抵申，黎君往谒沪军都督，由君与沈剑侯同至都督府，见黎君曰：“欲定大事，非速攻南京不可。南京一日不下，武汉必危。武汉不支，则长江一带，必不能保。满虏之焰复炽，祖国亡无日矣！”黎君曰：“老夫计之久矣！”遂命由君整装，且告之曰：“此事非君辅余不可。”于是遂各归寓，收拾行李，约于沪宁车站相会。至则督队官杨正昌，队官曾忠体、颜得胜、石得胜、郑玉贵，书记官丁荫昶、徐源森，军需官黄光五及杨正刚、鲍宏宇等偕兵士均到，遂同登车，士女欢送者不下二千人。欢呼之声，直冲云汉。由君慷慨愤激，因自顾曰：“此行战不胜，决不生还。”同车有吴淞军参谋朱庭燎君谓由君曰：“此来特送君等至镇江耳！”由君因与谈大势。至苏州车站，有督练公所执事数人来慰问，并给兵士茶食。复开车至常州，其地土人亦以桶盛茶，遍饮我军，招待优至。由君因谓黎君曰：“此行不破南京，其何颜见苏常之父老乎！”晚十二句钟至镇江，甫下车，该处商会即派代表来迎，谓：“敝会已为贵军寻定驻所，在金山河之油坊，距此四五里。”遂率军队至该处泰安栈住宿。和衣就寝，时已四更矣。

二十五日晨，黎、由二君同至金山河，谒镇江都督林述庆及各省联军总司令徐绍桢、参谋陶骏保诸人，约于次日为军事会议。

二十六日，黎、由二君至镇江都督府会议，在座者有联军总司令徐绍桢及浙军统领朱瑞、镇军统制柏文蔚、苏军统领刘之杰（洁）等。徐君出南京地图示于众，因言曰：“南京险要，首推乌龙、幕府两炮台。清将张勋以炮兵守之。两山不下，万难得手。尚有紫金山、雨花台、浦口、天保城，皆必争之地。诸军须各任攻一处，分兵进击，方可成功。"于是黎君首任攻乌龙、幕府；浙军任攻紫金山；苏军任攻雨花台；柏文蔚、徐宝山任攻浦口；林都督任攻麒麟门。分派既定，遂散会。

二十七日，黎君因子弹不足，命由君到沪购办。

二十八日，由君往谒沪军都督陈其美，旋至高昌庙制造局领取子弹。

十月初一日（十一月二十一日），由君运子弹至镇江。

初二日，由君往都督府见参谋许公度，请借轮船运兵。许君言兵船狭小，不能运多数兵士及子弹等，不如改乘火车为便。

初三日，黎君与由君及徐源森、丁荫昶等计议进攻乌龙山之策。议决先至龙潭会合各军，由陆路取乌龙。

初四日，早八句钟，简料军实兵队，至暮始出发。镇江商会派代表任嘉泰欢送，并以牛肉饼干馈军士。至高资，适联军总司令徐绍桢扎此处，留我军午餐，并派护从孟某送至龙潭。至已夜十二句钟，孟导余往驻大寺阁，席地就寝，兵士野宿。至三点钟，有部将王明富、郑玉贵捕获高汉廷、李金臣二人，类似奸细。因严诘之。答称系张勋部下炮目守乌龙山者。且言明日张勋必分兵掩护炮台，统领如不先发制之，则乌龙不可得而取也。由君详询二人，知为有心革命者。遂与黎君商议进攻之计，方虑兵力太单，黎君言生平善以寡击众，兵虽少无虑也。由君终以兵力单弱为虑，拟向浙军借兵一二营以为臂助。时浙军驻东阳，距我军约十五里之程。

初五日黎明，由君徒步至东阳，晤浙军参谋议借兵事。该参谋等言："贵军任取乌龙，敝军当取紫金，各有专责，敝军无有余兵以借贵军。"由君曰："贵军比敝军较多，而紫金比乌龙易取。今日之事，是贵军取紫金有余，我军取乌龙不足，非赖贵军接应，恐难成功。"该参谋等乃谓此事须问司令官方可。于是该军司令朱瑞出见，允借游击队一营，约先会于西沟渡，更至乌龙山麓，以资掩护，并出地图相示，复备马送由君归营，时约午前九句钟。黎君以进兵事电告联军徐总司令。徐复电戒勿造次，请俟协商。由君以为时机不可失，丁荫昶曰："将在外君命有所不受。由君之言是也。"徐源森、黄光五等皆力赞成之。遂决计即日进攻。黎君偕由君及丁荫昶、黄光武（五）、王福泉四人率兵队至西沟渡，少憩，更拨队向乌龙。行半里许，浙军游击队管带金富有亦率所部来会。行抵高阜桥，栖霞汛水巡额外高明诚率父老欢迎于道。且谓："公等不至，我辈万无生理。"黎、由二君以言慰之。偕行诸人因徒步甚疲，雇驴四匹，骑至甘家巷，就地为炊以食。食毕，率兵往取乌龙。抵乌龙时，敌军炮台官汪龙高去镇江未归。我军猛袭击之，敌军猝溃。司事何国鼎角崩相迎。军士急进，遂克乌龙山。至夜二句钟，有王绍先者来报，明日张勋必增大兵守幕府，请速往攻。黎君于是星夜督兵赴幕府猛攻，寝食俱废。兵士见黎君前进，皆奋勇争先，毫无退志。

初六日早八点钟，闻张勋残兵尚与黎君所部开战。由君即命金富有速拨队往助，至则黎军已上山矣。先是，黎君率兵至幕府，见清军甚众，知非猛击不能取胜，乃大呼蜂拥而上。所部兵士无不一以当十，清军辟易，黎军遂踞幕府山，夺其大炮十四门，台官权以银降。时楚英兵轮送来全台炮栓，水师营参将张玉山以水师十三营、战船四十只来归。下关东西炮台官何耀璋率所部悉来归。又有英、法、德、日各国兵船将士皆来相见，总司令官要以严守中立,并请其将兵船驶出三十里外,各国无不听从。

初七日,我军因得各降军之助,兵械悉具,黎君遂举炮攻仪凤门。由君主张宜以炮之主力攻北极阁,余力攻总督街及狮子山。因北极阁为张人骏、铁良、张勋固守之地,总督街为官吏麇聚之所,吾以巨炮轰之,则彼军心必乱,或逃或降,南京可即日攻下矣。黎君从之。时清军乘公清小火轮越江下驶,冀袭我后路,我发炮击沉之。是日,浙军攻紫金山,取小龙尾,击毙清军门王有洪(宏)、管带董开基;镇军攻麒麟门;沪军攻天保城。黎君命由君偕顾参谋渊至镇江请饷,兼运子弹。由君至镇,晤营务处王君,又至金鸡岭晤参谋冯漆两君,为述请饷事。两君难之。时兵站处杨华君奉吴淞军李总司令燮和之命,解牛酒至镇江。由君因谓之曰:“今降者日众,而饷又无措,将奈何!”杨君嘱致书吴淞军参谋朱庭燎、黄汉香诸人,令筹饷,并任向李总司令处代白情形。

初八日,杨华君果自吴淞归来,出朱庭燎书,馈我军牛肉四百合、饷银万元、子弹十万、酒十二坛。又广绍公所执事持棉衣三百件来,言:“此次取乌龙,广军之功最伟,谨以此遗军士。”“广军”即我军也。于是由君赴镇江海军处请备船只,该处遂备一小火轮、一民船,并派兵送我军人物至船,兵士勤恳备至。时已晚六点钟,船始开行。夜十二句钟,至乌龙山。赏诸军士酒食讫,复登船。炮声隆隆,子弹如雨,拂面而过,众知为民军之误,由君乃大呼停止。查发炮者乃建威兵轮管带郑伦,闻呼声,始派人来问。由君问:“何故自相残?”答云:“林都督命令:‘近日两方开战,凡有轮船往来者,击勿论。’既系贵军,何敢相犯。”言讫而回。我军复驶向幕府山进发。

初九日,由君至幕府山与黎君相会。黎君言:“昨日与敌军开战,敌炮中我火药局,爆裂之声震摇山岳,击伤我督队官杨正昌甚重,兵弁受伤十余人。又因子弹不足,亦于昨日派人赴沪请领,已获数十箱。"午后二句钟,侦探来报张勋兵来挑战。我军排长罗群书率队应敌。敌军至宝塔桥,与我军接战。彼众我寡,我军伏桥畔芦林中,敌军不知虚实,不敢渡桥。我击毙其队官一人,伤其兵士十余人,敌军遂退。我军受伤七人,兵士颜贵廷欲渡桥取其队官首级,被铳而死。是晚,我军、苏军、镇军、浙军与敌军互为炮战,声隆隆不绝,我军炮中北极阁,张人骏、铁良缒城而逃。

初十日早七句钟,我军开炮攻击,连发十五炮,敌军不动。午后一句钟,拿获清斥堠徐姓三人斩之。又发十五炮,敌军仍匿不敢动。有官成琨者进言曰:"城内清军,均无意抗我,我反击之,是不义也。"由君驳之曰:"清军虽无意抗吾,然张勋临之以威,终必击我,而我不报,是坐以待毙,不可一也;我不急击,彼以为我无斗志,必尽力猛攻,是张彼之威,示我之弱,不可二也;诸友军皆发炮,而我独寂然,人其谓我何,不可三也。"黎君韪之。乃拔刀斩木誓曰:"有敢不发炮者视此!"

十一日(十二月一日)早八句钟,浙军参谋来书,调金富有回本营,以一队留助我军。又接徐总司令命令,发炮攻击。旋因天色已晚,彼此停战。

十二日黎明,发炮攻击,方三炮,军士来报狮子山白旗招展。黎君大喜,急欲入城,乃宣言曰:"有能奋勇前敌者,赏洋千元。"众皆鼓勇愿往。有队官蓝得胜、曾忠体、石得胜、郑玉贵、陈秀华、王明富,排长罗群书、关炳兴,马弁白志祥,浙军金富有等皆愿当先。时早九句钟也。黎君遂率军士由下关入仪凤门,居民安堵如故。军士纷纷执张勋兵来,由君命押至狮子山。山上台官王广洲以大炮八尊、将士百一十七员来归，且言："久思反正，因为张勋所牵制，故迟至今日。今得效力民国，于愿足矣！"由君遂抚慰之。众军士请杀张勋兵，由君坚以为不可，且曰："诸兵虽尝敌我，然各为其主，不足为咎，况今既降我，尤当不追其既往，其不可杀者一；今浦口犹未下，使我杀降，则未降者必出死力以抗之，且汉阳已陷，南京甚危，奈何坚清军致死之心，使我四面受敌乎！其不可杀者二；清军既不能敌我，而又不能降，无路可归，必流而为盗，以残吾民，其不可杀者三；彼之降我，视乎我之能受与否，今吾释已降之兵以宣言德意，则降者必踵至，如是则清军瓦解矣！其不可杀者四。"众军士皆服此言，遂受张勋降兵，于是由君乃与黎君往见都督林述庆。又派曾忠体取清凉山，夺其大炮五尊。复假劝业道署为军队暂驻之所。有张联升率所部一营来归，由君力劝黎君优待之。又收江防二营，获快铳一千二百二十支、子弹万颗。且获江宁提学司铜印一颗。至商品陈列所，由君告黎君曰："此间一器一物，皆吾民膏脂，若吾辈保守不力，乱兵乘机掠取，何以对宁人，请统领派兵严守。"黎君然之，遂命参谋顾君渊遍用封条封之。至今得无损失者，皆黎君竭力保护之功也。是晚光复军冯参谋至自镇江。夜十句钟，由君至都督府见徐固卿，备陈降兵甚多，需赏与饷。徐公谓权在都督。由君复偕冯君顾君诣都督府。方行至钟鼓楼，枪声大作，子弹从由君肩侧飞过，遂同避入民家。至枪声少息，乃出询之，始知各军因口号不合，开铳对击。由君此次遇险，幸未中，遂回营。

十三日午前，黎、由二君会苏军统领刘之杰（洁）、参谋张鼎勋二人，商举江苏都督事。黎君曰："选举权非军人所宜有，固也。但南京以军人取之，则临时都督之选，军人似可与闻。以余观之，可胜斯任者,则程雪楼先生其人也。"二人领之遂去。旋徐总司令约黎、由二君至谘议局,会议攻浦口事。又议决电迎程都督于沪。是日军士缚满人数十名来献,内有德参将之子,面有惧色,自意必死。由君曰:"吾人所以覆满洲皇室者,为其亲贵把持朝政,招权纳贿,以毒吾民也。诸亲贵无一不当诛,彼平民则何辜,吾乌能枉杀一人。"遂命尽释之。

十四日,由君向黎统领处领来银四百元,犒赏三十三标房内兵士。当时张君联升谓此标应归胡隆三统领。由君即向徐总司令处言:"兵方新降,而统以旧将,危道也。请将此降兵改编,更隶黎统领,溯江上援,则中国之兴,在此一举。"徐然之,即命归黎,胡亦不复争执。后因饷项不继,复请于林都督,获助二万元。

十五日,由君至仪凤门,按视守城兵士。各炮台将官咸来领饷。自是由君专任整顿兵队事,徐源森、丁荫昶二人任书记事。

十六日早,徐司令约黎、由二君至谘议局,出黎都督元洪求援之电相示,且云:"自汉阳失利,武昌望救甚急,非贵军往援不可。"徐因拟电复黎都督,有云:"各军血战七昼夜,疲困不堪,惟黎天才一军,骁勇善战,堪以援鄂。"由君复启曰:"北军胜我者有四:体质强一;器械精足,马炮工辎备二;北军六镇训练有年,我军半皆防营,未谙军学三;北兵生长寒带,时方冬令,彼尚衣皮,我军半服单衣,恐难耐寒四;然我军所恃者,在军气壮,军心固,此致胜之由也。而兵力过单,器械不足,且兵无棉衣,其何能行。又敝军统领黎君,虽稍负一时之望,然以区区二营援鄂,何异螳臂当车。率尔委之于敌,一旦败北,不独无以对黎都督,将何以对江东父老。愚意非增兵械军服不可。"徐公是之。复曰:"如君言,增兵甚急。但各军俱疲困,即拨归我,亦不足用,且人之军,其肯拨乎。"由君又曰："他人之军虽不可拨,江防营岂皆不可拨耶!"遂指某某等营以实之。且谓:"新召之卒,不若此久编之防营尚觉可恃,请勿以新降见疑。"徐公大韪之,议遂定。

十七日,徐总司令以三营拨归黎君,黎居还其一营,留二营以为助,即今之五、六营也。

十八日,米占元见黎君,愿以所率五营随行援鄂。后为某军笼络,遂不果。由君又往见林都督,乞以窦国治、赵荣华所部两营同行。

十九日,张联升引赵荣华来见。由君谓联升曰:"君知我军增兵,志在援鄂乎。苟不援鄂,何须多兵。既合兵而复图苟安于南京者,此善趋避,伪志士之所为也。"因说以诚挚之语,赵为感动,且矢弗他。

二十日,黎君往阅窦、赵两营之兵,皆无军装,由君深虑之。徐、丁两君请再见徐司令,乞检视军械局,如尚有可用之枪,拨归本军。由君遂往徐司令处商议,徐允照办。

二十一日早,徐司令出军械局之存单视之,皆旧枪,不可用也。少顷,程都督派其参议官彭炳吉来相见,因问及物品陈列所。由君告之曰:"已派人监守,并加封,当无遗失。"时因各炮台加关半饷,我军亦如之,军用早罄。李燮和、徐固卿两司令均告匮,黎君虑之。

二十二日早,各炮台之人皆来,以反正自矜,且有要挟意。由君驳之曰:"公等既愿反正,何不效海军之早插白旗,乃迟至今日,溃败之余,又将以反正饰功,是诚何心!况海军反正后,民军大得其助,彼犹不矜其功。公等无功,而饷已倍,今尚出此恫吓之词,黎统领其能屈乎!公等休矣!"彼等遂无辞而去。

二十三日，程都督至宁，黎君往见于谘议局。都督谓："金陵之克，公之功也。"黎君逊谢者再。程都督复促我军援鄂，且言武昌都督望甚切殷。黎君因请增置军械，程都督允为设法。

二十四日，北伐总司令林述庆约由君议事，由君与朱钧石往见。林谓："贵军既不完备，我代贵军组织一镇，饷械均由我代筹，以为北伐军队何如？"由君曰："援鄂即是北伐，北伐即是援鄂。总之，清廷未倒，为军人者必无苟安南京之理。愚意惟援鄂事稍急，而北伐较援鄂为缓。容与黎统领商之。"遂归。黎公召集徐、丁诸人计议，金谓由君所言甚是；但以众多之兵，饷械悉无，焉能援鄂。不如姑从林军，出发临淮，速攻颍寿，则鄂围自解，乃围许救郑之策也。议决。遂允林北伐，名为北伐第三镇。

二十五日，由君往谒林君，闻已去上海，因与参谋许公茂相见。许谓约二十九日即挈饷械以来，不日当进发也。是夜，李燮和司令部冯参谋仓皇来告曰："敝处因解散侦探队十人，彼等不服，戕我参谋一人，击伤邹参谋，又抢去银洋六百元，今且谋尽歼我辈。"由君禀知黎公，公大怒，谓："军人如此，罪何可赦！"命由君往查，因邀邹参谋序彬归本营。黎君出令曰："有拿获枪击上官之兵者，每名赏洋五十元。"王明富应声而出，遂率二十人去。

二十六日早，王明富来报："已获凶手二人。"黎公命处斩，黄汉湘、杨承溥力谏不可，卒斩之。

二十七日，刘之杰(洁)邀由君往坐，刘问何日出发，由君问以拨炮二队之事。刘曰："现在枪支缺乏，悉令有枪者出发可也，无取乎炮队，诚以我之山炮，不及敌之陆炮也。马匹则此地无之，因此时亦无马以为也。"由君曰："炮为军之骨干，在武昌犹可不用，至河南则不可不用。又军官佐皆须乘马，且我军若能解武昌之围，当即攻武胜，取河南，扫京燕，无马则不能做到也。"刘唯唯。由君复往见徐固卿君，力请给炮。徐命令至军械局，乃获领山炮六尊，合原有六尊为十二尊，始命魏华新练炮队。黎公以枪弹不备，命由君乞助于沪督陈其美，兼往沪配机关炮什物。是日，即接黄兴君来电致黎公云"金陵克复，实仗劲旅之功，至深景佩。闻程都督已命公援鄂，未审行旌何日"云云。

二十八日，由君乘早车至沪见都督陈公，告以一切。陈公云："枪械此处亦无，俟购得时即助数百支。至机关炮什物，命制造局配齐可也。"

二十九日，由君返宁。林公来邀我军出发，饷械仍虚，乃议先尽有枪者出发，至沪再购枪支。刘之杰（洁）送来马六十匹，半皆垂死，又无鞍，黎公因命返之。

冬月初一日（十二月二十日），程都督召黎公往议援鄂出师之期，公告以初四日出发。由君往见徐固卿君云："昔许我苏军炮队二队，今待用甚急，请如约。"徐公谓："此事一时尚不能办到。"且谓："黎军已有步队四标、炮队一营、机关炮一队，可增至一镇，有不足者，余当言于程都督，陆续足之可也。"由君如言编制，宁军援鄂第一镇之名自此始。于是黎君升为统制，张联升为第一协统领，由犹龙为第二协统领。

初二日早，由君奉黎君命令，往沪欢迎黄兴君（黄君已举为元帅故也），并谒见陈都督，请派船至宁，运我军赴鄂。

初三日早八时，由君往谒黄兴君，往返凡四次始得见。都督府亦来报告，所请之船，业已开去。由君即电宁通告黎公。

初四日，由君乘车返宁。甫下车，闻第一协张联升已开往下关，由君即往见张君，而船尚不至。电询始知遇雾未开，由君即与张君宿于旅舍。

初五日进城，大雪愈甚。少顷，闻报船已到宁。由君即与张君料理出发事，且命炮队魏君开往三十三标兵房驻扎。是日黎公接陈其美来电"金陵克复，君之功居第一"云云。

十四日（1912 年 1 月 2 日），统制黎天才君率张、由二统领及所部将士起程援鄂。

自九月二十三至冬月十四前后五十余日，为光复南京之过渡时代。此后赴鄂，名目不同，时事亦异，兹编故未及载。

秋梦录

王孝煃

【编者按】作者字东培,南京人,亲历南京光复。本文原载《南京文献》第五号,民国三十六年铅印本,排日记载,从中可见历史概貌。辑入本书时略有删节。

九月初三日,……江宁省城戒严。人民有迁徙入乡或至上海者。上游避难来者日多。

初八日,江宁驻防将军铁良置炮西华门城头。铁良因惧生忿,疑汉城兵民皆党人,亟舁大炮置驻防营城头。居民惶骇,颇虑旦夕间城中有变,迁徙益多。士绅上书相劝,又撤炮。于是驻防旗人惊疑更甚。城内新军、江防营分驻城南北各要塞,两军如水火。统辖江防为提督张勋,尤颟顸。总督张人骏亦猜忌新军,恐内讧,思抑制之。民间由是谣言更多。

初九日,新军出驻秣陵关。当局防其变,统制徐绍桢力请出驻以求谅,并置眷属于督署,布政使樊增祥又保其无他,张勋恶之更深,张人骏少给军备,即日出发。新军负气,临行时向各商店借贷,市廛闭户,行人绝迹。

十五日,……江宁绅耆立保安会,分区团防。城中匪乱急,巡防营枭首九示众。

十八日,城中士民谋独立,党人谋内讧。闭城。布政使樊增祥等皆携印逃。保安会散。新军变,至自秣陵关,攻雨花台,江防营夜战败之。新军探知城中谋独立,将悬白旗迎新军,张人骏、张勋皆不允。新军遣谍赂江防营,张勋佯许之。城中党人遂内讧,纵模范监狱囚,放火径扑督署,举徐绍桢为都督,刻大印,张黄纸,通告"本都督奉天承远,扫除满清"云云。张勋侦知之,亟挟张人骏携关防印信,溃墙而出,登鸡鸣寺山。大索,格杀囚犯数十于珍珠桥,又枪毙内讧余党。彻夜巷战,党人夺聚宝门遁去。当晚七时,新军援队来夺雨花台炮垒,达旦不逞,退。

樊增祥谒制府,交印求去。张人骏曰:"尔奉政府命,承宣于兹,请电向政府辞职。"樊氏不安于位,又虑张勋将不利,于是昌言同官以去为计,径率各官员出城,栖流下关一夕,闻城中有战事,乘火车逃上海。自是城中惟张勋之命是听,人骏益惛瞀。未几,又命张勋会办江南军务。

二十日,江宁闭城,防营兵杀戮无辜。壮丁、学生多有剪发辫者,悉拘杀不赦。用黄旗标江南提督印,招摇市廛,名曰"安民",实不堪虐命。自是昼夜皆有战事。

二十三日,……江苏候补道两江师范学堂监督李瑞清署理江宁布政使,樊增祥携印去,李布政刻木印权用。张勋颇敬礼李氏,凡事推诚而与。自是城中稍又安。

十月[1]初六日,大战,防营统领王友鸿[2]阵亡。新军列阵于马群,防营屡战,互有胜负。王友鸿阵亡,舆尸入城。一时谣言更

---

[1] 原件误作"十一月"。
[2] 当作"王有宏"。

多,知防营不足恃矣!

初九日,酣战,两军死伤众。通济门城隅、朝阳门楼皆为炮损。

初十日,新军破幕府、钟山营垒,城外要塞多失陷,防营退守城陴,大炮震耳,城中备巷战。美国教士包文、英教士马龄[1]偕赣人邹殿书恃与张勋有交谊,相约策骑出南门,与新军媾和,又要挟张勋退,自此防营瓦解。

十二日,张勋率残余江防兵退守江北,张人骏、铁良弃城出亡,新军遂破城,屠驻防城。连战六七日,防营固犹足搘持,乃迫于外人势不可守,挟辎重残余兵取道南郊赴当涂,渡江北退。驻防城人民合门殉难者极多,铁良只身宵遁。民军入城,大肆劫掠,城外尤甚,凡三四日渐平息。李瑞清廉洁仁厚,士民交誉,城陷后,新军慰礼之,李氏清理财政,易装为道士去上海,鬻书画自给。……

程德全来,出示安民。城内驻兵时有讧讦,浙江军队尤骄纵。黎元洪派苏良斌来,使办内应,据盐道署自称军政分府,越货杀人,罪状昭著,徐绍桢诛之,人心稍安。同时撤销临时都督林述庆。

二十七日,南京立政府,易国旗为五色,以督署改用。藩署为都督府,江宁府署为军政分府,联军总司令驻谘议局。议定北伐,东南诸省皆派遣军队集南京,责商会地方士绅等筹饷糈,稍缓,即遭军人恫吓。以故流亡多不归,城中市面,久不恢复。……

---

[1] 马龄或译"马林",也是美国人,此误云英国人。

追忆录

殷葆誠

【编者按】作者于辛亥革命时任职南京高等学堂，目击南京光复前后情形。此系其笔记中的一部分，节录至二次革命失败、张勋等反动军阀大掠南京为止。原书为中华书局铅印本，常州市吴咏笙藏。

辛亥，五十岁。近年革命风说随处流行，激烈党人此起彼仆，安徽、广东，其已事也。至新军成立后，上而官长，下而目兵，具此思潮者十人而九，虽气运之适然，亦满汉不平等有以刺其心而激其怒也。南京第九镇以三十四标（即今之团）程度较高，而思想亦视他标为剧烈，其所以暂能相安者，因无隙可乘，且附近均遭水患，积潦盈尺，不便动作耳！夏秋之际，铁路国有风潮起于四川，办理不善，遂有罢市抗税之举动。湖北军队闻而起事，总督走，镇统逃，势成燎原，不可向迩。朝命海陆军进剿，而各省又从而响应。南京为先事之防，假秋操为名，令新军开赴秣陵关，收其子弹。九月中浣，匆促举事。时张勋所统江防营悉居城内，与驻防旗兵登城固守。城中少数留守营房之新军破狱出囚，往攻督署，为卫队所败，逃至北城，复为张之马队围杀。该军士之破上元县狱而出也，过余之后门，为首洋装一二人执有枪械，后十余人不过棍棒，徒手者亦有之，手执白巾之旗，后为狱中人犯，脚镣尚未尽脱，言往攻督署云。又闻府东大街贴有告示，余急观之。至戏园左近，见有数人仰首而视，余至前观，黄纸六言韵示，字大如碗，具衔称"宁军都督徐"，而印文乃"江宁军政分府"，已觉不伦不类；至韵示第一句则"照得奉天承运"六字也。余不禁绝倒，回身疾走，不能再读下文矣！是夜，秣陵关之兵来夺雨花台炮台，又不得手，有枪无弹，止办一逃。同时，苏州、镇江亦宣布独立，溃军退至镇郡，始能稍稍喘息。余因家口之累，两日夜之间，枪炮之声如燃爆竹，闻第二夜并无新兵来攻，彻夜轰击，徒费弹药而已！

高等学堂教职员时已无一人在。而诸生之去，大半未携行李。堂中尚存夫役二三十人，既无钱，又无米，行既不能，居又不得，纷来寻余，无可设法也。其时李梅庵前监督以提学使兼署藩司（城中大官尚有张总督人骏、铁将军良、张督办勋、署藩司李梅庵，其余皆不知所之），恳其援救，领得百元。当将有家可归者二十余人各给三元遣归。余外籍十二人亦各给三元，分派看守其宿舍中衣物箱笼，监视归束，按照姓名贴记签条，概行贮存大楼之上，共计三百余份，收完并将板梯撤去，以免遗失。惟书籍漫无可考，只能听之。余复将化学堂各斋总门封锁。间一二日到堂省视，如此匝月，而南京亦遂光复。

围城之中，四方消息概无所闻。惟某日黎明，见站岗警察均臂缠白布，头戴操帽（张勋在城，不准戴操帽），知大局有变化矣！余时混名于保安会中，到会始悉二张及铁均于半夜出城渡江而北，惟李梅庵君尚在财政局慎守管钥，静待交替。时主兵者尚未入城，故不知系苏、系镇、系皖、系赣或沪上之军也。城内秩序虽稍纷乱，而尚无抢劫之事，惟满城旗人颜色灰败，随处藏匿。缘有种族革命之谣，故旗营火药库有协佐领数人举火自焚之事，一声巨响，黑焰冲天，墙动窗开，全城皆震。新军误会以为旗兵施放地雷或巨炮攻敌也，约同二三百人冲入旗营，连阵排枪，放火烧屋，不及片时，东城一带明故宫旗营之内遍地皆火矣！妇孺因而自尽者不知凡几。次日，火犹未熄。余三日饭后往观，则都统署尚存二进，余皆为瓦砾之场。妇女成群，露宿乞食。至御河桥下，犹有大小尸体数具未及掩埋。哭声惨状，不忍闻睹，然本地人士寂然莫动于中。盖平时旗民之恃强稔恶，久为人切齿皱眉，怨毒所钟，遂不觉隐隐称快焉。前清二百数十年，既无甚暴之君，亦鲜厉民之政，何以十传而后，亡也忽焉？人心思乱，固为一种原因；而国多游民，不能生活，亦酿乱之根也。衣食难求，幸心遂炽，无所不为，无所不敢矣！如人人足以自养，吾知种族革命、政治革命诸说虽有仪、秦之舌，恐亦无从鼓动也。谓余不信，请征之廿四代之史。

民军既入，各推所尊，有苏军焉，有镇军焉，有沪军焉，嗣孙文用临时总统名义改为政府，始解此纠纷。一班革命伟人，如黄克强、蔡子民辈，或长陆军，或长教育。北伐之声，喧传日盛，有八省联军，有女子北伐队，其中艳史，书不胜书。古谓妇人在军，兵气不扬，民国扫除迷信，固不必以此为虑。

高等学堂为宪兵所据，其总司令即茅汉台君（子贞之次子，春台之令弟），余与有杯酒之雅，托其代为保护。余之住房适为刘誉骧君住，刘前府中学弟子也。见余，请早日检点屋内衣物书本，余次晨往取，无片纸之失，可谓笃念师门，亦近世所希者矣！余闻同儿在沪军都督处，即往沪觅之，晤后遂与同归。路、沄两儿先后由申港来。路自北京闻变，仓皇南旋，时江宁正闭城固守，不能入也。沄于第九镇兵在秣陵关溃散后，偕表侄伯纯偕行，间关返申，知南京破城，始行遄返。余家于鼎革之际，虽略受虚惊，而人口无恙，殊可庆幸！

壬子，五十一岁。余以高等学堂保管员名义，清理器具图书。此次损失以化学堂为巨，白金物件、化学药品以及显微镜等无一存留，其余种种机械亦多损坏。因此屋门窗全系玻璃，无可关锁，兵士视同玩具，随意取携。其次则木器，一切各处宪兵驻扎之处，凡家具悉取于校中，美其名曰"因公借用"，其实则外府视之耳！此犹所谓宪兵，其司令本相识也。若行军所过或占领之地，其能更不骚扰乎！三月，南京政府取消，中山退位，黄克强以留守办理收束。破坏既终，建设伊始，各学校或因或改，内务司主其事焉。胶扰数月，宁垣秩序亦渐次恢复。

癸丑，五十二岁。……改革之初，人心未靖，谋乱机关随处皆有。江宁据长江之险，中权扼要，举足重轻，党人以为严疆，政府视为重镇，故中原多故，恒欲据此四战之区，以联皖、浙而窥山东。项城总统植北方势力，凡南人之居要地者，皆縻以虚位，收其实权，部下偏裨，遂有鸟尽弓藏之感。于是假借名义，随机触发，而众所注目，尤以金陵为形势所必争。适上海宋渔父暗杀案发生，马迹蛛丝，实与项城有连带关系。程雪楼赴沪查勘，一去不归。中元之夕，全城大乱。同时以一师参谋长与说冯之役，有成约矣。而省垣兵变，易服出走，眷属因亦避匿他处。其时张勋之兵已由徐州来；冯华甫之兵亦由浦口渡；更有雷震春之兵，扬州方某之兵（徐宝山旧部），四面合围。湘兵日夜固守，城外炮台时失时复。弹子横飞，当者无幸。所居二十丈外前门则堕入河中，后门则落于悦生公司之草地（击毙一鹤），东则十字街口，西则升平桥（伤毙三五路人），当头乱舞，嗤嗤有声，余初闻以为警鸽，而不知为杀人万恶之凶器也。重埋相限，不能奋飞，鱼肉之身，静待刀俎而已！

八月初一午后，闻张勋前锋已入太平门。傍晚，则庐江试馆前枪声不绝，缘粘有"团本部"字样，故张兵极力攻击也。是夜，远近枪声累如贯珠。次晨，雷军自聚宝门入；冯军自仪凤门入；张之大队由太平、神武两门入；扬州之兵亦由朝阳门入，焚劫之惨，殆不减红羊之乱。午前，湘军率其悍党突出南门，在城楼向内连放二弹，一离余前进屋角丈许，从空炸裂，响如霹雳，瓦碎墙崩，满地铁片计八十有奇，稍迟一秒而炸，不堪设想矣！饭后，忽闻后户有槌击之声，知必若辈行劫，余全家大小由前门启关而出（前后门本皆关闭，用木板长梯顶住），避于屋旁堆积粪草之空场，闻隔墙倾筐倒箧之声，历三钟始静。车夫王二掩入瞰之，已饱掠而扬矣。路恐其复至，引余等避于后门斜对之医院中。受伤之人，纵横满地，兵民皆有，血腥之味直冲鼻观。路、沄两儿归家省视，则橱洞箱开，衣物狼藉，究竟劫去何物，一时漫无头绪。据仆妇（未及出走者）云："来兵皆江北口音，首无发辫。"可见尔时溃兵抢，胜兵亦抢，有辫之兵抢，无辫之兵亦抢也。是夜，全家十三口（除同已至上海）聚于一房，寝固不能有床，食亦不复下咽（院已绝粮，余令车夫将家中余米送去），相对汍澜，继以浩叹！

次日，闻有禁止抢掠之告示，然居民两日以来，十室九空矣！有十余次者，有七八次者，有三五次者，兵与土匪往复循环。家人重返故居，则被褥帷帐之属狼戾一地，细为检点，内子及儿媳之衣饰一扫而空，绸衣固不必言，即布类之小衫裤等亦复一袭无存，甚至两孙之褪裸物亦皆携去，惟余之夹衫马褂等共一小包，误置棉被中者未及搜取。此番虽非寸草不留，然已身无长物矣！指日寒冬，何以卒岁！

江浙联军光复南京纪要

《申报》

【编者按】本篇辑自辛亥十月《申报》，标题是我们加的。

各路民军云集南京前线

昨日(二十九)有民军三千名由镇江开抵高资车站，内有浙兵甚多，俱步行向龙潭进发。其行旅粮食等物，则由火车运往。龙潭附近，闻尚有民军三千名驻扎该处。张勋已派军五百名前来迎敌，现离南京未远。

镇军都督以张勋负嵎自固，苏、浙、浔三处援军云集，电致沪都督，请再续发大宗军火，以资进攻。

张勋各兵在金陵城内任意残杀，各城门尸体山积，居民日夕盼望民军之至。

南京城内粮食将罄，米每石价十三元，猪肉每斤半元，尚无购处。

南京居民愤张兵惨杀，少壮者均结团自卫，与张兵格斗。

长江水提程允和投降后，接受苏都督照会，即日统率水师舰队助攻金陵。

鄂军一等参谋官黎宗岳，已统赣军一万二千人，由大通起程，助攻金陵。(十月初一日)

敢死队赴吴淞汇齐去宁

军攻分府特别敢死队奉陈都督命令,饬调二百名前赴吴淞汇齐赴宁助剿。故于昨晨由董家渡码头雇船以小轮拖带,向吴淞进发。所有该队军服亦由司令部按名给领,全体一式,以壮声容。(十月初一日)

南京前线战报

民军昨日已在南京与张军开战,惟胜负情形,尚未接有确报。

镇宁间连日并无重大战事,张军现已悉数退入城中。

民军昨日拘获张军小轮一艘,截获现银二十万两。

民军大炮昨夜由专车运赴南京。

张兵已无战志,日来惟事搜查民家米谷,居民殊觉不安。

张兵二十八日至龙潭附近,闻民军有大队驻扎该处,即回南京,未与民军开战。

镇江军政府拘获张军侦探多名,三十日晨,已枪毙三人。

民军先锋队于二十八日抵苏,拟再编炮辎两队,须延三五日,编齐即赴镇江前敌助战。(十月初二日)

石头城下之见闻(一)

张军现固守南京,有人乘机器车沿铁路行至离南京十二英里之处,并未见张军侦探踪迹,惟遇民军侦探三名。

昨夜十点半钟,有炮队一队计二百五十人,携带七寸口径之大炮六尊,乘沪宁铁路专车开往镇江,以助赴宁之民军,并有大批军火及现洋三万元,运交镇江军政府收用。今日,上海尚将派军赴镇,又有现洋二万元,运交镇江军政府以充军饷。此项离沪兵士虽无前次之众,而热诚则不稍减,各兵士皆高唱军歌,友人送行者,颇为拥挤。

据昨晚乘快车由镇抵沪之客云："目下两军尚未开战，一二日内或不致有战事。民军先锋队已开出镇江，离宁仅□□英里，沿路山上均扎有营垒，军容甚壮。"

二十八日，南京来函云："城内华人无辫者，多被杀戮。巡警因为张勋兵士所忌，大半潜逃。通西文者，尤属危险。华人离城以数万计。商业停止，城门紧闭，邮件不能入城，故邮局办公因以停止。乡间抢掠之事，屡有所闻。津浦铁路惟有火车一辆，被匪徒截留，搭客行李及邮件等物皆被掠去。"

闻二十七日张军一千人，在高资为民军击退。计南京兵士之可恃者，不过五千人，扎营南门外，地位甚固。若民军于此进兵，殆有不利，能由他路断绝张军之粮饷，则张军将不战自围困矣。

二十九日，南京访函云："南京现仍安静，闻前、昨两日张勋曾派军三千名，开往镇江以攻高资民军。近日招募之新兵操练颇勤，多住三十三标营房之内，该营房前曾为旧军捣毁。有新募之兵数名，佯称搜查革党及军火禁物，即借此抢夺平民之物，后为上官查觉，斩决三名，于是抢匪始稍敛迹。"传闻铁良、张人骏今夜已由日本领事派兵秘密送出南京，此事或确实，盖铁张本无抵抗民军之意也。张勋归降民军之说，据张之友人云必不出此。

昨日有一宁人抵沪，详述目下南京情形。据谓，南京全城大权在张勋掌握，张人骏、铁良已如木偶，毫无权力。全城早已预备，一俟起事，即降民军，但因误递消息，遂致失败。连日离城者络绎不绝，城门每日只开一时，自午前十时始至十一时止。城内米粮大缺，以致米价昂贵。民人皆出城购米，负囊而归。蔬菜之价尚贱。夜间无论华人、西人皆不准出门。张勋已允保护西人及西人财产，且派兵防守西人房屋。据张之兵士云："张欲出城迎敌，各兵士皆不欲战；拟民师至时，即将降伏。且今能用之军，只有四五千人，其余一万人，悉系新募之兵，勉强成军。"传闻张勋运洋一百万元至浦口，以便官军败北时，作为逃资，该款乃张于藩库中所得者。城内西人邮件，由英领事收发，因英领事得有张勋护照一纸，可以随意出人，惟每日仅收发一次耳。城门口景象甚为凄惨，曾见一兵士拘一民人，裂其所负之米袋，使米散于地上。又见一商人之妻及全家皆人城矣，而商人则被闭于外者。目下商业已完全停止。传闻张人骏曾泣求张勋弃城而去，且谓城中兵少粮乏，力不能抗拒民军，今照此办法徒使数千民人受不可言喻之苦耳！南京西人一般舆论，对于张勋，不以张为忠于清廷之臣，惟以张为盗魁一流人物。现张勋虽坚守城门及以物堵塞火车出人之门，但并不预备受围之举云。（十月初二日）

上海要闻之一

前晚由水巡队小轮拖驳船四艘，满载枪子炮弹及各种军用品开往苏州，交程都督转解镇江以济军需。

前日下午，火车抵沪时，见有南京来之狮子山炮兵数名，臂上均系白布，想已投顺民军。

吴淞招来之决死团五百名，暂驻南川虹路消毒所芦棚内，每日由队官李君吉霖带领，在陆家庄空地上操练，一俟练成劲旅，即当开往前敌。（十月初二日）

南京民军初战得胜

民军进攻龙潭，甚得手。张勋派来迎战各兵，已纷纷投降。

南京民军已与张勋约定于初二日大战，以决雌雄。

民军与张军于三十日在龙潭激战二小时，张军即被民军击退，回宁死守。

镇军司令部据侦探报告，张人骏已派戈什四人往沪请李佳白博士来宁，商量议和条件，已于今日过镇。

南京粮饷尚足，惟银钱缺少殊甚，张勋强令铜元局日夜赶铸，各工匠星散，遍觅不得。

张勋以苏、浙、皖、赣大兵云集，势必不支，密派亲信弁勇多起潜至京、汴、鲁三处乞援，并请接济饷械。

张勋现派亲信，将现银十万秘密运沪。

张勋所派王李二营官，在清江、扬州招得军队八百人，现为江北军政分府截留六百人，驻扎二郎庙西化荞所。

苏州程都督今日出发，军容甚盛，拟暂驻丹阳，料理进征事宜。（十月初三日）

大队民军过沪赴宁

前日有大队民军乘船过苏州河，闻将先赴苏州。昨晨七八点钟时，复有大号民船十五艘，满载军火，由制造避用小轮四艘拖过苏州河，船中并载卫队甚多，大约将驶至租界之外起岸，由火车运往镇江。

数日前抵此之民军，大半已开往南京，大致今明两日必将开战。现有小巡洋舰七艘、灭鱼雷艇一艘、鱼雷艇二艘停泊镇江。（十月初三日）

石头城下之见闻（二）

初一日晨，民军续派军队，携带大炮军火，乘火车向南京方面进发，约计初二日可行抵长江南三十里之孤树山。

外间咸料张勋必不守城拒敌，将率其部下之山东军队渡江至浦口，向北方进发。

张勋兵队军火粮饷甚形缺乏，而民军则极充足，且携有最新式之六寸口径与三寸口径之巨炮，此皆张之所无也。

有某西人自宁来沪，谓初一日曾在民军阵前观察一周，民军之纪律与择地之审慎，令人惊服。

民军于一星期内其全队皆可开抵南京，但未曾完全预备之前，必不轻出攻击也。

民军曾传令不准杀戮无辜满人，其降服者皆免死，但张勋被获必须处以极刑，以治其杀戮无辜之罪。

江防军闻张勋粮食军火将罄，均无战志，愿顺民军。张勋近日派人搜查甚严，闻已杀劫二人。

沪军政府以张勋负嵎甚固，而宁垣地势又依山环水，高而且坚，攻城时如专用大炮，不但虚靡子药，并恐伤及平民。现正赶制气球数十具，以便届时窥伺敌兵聚集处所，施以最猛烈之炸弹，以期早日荡平。

张勋兵在南京城中并不作出战计划，惟日以杀人为事。有移徙出城者，非特箱笼行李不能携出，且并身穿棉衣亦皆夺去，惟单夹衣则一律不取。昨有自南京来者，身御夹衣三层，出城时幸未被夺云。（十月初三日）

民军首脑电商大计

上海陈都督通电："各省军政府都督鉴：今日据镇江林来电称，'张寇东窜，势颇猖獗，赖苏浙援兵并集，海军亦陆续归顺，兵力加增，恃以无恐'。又徐绍桢来电称，'苏军已饬由白兔镇开赴句容扼守；镇军驻高资一标，拟即开往龙潭；浙军炮工辎重队昨已开赴高资，步队稍令休息，亦即前进。张寇有向高资之说，然不足虑，并闻该敌有十三营屯驻浦口'云。又江北都督来电，'各省独立，强半告成，若无统一机关，恐起外人干涉，亟宜各派代表赴沪组织临时政府,大统领一席非孙中山莫属'云。又鄙意以北京未下,大局难平,拟组织联军共谋北伐,现定蜀、湘、楚为第一军,由京汉路进行;宁、苏、皖、浙为第二军,由京浦路进行;闽、粤为第三军,由海道进行。除由昨日分电闽、粤两省外,合再电闻,以便准备。惟今晚得福州电,知该处业经承认矣。又张季翁久孚众望,洞悉淮盐,敝处公推为两淮盐务总理,顷已电请赞成,但未得复耳。尊处近状如何?亦乞电告。沪军都督陈。勘。印。"

镇江联军陶参谋致武昌电:"顷闻各省都督公举程雪老为陆海联军总司令长,同人欢跃。惟军政宜于统一,既举程则徐固老即应取消,信任徐则程雪老无庸另举,决无调停两可之间。此次攻宁联军,我江浙两省精华全萃于此,万一司令意见不一,致多未便。事关大局,务祈迅赐裁夺,公认总司令一员,无任迫切。骏保叩。"

镇江联军徐司令致杭州电:"都督汤、司令官周鉴:两电均悉。联军总兵站已派李厚禧、陶逊充总副监,分兵站已派温佩珊、杜纯、游捷充总副长,尊处今日续来军官已由朱支队长派驻镇站,专管浙军后方勤务。此间进兵计划已定,一俟兵械齐集,即行攻击。贵省派来军队,武勇沉着,定建奇功,又承加派步队,感佩之至。此后有电寄分站转为荷。桢。卅。印。"

浙司令部致镇江行营电:"镇江联军司令官徐、都督林、浙军支队长朱鉴:续派步兵一营赴镇,本晚宿上海。特闻。浙军政府。周。东。"

上海兵站致杭州电:"军政总司令官周鉴:增加队已昨晚九时运镇,随带枪弹五十万、炮弹四百颗、背包一百五十六个、地雷步枪亦照数带往。沪兵站部叩。"(十月初三日)

南京前线将有剧战

苏浙攻宁联军已向宁垣包抄,现距城仅十余里,今明必有大战。

连日天雨,民军进行稍迟,故至今日犹未开战,预料今夜(初三)必有战事。

民军司令处已由镇江移至高资。民军前锋队现驻扎龙潭。

苏州派往援军并未过镇,径赴句容,现向南京进发。

有军舰七艘列于大河口至栖霞之间,以防江岸敌军。

程雪楼都督率队援攻南京,闻已行抵句容。

初三晚,汤都督又派八十二标二营拔队赴宁援剿。(十月初四日)

石头城下之见闻(三)

民军大队到龙潭后,并未前进,拟待兵舰十艘开抵此处,庶可受其掩护,沿江进行;而兵舰则须待大炮及军火解到后,再行启碇。

据闻张勋颇不愿闻议和之言,大约将与城俱尽矣!

张勋于紫金山上派有侦探,并派军多队驻扎浦口高处。

南京城内之军火,大半或锈或损,大炮能用与否,亦不可必。

南京城内现已停止杀戮无辜学生,红十字会亦由张勋允为保护。

张军现已割断沪宁铁路之电线,且拆毁太平门附近之铁路(离南京铁路尽头约十五里),以期阻止民军进行。

昨日,上海民军照会英国官员,请令南京城内英国居民悉行离城,因两军开战在即,不如于未攻城时预先走避为妥。

总司令徐绍桢已令进攻南京之军队预留一门任张军逃出,俾四面攻击时,张军不致抵死抗拒也。

张勋欲向北方而进之说,甚属确实。上星期日,曾见张勋之箱件甚多运出城外,向江边而进。据确实消息,张勋可靠之军只四千人,且大半已派往浦口,故南京毫无可以坚守之望。

据南京逃兵言,铁良因见金陵大局难以挽回,粮食军火又将告罄,而民军四面进逼,故已于上月三十日潜逃。

初一日,又有张兵四十余人自南京逃至镇江,均愿投降民军,该处军政府恐系奸细伪降,尚未允许。

南京原定初二夜开战,总司令徐绍桢已于是晨乘火车由镇江开往战地,机关车后拖一大车,装载大炮多尊,闻拟置诸紫金山,以遥制全城。(十月初四日)

沪浙等处民军续开前线增援

初二夜,复有军队六百名由沪开往镇江,其军火悉由小轮运至租界外上车。

初一日深夜,杭州又有军队五百抵沪,闻军中有一士官被兵士在嘉兴枪毙。因该士官行至该处欲图脱逃,为军士所觉,即行捕获,且恐其泄漏军情,故开枪毙之。(十月初四日)

海军助战

南京下游江中,现有民军兵舰来往巡弋,对于某国轮船一艘尤为注意,闻该船载有大批军火,欲图驶近南京接济张勋。

初三下午,有巡洋舰两艘悬挂民军旗号开往南京助战,一为两支烟囱,近在日本定造者;一为福州旧舰。(十月初五日)

民军续到援兵

昨日沪宁铁路并未有兵开往镇江,闻今夜杭州复有军队派出,广东派来之兵将先赴杭州,然后取道上海开往南京。

据初二晚由镇江乘快车抵沪之搭客云,伊等于下午三时离镇,尚未闻有战事消息。(十月初五日)

呜呼可怜之京师

自张勋盘踞南京后，部下肆行杀戮，死亡枕积（藉），惨不忍闻，其无辜被害者尤不可胜数。驻京外交团近得上海各领事之报告，以为虽未焚烧街市，而杀人如草，肆行劫掠，实乖人道主义。由外交团会议后已公送照会于清外部，略谓此等惨杀之事，若再演一次，各国将群起干涉云。（十月初五日）

民军攻克乌龙幕府二山

攻宁沪浙联军合力战退张军，初四日占领乌龙山，初五日占领幕府山。

民军预定先攻孝陵卫，以占形势。

程都督亲诣高资犒军，军气大振，现已行过龙潭。苏、沪、浙三军即日会师攻宁。

苏军都督程电："汤、陈都督鉴：全昨到镇，会林接洽，外间误会大可解释。随即赴高资大犒军，并与固卿面筹一切，各军踊跃向前，甚为嘉慰。昨日沪浙两军已进领乌龙、幕府两山。今日苏、浙军前敌愈近。全已电嘱固守稳攻，毋示轻忽。并慰注念。全。微。"

旅沪宁人电："镇江总司令部徐鉴：南京遗黎，日居涂炭，仁望新军，如解倒悬，请速解救，拯民水火。江宁旅沪同人叩。支。"

镇军都督电："各报馆鉴：沪、浙军队昨已占领乌龙山，即当进据幕府，且水路已有军舰多艘协同攻取。乌龙、幕府为金陵门户，我军占此，既获优势，金陵早晚可下。镇军都督林述庆。"（十月初六日）

某君劝降一夕谈

张勋旧邻某君，赴宁说降未成，故民军欲不流血而收复南京，已属无望。

　　某君抵宁后，即约铁良之传令官杨某于下午六时相会。五点三十分钟，张勋派车接某君至署。晚膳后，乃委宛进词，与之纵谈竟夕。不意张勋秉性顽固，毫不为动。嗣后，磋议再三，张始提出要求四款，民军若能照行，始允息兵议和。一、仍用阴历及宣统国号；二、彼所治下各地之白旗一律收去；三、民军现时占领诸地均须退让；四、民军抱战志者不得入其境内。

　　张又自谓有大军二万人，皆万众一心，忠实可用，故绝不畏民军之进取。且谓武昌已由官军克复云云。大类梦呓，令人失笑。

　　张并大骂伍廷芳为中国之叛徒，对于清廷太无良心。而我则系正直之人，必当尽忠清廷，出死力以与民军一战。

　　其余种种夸大之词尚多，某君知其非理可喻，而提出之四款，又大有独霸一方之意，故遂不复与言和事。翌晨，即告辞而出。

　　且闻张勋又谓张人骏现在署内，若非奉有彼之命令，断断不能出城；铁良虽系将军，如果抗不从命，私愿退让，亦当杀之以报清帝云。（十月初六日）

剧寇负嵎记

　　张勋现于江北浦口增加防兵，赶筑炮台，并于紫金山上安放十二生的密达大炮四尊。

　　张军现雇沙船十六艘，上置快炮，时时准备以为调运军队之用。

　　张勋又于狮子山上安放新式大炮一尊，以拒民军。

　　前日张勋出示，凡非清军一方面之人，如其藏有军械，均限于二十日内缴出，盖恐有民军密谋内应也。

　　现在，城内店铺恐被防军扰累，仍未开市。昨日，张勋又出示，勒令开门，愿为保护，并担保西人平安。（十月初六日）

民军续开前线

开抵南京之民军，不下一万三千人，苏军都督程则亲率军队二千人，前往战地督阵。

民军大队已开出龙潭以外，驻扎于南京以南之各小山。

民军刻尚按兵不动，大约须待上海制造局预备之大炮运抵该处，然后进攻。

现停泊镇江之各兵船，亦在预备向上游驶行，与陆地军队协力进攻。

据南京陆军中人谓此间乱事起后，凡事皆听命于袁世凯。某标统亦谓彼等均在袁之部下。上海李佳白若游说袁世凯，劝令息战，南京战事自可消弭，至如张勋则非其人也。

前夜七点十五分钟，上海复有军一批由沪宁铁路开往镇江，开车之时，爆竹声不绝于耳，民军卫兵列队月台，每一车过辄向之欢呼，并有人脱帽挥巾以志敬礼者。该军系吴淞炮台之常备军，数约五百人。第一辆车为客车，载士官及传令兵。其余兵士皆乘货车，内铺稻草，共车二十四辆，中有九辆满载军火，尚有数车载有煤斤，预备接济镇江军舰者（该处现泊有大小军舰十二艘）。迨路过苏州时，复有军一批登车同往，计攻宁军队现共有一万八千人之多。（十月初六日）

上海都督府电书一束

吴淞姜国梁来电："宝亨船载军火向长江上驶，派登瀛洲、飞霆开轮追赶，以无尊处命令不肯遵行，现只得请电江阴、镇江各路截留，或由尊处派一雷艇拦截，乞夺。姜国梁叩。歌。"

沪都督致江阴、九江、镇江军政分府电："宝亨轮船私运大批军火由沪上驶，速即截留电复。沪军都督陈。歌。"（十月初六日）

女子敢死队出发

李燮和总司令又于前日派出吴淞军政府中女子敢死队五十名,驰赴金陵助战。闻此队女子勇猛异常,一洗柔弱之习。又闻该队以攻取金陵为目的,故又称为"荡宁队"云。(十月初六日)

乌龙山报捷电文

李司令接到龙潭来电三则,照录如下:

吴淞光复军今日午(初四)已占取乌龙山,特报捷,请宣布。黎天才。支。

初四午后三时,浙、淞光复军已占取乌龙山炮台,未伤一人。即夜进取幕府山炮台,南京即日可破。谨闻。桢。支。

浙、淞光复军今午(初四)已占取乌龙山。浙军支队长朱。(十月初六日)

各路民军会攻南京

初四晚,浙军得乌龙山。初五早,广军得幕府山。张兵二千人尽数溃退。

初五日下午,占孝陵卫,得大炮两尊,民军仅伤两人,张军死四百余人。

昨午(初五)民军进攻南京,击毙清军统领王有宏。张勋率兵二千人出城剧战,仍被击退,民军大胜。

紫金山已被民军围困,即可得手。现徐司令带大兵进逼麒麟门,南京指日可破。

今日(初六)苏军独攻雨花台,镇军后队亦进。

徐宝山带兵攻打浦口,海军全队在下关攻击狮子山炮台,兼攻浦口。

浦口下关交通已断。

宁垣连战三日，浙军广军尤为勇奋，争趋前敌。

顾忠深（琛）率兵五百人进攻仪凤门。

张勋以粗石泥土填塞下关城门，阻拒炮火，现民军将用火车头前往撞击。

昨晚（初五）水西门大火，焚烧四点余钟，始熄。

今晨（初六）又有大队民军由火车运往南京，合师进攻，并有大批军火于午后运去。

杭州、绍兴、余姚、宁波等处集成大军一万人，由汤都督亲率往宁助战。（十月初七日）

联军总司令部捷报

初五日徐司令捷电："驻吴淞军政分府总司令李转各报馆鉴：联军昨午后占领乌龙山炮台，乘夜直捣幕府山炮台，今晨已经占领。张贼所部悉数击散。当以浙军进取麒麟门。今日正午，有敌军二三千出城，我军迎头痛剿，敌兵伤亡不少，余敌纷纷逃溃，我军大获两胜，即占领马群、孝陵卫一带，进逼朝阳门。敌军伤亡无数，苦于尚未得详报。我军仅伤两兵，现计划分路攻城，谨此奉闻。徐绍桢。微。"

初六日徐司令捷电："陈都督转诸同志、各报馆鉴：微电告捷，想达览。据获虏供，此役张贼自率五百人，王有宏率五百人，胡镇率五百人，赵会鹏率五百人，均经我军击败，死伤千数百人。王有宏被弹毙，确否未可必，惟其坐马确被我浙军所得。又闻此次张贼出城，悉将其兵所掠银元搜留城内。现我军已占领钟山东面及孝陵卫一带。只有少数敌兵，在近城边仅有小战，即日调集各军分攻各城。谨再奉闻。桢。鱼。"（十月初七日）

会师攻克金陵之先声

吴淞军政府派出会攻南京之光复军三千人，昨已占领乌龙山，近逼南京城。捷报至沪，李燮和总司令决计亲往南京督战，以振军声。又派人即日至湘鄂两军政府，催借饷银二百万来沪。俟南京攻下，即将吴淞军政府移至南京，招募新兵，凑足二万人，训练精熟，与各省会师北伐。

苏军程都督亲征张逆，带马炮兵两大队、宪兵一队、大炮四尊，军纪森严，沿途见者莫不欢跃迎之。

苏军全队已抵句容，现拟于大军进取南京之时，由三汊镇过湖熟镇（三汊距南京城九十里，湖熟五十里），顺流循秦淮（秦淮系西流，故西向宁垣为顺水）而下，直进高桥门，攻取金陵之通济门、南门、洪武门。

徐宝山军原为攻取浦口之用，现徐尚按兵未动，拟俟大军开战期间，察看时机，不难一鼓下之。

徐宝山以十二圩盐贩皆为寿州帮，寿人勇悍无匹，并熟悉皖北形势（过浦口即入滁、泗、凤三州地），欲断张勋浦口一路，非用寿州兵不可，刻已亲赴清江招募寿州军队。夫张勋兵士举动皆极蛮野，以蛮敌蛮，亦行军之善策也。

闻皖省已派兵一标，由芜湖进攻南京下关；一方面赣省亦派兵一千人，由广德进攻南京秣陵关，再进据雨花台。两省军队业于初二日开拔前进，并发电报告联军司令部接洽。

初二夜，有广东民军由沪开至高资，统带黎天才禀奉总司令命令，于当夜二时，由高资直赴龙潭，军容整肃，共有一千五百名。初四日占领乌龙山者，即此军也。

湖北所派黄陂民军一万，已抵南京交界之太平府，前日特派代表到镇,筹商会师进攻之策。

沪宁火车昨日又运浙江敢死队四百名行抵镇江,领袖者系一女国民军,闻即前时率敢死队一千人规取杭城者。

沪军亦派女敢死队五十人亲往前敌,与张军一决生死,该队一洗柔弱之气,大有奋勇之观。人心如此,不易得也。

镇江民军愿入决死队者颇多,现人数已达千名,即日开往杀敌。

徐总司令因杭州兵一千二百名、广西兵三千名坚欲开赴前敌,故已向龙潭进发。

第九镇之三十三、四标兵留在高资护卫大营者,亦争直前敌,并称十八日一役身无子弹,尚且奋不顾身,由秣陵关前进;此次子弹已充,誓必争先与张勋决一死战。即此可见民军踊跃之一斑。

民军前锋队已抵栖霞山(系上元地界,即孤树村站附近之山),携带枪炮军火甚多,军容亦异常整肃。

民军离城只有十余里,屡向张兵搦战。张但困守,不敢轻出。

张勋刻已移驻劝业会场指挥军队,其城北一枝园寓内系属疑兵之计。并闻张勋已约铁良守城,而张则专管战事。据此以观,张或出城一决胜负,未可知也。

镇江现有炮艇八艘、鱼雷艇两艘、灭鱼雷艇一艘、远送艇一艘,游弋江面。(十月初七日)

剧寇负嵎记(续)

张勋兵士现在南京附近各山赶筑炮台,城内之兵大半移扎城外。

张勋派兵二千出城,以期抵拒自镇赴宁之民兵,但此项兵队毫无精神,闻其精锐之师皆留于城内,以资防守,然人数亦不甚多,未必足以守卫团团一百余里之巨城也。

城内以北极阁为主要之地,预料两军将于孝陵卫附近之山地大战一场。

闻张勋系袁世凯旧部,前日已派人由徐州晋京,请项城指授机宜,故目下尚坚守不肯应战,大约张怀芝或姜桂题必有一军南来也。

张勋昨又派兵二百五十人携带机关炮驻扎紫金山上。

城中舆论咸谓一星期内或不致有战事,惟张勋顽抗不愿投降,宁城必不免一场大劫耳!

又闻紫金山上曾查获民军侦探一名,据谓拟窃去炮上机关者。

英领事昨夜发出通告,谓接上海英总领事来电,民军政府已照会领事团"旦夕将攻南京,故请南京领事即速离城"云云。现已定期明日离城。城中美人十余名一律移住下关。(十月初七日)

民军攻克雨花台紫金山

雨花台、紫金山二处昨为民军占领。今日(初七)又得北极阁、狮子山、老虎山,并攻破太平门、仪凤门、朝阳门、麒麟门。

狮子山炮台为幕府山民军大炮轰毁,张军炮队全溃。

民军大队连开大炮,遥轰北极阁,舰队亦在下关江面并炮助之,遂得手。

宁城北极阁一带及督署左近均有大火。

民军已在北河口安设炮台,张兵投顺甚众。

今日(初七),吴淞民军规取狮子山;太平门亦为苏浙军所占,南京今晚可下。

南京城内商店铺户遍悬白旗,预备欢迎民军。

北极阁大营被毁后,张人骏、铁良已逃赴日领事署。

民军粮食军需,已可由火车陆续运进城内。

此次大战,民军约死伤三百人,清军则死伤三千五百人。

红十字会火车被清军炮击,会员大愤。(十月初八日)

战地点滴

幕府山炮台已为民军所得,该炮台为南京城外最重要之门户,山上架有巨炮,足与狮子山炮台遥制南京全城(狮子山炮台半在城外半在城内)。

紫金山亦在张勋之防卫中,已被民军围困,尚有民军一万名在某处轰击城垣。

民军既得幕府山后,即在该处炮台开炮猛轰狮子山。

民军系分三面力攻:一攻幕府山;一攻雨花台;一攻清凉山,而海军各舰又在江面助之,故南京全城已在四面楚歌之中。

张军在狮子山设防甚固,因此山炮台可以遥制江面及下关口岸,实为全城最要之地。设此炮台果为幕府山民军轰毁,则民军已为全局之主人矣!闻巡洋舰炮艇等,均力助陆军攻击狮子山。

北极阁已在炮火之中,附近一带均有火起。

由西面攻城之民军已进逼太平门,该门系在皇城之东,洪杨之役,亦由此门入城也。

张人骏星期六日尚在督署,铁良则在北极阁,现此两处恐不复能居矣!

清凉山附近战斗甚烈,张军初获小胜,及初六日民军猛进不已,遂将张军逐退。南京各炮台,炮声不绝。

初三晨九时,张勋曾运来福枪五百支前往浦口,闻张勋不欲保守南京,将率精兵与民军鏖战,夺路逃往北方云。(十月初八日)

上海要闻之二

沪军都督陈君以金陵业已调兵攻剿,所有沪军新招之第一标、第二标自应出发，即着该二标各派一营，炮队亦派出一队，辎重、兵工二队亦各派一排，迅即赴宁助剿。闻该二标拟于初十左右由沪出发，是以一标二营各兵士之军服已于前日发给。

吴淞李司令来电："迭接镇江电，淞军已占乌龙、幕府二山，降兵甚众，急需款三万两，请即刻筹备，俾便领解。淞军李。"

江浙联军徐司令来电："陈英士都督、李征五总监鉴：浙江急电七米立九枪弹，请火速运一百五十万到龙潭，交龙潭兵站转交，立盼。绍桢叩。"（十月初八日）

前线民军再捷

初七日，浙军攻入金川门；徐绍桢率兵攻入麒麟门；顾忠琛攻入太平门，三军皆获全胜。

太平门已被民军轰毁，城内巷战甚剧。

民军炮舰八艘，初七晚驶抵下关，预备开炮轰城，已照会各国兵舰于二十四点钟内移泊上游。

民军舰队已于昨晨十时开炮遥轰狮子山炮台，城内有多处火起，北极阁大半被毁。

民军在幕府山用大炮猛击狮子山，竟日未止。

两军在幕府山、狮子山中间剧战，张军势渐不支。

昨晚又有野战大炮两尊，由沪宁火车运往前敌，轰击城垣。

（十月初九日）

镇军林都督捷电

我军初六晚进攻朝阳门，大兵俱集城下，杀敌甚多，我军损伤甚微，夺敌人快炮六尊。现正勠力攻城，指日宁垣可下。林述庆。虞。（十月初九日）

战地消息

初四日,联军大队聚集于朝阳门之外,分作两翼:以左翼攻南门(即聚宝门);以右翼攻太平门。

初五日浙军攻占麒麟门时,有敌军一千人被民军击退。翌日,张勋复派军出攻,鏖战三小时之久。因张军进攻颇猛,民军失炮两尊。民军继复死战,卒将失炮夺回。

当时张军虽携有大炮四尊,然卒为民军击退,民军开炮轰击,直至夜深始已。

民军左翼以苏军居多,攻得雨花台后,即开炮轰击洪武门,清军回炮击之,民军约死一百人,清军死数未详。至初七日晨,见清军已弃洪武门而走。

民军右翼以吴淞军居多,聚于幕府山之后,由该山轰击北极阁炮台、制台衙门、将军衙门及明故宫等处。是役系用二十四生的米达大炮轰击,其势极猛,故城内损失必甚巨也。

初六日,民军舰队驶至乌龙山炮台之下碇泊,即预备开炮协助陆军轰城。下午,有日清轮船公司之小轮一艘,为炮艇流弹所中,颇受损伤。

幕府山炮台在长江下游六里之遥,初五日即为民军所得。闻事前已先布置妥帖,故临战时并未抵抗,民军一鼓下之。

初七日,民军复得紫金山,至此,城外全境已尽入民军之手。

初五日城外开战时,清军死伤甚众,闻清军临战毫无斗志,一闻炮声,大半弃械而逃,而死者已千余人矣!

初六日,自上午八时起至十二时止,两军在幕府山与狮子山之间互相轰击,卒被民军将清军击退。

清军在某炮台开炮时,并不测定炮准,随意乱放。闻此项炮兵亦已表同情于民军，只因若不从战，张勋必将杀之，故为此掩饰耳目之事。

浙军进攻麒麟门，均由龙潭、东流而进。苏军则沿淮进高桥，复由外城根联合浙军、沪军攻克孝陵卫，直入朝阳门。计共歼贼二千余人。

民军于初六日黎明攻克雨花台炮台后，即分派精锐攻城。因南城过坚，且民居过稠，诚恐玉石不分，遂抄至下关，攻克威（仪）凤门。是役均用野山炮轰击，其势甚猛。

广西济军初七日由龙潭奋勇前进，皆赤足草履，精锐异常。

镇军林都督初七日督率镇军由镇江出发，开赴龙潭前敌。

长江水师炮船共二十二营已均归顺民军，惟金陵营未降。初六日，该营参将入城请领军饷及军装，张勋指为骗取军装，喝令逐出，于是金陵营亦全队开至镇江，与民军联合矣。

初六日下午，镇江又有兵轮四艘开往江宁助战。

张勋手下可恃之兵只数百名，现均驻扎北极阁，携有野战炮数尊。惟其城外兵约有五六千之多，然皆系新军，非可战之师也。此外尚有兵五六千，则已派至长江右岸之浦口，大半亦系新军，故南京不难垂手而得。

民军既得幕府山、狮子山后，查得山上尚有大炮数尊，但皆系十年前之旧物，已不可用。

张勋部下无能开炮之人，故悬重赏，招外国炮手助之。

民军此次往宁，携有新式大炮甚多，拟分置于城内外已得手之各要地，以为防卫。

镇宁之间现有民军近三万人，内有马兵一大队。

南京镇江间之火车，现在专为民军及红十字会所用，然自初四晚起至初七晨十时,并未见有受伤兵士运出,则民军得手之稳速可知。

攻宁军队内,有本拟开赴汉口助战者,现已奉命回至九江向汉口进行。因南京之兵已足,不须再加兵力也。(十月初九日)

前敌电文两则

联军总司令徐来电:"浙军连日苦战,两昼夜眠食两废,虽大获胜利,直扑城下,仍苦炮阵缺少,未易遽下坚城。务恳我公特饬制造局配造七生五管退炮开花弹一千颗,交浙军兵站运交战地,以资接济,大局幸甚。桢。虞。"

镇军都督通电:"今日我军攻据南京城,毙匪无算,我军伤亡约四名左右。紫金山、雨花台现已占领,太平门、北极阁为我炮队轰毁,克日可以收复金陵全部。镇军都督林。麻。"(十月初九日)

民军炮轰总督署

昨日民军攻克朝阳门,张兵死三百人,降者颇多。

浙军力攻狮子山炮台,克之,现以巨炮轰击皇城。

海陆军联合轰城,聚宝门城垣已毁去一角。

南京督署因受炮火,焚烧五点余钟,全部尽毁。

张勋将逃,拟率部兵北窜,民军已知照江中舰队及象山、焦山各炮台,与会攻六合之扬军一律堵截。(十月初十日)

南京战地目见录

浙军朱指挥官奉总司令命令,由麒麟门前进,闻有大队敌兵埋伏,乃直前攻击。敌军编制本系混合成军,以胡麟(令)宣所统徐州防营为第一线;王有宏所统新军防营为第二线;赵会鹏所统宁防营为第三线;而张勋则自率江防营为第四线,共七八千人。于午前十一句钟开战,浙军奋勇异常,其时西北风大炽,我军皆逆风而进，战至五六句钟之久，敌军大溃，我军分路追击，至夜半始休息。敌军共死二千余人，其余四散奔走，逃回城中者甚少。此为中路进兵。

苏军由句容奉总司令处命令向淳化镇前进，分二百人佯攻雨花台，忽进忽退，以分贼势，此为南路进兵。此乃初五日之战情也。

初六日破晓，张贼率奋勇队四千人，旗兵亦出奋勇队一千余人，袭攻浙军。浙军防御甚严，闻警即起而迎战，先取守势，既而变守为攻。炮兵发弹尤准，每弹发出，敌军必死数十人。战至日中，贼始不支，四散而溃。浙军急进午饭。其时，有敌军敢死队约二百人，见浙军休息，乘势袭至炮兵阵地，夺取散炮，势甚猛厉，已有炮数尊被敌军拽绳而奔。我军炮兵只有数人，立开数炮；步兵闻炮声，知有变，即前往救援，奋力将炮夺回。午后又复激战，至下午五时，敌军退至孝陵卫。我军一面往攻，一面分兵夺取紫金山炮台。敌军在孝陵卫者见势不敌，即纵火焚烧民房，火光烛天。我军奋力追攻，直至朝阳门下。攻紫金山之兵队亦激战多时，夺取敌之山腰大炮三尊。时本拟攻入城中，继因大战两日一夜，兵士疲倦不堪，乃暂退至马群屯扎。当日并有镇军一营随同浙军助战。

当我军奋攻孝陵卫时，有旗兵千余人服苏军军衣由侧面向浙军攻击。浙军因其服装与苏军相似，不肯还枪，先用白旗招展，令停止放枪，继吹停战号。而旗兵不应，放枪如故。浙兵心始疑之，然死者已有排长二、管带一、兵士三百余人。遂一面派人至总司令部报信，一面挂红旗宣战，敌军见宣战，相率遁去。而总司令处闻信，即派参谋史久光君率宪兵数人前往战线侦察情形，乃至半路，为张勋败兵排枪所击，史君及宪兵排长某均中枪阵亡。

是日，苏军至淳化镇，遇张兵五百余人，击退之，即进屯上方门,闻沪、浙军皆获胜,对于雨花台乃改佯攻为正攻,垂手而得此险要。

幕府山炮台既恢复,即由山上用巨炮轰击北极阁、富贵山、仪凤门、太平门等处,舰队佐之。北极阁炮台初亦还炮相击,继而大受夷伤,太平门城楼被毁。其时民军所以未攻狮子山者,以该山炮台兵士已受我军运动故也。

是日,济军原拟急攻仪凤门,并夺狮子山炮台,因兵力不富,因而未果。总司令处已加派镇军两营前往协助,该兵已连夜前往,俾一到即可进攻。

镇军本有两标在前敌,以骑、炮兵组织未完,未能独立作战。本日,由刘协统自带机关炮、野炮多尊及马队两队,由火车运至龙潭,已奉总司令部命令,率同明羽麟(林)所带镇军一标,于初七早会攻朝阳门。该军见沪、浙、苏诸军如此奋勇,深以迟到为憾,赴战情形,异常踊跃。

初七日,联军总司令徐绍桢亲率浙、济两军由麒麟门攻入太平门,张勋兵死二千余人,统领王有宏、徐州镇胡令宣均被轰毙。民军死伤六百余人,内济军二三百人。闻红十字会员亦死多人。

狮子山、紫金山等处炮台,初七夜停炮内应,现均已为民军占领,险要各处,大半已定。

闻苏军进城时,与张军激战甚烈,业已将敌击退,乃乘势前进,讵至半途,误践地雷机关,有数百人竟被轰毙。(十月初十日)

上海要闻之三

昨日由吴淞调来陆军一标,服装与美国兵相似,下午即坐专车,开往南京助战。

沪军一标二营管带柳海斋因奉陈统领命令,速领所部四队各

弁兵前往金陵助剿,故于昨晨七时率领全营前、后、左、右四队弁兵前往龙华空地操演阵式,闻明日即须赴宁。(十月初十日)

联军围攻南京城

联军分三路入城,朝阳门、聚宝门均攻克。

南京全城已有十分之八光复,张勋率残兵退守一隅。

初九下午一时,磨盘山民军与狮子山张军剧战,民军开放开花炮,甚为得手。

张勋将率兵逃浦口,民军舰队已向浦口开炮力攻,阻其归路。

驻宁民军司令部因闻鄂事紧急,已分兵舰五艘迅速驶鄂援助。

据昨夜自镇抵沪之客云:"南京仍在争战中,城可必下,因民军已得周围之各高地也。"又一客云:"张勋与其部下之兵士在北极阁被民军逐回,闻已偷渡过江前往浦口。"

星期二夜两军剧战,至夜十二时始止,而炮弹炸弹之声,镇江亦能闻之。南门曾有大战,现北门亦在开战。昨晨,有民军伤者二十人载至镇江,日间未接确实消息。

昨日,本埠教会机关部接电,谓南京诸事安静,昨夜抵沪之专车并无受伤兵士,亦尤由南京抵沪之西人。昨日得某领事来电,谓南京美领事已将办公处移入下关美孚洋行,英领事避入江中某趸船,但日领事仍在城内。柯去伦博士于星期二日自宁抵沪,谓清军当时仍守紫金山。狮子山之炮兵,急欲降伏民军,故所开之炮皆不取准。闻张勋曾杀炮兵两人以儆其余,每炮兵后有两兵士荷枪监守。星期日夜,南门外曾有战事。是夜,旗城有火起。(十月十一日)

南京战地点滴

初六日,南京访函云:"张勋健将王有宏奉命往守某门,讵王竟率新兵纷拥出城,正在马上以望远镜察看地势,忽被民军一弹击中腹部,登时殒命,其部下之兵五百名旋为民军围困,逃出者仅十七名。"

两军今在朝阳门大战,昨日离城尚有九里,今日离城已不及三里。

张勋之兵可用者仅有四千人,故战事断不致延久,南京不难即日克复也。

狮子山之战并不剧烈,两军均未用全力,开炮之时取准极慎,以免彼此受伤,闻因该炮台炮兵已与民军表示同情也。

张勋新募之兵五百名驻扎城外者,刻已降顺民军。

初八日夜九时,有民军一千人携带大炮五六尊往攻神策门,因该处守兵较少也。是时,清军大队适在朝阳门相近,守门之兵得城上驻军及狮子山炮台之助力,与民军交战颇久,直至初九日六时,民军始暂时收队。是役民军兵舰亦合力轰击狮子山炮台,炮火异常猛烈。

又初九日消息,是日,民军分三面猛攻南京,工程队谋毁太平门及朝阳门未曾得手,工程兵旋携带炸药至第二朝阳门以避快炮之弹火,忽有一炸弹击中炸药,毙兵多人。

自初五日后,张兵逃亡战死者,已不下数千名。

方浙军攻击太平门时,幕府山炮台之民军疑为敌军,开炮轰之,死伤颇多。现镇军已代浙军驰赴前敌,军气颇壮。

初九日,两军在朝阳门交战最久,胜负未分,或谓民军恃军数之众,稍存大意,故尚未得手。

幕府山之大炮数日前为民军所得。初七日,为狮子山炮台之张兵击损一尊。

民军现据守城外各地,候清军出而攻之。惟张勋已命各军除守炮台者外,悉数退入城内,其意似欲负嵎死守。

城中各街道虽处炮火之中,尚为安静,盖居民大半业已离城也。(十月十一日)

会攻南京捷电

连日各省民军会攻南京,屡得捷音,均记前报。兹又得浙军支队长由南京战地发出捷电一通,亟录如下,以供快睹:"杭州都督、沪军都督、吴淞军政分府钧鉴:初六早五点半,敌炮台有步兵千余人与我军互相袭击,敌兵死伤五六百,我军死十余,伤四十人余人。当午,敌另有五百人由五棵松右方迎击,我军向前冲锋,军士异常奋勇冲敌,至朝阳门附近,敌向城内退却,冲锋广袤约八里,击毙吴、王两伪统领,夺敌快炮三尊,枪械子弹无数,米数十囤,至夜十二点停战。同日,苏军向雨花台进攻,互相射击,敌人死伤甚众。幕府山炮台击碎张勋过江小舰一只。初七早,朝阳门城内小炮向我军射击,我军炮兵占领陶成小学高地为炮兵阵地还击。同日,幕府山炮台向狮子山炮台、北极阁、督署等处遥击,多数命中。浙军支队长叩。"(十月十一日)

沪炮兵赴宁助剿

炮队营所招新正兵四队,曾奉沪军统领札委成贵福君为管带。兹悉成管带于前日接奉陈统领命令,以金陵需兵助剿,饬带新正兵三队迅赴金陵听候调遣。成管带当即谕令第一、第二、第四等队各弁兵整备出发,一面禀奉海军司令部派拨南琛兵舰于前晚装载出发。其第三队一部,现尚留沪另候差遣。(十月十一日)

南京光复在即

徐总司令于十一日下午六点钟,率队攻进太平门,浙军冲锋先入,异常勇猛,南京立时光复。

初十夕六点钟,顾忠琛带领苏省民军先锋队一千人,总司令洪承典(即熊成基之弟)偕同敢死队一千人,均扮平民,不动声色从紫金山跨过,由上而下,会同浙军进攻天保城炮台,猛击,张军大败,死伤者五六百人,降者百余人,民军未伤一人,其军械多为民军所得。今日(十一)须用十二寸口径大炮攻太平门、朝阳门,全城当可光复。

各省民军因攻宁得手,益加奋激,均电致本省,速解饷械,赶即赴鄂,攻退清军,乘势北伐。

清军自初十夜半至十一晨相继逃窜,投降民军者亦有千余人。

昨日(初十)民军复猛攻南京各门,广军已入城与清军激战;清军抵拒颇力,广军卒获胜。

镇江有决死队二百余名,已于昨晨(初十)八时启行,赴宁助战。(十月十二日)

会攻南京捷电

各报馆鉴:今日浙军编成奋勇军二队夺取紫金山天保城,击溃敌军五营,得战利品无算。浙军支队暨司令部。

各报馆鉴:镇军于初十日猛攻天保城炮台,血战一昼夜,冒死攀登,已于本日辰刻全行克复,毙敌一千余,夺获枪炮甚多,今夜誓破南京。林述庆。真。

苏军程都督电:"杭州汤都督、上海陈都督、苏州都督府转张季直先生鉴:前敌战况极佳,南京旦夕可下,此后进行,亟待规正,其大要盖有三端:一派兵援鄂;一出师北伐;一联合会组织实行。昨章太炎先生尧化门面谈,意见相同。全因公赴马群与林、徐商议,均表同情。全今日赴沪(按程都督刻已到沪,驻节市政厅),与公等晤商一切,并会同各省代表集思熟筹,以期克日进行。特闻。德全。真。印。"

镇江林都督电:"各都督、各军政府鉴:镇军昨日获胜,占领紫金山,今日分门进攻,谅必得手。镇都督林。真。"

又电:"上海陈都督、浙江汤都督鉴:昨日程雪老面言,即日到沪会同贵都督等筹议北伐、援鄂及筹备饷械等事,嘱敝军派代表一同与议。兹特请陶君宾南、顾君凤池到沪为敝军代表,祈与之接洽。敝军今晨已占据天保城炮台,今夜誓破南京。林述庆。真。"

联军徐总司令电:"金陵朝阳门已由我军攻开,惟大军现尚未敢辄进,因恐内有埋伏;幸张玉发管解之炮已到,拟择城垣空隙之地,以炮炸开,以便进兵,今日(十一日)午后大军准可进城。"(十月十二日)

联军光复南京

今早(十二)苏军攻进南门,镇军进太平门,各省联军陆续猛进,全城光复。

联军于十二日上午十点半钟光复南京全城,城内各处皆悬白旗。

狮子山及各险要炮台均竖白旗。

张勋于势难支持时,恳求停战,并勿伤其性命,民军不允,遂进占全城。

民军进城后,张勋及其部下均降。

张勋之降,民军知其伪,现已拘禁。

闻张人骏、铁良均避匿日本炮艇。

民军攻克全城后,民心宁静,外人皆安。(十月十三日)

光复南京捷电

南京徐总司令、镇军林都督、浙军朱司令、苏军刘司令、沪军洪司令、济军黎统领、江阴各军钧鉴：南京光复，赖诸公指挥之劳，将士用命之力，东南大局从此敉平，谨祝联军万岁！中华民国万岁！章炳麟、宋教仁、黄兴、程德全、陈其美、汤寿潜、张謇、唐文治、伍廷芳、赵凤昌、温宗尧、虞和德、李钟珏、朱佩珍、王震、于右任、范鸿仙、郑赞成。文。印。

南京徐总司令、镇江林都督、浙军朱司令、苏军刘司令、沪军洪司令、济军黎统领、江阴各军钧鉴：南京光复，谨贺。目下因敌兵有南下江北之信，且浦口贼敌未灭，林都督又已公推为出征临淮总司令，故众意推苏州程都督移驻江宁为江苏都督，一以资镇守；一以便外交。谨闻。章炳麟、宋教仁、黄兴同叩。（陈其美、汤寿潜、张謇、伍廷芳、李钟珏、虞和德、于右任去电同。）

各报馆鉴：宁城已于今日（十二）十时由我军克复。镇军政府。文。

各省军政府都督并各报馆鉴：联军苦战七昼夜，昨经镇、浙、沪诸军攻夺天保城要地，贼胆已丧，请人说和。本日（十二）复经苏军占领雨花台，攻入南门，又镇军攻入太平门，已将南京省城光复，民军陆续入城，即刻安民，详情续报。此皆群策群力所致，桢实无丝毫之力，善后诸务极繁，务求诸公推举都督，以图长治久安，俾桢敛身归隐，没齿铭感。桢。文。

沪军都督、铁路总管朴、各报馆鉴：南京城文日（十二）光复，浙军游击队会同淞军分占狮子山炮台及清凉山火药、军械各局，俟搜索清净后，即率大部队入城，详情续告。浙军司令官朱。

沪军都督府通告：

"顷接得南京来电云：本日十一点三十分钟时，南京全城光复。"

"顷得南京确电，民贼张勋业已就获。"

"接得南京战地捷报，谓张勋已经擒获，降者甚众。"

联军徐总司令电："上海分送陈都督、汤都督、程都督、诸同志、吴淞李司令钧鉴：和，密。今早八时夺获天保城后，张人骏、铁良派胡镇令宣由雨花台出，至苏军刘统领处议和，要求四事：一、不伤人民性命；二、不杀旗人；三、准令张勋率所部北上；四、准令张人骏、铁良北上。鄙意一、二、四件均可许之，惟第三件万难应允。午间，美领事由火车至尧化门见林都督，所言物同。当告美领事：一、张勋暂拘，一俟临时政府成立再释；二、张勋所部，概将军械储放小营，徒乎（手）出张；三、由联军派员监视，将张勋（军队）全部遣散；四、张勋曾搜括库款八十余万，须责令缴出充饷，如至明午十二时无满意之答复，仍立用重炮轰城。美领允即入城商酌，但恐拘禁一节，张勋难允，仍不能不用兵。诸明见以为何如？乞示教以便答复。槙。真。"

苏军洪司令电："沪军陈都督鉴：先锋队十初十日夜，占领紫金山、天保城两处，掳获机关炮两尊，击毙贼军黄管带一名，生擒二十余人，当场击毙六七十人，我军阵亡三人，重伤四人，轻伤十四人。本日犒军，明早合力攻城。承点叩。"（十月十三日）

南京战地通讯

初十日下午两点钟时，清军放火焚烧西州庄，毁去民居不少，可怜无辜宁人，又受一场大劫。

三点钟时，下关一方面有极大之炸烈声，大约系附近之火药局爆炸所致。

是日下午，有民军数人勇悍绝伦，攀登紫金山与清军终夜轰击，直战至十一日清晨六点三十分钟，紫金山卒为民军所得。

又据另一消息，此次紫金山大战系由民军三队会合进攻，民军冒猛烈之炮火而进，其勇殊不可及。（按紫金山不特足以控制极远之城垣，且俯瞰明陵平原，为幕府山炮台炮火所不能及，民军得此，全城囊中物矣。）

张勋现率残军固守下关郊野，以沙袋在沪宁铁路车站附近筑成短墙，并在四处开掘土坑，大约将埋地雷炸药等物。

民军供给粮食之法甚为敏捷，无论何地何时欲需食物，即以简单奇妙之法，砌成战灶，数分钟内即可制备多数之食物。

镇军自初十日着手猛攻天保城，至十一夜即占据之，继并攻毁皇城炮台。

驻守镇江之巡防军，已于十一日下午开往清江，以截北军来宁之路。

初十日下午四时，有车两辆满载军火，又有一小轮满载来福枪，开至常州后于十一日晨开往南京。

十一日晨五时，有专车六辆离沪：三辆满载军火；两辆载六寸口径大炮；一辆载炸弹八箱，均将运至南京，交付民军。

初十日，张勋乔装至沪，即于其夜回至南京。此事据认识张之西人口述，但该西人不允宣述张贼如何抵埠，究因何事而来，且如何能不乘火车而回至南京。

民军风闻张贼在沪，悬十万元赏格捕之，惟沪上防守甚严，张贼未必敢前来送死，想系传闻之讹，未可知也。

十一日晨，狮子山上炮台高悬白旗，民军占领全城。

民军自初十日清晨占据紫金山后，夜间六时至八时复攻击太平门,旋将清军击退,即占据之。

当初十夜民军轰击太平门时,一弹击中狮子山,因之火起。闻守狮子山炮台之张军与民军炮台互击甚烈。

民军入城后,张勋踪迹传说不一:或谓已逃,或谓业已被擒,又有一说则谓张勋于最后数分钟曾向民军恳求停战,并勿伤其个人及部下之性命,民军不允,张勋及其部下遂被擒。

各国兵船,现均下碇下关三英里之上。中国兵船则在三英里之下游弋,白旗飘扬,气象极佳。

由镇江至南京,沿路均见白旗招飐空中。(十月十三日)

联军光复浦口

闻徐宝山军已会同沪、镇各军攻克浦口。

张勋败后,逃入英领事署央求保护,英领以严守中立拒之,张乃逃去。

张勋逃,残卒尽降,商民争以食物慰劳民军。

海陆军分驻浦口以上,预防清廷遣派北军下窥。

南京昨日全城克复后,民军驻宁兵舰有一部分赴鄂助战。(十月十四日)

镇军都督府告捷电

各军政府、各报馆鉴:今晨(十二日)十时,镇军都督亲统大军攻克金陵,林都督现暂居督署,人民安静,现正调留镇人员赴宁办善后事。镇军都督府。文。(十月十四日)

南京清军投降

张勋已由南门逃出,城内居民均出欢迎民军。

张人骏、铁良闻皆避匿德国领事署内。

初十日晨外间所闻之炸烈声,据某西人云,乃系城中民军将狮子山军火库炸毁,俾清军无军火可用,不能开炮轰击城外之幕府山。或谓此事即决死队所为。

中国炮艇除有四艘于夜间渡过南京开往武昌外,其余各艇现仍泊南京下游平安之地。

英国某船主谓民军炮艇并未协同轰击南京,此次光复以陆军之力为多。

十二日晨十时,有清军千名出太平门欢迎民军,甚形诚挚,民军亦以礼答之。继有民军三千名,入太平门而至威凤门,此乃经一星期之战争,南京光复之结果也。

十二日夜,有民军乘专车返沪。内有徐君,亲告《大陆报》访员,谓张勋逃逸后,全城即皆降伏,未经续战。

是夜,又有专军载来受伤民军九人,内重伤者只一人。总计自上星期日南京开战以后,受伤军士抵沪者共六十一人。

据红十字会医生云:"此次大战,民军伤者总计只七十人,更有未抵沪者即在镇江医治。"又谓:"十一日乘专车抵沪之伤兵三十八人,内有二人乃清军,民军初欲杀之,为红十字会办事人营救得免。"(十月十四日)

公请苏军都督移驻江宁

前日南京光复后,在沪诸巨公即举苏州程都督移驻江宁为江苏都督,以资镇守,并便外交,已见昨日本报。兹悉江苏省议会全体议员亦咸有此意,于十二日发出通电一则,照录如下:"沪军都督、吴淞军政分府李、镇军都督并转柏统制、清江浦蒋都督、尧化门联军总司令徐、扬州军政分府徐公鉴:江苏本为一省,宁苏分治,原属满廷弊政,今既改为共和,一省之中应只设一行政总机关,俾民政有所统一。而宁苏相较,自以驻宁为宜。程公雪楼平昔行政,注重民事。现在金陵光复,拟即请程公移驻宁垣,抚绥保定以慰全省民望。事关人民公意,敬恳同为劝驾,除径电程公外,谨闻。江苏省议会全体议员。震。印。"(十月十四日)

北伐与援鄂

浦口林军现已拔队向临淮关出发。林都督俟程大都督莅宁后,即日督队前进,恢复中原。

民军水师已分一队前赴汉口助战。连日军队、军需运抵南京者甚多,将以南京为行军之根据地。

民军大半已入城,现有大队巡警巡逻各街道,民人照常贸易,已有完全之秩序。

南京旗界内之将军衙门于十三晨起火,终日未熄,全屋尽毁,旗人大半逃散。

民军光复南京后,大半乘小轮划船开往汉口,闻有投顺陆军三镇向北前进,拦击北方援军。(十月十六日)

淞军通电

南京来电:"沪军都督陈、吴淞总司令李暨各报馆鉴:十二日早,实带黎军决死先锋支队一队并先锋传令四骑由仪凤门入,克复汉西门一带。至钟鼓楼街,值张贼潜兵突出,与我军迎头痛击,仗民国威福,大获全胜,遂占领藩署,先服署内防守兵弁六十八人,得军械及炸药各一库,银库二所,均严行封固以待都督暨总司令之亲临检查也。惟投顺兵饷及决死兵士奖项尚属无着,希飞速接济万元左右,以鼓士气而壮军声。至黎军驻扎劝业所,兼防守清凉、狮子二山,与实相离廿余里,兵既不能分拨,饷更难以兼顾,已命实严守藩衙,各任独当一面。尚望速济军需万元,并酌派兵士归实节制,以专责成。切祷! 特此通报。李实叩。"(十月十六日)

江苏程都督由沪赴宁

苏州都督程公德全自南京光复后,即经在沪诸巨公议,请移驻江宁为江苏都督。省议会全体议员亦咸有此意,公电劝驾,详情已记前报。兹悉驻宁镇军林都督亟须督师出发前往临淮,而宁垣贼氛甫靖,诸事待理。在沪诸巨公又以程公平昔行政,注重民事,今既以人民公意推举驻宁,莫不敦促起程以慰民望。程公亦以宁垣商民亟须安抚,遂即拟定简示两通,各印万张,带宁张贴,业于昨晚十时特开专车由沪起节北上,各商团均排队送行,绅商军民之赴车站欢送者,亦拥挤异常,颇极一时之盛。简示两通,附载于后:

其一,"南京现已光复,从此共享和平;张勋溃散兵卒,速即缴械投诚;四民各安生业,汉满一视同仁。"

其二,"本督现已莅宁,首在安民保商;设法维持市面,开设江苏银行;钞票流通行使,金融自无恐惶;典当钱业铺户,务即开市如常;如有造谣生事,查获惩罚照章。"(十月十六日)

学生军陈述战胜情形

各省联军光复金陵,屡详前报。兹有临敌之学生军回沪传述一切,亟录如下。敌军统领张勋,一莽夫也。曾于前月中旬,得袁世凯自信阳州来电,嘱其坚守南京,中有"东南半壁,悉赖我公"之语。张勋接电后,不知受愚,反误为推重其才,益加骄傲,由是大权独揽,一力主战。迨至各省联军先后进攻,张仅于初九日出城督战一次,即败退入城,飞电北京乞援。当得袁世凯复电,谓已檄饬天津总镇张怀芝及鲁省第五镇军队南下接应,张又深信不疑,急调旧部坚守城垣,负嵎自固。无如军心已离,粮饷不继,各省联军本可乘此一鼓而下,时有某司令因恐开放大炮,波累城内居民,力主另谋进取。嗣江苏程都督驰至龙潭,召集各军官指示方略,自是军威益振,分道力攻,遂于十二日上午全城光复。一时士庶欢迎,如旱得雨,而敌军所储之粮食、军装,均由居民纷纷代为搬出,并帮同民军料理战场掩埋等事。上流社会中人,亦莫不甘任劳役。目下镇军林都督即当统率得胜之师,振兴北伐。噫!张勋甘受袁世凯之愚,抗阻义师,坐使生灵涂炭,张固死有余辜也。(十月十六日)

光复浦口捷电

扬州军政府来电:"各省都督:十二日未刻,联军光复浦口。军政府徐。寒。印。"(十月十六日)

南京秩序渐复

南京城内现已安静,店铺开市者十成之八,邮电两局及美领事署均照常办事,电灯局亦已开工。

南京城门均开,城内火车将次开驶,警察已重新组织,避难者纷纷回里。(十月十七日)

江苏都督府组织初定

金陵都督程通电:"江苏都督府官制现已规定,分别委任:参谋总长暂由本都督兼任;次长顾忠深(琛)、钮永建、陶骏保;政务厅长宋教仁;外务司长马良,次长杨廷栋;内务司长张一麐,次长沈恩孚;财政司长熊希龄,次长姚文枬;通阜司长沈懋昭,次长陶逊;军务司长陈懋修,次长张一爵;参事会长范光启,副会长郑芳孙。谨闻。全。筱。"(十月十九日)

民军胜利品运沪

民国炮艇"江元",日前下午由扬子江抵沪,向江南制造局进发。时仓面高堆银箱无数，见者皆为注目。昨经调查，知系载有现洋约三百万元，此款乃张勋于南京未下之前，运往浦口存放者。张勋由宁退至浦口，即逃往北方，未及将此款携去，后经民军查出，因上海需款甚急，故特运沪存放制造局，以候军政府提用也。（十月二十日）

民国中央政府将在南京成立

某西报据南京领事电称："各省代表在上海会议后，决意在南京设立民国中央政府，以前清总督衙门为大元帅司令部，黄兴早晚将至南京。"（十月二十日）

浙军会攻南京详情补记

乌龙山之战：十月初三日午后八时得探报，张寇闻联军次第攻宁，有派兵三营据守乌龙山、幕府山各炮台，防守联军前进之说。浙军支队长朱君遂特派独立马队随同黎军及游击一营前往驱敌。初四日午前十一时，马队先锋至乌龙山，旋即占领该炮台。此役仅放数枪，该台官亦明大义，当即反正，两边均无损伤。

幕府山之战：张寇闻乌龙入民军手，初四日即派马步兵各若干，出仪凤门防守幕府山，以为亡羊补牢之计。讵淞浙两军统领暨参谋官自占领乌龙山后，仅留一小部于该处，乘夜拔队攻取幕府山炮台。至天明民军均齐集该炮台附近，时有张寇马兵百数十名、敌步兵先头亦抵该炮台附近。淞浙合军击溃敌骑，爰编两梯队，在前梯队占领幕府山炮台，以炮火行追击事；在后梯队任战场外追击，格斗数小时之久，敌即败逃入城。

马群之战：浙军自初四日派一部队联合黎军攻取乌龙、幕府两山各炮台以后，朱支队长当夜派游击营乘夜占据马群附近要隘，掩护本队开进。翌日，大部队自东阳镇向马群前进，事被张寇侦知,派有步队五营中途邀击。至午后一时,浙军先头部队已与敌人接战,朱支队长即于马群后由本队中派步队两营向左右翼展开(因中有游击营占领),炮队于马群前方高地布置放列,猛烈射击。步队渐次前进,迫至距敌五百米达许之处,步队行跃进法,散兵渐渐近敌,将校指挥得宜,目兵枪法精确,敌军损伤甚巨,力不能支,即向孝陵卫退却。浙军随追随击,轰敌而进,击毙伪统领一名,敌兵三千余人,捕获俘虏数百名。至午后二时,孝陵卫即为浙军所占。是夜,各部队均在原地露营,布置战斗前哨,以备警戒。(十月二十一日)

浙军会攻南京详情补记(续)

孝陵卫之战:初六日午前五时,敌步兵五营、炮兵一营拂晓向我军攻击。幸我军防备甚周,随即向之返(反)击。迫至日中,战线扩张至四千米达之广,自晨至夕,枪炮声未尝稍闲,至午后六时,战局尚未收结。浙军朱支队长与参谋参军率同义勇队亲临大(火)线,发冲锋口令,人如潮涌,马似山崩,敌兵自相践踏者不计其数。被浙军生擒者:伪统领一名,兵二百余人。一鼓而前,追敌约七里许。迫至城下,城门闭锁,恐其间埋有地雷炸药等物,未即径入。爰于朝阳门千米达处高地布置前哨,炮队在陶成小学附近露营,朝阳门外绝无敌人踪迹。初八日,总司令官命淞浙各军于晚间围攻坚城,器具未尽完备,是夕之攻,仍未克。

天保城之命名,系逝世汉奸曾国藩侵略南京时,于紫金山顶筑以坚固阵地,事后以“天保”二字名焉。该阵地为攻取南京必要之点,敌兵在此防守者有江防兵一营、旗兵四百、炮十余门、机关枪四尊。浙军血战三昼夜未下。朱统领挑选各营自告奋勇各义士编成两队:一队由张兆辰君率领,走紫金山背后击其侧方;

一队由叶仰高君率领，走紫金山峰击其东端。格斗十二时之久，至天明，以肉簿（搏）相见，敌军全数歼灭，大功告成，叶仰高中弹阵亡。翌日，浙军以炮队击驻城上之敌，张寇闻风汹惧，至午后七时，带同逆兵五百名出南门向大胜关逃走。十三日午前七时，浙军游击队与黎军击破仪凤门，分段搜索，占领各要点，由是各军亦陆续入城云。（十月二十二日）

石头城下之北伐潮

南京光复后，程都督料理北伐事宜，日不暇给。第一、第二镇业已派定，即日誓师。兹以辅军（系济军改名）统领黎天才学术优胜，军旅精劲，此次光复南京，功实居首，堪膺北伐第三镇统制之任。昨特颁发委任状，嘱令招足一镇，先援武汉，再捣伪京。而黄大元帅亦此次光复金陵，实仗黎君劲旅之力，并特致电寄贺云。（十月二十四日）

光复浦口之战

陆小波[1]

【编者按】浦口镇，清末属江浦县，与南京隔江相望，为张勋老营驻地。光复浦口之战，《江都县新志》等归功于徐宝山，此文独表李竟成之功，言之凿凿，较可信。稿藏江苏省政协。

辛亥年九月十八日，镇江光复，林述庆为镇军都督，李竟成为镇军都督参谋长。时张勋盘踞南京，南京陆军管带孙彪密降于徐宝山，宝山等军攻南京，为勋败于雨花台。秣陵关新军溃，述庆、竟成联电苏浙乞援。十月五日，苏浙镇联军在镇江议攻南京。先是，林述庆就都督后，任陶骏保为参谋长；别立军务部，竟成为军务部长。

时新军第九镇由南京败退镇江，述庆、骏保乃招柏文蔚来镇为统制，收容溃军。至是，组织联军再攻南京。举前第九镇统制徐绍桢为联军总司令，骏保兼任参谋长，遂率镇军合浙沪诸军会师前进，勋军不支北退。十月十二日，联军直入南京，首入南京太平门进驻总督署者，乃镇军也。述庆为临时都督，骏保劝其自解

---

[1] 本文集编者按，此篇作者当是"李竟成"，祁先生在《书〈辛亥革命江苏地区史料〉后》一文中作了修正说明。

都督名义，而迎程德全为江苏都督，述庆从之。德全于十六日到宁。骏保乃通电主张一省不可有三都督。时陈其美为上海都督，以此遭其忌，骏保于二十二日往沪，为其美所杀。

当述庆将出兵攻南京时，竟成与述庆谋，以浦口位南京之北，必急下之，绝勋后路，摇动其兵心。故述庆攻宁而竟成乃攻浦口。调镇江统领张振发巡防营步兵一千五百人及扬州徐宝山部步兵八百人，舢版十七艘（共二百人）；新军一标，炮四门；瓜州统领赵春霆部步兵一队，炮五门，舢版十艘（共五百人）；十二圩管带詹丙炎部步兵两队及扬州敢死队队官董开基部步兵一队，炮一门，号曰"镇军江北支队"。即于十月六日，竟成和参谋郭叔完等赴扬。七日夜半，率扬州敢死队百人乘招商轮船启行，并合各军于八日晨到六合南门外龙津桥东端。六合无守兵，竟成率军登岸，命参谋曹翼率巡防步兵第二营进驻龙池为前哨，设司令部于南门外曹家油坊。当时侦知勋军在浦口镇约步兵四千人，炮二十门；葛塘集时有勋军骑兵出没；猪头山、冯家窑、冯家墙根等处有勋哨。又据谍报，浦口勋军约四五营，在各高地及城头设山炮四五门。又云勋军距革军约二十余里，勋军时派骑兵四出搜索。九日晨八时，竟成拟进攻浦口，以巡防步兵第二营为前卫，经葛塘集向浦口前进；扬州新军步兵第二营及赵春霆部步兵五百，并敢死队一队、山炮二门为左侧卫，经水家湾、谢家甸向梅贵营前进；巡防步兵第四营及徐宝山部步兵五百、山炮四门为本队，距前卫五百公尺续进。下午五时，前卫抵高家洼为前哨；左侧卫在姜家桥，其前哨在梅贵营；司令部进驻王家油坊，距勋甚近。十日晨九时，参谋华彦云率巡防步兵第五营为前卫，经盘城集、高垣墙、陆家洼；宝山率步兵五百人、山炮四门由高家洼经姑嫂塘、高垣塘、冯家墙根；春霆率左侧卫与宝山军相联络，三路并向浦口，为分进合击之势。以巡防步兵第四营为本队，依次前进。午后一时，前卫达高垣墙、陆家洼附近，左侧卫至高埂头。时勋军在浦口一带防御，沟垒深固，冯家洼、宝塔山、猪头山、鹤家山等处均设有炮兵阵地。竟成与郭叔完、华彦云登龙山庙山巅侦察，会勋军遣人来议和，故未进击。晡时，勋军右翼宝塔山、泰山庙一带突炮击革军。竟成亦令龙王山、高埂头炮兵还击之。令前卫占龙王山，巡防四营由龙王山西端向陆家洼、冯家窑进击，与左侧部队取联络。命徐宝山部步兵五百人由姑嫂塘、高埂头攻浦口。右翼自赵家山嘴起，左翼在泰山庙南方止。左右翼设白旗，各令兵士二三人放枪作势，全军兵力集于中央。当时两军射击极烈，惟勋军放炮不准，弹多飞越，而开花者尤少。至夜十时后停战。据报勋军死官长六人，士兵二百余人，伤八十余人。革军死二十余人，伤五十余人。

十二日夜半，天雨，赵春霆所率之新军一标退六合，巡防营亦因饥寒难忍退盘城集。赵春霆急纠集溃兵，重整队伍。竟成急令巡防营集合待命。十二日，实行拂晓攻击，相距三百公尺，勋军力尚厚，逆袭革军，革军暂退赵家山嘴。勋军又由宁增兵千余人，围困宝山所部。竟成令各部奋勇死战，适柏文蔚率队会攻浦口，遣步兵一营、机关炮二门由赵家洼来援，革军形势转振，反击勋军，至下午六时，勋军退。是役，董开基阵亡，士兵死五十余人。勋军死伤甚多，不支北退，留周、李二统领及营务处甘某等率兵殿其后。阳从浦绅郭瑜、陆莹、夏季凡、金琴夫及江防军司粮官高心田、稽查官袁省吾等议和之请，而阴实为退兵之计。傍晚，叔完甫与瑜等接谈，而勋军欲退之形迹更露，革军乘机猛击，勋军溃退。

十二日,和议未决,勋军仍守浦口。柏文蔚部集结在葛塘集、盘城集一带整理,稍事休息。竟成与宝山谋,以其所部为先锋,骤袭勋军,勋军出不意,仓皇溃逃,死数十人。竟成乘胜入浦口,勋军或散四乡,或乘火车北逃。先锋官李桂生等乘马追至火车站,截获银三十三箱,又衣箱数十只。司令部驻提督署,宝山率各营分驻勋军老营,巡防营全军陆续到浦口分布驻扎。十二日,出示安民,亦即苏浙镇联军进入南京之日。

六合光复简记

《民立报》

【编者按】六合是继南京、浦口之后民军乘胜光复的一个县城。六合光复也是攻克南京的战果之一。本文原载辛亥十月二十三日《民立报》，题目是我们加的。

本月十三日，沪军敢死队总司令张承櫆奉沪军都督命，会同六合公民田君北湖等，迅赴六合，先行光复，然后就地练兵，以备北伐。当日同行者闻有六七十人，其中陆军高材生居多。由沪专车抵镇时，已有六合派代表数十人在站迎接。十四日改乘轮船，夜半抵埠，岸上观者如堵，欢声雷动，遂由该代表导进南门前至高等小学堂驻扎，城内民团整队致敬，居民悬灯欢迎，极一时之盛，人心思汉，于此可见。

明日，到处贴有安民告示，而全埠遂安然光复矣。

徐州府

徐州光复前后

韩范山

【编者按】徐州为江苏最后光复的一个地区，徐州光复也是辛亥革命的最后一战，情形错综复杂，向无专门记载。韩席筹、范山昆仲与光复徐州有功并出任第一任民政长的韩志正有族谊，目击当时情况。本文是由韩席筹老人授意乃弟执笔写的。

前　言

徐州位苏、皖、鲁、豫四省之交，绾毂南北，控制东西，自昔称为军事要地。从楚汉六朝以来，南北战争每以徐州之得失为胜败之关键，稽之往史，无役不然。所以南方称徐州为"北门钥锁"，北方号徐州为"南国重镇"，盖因其位居南北之冲和其自然的形势所致，因而成为中州的军事重镇之一。当1911年10月10日武昌起义，登高一呼，各省响应，在短短的四个月革命过程中，北伐军即光复了徐州，控制了南北东西的一个咽喉重地。清王朝鉴于大势已去，全国人民反对帝制，倾向共和，乃宣告退位，于是辛亥革命的军事斗争就此告一段落。由此可见，徐州在军事上的得失，殊关系到全国的局势。因此，徐州光复，在辛亥革命史上确占了重要的一页。兹根据当时目睹事实和地方耆老的回忆,把军事、政治、经济等情况,略述如次,以备编纂地方史的参考。

一、军　事

辛亥革命前徐州的军事情况

自甲午中日战争后,清政府鉴于中国陆海军的窳败,知非改革不能立国,乃仿日本陆军制度,拟创立陆军三十六镇(师),分布于各行省重要地区,以资防卫。但当时仅成立九个镇及十余个混成协(旅)。驻江苏的计有清江的陆军第十三协(混成协),驻苏州的第四混成协[1]和南京的第九镇,当时称为新军。其余各地方维持治安的多系老防营。这些防营先后驻徐州的计有:姜桂题的老毅军,刘铭传的铭军,及花、红旗,袁字营、凤字营等,它们可以随时调动,不限于一个地区。其实质多系有名无实,每营至多也不过二百多人,既无军事教育,缺乏训练,而枪械亦极陈腐,所用的步枪多系"大洋装"和"单打一",间亦有用"九响毛瑟"者。及武昌起义后,调徐州防军协防江宁,始发给"六五"和"七九"步枪。因此,这些老防军毫无作战实力,不过徒拥虚名而已。

清江兵变对徐州之影响

清江陆军第十三协,有两个步标(团),辅以炮、骑、工、辎各种部队,也系准备编成镇者;但由于陆军人材缺乏和经济拮据,且因武昌起义,致仅成一混成协。十三协新军受到新教育,颇具有民族观念。在辛亥年九月,受武汉革命的影响,都跃跃欲试,以推翻

---

[1]　当作"二十三混成协"。

清封建王朝为目的。但因无人领导举义，遂于是月全协兵变。

先是，徐州人徐占凤充任该协协统，因事被清军事当局撤职，即回家闲居。该协将校目兵对此极为不满，也是酿成事变原因之一。而且该协士兵多系徐属人，故于事变后，大部分携带全副武装，投奔故协统徐占凤。徐州军事当局侦知变兵整队北上，惊惶失措，为了维持他们的统治局面，乃怂恿地方各界公举徐占凤为该军司令，出面收容改编，借以弭息风波。该军到徐后，即改编为"徐防新军"。后来张勋败退徐州，将该军编入他的"江防军"，而徐占凤又被解职家居。

江防军的哗变和焚掠

自苏、浙、沪联军光复南京后，江防军统帅张勋即率领残部向徐州溃退，复于蚌埠、固镇两地经革命军之追击，损伤益巨，乃于旧历十月十五日退驻徐州。该军素无纪律，蛮横骄傲，经常劫掠。及旧历十二月二十一日下午，以革命军日渐迫近，知大势已去，遂大肆哗变，把徐州四关和近郊坝子街等处抢劫一空，尤其南关的上街（即彭城路）、马市街、笆子街（道平路）、下街（三民街）等商业精华地区，均付之一炬，商民损失，不可数计。及二十五日复大举抢掠，抢劫后仍回营归队，其长官亦视为故常，绝不加以罪责。徐州人自经这两次浩劫后，对张勋恨之刺骨。这时清帝已宣布退位，而且粤、浦、淮的三路北伐军已迫近徐州，张勋遂率残部北逃兖州。

光复徐州之经过

革命军光复南京后，于1912年1月1日，成立中华民国临时政府，由十七省的代表选举孙中山先生为临时大总统。当时革命政府既已成立，但清政府的顽固派仍阻和议，致南北议和迁延时日。乃决议北伐，以林述庆任北伐军总司令，统帅粤、浦、淮三军北上：计中路为粤军，司令林震（属姚雨平部），沿津浦线北上；右路为浦军、镇军，司令葛应龙，经扬州北进；左路为淮泗讨虏军，司令陈干，自寿州经正阳关、濉溪、萧县至徐州，三路同以徐州为目标，然后会师北上。夏历辛亥年十二月二十四日，北伐军前锋至三堡车站（距徐州十五公里），地方各界公推韩志正、徐香九、梁惺初三人为代表，前往欢迎。张勋闻之即狼狈北窜兖州，革命军追击至韩庄（在苏鲁交界，距徐州五十公里）而止。适清帝退位，南北统一，革命军的武装斗争乃告一段落。

光复后军队的整编

自武昌起义后，各省纷纷响应，徐属人民亦闻风兴起，各县农民武装部队，遍地皆是，多者一二千人，少者数十人。但缺乏统一领导，致呈现散漫混乱现象。在反动统治阶级看来，以为这些部队志在推倒官府，所以概名之为土匪。其实分析起来，百分之九十以上都是富有革命性的；但也有极少数分子乘机而起，借以攫夺权利，从中篡夺革命果实；也有纠集地方坏人，抢劫农民的牲畜、衣物、食粮，因而四乡农村呈混乱状态。徐州光复后，军事当局即从事收编、招抚、淘汰。计当时最有实力的如：王金韬（即王金妮）、褚玉璞、杨相臣、辛传朋、超凡和尚等部，分别编入各军，如王金韬编入淮军；褚玉璞编为第九师（后改为第三师）巡缉马营；杨相臣等编入浦军，此地方部队整编的大概情况。

1912 年春，粤军复员，经南京调回广东；淮军则全体解散；浦军和镇军改编为陆军第九师，由郑为成任师长，是年秋改为陆军第三师，由冷遹任师长，分驻徐属各县，维持地方治安。

讨袁的失败

袁世凯久蓄异谋，想完全消灭南方革命军的势力，以期达成统治全国之迷梦，因而在1913年春即密派北军南下。及宋案发生，其阴谋完全暴露于国人，于是函电纷驰，声罪致讨。袁氏的阴谋益亟，除派北军南下外，并向英国借债二千五百万镑，充作对付民军的军费。当时革命军的领导人及其根据地是：陈其美在沪，冷遹在徐州，柏文蔚在皖，李烈钧、李明扬在赣，胡汉民在粤。至于湘督谭延闿、晋督阎锡山虽名为民党将领，实际却是两面派，首鼠两端。

袁世凯进攻民军的布置是：派李纯的第六师入赣，龙济光入粤，倪嗣冲的安武军入皖，郑汝成迫沪，而以冯国璋的第二军和张勋的定武军为主力，进犯徐州以窥南京。1913年7月，民党方面以袁世凯反动真相毕露，逆迹昭著，并且已将赣督李烈钧、皖督柏文蔚撤换。于是孙中山先生在沪召集首脑会议，决以黄兴为讨袁军总司令，宣布袁世凯叛国罪状。即令驻徐州的第三师师长冷遹率部北进，集中利国驿、韩庄一带掩护徐州，以便大军得以陆续集中。不料该师将士激昂，刚达到运河，不待进攻的命令，即与北军接火，拟进取兖州，攻略济南。血战五日，卒以众寡悬殊，因而不能不向南撤退。南京的卫戍团虽已开到增援，然已不及，于是徐州遂陷于冯、张之手。同时沪、粤、赣的讨袁军亦告失败。讨袁军总司令黄兴以军事失利，遂即下野。但是南京的一、八两师愤袁氏摧残革命，专权横行，不甘失败，乃公推何海鸣任总指挥，继续作战，隔江与冯军炮战，相持十余日。适张勋部经清江、扬州渡江自镇江攻南京，致南京两面受敌，终以弹尽援绝，孤城难守，遂告陷落。至此，讨袁军全部失败，而辛亥革命的阶段亦至此结束。

先是,张勋到徐州后,即向其部下讲话:"我军如果攻克南京,三天决不点名,任尔等自由行动。"于是辫子兵(张勋忠于清,虽任民国军职,但不准其部下剪辫,连他自己也仍梳小辫,时人称为"辫帅",称定武军为"辫子兵")人人欢喜,跃跃欲试。及入南京城后,大肆抢劫,奸污妇女,南京被其蹂躏的惨状,实难罄述。

总观徐州在辛亥革命时期,备受了炮火、抢掠、焚烧、征发等等的摧残,以致商业凋敝,市井萧条,农村田园荒芜,十室九空。破坏徐州最厉害的就是张勋的辫子兵。从1912年夏至1913年夏,由于冷遹所部第三师的纪律严明,徐州人民得以苏息了一年。自"癸丑讨袁"失败后,张勋再盘踞徐州,人民复被"辫帅"压迫剥削,肆意践踏,直至他复辟失败为止。

二、政　治

光复前徐州的假独立

武昌起义后,各省各地纷纷响应,宣布独立,脱离清王朝的统治。这些独立的省份和大城市,多数是主张民族革命,树立共和政体;可是也有两面派阴持两端,以观风色。谁胜属谁;也有表面宣布独立,免被革命洪流所冲击,以防失去自己的政治地位,而内心还是忠于清王朝。如苏北的蒋雁行虽然独立,而实际是首鼠两端,所谓"蝙蝠派"。清江十三协兵变后,由徐占凤成立徐防新军。徐州地方官绅以环境形势紧张,经过多次会议,居然也宣布成立"军政府",公推萧绅段书云(曾任广东琼崖道、津浦铁路南段督办等职)为政务总长,徐海道林开谟为民政长,徐占凤为军政长,地方绅士张佐卿为财政长。未几,张勋退驻徐州,这个组织就无形消失了。当张勋在南京被苏、浙、沪联军击垮后，渡江北窜，本由东路之浦镇两军自扬州经六合趋临淮关，准备截击，及到达时张之大部已经越过。迨经过蚌埠、固镇两地复被革命军邀击，张军已成惊弓之鸟，仅有五列车北逃，张本人在第四列车上。及到徐州东站，张本不准备下车，适地方官绅闻讯往迎，张询以地方情况，他们对以"安靖"，于地方独立一事只字未敢提及，张逆因而放心进城驻扎。前三列车已越过徐州，复行追回。张逆收集残部，蹂躏徐州人民自此开始。当时徐州的官绅如段书云等倘对张逆说徐州各界同意革命，独立政府已经成立，徐防新军如何坚强；或者不去迎接，径派新军埋伏邀击，则狼狈之张逆，势必北逃兖州。由此可见，徐州人民遭到几次浩劫，张勋之罪固不容逭，而推源祸始，实由段书云等忠心清室，虚伪独立，有以酿成之，其罪更浮于张勋，徐属各县人民至今犹深恨之。

政治制度的改革

清末的政治制度，省以下设有府和直隶州，府以下辖若干县，专理民政。徐州府辖八县，由知府总其成，县以下设若干乡，乡以下设若干圩寨。此外设有徐州镇总兵，专管军政，维持地方治安；又设有河漕盐驿兵备道，两者职权均在知府之上，划分权限，各司其事。光复后，南京临时政府根据临时约法，首先颁布政治制度，废除镇、道、府制，每县设民政长一人。从前徐州府治是铜山县，府制既已废除，铜山县是行政的基本单位。署内设民政长一人，下为总务课、主计课、教育课、司法课、警备课、实业课，课长各一人，课下设若干科。及司法独立后，警察也另设专局，遂并各课为一、二、三科，而民政长改称县知事，直隶于江苏省政府。县以下划分为六市十二乡，即大彭、马沟、敬安、柳泉、单集、房村六个市；

黄集、毛庄、板桥、大吴、汴塘、保光、棠梨、榆庄、汉王、车村、郝村、佟村十二个乡。

自徐州光复至讨袁失败,仅仅才一年半,无论县和市乡,在政治方面,尚有一些共和政体的风格。讨袁失败后,各级政府形成了专制独裁,一如晚清的形态。铜山县的民政长,在革命军入城后,即由地方各界临时推选韩志正(字元方,清癸卯科举人)充任。他虽系科举出身,在当时来说,思想却很新颖。清光绪末年停止科举后,他即带同长女钟英赴日留学,入宏文学院学师范,东洋大学习法政,毕业回国,创办坤成女学,提倡女权,并组织不缠足会。于是徐州的风气大开。历任徐州中学堂、师范学堂教员,地方的新进人物,大多受到他的教育。讨袁失败,张勋再据徐州,因为他欢迎民军,又充任民政长,欲得而甘心。幸事前闻悉,乃连夜北走京师。越五载,张勋复辟失败,乃归[1]。当时曾有诗纪事:"翻倒中华五色旗,冲天妄欲作雄飞;当君弃甲逃胡日,我正花开缓缓归。"他任民政长六月即行辞去,由省委袁良干接任。翌年讨袁失败,袁良干随军南下,地方各界公推民政长公署科员王少华代理民政长职务。张勋部入城,需索物资,威逼打骂,凌辱备至,他始终不屈,坠楼自杀。后来地方各界以其不惜牺牲,爱护徐州人民,将旧县署街改名为"少华街",以资永久纪念。

光复后采取立法、司法、行政三权鼎立制度。以立法来说,铜山县设有参议会,计参议员五人,县议会议员二十八人,其名额的分配计每市二人,每乡一人,是由各市乡选举的。县议会议决的

---

[1] 郭孝成《江苏光复纪事》说:"初志士韩元方等,见徐州独立不可靠,组织同志会以图进取。后为张勋探知,韩等均遭其毒害。"(中国史学会编:《辛亥革命》第七册,第24页)和本文说法不同。

案件,经参议会通过,交由民政长施行。各市乡亦设有市乡议会,议决案件交由市乡董事会执行。司法方面:于 1912 年 3 月成立"地方检察厅"和"地方审判厅",专办司法案件。

三、经 济

田赋的征收

光复后的田赋征额和经征办法,仍沿清末制度,每年分两忙(上忙、下忙)、一漕(漕米),有时遇着特别急需,就增加亩捐,或称附加税。城市和乡间的大地主与官府有勾结,大半不缴纳田赋,即令有缴纳的,为数也极少。缴纳田赋的只是中小地主和农民。田赋属于国课,照规定应上缴省厅,但是省方补助地方的经费,准许县里照补助额数,于经征的忙漕项下截留。

地方经费

在徐州光复以后,地方经费多承前清之原有制度,杂捐名目,尚不繁多,除省发补助经费外,如地方行政、教育、部队饷项、建设等所需项用,多系征收房铺捐、学田租、牙税、厘金等项,不足时,即于田赋项下征亩捐,或向地方绅商劝募。例如建设一项,当时既无此名目,也无此专款,有需要时即向民间摊派。如兴修某一街道或某条小巷的路面,预算需款若干(当时的工程,多采用投标制),其经费完全由沿路商店或住户按照经济情况认捐。每年修治下水道也用这种办法。其他建设事业,可以类推。

在农村方面,由于地方不靖,治安难以维持,各市、乡均组织民团,多者一二百人,少者四五十人,数目不等。除所用枪支由富户备价向县申请购领借与民团使用外,其每月经常饷项,则按亩抽捐，以作基本经费。至征收办法，系由市、乡董提交市乡议会讨论通过，呈县备案后施行。

人民生活

辛亥革命期间，徐州城市由于张勋所部辫子兵几次焚烧抢掠，商民损失难以数计，因而元气大伤，人民生活倍觉艰苦。幸而物价尚无甚波动，一般失业者和城市贫民尚易谋生。农村方面，因为崔苻不靖，且以军队复杂，四出骚扰，以致间阎凋敝，十室九空，农业生产因而降低。自 1912 年夏，由于冷遹接防徐州，整顿地方部队，申明军纪，绥靖地方，无论城乡的社会经济，都大为好转，而生产力也逐渐发展。至翌年夏，讨袁失败，徐州从此陷于北洋军阀统治之下，社会的黑暗和经济的枯竭，即不可言状。

币制情况

在清末时期，无论行政、军事、商业等费用收支，多以银本位核算，即不用现银，亦照银价折合。民国初元虽仍其旧，但亦逐渐改用洋码。当时所用的银元有北洋、南洋、湖北、广东、四川等处造币厂所造的一元银币和角币，后来亦称它们为龙洋，间亦有用鹰洋、站人、本洋等银币。但市场和社会上交易仍多用钱码。货币流行者除银币外，大多系一文的铜质制钱和当十铜元。此外更有所谓纸币者，充满民间和集市，都是私营钱庄所印发。发行最多的如"锦丰庆""普同庆""树慎成"等数家，他们的票号基金很少，往往发生挤兑风潮，社会称之为"票号抢险"，政府虽派警到场弹压，但也不能维持。等到他们宣告倒闭，政府不得不严令收回，或者提案押追，可是结果变产收回的，也不过十之一二，其余则散存于人民手中，成为废纸。当时的人民都唾骂他们是"片纸生息，坑骗百姓"，这两句话是十分符合当时实际情况的。

徐州"匪警"

《江苏新闻》

【编者按】《江苏新闻》，民国元年南京发行。南京图书馆藏有 9 月、10 月的残报几十页，其中有徐州"剿匪"新闻四则，从中可以看出辛亥革命后徐州的一些社会情况。

驻徐宁军剿匪

闻宁军与江北土匪曾在徐州附近交战，土匪死伤甚重，宁军仅死数人。土匪闻皆芜湖、河南、山东遣散之兵士，今皆麇集徐州府某处，以为负隅之计。（1912 年 9 月 26 日）

徐州匪势甚炽

徐州自山东大帮土匪入境，丰沛萧砀盗贼蜂起，日与官兵对垒，迭志各报。然一波未平，一波复起。睢宁西乡聚匪数百。宿迁河北有贼千余。邳县西南张家瓦房有竿首徐白眼率领匪徒三千余人，联络南七十二村树旗作乱，四出抢掠。徐州八县土匪竟敢以此为根据地（按张家瓦房有圩可守，并有富绅张翼臣代办子弹作为奥援），大江以北，人心惶恐。现邳、宿、睢会议，各举代表，面请都督再行派兵剿捕矣。（1912 年 9 月 27 日）

睢宁民政长剿匪受挫

睢宁县居宿迁县之西南境，而城相离七十里，为清江入徐州之要塞通[1]。民政长孙剑虹君雄材伟略,措置裕如。惟该邑凋敝之余,疮痍满目,而孙君莅任数月,百废俱举,士民爱戴,有口皆碑。前因土匪猖獗,孙君亲率民团剿击,究以众寡不敌,未能得手,致县境之王光集县[2]匪盘据。其介弟奋身不顾,临阵战没。刻已上呈沪军使,请派大军助剿矣。(1912年9月27日)

剿匪确耗

第三师饬派第十二团兵士及九团随带机关枪赴徐剿匪。兹得确电,二十二号连战皆捷,夺获路垒一座,毙匪一百余人。本师官长死者四人,伤者二人,兵士死者伤者共计七十余人。参谋陈凤章受伤颇巨,危在旦夕。(1912年9月28日)

---

[1] 此语疑有脱误。
[2] 疑是"为"字之误。

沛县光复大事记

《沛县志》

【编者按】《沛县志》,于书云等撰,民国九年铅印本,徐州市图书馆藏。其中有关于沛县光复的记载,本篇题目是我们加的。

宣统三年

秋八月,武昌起义,南京不守,变兵至徐州纠合土匪,盘踞沛境,焚劫掳掠,乡里成墟。

十二月,悍匪吕四破县城,徐防营管带沈栋梁、知县戴宗焘潜逃。越夕,匪渡湖破夏镇,焚掠后仍归湖西。是年清亡。(卷二《沿革纪事表》)

中华民国元年

一月,颁行阳历。时县内土匪猖獗,徐防军队不可恃。

二月杪,土匪破县城,连破夏镇,城中兵官逃匿,一县无主。匪复乘虚入据,肆意搜括。邑人潜赴徐乞师,会拨一营来沛,比至,匪徒数千跧伏不敢动,盖素怵南军声威,突见军容,丧胆无措。南军一以当十,居民复杂呼鼓刀相助,草剃禽猕,杀伤至伙,民稍安枕,盖三月下旬也。

南军至沛安民后,下令剪发,有不遵者强制执行。时县中无宰官者已二十余日,公推邑绅赵锡蕃暂权民政长事,月余都督始委人接替。

五月,沛饥,都督拨款赈济。当匪乱后,十室九空,居民率拆屋宇赴夏镇出售,鬻木器者成列市焉。

六月,设学田局。土匪据龙堌集,民政长甘桂林会同陆军剿捕失利,匪势复炽,抢掠之事日有所闻。

九月,乱民毁教堂,县知事高梅仙议赔偿损失大钱二千缗。

十月,土匪复围县城,城中防守严,自辰至申,环攻不休,陆军营长伏龙伺匪稍懈,出城痛击,匪始散。

十一月,实行地方自治,清查户口,开办选举,划全县为二市五乡,自是县参议两会、各市乡董事公所及议事会次第成立。

十二月,设清乡局,举办清乡,抉剔匪类略尽,奸民始知畏法。

(民国《新志》卷一《沿革纪事表》)

中华民国二年

一月初,办众议院选举,沛当选者一人。

二月初,设审检所。

七月,赣宁乱起,徐州议独立未成,北军乘胜恢复。(同上)

中华民国三年

一月,裁审检所,废地方自治。(同上)

邳县光复点滴

《邳志补续编》

【编者按】《邳志补续编》，窦鸿年等修，民国十二年刻本，南京图书馆藏。本文题目是我们加的。

辛亥之冬，潢池盗起，知州左杕周倡议募丁壮防御。其年十月置一连，次年十二月复增一连，次年六月又增一连，鸣锣聚柝者盖三百余人。其饷初取之绅富，不足以讼案罚锾继之，又不足乃议加赋，始加二成，递加一成，仍不足以更费。官亏于上，民困于下，公私罄竭，自此始矣！（《兵防》，见《续编》，第32页）

辛亥壬子之间，群盗蜂午，东西二乡尤甚。其后或剿或抚，始渐衰息。（《保卫团》，见《续编》，第36页）

民国既立，改州为县，知州为民政长，数月复改曰县知事。其时由知州为之者自左杕周始。（《职官》，见《续编》，第37页）

祁龙威文集·专著(附：史料搜集整理)

张謇日记笺注选存

前 言

　　1962 年起，我注《张謇日记》，欲借此书为脉络，考证近代史事。当时仅见南通保存之后半部。旋遭"文革"之祸，此事中断。直到 20 世纪 90 年代，在美国，始续注台北影印之前半部。现已衰老，又方从事纂修《清史·朴学志》，驽马负重，实在无力整理旧作。为免于云烟俱散，兹选存其中连续之八年，亦为张謇与晚清历次重大事件：中日甲午战争、戊戌变法、庚子义和团运动等极有关系八年之日记笺注，付印供同好评议，而以两篇有关论文附焉。

　　　　　　　　　　2006 年 11 月，祁龙威于扬州

　　　　　　　　　　时年八十五岁

光绪二十载,太岁在甲午　四十二岁

正月

六日,得曼君客死旅顺讯,凄惋无涯,名心益冷。

【笺注】朱铭盘,字曼君,泰兴人。举人。与张謇同客提督吴长庆幕。长庆死于金州后,朱铭盘返江南,先后为江苏巡抚潘霨、江苏学政黄体芳幕僚。光绪十四年,再至金州,入吴长庆部将提督张光前幕。十九年十一月,病卒于军。其生平见其甥郑肇经所编《曼君先生纪年录》,附载于铭盘遗著《桂之华轩诗文集》后。此书先由张謇于光绪三十二年刊于南通。民国二十三年,郑肇经重刊于泰兴。章炳麟为之序,谓"其文上规晋宋"。铭盘除工骈文外,又长于史学。遗著《晋会要》及《宋齐梁陈会要》,系未完之稿,由郑肇经珍藏。后交付北京图书馆。近年由上海古籍出版社将《宋齐梁陈会要》分为四册,刊入《历代会要丛书》。

二十五日,叔兄来讯,劝应会试,藉聚于京。

【笺注】是年,慈禧太后六十岁,举行恩科会试。其三兄张詧时以江西候补知县,奉巡抚檄,入京为"祝寿"准备。

二十七日,大人命再赴会试一次,叔兄讯亦有是云。

【笺注】按张謇已四应礼部会试不第,故父命再赴。

二月

八日,理装。

十一日,启行。

十二日,夜分氐沪。

十五日,定附"新丰"。

【笺注】新丰,招商局轮名。

十六日,午刻开行,出查山,风大,舟微荡。晤严觐传同年以盛。

十九日,卯刻氐大沽,水浅未进口。

二十日,卯刻氐紫竹林,寓永和栈。遇潘保之、顾启我。雇车。寄家讯。

【笺注】潘荫东,字保之,如皋人;顾佑基,字苍序,号启我;并为张謇友,时亦准备赴京应试。

二十一日,留与肯堂讯。启行。住蔡村。车甚敝败,御夫亦横悍。

【笺注】范当世,字无错,号肯堂,一号铜士,通州人。以工诗著名。时在天津,为直隶总督李鸿章诸子教读。

二十二日,住俞家圩。

二十三日,卯刻入都。寓如泰馆,与仁卿、君谋同屋。通州馆尚无来者。长班甚劣,饭食亦不堪也。写家讯。晤顾聘耆同年,知濂亭师以正月望日即世,山颓木坏,可胜慨叹!年来师友之恸,尤伤人也。

【笺注】顾仁卿、陈君谋,如皋举人。顾聘耆,名儒基,通州人。进士,时为内阁中书。张裕钊,号濂亭,武昌人。曾国藩幕客。尝主讲金陵书院,张謇从学古文。《张季子外录》自序:"二十三岁,客浦口军中,乃师武昌张先生。"张裕钊《赠范当世序》:"得通州三生,兹事有付托矣。"谓得张、范与朱铭盘。

三月

八日,头场。大风,燥暖。题:《达巷党人曰大哉孔子》,又:"子曰道不远人"至"忠恕违道不远",又:《庆以地》;试帖:《雨洗亭皋千亩绿》,得"皋"字。

【笺注】三篇制艺文均见《张季子九录·外录》卷一,试帖诗见《外录》卷二。

九日,戌刻,四艺竣,睡。

十日,卯正起誊,巳初竣。午初出场。知贡举为长萃、唐景崇,长故峭刻,又新有整顿科场之命,故禁水夫代负考筐,人人狼狈。

【笺注】知贡举,职司监督科场事务。长萃、唐景崇,时均为内阁学士。

十一日,甚热。二场。

十二日,《易》"形乃谓之器,制而用之谓之法";《书》"四曰星辰";《诗》"以御宾客,且以酌醴";《春秋》"取邿田自漷水,季孙宿如晋";《礼》"命相布德和令,行庆施惠,下及兆民,庆赐遂行"。亥初,五艺竣。大雨。

【笺注】五艺未入《外录》。"和令",宣令。古声宣与和相近。

十三日,午正出场,雨不止,平地水深尺,泥淖没踝,尤为狼狈,到寓竟体无干处,人言数十年未有之事也。敬夫有讯,已来。

【笺注】沈夑均,字敬夫,海门人。土布商。

十四日,第一问:《诗》《三礼》;第二问:舆图(误入分野);第三问:科举;第四问:永定河工;第五问:金石(杂采寿字)。

【笺注】五问对策未入《外录》。

十五日,亥正竣。

十六日,午刻出场。傍晚出城,晤敬夫。

二十日,雨。遣蔡仆随敬夫先归。

二十四日,叔兄自江西来。

【笺注】张謇日记至此中断。从二十五日至四月十一日,皆有日无书。《翁同龢日记》:甲午三月二十五日,"张季直来,留点心"。四月初八日,又记其兄弟谒翁事。可见此半月间,张謇数奔走翁门。翁同龢,字声甫,号叔平,晚号松禅,江苏常熟人。咸丰六年状元,为同治、光绪两代帝师,时以户部尚书为军机大臣。所著《翁文恭公日记》,起咸丰八年六月二十一日,迄光绪三十年五月十四日,包罗四十年朝章国故。是书先由商务印书馆于1925年影印手稿本,张元济为之题记。1970年,台湾成文出版社刊行赵中孚整理之排印本。从1989年起,中华书局又分册排印陈义杰点校本,改名《翁同龢日记》。

四月

十二日,丑刻闻报,中六十名贡士。

【笺注】清制,会试放榜在四月上半月,中式者为贡士。

十三日,谒房师高仲珹先生(熙喆),山东滕县人。丙戌进士。荐批:"一讲奥衍,能将末节一并笔照。中二光焰万丈,是瓣香于朴山、中子二家者。次三稳。二场,首六通四辟。次十色五光。诗铿鲸春丽,宏我汉京,余有笔仗。"座师高阳相国批:"首艺斟酌饱满。次三爽洁。诗叶。"随谒李、汪,惟徐、杨不直。晚归,因与叔兄述忆慈亲,相向流涕。叔兄寄电讯。

【笺注】清制,会试同考官,凡十八人,分房阅卷,俗号房官,贡士称为房师。高熙喆时以翰林院编修充会试同考官。会试主考曰总裁,一正三副,以一二品官为之,贡士称为座师。李鸿藻,礼部尚书。徐郙,都察院左都御史。汪鸣銮,工部侍郎。杨颐,左副都御史。李鸿藻,直隶高阳人。光绪七年,以兵部尚书协办大学士,人称高阳相国。十年因事降调,此称其旧官。

十四日,恽心云观察许借千金。

【笺注】恽祖祁,字心云,一书莘耘,江苏阳湖人。时为江西道员。

十六日,复试。题:"经界既正,分田制禄,可坐而定也";赋得"拂水柳花千万点"得"花"字。酉初纳卷。

【笺注】贡士经复试列入一二三等者始准予殿试。文见《外录》卷一,注误为光绪二年作。诗见《外录》卷一。

十七日,取十名。卷出礼部侍郎志手,初(依宪纲)定十一,常熟师改弟十。

【笺注】志锐,字伯愚,姓他塔拉氏,瑾妃、珍妃之兄。光绪六年进士,由翰詹迁礼部侍郎。以阅卷大臣之官阶次序为等第,谓之"宪纲"。常熟师,翁同龢。本日,张謇曾叩翁门,得知其复试等第。《翁同龢日记》:十七日,"寅正入,知派复试阅卷","巳正毕","分手粘定等第,午正递上","即饭未罢,卷已发下","抵家申初。张季直謇来","与孙师郑、沈颂棠谈,两君皆二等","张季直一等第十"。

二十二日,殿试。第一策河渠,次经籍,次选举,次盐铁。酉正纳卷。归已戌正。策全引朱子。

【笺注】贡士复试后数日于保和殿对策四道,当日交卷,是为殿试。王锡彤《抑斋随笔》云："殿试之制，新进士对策已毕，交收卷官，封送阅卷大臣阅之。""光绪甲午所派收卷有黄修撰思永。比张季直缴卷时，黄以旧识，迎而受之。""送翁叔平相国阅定，盖知张为翁所极赏之门生也。"又云："甲午阅卷者，张子青居首，次为麟芝盦，次为李兰孙，翁叔平居第四，志伯愚则第八也。向来八大臣阅卷，各以其人之次序，定甲第之次序，所谓公同阅定者，虚语耳。是岁，翁师傅得张季直卷必欲置第一，张子青不许，几欲与忿争。麟芝盦曰：'吾序次第二，榜眼卷吾决不让，状元吾亦不争。'高阳相国助翁公与南皮相争，谓：'吾所阅之沈卫一卷，通场所无，今亦愿让状元与张，幸公俯从。'南皮无可如何，乃勉如翁意。"顾思瀚《竹素园丛谈》亦记此事。盖当时传说张謇中魁之人事背景如此。《翁同龢日记》可相印证。光绪二十年四月二十二日，"入殿监试"，"分卷陆续送来"，"得一卷，文气甚古，字亦雅，非常手也"，"夜，柳门招饮，剧谈至亥初"。二十三日，"晨访高阳。卯初二刻入殿"，"遂定前十卷，兰翁、柳门、伯愚皆以余处一卷为最，惟南皮不谓然，已而仍定余处第一、麟二、张三、志四、李五、薛六、唐七、汪八、麟九、唐十"。是为一甲三名、二甲前七名。《抑斋随笔》根据记忆，列是科阅卷大臣序次有误。应是：东阁大学士张之万，字子青，南皮人；协办大学士麟书，字芝盦；户部尚书翁同龢；礼部尚书李鸿藻，号兰孙；刑部尚书薛允升；礼部侍郎志锐；工部侍郎汪鸣銮，字柳门；内阁学士唐景崇。又按继昌《行素斋杂记》："丁酉中秋日，命翁同龢以户部尚书协办大学士。"丁酉，光绪二十三年。可见，当光绪甲午时，尚不能称之为相国。张謇殿试策辑入《外录》卷三。

　　二十四日，五更，乾清门外听宣，以一甲一名引见。先是，钱丈令新甫见告，继又见嘉定于乾清门丹墀上探望，旋铁珊告以嘉定云云，而南皮、长白、常熟、高阳、钱塘八人立墀上传宣矣。栖门海鸟，本无钟鼓之心；伏枥辕驹，久倦风尘之想。一旦予以非分，事类无端矣！叔兄寄电讯。

【笺注】清制，传胪前一日，传一甲三名及二甲前七名引见，十人皆于黎明至乾清门外听宣，俗称小传胪。钱丈，谓侍郎钱应溥。新甫，其子骏祥字。嘉定，指徐郙。铁珊，王邦鼎字。泰兴人。光绪六年进士，时官兵部主事。其简历见《光绪泰兴县志》卷十九《选举表》下。长白，指麟书。钱塘，指汪鸣銮。《翁同龢日记》：二十四日，"卯正，上御乾清宫西暖阁，臣等捧卷入，上谛观第一名，问谁所取，张公以臣对"，"臣以张謇江南名士，且孝子也。上甚喜"。叶昌炽《缘督庐日记》："二十四日，小胪唱，闻季直大魁。"

二十五日，卯正，皇上御太和殿传胪，百官雍雍，礼乐毕备，授翰林院修撰。伏考国家授官之礼，无逾于一甲三人者。小臣德薄能浅，据非所任，其何以副上心忠孝之求乎！内省悚然，不敢不勉也。翟、王二公为治归第事。

【笺注】清制，四月二十五日传胪，赐一甲三名进士及第；二甲进士出身；三甲同进士出身毕，授一甲一名职翰林院修撰，二名、三名职翰林院编修。朱寿朋《光绪朝东华续录》：二十年四月"辛未，赐张謇等二百八十一人进士及第、出身有差"。翟伯恒与王邦鼎，均为京师南通州会馆管事人。翟字东泉，泰兴人。同治十三年进士。时亦在京任职。

二十八日，朝考：《荀卿论》；《拟李绛请崇国学疏》；赋得"天禄琳琅"得"书"字。酉初出场。

【笺注】清制,传胪后数日,新进士朝考,即馆选。除一甲三名已授职外,前列者以庶吉士用,入翰林院庶常馆,余以主事、中书、知县用。本年朝考题寓劝学之意。孙雄《郑斋感逝诗·德宗景皇帝》小序云:"甲午春间,德宗万几余暇,念典勤学,发内府天禄琳琅秘籍,命词臣排日校理。是年朝考,钦命诗题:赋得'天禄琳琅'得'书'字,五言八韵。"按清宫天禄琳琅书籍,藏昭仁殿,精本均钤"天禄琳琅""石渠秘笈"小玺。吴长元《宸垣识略》云:昭仁殿在乾清宫之左,"贮宋、金、元、明旧版书籍四百部,名'天禄琳琅'"。意谓天赐秘籍。张謇朝考三题未入《九录》。

三十日,遍谒朝、殿、复试师。

五月

【笺注】五月一日至四日,张謇无日记。《翁同龢日记》:五月朔,"张季直来,未见"。初三日,"张季直来,留面"。录此以见此时张謇踪迹。

八日,黄榜团拜。

【笺注】全榜新进士聚会,谓之团拜。按本日张謇曾访叶昌炽。《缘督庐日记》:"五月初八日,张季直来投帖,见之。云在乡治生,颇致蚕桑之利。士大夫所以丧名败检,皆由一进之后,欲退不能,故不能退则不进。此言殊有味,使鄙人有负郭可耕,则尚恋此刍豆何为乎!"

九日,得家讯,大人命叔兄归理报事。

十日,见唐椿卿师,气概俊爽,议论甚多。

【笺注】唐景崇,字希尧,号春卿,一书椿卿。

十四日,拜客。拟自每日七点钟出门,十二点钟归,饭后为人写字。

二十一日,公请房师,假座嵩云草堂。

【笺注】嵩云草堂,在迮子桥。"前年河南士夫所筑,为觞咏地者。"见李慈铭《荀学斋日记》乙集上,第11页。又云:"堂于丙子岁河南士夫构为宴集之地。"见同书丙集上,第50页。

二十八日,诣吏部、翰林院听宣,到衙门,壬辰留馆编检并预。

【笺注】清制,新进士入翰林院庶常馆学习,三年散馆,考试列优等者留馆授职编修、检讨。本年,光绪壬辰科之庶吉士散馆,留馆编、检与新鼎甲同到吏部及翰林院听宣。

二十九日,闻朝鲜事大棘。

六月

一日,谒分教庶吉士冯修盒侍讲。

【笺注】清制,庶常馆设教习庶吉士,满汉各一,以大学士、尚书等大臣为之,俗称大教习。下设分教庶吉士数人,由翰林院侍讲、侍读等为之,俗称小教习。冯文蔚,字联棠,一字修盒,浙江乌程人。光绪二年进士,时为翰林院侍讲。

六日,闻朝鲜事,言人人殊。上常熟师书。

【笺注】此信为陆史一抄《张謇致翁同龢密信》(以下简称《密信》)十九件中第一件,原抄件无月日,兹从内容考定。其略言:"朝鲜事起以来,宣南士大夫所闻,言人人殊。甚者至谓日本兵逾万,早据汉城……而中国之兵,狃于庆典,不开边衅,翱翔海上……其謷者乃谓朝鲜已无事。无从确探,至用愤闷。姑就所闻,策划其事,私于左右,以备采择。"所策略为:一论战略。谓朝中唇齿,当进攻日本,以缓朝鲜之难。二论将才。谓直隶提督叶志超腐朽不能重用，可以聂士成、刘永福将兵。三论募兵。谓可用哥老会，以忠义激励之。四论统帅。谓直隶总督李鸿章已暮气，当"鞭策而用之"。令驻威海卫，居中调度，以谭钟麟署直督，平衡湘淮之势。五、论筹饷。谓"上之上者得懿旨以庆典款拨用，如此则声威益振，士卒益鼓舞。又外间传闻禧圣尚有储款二千万，若果有之，似亦可请"云云。"时事日棘，至不堪想，振作一年，或可冀十年安静，漆室之忧，不能不耿耿也。""宣南"，宣武门外，当时士大夫聚居之所。

七日，为叔衡拟《历代边事》类目。

【笺注】丁立钧，字叔衡，号恒斋，丹徒人。光绪六年进士，时为翰林院编修。《历代边事》，一名《边史》。立钧为反对列强蚕食中国边疆而作，得光绪帝褒许。见《丹徒县志摭余》卷七本传与《京江丁氏传略汇录》。丁、张论交，始于光绪十一年，见《啬翁自订年谱》。

九日，大教习到任，诣翰林院上书，沿明故事也。

【笺注】按此是次日之事。《翁同龢日记》：初十日，"午初，赴翰林院，到大教习任"。

十日，为萧小虞拟《条陈东事疏》。

【笺注】萧允文，字小虞，安徽道员。

十一日，谒阁师、教习师。诣意园，与叔衡共谈。

【笺注】清制，翰林院设掌院学士，满汉各一人。有以内阁大学士、协办大学士兼任者，翰林称之为阁师。意园指盛昱。昱字伯韫，号伯熙，清宗室。光绪三年进士，官至国子监祭酒。家有意园，饶林亭之胜，当代名士如康有为、文廷式等，入京多馆其家。昱好抨击时政失误，为"清流"领袖。见杨钟羲所撰《事略》。张謇识盛昱,始于光绪十一年入京应顺天乡试。国子监考,昱置謇第一。见《啬翁自订年谱》。光绪十八年,张謇会试落榜后,得为崇明书院山长,曾由盛昱向江苏学政宗室溥良推荐。见启功珍藏盛昱与溥良信稿。

十三日,上常熟书。

【笺注】此即《密信》第二件,原抄件无月日,兹据内容考定。其略云:"前以不得东事确状,不胜愤激,粗有陈说,不复知其过当否也。昨稍稍得闻一二,奔走上谒,值师未归,所欲陈吐,无由上达,谨申前说未竟与更应求慎者,一毕其愚。"张謇献策:一派海军游弋中、朝、日之间,伺隙进攻,使日本"不敢分兵扰我边海"。二派陆军分道援朝鲜。三起用湘军宿将刘锦棠督师,"以剂湘淮之平"。张謇以为"枢纽之要,则在上有不贪小功,不怯小败之独断;下有务收众策之远谋"。劝翁同龢"勤见士大夫收诸葛君集思广益之效"。《翁同龢日记》:十四日,"张季直函论东事"。复信即南通影印之《翁松禅致张啬庵手书》第十五件。原文云:"北舰尚可用,南船殆虚设,俟细考。旅顺分兵,顷亦建此议。湘刘之起,众未谓然,当再陈也。昨失迓,甚歉。"原件无月日,核之当是十四日所书。按翁同龢于甲午中日战时致张謇信多通,先发表于《翁松禅致张啬庵手书》,后选录入《中国近代史资料丛刊》之一《中日战争》,又附录于《张謇存稿》,都未按时间顺序得到正确排比。台湾文海出版社影印庞洁公辑《翁常熟手札》,末附《翁松禅致张啬庵手书》,亦次序凌乱,未加厘订。兹为考定先后,以便读者。

十七日,上常熟书。

【笺注】《密信》无十七日信而有十九日字样,兹考定,此乃翁接信日期。按，此函末云："中夜大风雷雨。"核之《翁同龢日记》，十六夜大风雷雨，十七夜雨达旦，十八夜云阴，十九夜晴，可证张函只可能写于十七日。又按，《翁同龢日记》：十九日，"得张季直论东事函"。当即此信。张信抄件日期，当是翁注明接信之日期。张函大意：一令刘永福防台湾，相机东击日本。二于陈宝箴、陈湜二人中择一为台湾巡抚。三令旅顺防兵即进平壤。四吴大澂不知兵，勿调令督师。翁复信即《翁松禅致张啬庵手书》第十一件。原文云："所示磊磊大策，人谓虱其间者可赞一二，不知非也。最后二条极是。明晚得暇，能来一谈耶？名顿首。十九日。"

二十一日，诣常熟师。

【笺注】《翁同龢日记》：二十一日，"张季直来，饭而去"。

二十四日，大课：《仁寿镜赋》，以"仁寿之字昭然可观"〔为韵〕；《众仙同日咏霓裳》诗，得"仙"字。

【笺注】大课，庶常馆开课。二作均见《外录》卷二，注误"仁寿镜赋"为光绪十一年之作。"为韵"二字，《日记》原稿脱，兹据《外录》补。

二十六日，卯刻诣太保殿恭行朝贺礼。晤叔衡、止潜、仲弢，知中国兵东渡，为日突击，坏二船。

【笺注】太保殿，当是太和殿之讹。《东华续录》：光绪二十年六月，"辛未，万寿圣节，上御太和殿受贺"。《啬翁自订年谱》误以此为慈禧太后六十生辰。濮子潼，字止潜，光绪三年进士，时为兵部主事。黄绍箕，字仲弢，体芳之子，光绪六年进士，时官翰林院编修。六月二十三日，日舰袭击东渡清军，沉广乙兵舰及运军船高升轮。时清中枢为遣派援军渡海不易而焦虑。六月二十五日，翁同龢与张荫桓书云："承示云云，势迫于战而未能遽战，牙军危矣！即大东沟亦恐未易渡也。明早面商不一一。"见台北故宫博物院影印《松禅老人尺牍墨迹》。故是日朝议纷纭。

二十七日，上常熟书。晤子培、仲弢、叔衡。作大课赋。

【笺注】此为《密信》第六件，原注："二十六日。"函内大意：一、明发谕旨，对日本宣战。二、令左宝贵等进军，会驻牙山之叶志超部出击。三、革海军提督丁汝昌职，薄惩李鸿章"调度乖方"之罪，申明刑赏，以励将士云云。沈曾植，字子培，号乙盦。光绪六年进士，时为刑部郎中。见王蘧常《沈寐叟年谱》。

二十八日，上常熟书。誊大课卷。

【笺注】此为《密信》第七件，原注："二十七日。"函内预言淮军卫汝贵部将遇敌即溃。其后果验。

七月

一日，见声罪日本上谕。写字一日。晤陆春江（元鼎），江苏候补道，故好知县也。

【笺注】陆元鼎，杭州人。同治十三年进士，外任江苏上元等县知县，以"循吏"称。本年，以道员分发江苏。

二日，上常熟书。

【笺注】此为《密信》第八件。其略云："闻陆战一负一胜，负不必惧，胜不足喜也。此时似宜电购穿板铁甲二艘，闻德厂有造成者，似一月可到。此于实事则为将来游弋之资，于虚声则示日本以不轻于和之势。……有《治兵议》，迟二三日录上，急切固不能行者也。"复信为《翁松禅致张啬庵手书》第十三件。原文云："前后七函均铭泐，不佞止赞得百分一二耳。乐浪以东，步步荆棘，势难长驱,牙军殆哉! 忧心如捣。元山检地图不得,极闷。论津语皆透骨,知此意者培、衡两君也。客在座,草草奉复,余勿吝教。惟鉴。名顿首。初四晚。""津",天津,直隶总督驻地,此指李鸿章。培、衡,沈曾植、丁立钧。

四日,天津焦某寄来朝鲜图。

【笺注】本日未刻,张謇作书与翁同龢,其中有云:"顷得天津局刻朝鲜图。"是为《密信》第十一件。《翁同龢日记》:初五日,"张季直函送地图"。其后,翁函还地图。"朝鲜两图并信件奉缴",见《翁松禅致张啬庵手书》第十六件。据王季烈《蟫庐未定稿·先考资政事略》,其时,军机处无朝鲜地图。王父颂蔚,时任军机章京,进言于翁,请觅朝鲜图。

七日,有叶军败讯,未知确否。

【笺注】叶志超部清军于六月二十七日败于朝鲜之成欢驿。时北京尚无确息。《翁松禅致张啬庵手书》第六件云:"闻牙山二十八日一军皆歼,彼以数舰装我甲仗,唱凯而归。此友人书言之,官电无一字也。只一营两旗分置定宣,岂非儿戏! 平壤后路亦殊可虑。渝关空虚,处处便于登陆,倭此来不仅虚声也。湘陈安能即来? 根本之计,日夕筹此至熟也。旅顺一见,尚无续耗。名顿首。十二日申正。"湘陈,指陈湜,湘军宿将。根本之计,谓守山海关以保北京。十二日,七月十二日。

九日,与叔衡诣乙盦,诣常熟。

【笺注】《翁同龢日记》:初九日,"张季直、丁叔衡同来"。

十七日,与子培、子封、叔衡、仲弢、道希谈。

【笺注】沈曾桐,字子封,号同叔,曾植弟。光绪十二年进士,时为翰林院编修。文廷式,字道希,号云阁,一书芸谷,晚号纯常子。江西萍乡人。有文名,与盛昱、志锐等为莫逆。得翁同龢拔擢,光绪十六年以一甲第二名成进士,授翰林院编修。本年大考翰詹,帝亲置第一,授侍读学士,令教瑾、珍二妃读,得近帝侧。

十八日,见常熟,知朝局又变,可为太息痛恨于无穷矣! 诣意园。

【笺注】《翁同龢日记》:十八日,"文云阁、张季直先后来,谈时事,可怕也,然耸人骨"。时志锐劾军机大臣孙毓汶、徐用仪把持中枢,触慈禧太后怒,迫光绪帝慰留孙、徐。

二十一日,叔衡、子封来谈。书簏来谈。

【笺注】蒋锡绅,字书簏,浙江乌程人。举人。时为南浔富商刘氏司质肆于海门。见沈曾植《蒋君墓表》。

二十二日,与道希、仲明讯。连日大雨,已成灾象,南中又旱,天时人事,俱可忧也。颇盼叔兄。翰林院大拜。大雨竟日。

【笺注】仲明,提督张光前字。新翰林公启前辈称大拜。本日二更,张謇写信与翁同龢,以孙、徐等把持朝政,愿同龢"坚持",有"孟子强为善一言,是〔足〕为今日安身立命处,正赖自上而下,一二君子有咬钉嚼铁之功,而惜乎其太少也"云云。是为《密信》第十八件。复信为《翁松禅致张啬庵手书》第九件。原文云:"叶等既集于平,当少休,进图黄州以南。前此不入大同,今成畏途。虽指麾庸我听乎! 许来者不能止,亦不足忧。坚持二字敬铭之,其它谢不敏矣。名顿首。"许来者,指许湘抚吴大澂北上,并令帮办军务。

二十三日,改定《治兵私议》上下、《治兵余议》三篇。

【笺注】《治兵议》未入《张季子九录》。翌年,署江督张之洞曾索阅此文,见之洞幕僚《郑孝胥日记》:乙未正月十一日,"叔峤来,言南皮索张季直来书及《治兵议》"。叔峤,杨锐。

二十五日,叔兄来。

三十日,闻有褫海军丁说,此天下之公论也。

【笺注】时台谏清议以对日战事失利,集矢于北洋海军恇怯,要求革提督丁汝昌职以励士气。翁同龢、李鸿藻亦于枢垣力争,"谓不治此人罪,公论未孚,乃议革职带罪自效"。见《翁同龢日记》影印本第33册,第75页。

按,《康南海自编年谱》云:光绪二十年"七月,给事中余晋珊劾我惑世诬民,非圣无法,同少正卯,圣世不容,请焚《新学伪经考》而禁粤士从学。沈子培、盛伯熙、黄仲弢、文芸阁有电与徐学使琪营救,张季直走请于常熟,曾重伯亦奔走焉,皆卓如在京所为也"。卓如,梁启超字。丁文江《梁任公年谱》引梁与夏曾佑信亦云:"昨日嘉兴致花农一电,今日小湘乡致合肥一电。惟闻花农监临,重伯又非甚重之人,仍恐未得当耳。前仆已面托通州君,若相见时可再托之。但得常熟允致电,其电语或由本人自定,或仆处代拟亦可耳。"嘉兴,沈曾植。花农,徐琪字。小湘乡,曾国藩之孙广钧,字重伯。合肥,粤督李瀚章。通州君,即张謇。

八月

一日,闻津护丁尤力,真目无朝廷矣! 朝真无人哉!

【笺注】七月二十七日,清廷奉慈禧太后旨意,电令李鸿章拟议海军提督易人。《翁同龢日记》:七月二十七日,"昨丁汝昌革职之旨,呈诸东朝,以为此时未可科以退避,姑令北洋保替人来再议。事格不行矣!"东朝,太后所居。

二日,翰林衙门送翁师课题:《牙璋起军旅赋》,以"进贤兴功以作邦国"为韵;《石鲸鳞甲动秋风》,得"风"字。

【笺注】两作切合时事,均见《外录》卷二,注误赋为光绪五年之作。

三日,前辈答拜。诣庶常馆,兼行丁祭礼。禰丁之说不实。

【笺注】《翁同龢日记》:八月朔,孙毓汶传言,"丁提督事已复奏不办矣!"同日,军机处电李鸿章,暂免处分丁汝昌。见《光绪朝中日交涉史料》第一五一七件。

八日,作《兰陵王入阵曲赋》。

【笺注】赋见《外录》卷二,误注为光绪三年之作。是晚,张謇晤翁同龢。《翁同龢日记》:初八日,"晚,张季直来谈"。

十一日,得家讯,知乡里以旱减收。

十三日,作《宋太祖解裘帽赐王全斌赋》。

【笺注】赋切合时事,见《外录》卷二,注误为光绪二年之作。

十四日,诣子培,谈至三更。得李伯言讯,知七月杪乡里得雨。

十五日,知十三日平壤战讯,先是马玉昆战小胜,嗣欲据一冈阜,日兵大至,乃互有损伤云。又闻法人助日。与溥侍郎讯。

【笺注】溥良,字玉岑,清宗室,光绪六年进士,曾以内阁学士为江苏学政。光绪二十年正月,授理藩院左侍郎。

十六日,随班入贺上皇太后加徽号礼。朝鲜正使李承纯、副使闵泳喆犹奉表而来也,为之感喟无已!以试卷箱二号交俞仆(贤)带沪。

【笺注】《东华续录》:光绪二十年八月己未,"上慈禧端佑康颐昭豫庄诚寿恭钦献皇太后徽号曰:慈禧端佑康颐昭豫庄诚寿恭钦献崇熙皇太后"。庚申,"上御太和殿受贺"。时太后特旨令朝鲜二使入宫祝贺、听戏,二使"在座饮泣",见者多慨叹。见陆宝忠《陆文慎公自编年谱》。

二十一日，闻东军溃平壤、退安州讯。安州如何可据耶！有衣箱托萧寄沪。

二十二日，诣省翁师疾。芸谷、叔衡来谈。

【笺注】二十一日，翁同龢有复张謇书，是为《翁松禅致张啬庵手书》第十二件。原文云："将不易，帅不易，何论其它？此天也。意中之事已如此，即意外而意中之事亦如此。所示铭泐。厘金一条，实非庸人所能办，即不能胥天下之庸者而去之。仆日来热病，头痛欲死，三昼夜粒米不入口，今甫起坐，握笔摇摇。惟努力珍重，不次。两浑。二十一日。"但张謇信尚未见。

二十七日，闻倭有三万人号称九万三道入寇之警。

二十八日，闻政府之昏愦把持如故也。与意园诸人会于山西馆。

【笺注】时内外臣工酝酿起用恭王奕䜣。陆宝忠《陆文慎公自编年谱》："自甲申更换枢臣，十年来专以恒舞酣歌为事，强邻虎视，主人翁熟寐不知。春夏间，以朝鲜事与日本龃龉，激而开衅，仓卒征兵，漫无节制。中秋后警报叠来，予与野秋入直后，互论国事，以为欲挽艰危，非亟召亲贤不可，顾以资浅言微，恐不足以动听，踌躇数日。八月二十七日，至万善侧直庐，与曹竹铭同年、野秋往复相酌，谋诸李若农前辈文田，若老忠义奋发，愿不避严谴责，联衔入告。即与同志诸人到若老宅，由伊定稿，即日缮写，傍晚封口，明晨呈递。列名者为李文田、陆宝忠、张百熙、张仁黼、曹鸿勋、高庆恩。二十八日入直，宝忠独蒙召对，所宣示者不敢缕记。临出，上谓'吾今日掬心告汝，汝其好为之，退至直庐，即往谒徐荫老，荫老约同志拟折，到者只数人。翰林科道皆有公折，翌日同上。

又次日,上召诘南上两斋之未列名者令其补递。于是传知宗人府,令恭亲王预备召见。"陆宝忠,时为侍讲学士,入直南书房。野秋,张百熙字。曹竹铭,即曹鸿勋。徐桐,号荫轩。李文田等请起用奕䜣一疏,见吴庆坻《焦廊脞录》卷二。叶昌炽《缘督庐日记》可相参证:"廿八日,木斋晨来,约联名递封事,请起用恭邸……因昨日南上两斋先入告,伯葵前辈召对,圣意欲得外廷诸臣协力言之也。"木斋,李盛铎。伯葵,陆宝忠。又云:"二十九日,同署诸君集议于全浙馆……道希属稿,列名者五十七人。"

二十九日,闻常熟奉懿旨至津诘问,而言者以为议和,颇咎常熟,且有常熟颇受懿旨申饬主战之说。其实中国何尝有必战之布置耶!常熟处此固不易,要亦刚断不足。

【笺注】平壤及大东沟之战败后,慈禧太后令翁同龢往天津与李鸿章商请俄使"调停",同龢辞以"臣为天子近臣,不敢以和局为举世唾骂也"。见影印《翁同龢日记》33册,第90页。旋改称"诘问"淮军败状。文廷式《闻尘偶记》云:"翁尚书受密旨往天津,李高阳避不见客,其事甚秘,外间籍籍,谓翁以导上主战得严责,故往乞李鸿章定和局。"

九月

一日,芸谷领衔合翰林院五十七人上请恭邸秉政奏。是日,上召恭邸,太后延见六刻之久,有令总理海军之命,人心为之一舒。芸谷入见,上甚忧劳,且谕北洋有心误事。北洋之肉,其不足食也。

【笺注】《缘督庐日记》:九月初一日,"黎明,至西苑门随同递折,道希召对"。文等《合词吁请特起重臣以维国脉折》见中华书局版《文廷式集》，第21—22页。篇末自注："此折合秦学士绥章、樊侍御恭煦等五十七人同奏，九月初一日上。蒙旨见廷式，谕以事属可行云。"《闻尘偶记》云："李约农言在书房闻太监语，恭亲王起用之日，李莲英率同党诸人踉哭于太后前曰：'恭邸得政，奴辈必死，愿乞命于老佛爷。'太后慰之。"李约农，即李文田。

三日，闻常熟返。

【笺注】据《翁同龢日记》，同龢于前月二十九日自京起程，本月初二日抵津晤李鸿章，忽接"廷寄"，仍令会商请俄使调停。当日返棹，初五日抵京。严复与陈宝琛书："初二日翁常熟携一仆坐篼舆入节署，所与北洋深计熟虑者，一则议款，二则迁都而已。"见中华书局版《严复集》第3册。严时在天津。信末署"九月初五日"。

四日，叔衡领衔合翰林院三十五人上请罪北洋公折；余单衔上推原祸始，防患将来，请去北洋折。均由掌院代奏。

【笺注】《京江丁氏传略汇录》载丁立棠《叔衡公事略》云："官翰林时值甲午中东之役，君忧愤不能平，邀同辈上公疏，举劾庸臣悍帅，不遗余力。"翰林三十五人联衔折见草莽书生所辑《谏止中东和议奏疏》，取名《参昏庸骄蹇丧心误国疏》，疏中列举李鸿章通敌卖国罪状，请帝立予罢黜，以孚公论而振士气。张謇单衔折见《张季子政闻录》卷一。其中力斥李鸿章"主和误国"，且云："李鸿章既自负善和，必且幸中国之败，以实其所言之中；必且冀中国之败，而仍须由其主和，以谋其所挟之尊。即京朝官之尾附李鸿章者，亦必以李鸿章为老成谋国，展转相师。""恐兵事一定，校论功罪，恩怨起于朝局，邪说祸及将来，此则迫切忧危而不得不为辨奸之论者也。"《翁同龢日记》：初七日，"看折，有翰林三十五连衔折、张謇折参合肥,檀玑折请恭邸总枢务、庆邸为大将军,皆不报"。

五日,与子培、仲弢、叔衡申议联络英、德。

【笺注】按张謇早向翁同龢建议联英制日。见《密信》第十件。

六日,定联络英、德之议。

七日,由芸谷领衔合翰林院四十二人上奏,召见与名之樊恭煦,奏对殊不餍人意也。

【笺注】按张謇此记日期、人数均有差错,似出于追记之疏,当据他人日记订正。《缘督庐日记》:初八日,"木斋道希约赴谢公祠,议今晚递联衔封奏阻款议及邀英人助顺。余谓款议必当谏,英人助顺之说仅有赫德一言,其枋国及议院未必允,未可遽以入告"。初九日,"知今晨递折,道希主稿,请联英、德以拒日。樊介轩前辈召对"。《蔡元培文集》卷七所录杂记手稿可相参证。《翁同龢日记》:初八日,"志锐折,有起专交恭邸,余未见也"。初九日,"又令恭邸今日传赫德面询一切。昨志锐折请联英伐倭,欲以二三千万饵之。赫云不能","文廷式等三十八人折大致如志折,而云张之洞有成说"。联名折即《光绪朝中日交涉史料》一七三九件《翰林院文廷式等奏请密连英、德以御倭人折》。其奏上时间为光绪二十年九月初九日。中华书局版《文廷式集》据以排印,改题为《联衔密陈敌情叵测宜出奇计以弭兵衅折》。署名者三十八人,最后第二人即张謇。樊恭煦,字觉先,号介轩,浙江仁和人。同治十年进士,时为翰林院侍讲。

九日,知点景处方且催工,为之喟然!

【笺注】时国难深重,而清廷仍积极筹备慈禧太后六旬庆典,后为清议反对而止。《翁同龢日记》:十四日,"以李文田等南上两斋折同看,盖请停点景也"。十五日,"礼亲王传懿旨,一切点景俱暂停办","俟来年补祝"。

十一日,闻浙人有上恭邸书,请上忍辱受和者,发端先引明与我朝事。

十二日,知昨闻果实,领衔者编修戴兆春,主稿者孙宝琦,与其事者孙宝瑄、夏敦复、夏偕复、姚诒庆、汤寿潜、陈昌绅等十四人,皆杭、嘉、绍人,军机徐用仪唆之云,或谓军机孙毓汶之子梃唆之。

【笺注】《光绪朝中日交涉史料》第一七六七件,十三日御史张仲炘奏:"外间谣言四起,佥谓款议将成;又谓军机大臣徐用仪唆使其同乡联名上书,意主和而罢战。"《缘督庐日记》:二十三日,"又闻本月十四日,枢臣某唆其乡人联衔递议和说帖于恭邸,为瑞景苏前辈所劾"。瑞洵字景苏,时为国子监司业。其《奏请严旨申诫与倭言和折》,即《光绪朝中日交涉史料》第一八〇一件。其中有"不意竟有浙江京官编修戴兆春、陈昌绅等十四人上书恭亲王以和议进者"云云。

十四日,叔兄以江西巡抚委任往天津坐探军事,将行。

十五日,叔兄与彦升出都。诣常熟。归后子培、叔衡、仲弢、子封来谈。

【笺注】周家禄,字彦升,海门人。曾与张謇兄弟同佐吴长庆军幕。时为陆宝忠司笔札。著有《寿恺堂集》。张謇于前一日诣翁同龢。《翁同龢日记》:十四日,"晚,张季直来,危言耸论,声泪交下矣!"

十六日,雨。得家讯,大人病退而未收口,饮食未复元,精神尚倦。计得外患已月余矣。自前再患外症以来,凡三次,一病而愈，精神益不如前。此次家中仅妇女主张，心滋不宁，然兵讯未解，势不当便去也。与常熟讯。

【笺注】本日张謇与翁同龢书，迄未见。复信即《翁松禅致张啬庵手书》第十件。原文云："尊公外证，法宜温补，慎重慎重！贱疾何足道，芥卤当一试。来件奉缴。此语吾辈未见，或有所避耳。嘤鸣岂不念，但力薄无济。沙中相对何益？昨译署夜分始散，想知之。昏聩抑塞，不尽百一。名顿首。十六。""嘤鸣"，义取《诗经》："伐木丁丁，鸟鸣嘤嘤"；"嘤其鸣矣，求其友声。"以喻求友之意，谓拟联英、德。译署会议，指恭王与英使于总理各国事务衙门会谈对日本求和事。

十七日，晚诣子培，与仲弢、叔衡议，请分道进兵朝鲜。夜分心忽大动，乃与子培言大人病状，归益不宁。

【笺注】《缘督庐日记》：廿三日"午后，至松筠庵集议，见仲弢、子封诸公，戴少怀前辈领衔主稿，改于廿七日递"。《翁同龢日记》：廿七日，"戴鸿慈等六十二〔人〕连衔斥和议，冯煦折略同"。连衔未见。冯煦《请斥和议疏》，见《蒿庵类稿》卷十一。冯煦主张"以剿为防"，兵分三路，均进朝鲜。当即基张謇等原议。

十八日，张謇闻父丧，二十日离北京南归。本年日记，从十八日起中断。

光绪二十一载，太岁在乙未　四十三岁

正月

元旦，自上年九月十八日亥正闻赴京邸，二十日寅正启行南奔，由天津与叔兄归里治丧；十一月十五、六日受吊；十二月十九日启殡，权厝于外曾祖墓侧；至百日，剃发设祭，户庭几筵，触绪增恸，无日记。岁除之先，贫迫弥甚，约略所贷一岁之中几及六千余番。意绪荒忽，亦无日记。

二十五日，为王司马拟防务章程，不日有仲字六营来海也。

【笺注】王宾，时为海门厅同知。仲字营，张仲春部湘军。署江督张之洞《布置江南防务折》云："海门厅滨海，通州为入江北岸首冲，亦防其由北岸里下河一带以袭扬州。现饬总兵张腾蛟拨给张仲春湘勇三营，并添募两营前赴海门厅择要驻防。"见《张文襄公全集》卷三十六。张仲春，字华秋，总兵，时驻通州。

二十八日，闻畏皇十三日病殁吴淞之耗，故人寥落，日甚一日矣。

【笺注】束纶，字畏皇，原籍江都，其先因经商而居通州之二甲镇。曾与张謇同客吴长庆军幕。时在副将班广盛军中，驻防吴淞。张束交谊具见《张季子文录》卷十《束母曹太夫人九十寿颂》。

三十日，得汪州牧函牍，南皮奏派总办通海团练。团练之不易措手也,筹之审矣,言者动以湘乡见责,不知寇非粤逆,时非咸丰,地非长沙,人非曾侯,共事非塔、罗、杨、彭,谬相假借,不自知其谟也。

【笺注】汪树堂,时为南通州知州。《张文襄公全集》卷三十六有《留张謇沈云沛办通海等属团练片》。沈云沛,字雨辰,海州人。光绪二十年进士。《郑孝胥日记》:十五日,"杨叔峤言,南皮将令张季直办团练"。

二月

八日,至通。

十八日,复南皮讯。

【笺注】此信见《张季子文录》卷十一,允受委办团练而不受官职。张之洞与张謇往返函商分条举办通海团防事,见《张文襄公全集》卷三十六《复陈通海防务情形折》。

二十四日,至海门。

二十五日,与钱观察、王司马会议。

【笺注】道员钱德培奉江督差委,督办通海团防。

四月

六日,得莘公讯。和约十款,几罄中国之膏血,国体之得失无论矣!(一、韩自主。二、割全台、奉天九州县。三、换约后三个月撤军。四、赔二万万两,换约后半年还五千万,再半年还五千万,余六年清还,加息五分。五、苏、杭、沙市通商。六、内地皆通商。七、两月内派员会同划界。八、驻兵威海,每年给兵费五十万,赔款清后撤。九、停虏彼此送还。十、限六个月议通商详款,现停战期满展限至四月十四,以便期内换约。)

【笺注】莘公,恽祖祁。

二十八日,至海门,见江督会奏请展换约期电。

【笺注】时张之洞谋联英、俄、德、法,以废《马关和约》,见《张文襄公全集·电牍》。

二十九日,见台民布告天下之文,为之增愤。

【笺注】原文见中国史学会编《中日战争》第6册,末署"大清光绪二十一年四月台湾省誓死不与贼臣俱生之臣民公启"。历数李鸿章、孙毓汶、徐用仪卖国弃台之罪。

闰五月

八日,复南皮电,由恽丈致。

【笺注】恽祖祁,时由张之洞奏调江南差委。见《张文襄公全集》卷四十二《保荐人才折》。

十四日,亥正,接南皮撤防公牍。

十五日,子正,定撤防议。

十六日,叔兄料理团防报销。

十七日,陈小舫(伯文)往新阳撤副营。

十八日,吴千总(玉哲)撤正副两中队,留三四十人。

十九日,林爵生同年(丙修)往青龙撤正营,留四十余人。

二十二日,陈小舫遣副营练丁回,留八人。

二十五日,催理团练报销。

六月

十六日,附"江孚"轮船,无舱,极窘,露坐。与俞恪士谈台湾事。

【笺注】俞明震,字恪士,顺天宛平人。光绪十六年进士,散馆改刑部主事。中日战时,由台湾巡抚唐景崧奏调赴台,任营务处,著有《台湾八日记》,述台北抗日战事。

十七日,至江宁,寓奇望街行台恽寓。

【笺注】《郑孝胥日记》:六月十八日,"闻季直来,主恽莘耘家"。按郑孝胥时为江苏候补同知。

十九日,谒南皮尚书,久谈。

【笺注】《啬翁自订年谱》云:"六月,至江宁,诣南皮,论下不可无学,学不可无会,若何实地进行。"据光绪三十年《缙绅全书》,各省总督都加尚书衔。张之洞,南皮人。

二十四日,亮山借吴园置酒。寒热大作,遂止吴园。

【笺注】陈谟,字亮山,一书谅三。时为江宁藩司幕客。吴园,吴博泉家园。

二十六日,爱苍置酒,病又大作。

【笺注】沈瑜庆,字爱苍,或书蔼苍,号涛园,侯官人。葆桢子。为张謇光绪十一年顺天乡试同年。时以试用道为江督幕客。后投资大生纱厂。官至贵州巡抚。其事迹详陈三立所撰《沈文敬公墓志铭》,见《散原精舍文集》卷十一。

二十八日,服西人金鸡那霜,截止。

七月

二日,南皮来谈,留商商务。

【笺注】张謇《为纱厂致两湖张督部书》云:"謇荷盱睐,乙未之岁,令即通州设立纱厂,以开风气而保利权。"见《张季子实业录》卷一。

七日，诣南皮辞行，久谈，留饭。

八日，乘"祥云"轮船返。船管驾，庆军旧部也。

【笺注】庆军，吴长庆部淮勇。

八月

二日，与子培、叔衡讯，星楼、聘耆、陈亮伯、康长素讯。

【笺注】康有为号长素，时正在京与文廷式、沈曾植、丁立钧、陈炽等开强学会。见《康南海自编年谱》。

三日，写熙侍御讯。

【笺注】熙麟，字祥生，内务府正白旗汉军人。光绪九年进士，时官御史。张謇旧相识。

四日，报南皮尚书商务书。

【笺注】《答南皮尚书条陈兴商务改厘捐开银行用人材变习气要旨》，见《实业录》卷四，编者误注为光绪三十二年之作。其论"兴商务"即设厂经营纺纱缫丝，以挽利权。"改厘捐"即尽裁厘捐，改行印花税。"开银行"即由国家设银行，铸银元，行钞票。"用人材"谓须用正人。"变习气"谓破除积习。此信由恽祖祁代递。次日，张謇又作与恽书云："商务各处议论如何？通海之商居然愿集六七十万兴办，刻已得四十五六万，大致不难成功。惟不愿领官款，不愿派委员，几乎是心腹大患，在此二事。甚矣，官之不见信于商也，耻孰大焉！昨又闻倭人已暗托人购买通州田地，大约是为设厂，然则通海分厂乃必不可已之事。复南皮尚书议，祈公启视代呈，亦求指教。台事如何？常熟有无讯息？謇所欲云，已托人致之矣。"见北京中央文史馆王益知藏照片。常熟，指翁同龢。

七日，作《争户部减官俸加厘捐议疏》《请饬江北州县悉立善堂片》。

【笺注】《嵩翁自订年谱》云：是时"户部有减官俸加厘捐议，言于御史熙麟，疏论其不可。并请奏饬江北州县，悉复道光林文忠抚苏时之溥善堂，免地方因人命被吏胥之扰累"。

八日，脱与熙侍御续讯稿。

九日，酉刻得与恽莘老电，随复，并分致汪、王。

【笺注】汪，通州知州汪树堂。王，海门同知王宾。

十五日，写恽莘老讯。

十六日，写南皮讯，以商议寄请定局。

九月

十九日，得恽心耘丈电报，速叔兄往省。

二十三日，叔兄行。

十月

十日，得梁星海约兴强学会电。初十日下午九点钟宁局电："张状元：现与仲弢、长素诸君子在沪开强学会，讲中国自强之学，南皮主之。刊布公启，必欲得大名共办此事，以雪国耻。望速复。鼎芬。蒸。"

【笺注】《康南海自编年谱》云：光绪二十一年九月，"十二到上海，十五入江宁，居二十余日，说张香涛开强学会，香涛颇以自任。……与黄仲弢、梁星海议章程，出上海刻之。而香涛以论学不合背盟，电来嘱勿办，则以会章大行，不能中止告。乃开会，赁屋于张园旁，远近响应"。据《强学报》所载，列名是会者，有黄体芳暨绍箕、绍第、汪康年、屠仁守、黄遵宪、康有为、梁鼎芬、蒯光典、张謇、陈三立、沈瑜庆等。《啬翁自订年谱》云："中国士大夫之昌言集会自此始。"星海，梁鼎芬字。张、梁论交，始于光绪十一年张謇入京应顺天乡试时。

二十日，以捐事与虞山电讯，恽丈电讯。

【笺注】虞山，指翁同龢。

十一月

三日，汪刺史函请议包捐。

【笺注】包捐，地方包认厘捐。

九日，得南皮论包捐电讯，有属查淞沪花包数。

十一日，得书局提调韦道照会。

【笺注】金陵书局，曾国藩任两江总督时所创设。张文虎《送湘乡公移督直隶诗录序》："特开书局冶城山，校刊'十三经''四史'，以惠来学。"见《舒艺室杂著》乙编上。

十二日，附轮往省。

二十一日，辞书局总校。《与韦道辞书局》。《与南皮辞书局》。

【笺注】两函均见《张季子文录》卷十一。兹略。局不刻书故辞之。

二十五日，刘一山、刘益卿、陈楚涛到省。

【笺注】通州刘桂馨，字一山；海门陈维镛，字楚涛。土布商人刘、陈到宁，系为创设纱厂事。张謇《承办通州纱厂节略》云："自光绪二十一年中日定约有日人得用机器，在中国内地各州县城乡市镇制造土货之条，九月间前署南洋大臣张分嘱苏州、镇江、通州在籍京官，各就所在地方招商设立机厂，制造土货，为抵制外人之计。通州产棉最王而良，謇因议设纱厂。招商两月余，有粤人潘华茂、闽人郭勋、浙人樊芬因通人刘桂馨,连同海门人沈燮均、陈维镛等,合议认办。十二月,率同到省,开折请于署大臣张核定办法。"见《实业录》卷一。旋即由张之洞奏上《通海设立纱厂请免税厘片》,见《张文襄公全集》卷四十二。潘华茂,字鹤琴,上海广丰洋行买办。郭勋,字茂之,买办商人。樊芬,字时薰,宁波绅商,捐班知府衔。潘、郭、樊、刘、沈、陈,是为大生纱厂创办时之六董。

十二月

二日,诣南皮辞行。为改认捐事辩论二十日,万目睽睽,至是有绪。

【笺注】张謇《通海议办认捐而包捐本末要略》云:"江宁藩司所属厘捐局卡二百七处……而通州、海门两境得五十七处……光绪二十一年,南皮尊奉廷寄,令藩司总局议改通海向章之捐,为产地统捐,以额核货,数浮于旧者几及六成,商民大哗。适南皮以统捐利病询通州张謇,謇乃会同州厅及商民人等议行认捐……由七月至十二月,议论考核,反复辩难,久而后定。"见《实业录》卷一。

三日,附轮还通。

二十二日,恽莘耘丈督销宜昌,招叔兄相助。

二十四日,得南皮书,聘主文正书院,院故创自许藩台,以报曾文正公者也。

【笺注】许振祎,字仙屏,江西奉新人。咸丰三年,以内阁中书入曾国藩军幕,师事国藩。同治二年成进士。光绪十二年至十六年间,官江苏布政使。其时国藩弟国荃督两江,振祎与有隙,惧其劾已,乃出赀建文正书院以释憾。见刘禺生《世载堂杂忆》。

二十六日,寄崇明课卷,辞明岁馆,荐少石自代。

二十八日,总计负累已七千余金,而所以谋竟先志者,尚未终也。

二十九日,是岁万年历有三十日,时宪书止于二十九日,殆推测积差之故。

【笺注】清代避乾隆帝名弘历,改称历书为时宪书。

光绪二十二年，岁在丙申　年四十四

正月

九日，得南皮电，询认捐结，不知商结已成，阻挠于司局也。

十一日，复南皮讯，具述司局勒州厅具结认赔及必解制钱之故。

【笺注】通海厘捐，中饱居十之六，认捐行则中饱归公，商民负担减轻，官吏不得取利，故认捐总结送省，遭藩司及总局刁难，不准每年分上四下六，令按月摊缴，外加缴费；令州厅加结如短勒赔；令每年所解认捐廿六万千，尽缴制钱，不收银洋。由是州厅畏惧，商民不便，事遂中阻。见《通海议办认捐（即包捐）本末要略》。

二十日，得叔兄十八日至宜昌之电。

二月

十一日，附"江孚"轮船行，与厘局蒋直牧同行。虽直牧亦以为认捐上下有益，胜统捐万万也。不知称心之谈，抑幸事之未成而姑为此云。

十二日，至下关，遣六九、张文定先送书箱至院。遇爽秋，深谈。

【笺注】袁昶，字爽秋，桐庐人。时任芜湖关道。见《张文襄公全集》卷四十二《保荐人才折》。张謇与袁昶订交，始于光绪六年。见《啬翁自订年谱》。

十三日，至安庆。谒孙师母，悲不自胜。东甫二子亦立而雨泣也。

十四日，设祭拜奠孙师及东甫，长号痛哭，抚孤子之肩，尤令人肝肠摧沮也。拜中丞、藩、臬、道、府、县。

【笺注】孙云锦，字海岑，桐城人。原系湘军曾国荃幕客，曾为通州知州，张謇师事之。光绪十年，张謇《致黄学使》函云："淮安太守孙公，謇所尝受恩而师事之者，比以方存之与謇荐，客于沅浦宫保。"见《文录》卷十一。黄体芳，曾官江苏学政。曾国荃，字沅浦，时任两江总督，太子少保。光绪十八年孙云锦病卒。《啬翁自订年谱》："桐城孙先生卒，赴至，为位而哭。"祭文见《文录》卷十六。光绪二十一年，其子东甫又卒。《啬翁自订年谱》："八月，闻东甫卒。东甫无世俗气，有治事才。失此良友，可痛。"挽联见《张季子九录》卷十。

十六日，谒辞孙师母。仍附"江孚"还宁。留经古课题。

【笺注】安徽巡抚福润聘张謇兼安庆经古书院山长，故留课题。

十九日，拜客。是晨诣曾文正祠展拜。

二十一日，晤张仲明，略知旅顺失守情事。据所言，龚照玛早当杀。

【笺注】吴长庆旧部张光前，于中日战时，以记名总兵率军驻旅顺，守西岸炮台，兵败革职留营，目睹旅顺失守情状。龚照玛以直隶候补道为旅顺水陆营务处，兵败论斩。

二十四日，为桐城孙师校订年谱，东甫所述也。

二十八日，开课。宿松高仿青（骏烈）来，谭仲修高第，长于校勘。

【笺注】谭献，字仲修，号复堂，浙江仁和人。同治六年举人，曾署歙县、全椒、合肥等知县。告归后专事著书，长于校勘，有《半厂丛书》行世。见夏寅官所为传。

三十日，江生（谦）到院。校孙师年谱、杂记竟。

是月，闻毓庆宫罢师傅入直。文道希为杨御史崇伊弹劾罢遣。

【笺注】毓庆宫为光绪帝读书之所。是时在毓庆宫行走充帝师者为翁同龢、孙家鼐。毓庆宫罢直，使翁同龢失去造膝独对之机会。《翁同龢日记》：正月十三日，"懋勤殿首领传旨曰书房撤。余问长撤耶？抑暂撤也？答曰长撤。余入见时奏此事想懿旨所传，上颔之"。文廷式《闻尘偶记》："丙申正月十三日，停止毓庆宫翁、孙两尚书入直……闻传旨时言嗣后如有拟题等事，即传孙家鼐云。"文廷式为杨崇伊劾罢，在二月十七日。是日《翁同龢日记》："昨杨崇伊参文廷式折呈慈览，今日发下，谕将文廷式革职，永不叙用，驱逐回籍。"此谕见《清德宗实录》："御史杨崇伊奏：词臣不孚众望，请立予罢斥一折。据称翰林院侍读学士文廷式，遇事生风，常于松筠庵广集同类，互相标榜，议论时政，联名执奏，并有与太监文姓结为兄弟情事等语……文廷式着即革职，永不叙用，并驱逐回籍，不准在京逗留。此系从轻办理，在廷臣工，务当共知儆戒，毋得自蹈愆尤。"一时朝野震惊。当日，《缘督庐日记钞》："钩党之祸，迫在眉睫，明哲之士，所当深戒！"二月二十三日，《郑孝胥日记》："芸阁虽未免有躁竞不谨处，然广集同类，议论时政，联名入奏，此宜朝廷所求而不得者，乃可以为罪乎！杨崇伊本恶奴，众所不齿，朝廷乃用其语，弹压朝士，呜呼！人心瓦解，速之亡也。"廿六日，费念慈与缪荃孙书："郋师、道希先后遣逐，党祸已成，如何如何！"汪鸣銮，号郋亭，先于文廷式被罢官，见《艺风堂友朋书札》卷上。杨崇伊，字莘伯，江苏常熟人。光绪六年进士，与李鸿章之兄瀚章为儿女亲家。劾文廷式出李鸿章授意，见胡思敬《戊戌履霜录》卷四《党人列传》。

三月

一日，作《孙开封遗集后序》。

【笺注】见《文录》卷五。孙云锦以开封知府告归，故称孙开封。其文曰："孙先生既殁之四年，其伯子东甫编写先生所著《流离杂记》《宦游偶录》及自为先生年谱，凡八卷，贻书走使千二百里，属为之校次。时光绪二十一年六月某日也。予方以事至江宁，未暇以为，乃不逾月而东甫以疫死。重缘他事，卒卒不暇竟为。明年，始获诣其家，哭且唁其子，退而校次之焉。"《九录》编者误注为光绪二十一年作。

三日，太夷约同石公、礼卿修禊吴园。晚至礼卿处谈。

【笺注】郑孝胥，字苏戡，号太夷，时寓吴园。顾云，字子鹏，号石公，时为惜阴书院山长。蒯光典，字礼卿，合肥人。光绪九年进士。二十年，以翰林院检讨入署两江总督张之洞幕。后刘坤一聘主钟山书院讲席。其事迹详陈三立所为神道碑铭，见《散原精舍文集》卷十三。郑孝胥有《上巳吴园修禊》诗，见《海藏楼诗》卷三。

七日，以纱厂事与新宁、南皮、吕巡道讯。得敬夫讯，寄来纱丝厂章，随答，随以函送新宁。眉孙来谈。

【笺注】刘坤一，湖南新宁人。时回任两江总督。何嗣焜，字眉孙，一书枚生，武进人。曾为两广总督张树声幕客。

八日，与敬夫两讯。

九日，约眉孙、苏戡来谈。

【笺注】《郑孝胥日记》：三月初十日，"季直约午饭，遇何眉孙、高仿卿"。两人所记，相差一日。

十日，与碤秋讯。与新宁订定通厂，不复听人搅溷。

十八日，邀缪、蒯、郑、顾、陈、郑诸君小饮。陈善馀，丹徒人，优贡，能读书。郑翰生同知汝骏，广东南海人，熟于交涉事例，人亦爽直。

【笺注】缪、蒯、郑、顾，谓缪荃孙、蒯光典、郑孝胥、顾云。缪字炎之，一字小山，晚号艺风老人，江阴人。光绪二年进士。时主讲钟山书院。其事迹见《艺风老人年谱》。陈庆年，字善馀，时为蒯光典司笔札。郑汝骏，江宁洋务局文案。缪荃孙《艺风老人日记》：三月十八日，"张季直招饮文正书院，礼卿、子鹏、郑苏龛、稚云(李楏，苏龛弟)、善馀同席"。《郑孝胥日记》：三月十八日，"赴季直之招。缪小山出钟山课题：'国必自伐而后人伐之，至不可活，此之谓也。'诚可为危言矣！恐将以此取怒于世"。可见诸人借文酒之会议论时政。但张、缪日记皆未言。

三十日，子鹏约同小山、苏龛，薛庐饯春，有诗。

【笺注】薛庐，为江宁士人纪念薛慰农而建，在盋山乌龙潭上。见顾云《桑根先生行状》，载《盋山文录》卷四。慰农，名时雨，主讲惜阴书院时，张謇曾向投课。

四月

六日，太夷约看吴园芍药。

【笺注】《郑孝胥日记》：四月初五日，"午后，季直过草堂谈，礼卿亦来，薄暮乃散"。两人所记，相差一日。

八日，闻二月李鸿章临使俄时请见慈宁，折列五十七人请禁勿用，第一即文道希，李出京而御史杨崇伊抨弹道希之疏入矣。

杨，李戚也。又闻慈宁为毅庙立端王之孙溥伦为子。瞻望北辰，忧心如捣。告者曰："五十七人中，子名殊不后。"

【笺注】慈宁宫，慈禧太后所居之宫。杨崇伊与文廷式等政见分歧，见其于本年春间致刘坤一书手稿："晚厕名谏院，自愧滥竽，政体未谙，敢夸建白。惟是邻氛既恶，党祸将兴，以夤缘奔竞之心，托慷慨激昂之议，不顾其后，实繁有徒，诚大局之所关，尤忧心之如结。当事者钦慕吐握，弘奖风流，轻老成而重新进，无不河汉斯言。所冀韦佩之贻，俾识衡权之准。"当事者盖指翁同龢，新进即文廷式等也。毅庙，穆宗毅皇帝。以溥伦嗣统，谋代光绪帝，未果。《汪康年师友书札》（一）所录《汪大燮与汪康年诒年书》（六十七）亦详此事。揭后党阴谋。

九日，走诣爱苍。归与太夷纵谈周昌、贾谊、萧望之事，以论常熟。

【笺注】张、郑以汉周昌辅赵王如意、贾谊辅梁怀王胜、萧望之辅元帝故事，喻翁同龢之辅光绪帝，言其艰危。

十二日，作《议办包捐本末提要》。

【笺注】《通海议办认捐（即包捐）本末要略》见《实业录》卷一，注误为光绪二十一年之作。

十五日，王守基《盐法议略·浙江盐务》：崇明之半洋等沙田划隶海门厅管辖，由海门地丁项下编征崇明包课银六十三两九钱。海门之有解浙运司款以此。

十八日，写乙盫、同叔、恒斋讯，恒斋放山东沂州知府。

五月

二日，得心丈镇江电。

三日，启行至镇江，寓尹元仲润昌公局。访心丈，知已上驶。

【笺注】尹坤元,时办镇江纱厂。

四日,返。

三十日,与书箴往海门。

六月

九日,得苏龛讯、敬夫讯。

【笺注】《郑孝胥日记》:六月初二日,"午后,自诣鼎泰,托兑通州大生纱厂股银规元一千两,合漕平二七银九百三十二两五钱"。初四日,"又作书与季直"。当即张謇本日所接信。

二十四日,得心丈讯。寄实收十纸。

七月

二十六日,丑刻,偕汪刺史、沈敬夫附"德兴"轮船往沪。

【笺注】时大生纱厂集股困难,故张謇等赴沪开董事会。

二十七日,与汪刺史撤退厂董樊时薰。

二十八日,晚,复与汪、沈二君附轮还。

二十九日,汪、沈至通下船。由汪撤厂董陈维镛。

【笺注】据《大生纱厂第一次股董会之报告》,纱厂筹备时,股董六人:旅沪粤商潘华茂、闽商郭勋、浙商樊芬、通州刘桂馨、海门陈维镛、沈燮均。当与州厅官议定,潘、郭、樊为沪股,集资四十万,购纱机二万锭;刘、陈、沈为通股,集资二十万,购厂基。光绪二十二年春,通股始于州城西十五里唐家闸购厂基,而沪股观望不应,亦不定购纱机,故张謇等至沪开股董会,樊、陈请退,遂以州官名义撤之。见《实业文钞》卷一。

八月

一日，卯刻氏下关，巳刻到院。得叔兄、眉孙讯。

二日，诣桂道台，说纱机事。不适。

【笺注】桂嵩庆，字芗亭，时主江南商务局。据盛宣怀《代赵竹君电禀张香帅》，张之洞于光绪十九年借洋债，以八十万元向英商购纱机四万八百锭。运归后阁置上海，招商承领。时以《马关条约》新订，准外商在华设厂，我国商人以"纱利日薄，不愿领办"。见《愚斋存稿》卷二十四。于是刘坤一令桂嵩庆贬价出售，嵩庆嘱郭勋示意张謇，拟以之开办大生纱厂。

十一日，梦华见过，以其有调首之说，以孙师家事属之。

【笺注】冯煦，字梦华，江苏金坛人。光绪十二年探花，授翰林院编修。二十一年，外任安徽凤阳知府。此传调安庆首府，未果。见魏家骅所撰《行状》。

廿二日，为章曼仙庶常作《施报说》，题《铜官感旧图》。

【笺注】章华，字曼仙，长沙人。光绪二十一年进士。庶常，翰林院庶吉士。《施报说》，见《张季子文录》卷五。铜官山在湖南靖港。《郑孝胥日记》云：丙申四月廿七日，"过章曼仙，出示其先德《铜官感旧图》，自述其从曾公败于靖港之役，曾赴水，章救而免。章终于牧令，颇怨曾之不报"。郑孝胥有《题章价人太守铜官感旧图》诗，见《海藏楼诗》卷三。章价人，名寿麟，官至候补知府。曾，指曾国藩。原图由章士钊收藏。

廿八日，得汪通州、刘一山讯。

【笺注】同日，《郑孝胥日记》："遂过季直，示上海来电云纱机可用，宜从容酌议。"

九月

二日，冒雨归，至下关候船不至，夜分亥正船来，雨适止，附焉。

三日，至通。晤敬夫。潘、郭、刘未至。诣汪通州。

四日，仍未至。得心丈至宁电。

五日，雇舟返。与心丈讯，专人至宁。

九日，宁使返，得心丈讯。

十一日，与心丈扬州电。

十二日，附"元和"船至镇江。晤心丈。

十三日，与心丈定纱厂议。晤元仲、子均。酉刻附"江宽"返。识常州张绍庭。

二十六日，书箴、立卿至城。茂之、一山来。

【笺注】《大生纱厂第一次股东会之报告》云："九月，郭率工头至通规定厂基，郭称集股不易，由謇增举蒋君书箴、高君立卿，仍合六董之数。"高立卿，名清，后更名寿阳，通州人。木商。见张謇所为《墓志》，载《文录》卷十四。

二十七日，同至唐家闸规度厂基，与茂之辩论定议。晚又与潘、郭讯。

二十八日，早行，附"益利"船。

二十九日，至书院。

十月

二日，晤桂方伯。与李筱轩年丈、瑞安师讯，让经古馆于瑞安，去年文正书院本瑞安馆也。

【笺注】黄体芳，字醇允，号漱兰，浙江瑞安人。同治二年会元，成进士。其生平具见于项方蒨所撰《家传》。同、光间，朝士中有所谓"清流"者,黄体芳为其中之杰。黄濬《花随人圣庵摭忆》云:"盖同治末年,大乱初夷,群有致治之望,其时柄政者为李高阳及恭邸,而清流实隐佐之。"又记陈宝琛云:"光绪初,与张佩纶、宝廷、邓承修号为四谏,以直言风节声于天下。又与张之洞、黄体芳辈,号为清流,盖皆为高阳李文正公之羽翼也。"张謇与之颇有交往,曾请体芳疏告罢刘铭传军而以台人守台,以御法军,以保台湾等。见《文录》卷十一所辑光绪十年《致黄学使函》。体芳后与时势相忤。光绪十七年以太仆寺卿乞休。"甲午以后,士大夫醉心欧学",体芳"斥其舍本逐末,不能救国,适以速亡",遂"襆被出都"。见汪曾武《醉乡琐志跋》。其书为体芳晚年随笔。光绪二十一年,体芳、绍箕父子均居江宁,列名强学会。此时主讲安庆经古书院。

十二日,与苏龛诣汇文书院美教士福开森。

【笺注】福开森于光绪十四年在南京成立汇文书院,任监督。与官方颇有往来。《郑孝胥日记》:十月十三日,"午后,季直邀同至汇文书院,访美国教士福开森。福遍示院中诸屋及课业条规"。两人所记,相差一日。

十三日,福开森来。

十四日,敬夫、立卿来。

十七日,书箴来。

【笺注】同日,《郑孝胥日记》:"午后过季直,晤蒋书箴、沈敬夫、高生等,自通海来,订机器合同者也。"

十八日,议官商合本事定。

【笺注】《啬翁自订年谱》云:光绪二十二年十月,"改议通纱厂官商合赀,官以久阁沪上之机估值五十万两为本,由商集赀五十万两合之"。此事颇有风波。《大生纱厂第一次股东会之报告》云:"议粗定,潘、郭忽以官有股必干涉掣肘,即有约,不足信,翻悔不用,主自购……且谓如用官机,则沪股不愿……十月,得潘、郭决绝信之日,反复筹虑,彻夜不能寐,绕屋而走……次晨约郑君苏龛过我,告以潘、郭前后差池之故及竟夕所虑之事理。郑君跃然曰:'用官机耳!'于是电约通董沈君、高君、蒋君至江宁,告以故。议定后,与桂道商订官商合约,历两旬之久,至十一月初签字,仍潘、郭、沈、蒋、刘、高六人,通沪各任集股二十五万,是为官商合办,而责任乃专在謇矣。"同日,《郑孝胥日记》:"夜过季直。"十九日,"午后郭秋屏来,同过季直。纱机合同,季直请予属稿,第二条议以五年之内,按开碇若干报纳官息,桂道不可,季直遽删此条。予曰:允之太易,恐多生枝节矣"。

二十一日,敬夫、立卿往沪。

【笺注】沈、高往上海,为探考日本厂屋规制,携张謇致汪康年、梁启超书,时汪、梁正办《时务报》。其略云:"读《时务报》,状如面谈,积怀为之一散。官民之情不通,天下事无可为者。通州纱厂,盖竭蹶而仅成,使泰西人为之,事逸而功多矣。闻日本厂屋制俭价省,友人沈敬夫训导、高立卿上舍、刘一山理问往沪探考,不知贵馆古城贞吉君能言大略否?或别有能知其制者,能展转介绍,俾资谈论否?足下系怀大局,度不以为琐琐也。"见上海图书馆藏原件。

二十二日,苏龛、熙之来定合同之大局。

【笺注】邓嘉缉,字熙之,江宁人,廷桢孙,著有《扁善斋文存》等。时为桂嵩庆司文牍。《郑孝胥日记》:廿二日,"季直来,邀过谈其纱机事,日内果牴牾甚苦。桂芗亭称无款,不肯包运到厂,欲令商人自往取之。谈次，邓熙之适来，言桂以公中难于筹款，商如垫出，将来官利中可扣此款。予曰：公等皆未知此事，惟有仍令瑞记包运，将来运费归商垫给，再于官利扣还，则事稳办矣。张、邓皆曰善"。瑞记，洋行名。

按是年十一月，张謇无日记，兹录《郑孝胥日记》补其行踪。十一月朔，"季直示岘帅所改纱机合同稿，予乃辞官董"。岘帅，刘坤一，字岘庄。初二日，"夜过季直言别"。张謇于翌日返通。

光绪二十三年,岁在丁酉　年四十五

二月

五日,聘耆来电,云起复不到院有碍,代假不行。

七日,复京电,并与聘耆讯,言所以不去之故。

十二日,得聘耆续催之电。

十三日,复聘耆电,仍明不去本意。

【笺注】时张謇父丧服满,循例起复。《啬翁自订年谱》:"翰林院述掌院语,与京友连电促到院,均辞。"

十八日,与内子同至上海,同行者书箴、登叔及登叔夫人也。

【笺注】登叔,张登叔,家在上海。

十九日,寅正开船,午初氐上海。寓后马路连元栈,内子寓登叔家。

二十一日,雨。晤何眉孙、汪穰卿,始识嘉兴许少斋。

【笺注】何嗣焜时为盛宣怀幕僚。汪康年,字穰卿,钱塘人。光绪十八年会试中式,二十年补殿试成进士。二十二年设《时务报》于上海,聘梁启超主笔[1],宣传变法。见其弟诒年所撰《年谱》。

---

[1]　本文集编者按,汤志钧先生《〈张謇日记笺注选存〉读后》一文建议,将此条笺注中的"二十二年设《时务报》于上海,聘梁启超主笔"改为"二十二年,《时务报》在上海创刊,汪康年为总理,梁启超为总编"。

二十二日,雨。晤盛杏生(宣怀)。

【笺注】盛宣怀时以太常寺卿驻上海督办铁路总公司,操纵商务。见盛同颐等所撰《行述》。

二十四日,雨。同书箴、敬夫、立卿、一山至潘、郭处会议,定三月内集二十万造厂。

二十七日,木斋、杏生、爱苍置酒,皆不赴。亥刻附"江宽"船。

二十九日,到江宁,与内子乘马车进城,易舆至院。

三十日,与恽莘老讯。太夷来谈。

【笺注】同日,《郑孝胥日记》:"午后过季直谈。"

三月

十日,与子培讯。

【笺注】见《文录》卷十一,述为通厂辞不赴官事,嘱向翁同龢、朱福诜致意。兹略。

十一日,与莘丈电,约晤于武昌。

十二日,启行往鄂,附"江裕",卜弇同船。

十五日,风雨。渡江至平湖门内小朝街安徽会馆,主吴博泉。

十六日,诣南皮。

十八日,与博泉同诣两湖书院,规模宏敞,天下无对。

二十一日,与博泉、善馀同诣张韶甄(赞宸),周视铁厂。厂凡生铁炉一、熟铁炉一、白铁炉一、生钢炉一、贝包麻钢炉一、铁货厂一、铁轨厂一。复诣张月查(经甫之弟),周视枪炮厂。于此见西人艺学之精,南皮要是可人。

【笺注】陈庆年时应张之洞之聘,在两湖书院授"兵法史略学"。所著《横山乡人日记》云:二十一日,"同张季直至汉阳,观铁厂、枪炮厂两处"。见《近代史资料》76 期。

二十二日，南皮置酒两湖书院。见总署振兴商务公牍，原起于伯约之奏，大意官助商本，抵制外洋。顾中国之官，专与商人诘难以为能，何可冀有此日也！终亦具文而已。

【笺注】褚成博，字伯约，余杭人。光绪六年进士，时为给事中。其原奏及总理各国事务衙门奏并见中华书局版《光绪朝东华录》总 3943—3945 页。

二十三日，与博泉同至安庆。善馀与胡皖生送至汉口月华楼晚饭。附"江永"，韶甄送行。

【笺注】《横山乡人日记》：二十三日，"肩舆至安徽会馆，送季直行"。

二十五日，诣于次棠、赵次山前辈，李小轩年丈。

【笺注】于阴霖，号次棠。咸丰九年进士，时署安徽布政使。赵尔巽，字次珊，一书次山。同治十三年进士，时为安徽按察使。

二十六日，附"德兴"返。

二十七日，至江宁。与苏龛谈。

【笺注】同日，《郑孝胥日记》："季直至自鄂，邀过谈，遂至十一点。季直云：'闻盛杏荪奏保何眉孙、吾子及梁卓如，折已发矣。'"

二十八日，肯堂讯言曼君之妾携孤子至通，议岁给三十六千，去其自有百千之息十千外，余任岁十五千，由肯堂、延卿任十一千，三节寄。先以十二番寄肯堂与之（由万昌福汇）。

【笺注】顾锡爵，字延卿，如皋人。曾为两广总督张树声幕客。光绪十七年，随薛福成出使英法意比，十九年归国。其事迹见顾锡祥《顾尚絜先生墓志铭》。范当世、朱铭盘、周家禄、顾锡爵，均为张謇同乡挚友，均负才名。其后张謇挽顾锡爵诗云："昔年乡里推同辈,周顾朱张范五人。"见《张季子诗录》卷六。

四月

六日,得刘一山讯、敬夫讯。通海蚕桑之风方开而闭,则厘局为之也。

七日,与恒斋讯。

【笺注】与丁立钧书见《文录》卷十一,信中言"新宁衰老畏事"云云。

八日,答蒋伯斧、罗叔韫讯,论农会。

【笺注】吴县蒋黼、上虞罗振玉,时在上海,合创农学社,发行《农学报》。

十日,文道希来。

【笺注】文廷式时在宁逗留,会客甚稀。张謇与丁立钧书:"道希乍来此,不见一人,謇往就谈,直其早卧,亦未见也。"见《文录》卷十一。《郑孝胥日记》:初九日,"午后过文芸阁,在志仲鲁宅,辞以无会客处,翌日当来谈。"志钧,字仲鲁,志锐弟。初十日,"文芸阁来"。十一日,"午后过季直,约明日共宴芸阁,与缪小山三人"。十二日,"宴客吴园,抵暮乃散"。《文道希先生遗诗》有《缪小山前辈张季直修撰郑苏盦同年招饮吴园别后即寄》一诗。

十八日,伯虞招饮。题太夷濠堂,用原诗首句"惜哉此江山"为韵。

【笺注】同日,《郑孝胥日记》:"赴秦伯虞之约。季直告予曰:'新宁使施理卿来,言通厂关系甚大,思有以助之。'予劝往谒新宁,乘机晓谕。"秦际唐,字伯虞。施炳燮,字理卿,江督刘坤一幕僚。诗入《诗录》卷三,兹略。

二十一日,诣新宁,说通厂事。

二十三日,与新宁讯。

二十四日,知新宁以厂事氐书苏藩、道、淮运、四关道。

五月

五日,聚卿、积馀、苔生招同缪小山、谭复生、杨仁山、郑太夷、邓熙之、顾石公观水嬉秦淮,熙之示诗,和韵奉答,并呈诸君。

【笺注】刘世珩,字聚卿,安徽贵池人。候补道。父瑞芬,巡抚。徐乃昌,字积余,安徽南陵人。候补知府。傅春官,字苔生,江宁人。道员。谭嗣同,字复生。时以候补知府分发江南。杨文会,字仁山。精究佛学,兼通测算。诗入《诗录》卷三。

六日,答农会报馆讯。

十二日,作农会奏。

【笺注】《郑孝胥日记》:五月十二日,"季直邀商农会事,示所作奏稿"。张謇《请兴农会奏》,见《实业录》卷一。其略云:"窃自中日事定以来,海内之士识时务者,无不以练兵通商为急务……臣窃上溯三代,旁考四洲,凡有国家者,立国之本不在兵也,立国之本不在商也,在乎工与农,而农为尤要。盖农不生则工无所作,工不作则商无所鬻,相因之势,理有固然……考之泰西各国,近百年来讲求农学,务臻便利,亦日新月异而岁不同。其见于近来西报中者,谓以中国今日所有之土田,行西国农学所得之新法,岁增入款可六十九万一千二百万两。臣查英国从前设立务农会,由其君主特颁诏旨许为保护,许以自由之权,除关系国是者概不闻问外,凡会中应为之事,一切听之,不予阻挡。美国农会大旨与此相同,收效尤盛。中国有志农学者颇不乏人,近日上海设立农学会,专译东西洋农报农书,未始非中国农政大兴之兆。臣拟请皇上,各省专派一人主持其事,设立学堂讲求土宜物性。该一省之闲地荒滩悉归经画,分别兴办树艺畜牧制造诸事,以为乡民倡导。仍请明降谕旨,凡此等农会创办及新生之物,本不与向来正赋杂税厘捐相涉,一概宽免捐税十年……如此十年,臣不敢必谓遂如西人所推岁入可增六十九万一千二百万两,即有其十之二三,亦复何事不济。是今日标本兼治,无以逾此者矣。"

十七日,托陈伯雅寄《农报》通州。

二十二日,辰初启行旋里。

二十四日,辰正到家。

二十八日,复敬夫讯。

六月

二日,得敬夫讯,与书箴议答,兼与毅堂讯。

【笺注】时沈燮均在上海作领取官机准备。崔鼎,字毅堂。同知,桂嵩庆派赴上海洽办通州纱厂事。盛宣怀与张謇书云:"至分机绘图,俟崔君到沪,当派荔孙、敬夫会同酌办。"见《盛宣怀未刊信稿》,第27页。盛宙怀,字荔孙,宣怀弟。

三日,答彦升问南皮旨趣:"承问,謇与南皮交不深,闻人之言曰,南皮有五气:少爷气、美人气、秀才气、大贾气、婢妪气。又云南皮是反君子,为其费而不惠,怨而不劳,贪而不欲,骄而不泰,猛而不威。然今天下大官贵人能知言可与言者,无如南皮。若好谀不近情,则大官贵人之通病,不足怪。足下久与处,亦当自知之也。"

【笺注】见《文录》卷十一。南皮改作某公。

十三日,午后至州城,晤立卿、一山。夜分后始就寝。

十四日，卯初行，由姜灶港晤敬夫，申末至家。

二十五日，与叔兄讯，新宁及桂道台讯。

二十八日，再与新宁及桂道台讯。

七月

二日，新宁电速往宁，随以电复。与眉孙、苏龛讯。

【笺注】刘坤一于六月二十七日致郑孝胥书云："通州纱厂，鄙意亟思定局。唯张香帅任内奏明归籍绅张殿撰等筹办，嗣经商务局桂观察与张殿撰议主官商会办合同，即以公款购到之机器作为官股。迄今商股寥寥，而张殿撰尚未放手，故必待其来省面决，或交盛京卿专办，或与盛京卿合办，均无不可。"见中华书局版《刘坤一遗集》，第2198页。《郑孝胥日记》：七月朔，"午后谒盛太常，晤眉孙。太常嘱予与何同致电于季直，请其速来决议"。何嗣焜时在盛宣怀幕。郑孝胥新任上海商会公所参赞，亦充盛谋士。

十一日，午刻至沪。诣苏堪，晤眉孙谈。

【笺注】《郑孝胥日记》：初十日，"午后，季直、沈敬夫自通州来，因遣人邀何眉孙……盛太常来约明日同季直往彼午饭"。两人所记，相差一日。

十二日，诣盛太常，论厂事，定合领分办之议。

【笺注】合领官机五十万，盛宣怀与张謇各二十五万，另各集商股二十五万，分别于上海、通州设厂，较初定官商合股各五十万在通州设厂资本减半，求易集而责轻。见《大生纱厂第一次股东会之报告》。

十三日，拟草约与太常，太常邀何、郑会议。

【笺注】《郑孝胥日记》：十二日，"季直来，浴于新锦园。午后又从宝源祥来,共草通沪合股草约……盛太常来约明日十一点会商"。十三日,"季直来,眉孙来。午后与何同诣盛太常,改立通沪二厂同时并举约款毕"。

十四日,未刻诣太常,约款签字。太常送馔。是夜与苏堪同行,附"德兴"船。

【笺注】《盛宣怀未刊信稿》第一三〇件《上刘岘帅书》:"通厂纱机顷与季直殿撰商定办法,就原定官商合同增易数字,并与殿撰另订约款一切,统请殿撰面述。合同约款亦已携去呈鉴。兹仍嘱郑丞孝胥偕往,如有须面询者,希传见为幸。"丞,同知之别称。

十七日,诣新宁论厂事。

【笺注】《郑孝胥日记》:十七日,"谒新宁,与张、桂同见。新宁极怂恿纱厂之成约,而桂颇挠之"。

十八日,与新宁讯,答讯定厂事,官商合办,通沪分任。

【笺注】刘坤一答信云:"手教领悉,厂务便可定局,舍此别无办法。即请电知盛京卿备移存案。海分司初拟于补厘钱款拨银一万,合之续招商股三万为四万两。今将钱款三万串全数提来,即桂道所谓二万五千,以钱合银,恐尚不足此数,在海分司自少一万矣。此外洋务局存银一万,当可应手,均令径交尊处……沪上二万有无把握,桂道当不食言,弟则无能为力也。"见中华书局版《刘坤一遗集》,第2199页。海州盐运分司,时为徐绍垣。

十九日,由苏堪电复太常。与桂、崔讯,罢潘、郭。

【笺注】《郑孝胥日记》:十八日,"季直言崔毅堂为潘、郭二董力求复合,已约明日决定。予贻字责其临事太软,意亦活动,致为崔所播弄"。《啬翁自订年谱》:"新宁檄商务局,以潘、郭集资屡不效,屡请退,撤之。"沪商请退,一因反对官商合办,二因裕晋、华盛等厂方被外资吞并，民族纺织业陷于困境。见《大生纱厂第一次股东会之报告》。

二十六日，苏堪往沪。

【笺注】按，《郑孝胥日记》：廿四日，"季直来，桂观察欲另立合同，而不置官董，季直犹以不置官董为疑。予曰：'此无益而有患之举，君何疑焉。'因共同商改合同草稿，列于第二条"。张謇漏记此事。

八月

一日，积馀置酒吴园，有翁叕甫检讨。

【笺注】翁斌孙，字叕甫，同龢侄孙。光绪三年进士，散馆授检讨。其事迹详言敦源所为《墓志铭》。

十日，答穰卿讯。

【笺注】见《文录》卷十一，论组织报馆不必多举董理，以致分歧。原件藏上海图书馆，下注八月十九日，当是接信日期。

二十六日，盛咨来，合同仍前，即送院，是夜即复。

【笺注】《盛宣怀未刊信稿》有八月廿一日《致张殿撰书》云："苏龛、敬夫两交手翰，敬聆一一。徐州面谈通厂廿五万已就绪，与尊示符合……遵即如所议正约附约分咨立案。惟商人最怕官场共事，武昌官商合股，一厂甫见成效，官即夺之，沪商引以为诚。江南虽未必一定纷更，然官事如棋布，却不得不豫为筹度，以释商虑。诚能并商归本，实亦官之幸也。附上咨两件，会回稿二分，请核正画诺，就近封发，并乞转达一切。"徐州，指桂嵩庆，新任徐海道。

九月

十日，作江生祖母寿序。

【笺注】《江生祖母七十寿序》，为江谦祖母詹氏作，见《文录》卷十。其略云："方予校艺崇明书院之三年，得婺源江生谦文，嘉叹以为美才……明年从游江宁。"又云："今天下外患飚忽，四面而至，如火之燎原，其势方扬而不可遏灭。而内治隳坏，百端不易一二举，而其弊始于学术。古昔盛时，自天子而公卿大夫士，而农虞工商，而胥隶仆圉巫祝，莫不有学，故习之有素，持之有具，其应事也不诬，而效于人也给。今外夷之所谓政治律例公法格致植物农商医化重电光汽之学，其法骇荡耳目，而其意常与三代秦汉圣人贤豪之言，往往而合。謇尝欲得渊颖有志识之士数十辈，端本经训，而各专其一二家之言，以待世变而应天下之所乏。生才而有志，比且从事彼族之学，规揽要领，以当于用，而明我三代秦汉圣人贤豪之言，夫生则既慨然有志乎此矣。""他日学成志遂，果足以效天下之用……而詹孺人与生之父母，其得所养以为欢，可券而徯也。"

十六日，与江生讯，论学须从日用积渐起。

十八日，拟试立明算小学堂事。

二十三日，与彦升讯，说学堂事。

十月

四日，启行赴沪，舟中遇恽禹九。

【笺注】恽毓昌，字禹九，祖祁长子。

五日，至沪，寓陈少岩处。

六日，晤杏孙太常。

【笺注】《郑孝胥日记》：初六日，"崔毅堂来，闻季直亦到，遂往视之。季直寓五昌里"。崔、张到沪，均为运纱机事。

十四日，旅费不足，卖字。

十七日，"威靖"兵轮第一次机器运行。

【笺注】尝见张謇致刘坤一信稿云："初六日到沪，尊意已转致盛太常。太常是夕赴鄂，分运机器悉畀盛守宙怀、郑丞孝胥主持商办。初七日，机单汉文始据翻译交到，本日即令通董分投料理。开运伊始，加意慎重……需时两月，方克竣事……已骎骎十二月矣。通港之水益小，非别筹善法不可。"《郑孝胥日记》：九月初四日，"太常言当札予办通沪分机事宜，与盛荔孙同办"。十月十五日，"晨诣杨树浦，观分机器"。十九日，"坐马车至杨树浦，观运机器"。

十一月

二日，定厂价九万。即夕上船。

【笺注】厂价，造厂包工价。见《啬翁自订年谱》。

四日，书箴到厂。

【笺注】《啬翁自订年谱》："约书箴至厂为助。"

九日，写岘帅讯、刘太守讯，金生、王生、殷秋圃讯，说两小学堂。

【笺注】刘坤一于本年十二月二十日复张謇书云："明算、方言两小学堂章程并经发交首府。"见中华书局版《刘坤一遗集》，第 2209 页。

二十八日，定厂约。

【笺注】《厂约》十六条，见《实业录》卷一。

十二月

十五日，核计岁需少二千番(典息在内)，真非了局，因定家约。

光绪二十四年,岁在戊戌　年四十六

正月

八日,见《申报》开特科之诏,荣中堂、严编修(修)、高侍御(立曾)请也。

【笺注】清廷从贵州学政严修之奏,开经济特科,见《光绪朝东华录》总4024—4026页。从荣禄、高燮曾之奏,设武备特科,见同书总4044—4048页。《康南海自编年谱》云:"时严范孙请开经济科,常熟主之,此事遂成。其章程与沈子培同议之者也。乃说常熟并张樵野成之,借此增常科以阴去八股。"梁启超《戊戌政变记》,谓此乃"新政最初之起点"。严修,字范孙,天津人。光绪九年进士。二十年以翰林院编修任贵州学政。所请经济专科分六事取士,主事为"周知天下郡国利病""熟谙中外交涉事件""算学律学擅绝专门""格致制造能创新法""堪游历之选""工测绘之长"。

十八日,酉时,怡儿生,吴姬所出。

二十七日,知新宁督部已用所拟垦荡事入奏。

【笺注】刘坤一于光绪二十三年十二月二十日《复张季直》函云:"通州场灶应行查垦之处,亦经查照大稿附片奏明。"见中华书局版《刘坤一遗集》,第2209页。《清丈通州九场供煎草地升科片》,见同书,第1011页。

二月

一日，钱道台来讯，属缓至省。与讯聚卿，约初七、八日会于唐家闸。

【笺注】钱德培，字琴斋，候补道，时奉江督差委督办两淮垦荒。见刘坤一《两淮场田变通丈查片》，《遗集》，第1026页。

十日，聚卿到厂。

十二日，与聚卿同至州城。

十四日，约潘保之访论荡事。

【笺注】《文录》卷十一有《致潘保之函》，论荡事。潘系如皋绅士。

二十二日，知钱琴斋至通。

二十三日，往通。舟中续拟丈垦荡地章程，至州城，晤琴斋示之。

【笺注】《拟开垦通分司九场蓄草余地章程》，见《实业录》卷三。编者误注为光绪三十年所作。

二十四日，与钱、汪二公论荡。

二十七日，附"瑞和"上水，巳初登舟。

二十八日，丑初至下关，到院巳巳正矣。适是日开课。晤小山。

二十九日，与新宁讯，论通荡、海滩、纱厂。

三月

二日，晤新宁，畅谈各事，师丹老而健忘矣！

【笺注】师丹，汉哀帝时大司空。《汉书·何武王嘉师丹传》云："会有上书言古者以龟贝为货，今以钱易之，民以故贫，宜可改币。上以问丹，丹对言可改。章下有司议，皆以为行钱以来久，难猝变易。丹老人，忘其前语，后从公卿议。"张謇以此喻刘坤一老而健忘。

七日，启行，附"益利"船。

八日，丑刻至通，巳刻至唐闸。厂工大墙已成十之七。

二十六日，与新宁讯，催股。与钱道台讯，说荡事。与理卿讯。

【笺注】《为纱厂致南洋刘督部函》，见《实业录》卷一。其略云："浦西机器，日内已可运毕；浦东大件，五六日内亦可开运，度闰月内必可竣事。正厂全墙俱竣……一切用款，日紧月繁，其势决不可以中缓，甚盼各路集股之来，不知徐分司及沈、武两道所许，能否践约。又扬州盐务有无可以腾挪之处。闰月初，謇不能不脂车北上，距仲夏南旋，中间两月，非得六七万金，不足以资周转而固全局。商董所集畸零，无能肩此剧任。中夜旁皇，忧心如捣。惟有恳请明公……催令徐分司、沈、武两道等勉可措集至少须五万金，必于闰月汇解到厂，至迟不可逾四月十五日，盖各工价付款之期也。謇入都亦必多方劝集，期收得寸得尺之效。"

二十八日，再与新宁讯，寄《变通开垦海门荒滩奏略》。

【笺注】《刘坤一遗集》，第1026页，《两淮场地变通丈查片》，即敷陈张謇原意。

闰三月

四日，启行，宿青龙港。

五日，寅初开船，午初氐沪。

七日，道希、眉孙、太夷约同会小田切万寿之助于郑陶斋寓。日人以甲午之役，有豪毛之利，启唇齿之寒，悔而图救，亟连中、英。又以为政府不足鞭策，为联络中国士大夫振兴亚细亚协会之举。盖彻土未雨之思，同舟遇风之惧也。独中朝大官昏昏然，徒事婥婳耳！预会者凡二十人。日人言则甘矣，须观其后。

【笺注】小田切万寿之助，张謇少写"寿"字。郑观应，号陶斋，别号待鹤山人，广东香山县人。时刚卸任汉阳铁厂总办，寓居上海。日本以同洲兴亚为名，组织亚细亚协会，文廷式等为主奔走。《郑孝胥日记》：闰三月初二日，"文芸阁来，议立亚细亚协会，而以予及文、何及郑陶斋出名召客，勉诺之"。初四日，"文芸阁来，改于初六协会"。张謇适抵上海，遂应邀与会。同书云：初五日，"夜闻季直来……走往视之"。初六日，"午后诣公司，季直、芸阁来，遂同过郑陶斋。是夜来会者二十余人，日人来者四人"。到会名单见《湘报》第 69 号转载《大公报》《兴亚大会集议记》。除主席文、郑、何、郑外，"与会者为日本领事小田切、三井洋行总办小宝三吉、三菱洋行总办某君、日本领事翻译官某君、志仲鲁观察、张季直殿撰、江建霞太史、严小舫观察、薛次升观察、施子英观察、姚稠臣太史、曾敬贻部郎、杨子萱太守、沈仲礼观察、汪穰卿贤书、盛撰臣孝廉、陈敬如军门、李洛才大令、经莲珊太守、唐杰臣观察、李谷生司马，本馆主人吴剑华亦与其列"云云。旋举小田切为会长，郑观应为副会长。协会活动地点在广福里郑观应寓。见郑所著《盛世危言·后编》卷二。在拟订协会"大旨"时，小田切即暴露侵略真相。《郑孝胥日记》：十八日，"郑陶斋来字云，所拟第六条协大旨，日本领事小田切欲删去。其文曰：'本会或遇同洲有失和之事，在会中人皆宜极力排解，使归亲睦。'予曰：'此不可去，必去此条，仆当辞会。'陶斋复商之小田切，遂注其下曰：'日本会员有不欲存此条者'云云。予遂听之"。

八日，与新宁讯。

十日，道希复置酒。闻日廷又遣其大臣来沪，图兴协会。

【笺注】郑观应云："日本总会氏过沪，同人公宴于张园，意极融洽。"见《盛世危言·后编》卷二。

十一日，申刻，登招商轮船。遣孔驯回通。大风，泊浦东董家渡。

【笺注】《郑孝胥日记》：初十日，"季直来，言已登新丰，散馆后来南，当至五月半"。孔驯，张謇仆名。

十二日，巳初开行，出查山，稍有风浪。

十五日，寅初氏大沽口，潮已退尽，船阁沙背，遥望防营尚三十里。与张小圃（鹤龄）同易小舟，辰初赴塘沽，时已巳正二刻，火车已行。寓佛照楼客舍。

十六日，巳初三刻十分开车，申正二刻五分抵马家铺，易车，由南西门至会馆。

十八日，托李菊农前辈销假。二十三年三月十四日，由吏部起复，咨翰林院。

【笺注】李传元，字橘农，一书菊农，江苏新阳人。光绪十五年进士，散馆授编修。后官至浙江提法使。

二十三日，闻皖藩于荫霖弹李、翁、张，举徐、张、李等五人，而皖灾不报也。

【笺注】《翁同龢日记》：戊戌闰月初八日，"安徽藩司于荫霖陈时政，谓宜速用公正大臣，举徐桐、崇绮、边宝泉、陶模、张之洞、陈宝箴挽回国是，而痛斥李鸿章、臣龢、张荫桓误国无状。……此折留中。所以笔于私记者，著余之罪，用以自励也"。按于荫霖此奏后由《国闻报》刊布。恽毓鼎《澄斋日记》云：七月初三日，"阅《国闻报》录春间皖藩于次棠方伯举劾一疏。劾大学士李鸿章、翁同龢、侍郎张荫桓，举大学士徐桐、前尚书崇绮、总督张之洞、边宝泉、陶模,巡抚陈宝箴,前四川总督李秉衡,提督冯子材,切直沉痛,足以褫奸邪之魄,而增敌忾之忧。近来章疏中有数文字。"《汪康年师友书札》(二)辑高凤谦于四月三日与汪康年书云:"于方伯奏劾翁同龢,大快人意。"

二十五日,与汪直刺讯,请缓办间架税。

【笺注】间架税即铺屋捐。光绪二十三年十二月,由黑龙江副都统景祺奏请实施。其法"按间纳税,大致以深广一丈为一间,每间岁征铺税钱自五百文至三百文为率"。本年正月初七日户部复奏,改为大小一律,"均按所赁房屋租折每月实缴银数,自本年四月初一日为始,于十成租价内酌提一成归公。此一成内房主与租客各占其半"。"得旨,如所议行"。见中华书局版《光绪朝东华录》总4037—4040页。《翁同龢日记》:戊戌二月初七日,"户部奏,议准景祺奏,收铺屋捐及洋土药牙帖,依议。此剥削间阎之政,极可愧叹!"

二十六日,与虞山师笺,言间架税甚于昭信票之弊。

【笺注】昭信股票,内债券,百两库平银为一股,二十年本利偿清,取名昭信,以示昭大信也。本年正月初九日,右春坊右中允黄思永奏请,十四日产部议奏,得旨施行。由户部印造一百万张,简称部票。《松禅老人尺牍墨迹》中有翁同龢与张荫桓论"部票功用"一书。

二十八日,见申戒昭信票之谕旨。

【笺注】时各省办理昭信股票,名为劝借,实则勒索催追,怨声四起,迫使清廷下谕申诫。见中华书局版《光绪朝东华录》总4077—4078页。然仍苛扰不已,直至本年七月,始停办。《澄斋日记》云:七月初六日,"连日条陈昭信股票,扰累地方者颇多,虽奉严旨训饬，而迄无惩办停止之意。各督抚欺饰圣明，已成惯技，肯据实入告乎？仍为具文而已"。二十二日，"阅邸抄，以昭信股票扰民，特旨停办"。

二十九日，纪通九场丈垦海门小阴沙滩地略。

四月

一日，见虞山师，知户部亦因言官纠劾请停间架税。因请电传各督抚，缓则民间必有受州县书差之害者。师立时命舆至户部，曰："改过不吝，我不以需贼事也。"

【笺注】《翁同龢日记》：四月朔，"张季直殿元服阕来散馆，晤谈，知江北纱布局及盐滩荒地两事，皆伊所创也"。胡思敬《戊戌履霜录》云："浙江征药牙、铺税，温宁大乱，河南、湖北、陕西皆奏请缓办，诏悉停之。"

三日，上虞山《标本急策》，曰商、工、农。

【笺注】《农工商标本急策》，见《实业录》卷一。编者误注为光绪二十三年之作。其末言通州纱厂开办困难，一则"股分不足，必须公款协助"；一则"捐税太重，必须量请宽减"云云。

九日，闻王御史（鹏运）弹张荫桓，语侵虞山甚。

【笺注】王鹏运，号幼霞，自署半塘老人，晚号鹜翁。同治九年举人。光绪十九年，授监察御史。"直谏垣十年，疏数十上，大都关系政要。"见况周颐《王鹏运传》。《翁同龢日记》：四月初十日，"王鹏运封奏：大臣误国，见起三刻，语多。王劼余与张荫桓朋谋纳赂也。薰莸同器，泾渭杂流，元规污人，能无嗟诧！"朋谋纳赂，谓得赂二百六十万，翁、张平分。元规，东晋庾亮字。时亮居外而执朝权，宰相王导恶之。"常遇西风尘起，举扇自障曰：'元规之尘污人。'"见《晋书·王导传》。翁同龢用以影射李鸿章诬翁、张纳贿也。

十日,纪通海蚕桑兴沮略、镇江小轮兴沮略。

【笺注】《通海蚕桑兴衰事略复汪穰卿》,见《实业录》卷一。言捐税之害,使通海蚕桑衰息。

十一日,恭邸薨,朝局殆将变动。

【笺注】四月十日,恭亲王奕䜣病死。梁启超《戊戌政变记》云:"恭亲王之死,于改革及废立皆有大关键。""王虽无识,不知改革,然尚知大义……废立之举,恭王力持不可,西后亦无可如何也。"刘坤一复许振祎书云:"时事益艰,而恭邸遽薨,今上孤立,为之奈何!"见中华书局版《刘坤一遗集》,第2226页。于是康有为遂上书翁同龢,"促其亟变法,勿失时"。见《康南海自编年谱》。

十三日,作《留昭信票款于各省办农工商务奏》,并请免宁属米粮捐。

【笺注】《代拟请留各省股款振兴农工商务疏》,见《实业录》卷一。大意本之于《农工商标本急策》。

《啬翁自订年谱》云:"请翁尚书停江北米粮捐,为草留已收之昭信票款于各省办农工商奏。"江苏设两藩司:江苏藩司,江宁藩司。江北属江宁藩司,故称为宁属。

十四日,作《农会议》《海门社仓滋事略》。

【笺注】《农会议》,见《实业录》卷一。编者误注为光绪二十二年之作。张謇以上诸作皆送翁同龢阅。《翁同龢日记》:四月十八日,"看张季直诸种说帖,大旨办江北花布事,欲办认捐及减税二端;又欲立农务会;又海门因积谷滋事,欲重惩阻挠者。此君的是霸才"。

十八日，应散馆试于保和殿。《十事对九赋》，以"经史十事能对其九"为韵；赋得"霂泽施蓬蒿"得"蒿"字。考试用赋止此。誊至诗第四韵时，四川胡峻触动坐几，污墨如豆，既刮去重写，乃脱一字，临行知之，刮去三十字重写，甚疵。

【笺注】《道咸以来朝野杂记》："散馆者，甄别庶常也。前科庶吉士于下科殿试前，再经廷试一次，课以一赋一诗，仍以殿试卷书之，亦分一二三等。一等与二等前列，可留馆授编修（原列二甲者）、检讨（三甲者），余以主事分部，仍候补或知县即选。"三鼎甲虽已授官，但与庶吉士一体参加散馆试。

十九日，试列二等三十七。

二十日，虞山师招谈，知江北米粮捐已停。

【笺注】《翁同龢日记》：二十日，"晚约张季直小饮，直谈至暮，毕竟奇材"。

二十二日，见虞山所拟变法谕旨。

【笺注】按此即"明定国是"谕旨，见中华书局版《光绪朝东华录》，总 4094 页。《翁同龢日记》：二十三日，"上奉慈谕，以前日御史杨深秀、学士徐致靖言国是未定，良是。今宜专讲西学，明白宣示等因。并御书某某官应准入学。圣意坚定。臣对：西法不可不讲，圣贤义理之学尤不可忘。退拟旨一道"。张謇于二十二日已见之，殆先已拟定。《康南海自编年谱》："二十三日，奉明定国是之谕，举国欢欣。"同日，又有选派近支王公游历谕。《郑孝胥日记》：二十五日，"读二旨，如见天日，以手加额，从此将观其改头换面之实政矣"。但京都朝士中已有人虑党祸将作。《缘督庐日记》：廿四日，"阅邸钞，严旨变法……番番黄发，胶柱鼓瑟，至今日而贻人以柄，熙丰新法，将与东林钩党同时并见，悠悠苍天，杞忧何已！”

二十五日，拟大学堂办法：宜分内外院（内院已仕，外院未仕）；宜分初、中、上三等；宜有植物、动物苑，宜有博学苑；宜分类设堂；宜参延东洋教习；宜定学生膏火；宜于盛大理允筹十万外，酌量宽备；宜就南苑择地；宜即用南苑工费；宜专派大臣；宜先画图。与仲弢大致同。虞山谈至苦。

【笺注】《翁同龢日记》：廿五日，“申初二，张季直来，谈至暮，盖无所不谈矣”。盛宣怀，时官大理寺少卿。

二十七日，见虞山开缺回籍之旨、补授文武一品及满汉侍郎均具折谢皇太后之旨、亲选王公贝勒游历之旨。所系甚重，忧心京京，朝局自是将大变，外患亦将日亟矣！

【笺注】三谕均见中华书局版《光绪朝东华录》总4097页。《翁同龢日记》：廿七日，“今日生朝……入，看折治事如常。起下，中官传：‘翁某勿入。’同人入。余独坐看雨，检点官事五匣交苏拉英海。一时许，同人退，恭读朱谕：‘协办大学士翁同龢近来办事多不允协……渐露揽权狂悖情状，断难胜枢机之任……翁同龢着即开缺回籍，以示保全。钦此。’臣感激涕零，自省罪状如此，而圣恩矜全，所谓生死而肉白骨也。随即趋出，至公所小憩……明日须磕头，姑留一宿”。廿八日，“午正二，驾出，余急趋赴宫门，在道右磕头。上回顾无言，臣亦黯然如梦。遂行”。

二十八日，晡弢甫。是时，城南士大夫人心皇皇。

【笺注】翁斌孙时官侍读，居同龢寓。弢甫其字。《澄斋日记》：四月二十七日，“阅邸抄，常熟翁相国奉严旨罢斥，以揽权狂悖罪之。此举得失，小臣不敢妄言，惟忧危太息而已！”《缘督庐日记》：廿八日，“阅邸钞，虞山师奉严旨放归，朝局岌岌，不可终日。如蜩如螗，如沸如羹，今其时矣……柬蔚若，得复云：'近日号令，但恨两耳不聋。'鄙人亦求瑱甚切也"。吴郁生，字蔚若，江苏元和人。光绪三年进士，时官编修。朱祖谋填《丹凤吟》咏时事，有"断送园林如绣""俊侣霎时乖阻""去魂总怯波浪恶"等句。见《彊村词剩》卷一。均反映当时京都士人惶惶不安之情。外省士人亦议论纷纭。《郑孝胥日记》：廿八日，"闻朝局大变，常熟被逐回籍。王夔石内召入枢府，荣仲华权直督"。王文韶，字夔石。荣禄，字仲华。廿九日记："廿五诸上谕，犹翁在枢府所拟。廿七日翁既逐出，拟旨者乃刚毅、钱应溥、廖寿恒等也。度其情形，翁必力主上以变法自强，满洲人及守旧之党遂构于太后而去之。翁去则上孤而太后之焰复炽，满朝皆伧楚，亡在旦夕矣！"其时郑孝胥在上海。陈庆年《横山乡人日记》：三十日，"二十七日忽有朱谕罪状，翁着开缺回籍。二十四日上谕，保举宗室近支，又改为由朕亲自查看。懿旨复令所用新进大员，须于奉旨后至太后前谢恩。以是知二十三日有上谕变法，殆亦翁主康说而然也。康之命意在解散君权，以便其改制之邪说。如朝廷知是保之由来，恐不免于罢斥。数日之间，能鼓动翁老如此，其势力甚大，令人生畏。彼固不料甫逾一日，失其所倚也"。见《近代史资料》总81号。其时陈庆年在武昌。

二十九日，恭诣乾清宫引见，瞻仰圣颜，神采凋索，退出宫门，潸焉欲泣。诣虞山送行，则已治装谢客。

三十日，有《奉呈瓶叟夫子解职归虞山》诗一首："兰陵旧望汉廷尊，保傅艰危海内论。潜绝孤怀成众谤，去将微罪报殊恩。青山居士初裁服，白发中书未有园。烟水江南好相见，七年前约故应温。"壬辰会试报罢，辞公，因劝公退。公曰："吾方念之，若圣恩放归,秋冬之际当相见于江南烟水之间。"引朱子答廖子晦语,劝公速行。李木斋侍御(盛铎)来,此君智谲而有胆略,不久必柄用,然亦惧其太速也。

【笺注】《奉送松禅老人归虞山》,见《诗录》卷三。兰陵,指萧望之。朱子答廖子晦语见《朱文公文集》卷四十五,论"宁武子邦有道则智,邦无道则愚"一节,谓出处当识时机。时北京以翁退隐为得计者大有人在。盛昱以诗慰之云:"公今被恩得长假,压装书画填归舟。"见《郁华阁遗集》卷一。刘世珩于五月八日致缪荃孙书云:"常熟撤政归田,深是幸事,从此可以优游林下,颐养天年。"见《艺风堂友朋书札》下。

五月

八日,与仲弢诣瓶师。

【笺注】《翁同龢日记》:五月初八日,"黄仲弢(绍箕)、张季直(謇)来,留面长谈"。

九日,作学堂奏。

十三日,寅初至马家铺,送瓶师。

【笺注】马家铺即马家堡,在北京永定门外,为当时京津车站。唐文治《记翁文恭公事》云:"公奉旨开缺回籍……越数日即行。至正阳门外,送者数百人,车马阗咽,有痛哭流涕者。公独坦然谓文治曰:'人臣黜陟皆属天恩,吾进退裕如,所恨者不能复见皇上耳!'盖先一二年时,文治逆知公危,燕见时,微讽公退。公慨然曰:'吾为师傅,譬诸一家孤儿寡妇,无依赖指导,为西席者可恝然去乎!'文治固夙知公之心,至是闻公言,更不觉泫然也。"见《茹经堂文集》一编卷六。据《翁同龢日记》,是日至火车站送者,有黄绍箕、谭启瑞、张謇、刘树屏等翁氏门人,"约四五十人"。
"最奇者,湖南衡州夏生年廿余,投一纸自称曰笙,向余挥涕曰:
'吾为天下,非为公也。'"

十九日,有梦中题陶然亭诗。《梦中题陶然亭,醒得四句,因
足成之》《赠宗室伯福庶常寿富》)。

【笺注】两诗见《诗录》卷三,兹略。陶然亭,康熙间江藻所
建,取白居易诗"更待菊黄家酿熟,与君一醉一陶然"之句以名
之,又名江亭,士大夫宴集胜地。见《蕉廊脞录》卷二。亭在右安
门高阜上,本为文昌阁。见崇彝《道咸以来朝野杂记》。寿富,宝
廷子。本年进士,时为翰林院庶吉士。

二十一日,始知六月初二日到任之讯。此一事也,由内阁抄
录引见日上谕,用黄本送吏部,由吏部送翰林衙门,公牍展转,则
已一月矣。

二十三日,写《留别仲弢》诗:"拂衣去国亦堪哀,辛苦男儿草
莽来。直分儒冠称沟壑,何知人海战风雷。嵚崎似我归犹得,禄
养怜君气益摧。闽县已亡丁沈散,更谁相煦脱嫌猜(谓可庄、叔衡、
子培。)"

【笺注】《留别仲弢》,见《诗录》卷三。王仁堪,字可庄,福建
闽县人。光绪三年状元。授翰林院修撰、山西学政、武英殿纂修
等官,好评议时政,号为"清流"。王闿运《湘绮楼日记》:光绪六
年十一月十九日,有人"论近日清流,复有王仁堪诸人"。光绪十
一年,始与张謇订交。十六年,以忤权贵出为镇江知府。十九年
七月,调任苏州知府。十二月病故。其事迹见《王苏州遗书》附
刊王孝缉等所撰《先公年谱》。

二十四日,有《乍雨》诗:"未测天情性,朝来乍雨晴。稍当被

尘土，一笑看风霆。"

【笺注】此诗未入《诗录》，亦感时之作。

二十五日，闻江宁以米闹事，时有监司囤米居奇者也。

【笺注】江宁"米价昂贵，贫民饥噪""伙抢米铺三十余家"。见中华书局版《刘坤一遗集》第2227页《致丰汉文将军》与同书第2228页《复赵展如》。监司囤米居奇，当即苏松太道蔡钧贩米出洋事。见《刘坤一遗集》第2234页《复德静帅》。

二十九日，闻江南米已贵至每石洋银八枚。

【笺注】米贵引起民变，《时务报》65期转载1898年6月13日《文汇报》所登"论中国米价之贵"一则云"今年中国百姓，每因不平之事，日肆扰乱，皆因米价较之上年已贵倍蓰……如沙市、九江、肇庆、温州、宁波、潮州等处因之肇衅，几致酿成巨祸。扬子江一带及苏州内地，民情亦觉浮动"云云。米贵由于出口过多。盛宣怀于五月一日《寄张香帅谭敬帅陈右帅电》云："浙宁闹米，江苏乏粮，皆出洋之过。"

三十日，有奉和瑞安先生《二木叹》诗。

【笺注】是年德军占胶州湾后，毁孔子庙像，都御史徐树铭、山东巡抚张汝梅不敢诘，饰词复旨，黄体芳愤而作《二木叹》，见《漱兰诗葺》。张謇《奉和瑞安先生二木叹》，见《诗录》卷三，兹略。诗中有"憨山老人奋直笔"句，黄体芳晚号东瓯憨山老人，见所著《醉乡琐志》。

六月

二日，卯刻即起，赴翰林院听宣旨，又诣吏部。午后，伯福述寿州意挽留。

【**笺注**】寿州，大学士孙家鼐，安徽寿州人。正筹办京师大学堂。

三日，丑正起，作辞寿州奏派大学堂教习启与清閟堂请假启（通州纱厂系奏办，经手未完）。卯初即行。读书卅年（十六岁入学为附学生员），在官半日，身世如此，可笑人也。与健庵、蘅挹同伴。寓塘沽德元栈。

【**笺注**】清閟堂，即清秘堂，翰林院办事之所。吴振棫《养吉斋丛录》云："清秘堂本名东斋房。高宗幸翰林院，赐'集贤清秘'额，御制有《清秘堂偶题》一诗，遂更今名。"又按，雍正元年始设办事翰林，满汉各二员，择俸浅编修、检讨任之。如皋沙元炳，字健庵、泰兴金鉽，字衡挹（一书意），皆张謇同科进士。

四日，候船不来，闻上海宁人以拒法人攘地构衅。有一船开，而人已满。

【**笺注**】盛宣怀五月二十八日《寄刘岘帅、奎乐帅电》："今早法人拆毁四明公所冢墙，宁波帮聚众发传单，明日罢市。"二十九日又电："今日宁波绅董来。言法人枪毙华人十二名，受伤三十余名。宁人虽罢市，并未动手。彼不遵旧案，擅拆冢墙，不由分说，擅伤人命，无理已极。"三十日《寄奎乐帅电》："甬人仍罢市、罢工，今遣其绅商遍谕各项头目不得闹市，候藩台来自有办法。并嘱他国领事劝法国勿再伤人。顷与白藻泰私商，不要四明冢地，可允其商办扩充租界。彼已电外部。但租界事各国已在总署坚索，如尚未允定，或可抵销此案。"六月初二日《寄岘帅》："甬人众志成城，殊难强拂。惟罢市罢工，数万食力之人，岂能坐食多日，亟盼藩台到沪了事。"初三日《寄岘帅》："昨聂方伯传集宁帮二百余人切实面谕，即出示允为保全。当夜宣亦劝谕宁董，即将告示刊印数千张,今早已一律开市开工,堪纾苾注。"以上均见《愚斋存稿》卷三十二。据《郑孝胥日记》,宁波旅沪群众曾"欲巷战"。但遭官方弭平。六月初三日,"闻宁波人已开市如常,四明公所可不改"。

五日,是晚"新丰"船到。

七日,行。

十二日,早氐上海。

【笺注】《郑孝胥日记》:十二日,"季直来。夜,季直邀饮聚丰园"。十三日,"过季直,诵其出都诸诗"。十五日,"往送季直之行"。

十六日,顾小关快行,申刻到家。

七月

四日,有寄呈松禅师诗:"楼台无地相公归,借住三峰接翠微。济胜客输腰脚健,忧时僧识鬓毛非。尚湖鱼鸟堪供咏,大泽龙蛇未息机。正可斋心观物变,蒲团饱吃北山薇。"

【笺注】《呈松禅老人》,见《诗录》卷三。三峰清凉寺在虞山北部,翁同龢放归后借居于此。尚湖在山南。《翁同龢日记》:六月十五日,"柳门来"。六月十八日,"《申报》云:康有为奉旨至上海办官报"。七月朔,"督辕巡捕江苏候补县刘思懃来,云岘帅令专来问起居"。可见翁虽号杜门,但仍与朋僚联谊,并关注时局。张謇此诗能道其心意。

八日,早到州城,议九场丈垦,斡旋钱、汪之间。

【笺注】钱,候补道钱德培。汪,通州知州汪树堂。

十日,查厂工。

十二日，到省。

二十三日，新宁照会总理商务商会。

二十四日，辞商务。

二十六日，新宁再送照会来。

【笺注】《啬翁自订年谱》："新宁奏设商务局、商会，各省之有商务局、商会始此。属总理商务商会，辞不获允。"

八月

二日，知太夷召对后，赏道员，充总理衙门章京。甚喜。

【笺注】光绪二十四年七月，郑孝胥奉旨入京引见。廿四日，上谕以道员候补，在总理各国事务衙门章京上行走。见其《日记》。旋即奉派接待日本前首相伊藤博文。

六日，为厂事，置酒延理卿。

七日，闻太后临朝之电（初六日事）。

【笺注】《澄斋日记》云：八月初四日，"至粤东馆，赴梁钤远同年之招，席间所闻，深堪骇诧"。其后补记："按此即已闻北洋告变，颐和密谋，朝局翻变在指顾间，而未便明记也。"初六日，"晚闻邸抄，皇太后仍训政，初八日御勤政殿受礼，朝局大变"。《郑孝胥日记》：八月初五日，"暾谷言上势甚危，太后命新章京所签诸件自今日悉呈太后览之。又言杨崇伊纠合数人请太后再亲政，且以清君侧说合肥，又以说荣禄"。林旭，字暾谷，时为军机新章京之一。合肥，李鸿章。江南则于初七日始得北京政变消息。孙宝瑄《忘山庐日记》于初七日记："是晚，见中外报馆传单，知太后复垂帘。"孙时在上海。

八日，闻严拿康有为，有为逃入英船之电。是日，勤政殿行礼。

【笺注】《澄斋日记》：初六日，"闻步军统领至南海馆逮康有为，已于昨日远飏，系其弟广仁以去"。《郑孝胥日记》：初六日，"长班来报，九门提督奉太后懿旨锁拿康有为。康已出都，其弟康广仁及家丁五人已被拿获"。盛宣怀于初十日《寄香帅》电云："闻康有为由重庆船到沪，被英兵船挟去。英甚虑俄惟所欲为，颇想先发。深宫似不可再有举动，以防彼族干预内政。"见《愚斋存稿》卷三十三。

九日，闻各国船集天津，诘译署，问上病状。

十日，闻袁世凯护北洋。是儿反侧能作贼，将祸天下，奈何！

十一日，连日京电不通，有非常变故之谣。

十二日，闻初十日皇上有疾召医之电，并密电拿梁启超。

十三日，闻复六卿，拿治徐致靖、杨深秀、杨锐、林旭、谭嗣同、刘光第、康广仁之电。

【笺注】六卿即詹事府、通政司、大理寺、光禄寺、太仆寺、鸿胪寺，变法时已废。《郑孝胥日记》：初八夜，"既寝，暾谷忽至，复起，谈良久，自言不得以康党相待"。初九日，"闻街市传言有缇骑逮七人，即四军机章京，其三人未详"。"怡书来，言有官员至其宅，言礼王传林旭面话，不及待车，步行而去。且云宫中终夜扰动，发三电促荣禄来京矣。宫中恐有变，奈何！""闻收张荫桓、徐致靖、杨深秀等"。林开谟，字怡书，福建长乐人。光绪二十一年进士，时为翰林院庶吉士。《澄斋日记》：初九日，"缇骑逮侍郎张荫桓、侍读学士徐致靖、御史杨深秀，参新政四章京……人心汹汹，莫敢自保。予病莫能兴，且自问坦然，此心不动，惟惊心时事，系恋圣躬，忧危竟夕"。

十五日，有徐、杨六人已罹刑戮之谣，访之果确，惟徐永远监禁。谭好奇论,居恒常愿剪发易服,效日本之师泰西,不知波兰、印度未尝不剪发而无补于亡也。又常创杂种保种之说,谬妄已甚。林旭喜新竖子。杨故乙酉同年,平时修饬,见赏于南皮督部,不知何以并罹斯劫!

【笺注】谭嗣同杂种保种之说,本之日本伊藤博文,见其《题江建霞东邻巧笑图诗》自注。其文云:"日本伊藤侯近自英返国,大唱进种之议。谓黄种荏弱,远逊白种,凡欧人游其境内,辄恣令野合,将以善其种焉。"见《秋雨年华之馆丛脞书》。杨锐与张謇于光绪十一年(乙酉)同应顺天乡试,中式为举人。《缘督庐日记钞》:十三日,"以叔乔之学行而竟罹大辟"。张之洞曾电盛宣怀转求王文韶救杨锐。见《愚斋存稿》卷三十三,第7页。

十六日,闻查拿文廷式之电谕。康事与芸阁无涉,何以及之!

十七日,闻续催医生之电谕。

十九日,闻张荫桓遣戍新疆。

二十一日,闻荣禄有密电,事大可骇,新宁持正论云。

【笺注】文廷式《芸阁偶记》:"戊戌八月,刘坤一电致荣仲华云:'君臣之义至重,中外之口难防。坤一之所以报国者在此,坤一之所以报公者亦在此。'先是都中有一电,不列入名,专致刘坤一、张之洞。刘复电如此,约之洞同列衔,之洞不敢。"见中华书局版《文廷式集》,第771页。王照《方家园杂咏纪事》云:"戊戌八月变后,太后即拟废立,宣言上病将不起,令太医捏造脉案,遍示内外各官署,并送东交民巷各国使馆。各使侦知其意,会议荐西医入诊,拒之不可。荣禄兼掌外务,自知弄巧成拙。又尝以私意阴示刘忠诚公,忠诚复书曰:'君臣之义已定,中外之口难防,坤一为国谋者以此,为公谋者亦以此。'荣禄悚然变计,于是密谏太后,得暂不动。"

二十二日,闻李苾园尚书遣戍新疆。闻芸阁无下落。聚卿去沪。

【笺注】李端棻,字苾园,同治二年进士,戊戌七月授礼部尚书。曾密荐康有为、谭嗣同。《郑孝胥日记》:十九日,"阅报,李端棻革职,发往新疆"。胡思敬《戊戌履霜录》卷四《文廷式传》云:"密旨令江西捕治,逸去,不知所之。"刘世珩去上海,为助张謇办商务局。

二十三日,闻陈右民中丞及伯严吏部革职,江建叚、熊秉三革职。

【笺注】陈宝箴,字右铭,或书右民。湖南巡抚。子三立,字伯严,光绪十五年进士,官吏部主事。江标,字建霞,一作建叚,江苏元和人。光绪十五年进士,改庶吉士,散馆授编修。光绪二十年,视学湖南,助巡抚陈宝箴行新政。二十四年还京任总理衙门章京。熊希龄,字秉三,湖南凤凰人。光绪十八年进士,改庶吉士。光绪二十三年,任湖南时务学堂提调。时京师人情恐惧。《郑孝胥日记》:十九日,"闻有拿问江标之说……午后谒廖堂官,探江标事未确……或言将按保国会籍究治党与,众情颇惧"。廿一日,"今日王稷堂言,有参黄仲弢、江建霞、张菊生及予者,又有言拿问张季直者"。张元济,字菊生。光绪十八年进士,时充总理衙门章京,在京创办通艺学堂。二十四年四月,与康有为同日被光绪帝召见。

二十四日,介汪笃甫、王寿芸恩新宁《上太后训政保护圣躬疏》。

【笺注】汪、王皆江督幕僚。《蒿翁自订年谱》:"为新宁拟太后训政保护圣躬疏,大意请曲赦康、梁,示宫廷之本无疑贰,此南皮所不能言。刘于疏尾自加二语曰：'伏愿皇太后、皇上慈孝相孚，以慰天下臣民尊亲共戴之忱。'"刘坤一八月二十八日《寄总署》，见中华书局版《遗集》，第1415页。

二十八日，赴沪。

九月

三日，拜县、道。

六日，眉孙邀往徐家汇，视南洋公学工程，并晤福开森及日人辻武雄(辻读若子吉)、伊藤贤道。

【笺注】南洋公学，后发展而为交通大学。何嗣焜建言于盛宣怀，创办此校于上海，盛即以何为首任公学总理。张謇《何先生纪念碑》云："中国公学之兴，自南洋始。南洋公学之建，自何先生始。先生以清光绪二十三年丁酉为公学总理，询咨擘画经营，一途一径，一甓一石，皆出先生之心之手。"见《文录》卷十四。福开森等皆公学外籍顾问。

八日，商务局开局。

十九日，大会各业商董，所陈商务大略不一，而以厘捐为大病者，则人人一辞。是夜雇快船归。

二十五日，得某公电，颇悔与电之失。士挫折于衰世不少也。

【笺注】某公，张之洞。悔与江督合词电奏"太后训政保护圣躬"也。

十月

十三日，与敬夫、念绳同由芦泾港附轮船至沪，聚卿昨亦有约申刻氐沪。知苏堪已归，甚慰。

【笺注】赵念绳，无锡人，与张謇有世谊。郑孝胥在京惧罹党祸，故乞假南归上海。

十九日，闻上疾有瘳。

【笺注】刘坤一于九月二十六日致荣禄密札云"天下皆知圣躬康复，而医案照常通传，外间转滋疑议。上海各洋报馆恃有护符，腾其笔舌，尤无忌惮，欲禁不能。可否奏请停止此项医案，明降谕旨，声明病已荃愈，精神尚未复元，当此时局艰难，仍求太后训政，似乎光明正大，足以息众喙而释群疑"云云。见中华书局版《刘坤一遗集》，第2236—2237页。十月十六日《国闻报》载北京访事人来函云："皇上病状，自立冬以来，日见康愈。"

二十二日，虞山重被革职永不叙用之命，英、日人亦讶之。

【笺注】《翁同龢日记》：廿四日，"以《新闻报》传，廿一日严旨，臣种种罪状，革职永不叙用，并交地方官严加管束，不准滋生事端等因。伏读感涕而已"。对此，汉大臣亦有异词。孙雄引《旧京文存》卷一《翁文恭公别传》云："是年九月，又奉严旨革职交地方官严加管束。仁和王文勤方在枢府，与刚毅力争，谓朝廷进退大臣以礼，无编管之理。刚毅诡称出慈圣意，实非慈圣意也。"王文韶，谥文勤。十一月十八日《郑孝胥日记》："岘帅传见，略问京师八月间情形。谈及常熟，叹曰：'昔宋濂之孙与于胡惟庸之乱。明祖欲治之。马后谏曰：田舍家尚知尊敬师傅，况帝王乎？宋先生尝为诸子师，宜免其裔。明祖从之。今国家于两朝师傅恩薄如此，天下有不寒心者乎！'"刘坤一并极力为翁同龢辩护。《复欧阳润生书》云："夫祸患必有由来，君子小人各以其类。乃康有为案中诖误，内则有翁中堂，外则陈右帅……何以贤愚杂糅至此！若为保康有为以致波及，闻翁中堂造滕陈词，亦是抑扬之语。"见中华书局版《遗集》,第2230页。

二十七日,通厂筹款垂成而败。

【笺注】《为纱厂致盛杏荪函》云:"荷公不弃,重以广雅、新宁之言,许与下走合领官机,分办通、沪两厂,立约载明通厂新股活本,张、盛筹集。比计新股十五万,分之则各等七万五千。活本前允照正股二十五万之数,此虽不载于约,而何、郑诸君共闻之。下走得公之言,恃以无恐。本年九月,知公铁路事不顺手,不敢遽执前约而请,亦私冀他处押款之尚有可图。及所议垂成迄败,续议各处,又如捕风。"《为纱厂致两湖张督部函》云:"今秋知京卿一切为难,不便强聒,姑且别图。两月以来,又复垂成辄败。"两函均见《实业录》卷一。

十一月

一日,寿伯茀、李柳溪自日本回,知文道希在日本。

【笺注】李家驹,字柳溪,汉军正黄旗人。光绪二十年进士,时官编修。寿富与李同往日本考察学务归国。文廷式去日本,系光绪二十五年之事。见《郑孝胥日记》。

二日,与伯茀谈,伯茀曰:"康、梁盖我政府尊奉而保护之也。"甚当。斥之为康教,罪之为党魁,皆尊奉之词。

七日,聚卿回宁。通厂筹款迄不谐。

【笺注】《为纱厂致南洋刘督部函》云:"盛既违约,刘又失机。"见《实业录》卷一。刘即刘世珩。

八日,回宁。

九日,舟中遇子培,谈彻夜。闻人言,虞山之复被谴,许应骙、刚毅为之。

【笺注】本年五月，张之洞聘沈曾植主讲武昌两湖书院。见《沈寐叟年谱》。此时沈始去鄂。见《横山乡人日记》。陈夔龙《梦蕉亭杂记》："迨八月政变，康、梁获罪，刚相时在枢府，首先奏言，翁同龢曾经面保康有为，谓其才胜臣百倍，此而不严惩，何以服牵连获咎诸臣。惟时上怒不测，幸荣文忠造膝婉陈，谓康、梁如此横决，恐非翁同龢所能逆料。同龢世受国恩，两朝师傅，乞援议贵之典，罪拟惟轻。上恻然，仅传旨交地方官严加管束。协揆奉严旨后，始知夏间获谴，系由刚相构成。"

十日，至江宁。

十一日，晤礼卿、小山、寿芸。

十二日，与新宁讯。

十三日，与新宁讯。

十四日，与盛杏荪讯、南皮讯、新宁讯。

【笺注】与盛、张函均见《实业录》卷一，催盛践约拨款应通厂之急。《大生纱厂第一次股东会之报告》云："告急之书，几于字字有泪，亦请江督言之。"

十五日，与新宁讯。苏堪自鄂来。

【笺注】郑孝胥于前三日已见张謇，其《日记》云：十一月十二日"晨过季直，亦才到二日耳"。

十八日，得汪电，皆诿辞也。

【笺注】汪，谓通州知州汪树堂。《郑孝胥日记》：十八日，"访季直，晤陈少严、郭友梅。郭，洞庭山人，亦为纱厂而来者"。

十九日，与盛电。与苏堪计招洋股事。

【笺注】《郑孝胥日记》：十九日，"再与雪门步至文正书院，共季直谈久之"。郑旋至上海谋招日商入股。同书云：廿三日，

"细田日中来,与谈通厂招股事,使试探之"。廿七日,"作字与细田,为派日人往通州观纱厂事,问所遣日人何日可行?"

二十一日,盛复电,与盛电。与敬夫讯。敬夫告急讯屡至,至云尽以其自有之花布运沪抵款,以济厂之穷,可自关门,不可令厂停秤。令人感泣。敬夫,平日但觉其朴诚可恃,而忠勇又如此,非等辈朋侪所可同日语也。

【笺注】沈燮均开设恒记关庄,为通州较大土布商。张謇《沈燮均传》云:"通纺业之兴,归功于燮均之助。"见《实业文钞》卷首。

二十二日,新宁委厂不顾,来讯甚无理。

二十五日,与新宁讯,辞厂、辞商务。

【笺注】此信见《实业录》卷一。

二十七日,新宁来讯稍委蛇矣,许电饬通海牧丞拨款。

【笺注】《为纱厂致南洋刘督部函》云:"今荷公曲谅,电饬王丞汪牧各拨公款三万千。"见《实业录》卷一。

二十八日,专丁往通,与汪讯。

【笺注】汪树堂接江督电后,"则出示谕董,签役四出而已。无少效"。见《啬翁自订年谱》。

十二月

十一日,理装。以厂事托聚卿。

十八日,申刻至二甲,易船到家。

光绪二十五年，岁次己亥　年四十七岁

正月

二十八日，附"吉和"轮船，遇潘蔚人，同至上海。

二月

五日，诣福开森，说厂款事。午刻雇舟往太仓，宿南翔镇。

八日，氐常熟，谒瓶师于老塔前寓宅，夜饭后归舟。

九日，瓶师约游虞山兴福寺、连珠洞、三峰清凉寺。遇屺怀于连珠洞前瞻庐，庐为屺怀所建，以寄慕亲之意者。三峰门外四松，各长几十丈，亦一奇也。兴福高僧伏虎图在寺中，有邵（齐焘）、柏（谦）题。宋以前画罗汉者数皆十六，降龙、伏虎二尊者即元代寺僧也，遂增为十八。邵诗云："白额犹知出镽恩，高僧遗迹在山门。却防后世传奇行，故作斯图示子孙。"远望狼山，在江云灭没中。徘徊久之，酉刻返。与屺怀饭于瓶师处。亥刻归舟。

【笺注】《翁同龢日记》：二月初八日，"屺怀自苏来，投一刺，期晚来过。而张季直自通州来访，长谈抵夜，留饭而去，约明日游山，而屺怀竟未至"。初九日，"巳初，季直来，同出北门，至兴福饭。因访屺怀于连珠洞费氏丙舍，遂偕诣三峰……薄暮入城，两君同来夜饭。谈至亥正二刻始散"。费念慈，字屺怀，号西蠡，阳湖人。光绪十五年进士，散馆授编修，十七年任浙江副主考，为言路指责,遂弃官归。见张惟骧《清代毗陵名人小传》。时寓苏州,经营苏纶纱厂。

十日,行氏无锡北门。

十一日,诣翼孙、念绳,属具祭馔。并诣杨藕芳、子诚,章定庵,秦岐臣、湘臣,沈俪崐。藕芳谈纱厂事,忧患危苦之思溢于言表。

【笺注】无锡业勤纱厂,创设于光绪二十一年。主其事者为长芦盐运使杨宗濂(字艺芳)及其弟宗瀚(字藕芳)。杨氏兄弟自筹资本银二万两,武进刘鸿笙、叔培兄弟认股四万两,江督刘坤一拨借江苏积谷公款十万两,业勤得于是年建成投产。创办初年,首需偿还公私债务,亦苦资金短缺。见学苑出版社版《无锡近代经济史》。

十二日,早微雨。与翼孙、念绳、杨叔平同至菊泉师墓,墓在惠山东北第二峰下树根桥南半里许。……计师卒以光绪八年壬午八月,是时謇方从朝鲜定乱之役,距今已十八年,墓木拱矣!尊酒俎肉,一献一拜,曾何补于三载教诲饮食之恩万一哉!为之怆恻潸然。回舟,泊东门业勤厂前,藕芳导看厂工。

【笺注】赵彭渊,字菊泉,无锡人。道光举人,任海门训导,号称得士。见《海门厅图志》卷十六《名宦传》。张謇于光绪十年始,读书于其署中。见《啬翁自订年谱》。翼孙、念绳乃其二子。

十四日,行氏苏州,晤少岩,导看苏经厂工。遇吴寄荃同年。移宿厂东洋楼;楼左临水,前有树圃,甚修洁。

【笺注】陈少岩时在苏州创办苏经纱厂。

十七日,氏沪。商局已移六马路福康里。

【笺注】本日,张謇致何嗣焜书云:"周转于太仓、常熟、无锡、苏州,顷方旋此。不知丹说若何?察看苏、锡两厂情形,本短之苦,弥为惴栗。"见常州刻本《兰言》。丹,似指朱瑾成。

二十六日,附"江孚"往江宁。与陆敬轩同年(景舆)同行。

二十八日,申刻,氐宁文正书院。与聚卿讯。

三月

一日,与新宁讯,辞商务局总理。

二十二日,返通。是日江宁口岸开关。

二十三日,至厂。

二十九日,开引擎,设祭。

四月

十四日,开车,召客观出纱,至此始可免于决不出纱之口。敬夫始终忠勇可敬。

【笺注】《啬翁自订年谱》云:"三月二十九日,厂纱机装成,试引擎。始有客私语:'厂囱虽高,何时出烟?'兹复私语:'引擎虽动,何时出纱?'""四月十四日,开车纺纱,召客观之。"《承办通州纱厂节略》云:"纱以光洁调匀,冠于苏沪锡浙鄂十五厂。"《大生纱厂第一次股东会之报告》云:"己亥春,奔走宁、沪,图别借公款,不成;图援湖北、苏州例以行厂机器抵借,不成;告急于各股东,不答;告悻观察,复言厦门某富人可入股二十万,卒亦不成。时已三月,上年汇款到期若不还,则益失信用,后路且绝,无已,以所收八万金之花渐次运沪售卖应付,一面仍预备四月十四日开车,厂中各友相顾眙愕,独沈君敬夫赞助无退志。"是时所集现银股本仅十七万八千三百两。见《大生纱厂档案》目录一,卷五。

五月

十二日,林稚眉来查验官机损坏之件。

【笺注】林志道,字稚眉,无锡人。候补道。

十七日,得叔兄讯,复至吉安查振水灾。

二十日,至上海商务局。

二十二日,知瑞安师以十一日病卒,老成益凋谢已!

【笺注】汪曾武《醉乡琐志》跋云:"吾师瑞安黄漱兰先生,文章气节,为世推重。甲午以后,士大夫醉心欧学,师斥其舍本逐末,不能救国,适以速亡,目击心忧,决然引退,襆被出都,并令仲弢学士送眷南归……旋以忧伤时事,遽归道山。"

二十三日,与严小舫议,与厂共来往。

【笺注】严信厚,字小舫,慈溪富商。创办宁波通久源纱厂。中国通商银行总董,候补道。其事迹详见《上海总商会月报》二卷三期,了翁《严信厚传》。

二十六日,询补海斯岱押款,以口岸未定缓其词。

二十七日,严与朱幼鸿有包租通厂之议。

【笺注】朱幼鸿,名瓒成,安徽泾县人。朱鸿度之子。在上海经营裕通纱厂,候补道。

二十九日,严、朱来谈,始恍然于予无自利之见。

六月

二日,立卿来。

四日,与严、朱定草约。

六日,作瑞安师挽联:"曹好恶若飘风浮云,江渚随行,尝举所闻所传闻相戒;公进退皆青天白日,湖山终老,曾何有幸有不幸足云。"

【笺注】挽黄体芳联见《专录》卷十。补序云："丙申,侍先生自武昌至江宁,舟中以人言大生纱厂为自营利,正色相诫。其时予营大生,正极困难时也。大生未发达以前,予之不敢取公费一文,未尝不赖外界激刺夹持之力。"按光绪二十二年(丙申),张謇未去武昌。二十三年(丁酉)三月有武汉之行。《横山乡人日记》:二十日,"早起,看季直。其所办通州纱厂,除官项机器外,只有现银八万,须再有急款八九万,方能开厂,未知果能成否也"。二十三日又云:"季直拟办之通厂正在窘手。"陈庆年时在武昌。可证张謇与黄体芳同舟自鄂至宁,乃光绪二十三年之事。张謇晚年为挽联补序时,误记为丙申。

九日,严、朱议侵削太过,所约甚无理。

【笺注】《大生纱厂第一次股东会之报告》云:"既开车,日冀出纱之多,而用花亦多,益难周转……无可如何,谋以厂出租于人,有介于严小舫、朱幼鸿者,至沪就之。以官商本五十万,岁息八厘,租期三年为索。严、朱以实股不及四十五万,须按实数。謇以辛苦五年,开办费不及万,有应得创成之价值。严不愿别酬五千。謇以是用贷取,且厂租于人,而股东不能得官息外之利,不可。"

十一日,盛荔孙、祝少英议租厂。

十三日,祝退。

十五日,早至松江,晡止潜。申刻旋。

十六日,回沪。敬夫频讯,督责招工调款,答书引咎而已。

十九日,重订与严、朱约。与岘帅电。

【笺注】《大生纱厂第一次股东会之报告》云:"越数日,严、朱益短其数,诘之则言利钝无把鼻,词色甚怠,实不堪受。顾念坐困围城,矢尽援绝,曾无一人顾惜,不若全师而退,俟租人得利,借得自明,三年后犹可为股东收回也。乃稍贬所索以迁就之,而严、朱所以要挟之者益进。"

二十日,岘帅复电,不允严说。

二十二日,再与岘帅电,说接办。

【笺注】《大生纱厂第一次股东会之报告》云:"至无已,请江督另派殷富员商接办,函牍再上,不可。"

二十四日,厂纱日佳,价亦日长。十二号批价六十五两,零销六十七两。

【笺注】十二号即十二支纱。

二十七日,拟明日北渡。

二十八日,爱苍来,复解北渡之装。

二十九日,爱苍、稚眉、勘庄、梅生集议筹款,别属稚眉商之补海斯岱,亦以是再缓北渡。

【笺注】王仁东,字勘庄,仁堪弟。《郑孝胥日记》:七月初七日,"得柽弟书并季直《纱厂求增股启》"。

七月

二日,回通。

三日,到厂。

九日,回长乐。

十六日,晚,徐积馀来电,以刘召民至厂,有入股之说。

十九日,卯刻氐厂。

二十三日,往上海,舟中遇柯逊庵、崔毅堂。

【笺注】柯逢时,字懋修,号巽庵,一书逊庵。武昌人。光绪九年进士。后官至浙江巡抚。

二十七日,晤盛荔孙,说厂事。

二十八日,往杭州,附"如飞"小轮。

三十日,雨。氐杭州,寓望仙桥晋升堂客店,店虽有楼,湫隘异常。晤菘耘丈。与兰孙讯。菘丈许招股筹款之说,招股未必能多,筹款亦恐不多也。

【笺注】恽祖翼,字叔谋,一字菘耘,阳湖人。祖祁之兄。时为浙江藩司。见缪荃孙所撰《墓志铭》。林世鑫,字兰孙,江苏六合人。时为大生纱厂上海账房主事。

八月

五日,诣胡某。

九日,胡说不成。

【笺注】《啬翁自订年谱》:"至杭州招股无效。"胡某,似指胡光墉雪岩。

十二日,菘丈见过,即旋沪。

十四日,纱厂至此,已开四月矣。至沪。

二十二日,回厂。

二十三日,到厂。

二十九日,孔驯回。叔兄调贵溪,因民教争哄构乱。

九月

四日,叶咏霓自杭来厂。

七日,到厂。

九日,写厂约。

【笺注】见《实业录》卷一。

十日，积馀来。聚卿未至。

十一日，积馀约同健庵、蔬挹、秋门游狼山，观"天祚题名"。

【笺注】张謇《天祚题名跋》，见《文录》卷六。《积馀属题狼山访碑图》，见《诗录》卷三。沙元炳《题徐积馀太守乃昌狼山访碑图卷子》，见《志颐堂诗文集》。范铠，字秋门，当世幼弟，亦才士。见刘渭平《小藜光阁随笔》。天祚，五代杨吴年号。南通狼山北麓有天祚时姚存摩崖题刻。

十二日，得聚卿电。

十四日，聚卿与晓珊到厂，谈竟夕。

【笺注】陈树涵，字晓珊。

十五日，晚，积馀约同聚卿、晓珊进城。夜分，聚卿、晓珊去芦泾港，余回厂。

十六日，早至芦泾港，附"江裕"轮船上驶。

十七日，至省。

十八日，与新宁讯。晚诣寿芸。

【笺注】《为纱厂再致南洋刘督部函》，见《实业录》卷一。其略云："前贡笺时，正通厂岌岌可危，华元食尽，不容为讳。及到厂，仍助各在事人照常经理，酌度情势，稍贬纱价。乃旬日之间，定纱购纱者衔接而至，气遂稍宽。当沪上各厂积纱如山之时，而通厂之销独旺，不致中蹶，此非人谋之所能为也。兼以各路筹调，渐能响应，本地股分，亦渐发露机牙，虽花价增贵，而纱价亦增，数尚足以相剂。八九月险滩既过，自十月至明年四月，庶可平流而进。是皆仰赖公庥，默邀天幸，余悸虽在，然再衰不竭，屡危获安，差可慰公殷盼矣。曾参之谤非一，中山之谤已盈，但自问无下流自私自利之心，即不敢有众人畏首畏尾之气。惟有速添机件，补足损缺，加招熟工，渐开全机，强勉自立，以谢疑阻之繁；完固初基，以待后贤之赞而已。愿一践府庭，以申经年之悃款，祈分余暇，许接清光。"按通州牧汪树堂曾密禀江督，"言謇营纱厂，不洽舆论"。候补道朱亦向江督进谗，谓"张謇乱要钱，大帅勿为所蒙"。均见《大生纱厂第一次股东会之报告》。故有曾参杀人，中山市虎之喻。

十九日，诣藩台。得叔兄、敬夫讯。叔兄初七日讯略曰："贵溪教堂全境荡尽，皆兄去贵溪后事。六年之内，历任偏向教民，结怨甚深所致。竖旗大书'官逼民'三字，衣戎衣，衣志'大清国光绪义民'字，不抢，不烧，不扰居民铺户，专毁教房，勒令教民反教。现已蔓延铅山、弋阳、金溪、安仁，闽之光泽，掣动广丰、玉山等县留丁漕以资公用。昨有人自贵溪来，云绅民一闻兄再任之讯，欢欣鼓舞，咸约不动丁漕分毫，待兄去时交纳。兄闻而大惧，当此极盛虚名何以为继？且事关重大，外侮日逼，自权日削，即使暂时安辑，将来善后了结无期，如何如何！今日即启行，十三日接印，一切俟到任再行分层做去。兄惟有定心忍性，处大事如无事，不敢稍涉孟浪。弟以为然乎？"

二十日，谒新宁，相见大欢，拱手称谢。对曰："纱好，地也；气转，天也；人无与焉。"新宁曰："是皆先生之功。"曰："办事皆董事与各执事，謇无功。"曰："不居功，苦则既吃矣。"曰："苦是自己要吃的，亦无所怨。"曰："但能成，折本亦无妨。"曰："不成则已，成则无折本之理。"

【笺注】《啬翁自订年谱》补记与刘坤一问答语：刘"曰：'愿闻所持之主意。'曰：'无他，时时存必成之心，时时作可败之计。'

曰：'可败何计？'对曰：'先后五年，生计赖书院月俸百金，未支厂一钱。全厂上下内外数十人除洋工师外，一切俸给食用开支未满万金耳。'新宁俯首拊掌，嗟叹久之"。

二十一日，集《金刚经》字作厂厅事联："为大众利益事；去一切嗔恨心。"

【笺注】见《专录》卷九。

二十二日，接兰孙电，促去沪。

二十四日，启行往上海，琴斋送至下关，兼看陆师学堂操。

二十五日，至上海，晤叶咏霓，自杭来。

二十七日，晤缪小山。

二十八日，晤余晋珊前辈。

【笺注】余联元，字晋珊，湖北孝感人。光绪三年进士，时新任苏松太道。

十月

九日，回通。

二十四日，巳刻至厂。

二十九日，至家。

十一月

十二日，孔驯回，得虞山讯并题《荷锄图》诗。

【笺注】《翁同龢日记》：十一月初七日，"得张季直专人函（孔姓）并食物八种"。初八日，"题季直小像，作书复之……伊求题已隔年矣"。诗见《瓶庐诗稿》卷八。"平生张季子，忠孝本诗书。每饭常忧国，无言亦起予。雄才能敛抑，至计岂迂疏。一水

分南北,怜君独荷锄。"信见《翁松禅致张啬庵手书》。其略云:
"厂事有成,具见坚定之力。由是推之各海疆、各行省,为儒者经
理商务之第一实事,其要领全在左右得人,出入有纪,钦佩之至。"
南京图书馆藏抄本孙雄《瓶庐师言行私记》云:"昨岁,予于沈淇
泉同年卫寓斋,得见师所为谕仆帖百余通,中有一纸,系付姚升
云,寄通州张大人之函及联扇,均加盖'长毋相忘'小印。"于此足
见两人交谊之密。

二十日,眉孙、肯堂来。

二十九日,启行去省。大风雪,江中波浪汹涌,附"大通"西
上。遇黄芝生(承乙)。

十二月

一日,雪止。至院。饭后晤小山。校卷。

二日,校卷。理卿来。晚晤稚眉于秦淮舟中。稚眉招饮。

三日,校卷。诣寿芸。咨呈送督院。

四日,诣新宁。琴斋来谈。得沪电,知心丈至沪。

五日,作新宁寿联:"式四方诸侯,表望允符厘瓒命;祝两宫
万福,入朝更赋蓼萧篇。"

【笺注】联语见《专录》卷十。时刘坤一将入觐。

九日,至沪。晤莘丈,议厂事。晤咏霓、瀛槎。

十一日,去苏州。

十二日,巳初到盘门青阳地苏经纱厂(厂帐司汪辛耔),寓焉。
是日晤梧冈、郑肖彭、于寿田、方寿之、郎亭师。

【笺注】陈梧冈,扬州人。

十三日,谒鹿抚军、陆布政、朱按察、罗粮道、费西蠡,附舟旋沪。

十四日，至沪。

十五日，旋唐闸，与爱苍同舟。

二十六日，闻今上有立端王子溥儁（宣宗元孙、惇邸之孙）为子，承穆庙后嗣统之诏。岁晏运穷，大祸将至，天人之际，可畏也哉！

二十七日，见《申报》《新闻报》《中外日报》，昨说果确，并有明正元旦内禅，改元"普庆"之说，亦有"保庆"之说。海内人心益惶惶已。

【笺注】文廷式《东游日记》：二十五日，"午间《中外日报》馆传单，已为穆宗立嗣"。二十六日，"闻中外人心愤激，闲坊冷市，论议亦复纷吷。国事民情，隐忧何极！"世传刘坤一电奏谏阻废立。《崟翁自订年谱》："新宁奏国事乞退疏，有'以君臣之礼来，以进退之义止'语。近代罕见。"蒯光典《金粟斋集》卷首载程先甲《蒯礼卿先生行状》云："朝廷有立嗣之举，海内惶恐相告，谓将行废立。先生因说刘公曰：'公国家宗臣，义不容默。'刘公嘱削奏草，飞电争之，语至忠恳。内外士民闻风上书力争者踵起。""事遂中止。"此奏未见于《刘坤一遗集》。时张之洞依违不敢言。周家禄《复易鹤雏（甲鹇）徐信庵（传笃）杜定生（钟岷）》书云："闻督抚颇有以豫建青宫为今上庆者，诚不解其何心。而具疏问疾，电阻立储，普天率土，则惟新宁一人。畏惧顺旨，贤者不免，其他则又何望乎！"《与张方伯曾易》书云："本朝未有预储贰之成案，既有立储之议，则内禅已有端倪，西报不为无因。大臣能争当争，不能争当去。闻新宁引疾，其左右似尚有人焉。抱冰既义不可去，则当合天下诸侯而共论之，或有万一之济。身负天下重望，见事岂可后于新宁……愿告抱冰审思之。"抱冰堂主人即张之洞。两信均见《寿恺堂集》卷二十九。

三十日，书所闻四首："近郭曾闻逐马嘶，马餐豆麦不能肥，年来比户差安稳，号马三营日渐稀。""总戎高兴治园亭，卒走官驰未许停，皮骨纵能要树石，朕铺端合带罌瓶。""笳鼓喧呬列仗寒，新郎骑出万人看，莫嗤圉隶霜衢蹴，军令朝厨禁赏餐。""例规未与额兵裁，摊扣差钱按日开，沙布荡柴刚纳罢，石油蒲酱又输来。"（总兵衙门自头目至散兵，无日不摊扣差使钱，虽总兵拜客轿资皆出自兵。海门千总例解纱布，吕四外委例解荡草，石港、掘港解虾油，白蒲解酱油。）

【笺注】此诗揭狼山镇军营之腐败。入《诗录》卷三时，删去小注，使末二语不可解。

光绪二十六年,太岁在庚子　年四十八岁

正月

八日,闻有皇上三十万寿特开庆榜之诏。

【笺注】《啬翁自订年谱》:"庚子例有正科,今以国庆加,为万寿乎,为内禅乎? 不可得而知,要为多故之兆。"

二十三日,启行赴沪。

二十四日,至沪。晤莘丈。

二月

一日,编排帐略,付商务印书局摆印。

四日,与莘丈附轮船至通厂。

五日,辰正开行,申正氏芦泾港,戌初至厂。

六日,恽次远丈自常州来厂。

【笺注】据大生一厂于光绪二十六年第二届发给前年第一届官利账册,阳湖恽氏为最大之股东,有永和堂、厚馀记、介骞记等十三户。恽彦彬亦投资者之一。

九日,与莘丈、次丈附轮船至江宁。

十一日,诣小山、聚卿诸人。与翔林讯。与莘丈考辨诸说,定见怪不怪之计。

十二日,诣新宁、定兴诸人。与巽庵说厂。感冒。聚卿来夜谈。

【**笺注**】鹿传霖,定兴人。时刘坤一将入觐,清廷命鹿以江苏巡抚署江督。巽庵,柯逢时字,时为两淮盐运使。

十三日,复诣送新宁,有奉送新宁尚书入朝诗:"戊己堂堂两奏传(戊戌八月廿七日公奏,有"伏乞皇太后、皇上慈孝相孚,以慰天下臣民尊亲共戴之忱"语;己亥十二月公奏,有"以君臣之礼来,以进退之义止"语,朝野传诵),勋名况自中兴来。主恩新赐黄银美,士论终归赤舄贤。岂有夔皋容老退,应无牛李到公前。锋车江上来还日,尧日晖晖定满天。"晤张君立(权)。君立,南皮子也。言徐相疵南皮《劝学篇》尽康说。南皮此书本旨专持新旧之平,论者诮为骑墙,犹为近似,何沃生(启)有《劝学篇书后》专诋此意,若责为全是康说,真并此书只字未见者矣!搜索株连,至今未已,手滑之后,何所不至,读书识字之子皆自危矣!祸至真无日哉!感冒甚剧。

【**笺注**】《奉送新宁督部入朝》,见《诗录》卷三。按光绪二十五年十一月,清廷令刘坤一入京陛见,意殊不测。沈瑜庆为坤一寿序云:"或曰此朝有大事,非公不能决。或曰非也,此必有以公老为言者。"见《涛园集》。故刘乞病开缺,以窥清廷意向。张佩纶《致陈弢庵阁部》书云:"现在岘已乞病,未卜内意如何?"见《涧于集·书牍》六。《横山乡人日记》:戊戌三月二十七日,"南皮师近著《劝学篇》二卷","原稿尚未写定,故未借来"。闰三月初九日,"知南皮师入觐,系因徐中堂奏请","其所著《劝学篇》印发写石印,闻多派写官,拟于十日内印成。予从节庵先取来一阅,二更始毕。其说犁然当于人心,为之大快"。节庵,梁鼎芬,张之洞食客。九月初二日,"梁节庵以字见邀,云有事要商。及去,朱强甫、陈叔伊均在,乃南皮师嘱将《劝学篇》中暗攻康、梁者一一检注,令我三人分任之。归后,检书为之"。以上足证,《劝学篇》为反对康、梁而作。徐相,指徐桐,时为大学士。

十四日,新宁答诗。

【笺注】刘坤一临行,有留别江南士民诗。《翁同龢日记》:庚子二月廿四日,"昨刘制军以《留别江南诗》四首刻本见寄"。宣统三年刻本《刘忠诚公遗集》诗稿部分可参证。中华书局排印本已删去。

十五日,新宁以是日北上启行。雪。作《通厂本末后序》。有诗。

【笺注】《大生纱厂章程书后》,见《实业录》卷一。

二十九日,府送脩二百五十金。从聚卿借五十金,足三百之数而行。偿前借聚卿百金。与仿青讯。

【笺注】中央文史馆王益知先生藏,本日张謇致刘世珩函云:"王太守顷送来二百五十金,殆是先行筹垫,计兆丰票一纸,又元隆票一纸,共三百五十两,祈检收。已告太守,三数日后五十金并送尊处矣。聚公老弟足下:謇顿首。二月廿九日。"

三十日,启行旋里,与林稚眉同舟,半夜抵镇江。

三月

一日,天明自镇江开轮,申刻至芦泾港,戌刻氏厂。

七日,酉刻抵二甲。得彦升讯,述鄂谣,甘陵之祸见及,以意度之,妄也。

【笺注】《啬翁自订年谱》:"三月,得彦升、眉孙信,闻政府罗织党人,甘陵之祸将及,嘱远避。予与康、梁,是群非党,康、梁计画举动,无一毫相干者,内省不疚,何忧何惧,谢之。"《诗录》卷八《观汪氏所藏翁文恭与郎亭侍郎手札》小序云:"刚毅当光绪之季,两宫失欢时,以翁、汪为帝党……后又造为'翁门六子'之谣,冀以尽除异己。六子以侍郎为首,中有志锐、文廷式、某、某,予最后。诬予虽不在京,而隐为敌,且与康有为、梁启超有关也。自京而鄂而苏,谣颇盛。""甘陵之祸",犹言党锢之祸。《后汉书·党锢列传·序》云:"桓帝为蠡吾侯,受学于甘陵周福,及即帝位,擢福为尚书。时同郡河南尹房植,有名当朝。乡人为之谣曰:'天下规矩房伯武,因师获印周仲进。'二家宾客互相讥揣,遂各树朋党,渐成尤隙,由是甘陵有南北部,党人之议自此始矣。"

八日,子正氏家。治祭馔。翔林来,亦以鄂谣之故。

【笺注】徐翔林,张謇幼时同学。

十六日,梅生、晓珊来讯,属去沪。

十八日,答梅生讯,引李元礼、范孟博、巴恭祖事为说。

【笺注】东汉末,李膺、范滂、巴肃皆陷于党祸而临难不避者。膺字元礼,滂字孟博,肃字恭祖,见《后汉书·党锢列传》。张謇为何嗣焜作《存悔斋文稿序》云:"戊戌、庚子之间,国事鼎沸,謇在江宁,君在上海,相与惶惶奔走,诣当事陈说利害得失,若救室家之焚而不得水者,而谋弋謇者方谣诼百出,君时为之危,既见謇绝不一顾,又以是相壮。"此文见《存悔斋文稿》卷首,《九录》漏收。

二十七日,作挽意园祭酒联:"辱公知十五载,自分平生,何者当余右丞与戴九灵故事;(庚寅,意园与书云:"仆与君交,大似余廷心之与戴九灵,时人比之泰不华之与煮石山农者,妄也。")著离骚千言,遂以忧死,悲哉继宋大夫为楚三闾招魂。"与宝世兄(善)讯,为位祭之而后发讯。

【笺注】挽联见《专录》卷十。余阙,字廷心,元时人,官淮南行省右丞。戴良,字叔能,号九灵山人,学诗于阙。泰不华亦元人。

王冕,字元章,号煮石山农,元明之际人。《国闻备乘》云:盛昱闻清廷立溥儁为皇嗣,"病中强起,呼家人曰:'吾病不可为,国亦不可为矣!'遂卒。"故挽联云:"以忧死。"

四月

三日,启行至沪。

四日,至上海。

五日,定由沪买花之局。

十三日,子培至沪。

【笺注】《沈寐叟年谱》:光绪二十六年三月,"公自武昌挈眷东归"。其实是四月之事。

十六日,仲弢来,寓虹口义昌成樊时薰处。

十八日,至虹口晤仲弢。晚与子培同车,送登"大通"。

二十九日,与登叔偕旋,戌初登舟。

五月

八日,卯初至厂,戒敬夫相北方匪警缓急为操纵。

十九日,自厂启行,附"瑞安"之省。

二十日,至省,方卯正也。饬长班投出口花捐咨呈。

二十一日,闻张、刘合电请剿团匪。匪大恣肆,黄巾、白波再见矣。

【笺注】光绪二十六年五月十九日,刘、张合词"剿团"之电,见中华书局版《刘坤一遗集》,第1431页。《郑孝胥日记》:五月廿一日,"南皮邀饭,座有子培、星海、仲弢。是日,英领事见南皮,询何部署,南皮以保商务、靖内乱自任"。刘坤一于二十三日致张之洞电:"日前驻宁英领及税司来见,敝处所答,正与尊指相同。"

见《张文襄公全集》卷一六〇。

二十二日,投小舱咨呈。见新宁,知大沽口失,陈招抚徐老虎策。

【笺注】徐怀礼,字宝山,丹徒人。自少即杀人越货,号老虎,为长江下游盐枭雄长,拥众数万,开春宝山堂。见《江都县新志》。

二十三日,新宁招抚徐老虎。

二十四日,上新宁书,论招抚宜开诚布公,昭示威信,不可使疑,不可使玩。

【笺注】《为招抚徐宝山致刘督部函》,见《政闻录》卷一。兹略。汤殿三《国朝遗事纪闻》云:"徐众至数万,日蠢蠢有欲动意。江督刘忠诚忧之。"扬州绅士陈重庆"因密陈招抚计,忠诚善之。时徐党有金素之者,往来冠盖间,为巨绅卞氏客,得识陈。陈授意金令说徐,徐听命。陈遂挟徐与之省,而先谒忠诚,约三事:一赦罪,二赏官,三收其徒使效用。忠诚如约而见之,则大奖勉,为易今名,荐今职,并部其众为一军,即今两淮之新胜营也。"翁同龢与费念慈密札云:"江湖间如无鬼者尚多,以术笼之,可消隐患。"魏有隐士徐无鬼,见《庄子》,此影射徐老虎。张佩纶与柯逢时书云:"尊处添营并缉私船归徐宝山整顿,闻已照准。但水陆之权均归一人,深虞降将尾大不掉,且以缉私之船而交新抚之盐枭整顿,亦觉过当。徐不过一枭耳,岘公宠之已过矣。"见《涧于集·书牍》六。

二十五日,生日。选文正课艺。北讯益警。

二十九日,蔼苍来,议保卫东南事。属理卿致此意。

【笺注】光绪二十六年五月二十八日,盛宣怀接清廷令各省招拳民、御外侮之电诏后,立致电粤督李鸿章及刘、张,力劝"须趁未奉旨之先",与各国定"东南互保"约。见《愚斋存稿》卷三十六。刘、张往返电商后,即指令上海道余联沅与上海领事团会议,张派道员陶森甲,刘派道员沈瑜庆为余帮办。《张文襄公全集》卷一六〇,五月三十日《刘制台来电》:"陶道到宁,沈蔼苍亦来,告以尊意,并加派沈帮办。"沈成式《沈敬裕公年谱》:瑜庆时以道员督办吴淞清丈工程局,与盛宣怀密商"东南互保"策,"遂电武昌,并入宁面陈"。施炳燮为刘决策,见张謇《诗录》卷六《施监督挽词》小序。"光绪庚子拳匪之乱,东南互保议倡于江南,两湖应焉……施君佐刘幕久,是役助予为刘决策,尤有功。"

三十日,与伯严议易西而南事。江以杜云秋(俞)为营务处,鄂以郑苏龛为营务处,北上。

【笺注】《啬翁自订年谱》:"陈伯严三立与议迎銮南下。"

六月

一日,莘丈来,为常州团防事。蛰先来深谈。

【笺注】时江南州县奉令团防。《翁同龢日记》:六月初五日,"两邑令集绅议募团事"。汤寿潜初名震,字孝起,号蛰先,浙江山阴人。初为山东巡抚张曜幕客。著《危言》四十篇,论列时政损益,时人以比冯桂芬《校邠庐抗议》。光绪十八年成进士,散馆外任安徽青阳县知县,旋乞归,南浔巨商聘为浔溪书院山长。见《国史馆馆刊》第一卷第二号,宋慈裒《汤寿潜传》。盛宣怀于五月二十六日致刘坤一电云:"时局至此,公砥柱东南,统筹军国,须得忠亮宏达之士,参谋左右,前青阳知县汤寿潜其人也。此君现在沪,公以为然,当代敦劝来宁。其人之详,可问季直殿撰。"见《愚斋存稿》卷三十六。张、汤论交,始于光绪十五年。见《啬翁自订年谱》。《艺风老人日记》:六月二日,"制军以招抚徐老虎事略见示。与季直上书制军,借小轮送蛰仙追李鉴帅"。

二日,蛰先诏新宁。新宁以甫闻德使被戕,京师焦烂,终夜不寐。与伯严定蛰先追谒李帅,陈安危至计。

【笺注】巡阅长江水师大臣李秉衡,时督兵北上。李在江南,欲于江阴炮击英舰未果。湖北巡抚于荫霖奏请召李督兵入卫,本月初,李奉召即行。见于荫霖《悚斋日记》。《艺风老人日记》:六月二日,"制军以招抚徐老虎事略见示。与季直上书制军,借小轮送蛰仙追李鉴帅"。

三日,与蛰先、莘丈同行,候蛰先,故失船,莘丈先行。与蛰先同寓下关江岸。以所请林明敦枪附"澄波"寄,孔驯解枪。

四日,附"益利"行。至镇江,见禹九,知北警益甚。

五日,至沪。晚与蛰先别,诵"无几相见"之诗。

【笺注】汤寿潜北行追说李秉衡,不及。

六日,闻各使均被害。闻有宫禁非常之谣。

七日,闻合肥行次香港。非公推此老入卫两宫,殆无可下手。与梅生、小山谈。蔼苍邀谈于一品香。饭罢,即附轮旋通。

【笺注】清廷于五月十九日电召李鸿章入京,李迟迟不敢行。直至本月二十一日,始离广州起程。"行次香港"之说不确。

八日,至厂。与新宁说帖,申公推合肥统兵亟北,内卫外戢。

九日,闻合肥北上之说不确。

十日,旋长乐,迁道海门,与王同知议陈团丁。

十二日,闻有停解洋债移充军饷之旨。此则东南亦不靖矣!

【笺注】清廷于本月初四日下谕户部及各省将军督抚,令停解洋债,移充军饷。见《义和团档案史料》上册,第207页。张之洞于初九日致李鸿章、刘坤一电云:"此事万分为难,洋债若爽约,各国必立据海关,沿江沿海危矣!"见《张文襄公全集》卷一六一。

十三日,知梅生去宁,移饷事已缓宕。

【笺注】何嗣焜随盛宣怀去江宁,应刘坤一电邀,商"停解洋债"事。《李文忠公全集·电稿》卷二十三《南洋刘大臣来电》:"初八奉廷寄,即约杏荪来宁,商酌暂缓之策,允回沪与余道商办,实无把握,焦灼万分。"暂缓,谓拟与上海各领事商量缓解一二月,以后补足。旋从张之洞之谋,托词影响商务,反误饷源,李、刘、张合词奏请缓办。

十四日,恕堂自山东回,言本初黑瘦,意徘徊南附,拥兵自卫。

【笺注】袁鸿,字恕堂,四川开县人。张謇兄弟庆军故人。汉末袁绍字本初,此喻袁世凯,时为山东巡抚。清廷曾令带兵入卫,又令派兵赴天津,均托词守土不行。袁世凯初附端、刚,旋与李、刘、张应和,参加"东南互保"。

十五日,恕堂去江西贵溪。与王同知讯,说各典不可止当。

十八日,作徐积馀《许斋丛书》序。

【笺注】见《文录》卷六,误注为光绪二十七年之作。其略云:"徐君积馀,往以诸生读书太学,为祭酒宗室意园先生所知,究心训诂,刻意自立。其所刻丛书都二十种,大半乾嘉道咸四朝鸿生巨儒之所著未尽刊者,最后附其自著。"

二十一日,与刘澂如讯,说不可止当。得梅生讯,知近日寄谕、明旨两歧。

【笺注】刘锦藻,字澂如,浙江吴兴人。光绪二十年进士,授工部郎中,时引退家居。见《散原精舍文集》卷十七,陈三立所撰锦藻《墓志铭》。刘氏为南浔巨商,海门有质肆。盛宣怀于本月十五日电讯袁世凯:"胡云翁能知枢府情形,何以初七同日谕旨,两歧如此？使馆究派何军保护？何以一面保护，一面攻打？"胡云翁，指胡燏棻，字云楣。十八日电袁云："迭奉寄谕、明旨，宗旨两歧。"以上均见《愚斋存稿》卷三十七。何嗣焜居盛幕，当见往来电文，故函告张謇。

二十三日，有啄木诗。

【笺注】见《诗录》卷三，自注："忧妖乱将作也。"兹略。

二十六日，得梅生讯，知天津不守，聂士成阵亡。聂未可亡也。

【笺注】本月十三日，直隶提督聂士成率部抗击八国联军，于天津城南八里台，督战阵亡。十八日，天津陷。

二十九日，蝗自北来，与王同知讯，说出示捕蝗，并长乐社仓以麦一升易蝗一斗。

七月

四日，作憎乌诗。

【笺注】见《诗录》卷三，自注："刺时相也。"兹略。

七日，有闻李磐硕挈家自京师至济南感赋诗。

【笺注】见《诗录》卷三，兹略。《南通县图志》云：李审之，字磐硕，总理衙门章京，"以庚子之乱，谒假归"。

九日，梅生、子培来讯，约诣沪。

【笺注】《沈寐叟年谱》：光绪二十六年五月，"自里北征，而辇毂拳乱卒作，公停于上海，主沈涛园，痛北事不可救，以长江为虑，与督办商约大臣盛杏孙宣怀、沈涛园、汪穰卿康年密商中外互保之策"。《沈敬裕公年谱》："六月，沈寐叟由京南下，主公上海虹口沈家湾汤恩路六号寓所。"据《郑孝胥日记》，本年五月下旬，曾植在武昌，后赴上海。两年谱所记曾植行踪，均不尽确。

十五日，大早去圩角港，附舟。甚热。沿江蝗害约四五十分之一。

十六日，逆风，丑刻开行，酉初至沪，颠顿殊甚。约梅生来谈。

十七日，与梅生诣子培、爱苍，谈竟日。晤严又陵（复）。

【笺注】严复，字又陵，福建侯官人。留学英国归，为天津水师学堂总办。创《国闻报》，鼓吹维新。是年五月，从天津奔上海。六月，唐才常、文廷式等在上海开国会，复被推为副会长。见严璩《侯官严先生年谱》。

十八日，梅生、子培同在一品香，闻王相孙由京至沪，述京事可痛。

十九日，爱苍约至张园见赵善夫（即宋子东）。劝爱苍、彦复随合肥行，入都。

【笺注】据章士钊藏张佩纶致鹿传霖书，沈瑜庆被人指目为康党，又昵于翁同龢。吴保初，字彦复，长庆之子，时居上海，与唐才常交密。见陈衍《石遗室文集·吴保初传》。本年五月二十六日，保初致书李鸿章，劝率重兵入京，斩端、刚、剿拳民，与各国议和。又与袁世凯书云："今日急务，首在勤王，速诛君侧之小人，复皇上之大位，还我圣君，速行新政，或有重睹天日之一日。"见《北山楼集》。李、袁均不能用也。

二十日，夜附"瑞和"回通。

二十一日，午初至厂。约磐硕、彦升、延卿、肯堂。

二十二日，与刘督部讯。

【笺注】见《政闻录》卷一，兹略。内云：日兵将扼居庸、保定，阻拳民拥驾西行。此系据日本驻沪领事小田切密告盛宣怀之言。殆张謇在沪时闻之。

二十六日，彦升来，肯堂继至。

二十七日，得梅孙讯，西兵以二十一日入京，由东直、东便门入，两宫以二十日西狩，或云由房山、易州至五台，或云由保定。乌乎！乘舆播荡，大臣僇辱，生灵涂炭，谁实为之？真可痛恨！彦升、肯堂去。晚，磬硕来，与谈北事，至四鼓。

二十八日，与新宁书，请参政府速平乱匪，为退敌迎銮计。

二十九日，磬硕去。延卿来。梅孙婿刘厚生来。

【笺注】刘垣，字厚生，武进人。

三十日，延卿去。湖南唐才常谋以会匪之为，行复辟之事，事泄，伏法于武昌。氏书鄂友曰："光武、魏武军中焚书，使反侧子安也。"

【笺注】《郑孝胥日记》：七月廿日，"奉督宪札，委充湖北全省营务处"。廿七日，"夜过关道，知康党勾结会匪，将以明日举事。都司陈士恒捕得会匪邓永材、向联甲讯之，遂以兵围宝顺里，获唐才常、林灏堂及日本人甲斐君靖等凡三十余人。予从汉皋送诸犯，四鼓至武昌"。廿八日，"晚渡江，司道皆至营务处，会鞫匪党，斩十一人，唐才常与焉。夜入督署，谈至二点，关道飞报汉口明日匪党将焚市镇，帅亟起发兵，予乃退"。廿九日，"至营务处，晤李蓉生，询昨日会鞫之状"。刘垣《张謇传记》谓郑因唐称之为同志，故回避会审。又世传张之洞不欲杀唐才常，湖北巡抚于荫霖与立异，主严办。张佩纶复柯逢时书："唐逆之案从严，皆抚力也。"见《涧于集·书牍》六。张一麐《古红梅阁笔记》亦有类此之说，见《心太平室集》卷八。唐案株连甚多。张之洞电刘坤一、盛宣怀等："据供富有票匪甚多，两湖及沿江各省皆有，文人不少。"见《张文襄公全集》卷一六四。故张謇抵书鄂友云云。《后汉书·光武帝纪》：更始二年,光武奉命讨王郎。"五月甲辰,拔其城,诛王郎。收文书,得吏人与郎交关谤毁者数千章。光武不省,会诸将军烧之,曰：'令反侧子自安。'"《三国志·魏书·武帝纪》：建安五年,败袁绍,"公收绍书中,得许下及军中人书,皆焚之"。

八月

一日,夜分,小山、积馀、聚卿、礼卿、炎之公电约赴宁。

七日,新宁电,速赴宁。

八日,启行,由川港至城西门分销所宿。彦升亦以为舍退敌剿匪,请两宫回銮议约无他策。謇谓宜先退在京之寇,迎还两宫,徐议除匪定约事,久则变生,投鼠者忌器也。

【笺注】按周家禄有与张謇函云："两宫西狩,内无泌、贽,外乏晟、瑊,奉天再造之功,殆不可冀。且洋兵追蹑,纷纭之际,虑有非常。大约事急,道成必刲刃郁林而拥慈驾西行。东南诸镇不敢为晋王,不可不效十国之各保疆土,奈少雄才大略何!"见《寿恺堂集》卷二十九。张、周所虑皆在废立事。

九日,至港附轮。

十日,氐省,晤徐、陈、缪、蒯、刘诸君,见七月廿六日诏。似罪己,非罪己。

【笺注】徐乃昌、陈树涵、缪荃孙、蒯光典、刘世珩,时皆为刘坤一谋士。清廷七月廿六日罪己诏,见《义和团档案史料》上册,第488—489页。虽有自责之言,而实归罪臣工。

十一日,见新宁,藩司在坐,絮絮说时事,未便抒陈己意。新宁亦无一言申明电约之意(电云有要事),精爽不逮前见时。知合肥奏加荣、庆、刘、张为全权,又引各国语直讦端、刚,请上定主裁。

礼卿论团练事,欲兴亩捐、房捐,新宁、藩司皆不可。时未至,诚未见其可也。

【笺注】加派全权大臣,有国际背景。张佩纶与陈宝琛书云:"合肥初以日使转青木之电,据以奏请加派庆、荣、刘、张同议和事,尚未得旨。"自注:"加刘、张者,英、日恐相之袒俄。"见《涧于集·书牍》卷六。相,即李鸿章。程先甲《蒯礼卿先生行状》:"二十六年庚子,拳匪构难,八国联军麕集津沽,东南大局危甚,沿江督抚张文襄公、刘忠诚公等倡议与各国订互保东南之约,暂俟议和。先生谓宜治江南民团,设和议不成,可备缓急,草章程上刘公,刘公将下有司,宁藩司某,满人也,阴尼其事不果行。"

十二日,与敬夫、梅生、彦升及家讯,又贵溪讯、恕堂讯。见七月廿八日诏,求直言。

【笺注】清廷七月廿八日求直言上谕,见《义和团档案史料》上册,第491页。有"自今以往,凡有奏事之责者,于朕躬之过误,政事之阙失,民生之休戚,务当随时献替,直谏毋隐"云云。盖图收拾人心。

十五日,再谒新宁,请奏请罢斥端、刚,以谢天下。

十六日,新宁以请罢端、刚,电商合肥、南皮联衔。

【笺注】按刘坤一于本月十七日电李、张、盛:"如俄、日指请惩办某某,方肯开议,中堂到北晤商庆邸,当可酌量办理。劾董请解兵柄,极要,请中堂领衔,香帅主稿,会各省并挈敝衔密奏。"见中华书局版《刘坤一遗集》,第2589页。可见此时刘、张等尚未敢会劾端、刚。董,甘军统领董福祥。

十九日,启行至上海。

二十日,至上海,蛰先一晤即别,归山阴。

二十一日,合肥北上,法人为之保护,请罢端、刚疏具而未发,闻须至京相机电上,此真所谓揖让救焚。

【笺注】李鸿章于本日乘俄舰赴天津,见《李文忠公电稿》卷二十六。在德国公使压力下,李鸿章于离沪时,亲拟稿以李、刘、张、袁四衔合词劾载漪、载勋、刚毅、载澜、英年、赵舒翘等,请将六人"先行分别革职撤差,听候惩办,明降谕旨,归罪于该王大臣等,以谢天下,以昭圣德"。于二十二日奏达太原行在。见《义和团档案史料》上册,第591页。盛宣怀致刘、张、袁电云:"会件傅相亲自草发,未及与闻,发后知之。谓德使语坚狠,匆促开船,故不待会商。"见《愚斋存稿》卷四十一。张之洞畏祸,拟声辩此奏与己无涉。《郑孝胥日记》:八月二十三日,"诣营务处,遂谒南皮,留饭。约夜复入署,示所拟电奏稿。廿一日合肥以刘、张、袁连衔电奏,请回銮且惩办首祸诸臣,实庄王、刚毅、载澜、英年、端王、赵舒翘六人也。电已发,乃告刘、张,其词多引刘、张语为证。南皮不悦,且畏端王等不受诏,于是欲引刘俱奏辨合肥不告之故,且言回銮实不便,端王罪可轻减之状。将发未决,示予及仲弢,仲弢意不可,未有以止之。予即对曰:'此语本难发,今既发矣,奈何复茹之乎?且使上怒李,更使刘、张出为端、刚缓颊于各国,能为耶?'南皮默然,乃止"。

二十二日,闻德人将分兵犯江海,与新宁讯,治海州防,请罢政府。

【笺注】盛宣怀于本月十五日电刘坤一、张之洞云:"前传德兵犯长江,即知不确。现闻德舰拟至海州青口一带,欲踞徐、海,是与日照、胶州毗连,不为无因。若一开仗,便弃其地。"见《愚斋存稿》卷四十一。由于列强利害牵制,德军在苏北沿海未有举动。

二十三日，再与新宁讯，用蛰先说，请令端、刚自求罢斥，另电劝端、刚自屈，以全大计。

二十四日，回厂。

二十六日，与两江咨呈，催小轮。

【笺注】本日，张謇致徐乃昌书云："合肥虽北，时势正不可知。厂中陈纱将次销完，花价大平，安得一二十万金，为长袖之舞耶！若小小结构，三五万金亦好，能为设法否？作存款，半年期亦大好。"见上海图书馆藏原件。

二十八日，由厂回。定闰月朔开夜工。

三十日，闻端仍总理军机，前后朝旨时有矛盾，祸未已也。

【笺注】于荫霖《悚斋日记》：八月二十七日，"陕抚端电，端王入枢廷……王大臣多主战"。陕抚端，护理陕西巡抚端方。于是盛宣怀与李鸿章、袁世凯等密谋，一面嘱驻各国公使杨儒等联名劾端、刚，一面劝荣禄赴太原行在，拟改组政府。

闰八月

初三日，闻李、刘、张、袁四衔劾端、刚误国，请予罢斥。得旨解端差使，刚、赵交部议处。此初二日事，似有转机。然闻鹿传霖亦入军机，是又一刚也，可危！

【笺注】端方致刘、张、袁、盛等电："顷接驻晋二十六探报称，前闻疆臣有因拳匪起事，为亲王及军机办理不善，以致误国，联衔列请分别惩办。昨日召见军机时，皇上面斥端邸及庄邸、澜公、滢濂各贝勒公，闻声色俱厉。皇太后默然不言，惟语王中堂：'只是你是好人，便可拟旨。'诸臣跪至八刻之久。圣意究竟如何？不能揣测等语。"见《愚斋存稿》卷四十一。初二日，清廷革载勋等爵职,解载漪差使,刚、赵等交都察院、吏部议处。王文韶电盛宣怀:"四衔个电,深契圣衷,已照行,由尊处转。圣心洞澈利害,当即天心悔祸之机。"见《愚斋存稿》卷四十二。陈宝琛《鹿文端公墓志铭》:"拳乱作,公亟募三营入卫,奔及乘舆于大同,扈从至太原,授军机大臣。"见《沧趣楼文存》卷下。

初九日,彦升来,旋去。厂事复转,销纱大畅。

【笺注】《大生纱厂第一次股东会之报告》云:"庚子四月后拳匪事警,商市不通,五、六月,纱忽壅滞,又一大窘。千方百计,避苏沪纱并占之路,西而南昌、九江,北而徐州、宿迁,请于江督,谋通销法,两月事成而销路已开。"《国闻备乘》:"謇自翁同龢被黜,畏祸不敢入京,外受刘坤一聘,主讲文正书院;内实借官力经营商业。始办大生纺纱公司,适庚子拳匪肇乱,海舶不至,遂获大利。"《郑孝胥日记》:十一月十八日,"得梋弟书,言季直至沪,纱厂颇大利"。

初十日,闻初八日朝旨仍迁陕西。西迁之计,谁曰甚失,独不宜于此日耳!然非独鹿主此说(鹿于十年前已置产于陕西),张亦主之,此则半误于妄信谶语(黄蘖禅师之诗),半误于不识敌情,遂令和局延缓。而琐琐群小,且以长安为小朝廷,可以偏安,保其前局,可哀也已!

【笺注】闰八初六日,清廷下谕迁西安。李鸿章、刘坤一等谓此背各国"回銮开议"之意,力主会奏谏阻,张之洞不肯列衔。往来函电见《愚斋存稿》卷四十二。张佩纶与陈宝琛书:"滋公赞成西安之举。"滋公,鹿传霖,字滋轩。又云:"乘舆又西,晋固偏灾,秦又酷旱,以各国坚请回跸,而内又惑于黄蘖禅师之谣,必欲入秦应谶。"以上均见《涧于集·书牍》六。《黄蘖禅师诗》见《中国预言》,

一名《推背图》。中有"旗分八面下秦州"句，后党以为迁陕之谶。

九月

二日，孔驯往虞阳。

十日，得虞阳讯，知开议和款，西人力持令上回京签字之说。

【笺注】《翁同龢日记》：九月初三日，"夜，得张季直函，并送食物。其仆孔驯来，见之"。其复信未见《翁松禅致张啬庵手书》。

二十五日，江知源（〔导〕岷）、章静轩（亮元）、洪俊卿（杰）来，为测量海滩。

【笺注】江导岷，脱"导"字，兹补。

二十七日，与磐硕讯、如峰讯，托照料知源等测画舆图。

【笺注】张謇《垦牧公司第一次股东会演说公司成立之历史》云："公司之地，属通、海两境，在大海东头，鄙人向不知之。自光绪二十一年奉通、海团练之朝命，始来海上规划防务，乃见此高天大海间之一片荒滩。马关约成，国势日蹙，私忧窃叹以为政府不足责，非人民有知识，必不足以自强。知识之本，基于教育，然非先兴实业，则教育无所资以措手，故目营心计，从通、海最优胜之棉产始，从事纱厂，自二十二年至二十五年，千艰万险，幸底于成。二十六年庚子，又经世变……因念纱厂，工商之事也，不兼事农，本末不备，辄毅然担任，期辟此地，广植棉产，以厚纱厂自助之力，但其地兼盐、营、民、灶四种之纠纷，谋于李君磐硕、张君如峰，张、李两君力任赞成。然其时尚未得可垦之地数，何由定应需之股数，乃商恳刘忠诚公借陆师学堂第一班毕业生并测绘仪器从事测量，以江君知源主其事。江故从学于江宁文正书院之弟子。戊戌政变以后，遣散及门，分途就学于他校，江就陆军者也。"见《实业文钞》卷二。

二十九日,知朝廷已严治祸首之罪,而无回銮之期,和无日也。

【笺注】九月二十二日,清廷加重惩办祸首。端、庄革去爵职,圈禁。刚毅已故免议。赵舒翘革职留任。毓贤发往极边。各国犹嫌处分过轻。二十八日,奕劻、李鸿章电西安行在军机处:"查惩办祸首电旨,上海各领事闻知立电各使,均为哗然。现会商不日仍列款开议,但另备哀的美敦照会,若不允行,恐变宗旨,祸将莫测。"见《李文忠公电稿》卷二十八。

十月

十八日,启行至省。

二十八日,校十月课卷毕。闻西人有再不回銮,当立明裔之电。

十一月

初二日,得子培讯,有拟东南士民与政府书(意行新政)。

初五日,闻和约十二条已定。

【笺注】本月初一日,奕劻、李鸿章将各国公使共定之议和草约十二条汉文本电达西安军机处。见《义和团档案史料》下册,第836—838页。

初六日,候莘丈讯不至。

初七日,启行至沪,附"江裕",晓珊同行。遇王一斋。

【笺注】王一斋,原庆军幕客。见《诗录》卷三。

初八日,抵沪。知莘丈初六日西上,电未达宁,遂又相左。即与函说相左之故,并劝退。晤梅生、蛰仙。

【笺注】恽祖祁时督办清江转运总局,转运两江漕粮、采买米石等至西安行在。清廷谓其费多粮少,颇有訾议。见《义和团档案史料》下册,第 921 页。

十二日,诣盛宗丞。与莘丈讯。

【笺注】盛宣怀时为宗人府丞。

十三日,仍与晓珊同附"江永"旋通。

十四日,未初至芦泾港,风浪甚大,下船人五十余。申刻氏厂。

十五日,校《东海荒地图》。

二十日,与洪俊卿诣吕四启行,至三里墩宿。

二十一日,早,晤书箴。行经包场,天明至吕四。

二十二日,诣吊李草堂年丈。与磐硕谈垦事。一诣场大使。

【笺注】李芸晖,字草堂,通州吕四场人。同治十二年拔贡。《南通县图志》有传。磐硕其子。场司,管理盐场,俗称场大使。

二十三日,微雨。午后复诣场大使,说垦事。

二十四日,与磐硕出吕四东门,循范堤而南。过海神庙,嘉庆朝敕建,土人谓为皇庙,坏而不敢修者,有额曰"云彰清晏"。至丁荡煎丁家看煎盐,直沸而将成花之候。土人谓看煎者适当其时为佳兆。煎丁所居,湫隘如豕牢,真苦海也。经倒岸,岸即沈堤,王介甫所谓海门县沈侯兴修水利者也。土人以范堤概之,名为所掩。当海坍时,意至此而止,今拟筑之堤,由此引而东也。至蒿枝港,与磐硕别。至东兴镇张如峰仓。

【笺注】《南通县图志·杂记》:"昔范文正监泰州西溪盐税,为堤捍海潮。海门县沈起继之。范堤自盐城迄余西,余西以东故海门县地皆起所筑,东暨于海。"

二十五日,与如峰、俊卿乘牛车周巡海滩,相察他堤。堤有被潮刷者,因知沙棍之垦荡,不顾其后也。

二十八日,乘车一日抵家,行九十五里。

二十九日,雨。与樊、朱讯,爱苍讯,为厂筹款也。

【笺注】樊、朱,当指寓沪富商樊芬与朱瓘成。

十二月

四日,作《通海荒滩垦牧初议》。

八日,作《垦牧公司章程》。

【笺注】《通海垦牧公司集股章程启》,见《实业录》卷二。后记:"右章程先于光绪二十六年十二月,粗议大略,上诸督部,请定行止。"

十七日,与恒斋、苏龛、梅孙讯,磐硕讯。

【笺注】《郑孝胥日记》:十二月三十日,"得梅孙、季直书,寄来《通海领垦海滩拟集公司议稿》及图乙。……季直、梅孙来书,要共经营通、海垦荒事,意可践东海牧长之言,此事亦可乐耳"。

十八日,与新宁、理卿、籽皋、绍筠、善之讯,上《垦牧初议》。

【笺注】施理卿、陆籽皋、王绍筠、张善之,皆江督幕僚。

二十三日,新宁来电,约明正偕梅生往商要政。

【笺注】本月初十日,清廷下谕,著内外臣工于两月内条议"新政"以闻。江督与盛宣怀书云:"兹以变法之议,电邀张季直、何梅生、汤蛰先、沈子培来宁,代拟条陈。"见中华书局版《刘坤一遗集》,第2281页。

二十八日,闻昭雪徐、立、许、袁,追革徐桐、刚毅、李秉衡。

【笺注】徐用仪、立山、许景澄、袁昶,皆因反对后党而被端、刚所杀者也。

二十九日,与新宁电,说代约蛰先。

光绪二十七年，岁在辛丑　年四十九岁

正月庚子

二日，理产业岁计表。

十日，与书箴同去沪。

十一日，未刻附"美利"船赴沪，夜半亥正至浦东，雇小驳船渡而登岸，至帐房已子正。

十二日，早诣梅生，近门见"武进何公馆"五字纸色淡白，心以为梅生岁事之疏，不以是为怪也。及入门，刘伯升、厚生兄弟出讶，顿足曰："不了，不了！"诘之，曰："梅老昨日三下钟逝矣！"骤闻震骇，如青天霹雳。登楼，披帷而视之，面如生，不禁恸哭。嗟与梅生交，始自丙子，至今二十六年矣。学识练达，器局深稳，非余所及。比年以来，每有一事，必就梅生决之。与论世事，十常同八九。时时相与联步行三五里，或同乘并载，拉晓山同就酒家闲坐，订证所见闻，辄又相视而笑，谓岁寒之友唯我与尔也。去腊廿三日得新宁电，约于新正诣宁商新政，并约子培、蛰先同往。中间书问三五返而期始定，岂谓迟来一日而君已不及见耶！其家人告曰：自新正三日后，即遣眷属诣戚好家樗蒲为乐，而自陈书据案，或周行院落及一室之中。初九日，诺盛宗丞之说，条记所欲言者，待子培、蛰先与余来斟酌损益之。遂于初十日据案，用半寸许簿且书且止。至十一日午饭后，复书，忽投笔后仰。隔屋人闻小帽落地声，走视之，初疑为睡，继讶其神色，惊呼焉。家人集视，手足已冰，中西医并至，中医谓猝中，西医谓心血热甚，上聚脑筋，回血管膜破，劈验右臂，寸许无血，决谓不治。逾半时许，鲜血大溢，遂长绝矣！痛哉！子培亦于是日至，既见，相向而哭。子培曰："日本维新以前，有志士焉，事业皆不就，知其事者著《断肠录》。今于梅生，亦云然也。"电促蛰先。

【笺注】张謇《存悔斋文稿序》云："辛丑春，君方答当事之问，杜门属稿，稿未脱而君逝，而謇履亦适及其门，入寝睹君貌寐然，乃为之抚衾大恸，而世事自此益日棘，君不复见之矣！"常州董绥庵藏拓本刘垣《清故诰授中宪大夫国史馆列传花翎盐运使衔分省补用知府武进何公墓表》谓何"言于当道，非改革不能立国，非更变官制、创建责任内阁、设立地方自治，不能定国是，而其归要则在开国会、定宪法。张、汤任往来陈说，公任属稿，稿未竟而公一瞑不视矣！"按其时张、汤、何等皆不可能主张立宪，核之张謇所记，刘垣为何嗣焜所撰《墓表》云云，当属事后溢美之词。张謇本日所记，有两误字。出讶，当作出迓。回血管，当书微血管。

十三日，作梅生挽联："孰置君天地盲晦之时，热血一腔，死于经济；益坚我江海沉沦之志，侧身四顾，凄绝生平。"与子培同诣梅生送殓。电告苏堪，速其来沪。

【笺注】挽联见《专录》卷十。《郑孝胥日记》：光绪二十七年正月十四日，"得子培、季直自沪来电云：'梅生猝故，即来沪，盼切。植、謇、元。'骇愕不解其故，即作书答之。梅生何至遽逝，吾党为之短气，失一巨子矣！伤哉！"郑时在武昌。

十四日，作与子培、蛰先公祭梅生文。以梅生死告新宁。

【笺注】祭文见《文录》卷十七。

十六日，蛰先至。

十八日，公祭梅生。

十九日，代友拟西安争俄约电。

二十日，代拟俄约电，结局之策四：一、全国通商；二、东三省开门通商；三、听占而不认画约；四、让吉、黑而奉天开门通商。

【笺注】时俄军侵入东北三省。清廷令驻俄公使杨儒与俄谈判。光绪二十六年十二月，俄政府提出约稿十二款，不仅妄图吞并东三省，并将蒙古、新疆划入其势力范围。一时国际国内纷起反对，故张謇等拟电争之。

二十二日，苏堪来。

【笺注】《郑孝胥日记》：十六日，"夜得督办来电云：'梅生猝故，子培、季直、蛰先待兄公祭。南洋公学、铁路公司两事无人，应如何办法？敬待驾临商办，再行北上。宣，谏。'"廿一日，"夜九点至上海，与稚辛同至大生纱厂帐房，晤季直、子培"。廿二日，"晨往哭梅生。午后谒督办，始知南洋公学事，众皆举予接办"。按郑后荐汤寿潜以自代，汤不就，乃委沈曾植。见《交通大学大事记》。南洋公学，交大之前身。

二十三日，与苏堪谈。

二十四日，蛰先感冒，与子培先行。

二十五日，至江宁。

二十六日，与子培诣新宁，力持中俄专约不可画，新宁题之。

【笺注】按刘坤一已于正月初九日、十四日两电西安行在军机处，反对俄约。见中华书局版《刘坤一遗集》，第 2602—2603 页。

二十七日，诣藩司谈。

二十八日，拟与西安争俄约电。

子培有随笔云："无往不收，无垂不缩，书家秘旨也；已进不退，已伸不缩，禅家密语也。神明于此，可得外交政策之要。"予谓岂独外交当如是。

二月

一日，拟争俄约电。

二日，拟争俄约电。知合肥有劾刘、张昵英、日之奏。

【笺注】《代刘、张二督部为中俄交涉致枢府电》《代刘、张二督部为中俄交涉致各国电》，均见《政闻录》卷一。刘、张拟以俄约公示各国，借英、日、德之力以拒俄。《缘督庐日记》：初八日，"佩鹤晚来，云中俄东三省专约，英、日各国有违言，张、刘两帅先入英人之言，亦上疏力争，本定昨日画押，今又横风吹断矣"。

四日，始定作《变法平议》，以六部为次，循梅生《乡校丛议》例，申其意也。

【笺注】张謇《变法平议》，见《政闻录》卷二。引言云："梅生既举明职任人之要旨矣，子培、蛰先复厘其纲领，其言固天下之公言也。今本朝廷除旧更新之谕，权因革省并之宜，约分三端，以归一致。有必先更新而后旧可涤者，有必先除旧而后新可行者，有新旧相参为用者。仍依六典，类分条举。"

五日，拟争俄约电。

【笺注】《愚斋存稿》卷五十三有二月初六日刘岘帅来电，当即张謇所拟之稿。时李鸿章已电令杨儒于俄约画押，故刘电张、袁、盛，欲以"全权违旨"，布告各国，并奏撤杨使，废俄约。

六日，见俄使杨子通（儒）电，知俄约未画，杨功不可没。

【笺注】二月初四日，杨儒致盛宣怀并庆、李、刘、张电："儒未奉画押之旨，不敢擅专。西例定约须互较画押凭据，未奉明旨，俄决不允。"见《张文襄公全集》卷一七一。

十六日，以上拟吏、户、礼、兵四科，脱稿三十四条。

【笺注】《变法平议》凡吏部之事十：置议政院，设课吏馆，停捐纳，改外部，分职以专职（各级地方官之分工），省官以益官（并九卿于六部等），长官任辟僚属，胥吏必用士人，优官吏俸禄，设府县议会；凡户部之事十二：征地丁图籍，颁权度法式，行金镑改钱法，立银行用钞币，行预计，订税目，改盐法，定折漕，行印税而裁厘金，集公司而兴农业，清屯卫田，收僧道税；凡礼部之事八：普兴学校，酌变科举，学堂先学画图，译书分省设局，权设文部总裁，明定学生出身（如大学院毕业者作为进士之类），派亲贵游历，省官府仪卫；凡兵部之事四：抽制兵衔役练警察部队，为武科将领设武备外院，别立毕业生练营，划一制造厂枪炮。以上四科共三十四条。

十八日，竟刑、工二科八条。

【笺注】《变法平议》凡刑部之事四：增现行章程，增轻罪条目，清监狱，行讼税；凡工部之事四：开工艺院兼博览所，行补助法广助力机（谓风力水力等机），劝集矿路公司，请求河防新法。以上二科共八条。

二十日，《平议》分手抄写竟，送新宁，约二十三日三下钟晤谈。

二十二日，子培旋扬。

【笺注】《沈寐叟年谱》："光绪二十七年春，盛杏荪尚书约作沪游。刘岘庄制军又约至金陵，属拟奏稿，其目凡十，曰：设议政院、开书馆、兴学堂、广课吏、设外部、讲武学、删则例、重州县、设警察、整科举，凡八九千字。是时归扬。"按，盛宣怀时官宗人府丞,尚不得称尚书。此乃事后追记之词。

二十三日,见新宁,第论州县以下官改职及学堂事,理财则赞改盐法,意绪为之顿索。乃告之曰:变法须财与人,财不胜用也,行预算、订税目而已;人不胜用也,设学堂、行课吏而已,毋复天下言无财无人,天下挠我新法者,率云法当改,但无财无人久矣。

二十四日,与仲弢、苏堪讯,属告南皮,以有垦事不能去鄂。

【笺注】张之洞于十二日电刘坤一云:"贱恙新愈,尚未拟稿,尊稿若成,望即见示。张、沈、汤三君群贤辐辏,谋议必极精详,金陵定稿后拟即奉请三君一同来鄂,请教一切。此间有郑苏龛、劳玉初、梁节庵、黄仲弢四君,亦可参酌。"刘复电许之。见《张文襄公全集》卷一七一。

二十五日,蛰先旋沪。

二十七日,启行赴沪。

二十八日,至沪。

二十九日,与盛谈。晤蛰先谈。

三月

一日,去常州。附轮往苏。

二日,至苏,旋附轮往常,夜半至七里树。

三日,晨诣青果巷恽宅,见菘老昆季。

【笺注】菘老,恽祖翼,字菘耘,原任浙江巡抚,丁忧在籍。

四日,次远丈招饮。过孟乐东园,观王、恽合璧石山。过赵氏废园。

【笺注】王、恽,王翚、恽格,清初画家。

五日,夜膳后上船。

六日,微阴。午后风利,至无锡黄泥嘴宿。

【笺注】上海图书馆藏张謇于本日致汪康年书:"昨初五电,第三次续索罪魁,究共几人,能知其大略否? 另单开书廿二种,皆日报馆所有,祈代购一份,是何折扣,再祈核明向厂帐房单取为荷。舟次造次不具。"

七日,西北风大利,行百二十里至常熟南门,犹未下春也。探松禅老人,山中未返。宿梧冈厘局。无锡、常熟之间,山川最胜,有移家之思。

八日,巳初三刻,谒松禅师,感慨时事,诵念圣皇,时时鸣咽。午正共饭,酉初二刻谒退。师与危坐三十三刻之久,口无复语,体无倦容,以是知福泽之大且远也。小人祸君子,往往而福之,为君子者正宜善承天意耳。

【笺注】《翁文恭公日记》:三月初八日,"巳正,张季直自常州来访,情意拳拳,谈至酉正始去"。

九日,与梧冈同舟至福山候渡,登福山,山有聚福塔,塔下有订正山即名福非甸山之碑。

十日,买舟渡江,顺风而小,申刻至芦泾港,抵厂未晚。

十一日,磐硕来。

十三日,磐硕往通。

十四日,写辞文正、举叔衡自代第二启。

十五日,有《变法平议》目补。专人去省。

十六日,积馀、小山来。专人去省。

二十七日,往吕四。

二十八日,同积馀、小山、磐硕并汪知州、毛运判、黄大使、徐巡检勘视丁荡及头甲,至十八总。

二十九日,复同诸人勘视十九总至三十总。

【笺注】张謇《为通海垦牧咨呈督部文》云:"按公司开办之始,蒙前督部刘饬藩司特委候补知府徐守乃昌、知县陈令树涵会同通州知州汪牧树堂,饬运司特委候补运判毛昌骏会同通州分司蒋运判志沂、吕四场黄大使锁,公同将吕四全场之地,逐一丈量,划清丁荡、三补界址,照旧卯酉向建立界碑,开有界河。河北丁荡地归盐业蓄草,河南三补地归垦牧,通详立案。"见《实业录》卷四。

四月

三日,积馀、小山定会州禀稿。

八日,丁荡三十总共有实地九百七十余顷。过黄大使一倍。

九日,积馀、小山旋通。

十一日,回长乐。

二十六日,乘关快去沪,宿青龙港。

二十七日,风不顺,至沪已亥初矣。

二十八日,晤子培、晓珊。

二十九日,过梅生宅,闻其夫人饮泣之恸,悲感不能久坐。

五月

一日,与盛宗丞谈。

二日,定《垦牧集股章程》,至是已七易稿。

【笺注】见《实业录》卷二。

四日,定大生小轮事。

六日,夜附"元和"轮船至江宁。

十日,代盛、刘拟为梅生请史馆立传奏。

【笺注】张謇于本月十二日致沈曾植函云："代盛、刘拟请梅生史馆立传奏稿奉政，在盛函内，酌定并函封送盛处为叩。"见上海图书馆藏原件。盛、刘会奏《请将何嗣焜学行宣付史馆立传折》，见《愚斋存稿》卷六。

十一日，见新宁，为叔兄请咨调回籍。叔兄之服阕回江西也。积劳绩八九次。始署德化，甫一月，贵溪民教哄争事起，势汹汹连五六州县，省城上下震悚，调叔兄再往署。至则解散连都，令各族自首滋事人，五日得七人，事定。而广信府查某祖前令杨某，忮甚，遇事无理。是时，本府率随员四人，候补道缪某率随员四人驻县城署者两月，由是本道明某、候补府袁树勋继踵而至，兵差、学差、省委络绎不绝。教士指索二十余人，前三人皆枉，力为之申诉，不能解。上游督责益厉，则以诚动民为国受屈之情，以勤致民不忍相负之义，又代民任赔二千，摊赔四千。劳苦十八月，负累五千金，而上游不恤也。惟为补宜春缺以为酬。至是并不至本任，乃力劝兄引退，归助经营纱厂。兄亦意兴萧索，又料江西民教必且有大乱，决意引退，书再三至。乃请新宁以洋务要差咨调回籍。作令十余载，落得五六千金之债，不负民矣。

十二日，有青田叶亭珠来见，字赤滨，曾在湖北武备学堂，亦曾客姚石荃处。云有上海钮永建孝廉，振奇士也。似闻梅生曾言之。

【笺注】钮永建，字惕生。其后加入中国同盟会，为国民党元老之一。

二十日，叔兄以李抚军保，奉上谕传旨嘉奖。

【笺注】李兴锐，时任江西巡抚。

二十三日，得子培启行电。

【笺注】张之洞邀张、沈、汤至鄂，张、沈先期函商未决。本月十二日，张致沈书云："弟在此殊无事，专候过此同行，早来最好。动身之日，午前托竹君发一局电，告附某船，勿误勿误。蛰老至否？以弗去鄂为然耶？"竹君，武进赵凤昌字，时佐盛宣怀幕。十三日，张又致沈书云："兴倦西行，正合鄙意。往日弟亦重违公与蛰老之督促，奋励一行。非尽如蛰老所虑。封老初见，颇有阻意，既知公与蛰意，乃不复置辞。公既决不去，幸以电复。电可止云：'鄂不'二字。若犹去，止一'鄂'字。暑热甚，弟甚思归，且可料理垦牧集股之事，何苦费工夫为他人拭涕耶！见蛰老，可为言之。"封老，沈曾桐。又云："公止，弟决不行，候公至十七八无信，弟径归矣。"均见上海图书馆藏原件。此时沈始启行。《沈寐叟年谱》："又赴武昌，应张香涛相国之招。"按其时张之洞尚未拜相，此乃以后追记之词。

二十四日，与缪炎之院长同至下关候船去鄂，住萧姓饭铺。

二十五日，附"江裕"而西。子培自沪来会。过芜湖，见江水盛涨，决堤无算。郑稚星同舟。是日，生日。

二十七日，巳刻氐汉口。见莘老，知其事已了。见苏堪，慰其二兄一从子之丧。水势极大，乘"楚威"小轮过江。住纺纱局。见仲弢。

【笺注】《郑孝胥日记》：五月廿七日，"季直、子培、缪小山与柽弟同搭江裕来"。

二十八日，同子培、小山谒南皮，时八下钟，至下午五下钟始返，所谈甚多，惟小学校必可立。

二十九日，诣彦升、叔韫。

三十日，两湖书院饭，仲弢、节庵约。

【笺注】据《艺风老人日记》，此是六月一日之事。"偕季直到两湖书院,心海约午饭。"

六月

一日,知叔兄以南皮叙宜昌办振旧劳,保补缺后以直隶州用(上年十月事)。

【笺注】曹文麟《张退庵先生行状》云:"张文襄公督两湖时闻其能,尝调任宜昌川盐加厘局坐办,后以理宜昌赈,保荐以直隶州用。"

三日,诣南皮辞行,过江,附"瑞和",小山独留。

【笺注】据《艺风老人日记》,张謇等向张之洞辞行,乃是六月二日之事。"谒南皮师辞行,读《改行新政院疏》,偕季直、子培、心海、仲弢同席。"《郑孝胥日记》:六月初二日,"季直、子培、叔韫皆来,夜登'瑞和'船"。张、沈、缪此来湖北,与张之洞谈论新政情形,略见于本月五日舟次致徐乃昌书:"鄂城五日,三见广雅,谈论颇不局促。此老新政,极著精神,惟近来新书少见,所言尚不无隔膜之处。此老如此,他人可知。鄂中译书事亦托筱公矣。若何章程,尚未议定。极叹新言,容纳之量,为不可及。(指廿七条未改即奏)"又云:"筱公有事,初五日启行。"见上海图书馆藏原件。"鄂中译书",指编纂小学堂教科书。张之洞于本年八月二十日致刘坤一电云:"前闻公请缪筱珊太史编纂小学堂教科书,鄙人亦面托,此事极好。"见《张文襄公全集》卷一七四。缪禄保等所撰《艺风府君行述》云:"及和议成,朝廷锐意变法,张文襄集东南名流会于武昌节署,以资讨论,府君应招往,遂领江楚编译局。"见北京图书馆藏摄影本。刘、张"遵旨筹议变法"三次会奏:"育才兴学"四条,"整顿中法"十二条,"采用西法"十一条,共廿七条,大抵推阐《变法平议》之意。见《张文襄公全集》卷五十二至五十四。

四日，江水益涨，九江平地水深二尺，庐舍门窗梁柱漂泊无算，时时见人畜尸骸。戌刻，大风雷雨顿作，船大动，遂下碇。与叔兄讯，交瑞和邮箱。

五日，过江宁，亥刻矣。遥见岸上平地皆溶溶，有灯火光，水涨溢不知几许矣。

【笺注】本日，张謇于舟次致徐乃昌书云："舟中遇大风雷雨，泊小姑上半夜，故到宁迟半日。"

六日，未刻至芦泾港，乘小车迂道至厂，田被水者十已四五。闻扶海坨中以小舟度人，住房水及地板，天井鱼游成队。

【笺注】是年，长江中下游水灾极重。《翁同龢日记》：六月初二日，"昨竟夜雨未休，何啻一尺，晨仍淋浪，此间低处已没，则东南乡可知矣。水灾已告者两湖、江西，而扬州坝岸岌岌，里下河恐难保，南则闽、浙，浙尤重，吾吴知不免。而有司方议加条银、抽房捐，以供每年三千万赔款之数。时事如此，天灾如此，奈何奈何！"

七日，知叔兄调东乡县，再与讯。

十一日，连日写各集股讯。

【笺注】通海垦牧公司集股以规银二十二万为准，每股规银一百两，共二千二百股。见《集股章程启》。七月三日，张謇致陈兰薰等书云："股数已得十二万，各处未复之信尚多。"见《啬翁垦牧手牒》第一册。《郑孝胥日记》：八月初六日，"得季直七月廿五日书，劝入垦荒三十股"。廿二日，"以规银四百，托周星五启泰寄交上海大生厂帐房，以入通海垦牧公司股分，计二十股，先缴二成云"。"垦股至迟重九截数"，见八月廿三日，张謇致徐乃昌书，据上海图书馆藏原件。初期入股者,张謇兄弟及李审之、刘一山等通海绅商外,有郑孝胥、汤寿潜、刘世珩等。见《大生资本集团史》(初稿)。

十六日,回长乐。

二十九日,新宁电达赣抚复:东乡刁民抗粮,调张令署理整顿,请缓调。与叔兄讯曰:"民之刁不刁,视乎粮之抗不抗。若东乡向不完粮,谓之刁民可也。若自有不能完粮之故,官曰刁民抗粮,民不曰灾区求缓乎?当考真情节,求公是非。"

七月

四日,与蛰先、叔韫讯。恽心丈来讯,颇以谗言责望敬夫。

五日,答恽次远、菼耘、心耘讯,为敬夫申辩。垦股得十四万。

六日,答蛰先、叔韫讯,敬夫、书箴、叔兄讯。叔兄来讯,拟捐道员。

【笺注】张謇于六月廿八日致徐乃昌书云:"三兄调东乡,又是办一难事,百姓抗粮,并非好运。顷复有人劝捐升道员三班,或云郎中员外。据云道员若买票,不过二千,然否?请指教,并请速答以何为长?候答而定。"见上海图书馆藏原件。

九日,与恽心老昆季讯。

十一日,看课卷。与新宁讯,调测绘学生。

二十二日,编次《归籍记》。

【笺注】见《专录》卷三。自述少时占籍如皋,应州试,后涉讼,旋得归籍之始末。

二十七日,知源来。与恪士讯。电问新宁病。编《述遗录》。

【笺注】知源即江导岷,来司垦牧公司测量。俞明震时在督幕。

二十八日，恕堂来，得叔兄廿七日至东乡任讯。

【笺注】袁鸿自江西来后，司垦牧公司工帐。

二十九日，与叔兄讯，理卿、寿平讯（有二成收据十纸）。

【笺注】寿平，余诚格字。垦牧公司入股收据，按规定先缴二成。

三十日，去吕四。

八月

十二日，如峰、显之、晓芙来议施圩事。

十五日，三补施圩事议结，给钱八千千，凡议三日而定。

十八日，磐硕议筹户事了。

【笺注】筹户即酬户，分三等：曰善举公用，曰胥吏之食于沙务者，曰旧为坍户械斗出力者，皆得分三补之草利。户百有数十，是时并资遣之。见《实业文钞》卷二《垦牧乡志》。

二十日，三补事结，晓珊具稿出详。

二十一日，买坍粮一百二十两，磐硕所收并也。

【笺注】有滩涨补地之名而未收实利，灶户所赔之粮，谓之"坍粮"，缴"坍粮"者即称"坍户"。时垦牧公司收买"坍粮"土地，以缓和坍户反对。见《垦牧乡志》。

二十二日，至卑长春，案：规度公司屋基，较初定移南二方井。

【笺注】张謇于七月三日致陈兰薰等书云："今岁大风潮，独卑长春一带迤东无水，地高可想，公司学堂定卜于此，刻嘱俊卿画图矣。"见《啬翁垦牧手牒》第一册。

二十三日，定缓屋工、先堤工之计。是夕宿如峰仓，竟夜不成寐。

二十四日，公司屋基开工，以四十二亩之土，筑高四十三亩之基五尺。

二十六日，新宁电速去省。

【笺注】本日，两江总督奏上《通属吕四场境荡滩拟集公司开垦片》。见中华书局版《刘坤一遗集》，第1307—1308页。

二十八日，冒雨回长乐。

九月

一日，雨。与叔兄讯、莘丈讯，丈以误会有意见。

三日，附"大生"轮船至沪。晤叔衡。

四日，晤子培、蛰先。

七日，与子培别于叔衡寓舍，言某伦调用事，培忧怨忿疾之气一时并发，顿失常度。十七年兄事、师事之人，不能安之同隐海曲，致为伦楚所侮，为子培痛，行自责也。

八日，知晓珊署盐城，足偿清丈之劳矣。

九日，至江宁。与晓珊谈，劝其一年后解任耦耕。

十日，晤恩方伯。得吕四电，批户陆、彭连横，祸胎于州差之迟下。

【笺注】恩寿，时为江宁布政使。批户反对垦牧，早见于四月十八日张謇致徐乃昌书："批户事亦渐就绪。看来不难留三补北边，不堤不渠，足容若辈藏匿矣（谓筹户灶头）。"见上海图书馆藏原件。"批户"者，"买地而输租其人，由其人纳粮，故不曰买而曰批。"见《垦牧乡志》。陆姓为民地批户之魁，彭姓为灶地批户之渠，联合反对垦牧。

十一日，拟电，请方伯电通，允即电。与缪艺风论学校，尚近。

十二日，方伯电未发，再促之。得磐硕电。

十三日，调新宁。方伯告电已发。

十四日，与海门同知电，缉陆。

十五日，与通州电，究彭。

十九日，叔韫来。

【笺注】时罗振玉以略晓西方农学，故张謇延之佐办垦牧公司农校。

二十日，商订寻常高等二级小学校、中等学校课程（有藤田丰八底本）。

二十四日，与叔韫同附"德兴"返。与蛰老讯。

二十五日，至厂。

二十六日，由厂经城，晤汪、王而行。

十月

三日，拟往吕四，大早得磐硕报陆氏抢草讯，报厅电督。

四日，电督讯厅，陆氏以因粮法抢后到案。

五日，讯厅，陆氏以犯弟顶充正犯。

六日，电督，厅昏而失。权厅丞梁佩祥，广西人。

七日，知源来。

八日，以上六日，终日手披口答，内筹开工，外筹御侮。

九日，往吕四，至四甲晤汪知州，信乎昏官不如滑吏也。

十九日，闻陆犯凤岐到案。

二十二日，寅刻祭神开工。

二十七日，验工，实到者二千余人。

二十八日，有谣言工作太苦，工资不足食者，工顿散其半，听之。

二十九日,谣言未尽息,仍听之。

三十日,工人渐定。

【笺注】张謇于本月廿五日致刘坤一书云:"开垦事旧,公司名新,荒海俗蛮,官荡占久,惧其阻也,故重以奏办;惧其惊也,故柔以资遣。八月议定而有九月之事,九月未已复有十月之事。此中召玩启侮之故,心窃明其曲折。今事已定,犯已归案,堤工已开,后患殆可已矣,亦不复愿言。然非宫保之明,垂信不疑,亦乌能如此。工程队之说,一时有激之言,请作罢论。惟海滨地旷,须添一差缺武汛与新移之崇海司相倚,倘可允行,当更呈请关防,特示蛮俗奏办不诬之明证,遵命专丁请领,伏乞颁发。"见邵阳戈平所藏原件。录此以见垦牧公司创建时所受之阻难。

十一月

三日,工已九成,土人以为未有如是之速者也。

四日,连规东圩。规度雍涂水道,有系万家百世之利,而兴之甚难。

五日,报蛰先讯,论陆事,有云:"毒与其闷也,宁发;官与其昏也,宁滑;手与其钝也,宁辣。"

十日,东圩开工,定二十日工竣之限。

十四日,至吕四。工未集。

十五日,天后庙落成行礼。东北风,大潮,公司圩东岸被潮溢入。

十七日,筑公司圩东岸。

十八日,放公司圩潦。东圩北头地仍湿。

二十日,工渐集。

十二月

九日，乙盦、蛰先约去沪，乙将入都也。深冬远行，为之恻然。

【笺注】《沈寐叟年谱》：光绪二十七年，"七月，任南洋公学监督"。二十八年，"正月，辞南洋公学监督，还刑部供职"。

十三日，敬夫坚以病辞，固留不得，意似与夫己氏有不两立之势，谓夫己去，则犹可时来照料云。

【笺注】张睿《沈燮均传》云："以不慊于同列，又不欲伤新事之气，乃坚决引退。"见《南通县图志·续纂》。夫己氏，见《左传》。文公十四年传云："终不曰公，曰夫己氏。"杜预注："犹言某甲。"

十五日，至沪。

十九日，与蛰老等十九人公饯乙盦于辛园。

二十一日，附"仁和"北渡，下船时大雨，宿新港。

二十二日，雨，遂雇小车冒风雨而归。

二十三日，米粮日贵，包米每石四千二三百钱。

二十四日，定明岁以平粜招工之计。

《张謇日记》笺注后记

　　《张謇日记》初名《柳西草堂日记》。始于清同治十二年(1873)农历九月初四日,迄民国十五年(1926)农历六月廿四日。凡二十八册。张謇生前,曾据以撰《啬翁自订年谱》。张謇殁后,日记由其家人保管。其家人又据以著《南通张季直先生传记》。由是世间知有此书,但无刊本。20世纪40年代末,此书手稿被分割为两半:前半部(缺第十册)流到了香港,后半部(连同第十册)留在南通。1962年,由中共南通市委供稿,江苏人民出版社照后半部原件影印,即名《张謇日记》。1967年,前新亚书院图书馆长沈燕谋将前半部从香港携至台湾,交由文海出版社影印,仍名《柳西草堂日记》。其详具载于《传记文学》1967年第11卷第4、第5期连载的沈云龙教授所作《张季直及其〈柳西草堂日记〉》一文。从1962年起,我笺注是书,略窥门径,书此供学者参考。为行文方便,将海峡两岸所公布的各半部合称《张謇日记》。

一、研究张謇的重要原料

　　郭廷以《〈道光咸丰两朝筹办夷务始末补遗〉序》引史学老前辈蒋廷黻言:"历史学有其纪律,这纪律的初步就是注重历史的资料。"郭氏补充说:"资料有原料与次料之分,比较上原料的价值应在次料之上,所以从事史学工作者必须自原料入手。"《张謇日记》之所以有珍贵价值,就是因为它是研究张謇及其时代不可缺少的原料。

《啬翁自订年谱》虽是《日记》的缩本,但二者不仅详略悬殊;而且《年谱》经过修饰,偶有失真之处。兹以记光绪二十年甲午中日战争为例,即可见《年谱》的功用不能取代《日记》。

《日记》具载了从五月二十九日至九月十七日,张謇奔走翁同龢(常熟)之门、多次上书于翁,并与翁门诸谋士盛昱(意园)、文廷式(道希、芸谷一书云阁)、沈曾植(子培)、黄绍箕(仲弢)、丁立钧(叔衡)等谋议抗击日本侵略的真相。《年谱》则所记甚略:

> 六月……二十六日,太后万寿朝贺;日本以是日突坏我北洋兵舰二。

> 七月一日,上谕声罪日本。朝议褫海军提督丁汝昌,李鸿章袒之,朝局大变。

> 八月十八日,随班贺太后加徽号,朝鲜正使李承纯、副使闵泳喆犹进贺表。闻我军溃平壤,退安州,日兵扬言,分道入寇。

> 九月,翰林院五十七人合疏请恭亲王秉政;又三十五人合疏劾李鸿章;余独疏劾李战不备、败和局。

所有张謇及其师友慷慨救国的生动情状,都被删节掉了。按《日记》,光绪二十年六月二十六日,皇帝生日,张謇随班行朝贺礼。《年谱》误作贺慈禧太后生日。由此可见,次料不如原料。研究张謇,必须读其《日记》。

二、为《张謇日记》作注

张謇写《日记》是为自己备忘之需，别人看了很难明白其内容。正如张孝若在《南通张季直先生传记》的"中日战争"的一节里所说："那时候朝内外很传说光绪帝决心要战的意思，是出于翁公；而翁公决心要战的意思，是出于我父。……我查阅我父那年从四月到九月的《日记》，是记着六月初六、十三、十七、廿七、廿八，七月初二，九月十六的七天，都有信给翁相的；六月廿一，七月初九、十八，八月廿二，九月十五的五天，都和翁相见面的。……可是这十二天，只记会见和通信；而会见的时候，讲些什么？通信的里边，写些什么？一个字都没有记载。"这就需要调查取证，为《张謇日记》作注，以便读者。

其一，搜集直接证据。

翁、张会面的直接证据是《翁同龢日记》。有关内容虽也简略，但均可与《张謇日记》相印证。六月二十一日，"张季直来，饭而去"。七月九日，"张季直、丁叔衡同来"。七月十八日，"文云阁、张季直先后来，谈时事，可怕也，然耸人骨"。八月初八日，"晚，张季直来谈"。《张謇日记》漏载。八月二十二日，张謇"诣省翁师疾"。《翁同龢日记》不载。九月十五日《张謇日记》："诣常熟。"《翁同龢日记》作十四日，"晚，张季直来，危言耸论，声泪交下矣！"

张謇向翁同龢写信献策抗击日本的直接证据，是翁、张往还的信。我们先从南通石印的《翁松禅致张啬庵手书》（以下简称《手书》）中找到翁在甲午战时给张的八通信，但次序颠倒，在两家《日记》里无发、收记录，所以无法相与印证。1963年初，在北京中华书局有关部门的帮助下，我看到了陆史一抄《张謇致翁同龢密信》（以下简称《密信》），内容都涉及中日战事。经过核实，张謇在光绪二十年六月初六、十三、十七、廿七、廿八,七月初二给翁同龢的信都查到了,并由此理清了翁氏八通《手书》的时间顺序。于是《张謇日记》的有关内容便有了注脚。例如:《张謇日记》六月十三日"上常熟书"。笺注:

> 此即《密信》第二件。原抄件无月日,兹据内容考定。其略言:"前以不得东事确状,不胜愤激,粗有陈说,不复知其过当否也。昨稍稍得闻一二,奔走上谒,值师未归,所欲陈吐,无由上达,谨申前说未竟与更应求慎者,一毕其愚。"张謇献策:一派海军游弋中、朝、日之间,伺隙进攻,使日本"不敢分兵扰我边海"。二派陆军分道援朝鲜。三起用湘军宿将刘锦棠督师,"以剂湘淮之平"。张謇以为"枢纽之要,则在上有不贪小功,不怯小败之独断;下有务收众策之远谋"。劝翁同龢"勤见士大夫收诸葛君集思广益之效"。《翁同龢日记》:十四日,"张季直函论东事"。复信即南通影印之《翁松禅致张啬庵手书》第十五件。原文云:"北舰尚可用,南船殆虚设,俟细考。旅顺分兵,顷亦建此议。湘刘之起,众未谓然,当再陈也。昨失迓,甚歉。"……

其二,留心旁证。

对这时频繁的翁、张交往,单靠他们自己留下的证据,有时还不能完全说明事情本末,以故必须留心旁证。例如光绪二十年七月四日《张謇日记》:"天津焦某寄来朝鲜图。"我读了《密信》第十一件,始知这是为翁氏提供的。原信云:"顷得天津局刻朝鲜图。"翌日《翁同龢日记》:"张季直函送地图。"三十年过去了,

1993 年在美国匹茨堡大学东亚图书馆,读王季烈《螾庐未定稿》,始据其父颂蔚《事略》,得补注此事背景。王颂蔚时任军机章京。朝鲜事起,他建议军机大臣翁同龢觅朝鲜地图,以备指挥战事之需。"于是枢府始令北洋进高丽地图,至则所图并不开方计里,疏略殊甚。"张謇向翁所进朝鲜图,同样是北洋局刻的落后之本,无济于指挥近代战争。其后翁函还地图。《手书》第十六件:"朝鲜两图并信件奉缴。"

其三,择要补证。

《张謇日记》偶有漏载。在当时看来,是无关大局的细事;但在后人看来,却是涉及张謇生平志行的重要内容,须为补证。

例如,光绪二十年五月八日《张謇日记》笺注据叶昌炽《缘督庐日记》补证一次张拜会叶时的谈话:

> 张季直来投帖,见之。云在乡治生,颇致蚕桑之利。士大夫所以丧名败检,皆由一进之后,欲退不能,故不能退则不进。此言殊有味。使鄙人有负郭可耕,则尚恋此刍豆何为乎!

叶昌炽,时官翰林院编修。

又如,就在中日甲午战时,张謇与维新派人物康、梁有过联系,但不见于《日记》。因事发在七月,所以附录于是月最后一天《日记》的笺注:

> 按《康南海自编年谱》云:光绪二十年"七月,给事中余晋珊劾我惑世诬民,非圣无法,同少正卯,圣世不容,请焚

《新学伪经考》而禁粤士从学。沈子培、盛伯熙、黄仲弢、文芸阁有电与徐学使琪营救，张季直走请于常熟，曾重伯亦奔走焉，皆卓如在京所为也"。卓如，梁启超字。丁文江《梁任公年谱》引梁与夏曾佑信云："昨日嘉兴致花农一电，今日小湘乡致合肥一电。惟闻花农监临，重伯又非甚重之人，仍恐未得当耳。前仆已面托通州君，若相见时可再托之。但得常熟允致电，其电语或由本人自定，或仆处代拟亦可耳。"嘉兴，沈曾植。花农，徐琪字。小湘乡，曾国藩之孙广钧，字重伯。合肥，粤督李瀚章。通州君，即张謇。

调查取证，是我笺注《张謇日记》的唯一方法。旷时费日，此非急功近利者所能办到的。但只有这样，才能读懂此书，为研究张謇提供可信的根据。

三、对《张謇日记》的研究必须继续

因遭"文革"之祸，对《张謇日记》的笺注工作，被迫中断。加之资料散失，一时难以恢复。直到20世纪的90年代，我在美国，先后利用密歇根大学、匹茨堡大学东亚图书馆藏书，为前半部《张謇日记》作注，调查取证。兹以对第9册关于光绪八年（壬午）张謇随庆军赴朝鲜平定大院君事件一段《日记》作注取证为例，以见这项工作必须后贤继续。

我向《日记》涉及的中朝当事人的著作和其他有关文献取证。

（1）《张靖达公奏议》

当时负责处理朝鲜大院君李昰应与闵妃争权兵变，招致日本干涉事件的，是清署理北洋大臣直隶总督张树声（振轩），即《张謇

日记》所称"振轩督部"或"振帅"者是也。其遗著《张靖达公奏议》卷六"畿辅稿"所辑《朝鲜乱党滋事派兵保护折》《援护朝鲜陆师拔队起程折》《援护朝鲜陆师抵朝登岸情形片》《援护朝鲜水陆将领率队入京获致乱首折》《增调陆师东渡片》等,均为《张謇日记》作注提供背景资料。

（2）《李文忠公朋僚函稿》

原任北洋大臣直督李鸿章虽正丁忧在籍,但仍左右其事。是书卷二十辑录他于光绪八年六月三十日、七月初四日,先后复张树声信,为此次派兵援护朝鲜之役定下息事宁人的基调。李鸿章旋即起复,回任北洋。在北行途中,七月二十六日,他有《复吴筱轩军门》信,一反张树声原议,中止续派陆军赴朝为庆军后援,并指责吴部"颇多滋扰,殊为令名之累"云云。八月四日,《张謇日记》:"写直督李相信。"当是代吴长庆写的复信。鸿章位居大学士,故称"李相"。吴长庆,字筱轩,庐江人。时以广东水师提督统领庆军,驻防山东登州,朝鲜事起,奉檄东渡。

（3）《庸庵文编》

薛福成,字叔耘,时佐直督幕府,壬午朝鲜事起,助张树声决策。是年八月四日《张謇日记》:"得枚生讯,知延陵以定乱之功,论荐余及无锡薛叔耘、枚生三人,枚生坚谢,意与余同。"枚生,树声幕僚何嗣焜字。张謇故人。延陵,春秋时吴公子札封地,后人以喻吴姓,此指吴长庆。薛福成所著《庸庵文编》卷二有《上张尚书论援护朝鲜机宜书》及附记。张尚书,即直督张树声。清制,总督加兵部尚书衔。

（4）《适可斋纪言纪行》

当时受北洋大臣奏派赴朝鲜协同吴长庆办理交涉事宜的,是李鸿章的亲信候选道马建忠(眉叔)。是书卷六《东行三录》即记光绪八年平息大院君政变经过。是年七月十二日《张謇日记》："是夕,眉叔来定计。"《东行三录》为作注脚:

> 七月十二日,"花房访予于花岛行馆……晚七点钟,驰回王京,则丁军门已率习流军百名于午后至馆,而吴筱帅亦统大军渡铜雀津薄汉城而垒。昰应闻予归,即来相访,因留之晚膳,笔谈十二纸而别。复偕禹廷出城谒筱帅,议机密。四鼓归馆宿"。

花房义质,日本驻朝鲜公使。丁汝昌,字禹廷,时以记名提督统领北洋水师。"机密",即次日诱执李昰应事。

(5)《容庵弟子记》

袁世凯(慰廷),晚号容庵。此书系沈祖宪、吴闿生所纂,记袁生平大略。壬午朝鲜之役,袁正佐庆军营务。是书记云:"时韩人交涉事繁,操防多故,吴公延通州张謇入幕,寄以内事,而外事悉委之公,令诸将及韩官造谒取决焉。"以故朝鲜国王奖庆军幕僚此役"平乱"之功,惟列张与袁。七月二十四日《张謇日记》:"延陵谒王,王以馔馈慰廷及予,有谢笺。"只有取证于《容庵弟子记》,才能为此作注。

(6)《东庙迎接录》

光绪壬午之役,与张謇多次商谈时局的朝鲜官员是金昌熙字石菱,礼曹参判(礼部侍郎)。《东庙迎接录》保留他与张謇谈话的记录,现存韩国京城国立大学图书馆所藏《奎章阁文书》中。奎章阁,系朝鲜王国机构,"掌敬奉列王并今王御制御笔"。见庆军分统黄仕林幕客薛培榕所著《东藩纪要》。平定大院君政变后，金昌熙曾多次向张謇请教善后之策。但《张謇日记》略而不详。

> 光绪八年七月二十三日，"金石菱昌熙来，吏部参判，此邦之知外务者"。（吏部当作礼部，参判即侍郎。）
>
> 二十六日，"与石菱谈，石菱论事甚有识"。
>
> 八月五日，"李相以延陵军嘱马建忠，益叹马前书生之语，然因此离异，亦延陵之幸也。不然，天下后世谁能亮其心迹哉！为之慨然无已。是日与金石菱谈。……石菱于同治初曾使中朝"。
>
> 十一日，"束装。国王赐三品服，作笺谢。石菱、云养皆眷眷有不忍舍意"。（金允植字云养，亦朝鲜政府联络清政府的官员。）

我从台湾吴相湘教授所著《近代史事论丛》第2册所辑《三韩扶桑所见袁世凯关系史料》转引到《东庙迎接录》载金、张两次谈话，为注释《张謇日记》提供直接证据。

一次是在光绪八年七月二十六日，与《张謇日记》相吻合。金昌熙记云：

> 见张季直（贡生，名謇）共谈……张曰："贵国千言万语，引用人才方能有为。家中之弊最当先破。今日国小民贫，介于俄、日，非有人才，何以自强，深为远虑！拘泥古书，自不通时措；专事洋务，亦触戾人情，此中斟酌，实难其人。前日贵国破格求才，阁下藻鉴亦多，有可荐者否？"……我曰：

"黄遵宪朝鲜策略曾读过否？其人何如？"张曰："曾览悉，
大意固好，亦闻其人有志时务者，其素行不知耳。结日本云
云，以其身在该国，议论不能不如此，亦有未可尽信者。贵国
交邻之道如事鬼神，可敬而不可亲也。但不激变生事可矣。"

黄遵宪，清驻日本参赞。

一次是八月初十日，张謇随吴长庆归国述职登程前夕，谈话暴
露清政府内部对朝方针的矛盾。《张謇日记》不载。金昌熙记云：

我曰："……此次办理事宜未必尽如大帅本来意向，再
明径归，或未必还也。天下事瞒不得有心人，弟既有心，大兄
勿秘。"张曰："大帅此行，盖亦有难言之处，弟以大帅相待之
厚，不得不同来往，大约月杪可还，然事亦未定。我料此间若
不内修自强，亟图善后之方，后将复有事故。既与日人通商，
顾其势我不怪引来泰西各邦以制日人要挟，然主和之事亦须
斟酌古今，较量彼我。此后必马眉叔来，此人有时务才，而心
地不光明，乃急迫功名之士。为办理此间，心违古而迎时，失
众而败事，却不可不慎。且贵邦人必与相投，为其所愚，只借
交涉和好邻邦而已，不顾本原，终昧政体，其于内拂人心，何
事可做，诚为可虑耳！李傅相专喜谈洋务，大帅虽其世好姻
亲，而意见不相融洽。眉叔为人能投李相之好者。弟于李相
之来，眉叔之去，一一数其迎合之事与我军牵掣之状，昨丁公
来乃无不吻合，故弟申劝乞退之意于大帅，此行还否，不可定
耳。如贵国有事，李相坐视，必无出师之理，但使眉叔辈误其
事机而已。此次之师赖李相不在，张公得以出力，贵邦人何

能知之。此次之师徒为日人捕仇赔款而止。前日大帅论功之时，我坚持不受。大帅耻愤成疾，此行来否不可定，以此为贵邦代筹'善后六策'，本欲临别相赠，而阵中扰冗，尚未脱稿，若不来，则寻便奉寄阁下。"

按金昌熙与庆军幕宾颇多诗文往还。《张季子九录·诗录》卷二有《朝鲜金石菱参判昌熙命其子教献既冠来见与诗勖之》《招隐三首赠金石菱》等篇。《文录》卷五有光绪九年作的《朝鲜金石菱参判〈谭屑〉序》。朱铭盘《桂之华轩遗集·诗集》卷三有《朝鲜金参判石菱为其季弟索诗》七古一首。周家禄《寿恺堂集》卷十有《赠朝鲜伴接使礼曹参判金昌熙》七律一首。卷十八有光绪十年正月作的《金参判〈谭屑〉序》，谓其书"比于诸子，儒而墨者也"。同书卷十又云，金昌熙筑"三思亭"，谓"不才思引退，老病思养身，多忧思闻道"。可见他接待驻朝鲜庆军，与张謇等人有深厚情谊，通晓汉文化，爱国。

如上述，为注释这一段《张謇日记》，我取证于中国、朝鲜当事人的著作，迄今尚深感不足：其一，没有亲睹金石菱昌熙的《东庙迎接录》（写本）。其二，没有见到张謇密友何嗣焜的有关记录。嗣焜字眉孙，一书枚生，或作梅生。武进人。少时随家避兵南通，与张謇、范当世等友善。《范伯子诗集》卷十二有《赠何眉孙》云"子昔避乱家吾州"，"我友十九皆子侪"。其后入张树声幕，为参与庆军赴朝决策并与张謇联系频繁的人。即此一例，可见对《张謇日记》的整理研究，尚须继续。我已衰老，必有后贤不惮繁剧，起而为之。这就是我发表此文的衷心愿望。

附录

张謇辛亥日记（节录）笺注

宣统三年，辛亥年五十九岁

正月

二十日，赴苏州。诣程中丞，并与杨杏城遇，述余昔年在沪语曰："亟求立宪，非以救亡。立宪国之亡，其人民受祸或轻于专制国之亡耳！"乌乎！世人知余言之痛耶！

【笺注】程中丞，指程德全，字雪楼，时为江苏巡抚。杨士琦，字杏城。

三月

二十九日，至沪。

四月

五日，移寓竹君处。

【笺注】竹君，赵凤昌，盛宣怀幕客，时寓上海。

八日，晚十时回寓帐房，以觅上书稿也。

九日，仍寓竹君处。

【笺注】张謇《啬翁自订年谱》云：宣统三年四月，"政府以海陆军政权及各部主要均任亲贵，非祖制也，复不更事，举措乖张，全国为之解体。至沪，合汤寿潜、沈曾植、赵凤昌诸君公函监国切箴之，更引咸同间故事，当重用汉大臣之有学问阅历者。赵庆宽为醇邸旧人，适自沪回京，属其痛切密陈，勿以国为孤注。是时举国骚然，朝野上下不啻加离心力百倍，可惧也"。张謇时寓赵凤昌处及觅上书稿云云，当即为此。是月十日，"皇族内阁"成立。监国、醇邸，均指摄政王载沣。

二十四日，至沪，与竹君商定报聘美团及中美银行、航业事。

二十五日，商会陈、贝诸君公推入都，陈请报聘事。

【笺注】陈作霖、贝仁元，皆上海商会负责人。

二十六日，沪、津、粤、汉四商会代表公函请为入都。

【笺注】按张謇此次入都，于二三月间已预定。见其《为东三省事复韩子石函》，载张謇《政闻录》卷三。赴美"报聘"事非其唯一原因，实出某省咨议局代表之怂恿，欲乘机一睹中枢真相，"以决定各省咨议局对于国是应取之态度"。见刘垣《张謇传记》。是月，立宪派要角孟昭常、雷奋、郑孝胥等在京谋组政党。郑孝胥为盛宣怀代拟铁路"干线国有"（即出卖川汉、粤汉两路）上谕及奏稿。均见中国历史博物馆所藏《郑孝胥日记》。张謇入都当与以上"国家大政"有关，"联美"仅其一耳。

五月

十日，启行，施省之以专车同行，省之方任京汉南段总理，借以看路也。住驻马店。

【笺注】张謇进京，途经汉口启行。施肇曾字省之。按，是日，张謇电约袁世凯会晤："别几一世矣！来晚诣公，请勿他出。"见

《扬州师院学报》总第 16 期《有关张謇的三件新资料》。

十一日,午后五时至彰德,访袁慰庭于洹上村。道故论时,觉其意度(视廿八年前大进),远在录录诸公之上。其论淮水事,谓不自治则人将以是为问罪之词。又云此等事乃国家应做之事,不当论有利无利,人民能安业即国家之利,尤令人心目一开。夜十二时回车宿。倪某自京来,持久香书。京师人士,群以余前电久香十三日至京,各团体将于车站欢迎。余不欲为此标榜声华之事,故以十三日至京告久香,而必以十二日到。慰庭留住,未之许也。

【笺注】袁世凯,字慰庭,时罢官家居,仍暗操北洋六镇军权,待机再起。据随张謇入京之刘垣回忆,谓张访袁出雷奋与刘之劝,以清室将亡,欲张、袁相结以应变局。见刘所著《张謇传记》。许鼎霖,字久香,苏北民族资本家。

十二日,至京,久香与陶斋之子及弟、肃邸之世子及振民辈十余人迓于车站。寓东单牌楼二条胡同蒙古实业公司,松禅老人之故居也。庭中木石,皆足生凄怆之怀。陶斋约福全馆晚膳。

【笺注】端方,别号陶斋。张謇此次入京,先由端方为与当朝亲贵接洽。见南通政协所编《南通轶闻》二辑《辛亥五月张謇进京活动的一斑》。端方自宣统元年被罢斥后,是时新起用为督办川汉、粤汉铁路大臣。肃邸,肃亲王善耆。松禅老人,翁同龢,时已故。

十四日,谒客。知居摄有召见之说,盖谒庆邸时闻其与陶斋言也。咨议局联合会开会欢迎。

【笺注】居摄,摄政王载沣。

十五日,久香先告以陶斋奏请任余宾师之位,而是晨那相来示内廷交片,令翰林院传知十七日预备召见,虑有后命,乃谒泽公、洵邸、涛邸，力陈不可以公推而来、得官而去之意。……唐尚书招饮。

【笺注】是时清廷欲大用张謇之说，颇多传闻。六月二十一日南通《星报》宣传，谓将授为农工商大臣。系镇国公载泽保荐。另据同时在京之陈叔通先生说，谓盛宣怀拟荐之为侍郎。那相，那桐，时为内阁协理大臣。洵邸，载洵。涛邸，载涛。唐尚书，唐景崇，时为学部大臣。

十六日，谒徐相，复言之。

【笺注】徐世昌，时为内阁协理大臣。

十七日，八时一刻召见。先是，二时至西苑门外候传，索钱者纷至，其人皆如乞丐相，皆无赖之民也。事虽相沿三五百年，然恶亦甚矣。七时四刻候于朝房。第一起内阁，第二起度支大臣，第三起及余。引见于勤政殿。先至御座前跪安，起入西房内。摄政王南面坐，旁设四座。见则肃立致敬。王命坐。即问："汝十几年不到京？国事益艰难矣。"敬对："自戊戌出京，今已十四年。先帝改革政治自戊戌始，中历庚子之变，至于西狩回銮以后，皆先帝艰贞患难之时。今日世界知中国立宪，重视人民，皆先帝之赐也。"言至此，不觉哽咽流涕。王云："汝在外办事辛苦，名誉甚好，朝廷深为嘉慰。"敬对："张謇自甲午丁忧出京，乙未马关定约即注意实业、教育二事。后因国家新政须人奉行，故又办地方自治之事，虽不做官，未尝一日不做事。此盖所以仰报先帝拔擢之知。此次因中国报聘美团事，又有中美银行、航业二事，为上年美商与华商所订合，故被沪、粤、津、鄂四商会公推而来，蒙皇上召见，仰见摄政王延纳之宏，耳目之不壅蔽，深为感激。今国势危急，张謇极愿摄政王周咨博访，以求治安之进行。"王云："汝在外办事多，阅历亦不少,有话尽可说。"因对:"张謇所欲陈者,外交有三大危险期,内政有三大重要事。所谓三期者:一、今年中俄伊犁条约;二、宣统五年英日同盟约满期;三、美巴拿马运河告成,必有变故。所谓三事者:一、外省灾患迭见,民生困苦,朝廷须知民隐及咨议局事;二、商业困难,朝廷须设法振作,金融机关须活;三、中美人民联合。"王云:"都是要紧,汝说得极是,可与泽公商量办去。"他陈说尚多,退出时已逾三刻矣。

【笺注】《辛亥五月十七日召见拟对》,见《政闻录》卷三。张謇此时对外主张联美;对内主张立宪,并幻想依赖美国资本以发展实业。时铁路"干线国有"政策已宣布,四川保路运动已起,张謇劝载沣"须宽恤民隐",后又与载泽言之,即尽还商股,以免川人反对。见《啬翁自订年谱》。

二十九日,学部唐尚书敦属为中央教育会会长,再辞不获,许以半月。尚书奏以张菊生(元济)、傅沅叔(增湘)副焉。

六月

五日,至奉天。途中所见关外之土色远胜关内,沿铁道无荒地也,海城、锦州尤胜。

七日,次帅集议东事布置。

【笺注】赵尔巽,字次山,时为东三省总督。六月二十一日南通《星报》云:"张殿撰为筹画东三省实业事,到奉天,寓督署内,闻已与赵次帅大半商妥。至黑龙江后,即日回京,再与农部商处要政。"

十九日,至京。……仍借住蒙古实业公司。

闰六月

二十四日,夜回通。

八月

十三日,午后六时至汉口,随过江,至武昌大维纱厂。

十九日,贞壮讯,知昨夜十时半汉口获革命党人二,因大索,续获宪兵彭楚藩与刘汝奎及杨洪胜(开杂货铺)。晨六七时事讫,各城俱闭,十时方开。余即于是时过江至汉口兴业里纸厂事务所,晤聚卿,即留午餐。三井大班丹羽来晤,旋诣之。……六时饮于海洞春。八时登舟,舟名"襄阳"。见武昌草湖门火作,盖工程营地。火作即长亘数十丈,火光中时见三角白光,殆枪门火也。闻十八日夜搜得党籍后续获二十余人而未已,余党不安,遽尔反侧欤!十时舟行,行二十里犹见火光。

【笺注】诸宗元,字贞壮,时为湖广总督瑞澂(别号恕斋)幕僚。刘汝奎,即刘尧澂。聚卿,刘世珩字,大生纱厂股东。

二十日,夜九时至安庆,宿迎宾馆。

二十一日,晨九时诣朱经田中丞,说导淮事。见鄂电,知武昌以十九日夜三时后失守,督避登"楚豫"兵轮。是夜十时,仍出城附"江宽",舟中避兵人极多,无榻可栖,栖船帐房。

【笺注】朱家宝字经田,时为安徽巡抚。督,瑞澂。

二十二日,晨见张振之,因晤诸贞壮,乃知十九日夜之事状。贞壮以病喉归,同至下关登岸,余至咨议局公寓。

二十三日,诣铁将军,说军督会援鄂,奏速定宪法。铁属商张。

【笺注】铁良,江宁将军。张人骏,时为两江总督。

二十四日,诣张督,申昨说。大否之,谓我自能保。其无心肝人哉！

二十五日，至苏，应雪楼中丞之约。……夜为草奏请速宣定宪法、开国会，至十二时。继兴、翼之同为参酌。因睡迟，彻夜不寐。

【笺注】雷奋字继兴，杨廷栋字翼之，皆立宪派要人。

二十六日，至沪，宿竹君处。

二十七日，旋宁。

三十日，夜，信卿、继兴、翼之同至公寓，定电内阁稿。省城谣言大起。

【笺注】《啬翁自订年谱》云："三十日，由咨议局径电内阁，请宣布立宪，开国会。"又云："江宁自鄂来者盛称革命军人之文明，谣言大起。张督又猜防新军，令移驻城外，而人各给枪弹五枚，新军乃人人自危。余知之，亟走请藩司樊增祥白张言其不可，于是人又各增给十枚。"信卿，沈恩孚字，立宪派要角之一。

九月

二日，闻美人洛炳生言长沙、宜昌失守。

九日，至沪。闻湘、晋、陕失。

十一日，各处兵变之讯日紧，滦州、保定、天津皆有所闻。

十六日，知上海为国民军所据，苏州宣告独立，浙江同。

【笺注】是日，张謇致电袁世凯："大局土崩，事机瞬变，……东西南十余省之舆论大数趋于共和，……潮流所趋，莫可如何。公之明哲，瞻言百里，愿征广义，益宏远谟，为神州大陆洗四等国最近之大羞，毋为立宪共和留第二次革命之种子。……近闻乘舆有他狩之说，果尔，则公宜迅北入保京师，防外撼以固本根，采众论以定政体。"见南通图书馆藏抄件。可见是时张謇已赞成共和，寄希望于袁世凯。乘舆，指清帝。他狩，迁都。

十七日，国民军有令许游击带"策电"来通之说。

【笺注】许宏恩，曾充狼山镇右营游击，时在吴淞光复军，与通州绅商素有联络。策电或书击电，舰名。见《辛亥革命江苏地区史料》，第 218 页。

十八日，三时行，至天生去沪。夜十时，知民军以七时入城。

【笺注】是日，南通光复，组织政府，张謇之兄张詧任总司令。同日，张謇分电江宁将军铁良、两江总督张人骏，以"人道主义"为言，劝仿苏、渐例，宣布"独立"。见南通图书馆藏抄件。

十九日，至沪，住竹君处。

二十日，计自八月十九日至今三十二日，独立之省已十有四，何其速耶！

【笺注】《啬翁自订年谱》云："人心皇皇，乱象日剧，一国无可计，而非安宁一省，不能保一县安宁，是非可闭门而缩屋矣。"于是张謇急速与在沪立宪派人谋"保"江苏，并组织中央政府。

二十一日，庄思缄、伍秩庸、温钦甫、继兴、翼之、信卿，韧之协议临时议会。

【笺注】庄蕴宽、伍廷芳、温宗尧、雷奋、杨廷栋。沈恩孚、黄炎培协议赞成共和。详见沈恩孚《沈信卿先生文集》中的《无成人传》。沈谦称本人为"无成人"。

二十三日，开组织临时议会于教育总会。

【笺注】参与会议之名单，见北京图书馆藏《近代史料书札》第 107 册。列名者：伍秩庸、温钦甫（粤），于右任（陕），高梦旦（闽），王搏沙（豫），江易园（皖），程雪楼（蜀）代表，张菊生，姚吾刚（浙），杨寿桐（黔），宋渔父（湘）已赴鄂，岑云阶（桂）杨代表，夏剑丞（赣），沈信卿、史量才、黄韧之、杨翼之、雷继兴、唐蔚之、张季直、庄思缄、赵竹君（苏）。其中宋渔父即宋教仁。当日，张謇电程德全："外交急迫，顷公议以江浙都督名义设临时国会，以便正式公推伍、温任外交事。浙前举姚、高代表，苏现举信卿、继兴代表，通告各省派员来沪，请追认。"同日，张謇拟会程德全嘱杨廷栋进说袁世凯书："……其必趋于共和者，盖势使然矣。分崩离析之余，必求统一维持之法。……至于华盛顿传，则世多能道之，亦公所稔，不以烦听。……民之厄于专制二千年矣！谁无子弟，公其念之。"均见南通图书馆藏抄件。至是，立宪派赞成共和，组织新政府，举袁为总统之眉目已具。

二十四日，第二次开会，陈、俞莅会，意不甚激，晓之而微寤。

【笺注】会议两日而毕，发表《组织全国会议团通告书》。见《近代史料书札》第107册。

二十六日，至通，知通群扰甫戢，退翁劳苦万状。

【笺注】张詧，号退庵。时南通发生农民暴动。

二十七日，报载张謇派为江苏宣慰使，何宣何慰耶！

二十八日，知以农工商大臣见畀，慰廷电也。理无可受，拟辞职电。

【笺注】按《载沣日记》：九月二十五日"袁大臣具折谢恩任事。……袁内阁总理大臣请组织完全责任内阁，奉谕一道"。二十七日，"完全责任内阁组织成立，各谢恩任事。"（载涛藏稿）。袁即致电张謇"昨据信条组织内阁，奉旨简阁下为农工商大臣。……希迅速北上，共支危局"云云。见南通图书馆藏抄件。张謇辞职电，见《政闻录》卷三。

二十九日,发辞职电。

三十日,午后二时至沪,随至沪北附汽车去苏。

辛亥十月以后日记

十月　此十月非可等例于前乎此之十月

一日,省议会临时开会,仍被选为议长。

【笺注】本日后至十二日前,张謇无日记。今检南通图书馆藏《未刊信件》,有内阁十月初五日来电,仍催张入京就农工商大臣职,并与廷臣讨论改革政治。张于初七日复电:"政体关系人民,应付全国国民公议公决。"见《政闻录》卷三。另致袁世凯电,主张五族共和,并声明此说尚未发表,"先昌于公,庶公知区区之意,亦即可白辞职而居第三位之故"云云。见南通图书馆藏抄件。时清军攻陷汉阳,苏州传闻武昌亦失,张謇大动摇,十月十日《复汤蛰仙》函云:"昨有美人詹美生来言中国今日政体,似尚以君主为宜,若不愿满人,何不举衍圣公而总理为之办事。此说极有思致。……公谓何如,顾无人发此端也。"见南通图书馆藏抄件。录此以见当时张謇对时局之态度。

十二日,去沪。知江宁以昨夜三时攻下。晤章、宋、黄、于诸君。

【笺注】南京光复,张謇以通海实业公司名义,送面千袋、布千匹劳军。见南通图书馆藏未刊函电抄件。晤章炳麟、宋教仁、黄兴、于右任,商组织临时政府。

十四日,回苏。

十五日,见取消召见专任内阁之事。

【**笺注**】《载沣日记》，十月初三日，"由今日起，按照完全责任内阁办事章程办事。……无代召见事，以符君主立宪政体"。代召见，摄政王代皇帝召见大臣。

十七日，见报载隆裕垂帘、居摄归藩之事。

【**笺注**】隆裕太后，光绪之妻。按《载沣日记》：十月十六日庚戌，"上门同庆王陈请，仰蒙皇太后召见，面请辞退，面奉照准之懿旨一道，恭录于左。恭缴钤章，并恭缴册宝。……予由光绪三十四年十月二十日，奉诏摄政之日起，每日均代理庶政，至今日辞退之日止。今日回府后即杜门谢客，不干预政事也"。是为袁世凯逼迫清皇室交出政权之初步。

二十日，至沪。知党人意见之复杂。破坏易，建设难，谁知之者。

【**笺注**】时同盟会总部在上海，居首者章炳麟、宋教仁、黄兴。议临时政府地点，意见分歧。章主武昌，则大权将归黎元洪，即日结束战争；黄主南京，则大权可属同盟会，举兵北伐。宋依违其间。本月十三日，章致赵凤昌书云："昨日议临时政府地点，讫无成议。主鄂者惟有下走，主金陵者惟有克强，而渔父斟酌其间，不能决。今日所望在临时政府从速发表，若如渔父圆活之说，又迁延无期矣。雪楼、蛰仙意亦主鄂，而皆缄口结舌，不敢坚持，盖雪处嫌疑之地，蛰则慎于发言，坐令议政府地点者，惟在一二革命党之口，此非国人之耻耶！……以武昌为都城，以金陵为陪都，此今日正当办法。愿公大宣法语，以觉邦人。不然，仆辈所持既与克强不合，终无决了之期。若曲徇金陵之议，援鄂之心必懈，冒昧之策必生，其祸将不可解也。"见北京图书馆所藏《近代史料书札》第108期。张謇所云，当指此。

二十四日，去辫发，寄退翁，此亦一生纪念日也。

二十五日，夜半，程都督与汤、陈同至宁，为调和诸军组织政府。

【笺注】时攻克南京者，有林述庆部镇军，朱瑞部浙军，程德全部苏军，陈其美部沪军，李燮和部淞军等。其中镇军、沪军属同盟会，淞军属光复会，余属立宪派。镇军先入城，林述庆以首功为南京都督，联军总司令徐绍桢大憾之。苏、浙军亦不服林统属，林被迫通电辞职，以都督让程德全。见林所著《江左用兵记》。议组织大元帅府，各省代表举黄兴为大元帅，黎元洪为副元帅，苏军诸将欲举程德全，反对黄兴。章炳麟《自定年谱》云："诸军汹汹，浙司令朱瑞尤愤。克强微知之，急请程、汤、陈三督同赴江宁。"

二十七日，至江宁。知客军纷扰，居民大恐。程都督复欲去沪。唐专使以是日至沪。

【笺注】唐专使，袁世凯所遣议和专使唐绍仪。

二十八日，程去沪，闻程悲愤之言。马相伯、徐固卿亦述种种危象。

【笺注】程德全与同盟会间之矛盾至是益露。尚秉和《辛壬春秋·江苏篇》云："宁垣始定矣，而同盟会党人麇至，势凌气骄，德全意不自安，称疾辞职。"徐绍桢字固卿，江浙联军总司令。

二十九日，欲江宁之回复秩序须设置民事，欲设置民事须客军出发，欲出发客军须财政先得数十万。财政之大者在盐，为乡里计，不得不为任盐事。是日，正式担任治盐，分标本二法：标则军政府卖盐而给还商本及息；本则实行设场聚制、就场征税。有意见书，先付史量才君代印。

十一月

一日,属商会为筹二十万圆应军事出发之用,不足尚多。

六日,至沪。

七日,辞盐政总理职。

【笺注】《啬翁自订年谱》云:"各军有截饷自便者,辞盐政事。"

十一日,与黄克强约十三日去宁,是时破坏之势日甚。

十三日,临时政府成立。是日改用阳历,适元年正月一日。至江宁。

【笺注】张謇电袁世凯:"暂设临时政府,专为对待独立各省,揆势度情,良非得已。孙中山亦已宣布,大局一定,即当退位。"并愿"以第三者自任",亲赴武昌,联络南北军人,要求召开国民会议,公决政体,再举总统,征袁同意。见南通图书馆藏抄件。

十四日,被推为实业部总长。时局未定,秩序未复,无从言实业也。

【笺注】张謇被任实业总长,先由黄兴与之商定。是日,函复孙中山:"勉任短期,以俟能者。"见南通图书馆藏抄件。

十五日,与孙中山谈政策,未知涯畔。

十七日,闻张敬舆(绍曾)至宁。

十八日,张敬舆至宁晤谈。

二十日,宁垣兵队抢劫之事日有所闻,难乎言军纪矣!

二十一日,以筹还款事至沪,晤少川。

【笺注】临时政府经费支绌,拟向日本借款,筹偿还之法。少川,唐绍仪字。据刘垣《张謇传记》,唐到沪时,袁世凯即令晤张,商"南北和议"事。

二十二日,复晤少川。

二十三日,作《革命论》上、下篇。

【笺注】是文见《文录》卷三,不分上下。其结论云:"夫是故二千年来,革命不一而约其类有四:曰圣贤之革命,曰豪杰之革命,曰权奸之革命,曰盗贼之革命。汤武,圣贤也。假汤式者,豪杰或庶几。其次类皆出入于权奸盗贼之间。此诚专制之国体有以造之。假曰非专制而天人则犹是也,奈何乎革而不信,而况乎不正,吾见其自蹈于厉与凶悔与亡已耳!革命云乎哉!"

二十五日,筹还借款事难成,须回厂计议。

二十七日,克强寄饶生护照来。

【笺注】王潜刚字饶生,往来于袁世凯与张謇之间者。见南通图书馆藏抄件,《十月初七日致袁内阁电》。此行代张陈说组织新政府意见。见《政闻录》卷四《致袁内阁电》。

三十日,回长乐。……王饶生以是早北行。

【笺注】《劝告袁内阁速决大计电》,当在此时发。见《政闻录》卷四。其略云:"甲日满退,乙日拥公,东南诸方,一切通过。……愿公奋其英略,旦夕之间,戡定大局……顷令王生潜刚奉诣,中道折回,尚拟令北有所陈说。"

十二月

二日,见报,知北方逊位之说益紧。

五日,至沪。知北方逊位诏初三日本可下,以南方一电疑而沮焉。

六日,属史量才以筹还借款事。

八日,三井索借款,须保险之证,此事颇难。

【笺注】据刘垣《张謇传记》，谓日人借款于临时政府，须张謇以大生纺织公司经理资格作保。

十日，连日筹商借款，渐有端绪，仍候东电为决。

十一日，汪精卫极盼以和局成就为人民幸福，此君解事，可喜。

十三日，借款签字。

十六日，去苏。闻慰廷以是日入宫，陈说逊位及优待条件。

十七日，闻慰廷已有议优待条件之权。

【笺注】张謇本拟过苏赴宁，是日因病回沪。见《政闻录》卷四《为汉冶萍借款致孙总统黄部长函》。

二十日，与孙、黄函，争汉冶萍不可与日人合资。

【笺注】《为汉冶萍借款致孙总统黄部长函》，见《政闻录》。临时政府一度为日本帝国主义及盛宣怀所愚弄，要求以日本借盛所办汉冶萍公司之款以充饷，而许中日合办汉冶萍。

二十二日，孙、黄答复，汉冶萍约已签。

【笺注】此约不久即由孙中山废除。

二十三日，与竹君诣少川。再与孙、黄函，汉冶萍以之抵借犹可。

二十四日，未得孙、黄答。闻清帝已定逊位而中尼。

二十五日，电孙，以汉冶萍事，前不能参预，后不能补救，自劾辞职。即日归里，是夕旋通。

【笺注】《辞实业部长电》，见《政闻录》卷四。孙中山慰留之，张复电坚辞。见同书。

二十六日，至通。……清帝以是日逊位。

二十七日，回长乐。

二十八日,见逊位诏,此一节大局定矣,来日正难。

三十日,得退翁专足二电,送清帝逊位诏之电也。庄思缄有电告警,言宁垣需款甚巨云。随答之。与洹上电。

【笺注】《致袁内阁电》,见《政闻录》卷四。略云:"饶生当到,前以鄙意为公拟内阁组织之豫备,顷有所见,更电请采择。"顷以段祺瑞长陆军,黄兴副之;财政任熊希龄;实业周自齐。并建议用梁启超,谓"南方现已疏通"。最后嘱袁即速将逊位诏发表,结束战争,"否则双方财政,皆受无数之影响"云云。当即本日所发。洹上,即袁世凯。

（原载《扬州师院学报(社会科学版)》1981 年第 3 期）

《张謇日记(民国元年)》选注

中华民国元年壬子二月十八日阴历正月元旦,年六十岁

十日,袁慰廷被临时议会公推即总统任。

【**笺注**】张謇令刘垣北行密致《为时局致袁总统函》,陈述应付同盟会及拒绝南来就职等办法。见《政闻录》卷四。当在此时。

十二日,赴沪。

十七日,至苏,住惟盈旅馆。思缄力辞都督之任。

【**笺注**】临时政府成立时,同盟会以原苏督程德全为内务部长,以庄蕴宽代江苏都督。庄字思缄,武进巨绅,曾任广西右江道。黄兴于桂、滇组织起义时,庄曾助之以赀(常州市董缜庵老人说。董亲见庄所遗函电中,有黄、庄关系之件)。以庄代程,为去程兵权、政权之渐。程称疾居上海,操苏州军政者仍其旧属,庄为所制。是时,临时政府将解散,庄更失凭借,裁兵筹饷,诸多困难,故力辞苏督。

十八日,回沪。

二十二日,去苏,续开省议会,住留园。

二十八日,回沪。

三十日,去苏,即日旋。

二月

一日,回通。

五日,至沪。

十六日,闻苏州兵变。

【笺注】二月初九日,苏军四十六标哗变,于阊门外大肆抢劫,居民受损极巨。由是庄蕴宽被迫去位,苏州绅商惶惶然求程德全回任苏督。见《辛亥革命江苏地区史料》苏州部分。

十七日,去苏。

十九日,回沪。

二十四日,江宁兵变,洪承点所统之洪江军。

二十六日,孙中山解职,设继清帝逊位后数日行之,大善。

三月

一日,回通。

六日,至沪。

十二日,作挽端午桥联。

【笺注】见《专录》卷十。端方字午桥。

二十日,连接章函电,槎枒特甚,乃知政治家非文章之士所得充。

二十一日,统一党开职员会,章太炎惑于谬说,意气甚张。

【笺注】统一党由章炳麟、程德全所组之中华民国联合会演变而成。张謇自言"与程德全、章炳麟、赵凤昌议创统一党",在前年十一月。见《啬翁自订年谱》。本年正月末成立,由章炳麟草拟"宣言"云:"本党本集革命、宪政、中立诸党而成,无故无新,惟善是与。"见《太炎最近文录》。张謇于二月十九日致袁世凯电,请津贴经费:"政党以统一较胜,少川已入,足以代公,世兄加入亦可,公可勿入一切政党,以免障碍。党须有基本金,謇拟合实业助之,公能由少川赞助若干否?"见南通图书馆藏抄件。统一党五理事,分两派。孙洪伊致梁启超书云:"人怀意见,颇难调和。即以统一党言之,张、熊、程、赵为一派,章公太炎及其门生辈为一派,互相猜防。"见《梁任公年谱材料》第十三册。时章炳麟已入京,上海党务由张謇主持。张主张与民社等五党合并为共和党,章以各党意见未一,反对合并。章、张函电往返,争执甚烈。见章氏:《关于统一党不与他党合并之演说》,载《统一党第一次报告》。

二十三日,统一党与民社、国民协进会、国民公党、国民公会、共进会合并,开成立共和党大会。

【笺注】时各党合并之势已成,章乃于二十二日约民社、国民协进会于北京开会,为两党所拒。本日共和党于上海成立,举黎元洪、张謇、章炳麟、伍廷芳、那彦图为理事,黎为总理。章即在京发表《关于统一党不与他党合并之演说》云:"详上海一会,只能为预备合并,不能为正式成立之会。且上海偏隅,无举理事之权,……故仆虽举理事,而至今未尝承认也。……仆本非为人作傀儡者,而彼等必欲相迫相求者何也?不过以抵制同盟会为名,而阴怀攀龙附凤之想耳。仆在南方,于《大共和日报》中极斥同盟会办事不合,以南方政府之专横也;而穷途失志辈之骂同盟(会)者,则为争官争衣食计;公私之辨,较然易知,岂能以政党为官僚派开辟门径哉!今日南方政府已消,同盟会亦鲜可诋之处,时有张弛,则对付不同。且同盟会之弊,不过暴乱,而老立宪党及官僚派,则为巧言令色足恭者。……然则立宪党、官僚派之害,过于同盟会远矣。"炳麟此文,指摘张謇等并党拥袁,与同盟会对抗。程德全为反对章炳麟,致书伍廷芳、张謇,宣布脱党:"革命告成,建设伊始。德全前组织联合会,原欲集合全国人才,研究政见。适章太炎自海外归来,德全引与共谋会事。其时临时政府尚未成立,德全对于国事,则以统一为职志;对于各党,则以联络为方针,而太炎率性径行,持论孤僻,于会事进行,无时不受其影响。嗣联合会改统一党,原冀其顾名思义,少敛圭角。德全又尝劝以遇事平心,勿逞小忿,而太炎褊中狭度,绝不见听。于是又联合黎副总统等,组设政见商榷会,为沟通南北,调和党派之计。未几海上五政党互谋合并,定名为共和党,德全极表同情,乃闻太炎又有反对合并之说。是太炎意见,处处与德全抵触。以宗旨不合之人而同处一党,为害滋多,德全惟有宣告脱除共和党党籍,以免日后种种之冲突。"见汪德轩编:《江苏程都督书牍》上册,民国元年上海广益书局出版。

二十四日,晚附"大生"往分厂。

二十六日,至恳牧公司。

二十八日,至吕四盐业公司。

四月

八日,英人葛雷夫,鹰扬行大班;李治,《公论西报》主笔,与严馅庭附"大安"来通。

九日,往天生,晤葛、李二君,导观江岸。

十四日,至沪。

十九日,诣苏。苏以昨夜复有谋乱事,无知少年为之,破露幸早。

【笺注】是即轰动苏州之"洗城会"事件。"洗城会"本名"洗程会"，意指驱逐程德全；失败后，程德全诬之为"洗城会"，谓将洗劫苏州城。领导此一秘密团体者为同盟会员柳承烈，联络同盟会员朱葆诚所统北伐先锋团，部署起义，将驱程迎陈其美任苏督。事泄失败，柳承烈奔上海，朱葆诚被捕，北伐先锋团解散。见《辛亥革命江苏地区史料》，第 126—129 页。

二十日，旋沪。

五月

三日，以苏督公布沙地充公保坍案，告严饴庭筹借保坍款。

五日，饮凌植支、莫楚生于六合春，为调查奉、直、东、晋、秦、蒙及蜀之盐务也。凌任六路，莫任蜀一路。

十一日，至通。

六月

五日，退翁以枭匪谋乱，布置兵队出发。

六日，去沪。闻枭匪郑建荣、夏昆五等谋聚众为乱益炽，是日戕丝鱼港董事一人。

【笺注】是即震动通州之"丝鱼港风潮"。事因该地乡民反对江岸保坍亩捐而起。郑建荣又作朱天茶，向贩私盐，红帮头目。夏昆五又作昆武，退伍军人。设"自由择君保安会"，烧香聚众，组织军政府，郑为总司令，夏为军政长，举行武装暴乱。见《辛亥革命江苏地区史料》通州部分。

八日，知退翁已交卸民政长于田君宝荣。晤程都督。

九日，以联挽瑞莘儒。

【笺注】见《专录》卷十。瑞澂字莘儒。

十七日,通中央队江防兵再战胜枭。

二十六日,退翁转电,知枭匪已靖。

【笺注】通州光复时,张謇等扩充通州商团为"中央队",步兵四队,炮兵一队,合成一营,配备七九步枪及格林炮六尊。丝鱼港风潮为所镇压。见《南通轶闻》第二辑。壬子年七月十三日《通报》刊载镇压经过,已辑入《辛亥革命江苏地区史料》。退翁,即张謇,字退庵。

二十七日,回通。规建医院、残废院、盲哑学校。

七月

十日,至沪,即为苏省筹本月军饷事。

十三日,筹饷数日无成,乃属盐局极力筹备。

十九日,筹饷事了。

【笺注】《啬翁自订年谱》云:"苏省各军月饷不继,盐局百方筹措,陈其美索尤亟,至扬言欲兵劫盐局,竭蹶应付,十日而定。"

二十日,与薇生先至江宁,莼生、泽初、石臣次日行。晤雪老。

二十一日,至下关,住盐局。蛰先来。隽卿、信卿邀饮于万花楼。

【笺注】隽卿,马士杰,时为江苏内务司长。

二十二日,渡江乘津浦车行至徐州站,宿次日车上。

二十三日,至济南,宿悦来栈,遇张雨蓘(一爵)。

二十四日,早渡泺口黄河,河之铁桥尚未成。七时至天津,宿德义楼。

二十五日,共和党党员多人来晤。访平爵内,同诣比领事谈通借款。

二十六日,共和党开欢迎会。

二十七日,与张岱杉谈。王饶生、寒季常来。访张今颇都督,年七十矣。

【笺注】张锡銮,字今颇,直隶都督。

二十八日,早车入都,借住东城西堂子胡同刘聚卿宅。

二十九日,晚间诣洹上谈。

八月

一日,杨翼之到京来晤。刘竹君到京。

二日,诣章太炎于贤良寺。华比银行陶大班邀饮。

四日,诣洹上。以改革盐法书属竹君译。

五日,至图书馆,与江叔海谈。施省之约同翼之及交通部人谈清通及苏路事。

七日,共和党宴黄克强于农事试验场。

【笺注】按孙中山于七月十二日到京,黄兴于本月一日续到,均应袁世凯之邀,主要为消除"大借款"之阻力,所谓总统与政党领袖商讨国务也。张謇此来,是由黎元洪电促,以共和党魁参与其会。见《政闻录》卷四《调和党争致汤济武函》。黄兴自沪临行,曾与赵凤昌"深谈北来宗旨,注重集权统一,力顾大局,并愿与共和党诸君子开怀畅聚,嘱达此意",赵即电张"发起欢待"。见《近代史料书札》第一、四册,北京图书馆藏。

八日,与秉三同诣洹上,以改革盐法计画书示洹上。

【笺注】熊希龄,字秉三,时为财政总长。

九日,以盐法改革计画书示周部长。

【笺注】周自齐，时为实业部长。

十一日，国民党本部答宴于六国饭店。

十五日，与刘竹君同至清华学校，校长唐介臣，校故清华园也。

十七日，各部长公宴于东兴楼。

十八日，陆子欣（徵祥）来晤，蔼然学者也。因为言国际法学会事。

【笺注】陆徵祥，时为司法部长。

十九日，诣洹上。晚，法人魏武达约同久香、赵小山夜餐，观其古瓷。

二十日，子欣约谈组织国际法学会于蒙古实业公司。

二十四日，诣洹上。

二十五日，与竹君诣美使嘉乐衡。午后，与莼生谐天津。

二十六日，自津返，留书于梁任公。

【笺注】袁世凯招梁启超归国，组织政党以敌同盟会（时已改组为国民党，但政故犹称为同盟派），因反对者多，迁延至本月二十八日始乘日本"大信丸"抵津，共和、民主各党均开会欢迎。见民国元年十月十日《申报》。梁致其女令娴书云："张謇、黄兴皆候三日，因初十（是年阴历九月初一，为公历十月十日——引者）在湖北开国纪念，彼等候至初七不至，遂皆往鄂耳。"见《梁任公年谱材料》第十三册。时共和、民主两党方议合并，拥梁为魁。

二十七日，诣洹上。以盐政官制草案交周部长。

二十八日，早车启行赴汉口。

二十九日，午后三时至汉口。……黎都督派员至车站相迓。

九月

一日,八时渡江至乙栈,由引导人偕至前清皇殿,致祭先烈。次至庆会场,场即在先烈祠前空地,搭棚为之。次又至乙栈,复由乙栈至布局会饮。各省代表来者甚多,外人男女宾亦五百余人。

二日,诣黎都督。黎为设宴,与谈一切。黎诚笃而廉洁,以是得众心。坐中闻国民党人张继演说迁都事,真河汉无极也。

三日,晚乘"江裕"行。

五日,至宁。晤雪老。乘夜车赴沪。同行者纯生、翼之、季中。

【笺注】应德闳,字季中,江苏民政长。

六日,八时至沪。

七日,电陈盐政破裂,请撤销盐政。

【笺注】《啬翁自订年谱》:"故湘、鄂、赣、皖四省为淮盐运销引岸,至是各省截盐资军饷,法尽破裂,所以支拄苏省各军维持秩序者,仅恃江苏两淮之收入而已。"

十一日,乘"南阳丸"回通。

十四日,电陈筹增淮北盐池及醢业银行。

十五日,电陈设盐场警察长尉教练所。

十八日,电辞盐政,荐淮盐局长。

二十日,回常乐。电辞盐政,至是已三辞矣。

二十四日,至沪。

二十五日,去苏州。

二十六日,旋沪。

十月

二日,开大生正厂股东会于商学公会。

三日,开分厂股东会。

四日,开两厂董事会。

【笺注】《大生崇明分厂十年事述》,当作于此时。见《实业录》卷四。

十四日,国务院电许辞职,即电程督委人于二十四号接收。

十六日,离职。

二十八日,回通。

三十日,与退翁、跃门、支夏同看紫微院贫民工厂地基。以盐政所征之商捐及前盐政应得之公费,建扬州十二圩、东台、南通贫民工厂凡三所,款六万六千余圆,通、东二万,扬二万六千余。

十一月

十二日,许久香、宗受于来议导淮事。

十三日,观许、宗导垦条议。

十四日,许、宗与知源去垦牧。为程、柏草请导淮开垦稿。

【笺注】《代苏皖二督关于导淮兴垦亟应筹备呈》,见《政闻录》卷十一。柏文蔚,时为安徽都督。

二十一日,至沪。

十二月

六日,叔兄自镇复选毕,旋沪。

八日,至通。

十一日,沪连函电速往。

十五日,附"大德"至沪。

二十一日,至通。

二十二日,回常乐。退翁以是日去通,相左。

二十八日,得退翁寄蛰老讯,言南北将裂之兆。

　　旧作《张謇日记选注》,已发表庚子、辛亥等年,这里发表民元一年。有些人名,如雪老,指程雪楼,即程德全;蛰老,指汤蛰先,即汤寿潜,等等,因已见前卷,故这儿不再注明。

（原载《民国档案》1985 年第 2 期）

跋

　　业师祁龙威先生的《张謇日记笺注选存》就要付梓了，先生嘱我为该书的出版写几句话。说实话，我是诚惶诚恐的，一是此书凝结着先生多年绩学的心血，岂容学生不得要领地胡乱评说；二是自己虽然读过一些张謇的相关史料，但对张謇还谈不上有什么研究，怕说出外行话贻笑大方，况还有"藏拙近乎智"之类的古训。但先生数次催促我赶快写几句，恭敬不如从命，我就把我所知道的先生研究张謇的情况汇报给大家。

　　第一次听先生讲授张謇是在1985年春天。其时，有一位中青年作家欲写一部张謇的电视剧本，专程来扬州拜访先生，先生在自己的家中接待了这位来访者，并系统地论述了他对张謇的研究和看法，我和同门华国梁、周志初一起聆听。好在当年的听课笔记还保存完好，先生所讲的要点我转录如下：(1)评价问题。先生认为张謇是一位有所作为的爱国主义者，有杰出成就的实业家、教育家。过去对张謇的实业救国、教育救国的思想和行为评价过低，但从客观的历史进程来看，实业救国、教育救国是先进的中国人必经的一段弯路，这些弯路走不通，人们才会另寻他路，才会有后来孙中山的"三民主义"道路，毛泽东的新民主主义革命道路。过去对前人所走过的失败道路批判过多，不是实事求是的态度；如果没有张謇等一批"失败的英雄"(胡适语)的艰苦探索，后来的革命胜利也不会那么顺利。（2）张謇一生有戏。作为一位清末状元，张謇不仅有多彩的人生阅历和辉煌的事业功名，而且有活跃的思想、鲜明的个性，是一位有血有肉、情感丰富的人。先生详细讲述了张謇中状元的曲折、在甲午战争中的主战言行、状元办厂的困顿、戊戌变法中的态度、参与"东南互保"及其"迎銮南下""易西而南"的主张，以及投身立宪运动等等。先生强调张謇首先是一个活生生的人，不应当把他仅作为某一阶级、某一阶层的僵硬符号，硬贴上某种政治标签。先生饶有兴味地讲了张謇的家庭和其情感世界。说就张謇一生的行迹和思想感情来看，一定可以写出一部剧情跌宕起伏，人物形象生动传神，思想性、艺术性俱佳的电视剧。（3）介绍了张謇研究的基本资料。特别强调了中国史学会主编的《中国近代史资料丛刊·中日战争》所收录的《翁松禅致张啬庵手书》中信札的次序颠倒问题。

先生在研究张謇的过程中，用力至勤的当然是笺注《张謇日记》。《张謇日记》初名《柳西草堂日记》，起于清同治十二年（1873）农历九月初四日，迄民国十五年（1926）农历六月廿四日。前后凡 50 余年，计 28 册。张謇逝世前，少有人得见，蔡元培挽张謇联："为地方兴教养诸业，继起有人，岂惟孝子慈孙，尤属望南通后进；以文学名光宣两朝，日记若在，用神征文考献，当不让常熟遗篇。"后来，张孝若撰《南通张季直先生传记》，人们始知有张謇日记。20 世纪 40 年代末，此书手稿前半部分流入（除第十册外）香港，后半部分留存南通。1962 年，江苏人民出版社影印出版了留存南通的后半部（包括第十册）手稿，即名《张謇日记》。1967年，张謇友人之子、前新亚书院图书馆馆长沈燕谋从香港携前半部分日记手稿入台湾，交台湾文海出版社影印出版。对张謇日记，学者多有研究，如台湾沈云龙《张季直及其〈柳西草堂日记〉》[1]、张朋园《张南通（謇）日记》[2]以及日本学者藤冈喜久男《张謇与辛亥革命》[3]一书。特别是藤冈氏，他高度评价张謇日记的史料价值，认为随着《柳西草堂日记》影印出版，张謇的研究步入了新阶段。该书对张謇日记在大陆和台湾的出版经过，日记中存在的问题，日记的史料价值都有详尽的介绍和讨论。

在江苏人民出版社影印《张謇日记》以前，先生就去过当时的中共南通市委档案馆阅读该《日记》手稿本。从1962年起，开始笺注《张謇日记》。笺注该《日记》，据先生说，一方面是因为"张謇写《日记》是为自己备忘之需，别人看了很难明白其内容"，"需要调查取证，为《张謇日记》作注，以便读者"；另一方面是为了自己的史学研究，"我注《张謇日记》，欲借此书为脉络，考证晚清史事"，的确如此，先生主要依据《张謇日记》等史料，写出了诸如《论清末的铁路风潮》等多篇极富创见、有很高学术价值的论文。那么，先生所言"调查取证"又有哪些手段与方法呢？在《张謇日记笺注选存后记》一文里，先生作了具体阐述，一、搜集直接证据；二、留心旁证；三、择要补证。先生说，陈垣氏尝言："注书例有二派：一注训诂典故，一注本事。如罗尔纲氏的《李秀成自传原稿注》，可谓对二者兼而有之。我注释《张謇日记》等清末民初史料，侧重钩稽背景，说明本事，择要作注，择善取材。"先生特地举例以说明。如，

光绪二十年七月四日《张謇日记》：

---

[1] 《传记文学》1967年第11卷第4、第5期。
[2] 《"中央研究院"近代史研究所集刊》1969年第1期。
[3] 札幌：北海道大学图书刊行会，1985年。

天津焦某寄来朝鲜图。

笺注先据翁、张往来信函及翁日记,说明张謇为供翁同龢了解朝鲜军情而从天津取来朝鲜地图。时日本陆军攻击驻朝清军,前此翁有书与张謇云:"牙军殆哉,忧心如捣。元山,检地图不得,极闷。"见《翁松禅致张啬庵手书》第十三件。本日未刻,张謇作书与翁云:"顷得天津局刻朝鲜图。"见陆史一抄《张謇致翁同龢密信》第十一件。《翁同龢日记》:初五日,"张季直函送地图"。笺注又采王季烈为其父颂蔚所撰事略,补此事背景。王颂蔚时为军机处章京。中日战起,颂蔚进言于军机大臣翁同龢:"枢府有总持军机之责,尤当先知战地情形,今日军机处中并高丽地图而无之,每遇奏报军情地名且不知所指,安有运筹帷幄,决胜千里之望乎!""于是枢府始令北洋进高丽地图,至则所图并不开方计里,疏略殊甚。"见《蟫庐未定稿·先考资政事略》。

这样注释,目的是帮助读者从翁、张寻觅朝鲜地图,看到清政府落后、腐朽与对日战争必将失败的阴影[1]。

先生注《张謇日记》,备极艰辛。先生曾跟我说及,为了一个不能辨识的草书字词,他在北京拜访过不少名家、大家,最后也未曾有结果;为了弄清某一人的名、字、号或笔名、地名等,又不知查阅了多少种资料。但苦中有乐。章开沅先生曾提到,1964 年,他在中华书局从事张謇传的写作,"祁龙威当时也在这里校注张謇日记,我们正好从事同一历史人物的研究,朝夕相互切磋,获益更

---

[1] 祁龙威:《考证学集林》,广陵书社 2003 年版,第 25 页。

属匪浅"[1]。祁先生也讲过,那时与章先生同住一室,说章先生白天用心苦读,有时夜里自己一觉醒来了,发现章先生还在挑灯夜战,温习英文,很是感动。

改革开放以来,张謇的研究进展明显,硕果累累,"张謇学"这一史学分支呼之欲出。但正如章开沅先生指出的,张謇研究还有"大量的基础工作要做","目前最需要重视的还是基础工作",张謇的研究资料要进一步搜集整理,已经出版的大型资料要做"细密的校注笺证工作"。必须指出的是,祁先生今年已经86岁高龄,又承担着主持撰写《清史·朴学志》的艰难任务,"无力再整理旧作",现仅选存其中八年的日记笺注,所以,《张謇日记笺注》是一部未完成的著作。先生希望"后贤不惮繁剧,起而为之",继续为日记作注。但笺注《张謇日记》,并非易事,不仅要学力深厚,而且要甘于寂寞,安于清贫,"而现今之世,又有多少人能够长期潜心做此类校注笺释功夫?"(章开沅先生语)面对前贤的期望和担忧,我辈后学又该说些什么,做些什么呢?

二〇〇七年春弟子吴善中谨跋

---

[1] 章开沅:《张謇传》,中华工商联合出版社 2000 年版,第 385 页。

附 记

父亲的《张謇日记笺注选存》终于问世了，这是多年辛劳结出的果实。回顾十多年前，七旬老父在匹茨堡大学东亚图书馆间的一幕幕依然历历在目——

父亲于1994年重游匹茨堡，因我在"匹大"医学院工作之故，家就在学校附近，距图书馆约一华里之遥。"匹大"的东亚图书馆是北美最大的亚洲图书馆之一，内有大量藏书，仅中文版就有近二十五万册，天文地理，历史医学，科技文艺，包罗万象，无所不有。该图书馆是我们全家的最爱，一到周末，我们就聚在图书馆，母亲带我女儿去找儿童读物，我就躲在一角看小说，父亲专心寻找他在国内看不到的史料，功夫不负有心人，他发现了许多关于《张謇日记》方面的内容。我去图书馆是为了消遣，父亲却是去做学问的，他发现了一座史料的宝库，光凭周末他无法搬回那些宝藏，但凡有些史料价值的书不可借出，父亲只得每周去两三趟，再后来就几乎天天去，风雨无阻，哪怕下雪天也穿着雨衣雨鞋，口袋里装着笔记本，垂着脑袋步伐蹒跚地穿过医学院朝图书馆走去。望着父亲的背影，总让我由衷钦佩，同时也忍俊不禁地回想起当年在师院上学时我们几个顽皮的女生私下送他的绰号——"老队长"。

认识父亲是自1979年我从张謇的家乡南通走进扬州师院历

史系读书开始,有同学指着个穿着俭朴、走路垂着头的人对我们说:"那就是我们的系主任祁教授。"金秋里沉甸甸的稻穗才会低着头,满腹图书的祁教授走路时总是垂着头,犹如金秋沉甸甸的稻穗。加之他不仅朴实谦逊,且对我们这些外地的学生也总是关切备至,毫无领导的架子与文人的迂腐,永远的一身旧衣服,倒更像管着农田收获的生产队长,故"老队长"自此就在我们几个乡下来的女生中偷偷叫开了。不过我们的"老队长"带领大家耕耘的不是农田,而是文字,学问。他不仅是个好领导,好老师,还是个好父亲。

我之所以能成为这个家庭的一员,不能否认,很大程度上是凭着我对"老队长"的崇敬与信赖,他的确是个通情达理,善解人意的好父亲。父亲严谨而孜孜不倦的治学精神对我们子孙后代无疑是一种不言的鞭策,遗憾的是我虽也匆匆学了两年历史,却始终未能超越对文学的爱好。以父亲的治学精神激励自己是我人生的准绳,希望在不久的将来能有一点点文学方面的成绩,今生也不枉为父亲的学生了。

于志红

二〇〇七年二月,于美国